Heinz Thomas

Deutsche Geschichte des Spätmittelalters 1250-1500

Verlag W. Kohlhammer
Stuttgart Berlin Köln Mainz

Das Umschlagbild zeigt eine Szene aus dem
Bilderzyklus von Kaiser Heinrichs Romfahrt
(Landeshauptarchiv Koblenz, Bestand 1 C Nr. 1)

CIP-Kurztitelaufnahme der Deutschen Bibliothek

Thomas, Heinz:

Deutsche Geschichte des Spätmittelalters 1250–1500 / Heinz Thomas
Stuttgart; Berlin; Köln; Mainz: Kohlhammer 1983
ISBN 3-17-007908-5

Stuttgart Berlin Köln Mainz
Verlagsort: Stuttgart
Umschlag: hace
Gesamtherstellung:
W. Kohlhammer Druckerei GmbH + Co. Stuttgart
Printed in Germany

Inhalt

Vorwort

Der Plan, eine politische Geschichte des deutschen Spätmittelalters zu schreiben, reicht in die Zeit zurück, als ich die Zusammenfassung meiner Habilitationsschrift über Bar und Lothringen zur Zeit Kaiser Karls IV. konzipierte: Der unmittelbare Vergleich zwischen den Zuständen und Entwicklungen in Frankreich und im römisch-deutschen Reich, der sich beim Studium der Quellen zur Geschichte dieser Grenzregion ständig ergab, schien mir eine brauchbare Methode, die Eigentümlichkeit der deutschen Verhältnisse dieser Zeit zu erschließen. Der Vergleich zweier gleichzeitiger, aus derselben Wurzel hervorgegangener, inzwischen aber sich unverkennbar auseinanderentwickelnder Reiche kann die aus der Verwendung von Begriffen und Vorstellungen unserer Tage resultierende Gefahr inadäquater Urteile mindern und zugleich über eine rein deskriptive Bestandsaufnahme der deutschen Gegebenheiten hinausführen, die zwar unentbehrlich bleibt, zugleich aber dazu verführt, das gewonnene Bild absolut zu setzen und alternative Entwicklungsmöglichkeiten gar nicht erst für denkbar oder zeitgemäß zu halten. Der Exkurs über den Zustand des Reiches unter Karl IV. stellt den Versuch dar, diese ursprüngliche Konzeption wenigstens in einem Abschnitt zu verwirklichen. Eine systematische Ausweitung der vergleichenden Betrachtungsweise auf die gesamte Epoche erwies sich dann jedoch als wenig sinnvoll, weil – von wenigen Abschnitten abgesehen – keine weiteren Erkenntnisse von Belang hätten erzielt werden können. Ein anderes Ziel dieses Buches ist es, ein konstruktives Element der politischen Geschichte überhaupt, insbesondere aber der von ständigen Dynastiewechseln und Brüchen geprägten deutschen Geschichte des Spätmittelalters sichtbar werden zu lassen: das Wechselspiel von Notwendigkeit und Zufall, von Tatkraft und Unvermögen, von Plan, Willkür und Irrtum. Dies über 250 Jahre hinweg zu verfolgen, erfordert natürlich eine gewisse Breite der Darstellung, zumal die Epoche zwischen dem Sturz der Staufer und Luthers Absage an die Römische Kirche trotz ihrer bis in unsere Gegenwart hineinreichenden Auswirkungen stets eine Dunkelzone im historischen Bewußtsein der Deutschen gewesen ist.

Danken möchte ich dem Verlag W. Kohlhammer, daß er das Buch trotz dessen Umfang in sein Programm aufgenommen hat, Frau Alice Kühle, Bochum, und Frau Dagmar Palau, Bonn, die einen erheblichen Teil des Manuskripts ins reine geschrieben haben; Ulrich Nonn hat in bewährter Weise bei den Korrekturen geholfen.

Bonn, am 22. Januar 1983 *Heinz Thomas*

I. Einleitung

Am 21. V. 1254 war Kaiser Friedrichs II. Sohn, der römisch-deutsche König Konrad IV., in Süditalien gestorben. Knapp zwei Monate später, am 13. VII., verkündeten Richter, Räte und Bürger der Städte Mainz, Köln, Worms, Speyer, Straßburg und Basel und anderer, nicht bei Namen genannter Orte allen Getreuen Christi die Ziele eines Friedensbundes (foedus sancte pacis), den sie beschworen hatten. Bei dieser Einung handelt es sich um den heute sogenannten Rheinischen Städtebund. Tatsächlich war die Initiative zur Gründung der Friedensallianz auch von stadtbürgerlichen Kreisen ausgegangen, und ihre Politik ist im wesentlichen von städtischen Interessen bestimmt worden. In der Gründungsurkunde wurden ausschließlich Bischofsstädte als Initiatoren beim Namen genannt, die, soweit sie sich im Laufe der Zeit von der Herrschaft des jeweiligen Bischofs zu emanzipieren vermochten, zu Freien Städten, d.h. unmittelbaren, geradezu fürstlichen Gliedern des Reiches geworden sind. Beteiligt waren aber auch Reichsstädte, z.B. die elsässischen Colmar, Schlettstadt, Hagenau und Weißenburg, die vier Wetterauer Frankfurt, Friedberg, Wetzlar und Gelnhausen, die mittelrheinischen Bacharach, Boppard und Wesel sowie das thüringische Mühlhausen, deren Stadtherrschaft dem römischen König zustand. Einen solchen gab es auch nach dem Tode Konrads IV., und zwar den am 1. XI. 1248 auf Geheiß Innozenz' IV. von den drei rheinischen Erzbischöfen gewählten Grafen Wilhelm von Holland, der aber von den Mitgliedern des Friedensbundes nicht als rechtmäßiger Herrscher anerkannt wurde. Die Städte befanden sich nicht nur deshalb in einem verfassungsrechtlichen Dilemma: Zum einen wollten sie gewiß auch die Rechte des ihrer Meinung nach nunmehr vakanten Reiches schützen, auf der anderen Seite aber verstießen sie mit ihrer Einung gegen ein Gesetz, das Konrads IV. Bruder, Heinrich (VII.), am 23. I. 1231 verkündet hatte, wonach jegliche Allianz zwischen Städten untersagt worden war. Jener Reichsspruch stellte eine von den Fürsten geforderte Reaktion auf die ersten tastenden Versuche einiger Städte dar, sich den Bestrebungen der Landesherren auf Ausbau und Intensivierung ihrer Herrschaft zu widersetzen. Im Gegensatz zu manch anderer Verfügung der mittelalterlichen Könige ist dieser Reichsspruch Heinrichs (VII.) nie der Vergessenheit anheimgefallen und hat z.B. noch in der Goldenen Bulle Karls IV.

seinen Widerhall gefunden. Die Städte haben, als sie nach dem Tode Konrads IV. ihren Bund schlossen, auf das Verbot von 1231 insofern Rücksicht genommen, als sie ihn als Friedensbund deklarierten und dann auch noch einige Herren und Fürsten dazu brachten, sich ihnen anzuschließen. Im übrigen waren sie sich aber durchaus bewußt, daß sie über keine rechtliche, zumindest über keine irdisch-rechtliche Basis für ihr Vorgehen verfügten. Immerhin hätten sie sich auf den 1235 von Kaiser Friedrich II. verkündeten Mainzer Reichslandfrieden berufen und ihren Bund als korporativen Wahrer dieses Reichsfriedens für die Zeit der Thronvakanz deklarieren können. Indes haben die Einungsgenossen darauf verzichtet und statt dessen in ungewöhnlicher Häufung Christus als den Urheber und Freund des Friedens (auctor pacis et amator) angerufen, so wie dies drei Jahrhunderte zuvor die Schöpfer des Gottesfriedens getan hatten, die ja ebenfalls über keine diesseitige Legitimation für ihr Tun verfügten. Zu den wichtigsten Zielen des Friedensbundes von 1254 gehörten die Beseitigung oder doch Ermäßigung der den stadtbürgerlichen Handelsinteressen so abträglichen unrechten Zölle, der Schutz für alle Leute, die dessen bedurften: Kleriker, Laien, Juden. Der Zwangscharakter der Einung kam in der Bestimmung zum Ausdruck, daß Nicht-Mitgliedern die Vorteile des Friedens nicht zugute kommen sollten. Man ging sogar fast so weit, den Rhein geradezu den Einungsgenossen zu reservieren. Die Städte oberhalb von Koblenz bis Basel sollten zu diesem Zweck 100 mit Bogenschützen besetzte Schiffe bereitstellen, die unterhalb der Mosel hatten 50 auszurüsten. Zwar sind zahlreiche Beschlüsse der verschiedenen Bundestagungen ziemlich unverhüllt zu Nutz und Frommen der städtischen Mitglieder gefaßt worden, zu gewissen Gelegenheiten war man aber auch bereit, die Interessen der beteiligten Herren zu berücksichtigen, z. B. als das Institut der Pfalbürger verboten wurde, der Falschbürger, die außerhalb der Städte wohnten, jedoch das Bürgerrecht in Anspruch nahmen und sich unter Berufung darauf ihren Verpflichtungen gegenüber den Herren zu entziehen suchten. Vorgesehen war auch eine von Städten und Herren mit je vier Mitgliedern beschickte Kommission, die Konflikte unter den Einungsgenossen auf dem Wege gütlicher Einigung oder aber des Rechts beilegen sollte – eine für die folgenden beiden Jahrhunderte richtungweisende Idee. Aus der paritätischen Besetzung der Kommission darf man durchaus auf ein Gleichgewicht des politischen und militärischen Potentials dieser beiden Mächtegruppierungen schließen; zumindest waren die Städte darum bemüht, dieses herzustellen, und aufs Ganze gesehen ist ihnen das auch gelungen, zumal dann, wenn der jeweilige König ihnen wohlwollende Neutralität oder gar offene

Unterstützung zuteil werden ließ. Dies wird im einzelnen zu zeigen sein.

Bei der Gründung ihres ersten wirklich beachtenswerten Bundes im Jahre 1254 haben sich die Städte allerdings, wenn auch nicht ausdrücklich, gegen den zu dieser Zeit existierenden König gestellt. Aber diese oppositionelle Haltung hat sich dann sehr rasch gewandelt; schon auf einem Wormser Tag im Oktober dieses Jahres erklärten die Vertreter der verschworenen Städte in einem Nebensatz, daß dem hl. Reich der erlauchte Herr Wilhelm als römischer König vorstehe. Die Anerkennung des Bundes von seiten des Königs ließ freilich auf sich warten, denn Wilhelm hat mit Rücksicht auf seine fürstlichen Wähler lange gezögert, die Einung zu legitimieren: Die nach dem Urteil zeitgenössischer Quellen offenbar recht erfolgreiche Durchsetzung der Politik des Friedensbundes – Friedenssicherung auf den Handelsstraßen, Beseitigung unrechter Zölle – verletzte die Interessensphäre der Landesherren, nach deren Meinung die Zwangsgewalt der Stadtbürger äußerstenfalls auf den ummauerten Bereich der jeweiligen Gemeinde begrenzt bleiben sollte. Als aber König Wilhelm mit dem wichtigsten seiner Wähler, dem Kölner Erzbischof Konrad von Hochstaden, in einen Konflikt geriet, entschloß er sich, die Städte als Bundesgenossen zu gewinnen. Am 10. XI. 1255 bestätigte er die heilsam und vernünftig beschworene pax. Für die Interessenkollisionen zwischen Fürsten und Städten setzte der König die rechtlichen Maßstäbe: Die Herren durften Dienste und Abgaben nur fordern, die seit 30 oder 40 Jahren üblich waren. Den Städten konzedierte er ihre hergebrachten Rechte und Freiheiten. Bei Streitigkeiten zwischen Städten und Herren war der Rechtsweg einzuhalten. Die Herren konnten vor dem König und seinem im März 1255 erstmals wieder eingesetzten Reichshofrichter klagen sowie vor den Schultheißen von Boppard, Frankfurt, Oppenheim, Hagenau und Colmar. Erst wenn dies zu keinem Ergebnis führte, durften sie zur Selbsthilfe greifen, um ihr Recht durchzusetzen: Handelsware pfänden, Kaufleute kümmern, d. h. ausrauben und gefangensetzen.

Zwar hatte die Friedenseinung mit der Anerkennung durch König Wilhelm ihre Eigenständigkeit aufgegeben, aber angesichts der für die Städte überaus vorteilhaften Regelung des gerichtlichen Austrags werden sie dieses Opfer leichten Herzens dargebracht haben. Allerdings ist Wilhelm nur wenige Wochen, nachdem er den Bund anerkannt hatte, im Kampf gegen die Friesen gefallen (28. I. 1256). Mit der dadurch verursachten Reichsvakanz befaßte sich eine Versammlung, an der auch die westfälischen Städte Münster und Soest teilnahmen. Am 17. III. wurde der Abschied dieses Tages publiziert, in dem sich die Genossen wiederum prononciert auf Jesus

Christus als Urheber allen Friedens beriefen. Nach einer Aufforderung zur Mobilisierung aller vorhandenen Machtmittel dekretierten die Vertreter der Städte, daß sie jetzt, da das Reich vakant und kein König vorhanden sei, das Reichsgut mit aller Kraft verteidigen wollten. Wie schon vor der Anerkennung durch König Wilhelm beanspruchte der Bund damit die Funktion eines korporativen Reichsvikars. Daß den Bundesgenossen dieser Zustand nicht als besonders vorteilhaft erschien, daß ihm an der Legitimierung durch einen allseits anerkannten und mächtigen König durchaus gelegen war, bewiesen sie durch den Beschluß, feierliche Boten zu denjenigen Fürsten zu senden, denen das Recht der Königswahl zustand. Die Gesandten sollten diese Herren, deren Namen oder Titel leider nicht genannt wurden, auffordern, ihre Wahl auf eine einzige geeignete Person zu lenken, damit nicht Zwietracht das Werk des Friedens zunichte machen könne. Falls sich dennoch eine zwiespältige Wahl ereignen würde, wollten die Städte keinem der Gewählten die Tore öffnen oder gar den Treueid leisten. Mit dieser Verpflichtung hatten die Städte freilich ihre Möglichkeiten bei weitem überschätzt. Boten haben sie zwar tatsächlich in die Lande gesandt; die Herzöge von Sachsen und Braunschweig sowie zwei Markgrafen von Brandenburg beglückwünschten den Bund zu seiner Initiative, wußten auch gleich einen geeigneten Kandidaten zu benennen, nämlich den Brandenburger Otto III., aber die Doppelwahl vom 1. IV. (Alfons von Kastilien) und vom 17. V. 1257 (Richard von Cornwall) haben die Städte nicht zu verhindern vermocht, und die unterschiedliche Interessenlage der einzelnen Bundesstädte führte dann binnen kurzem zu einer Auflösung ihrer Allianz. Die meisten von ihnen erkannten Richard von Cornwall an, der aber anders als sein Vorgänger nie in die Lage kam, die Städte als wirksamen Machtfaktor zur Stärkung seiner Herrschaft gegen die Fürsten und Landesherren einzusetzen. Auch dies werden die Reichs- und Freien Städte in den folgenden beiden Jahrhunderten noch mehrfach unter Beweis stellen: Sie sind zwar militärisch, politisch und vor allem wirtschaftlich stark genug, ihre Eigenständigkeit gegenüber den Fürsten zu behaupten, zugleich aber außerstande, in Konfliktsituationen die Reichspolitik nach ihren Vorstellungen zu lenken. Die das politische Klima des Reiches ständig und tiefgreifend bestimmende Auseinandersetzung zwischen Reichsstädten und Landesherren, zu denen sich seit der Mitte des 14. Jahrhunderts noch der sich ebenfalls in Allianzen zusammenschließende nichtfürstliche Adel als dritte Kraft hinzugesellte, sollte im übrigen aber nicht mit den Maßstäben des 18. oder 19. gewertet werden: Hier die retardierende Gewalt der alten »Feudalmächte«, dort der fortschrittliche Geist des wirtschaftenden Bürgertums. Zwar rekrutierte sich das liberale und fortschrittsgläubige Bürgertum des 19. Jahrhunderts auch aus den alten Reichsstädten, aber ebenso maßgeblich wie die Erinnerung an die untergegangene Reichsfreiheit wirkten sich bei der Entwicklung des modernen Bürgertums die Erfahrungen aus, die eine Vielzahl seiner Vertreter unter der aufgeklärt-absolutistischen Herrschaft der deutschen Fürsten gesammelt hatten. Außerdem gaben in vielen, wenn nicht den meisten Reichsstädten die staufischen Ministerialen und ihre Nachkommen den Ton an und sorgten dafür, daß die Mentalität sich innerhalb der Stadtmauern oft nicht allzusehr von der in den benachbarten Burgen unterschied. In Schwäbisch Hall wurden nach 1460 unter den 19 reichsten Steuerzahlern nur 5 Nicht-Adelige gezählt; die ersten 9 Plätze nahmem Adelige ein, Nachfahren der Ministerialen Friedrichs II. In Boppard war nicht nur das Marktamt zunächst ständig in der Hand der Ministerialenfamilien, sondern auch die einzelnen Marktstände. Andererseits läßt sich allerdings auch nicht verkennen, daß die Geldwirtschaft und ihre Konsequenzen – Gewinnstreben, »Rechenhaftigkeit« – in den Städten sehr viel eher und ausgeprägter in Erscheinung traten als an den Fürsten- und Herrenhöfen inmitten eines noch überwiegend agrarisch bestimmten Umlandes. Der Kölner Kaufmann Gerhard aus der Dichtung des Rudolf von Ems (um 1230) läßt zwar seinen Sohn zum Ritter des Erzbischofs von Köln weihen und ihn damit die höchste Würde dieser Welt erringen, aber im übrigen gibt es für ihn doch keinen Zweifel daran, daß die Vermehrung ererbten Reichtums eine ebenso sinnvolle wie ehrenwerte Aufgabe darstellte. Fast zur selben Zeit faßt jedoch der Spruchdichter Freidank seine offenkundig tiefe Abneigung gegen den stadtbürgerlichen Kaufmann in die Verse: »Gott hat drei Stände geschaffen./Bauern, Ritter und Pfaffen./Den vierten aber schuf des Teufels List,/der jener Dreiheit Meister ist./Dieser wird der ›Wucher‹ genannt,/verschlingt die Leute und das Land.« Kauf und der von der Kirche verbotene Wucher (Zins) stehen im Sprachgebrauch dieses Dichters in enger Wechselbeziehung zueinander. Die Verachtung des ritterlich lebenden und kämpfenden Adeligen gegen den auf Gewinn erpichten und arbeitenden Kaufmann kommt auch in der späteren Spruchdichtung und in einigen kleinen Mären der Zeit noch oft genug zum Ausdruck. Um so bedeutsamer erscheint dann das Bestreben von Predigern und Schriftstellern der seit den zwanziger Jahren des 13. Jahrhunderts in deutschen Städten auftretenden Bettelorden, dem Stadtbürger, Kaufmann und Handwerker, einen ihm angemessenen Rang in der christlichen Ständeordnung einzuräumen. Der Minorit Berthold von Regensburg (ca. 1215–1272) wetterte zwar auch gegen die Erzlaster urbanen Daseins – Habgier, Geiz, Betrug, Verschwendung, Hurerei –, aber zugleich betonte er, den Kaufmann könne man nicht entbehren, weil er die Waren dort kaufe, wo sie wohlfeil seien, und der dabei erzielte Gewinn komme ihm zu Recht zu, weil er durch seine Tätigkeit den Mangel beseitige.

Die Bettelorden (Mendikanten) waren zwar keineswegs zum Zweck städtischer Seelsorge gegründet worden, aber schon unmittelbar nach ihrer Stiftung oder ihrer Bestätigung durch den Papst waren Franziskaner (Minoriten, 1209/33) und Dominikaner (Predigerorden, 1216) in die Städte entsandt worden. In Deutschland wurden die ersten Konvente bereits 1221 bzw. 1225 in Augsburg gegründet; 1231 lassen sich die ersten Franziskaner vor den Toren Basels nieder, zwei Jahre später folgen die Dominikaner. Um 1250 kann man in fast jeder bedeutenderen Stadt bereits mit Niederlassungen dieser beiden Orden rechnen, denen sich dann noch die Augustiner-Eremiten (1256) und die bereits seit dem 12. Jahrhundert existierenden Karmeliter zugesellten. Die Seelsorge der Bettelmönche, die anders als Benediktiner oder Zisterzienser nicht zur stabilitas loci (Anwesenheit in einem bestimmten Kloster) verpflichtet waren, konzentrierte sich auf die Predigt und die Spendung des Bußsakraments; sie waren dabei unabhängig von dem örtlichen Pfarrklerus. Die mitreißenden Predigten mancher Franziskaner und Dominikaner sowie die Ablaßprivilegien, die sie sich zu verschaffen wußten, ließen einige der neuen Konvente bald zu mit Argwohn und Neid bedachten Konkurrenten des Pfarrklerus werden. Trotz des Armutsgelübdes haben Dominikaner und Franziskaner in manchen Städten schon bald über ansehnlichen Grundbesitz verfügt; den Intentionen des hl. Franziskus glaubte ein großer Teil seiner Jünger und einige Päpste dadurch gerecht werden zu können, indem sie zwischen dem Eigentum (dominium) und dem Nießbrauch (usus) von Immobilien und anderen Werten unterschieden, wobei dann das Recht des Eigentums entweder dem Schenker verblieb oder aber dem Hl. Stuhl übertragen wurde. Es kann kein Zweifel daran bestehen, daß die neuen Orden und ihre von der Kurie mit einigem Argwohn bedachten Ideale den religiösen Bedürfnissen eines Großteils der Stadtbevölkerung entsprochen haben, aber auf der anderen Seite ergaben sich für das Stadtregiment durch die Anwesenheit der nicht an die Weisungen des Pfarrklerus gebundenen Bettelmönche gewisse Möglichkeiten, die eine gegen die andere Partei auszuspielen, z. B. bei Gelegenheit eines über die Stadt verhängten Interdikts (des Verbots, geistliche Handlungen vorzunehmen).

In unmittelbarem Zusammenhang mit der wachsenden Urbanisierung und der Ausweitung des Handels setzte um die Mitte des

13. Jahrhunderts eine neue Aufschwungphase der Geldwirtschaft ein: Jetzt erst werden Goldmünzen in nennenswertem Umfang geprägt, zunächst in Italien, dann – seit dem Beginn des 14. Jahrhunderts – auch in Frankreich, danach auch in deutschen Landen. Zugleich beginnt in Frankreich die Periode des silbernen Großpfennigs (gros Tournois, um 1260). Der Wechsel gewinnt – als Zahlungsmittel wie als Instrument der Kreditschöpfung – zunehmend an Bedeutung: Der deutsche Klerus wickelt seine Zahlungsverpflichtungen an die Kurie nicht selten mit Wechseln ab, die von den auf den Champagne-Messen tätigen italienischen Firmen akzeptiert und weitergeleitet werden. Die Erfahrung im Umgang mit Geld und Kredit verschaffte den Stadtbürgern einen wirtschaftlichen Vorsprung vor den Landesherren, den diese erst im Verlauf des 15. Jahrhunderts einzuholen vermochten. Zwar haben Fürsten und Landesherren an dem neuen Aufschwung des Geldwesens durch die Verfügung über Regalien, besonders über Zölle an Land- und Wasserstraßen partizipieren können, und auch sie hatten und haben ihre Städte gegründet und gefördert, aber im 13. und 14. Jahrhundert waren doch viele der Landesherren gezwungen, zum Mittel der Verpfändung zu greifen, um in Besitz von Bargeld zu gelangen oder ihren Zahlungsverpflichtungen nachkommen zu können. Bis zu den großen Pogromen des Jahres 1349, in geringerem Umfang auch noch danach, sind namhafte Fürsten zu Schuldnern der in den Reichs- und Freien Städten tätigen jüdischen Finanziers geworden, die ihrerseits genötigt waren, beträchtliche Summen an das jeweilige Stadtregiment zu zahlen, das sie am Ende doch nicht schützen konnte oder wollte.

Bei der erwähnten Doppelwahl des Jahres 1257 ist der neben den Städtebünden zweite maßgebliche Faktor der spätmittelalterlichen Reichspolitik zum erstenmal in Erscheinung getreten: Das Gremium der sieben allein für die Wahl des römischen Königs zuständigen Kurfürsten. Von einem abgeschlossenen Kollegium mit einem gemeinsamen vom Einzelinteresse unabhängigen und über die Wahl hinausreichenden Zweck konnte damals freilich noch nicht die Rede sein; dieser Zustand wird erst im Verlauf der folgenden anderthalb Jahrhunderte allmählich und keineswegs zwangsläufig und geradlinig erreicht werden. Die Siebenzahl war zum erstenmal im Sachsenspiegel (um 1230) genannt worden; jedoch hatte Eike von Repgow dabei einen der genannten Fürsten ausdrücklich als nicht wahlberechtigt bezeichnet, nämlich den König von Böhmen, weil dieser kein Deutscher sei. Die anderen sechs: die Erzbischöfe von Mainz, Köln und Trier, der Pfalzgraf bei Rhein, der Herzog von Sachsen und der Markgraf von Brandenburg verfügten nach dem Sachsenspiegel nur über ein Vorwahlrecht; nach ihnen konnten auch noch die anderen geistlichen und weltlichen Fürsten abstimmen. Aber die Konstituierung des bevorrechtigten Wählerkreises führte doch schon 1257 dazu, daß die anderen von der eigentlichen Wahl ausgeschlossen wurden. Der Böhmenkönig hat sich damals durch das nationale Verdikt des Sachsenspiegels insofern beeindrucken lassen, als er gleich beiden Kandidaten seine Stimme gab, auf daß erst gar kein Zweifel an seinem Kurrecht aufkommen konnte.

Daß es am Ende nur noch sieben Kurfürsten gab und daß nur die soeben genannten sich dieses Privilegs erfreuen konnten, hatte eine Reihe von einsehbaren, aber auch eine ganze Reihe von ganz zufälligen Gründen. Zum Beispiel wird es jedermann als sinnvoll angesehen haben, daß die drei an Weihe und Krönung des Königs beteiligten rheinischen Erzbischöfe auch über Kurstimmen verfügten. Zugleich aber wurden die bis dahin ranggleichen Erzbischöfe von Hamburg-Bremen, von Salzburg oder Magdeburg vom Kurrecht ausgeschlossen, und dies minderte nicht nur ihren Einfluß auf das Königtum, sondern auch ihr Interesse an der Reichspolitik in nachhaltiger Weise. Wenn die Herzöge von Österreich aus dem Kreis der Laienwähler ausgeschaltet wurden, so lag dies gewiß auch daran, daß sich dieses Fürstentum in den fünfziger Jahren des 13. Jahrhunderts in der Hand des Böhmenkönigs befand, der über eine Stimme verfügte. Nach dem Zusammenbruch von König Ottokars Reich und dem Übergang Österreichs an die Habsburger hat es sich dann lange Zeit als sehr nachteilig erwiesen, daß diese Dynastie beiseite stehen mußte, wenn ein neuer König zu wählen war. Erklärbar ist auch, daß die Herzöge von Bayern – von der Wahl Rudolfs von Habsburg einmal abgesehen – keine Kurfürsten geworden sind, denn die Wittelsbacher waren zugleich im Besitz der rheinischen Pfalzgrafschaft und deren Stimme. Indes hat dann in den folgenden Jahrhunderten manch bedeutender Bayernherzog den Wahlakt als tatenloser Beobachter verfolgen müssen. Ausgeschlossen aus dem Kreis der Kurfürsten blieben z. B. auch die Herzöge von Brabant und Lothringen, deren Bindungen an das Reich durch die Beteiligung an der Königswahl gewiß nicht so rasch brüchig geworden wären. Aufs Ganze gesehen hat die wenig rational anmutende Einschränkung des Wahlrechts auf die sieben Kurfürsten eine konsistente und halbwegs gleichförmige ständische Vertretung des Reiches auf fürstlicher Ebene – als Gegenpol zur monarchischen Gewalt – in verhängnisvoller Weise verhindert.

Daß sich die Bildung eines bevorrechtigten Kreises von Wahlfürsten ohne nennenswerten Widerstand von seiten ihrer bis dahin gleichberechtigten Standesgenossen vollzogen hat, lag z. T. gewiß an der geringen Bedeutung des Wahlaktes nach der vom Papst verfügten Absetzung Kaiser Friedrichs II. Ein Bayernherzog soll damals sogar erklärt haben, seinetwegen solle der Papst ruhig einen neuen König benennen, wenn er, der Herzog, nur ungestört sein Fürstentum innehaben könne. Die Zeit der schwachen oder gar nicht im Reich anwesenden Könige von Heinrich Raspe bis Alfons von Kastilien führte nun merkwürdigerweise nicht zu einer Stärkung der Fürstenmacht, sondern in mehreren Fällen zu ihrer merklichen und nachhaltigen Schwächung. Dies betrifft freilich nicht die Gruppe der geistlichen Fürsten, die ein erhebliches Übergewicht über die der weltlichen hatte. Zum Kreis der ersten zählten alle Erzbischöfe, nahezu alle Bischöfe und einige Äbte und Äbtissinnen; insgesamt waren es am Ende der Stauferzeit ca. 92 geistliche Fürsten, denen nur 13 weltliche gegenüberstanden. Allerdings haben sich die letzteren dann innerhalb kurzer Zeit beträchtlich vermehrt. Nach den Rechtsanschauungen der Zeit galten Fürstentümer zwar als unteilbar, aber noch während des sog. Interregnum begannen zunächst die Bayern, dann auch die Brandenburger ihre Länder unter ihren Erben aufzuteilen. Schon am 28. III. 1255 haben die beiden Söhne Herzog Ottos II. von Bayern, Ludwig II. (der Strenge) und Heinrich XIII., ihre Länder so geteilt, wie es ein Bauer im Bereich der Realteilungen mit seinem Hof zu tun pflegte. Dabei erhielt Ludwig außer der Pfalzgrafschaft das obere Bayern, Heinrich das niedere Bayern. In Brandenburg ließen die beiden bis dahin gemeinsam regierenden Brüder Johann I. und Otto III. im Jahre 1258 sogar das Los über die Aufteilung ihrer Besitzungen entscheiden; nach ihrem Tod gab es zunächst sechs, seit 1268 immer noch fünf regierende Markgrafen, die sich um das Kurrecht und die Würde des Reichskämmerers stritten. Das Herzogtum Sachsen ist zwar erst 1295/96 real geteilt worden, jedoch machte sich die Tendenz, auch hier dem bayerischen Beispiel nachzueifern, schon nach dem Tode Herzog Albrechts I. (1261) bemerkbar, als seine Söhne Johann I., Stammvater der Sachsen-Lauenburger, und Albrecht II., erster Herzog von Sachsen-Wittenberg, um die Ausübung der sächsischen Kur rivalisierten. Nach dem Tode Johanns haben sich dann seine drei Söhne mit dem Oheim auf eine Teilung der sächsischen Territorien geeinigt, nicht aber auf den Besitz der sächsischen Kur, die fortan bis zur Goldenen Bulle zwischen den beiden Linien umstritten blieb. Die fürstliche Sphäre wurde nach dem Tode Konradins noch dadurch weiter geschwächt, daß die schwäbische Herzogswürde vakant blieb und damit – ähnlich wie zuvor schon in Franken – die partikularen Kräfte der Region, darunter auch die Grafen von Habsburg, ihre Machtkämpfe unbehindert von jeder fürstlichen Gewalt austragen konnten.

Einem ganz ähnlichen Schicksal steuerte damals auch die thüringische Region entgegen. Als mit dem vom Papst protegierten König Heinrich Raspe die alte Landgrafendynastie ausstarb (16. II. 1247), kam es zu Erbstreitigkeiten, die mit einer Teilung des Landes endeten: Die Gebiete westlich der Werra fielen an Hessen, nur die zentralthüringischen Regionen einschließlich Eisenachs und der Wartburg bildeten fortan die Grundlage der Landgrafschaft, die von dem Wettiner Markgraf Heinrich von Meißen übernommen wurde. In Thüringen konnte er als Landgraf allerdings unter den Grafen der Region nur den Rang eines primus inter pares einnehmen, nachdem diese ihn im Weisenfelser Vertrag (1249) als Erben anerkannt hatten. Heinrichs Sohn Albrecht heiratete 1255 Kaiser Friedrichs II. Tochter Margarete, und ihr zwei Jahre später geborener Sohn Friedrich (der Freidige) beanspruchte nach dem Tode seines Vetters Konradin zeitweise das staufische Erbe, urkundete im Jahre 1269 sogar einmal unter dem Titel eines Königs von Jerusalem und Sizilien, Herzog in Schwaben, Landgraf zu Thüringen und Pfalzgraf zu Sachsen. Aber dann ließen schwere familiäre und eheliche Zerwürfnisse, die Friedrichs Vater nicht ganz zu Unrecht den Beinamen »der Entartete« eingetragen haben, die politischen Blütenträume des Hauses Wettin rasch dahinwelken. Mord, Raub und Brand veranlaßten schon im Jahre 1277 einen der thüringischen Grafen, den neuen König Rudolf aufzufordern, den Frieden im Lande wiederherzustellen.

Die erwähnten Teilungen einiger der deutschen Fürstentümer entsprachen zwar auch dem Bemühen ihrer Inhaber um eine intensivere Ausübung der Herrschaft über Land und Leute, sie führten aber fast zwangsläufig auch zu einer Schwächung des fürstlichen Einflusses auf die Reichspolitik, zumal wenn sie aus familiärer Rivalität oder gar tiefgreifendem Bruderhaß resultierten. Nur einer der Reichsfürsten paßt überhaupt nicht in dieses Bild der entweder auf ihre unmittelbare Herrschaftssphäre fixierten oder aber unfähigen Landesherrn: Ottokar II. Přemysl, König von Böhmen, der um 1230 als Sohn einer Tochter Philipps von Schwaben und König Wenzels I. geboren worden war. Ottokar galt vor dem Tode Friedrichs II. als einer von dessen wenigen Anhängern, aber es ist ihm dann doch schon bald gelungen, die Unterstützung der Kurie zu gewinnen: Als er das bereits 1251 besetzte Herzogtum Österreich durch die Ehe mit der letzten Babenbergerin, Margarete, Witwe König Heinrichs (VII.), gegen die Ansprüche anderer absichern wollte, erhielt er vom Papst die erforderliche Dispens und bedankte sich dafür, indem er sich von seinem Vetter Konrad IV. lossagte und Wilhelm von Holland als römischen König anerkannte. Pläne des Kölner Erzbischofs, Ottokar 1256/57 zum Nachfolger Wilhelms zu erheben, scheiterten dann allerdings an einem

Einspruch aus Rom. Die weitere Machtentfaltung des Přemysliden hat diese Episode freilich nicht beeinträchtigen können. 1261 besiegte er den Ungarnkönig Bela IV. und nahm ihm die Steiermark ab. 1266 annektierte er das zum Reichsgut zählende Egerland, 1269 Kärnten, Krain und die Windische Mark und schließlich Pordenone in Oberitalien. Ottokars Interessen- und Machtsphäre reichte damit vom Mittelmeer bis zur Ostsee, wo er dem Deutschen Orden bei der Unterwerfung der von dessen Herrschaft und vom christlichen Glauben abgefallenen Prussen half. In den sechziger Jahren schien sich geradezu eine Zweiteilung des Reiches in zwei Einflußzonen abzuzeichnen: Im Westen die des römischen Königs Richard, im Osten die des Böhmenkönigs. Daß Ottokars Herrschaft über eine Vielzahl recht unterschiedlicher Länder, deren Adel seine jeweilige Eigenständigkeit zu wahren trachtete, noch kaum als konsolidiert gelten konnte, dürften seine Gegner stets gehofft haben. Aber der Böhme sorgte allenthalben mit harter Hand für die Wahrung des Landfriedens und durfte dabei der Zustimmung von seiten der am Handel interessierten Stadtbürger sicher sein. Ebenso wie die anderen slawischen Landesherren am Ostrand des Reiches förderte er den Landesausbau durch deutsche Neusiedler, die Entwicklung des Städtewesens durch Privilegierung deutscher Kaufleute und Handwerker. Auf die daraus resultierenden nationalen Spannungen in seinem Erbreich werden wir im Kapitel über Rudolf von Habsburg zurückkommen. Im Jahre 1273 konnte indes niemand vorhersehen, daß sich das Regnum Ottocarianum als Koloß auf tönernen Füßen erweisen würde; jeder, der die Nachfolge der fremden Könige aus Kastilien und England antreten wollte, mußte sich früher oder später mit dem übermächtigen König aus Böhmen auseinandersetzen; es sei denn, daß Ottokar selbst die Wahl der Kurfürsten auf sich zu ziehen verstand.

Das Reich des Böhmenkönigs mußte den Zeitgenossen um so beeindruckender erscheinen, als Macht und Autorität des römischen Königtums nach Absetzung und Tod Kaiser Friedrichs II. damals auf einem Tiefpunkt angelangt waren. Wegen des fast vollständigen Mangels an dauerhaften und kontinuitätsbildenden Institutionen war jene auctoritas so sehr an die Person des jeweiligen Herrschers gebunden, daß die Wahl eines Königs von Kastilien oder von König Heinrichs III. Bruder Richard von Cornwall verheerende Auswirkungen auf Macht und Ansehen des römisch-deutschen Königtums haben mußte: Der eine ist überhaupt nie auf deutschem Boden erschienen, der andere kam nur gelegentlich aufs Festland, um seine Rechte wahrzunehmen. Richards Machtbereich blieb jedoch im wesentlichen auf das Rheingebiet und die heutigen

Niederlande beschränkt. Beide Könige haben mehr oder weniger die römische Königswürde als Mittel zu einem anderen Zweck angesehen. Alfons, Enkel König Philipps (von Schwaben), der sich zunächst von den Städten Pisa und Marseille zum römischen König und Kaiser hatte wählen lassen, ehe er auch einen Teil der Kurfürsten für sich gewinnen konnte, strebte nach der Kaiserkrone. Das gleiche Ziel verfolgte auch Richard von Cornwall, wenn auch auf anderem Wege und mit wirksameren Mitteln. Aber trotz der beträchtlichen Geldsummen, mit denen er Fürsten, Adel und Dichter im Reich zu beeindrucken wußte, ist es auch ihm nicht gelungen, seine Herrschaft allenthalben durchzusetzen; ein für 1260 geplanter Romzug blieb im Ansatz stecken. Der Kurie hat er sich dabei verdächtig gemacht, als er auf Pläne, das als heimgefallenes Kirchenlehen geltende und von Manfred, einem illegitimen Sohn des Kaisers, gehaltene Königreich Sizilien für seinen Neffen Edmund zu erobern, verzichtete und die sizilischen Ansprüche Konradins sowie dessen schwäbisches Herzogtum anerkannte.
Unbeeinflußt vom römischen König Richard vollzog sich dann das Schicksal der letzten Staufer. Nachdem der aus Troyes stammende Papst Urban IV. das Königreich Sizilien-Neapel zunächst König Ludwig IX. von Frankreich für einen von dessen Söhnen angeboten und dieser abgelehnt hatte, erklärte sich Ludwigs ungleicher Bruder, der ebenso energische wie skrupellose Karl von Anjou bereit, das staufische Erbe in Süditalien für sich und die römische Kirche zu erobern. Die schon 1254 erfolgte provisorische Belehnung des englischen Anwärters Edmund war bereits vorher für nichtig erklärt worden. Mit Zustimmung seines Bruders begann der Anjou seinen Feldzug gegen Manfred, der sich 1258 über die Rechte des damals sechsjährigen Konradin hinweggesetzt hatte und in Palermo zum König gekrönt worden war. In der Schlacht bei Benevent ist Manfred am 26. II. 1266 gefallen. Zwei Jahre später, am 9. VIII. 1268, scheiterte der Versuch des letzten Staufers, sich des väterlichen Erbes zu bemächtigen, in der Schlacht bei Tagliacozzo. Am 29. IX. 1268 endete Konradin in Neapel unter dem Schwert des Scharfrichters. Das deutsche Echo auf den Tod von Friedrichs II. Enkel blieb matt. Ein nur mäßig begabter Dichter meinte, Konradin habe mit dem Anjou das Spiel »Kopf ab« gespielt und dabei verloren. Mit der endgültig scheinenden Konsolidierung der Anjou-Herrschaft im südlichen Italien hatte sich das politische Kräftefeld nicht nur im südlichen, sondern auch im westlichen und mittleren Europa beträchtlich verändert; auch die beiden zum Arelat und damit zum römischen Reich gehörenden Grafschaften Provence und Forcalquier standen, wenn auch nicht unbestritten, unter der Herrschaft Karls von Anjou. Sein Bruder Ludwig der

Heilige hatte schon 1259 einen lang andauernden Konflikt mit England durch einen Friedensvertrag beendet. Heinrich III. verzichtete auf die englischen Ansprüche auf Anjou und Normandie und ließ sich mit der Gascogne und einigen anderen Gebieten im Südwesten Frankreichs belehnen. Ludwig IX. durfte damals als der wahre Kaiser der Christenheit angesehen werden; das Prestige, das er mit politischer Weisheit und Zurückhaltung für das Haus Frankreich gewonnen hatte, wurde auch durch das katastrophale Scheitern seines Kreuzzuges im Jahre 1270 und seinen Tod in Tunis vorerst nicht beeinträchtigt. Sein Bruder hatte, kaum daß er seine Herrschaft im Regno gesichert hatte, in dem zum Reich gehörenden Norditalien Fuß zu fassen versucht.

Das politische Vakuum, das Sturz und Tod Friedrichs II. nach sich gezogen hatten, war demnach in Italien, z.T. auch im Arelat verhältnismäßig schnell, wenn auch keineswegs in unumstrittener Weise ausgefüllt worden, und Juristen, die dem Hause Anjou wohlgesonnen waren, versuchten mit verschiedenen Theorien, einem römischen König die Rückkehr in die alten Rechtspositionen zu erschweren oder unmöglich zu machen. So behaupteten sie z. B., erst dem in Rom zum Kaiser gekrönten Herrscher stünde die Verwaltung des gesamten Imperiums, einschließlich des Arelats und Reichsitaliens, zu. Diese Bedingung hat nach Friedrich II. erst Heinrich VII. vom 29. VI. 1312 an für etwa 14 Monate erfüllt, und nach diesem hat es wiederum mehr als 40 Jahre gedauert, bis sein Enkel Karl IV. im Jahre 1355 in einwandfreier Weise zum Kaiser gekrönt worden ist. Aber nicht nur im außerdeutschen Bereich waren Macht und Ansehen des römischen Königs in merklicher Weise geschwächt worden. Der zeitweise an der Kurie lebende Kölner Kleriker Alexander von Roes hat den staufischen Königen und Kaisern vorgeworfen, das Reich allein mit Hilfe von Schwaben und Bayern regiert zu haben, so daß man schon gar nicht mehr von einem Reich Germania, sondern vom Regnum Alamanniae zu sprechen pflege. Alexander bedauerte, daß der ehemalige Kernraum des Reiches, nämlich das von Westfalen bis zu den Marken östlich von Elbe und Saale reichende Herzogtum Sachsen, fast vollständig aus dem Wirkungskreis der Könige und Kaiser herausgedriftet war, und erhoffte von dem gerade gewählten Habsburger Rudolf eine Abkehr von dieser Indifferenz gegenüber dem Norden und Osten des Reiches. Diese gehörten in der Tat seit dem Sturz Heinrichs des Löwen (1180) und vollends seit dem Tode Friedrich Barbarossas zu den königsfernen Regionen des Reiches. Friedrich II. hatte dieser Entwicklung dadurch Rechnung getragen, daß er 1214 das Gebiet jenseits von Elbe und Elde einschließlich des von Heinrich dem Löwen neugegründeten und reich privilegierten,

mittlerweile zur Reichsstadt gewordenen Lübeck an den Dänenkönig Waldemar II. abtrat. Indes war es einer Koalition von norddeutschen Fürsten mit Hilfe auch von Lübecker Kontingenten in der Schlacht von Bornhöved (22. VII. 1227) gelungen, die schon vorher erreichte Beseitigung der dänischen Herrschaft zu sichern. Lübeck hatte sich bereits vor der Entscheidungsschlacht durch zwei kaiserliche Privilegien das angeblich alte Stadtrecht und die Reichsfreiheit bestätigen lassen. Fast zur gleichen Zeit hatte Friedrich II. in Rimini dem Hochmeister des Deutschen Ordens, Hermann von Salza, ein Privileg ausgestellt, das, was damals keineswegs selten vorkam (vorausgesetzt der Empfänger trug die hohen Kosten), mit einer Goldbulle gesiegelt war. Darin wurde dem Orden das ihm von dem piastischen Herzog Konrad von Masowien versprochene Kulmer Land sowie das erst von den Ordensrittern zu erobernde Land der als heidnisch oder gar apostatisch geltenden Prussen zuerkannt. Dem Orden wurden dabei die Regalien – Markt, Münze, Zoll – konzediert, ebenfalls die Gerichtshoheit über das Land, das ausdrücklich als zur monarchia imperii gehörig erklärt wurde. Dem Hochmeister selbst wurden die Rechte eingeräumt, die auch ein Reichsfürst innehabe.
Die zeitliche Koinzidenz der Privilegierung des Ordens und der Stadt Lübeck bildete die Grundlage einer These, derzufolge der Kaiser damals ein großes politisches Konzept zur Einbeziehung des Ostseeraums in den Bereich seines Imperiums entwickelt habe; gegen eine solche Deutung des gewiß auffälligen zeitlichen Zusammenhangs wurde dann aber wohl mit Recht der Einwand erhoben, daß der Wortlaut der Goldenen Bulle von Rimini nicht in dem der kaiserlichen Kanzlei eigentümlichen Latein abgefaßt worden sei, daß zumal der Begriff der monarchia imperii nicht der Diktion von Friedrichs II. Kanzleibeamten entstamme. Die Urkunde ist offenbar von Hermann von Salza selbst oder von einem seiner Berater entworfen und dann vom Kaiser bestätigt und gesiegelt worden. Wie immer es sich mit dem Zusammenhang zwischen den Privilegien für Lübeck und den Deutschen Orden verhalten haben mag, die Durchsetzung der in der Goldbulle verliehenen Rechte erfolgte dann ohne nennenswerte Unterstützung von seiten des Kaisers oder seiner Söhne. Der Friede zwischen dem Deutschen Orden und den Prussen, der 1249 in Christburg geschlossen wurde, war von einem päpstlichen Legaten vermittelt worden und konzedierte den zum Christentum übergetretenen Prussen überraschenderweise die volle persönliche Freiheit, d.h. freies Besitz-, Erb- und Gerichtsverfahrensrecht, das Recht, Priester und – unter Voraussetzung adeliger Herkunft – auch Ritter zu werden. Für Heiden und Apostaten, die mit Gewalt zur Wahrheit des Christentums

bekehrt werden mußten, sah das mittelalterliche Kriegsrecht normalerweise die bedingungslose Unterwerfung unter die Willkür des Siegers vor; es mag sein, daß mit dem Christburger Frieden dem Orden als einer von dem damals gebannten und für abgesetzt erklärten Kaiser begünstigten Institution auf diese Weise eine Buße auferlegt werden sollte. Immerhin hatten die Prussen aber die Landesherrschaft des Deutschen Ordens anzuerkennen, und dieser nutzte dann 11 Jahre später einen neuerlichen Aufstand des überwiegenden Teils der Prussen, um seinen Staat nach eigenem Gutdünken zu ordnen. 14 Jahre dauerte der von beiden Seiten mit rücksichtsloser Grausamkeit geführte Krieg. Da die Prussen jetzt ohne Bedenken als Apostaten behandelt werden durften, wurden, wenn eine ihrer Siedlungen überraschend angegriffen und gestürmt werden konnte, die männlichen Bewohner allesamt getötet, die weiblichen in die Knechtschaft geführt. Die dem Orden freundlich gesinnten Quellen berichten über diese gnadenlosen Massaker ohne jegliches Bedauern, übertreiben sogar gelegentlich die Zahl der umgebrachten Männer, so daß die Meinung, die Ordensritter hätten damals nahezu alle Bewohner des Landes entweder getötet oder verschleppt, noch heute gelegentlich in Publikationen über die frühe Geschichte Preußens verbreitet wird. Von einem Völkermord kann indes keine Rede sein; der Orden hat später nicht nur die ihm treu gebliebenen prussischen Adeligen mehr oder weniger in ihren Rechten belassen, sondern auch einem Teil der Aufständischen oder ihren Nachkommen wieder die Ansiedlung als Freie ermöglicht. Ein Assimilierungsprozeß hat dann die Schicht der Freien verhältnismäßig schnell mit den ins Land einwandernden deutschen Adeligen zusammenwachsen lassen, während die Assimilierung, auch die sprachliche, der hörigen Bauern mehrere Jahrhunderte dauerte und erst in der Zeit nach der Reformation zum Abschluß kam.

Während die vom Deutschen Orden in den von ihm erworbenen und eroberten Gebieten durchgeführte Ansiedlung deutscher Zuwanderer zum Teil mit Feuer und Schwert vorbereitet wurde, vollzog sich in den südlicher gelegenen Teilfürstentümern Polens, vor allem in Schlesien, aber auch in Böhmen und Ungarn der mit Hilfe deutscher Einwanderer betriebene Landesausbau in friedlicher und daher von den zeitgenössischen Chronisten nahezu unbemerkter Weise. Bei der Ostsiedlung muß man zunächst unterscheiden zwischen der Ansiedlung neuer, und d. h. in der Regel deutschsprachiger Leute in bis dahin nur sehr dünn besiedelten und kaum urbar gemachten Regionen und zweitens der Umgestaltung der vorgegebenen Siedlungs- und Rechtsformen, die zumeist nach »deutschem Recht« erfolgte. Den Landesausbau in der Form von

Rodung des Waldes oder der Entwässerung von Moorgebieten gab es seit etwa dem späten 11. Jahrhundert auch in den Altsiedelgebieten des Westens. Auch dort mußte der Landesherr, der neue Siedler für die zunächst überaus entbehrungsreiche Urbarmachung von bis dahin nicht genutztem Boden gewinnen wollte, diesen einen Anreiz bieten, z. B. ein freieres Besitzrecht, Zollbefreiungen, Abgabefreiheit für die ersten Jahre und anderes mehr. Den Begriff »Deutsches Recht« (ius theutonicum) hat es im Gebiet der Altstämme, der Franken, Sachsen, Thüringer, Schwaben und Bayern gar nicht gegeben. In den neuen Siedelgebieten kam es auf die Eigenheiten dieser Völkerschaften nicht an; hier diente der Begriff zur Bezeichnung des den zuwandernden, dann aber auch z. T. den alteingesessenen Siedlern zugebilligten Rechts, der neuen Siedlungs-, Wirtschafts- und Abgabeformen. Die Einwanderer haben darüber hinaus auch die ihnen vertrauten, in ihren neuen Siedelgebieten bisher noch nicht verwendeten Geräte für Ackerbau und Verarbeitung der Agrarprodukte mitgebracht. Die Umgestaltung eines alten slawischen Siedlungskerns konnte auch für die altansässigen Bauern vorgenommen werden. Dabei wird der Vorteil, den die Landesherren aus der Neugestaltung der Rechts- und Besiedlungsverhältnisse zu ziehen hofften, besonders deutlich. In Mecklenburg z. B. galt der Zehnt, den die slawische Bevölkerung zu zahlen hatte, der »biscopounizha«, als sehr gering, und man erwartete von den einwandernden deutschen Kolonen einen beträchtlich höheren Zehnten, der freilich in der Regel für die ersten Jahre nicht gezahlt werden mußte. Wenn slawische Bauern zu deutschem Recht angesetzt wurden, so bedeutete dies für sie also nach einiger Zeit auch die Zahlung höherer Abgaben. In den piastischen Fürstentümern, in Mecklenburg, Pommern, in Böhmen und Ungarn haben sich die von den jeweiligen Landesherren herbeigerufenen und privilegierten deutschen Siedler deren Herrschaft untergeordnet. Da das römisch-deutsche Königtum, vom Gebiet des Deutschen Ordens einmal abgesehen, mit den Siedlungsvorgängen nichts zu tun hatte, blieb die so folgenreiche Veränderung der Bevölkerungsverhältnisse im östlichen Mitteleuropa von politischen Querelen weitgehend unbeeinträchtigt und zu nationalen Komplikationen scheint es zunächst nur in wenigen Fällen gekommen zu sein. So war es dem Bischof von Schwerin z. B. vor 1236 lange Zeit nicht möglich, in dem Ort Böbelin deutsche Bauern anzusiedeln, weil die von dort vertriebenen Slawen die Einwanderer zu überfallen pflegten. Auf die in Böhmen auftretenden Spannungen zwischen den eingewanderten und ihre Sprache bewahrenden Deutschen und der slawischen Bevölkerung werden wir in den Kapiteln über Rudolf von Habsburg und Karl IV. einzugehen haben. Die Beibehaltung der gewohnten Sprache und Lebensformen stellte auch in den anderen Einwanderungsgebieten einen entscheidenden Faktor für die Zukunft dieser Regionen bis zum Jahre 1945 dar. Da die neuen Siedler sich sprachlich nicht assimilieren ließen, sondern im Gegenteil allmählich, wenn auch nicht überall, die alteingesessene Bevölkerung zum Wechsel der Sprache veranlaßten, hat sich im Verlauf des Hoch- und Spätmittelalters das von deutschsprechenden Leuten bewohnte Gebiet nahezu verdoppelt. Diese enorme Veränderung ist durch eine fast unglaublich geringe Zahl von Auswanderern bewirkt worden. Walter Kuhn hat die Zahlen, natürlich ohne Anspruch auf absolute Genauigkeit, zu berechnen versucht: 200000 im 12. Jahrhundert und noch einmal soviel im 13. Das ist, auch unter Berücksichtigung der sich damals noch zwischen nur 10 und 14 Millionen bewegenden Bevölkerungszahl eine sehr bescheidene Quote. Aufs Jahr umgerechnet bleibt der Anteil der Auswanderer weit unter einem Promille der Gesamtbevölkerung. Zum Vergleich: In dem einen Jahr 1881 wanderten 250000 Deutsche allein in die Vereinigten Staaten aus; das wären bei einer Einwohnerzahl von ca. 52 Millionen immerhin ca. 0,5%. Die Auswanderer des Mittelalters rekrutierten sich durchweg aus den unmittelbaren Grenzgebieten des Neusiedellandes, aus Holstein, Ostfalen, Thüringen und Mainfranken, daneben allerdings auch aus Holland und Flandern. In das verhältnismäßig spät neu besiedelte Gebiet des Deutschen Ordens kamen nicht wenige Nachkommen der ersten deutschen Siedler in Schlesien, die hier die Erfahrungen der Väter nutzen konnten.

Kaum mehr Aufmerksamkeit als die Siedlungsvorgänge im östlichen Vorfeld des römisch-deutschen Reiches hat bei den zeitgenössischen Chronisten auch der Aufstieg und die weite Entfaltung der Hanse erregt, die bis in die neunziger Jahre des 13. Jahrhunderts noch als »Genossenschaft der Kaufleute des römischen Reiches, die Gotland anfahren«, bezeichnet wurde. Die Stadt Visby an der Westküste dieser Insel, führte ein Siegel »der in Gotland ansässigen Deutschen«. Aber nicht Visby, sondern die von Heinrich dem Löwen neugegründete Kolonialstadt Lübeck wurde der politische und wirtschaftliche Vorort der Hansekaufleute, dessen führende Stellung die anderen Städte an Nord- und Ostsee alsbald respektvoll anerkannt haben. Ohne die Stadtgründungen und Stadtrechtsverleihungen der die Ostseeküste beherrschenden Landesherren einschließlich des Deutschen Ordens wäre die kontinuierliche Entfaltung des aus dem Volumen des hansischen Handels resultierenden politischen Einflusses, den die norddeutschen Kaufleute fast gegen ihren Willen auszuüben vermochten, kaum möglich gewesen. In Mecklenburg z. B., wo als erste deutschrechtliche Stadt

Rostock im Jahre 1218 bezeugt ist, gründeten und privilegierten die Landesherren bis 1276 insgesamt 24 Städte; dazu kamen noch zwei bischöfliche Gründungen. Im Pommern Herzog Barnims I. dauerte die Phase der Stadtgründungen von 1234 bis 1278; danach gab es hier 44 Städte, davon 27 landesherrliche; der Rest verteilte sich auf Bischöfe und Klöster, Ritterorden und Adelige.

Während die Deutschen in den slawischen Fürstentümern an der Ostsee, in Polen, in Böhmen und Ungarn siedelten und in vielen Städten dieser Gebiete, aber auch in denen Skandinaviens eine dominierende Stellung anstrebten und z.T. auch erreichten, ohne damit in den Altsiedelgebieten westlich der Elbe großes Aufsehen zu erregen, befand sich der Anspruch auf die monarchische Gewalt über das seit der Ottonenzeit als unmittelbare Fortsetzung des Imperium Romanum verstandene Reich in den Händen ausländischer Fürsten, von denen der eine überhaupt nicht in der Lage war, diesen auch wahrzunehmen, und der andere nur gelegentlich aufs Festland kam, um seine Herrschaft über die deutschen Lande auszuüben. Daß damals die Königsherrschaft zusammengebrochen, das Reich trotz der Könige Richard und Alfons vakant war, haben auch zeitgenössische Chronisten vermerkt, und sie haben den Sturz Friedrichs II. als eine Epochenwende angesehen: Dem durch die nunmehr ungezügelte Fehdelust von Adel und Fürsten herbeigeführten Chaos konnte ihrer Meinung nach nur ein allgemein anerkannter König mit Aussicht auf Erfolg ein Ende zu bereiten versuchen. Allerdings scheint bei den Fürsten keine allzu große Neigung vorhanden gewesen zu sein, das von der »Vipernbrut« der Staufer verlassene Reich zu übernehmen; ein allzu auffällig von der Kurie geförderter Kandidat mußte von vornherein mit einer mehr oder weniger offenen Opposition durch die Anhänger der gestürzten Dynastie rechnen. Nur ein Mann, der den Staufern nicht feindlich gegenübergestanden hatte, der aber andererseits auch der Kurie akzeptabel erschien, würde die verfahrene Situation meistern können.

II. Rudolf von Habsburg

Die Entwicklung, die zur Königswahl des Grafen Rudolf von Habsburg am 1. X. 1273 führen sollte, war durch den Tod Richards von Cornwall am 2. IV. 1272 ausgelöst worden. Auch die nicht eben zahlreichen deutschen Anhänger des Königs Alfons werden kaum damit gerechnet haben, daß nun der Weg zur allgemeinen Anerkennung des Kastiliers geebnet sei, denn nicht ein einziges Mal hatte dieser römische König den Reichsboden betreten, und es gab damals eine weitverbreitete Rechtsanschauung, derzufolge ein Herrscher im Lande gewaltig, d. h. in der Lage sein müsse, Macht auszuüben. Alfons selbst war zwar keineswegs bereit, auf seine Rechte zu verzichten, aber im Reich nahm man davon zunächst jedenfalls keine Kenntnis. Ein Interregnum von rund anderthalb Jahren läßt darauf schließen, daß die Verhandlungen, die zur Königswahl im Oktober 1273 geführt haben, schwierig gewesen sein müssen. Papst Gregor X. war am Ende der Meinung, sie würden zu nachlässig geführt, denn Anfang August 1273 mahnte er die Fürsten, binnen kurzem eine Wahl vorzunehmen, andernfalls werde er mit den Kardinälen für einen neuen König sorgen, d. h. einen Herrscher per provisionem bestellen, wie es der Papst auch bei verhinderten oder umstrittenen Bischofswahlen zu tun pflegte. Die Mahnung Gregors wirkte sofort, denn Erzbischof Werner von Mainz berief einen Wahltag nach Frankfurt ein, und zwar auf St. Michael (29. IX.). Nur wenig später muß dann der Graf von Habsburg zum erstenmal ernsthaft als Kandidat in Erwägung gezogen worden sein, jedenfalls versprach am 1. IX. Erzbischof Werner dem Pfalzgrafen und Herzog von Bayern, Ludwig II., dem Strengen, er wolle mit aller Kraft für dessen Wahl wirken, falls dies sich aber als vergeblich erweisen sollte, wollten beide Vertragspartner entweder den Grafen Siegfried von Anhalt oder aber Rudolf von Habsburg zum König wählen. Die drei bisher Genannten waren im übrigen keineswegs die einzigen Kandidaten, denn außer ihnen standen noch die Könige Philipp III. von Frankreich und Ottokar II. von Böhmen sowie der Sohn von Friedrichs II. Tochter, Friedrich der Freidige von Thüringen, zur Wahl.

Die Kandidatur Philipps III. war nur die erste in einer ganzen Serie französischer Bemühungen um die römische Königswürde; Philipps IV. Bruder Karl von Valois (1308), sein Sohn Philipp V.

(1313/14), Karl IV. (1324), Philipp VI. (1328), Karls VI. Bruder Ludwig von Orléans (vor 1406), später noch die Herzöge Philipp der Gute und Karl der Kühne von Burgund sind als Kandidaten aufgetreten oder von politischen Ränkeschmieden als solche ins Gerede der europäischen Höfe gebracht worden. Bei diesen tatsächlichen oder vermeintlichen Kandidaturen ging es durchweg nicht um die Herrschaft über die nach französischer Einschätzung kaum berechenbaren deutschen Fürsten, Grafen und Städte, sondern um die auf der Grundlage der römischen Königswürde zu erwerbende Kaiserkrone und die damit verknüpften Ansprüche auf die Reichsrechte in Italien, im Arelat und in einigen Gebieten des alten Lothar-Reiches; hier sollten nach dem Gewinn der Grafschaft Champagne (1284) die Bistümer und Städte Toul, Verdun, Cambrai sowie die zum Reich gehörenden Gebiete westlich der Maas zum Ziel französischer Ausdehnungstendenzen werden, während Metz erst nach dem Ende des Hundertjährigen Krieges unter Friedrich III. in den Interessenbereich des französischen Königtums geriet. Die Kandidatur Philipps III. stand noch unter einem etwas anderen Vorzeichen, denn der König selbst hat sich aller Wahrscheinlichkeit nach gar nicht um die zur Wahl stehende Königswürde des Nachbarreiches im Osten bemüht; es war der Bruder seines Vaters Ludwig IX., Karl von Anjou, Richter oder Mörder Konradins, der sie seinem Neffen, vor allem aber Papst Gregor X. dringend nahelegte. Wie sein Vater Ludwig, so die Argumentation des Anjou, müsse auch Philipp einen Kreuzzug unternehmen. Zuvor aber solle er die Kaiserschaft anstreben, damit er den Kampf um das heilige Land erfolgreicher führen könne als andere vor ihm. Dieses Argument zielte auf Gregors X. Herzenswunsch, denn als dieser die Nachricht von seiner am 1. IX. 1271 erfolgten Wahl zum Papst erfuhr, befand er sich auf dem Boden des christlichen Königreichs Jerusalem, besser gesagt in den Trümmern dieses Reiches, das nur noch aus den wenigen Kastell-Bastionen Akkon, Sidon und Beirut bestand, während die namengebende Hauptstadt schon 1244 endgültig an die Muslims verlorengegangen war. Der Wunsch, die heiligen Stätten den Ungläubigen wieder zu entreißen, war übrigens nicht nur damals ein Motiv politischen Wirkens, sondern hat noch bis zum Ende der in diesem Band zu behandelnden Epoche immer wieder die Gemüter zu bewegen verstanden. Indes diente die Kreuzzugspropaganda auch schon zu Rudolfs von Habsburg Zeiten als Vehikel ganz anders gearteter Absichten, und eben dies wird man von der Aktion Karls von Anjou behaupten dürfen. Der Anjou hatte längst die ihm von der Kurie zugewiesene Sphäre des Königreiches Sizilien mit Neapel überschritten. 1263 war ihm von der Stadt Rom die Senatorenwürde verliehen worden; das ihm von der Kurie übertragene Reichsvikariat in Toskana ermöglichte die Bildung einer ihm geneigten guelfischen Liga, der schließlich nahezu alle bedeutenden Städte dieser zum Reich gehörenden Provinz angehörten: Florenz, Siena, Lucca usw. Schließlich griff Karl auch auf die Lombardei über und ließ während eines Kongresses, der im Herbst 1269 in Cremona stattfand, die Forderung aufstellen, die Städte sollten sich seiner Signorie unterstellen. Dieser Appell hatte indessen einen nur bescheidenen Erfolg, denn außer einigen, die ihm folgten – darunter Cremona, Piacenza, Modena – gab es viele, die erklärten, sie wollten den Anjou zwar gerne zum Freund, nicht aber zum Herrn. Dazu gehörten u.a. Mailand, Vercelli und Como.

Die Ausdehnung der Herrschaft des Königs von Sizilien-Neapel auf Reichsitalien stieß indes auch anderswo auf wachsenden Widerstand. Während Karl gar daran dachte, Byzanz zu erobern, erschienen im Sommer 1271 Boten aus Pavia am thüringischen Hof, um den Sohn von Friedrichs II. Tochter Margarete, den damals 14jährigen Friedrich den Freidigen, aufzufordern, nach Italien zu kommen und das Erbe seines Großvaters zu übernehmen. Friedrich ist dieser Bitte insofern nachgekommen, als er den Ritter Friedrich von Treffurt als seinen Generalstatthalter über die Alpen schickte, wo dieser dann freilich vergeblich auf den jungen Rex Sicilie wartete. Trotzdem dürfte der Anjou die thüringischen Eskapaden nicht auf die leichte Schulter genommen haben, denn die voraufgegangene Niederlage Konradins war letztlich nur das Ergebnis einiger für ihn sehr glücklicher Umstände gewesen. Außerdem gab es noch einen anderen Gefahrenherd: Im September 1270 schloß Markgraf Wilhelm VII. von Montferrat eine Allianz mit den Königen Peter III. von Aragon und Alfons von Kastilien; im Oktober 1271 ernannte der gewählte römische König Alfons den inzwischen zu seinem Schwiegersohn gewordenen Markgrafen zum Reichsvikar in Italien. Auch wenn dieses Amt dem Markgrafen zunächst keine unmittelbaren Machtmittel in die Hände gab, mußte der Anjou je länger desto mehr um seine Stellung in Oberitalien fürchten.

Wenn Karl von Anjou seinen Neffen Philipp als geeigneten Kandidaten für die römische Königs- und Kaiserwürde präsentierte, so beabsichtigte er demnach nur, seine Lage in Oberitalien zu konsolidieren. Philipp hätte ihm nach seiner Wahl und nach der Kaiserkrönung das Vikariat über Italien, vielleicht auch über das südliche Arelat übertragen müssen, womit dann die Zweifel an der Rechtmäßigkeit seiner Signorien ein für alle Mal beseitigt gewesen wären. Obwohl nun Papst Gregor X. den Anjou bei dessen Kampf gegen den »Reichsvikar« Wilhelm von Montferrat nachdrücklich unterstützte, scheint er doch den deutschen Fürsten freie Hand gelassen zu haben, einen Kandidaten nach ihren Wünschen zu wählen. Vielleicht sind diese allerdings auch der Aufforderung aus Rom, einen König zu wählen, nur deshalb so schnell nachgekommen, weil sie die Provision einer Kreatur des Anjou durch den Papst befürchtet haben.

Ottokar II. von Böhmen, der zweite König unter den Kandidaten, hatte Verbindungen zu dem Anjou, die nach dem Tode Konradins sogar beinahe durch eine Ehe von Ottokars Tochter mit einem Enkel Karls bekräftigt worden wären. Die junge Dame war aber bereits mit dem dritten Kandidaten, Friedrich von Thüringen, verlobt, so daß aus der Verlobung wenigstens fürs erste nichts werden konnte. König Ottokar war – wie in der Einleitung ausgeführt – der mächtigste Fürst im römisch-deutschen Reich. Allerdings war die Rechtmäßigkeit seiner Herrschaft über die ehemals babenbergischen Reichslehen nicht unbezweifelbar: 1267 war die von ihm sehr schlecht behandelte Margarete gestorben. Zwar hatte ihm Richard von Cornwall die Belehnung erteilt, jedoch war dies ohne die Zustimmung der Kurfürsten geschehen. Mit Karl von Anjou verbanden den Böhmenkönig demnach beträchtliche Sorgen um den Fortbestand seiner bisherigen Machtsphäre, falls die Wahl des neuen römischen Königs auf den falschen fallen sollte. Möglicherweise hat Ottokar sogar noch im Sommer 1273 eine Gesandtschaft nach Italien geschickt, die den Auftrag hatte, die erwähnte Verlobung seiner Tochter mit dem Enkel Karls von Anjou doch noch herbeizuführen, aber dieser Plan ist dann gescheitert. Ottokar hat natürlich durchaus daran gedacht, selbst als Kandidat aufzutreten. Eine Chance bot sich ihm, als im August 1272 Erzbischof Engelbert von Köln an seinem Hof erschien. Angeblich soll der böhmische Adel seinem König nahegelegt haben, eine Wahl zum römischen König abzulehnen, weil die Kaiserwürde einen geringeren Wert habe als die eines Königs von Böhmen. Aber die weiteren Bemühungen Ottokars lassen diese Nachricht als wenig vertrauenswürdig erscheinen. Über die Haltung der anderen wahlberechtigten Fürsten scheint er sich keinen Illusionen hingegeben zu haben, denn nachdem 1272 König Stephan V. von Ungarn gestorben war, unternahm er im Sommer 1273, als die Wahlvorbereitungen in ihre entscheidende Phase getreten waren, einen Feldzug gegen das von einem elfjährigen König und seiner Mutter regierte Ungarn. Vielleicht hat aber Ottokar auch ganz einfach auf die bis zum August 1273 andauernde Uneinigkeit unter den rheinischen Kurfürsten vertraut, die Anfang des Jahres immerhin verschiedene Städte, darunter Mainz, Worms, Oppenheim, Frankfurt, Gelnhausen veranlaßt hatte, ein Bündnis miteinander zu schließen, das wie

einst der Rheinische Städtebund darauf zielte, eine zwiespältige Wahl zu verhindern: nur ein einmütig gewählter König sollte anerkannt werden.
Die Einigung kam dann aber doch sehr schnell zustande. Obwohl es dem Pfalzgrafen und Herzog von Bayern am 13. VII. noch gelungen war, vom Kirchenbann befreit zu werden, in den er als Vormund Konradins geraten war, dürfte er keine ernsthaften Chancen mehr gehabt haben, als er den eingangs erwähnten Vertrag mit dem Mainzer Erzbischof geschlossen hat. Der zweite der damals noch zur Debatte stehenden Kandidaten, Graf Siegfried von Anhalt, wird überhaupt nur deshalb berücksichtigt worden sein, weil man damit die beiden östlichen Kurfürsten, den Brandenburger und den Sachsen, zur Teilnahme an der Wahl zu bewegen hoffte. Am 11. IX. schlossen dann die vier rheinischen Kurfürsten in Boppard einen Kurverein, der sie zu gemeinsamem Vorgehen bei der Wahl verpflichtete. Damit war die Mehrheit bereits gesichert, und zwar, obwohl sein Name in dem Bund nicht genannt wird, für den Grafen Rudolf von Habsburg, denn Burggraf Friedrich von Nürnberg reiste als Bote der Fürsten gen Süden, wo der Habsburger damals gerade mit der Belagerung von Basel beschäftigt war. Rudolf akzeptierte das Angebot, schloß mit dem Bischof von Basel einen Waffenstillstand. Trotz eines böhmischen Protestes, den der Bischof von Bamberg vorgetragen hat, einigten sich die vier rheinischen Kurfürsten mit denen von Brandenburg und von Sachsen, und anstelle des Königs von Böhmen erkannte man dem Herzog von Bayern das Kurrecht zu. Pfalzgraf Ludwig, der zusammen mit seinem Bruder Heinrich auch die bayerische Stimme führte, sprach am 1. IX. mit Willen der anderen Kurfürsten allein den Kurspruch, so daß an der Einmütigkeit des Wahlaktes überhaupt kein Zweifel aufkommen konnte.
Warum war man nun gerade auf den Grafen von Habsburg verfallen, als die Wahlfrage durch das päpstliche Mahnschreiben akut wurde? König Ottokar glaubte dies mit Bestimmtheit zu wissen: sein engster Berater, Bischof Bruno von Olmütz aus dem Hause der Grafen von Schauenburg, hat kurz nach der Wahl ein Gutachten verfaßt, das über die Zustände im Reich aus böhmischer Sicht informieren sollte. Diese seien sehr schlimm, so stellte der Bischof fest, da jedermann nur an sich und niemand an das Gemeinwohl denke. Die Fürsten wählten nur solche zu Königen, die ihnen unterstünden. Oder sie wählten gar zu einem König noch einen zweiten hinzu, wie jetzt Rudolf von Habsburg zu dem Kastilier. Aus zweien könnten sie nämlich mehr herauspressen und überdies könne man den einen gegen den anderen ausspielen. Die Fürsten wollten zwar einen weisen und gütigen Kaiser, aber auf gar keinen

Fall einen machtvollen. Indes seien ohne die Macht Wollen und Wissen zu nichts tauglich. Wenn Ottokar den Habsburger gelegentlich einen armen Grafen genannt hat, so dürfte er damit aus seiner Perspektive gar nicht so sehr im Unrecht gewesen sein, aber im übrigen gehen seine und seines Bischofs Ausfälle gegen die Kurfürsten und den neuen König weit an den Dingen vorbei; auf die Wahl und die Person von Rudolfs Nachfolger, den Grafen Adolf von Nassau, hätten sie gewiß weit eher gepaßt.

Obwohl Rudolf kein Reichsfürst war, galt der Graf doch als der bedeutendste Territorialherr im alemannischen Südwesten. Das sogenannte Eigen – zwischen Aare und Reuß mit der namengebenden Habichtsburg sowie dem Kloster Uri – und das Oberelsaß zwischen Basel und Straßburg bildeten zwei Zentren der habsburgischen Territorialentwicklung. Die elsässischen Besitzungen ließen den Grafen zum unmittelbaren Nachbarn einiger von den Staufern gegründeter Reichsstädte werden, die aber während des Interregnum ihre Selbständigkeit gegenüber dem Habsburger vor allem auch deshalb wahren konnten, weil dieser seine territorialen Arrondierungen eher in den Bistümern Basel und Straßburg versuchte. Wenn die rheinischen Erzbischöfe zum Empfang des Palliums nach Rom reisten, so taten sie das von Straßburg bis in die Alpen hinein unter dem Geleit des Habsburgers. Rudolf beherrschte u. a. auch den Zugang zu dem erst seit wenigen Jahrzehnten erschlossenen und schon bald rege genutzten Gotthardpaß. Die Talschaft Unterwalden, eine Gerichtsgemeinde von Adeligen und freien Bauern, unterstand seiner Landesherrschaft, während die seit 1231 bzw. 1240 dem Reich direkt unterstellten Talschaften Uri und Schwyz in seinem Einflußbereich gelegen waren. Bei Ausbau und Verwaltung seiner Territorien hatte sich der zum Zeitpunkt seiner Wahl bereits vierundfünfzigjährige Rudolf als tatkräftiger, gelegentlich auch skrupelloser Politiker erwiesen; er galt als ritterlicher und besonnener Kriegsmann, der mitunter freilich auch als arger Haudegen auftreten konnte. Als Ende 1264 der letzte Graf von Kiburg starb, bemächtigte sich Rudolf nicht nur der ihm erb- und vertragsrechtlich zustehenden Gebiete mit der Stadt Winterthur, sondern auch der kiburgischen Reichslehen, darunter das Grafenamt im Thurgau, die Vogtei über das Tal Glarus, und darüber hinaus zog er auch noch das Witwengut der Gattin des letzten Kiburgers, der Savoyardin Margarete mit einer Reihe von Burgen und Gütern im Thur- und Zürichgau an sich. Den darüber ausbrechenden Konflikt mit Graf Peter von Savoyen konnte der Habsburger durch einen Kompromiß am 8. IX. 1267 im wesentlichen bereinigen, ein Kompromiß, der zwar einige Kosten verursachte, ihm aber durchweg die neugewonnenen Machtpositionen

beließ. Das ebenso geschickte wie rigorose Zupacken des Habsburgers trug ihm zwar die Feindschaft einer ganzen Reihe kleinerer Adelssippen im Gebiet östlich der Reuß ein, die sich durch den mächtig gewordenen Grafen in ihrer weiteren Entfaltung behindert sahen, aber dafür entschädigte ihn die enge Verbindung zu den Bürgern von Zürich, die es lieber sahen, wenn ihre Handelsverbindungen durch die Macht- und Einflußzone eines einzigen Herren liefen, den sie sich gewogen halten konnten. So brach Rudolf im Bunde mit den Zürichern eine Reihe von Burgen der Regensberger und Toggenburger Grafen, die den Handel der Limmatstadt und die Territorialpolitik des Habsburgers zu stören gewagt hatten. Als weitere politische Gegner des Habsburgers wären der Abt von St. Gallen, vor allem aber der Bischof von Basel zu nennen, mit dem der Habsburger unmittelbar vor seiner Wahl zum König in einer erbitterten Fehde lag.
Dies alles war den Kurfürsten, zumindest den rheinischen unter ihnen, natürlich bekannt, und insofern wird man im Gegensatz zu König Ottokar von Böhmen sagen können, daß sie offenbar bewußt einen tatkräftigen Herrscher auf den Thron erheben wollten und daß sie mit Rudolf einen Mann gewählt haben, der wie kaum ein anderer an die von den Staufern betriebene Reichsland-Politik in Schwaben und im Elsaß anknüpfen konnte; allenfalls der Bayern-Herzog und Pfalzgraf Ludwig der Strenge hätte ihm in dieser Hinsicht Konkurrenz machen können; gerade er ist dann, allerdings gegen erhebliche Konzessionen, Rudolfs beständigster Bundesgenosse unter den Reichsfürsten geworden. Für die offenbar schon vor der Wahl von den Kurfürsten beschlossene Zurückgewinnung (Revindikation) des Reichsgutes, von der die Wähler selbst freilich weitgehend verschont bleiben wollten, mußten Rudolfs territoriale Besitzungen im alemannischen Südwesten eine vorzügliche Ausgangsbasis bilden. Wenn somit der Habsburger nächst Ludwig dem Strengen der staufischste aller Kandidaten genannt werden kann, so gilt dies nicht nur für die territorialpolitische Sphäre. Zwar stammt die Nachricht, Kaiser Friedrich II. habe den am 1. V. 1218 geborenen Rudolf aus der Taufe gehoben, erst aus einer Quelle des 14. Jahrhunderts. Aber es spricht doch einiges für den Wahrheitsgehalt dieser Notiz. Der junge Habsburger hat dann mehrfach nachweislich am Hof Friedrichs II. geweilt, so 1241, als König Bela von Ungarn dem Staufer huldigte, um dessen Hilfe gegen die Mongolen zu gewinnen, und später noch einmal 1245, als der Kaiser dem Herzog von Österreich dessen Grundgesetz, das Privilegium minus, bestätigte. Als Anhänger des Staufers verfiel er noch 1245 dem Bann, seine Länder dem Interdikt, während zahlreiche andere Große südlich des Bodensees die Partei

des Papstes und der Gegenkönige ergriffen. Schließlich nahm er sogar Verbindung zu Konradin auf, der ja den Titel eines Herzogs von Schwaben führte, und weilte noch im Herbst 1267 zusammen mit Herzog Ludwig und dem Grafen Meinhard von Tirol in der Umgebung des letzten Staufers. Nach dessen tragischem Ende muß Rudolf sich zu einem uns unbekannten Zeitpunkt vom Bann gelöst haben.

Eine Einschränkung muß freilich dieser Beschreibung Rudolfs als eines »staufischen« Königs hinzugefügt werden, die zwar eigentlich selbstverständlich ist und im übrigen einen wichtigen Mangel aller römisch-deutschen Königsherrschaft der folgenden anderthalb Jahrhunderte betreffen sollte: Rudolf stammte nicht aus der stirps regia, dem Königsgeschlecht, und er war nicht einmal in der Lage, diesen Makel durch die damals übliche Herrschaftspropaganda zu überspielen, indem er etwa auf die Patenschaft Friedrichs II. verwiesen hätte. Denn der Bann Papst Innozenz' IV. hatte nicht nur den Kaiser Friedrich, sondern dessen ganzes Geschlecht, die Vipernbrut der Staufer, getroffen, aus der niemals wieder ein König oder Kaiser erstehen durfte. Wenn Rudolf je versucht hätte, oberhalb der Ebene administrativer Aktionen an die staufische Tradition anzuknüpfen, wäre er ohne Zweifel in einen Konflikt mit der Kurie geraten und früher oder später mit dem Bann belegt worden. Die gewaltige Bedeutung, die das Fehlen einer Geblütsheiligkeit für das römisch-deutsche Königtum bis hin zu Friedrich III. gehabt hat, kann man heutzutage kaum mehr nachempfinden, und sie ist auch schwerlich begreiflich zu machen. Philipp III. und Philipp IV., Zeitgenossen des Habsburgers auf dem französischen Thron und direkte Nachkommen Hugo Capets, des französischen Königs aus dem 10. Jahrhundert, hielten es damals für angebracht, ihre im Vergleich zu ihrem Nachbarherrscher geradezu urtümliche Königstradition um anderthalb Jahrhunderte zu verlängern, indem sie eine schon im 12. Jahrhundert aufgekommene Theorie propagierten, derzufolge sie zur stirps Karoli, zum Geschlecht Karls des Großen gehörten; dies zu einer Zeit, da der Glaube, die Könige Frankreichs seien nach ihrer Salbung imstande, die Skrofeln zu heilen, bereits weit verbreitet war. Eine ähnliche, auf die Abstammung aus uralter Familie und auf ungewöhnliche Heilkräfte basierende Stellung hat Rudolf von Habsburg nicht gehabt, und er hat sie sich auch ebenso wie seine Nachfolger – Karl IV. eingeschlossen – nicht zu schaffen vermocht. Natürlich war Rudolf ein christlicher, seit dem 23. X. 1273 auch ein gesalbter König. Die Kurfürsten haben ihn in ihrer Wahlanzeige an den Papst in dieser Weise charakterisiert: rechtgläubig, ein Freund der Kirchen, ein Pfleger der Gerechtigkeit, ein Mann von Klugheit und

Frömmigkeit, mächtig durch eigenes Vermögen und verwandt mit vielen Mächtigen. Bei Gott und den Menschen sei er beliebt, ein Mann von kräftiger Körperstatur und glücklich im Kampf gegen die Treulosen. Die gleichen und noch andere ähnliche Tugenden haben die Kurfürsten dann auch Rudolfs Nachfolgern zugeschrieben. Über seine Abstammung aber haben sie sich ausgeschwiegen. Es waren dann die Wähler des Königs, die wenigstens für einen Augenblick jenes Charisma erfahren haben wollten, das dem spätmittelalterlichen römisch-deutschen König abgegangen ist. Im Akt der einmütigen Wahl bekundete sich nach ihrer Meinung der göttliche Wille durch den heiligen Geist, den man mit dem Veni Creator Spiritus auf sich herabrief, bevor man zum Wahlakt schritt. Es versteht sich, daß diese »Wahlheiligkeit« schon wegen der zahlreichen Doppelwahlen und der von den Kurfürsten durch Absetzungsverfahren eingestandenen Fehlentscheidungen bei Vasallen und Untertanen kaum ein Echo finden konnte. Dem römisch-deutschen König des späteren Mittelalters aber fehlte jenes Charisma, das in Frankreich z. B. eine Gestalt wie die der Jeanne d'Arc ermöglicht hat, die den vom Dauphin begangenen Mord an dem Herzog von Burgund zwar als unseligen Vorfall bezeichnete, zugleich aber erklärte, was immer zwischen den beiden Fürsten vorgefallen sei, Gott habe sie gesandt, um dem König von Frankreich zu helfen.

Herrschaftspropaganda ist allerdings auch für den ersten Habsburger auf dem deutschen Thron betrieben worden, die bis in unsere Tage nachgewirkt hat und Rudolf neben Heinrich I., »dem Vogler«, und Friedrich Rotbart zur populärsten Gestalt unter den Königen des Mittelalters hat werden lassen. Der Habsburger hat dies vor allem den Chronisten der beiden Bettelorden, der Dominikaner und der Franziskaner zu verdanken, die ein paar Dutzend Anekdoten über ihn aufgezeichnet haben. Es sind wohl auch Bettelmönche gewesen, die jene Geschichten geformt und unter die Leute gebracht hatten. Nur in einer von ihnen erscheint Rudolf als frommer Christ: Noch als Graf sei er hoch zu Roß an einer Furt einem Priester begegnet, der den Leib des Herrn bei sich trug. Rudolf habe dem Priester sein Pferd überlassen, damit dieser sicher durch den Fluß reiten konnte. Als der Priester dann dem Grafen das Pferd zurückgeben wollte, habe dieser abgelehnt: Er könne nicht mehr auf einem Roß sitzen, das den Herrn getragen habe. Die Geschichte spricht für sich selbst; den charismatischen Charakter von Rudolfs Persönlichkeit herauszustreichen, ist sie denkbar ungeeignet. Erst in der Historiographie der Gegenreformation sollte diese Anekdote zu einem Mythos des Hauses Österreich ausgestaltet werden; in der Zeit ihrer Entstehung aber dokumentierte sie lediglich die Demut des späteren Herrschers, der den Vorrang der Priesterschaft vor aller weltlichen Gewalt anerkannte. Die weltliche Macht äußert sich dann bei Rudolf auch nicht in der pompösen Entfaltung majestätischer Pracht, sondern ganz im Gegenteil in deren Demütigung: Rudolf nimmt, mit grauer Tunica bekleidet und auf einem Schemel sitzend, die Huldigung des in vollem Königsornat vor ihm erschienenen Ottokar von Böhmen entgegen. Ein ganz anderes Bild vermitteln die verhältnismäßig zahlreichen Geschichten, die von einer Begegnung des Königs mit den stadtbürgerlichen Kaufleuten berichten. Mit einem kurz vor dem Ruin stehenden Kaufmann gründet er eine Handelsgesellschaft und ermöglicht seinem Partner durch einen aberwitzig anmutenden Rat ein glänzendes Geschäft. Vertrauenswürdiger ist die Geschichte, die in einer Chronik von St. Peter zu Erfurt überliefert ist. Nachdem ihm ein Erfurter Bürger bereits den zweiten Humpen Bier gereicht hatte, ritt der König durch die Straßen und rief, wie es in den Rheinlanden üblich gewesen sei: »Wol in, eyn edel trut gut Erforts bir had Sifrid von Butstete uf geton.« Es war eine wunderliche Sache, so der im übrigen lateinisch schreibende Chronist, daß der König der Römer es für würdig befand, Reklame für das Bier eines Erfurter Bürgers zu machen. Es wird gewiß viele Stadtbürger gegeben haben, die ein solch leutseliges Verhalten geschätzt und ihren König gleichwohl respektiert haben. Aber es hat auch andere gegeben, die ein Ungenügen an dem so betont nüchternen Königtum des homo novus empfunden haben, anders hätten Leute wie der niederdeutsche Tile Kolup in Neuß oder Wetzlar keine Chance gehabt, als wiederauferstandener Kaiser Friedrich II. akzeptiert zu werden. Die bekannte Sage von dem in den Kyffhäuser entrückten und dort seiner Wiederkehr entgegendämmernden Barbarossa war ursprünglich auf Friedrich II. bezogen und stellt die Trivialisierung einer ebenso rationalen wie mystifizierenden Theorie dar, derzufolge der König niemals stirbt: Le roy ne meurt jamais. Aber während in den westlichen Monarchien diese juristische Figur des stets und ewig existierenden Königs als Inkarnation des Staates durch das biologische oder genealogische Fortbestehen der Dynastie, z.B. des Hauses Frankreich, gesichert war und auch beim Wechsel von den Capetingern zu den Valois im wesentlichen gewahrt blieb, war dies im römisch-deutschen Reich seit dem Tode Friedrichs II. oder Konrads IV. nicht mehr der Fall. Einen gewissen Ausgleich dieses Mangels an Geblütscharisma hätte die Kaiserwürde bringen können, deren Prestige auch im späten Mittelalter noch gewaltig gewesen sein muß. Aber in den zwei Jahrhunderten zwischen dem Tode Friedrichs II. und der Kaiserkrönung Friedrichs III. hat es nur 28 Jahre lang einen vom Papst approbierten

Kaiser gegeben. 23 davon waren Karl IV. vorbehalten, eines entfällt auf seinen Vater Heinrich VII. und vier auf seinen Sohn Siegmund. Ludwig der Bayer hat während der 20 Jahre seines Kaisertums ständig im Kirchenbann gelebt; die Kurie hat die von ihr als häretisch gewertete Kaiserkrönung des Bayern natürlich niemals anerkannt, und dies hatte Rückwirkungen auch auf Ludwigs Anhänger.

Die ideellen Voraussetzungen spätmittelalterlichen Königtums im römisch-deutschen Reich waren demnach denkbar schlecht. Der geschilderte Mangel konnte kurzfristig auch nicht behoben werden; er war allenfalls durch eine Wiederbelebung des Erbrechtes zu erreichen, das aber angesichts der Interessenlage der Kurfürsten, insbesondere der vier rheinischen, nicht glücken sollte. Bekanntlich hat nur ein einziges Mal ein Sohn die Krone in unmittelbarer Nachfolge vom Vater übernehmen können. Immerhin hat aber Rudolf von allem Anfang an, soweit das unter den gegebenen Umständen möglich war, die Nachfolgefrage zugunsten seiner Familie zu regeln versucht. Noch am Abend des Krönungstages wurden Mathilde und Agnes, Rudolfs erste und dritte Tochter, mit Herzog Ludwig von Bayern bzw. Herzog Albrecht von Sachsen vermählt; später, im Zusammenhang mit dem endgültigen Sieg über König Ottokar von Böhmen, ehelichten die zweite Tochter Hedwig und die vierte, Guta, den Markgrafen Otto VI. von Brandenburg bzw. Ottokars Sohn und Erben Wenzel II. Damit waren fast alle Laienfürsten, die Anspruch auf eine Kurstimme erheben konnten, zu Schwiegersöhnen des Königs geworden. Um die Wahl eines seiner Söhne noch zu seinen Lebzeiten zu ermöglichen, hätte es freilich der Kaiserkrönung bedurft, und die hat Rudolf, obwohl er mehrfach kurz vor dem Aufbruch nach Rom zu stehen schien, nie zu erreichen vermocht.

Während im Hinblick auf das charismatische Prestige seiner Herrschaft Rudolf vorerst nur auf die Kaiserkrone hoffen konnte, hat er die Wiederherstellung der materiellen und rechtlichen Basis seines Königtums unmittelbar nach der Wahl in Angriff genommen. Um dies leisten zu können, war er zunächst einmal auf die einzige Behörde von einiger Bedeutung angewiesen, über die ein römisch-deutscher König dieser Zeit verfügen konnte, nämlich die Hofkanzlei. Über die Geschichte von Rudolfs Kanzlei gibt es noch keine umfassende Untersuchung, so daß wir nur über einige spärliche Kenntnisse verfügen. Mit den Kanzleien seiner Vorgänger stand die des ersten Habsburgers allem Anschein nach nur durch einen einzigen Notar in einem Kontinuitätszusammenhang, nämlich den Notar Andreas von Rode. Notare, die erst einige Zeit später auch als secretarii bezeichnet wurden, waren in der Regel für das Schreiben der Urkunden zuständig, durften aber auch Konzepte verfassen. Man wird damit rechnen können, daß unter Rudolf etwa vier bis höchstens acht Notare gleichzeitig tätig gewesen sind. Im Rang über ihnen stand der Protonotar, über diesem der Kanzler, der für Inhalt und Form der königlichen Urkunden verantwortlich war und nicht nur deshalb das politisch wichtigste Amt am Hof des Königs bekleidete. Die Würde eines Erzkanzlers für Deutschland (per Germaniam) war mit dem Mainzer Erzstuhl verbunden, indes konnte der Mainzer damals nur noch einige Ehrenrechte für sich in Anspruch nehmen; erst unmittelbar nach Rudolfs Tod beginnen dann die Versuche des Erzbischofs Gerhard II., seinem Amt wieder größere politische Geltung zu verschaffen. Darauf werden wir zurückkommen. Rudolfs Kanzleibeamte rekrutierten sich noch ausschließlich aus dem Klerus; dieser exklusive Anspruch der Geistlichkeit auf die Ämter der königlichen Notare und Kanzler beruhte damals gewiß nicht mehr auf einer Monopolstellung im Bereich der Schriftkultur, denn seit den Tagen Hartmanns von Aue oder Wolframs von Eschenbach (der natürlich »die Buchstaben« gekannt hatte) hätte man ohne große Schwierigkeiten auch Laien finden können, die zu schreiben und zu lesen vermochten. Indes gab es außer der Tradition, die auch am Königshof natürlich eine bedeutende Rolle spielte, ein ausschlaggebendes Motiv, diesen Teil der Herrschaftsausübung auch weiterhin dem Klerus anzuvertrauen: Die Versorgung der Notare und Kanzler konnte verhältnismäßig leicht durch die Übertragung von Pfründen an bestimmten Kirchen gesichert werden, während die Besoldung von adeligen Laien erhebliche Schwierigkeiten bereitet hätte. Die Stellen des Protonotars und des Kanzlers waren wie in früheren Jahrhunderten noch immer Ausgangspunkt für eine Karriere als Bischof. Die drei unter Rudolf amtierenden Protonotare sind allesamt Bischöfe geworden (Trient, Passau, Konstanz), und der zweite der beiden Kanzler wird schon 1284 zum Erzbischof von Salzburg erhoben, fungiert aber auch weiterhin als königlicher Kanzler.

Rudolfs Behörde für die Verwaltung des Reichsgutes, die Kammer, wird für uns nur schemenhaft erkennbar. Nach einer Anekdote soll er einmal gesagt haben, einen Schatzmeister brauche er nicht, da er nur über fünf Schillinge schlechten Geldes verfüge. Im Hinblick auf die Kontrolle der Domäneneinkünfte hat sich das römisch-deutsche Reich damals noch nicht allzu sehr von dem aus der gleichen karolingischen Wurzel hervorgegangenen Frankreich unterschieden, wo die Rechnungslegung bis zum Ende des 13. Jahrhunderts noch im Rahmen des allgemeinen Conseil von einigen députés des comptes vorgenommen worden ist. Unter Philipp IV.

wird diese Funktion aber einer eigenständigen Behörde, der Chambre des comptes, überantwortet, auf deren Tätigkeit wir im Kapitel über Karl IV. zurückkommen werden.
Der Mangel an einer wirklich in den Quellen greifbaren zentralen Finanzverwaltung nimmt sich um so merkwürdiger aus, als eines der wichtigsten Ziele von Rudolfs Reichspolitik neben der Wiederherstellung eines allgemeinen Landfriedens die Revindikation des Reichsgutes gewesen ist, d. h. die Inanspruchnahme alter, seit der Absetzung Friedrichs II. ruhender oder kaum mehr genutzter Rechte. Die Erfüllung dieser Aufgabe ist in allgemeiner Form von den Kurfürsten nicht nur unterstützt, sondern geradezu gefordert worden. Rudolfs Wahleid hatte gegenüber dem bisherigen den Zusatz: »Daz er daz riche alle zit mere und niht erme.« Dies kann nur mit Willen der Kurfürsten so formuliert worden sein. Wie so oft stellten sich die Probleme aber dann ein, als es ums Detail ging, denn gerade einige Kurfürsten waren bei der Aneignung von Reichsgut und -rechten nicht zu kurz gekommen. Wenn man von König Ottokar vorerst einmal absieht, hatte Pfalzgraf Ludwig, Herzog von Bayern, den Löwenanteil daran in seinen Besitz gebracht. Kurz vor seinem Tode hatte ihm Konradin nahezu sein gesamtes Erbe verpfändet, darunter bedeutende Gebiete am Lechrain und in der später so genannten Oberpfalz. Ob dieses Erbe als Reichs- oder als staufisches Hausgut anzusehen war, galt als offene Frage; aber daß Rudolf darauf Ansprüche anmelden konnte, stand wohl außer Frage. Aber schon am 1. III. 1274 hat der König entschieden, und zwar mit Zustimmung der anderen Kurfürsten, daß das Konradinische Erbe von den Revindikationsforderungen verschont bleiben sollte. Diesen Erfolg für das Herzogtum Bayern hat man als den krönenden Abschluß im territorialen Aufbau des Landes bezeichnet. Am Rande sei vermerkt, daß auch die geistlichen Kurfürsten im Besitz dessen geblieben sind, was sie sich seit dem Stichjahr 1245 angeeignet hatten, z. B. behielt der Erzbischof von Köln die Feste Cochem. Erst später, als sich eine günstigere Konstellation ergab, im Jahre 1282, hat er die Burg zusammen mit Kaiserswerth ans Reich zurückgeben müssen.
Die Revindikation des Reichsguts war eine Aufgabe, die nicht allein von der Zentrale des Königs bewältigt werden konnte, auch wenn diese nicht ortsgebunden war. Der Anspruch auf zu Unrecht in anderen Besitz übergegangenes Reichsgut ließ sich nur erheben und durchsetzen, wenn man über die lokalen Gegebenheiten genau informiert war. Und im übrigen war es ja nicht damit getan, Verlorenes in einem Beweisverfahren zugesprochen zu bekommen; es mußte auch für die Zukunft gesichert werden: Im Zusammenhang mit den Revindikationen wurde daher von Rudolf eine Insti-

tution geschaffen, die vor allem der Zurückgewinnung der Sicherung, Verwaltung und Nutzung dieses Reichsguts dienen sollte, die Landvogteien. Selbstverständlich hatten auch die Staufer und ihre Vorgänger dieses Gut verwalten lassen; der Ministerialität hatte die Wahrnehmung dieser Aufgabe ihren frappanten sozialen Aufstieg ermöglicht. Aber die von Rudolf systematisch vorgenommene Zusammenfassung der einzelnen Reichsgutkomplexe zu eindeutig voneinander abgegrenzten Landvogteibezirken ist doch ein neuartiges Phänomen in der Verfassung des römisch-deutschen Reiches. Ausgeklammert von der Maßnahme blieb dabei lediglich das Gebiet um Nürnberg, weil Rudolf auf den hier amtierenden Burggrafen Friedrich von Hohenzollern Rücksicht zu nehmen hatte, dem er nicht nur als Überbringer der Wahlnachricht zu großem Dank verpflichtet war. Im Gebiet des vakanten Herzogtums Schwaben wurden zwei Bezirke eingerichtet, Nieder- und Oberschwaben, die durch die Rauhe Alb voneinander getrennt waren. Die Landvogtei Oberschwaben umfaßte das Gebiet bis hin zu den Graubündener Alpenpässen. Davon getrennt war die Vogtei über Zürich. Auch das Elsaß wurde in zwei Bezirke unterteilt, die Vogtei Oberelsaß, wo sich das habsburgische Hausgut konzentrierte, und die wohl ertragreichste und politisch auch wichtigste Vogtei Niederelsaß mit den zahlreichen Reichsstädten dieser Region, die sich später unter Karl IV. zur Dekapolis, dem elsässischen Zehn-Städtebund, zusammengeschlossen haben. Im Norden grenzte die Landvogtei des Speyergaues an die nieder-elsässische an. Auch die Wetterau mit den Städten Frankfurt, Gelnhausen, Wetzlar und Friedberg wurde im Verlaufe von Rudolfs Regierung in Form einer Landvogtei organisiert. Daneben gab es kleinere Reichslandvogteien, z. B. die von Franken-Wimpfen, die seit 1278 nachweisbar ist und Kraft von Hohenlohe übertragen wurde. Außerdem war vermutlich Rothenburg Mittelpunkt einer zweiten fränkischen Landvogtei, deren Vögte jedoch erst seit 1303 nachweisbar sind.
Zu den Aufgaben der Landvögte gehörte vor allem die Wiedergewinnung und Verwaltung des Reichsgutes der betreffenden Regierung; dazu zählte die Einsetzung von königlichen Amtsleuten, z. B. den Schultheißen in den Reichsstädten, die Vögte hatten für den Schutz der dem Reich verbliebenen Klöster zu sorgen, für das Geleit auf den Straßen, soweit dieses noch nicht den Landesherren zugefallen war. Sie waren außerdem zuständig für das dem Reich noch verbliebene militärische Aufgebot, insbesondere das der Reichsburgen und der Reichsstädte. Richterliche Funktionen haben die Vögte prinzipiell nicht ausgeübt, jedoch haben einige von ihnen außerdem noch das Amt von Landrichtern innegehabt und sind insofern auch richterlich tätig geworden. Einige der von

Rudolf eingesetzten Landvögte waren entweder mit ihm verwandt oder verschwägert oder hatten schon vor seiner Königszeit mit ihm in politischer Verbindung gestanden; zu ihnen gehörten beispielsweise die Grafen Albrecht von Hohenberg oder Hugo von Werdenberg, denen die nieder- bzw. oberschwäbischen Bezirke zugewiesen wurden. Generell haben die römisch-deutschen Könige bis hin zu Karl IV. Angehörige des freien Adels als Inhaber dieser Ämter bevorzugt. Adolf von Nassau hat nach seiner Wahl ein Revirement vorgenommen und die Vogteien mit Adeligen seines Vertrauens vor allem aus dem Gebiet an Lahn und Main besetzt. Nach seinem Tod verloren diese dann überwiegend ihre Ämter und wurden wiederum durch Herren aus dem Elsaß oder aus Schwaben ersetzt. Grundsätzlich waren die Landvögte absetzbare Amtleute. Als der mit König Rudolf befreundete Herr von Bonstetten die Zürcher Vogtei übernahm, wurde verfügt, daß er dieses Amt nur zwei Jahre innehaben solle und es dann fünf Jahre lang nicht mehr übernehmen dürfe.

Die zeitlich begrenzte Vergabe der Landvogteien, die verhältnismäßig große Verfügungsfreiheit der Könige über diese Ämter hätte angesichts des auch nach dem Interregnum noch sehr beträchtlichen Reichsgutes dem römisch-deutschen König die Möglichkeit eröffnen können, zumindest in den mittel- und oberrheinischen, in den fränkischen und schwäbischen Regionen des Reiches eine institutionell gefestigte und auf Territorialbesitz gestützte Herrschaftssphäre auszubauen, wie dies z. B. dem König von Frankreich in weiten Teilen des westlichen Nachbarreiches vor allem auch mit Hilfe seiner Baillis gelungen ist. Zwar haben manche von Rudolfs Landvögten nachweislich erfolgreiche Arbeit geleistet, und noch sein Sohn Albrecht hat später als König den Kampf gegen die rheinischen Kurfürsten vor allem mit Hilfe der Landvögte zu seinen Gunsten entscheiden können. Indes tut man gut daran, die Effektivität und Modernität der Verwaltungstätigkeit in den Landvogteien nicht zu überschätzen. Gern wird in diesem Zusammenhang auf das sogenannte Salbüchlein verwiesen, ein Verzeichnis der Einkünfte des Reiches im Gebiet von Nürnberg, das aber erst nach der Begründung der Nürnberger Landvogtei unter Albrecht I. von dessen Landvogt Dietegen von Kassel angelegt worden ist. Es enthält die Übersicht über die Steuern einzelner Ämter sowie der Stadt und der Juden von Nürnberg: je 2000 Pfd. hatten diese aufzubringen. Von der Nürnberger Münze erwartete Dietegen 500, vom Zoll 200, vom Schultheißenamt 100 Pfd. Aber viel mehr ist uns von den Akten der Reichsgutverwaltung dieser Zeit nicht überliefert, und auch in der Zentrale scheinen keine umfangreicheren Aufzeichnungen gemacht worden zu sein. Das Fehlen von regionalen Aktenstücken wird nicht nur darauf zurückzuführen sein, daß die Verwaltung der Landvögte noch weitgehend schriftlos erfolgte, sondern auch darauf, daß selbst wichtigere Urkunden nicht von ihnen selbst aufbewahrt wurden. Als 1280 der oberschwäbische Vogt die Breite eines öffentlichen Weges feststellen ließ, deponierte er die darüber ausgestellte Urkunde im Kloster Salem; er selbst hat offenbar über keine eigene Registratur verfügt. Rudolfs Landvögte waren nicht auf sich allein gestellt, sie konnten sich, wie bereits angedeutet wurde, u.a. auch auf die noch vorhandenen Reichsburgen und die Reichsstädte stützen. Die Geschichte der Reichsburgen und ihrer Mannschaften im späteren Mittelalter ist uns nur bruchstückhaft bekannt und in ihrer Gesamtheit noch ebensowenig erforscht wie die des ländlichen Reichsgutes. Es läßt sich nur ganz allgemein konstatieren, daß beides – Reichsgut und Reichsburgen – zur Zeit Rudolfs noch in beachtlichem Ausmaß vorhanden gewesen sein muß, daß das Reich aber unter seinen Nachfolgern ständige Einbußen erlitten hat, so daß es am Ende von Karls IV. Herrschaft ländliches Reichsgut kaum noch gab und die Reichsburgmannen sich entweder verselbständigt oder benachbarten Landesherren unterstellt hatten; der römische König war damals nicht mehr imstande, frei über sie zu verfügen. Die von den Saliern und Staufern gebauten Burgen hatten durchweg die Funktion von militärischen Stützpunkten zur Sicherung und Verwaltung von Königsterritorien – in Sachsen, im Pleißner Land, in Schwaben, im Elsaß, in Franken, am Rhein, in der Wetterau. Oft waren königliche Territorien von einem ganzen Kranz solcher Festen umringt. Über den Burgenbau von Barbarossas Vater prägten die Zeitgenossen das Bonmot, er ziehe am Schweif seines Pferdes stets eine Burg hinter sich her. Die seit den Zeiten Friedrichs I. charakteristische Kombination von Burg und Stadt sowie die daraus resultierenden Probleme werden uns noch in einem anderen Abschnitt dieses Kapitels beschäftigen. Krieger, die mit der Burghut beauftragt waren, dürften ursprünglich nahezu alle ministerialischen Standes, d.h. unfreie Dienstmannen gewesen sein, deren Verpflichtung aus ihrer Unfreiheit resultierte. Ihre Wohnsitze werden sie in der Regel in unmittelbarer Nachbarschaft oder in der zur Burg gehörenden Stadt gehabt haben. Zwar scheinen nach dem Ende des Interregnums bei vielen Burgen noch genügend Dienstgüter für die jetzt durchweg als Ritter (milites) bezeichneten Ministerialen vorhanden gewesen zu sein, aber in einigen Fällen sah sich Rudolf doch veranlaßt, den Burgmannen zusätzliche Mittel zur Verfügung zu stellen, z.B. denen von Friedberg, die 1275 die Judensteuer der Stadt erhielten (130 M.) und später dazu noch die Hälfte des Ungeldes (einer Verbrauchssteuer) der Stadt.

In Rudolfs Burgenpolitik hat es indessen zwei einander widerstrebende Tendenzen gegeben: Einerseits förderte er die Genossenschaften der Burgmannen gelegentlich auch mit dem Versprechen, ihnen keinen mächtigeren Herrn als Burgmann oder -hauptmann zu oktroyieren. Andererseits aber hat er den altfreien Grafen und Herren, aus deren Stand er auch seine Landvögte auswählte, einen von den einfachen Burgmannen offenbar als störend empfundenen Einfluß auf manche Burg eingeräumt. Den Oppenheimer Burgmannen hat er das erwähnte Versprechen erst verbrieft, nachdem sie den Graf von Katzenelnbogen als Genossen aufgenommen hatten. Indes ging es bei der Aufnahme dieser edelfreien Herren in eine Reichsburg wohl vornehmlich nicht um die Befehlsgewalt über die einfachen Burgmannen, sondern um die mit dem Burglehen verbundenen, z.T. beträchtlichen Einkünfte aus dem Reichsgut. Der Burglehnsvertrag bildete die Grundlage für die Bindung des jeweiligen Herrn an die Burg; danach erhielt der neue Burgmann ein Lehen, dessen Wert z.B. mit 100 M. bemessen wurde. Dafür hatte der Betreffende entweder persönlich oder durch einen Stellvertreter Burghut zu leisten. Für die 100 M., die zu zahlen sich der König stets als außerstande erklärte, erhielt der Burgmann jährliche Einkünfte, in der Regel 10% des Kapitals, in unserem Beispiel also 10 M., die auf eine Zollstätte, einen zum Reichsgut zählenden Hof, auf die Steuer von Juden oder Bürgern einer Reichsstadt angewiesen wurde. Schon unter Rudolf dürfte sich die Tendenz bemerkbar gemacht haben, daß die Burglehen als Rentenlehen für Dienste irgendwelcher Art, jedenfalls aber nicht für die Burghut ausgegeben wurden. Oswald Redlich hat auf das Burglehen des Grafen Adolf von Nassau (des späteren Königs) verwiesen, das dieser vom Pfalzgrafen für die Burghut in Kaub bezog. Für 200 M. hatte Adolf nur einen Mann als seinen Vertreter in die Burg zu schicken; das normale Burglehen für einen einfachen Ritter hatte indes nur den Wert von 50 M. Eine ähnliche Diskrepanz zwischen der Höhe des Lehnskapitals und der tatsächlichen Leistung wird auch bei manchem edelfreien Burgmannen des Reiches vorausgesetzt werden müssen. Dem Graf von Katzenelnbogen hat Rudolf in Oppenheim ein Burglehen im Wert von 530 M. gewährt; der Herr von Hanau erhielt Einkünfte von je 100 M. aus den Burglehen von Rödelheim (bei Frankfurt), Friedberg und Gelnhausen. Auch der spätere König Adolf zählte zu den Reichsburgmannen: Für die Burghut in Karlmunt bezog er 20 M. per annum, die ihm die Frankfurter Juden zahlen mußten. Trotz der Zweifel, die sich angesichts mancher allzu opulent ausgestatteter Burglehen an dem militärischen Nutzen dieser Institution für das Königtum erheben, wird man für die Zeit Rudolfs doch noch konstatieren können, daß er nach den Wirren des Interregnums das Reichsburgensystem »noch einmal verstärken und zu einer zuverlässigen Stütze seiner Herrschaft« machen konnte. (Fred Schwind)

Landvögte und Burgmannen standen dem König indes nur noch im königsnahen Westen und Südwesten des Reiches in nennenswertem Umfang zur Verfügung. Die Methoden der Revindikationspolitik im königsfernen Norden unterschieden sich beträchtlich von denen in den königsnahen Regionen. Die Fürsten, die hier erst im Verlauf des 14. Jahrhunderts einen Großteil der Landvogteien unter ihre Kontrolle bringen konnten, haben im Norden von vornherein einen entscheidenden Einfluß auf das noch vorhandene Reichsgut nehmen können. War im Süden der nicht-fürstliche, gräfliche Landvogt die charakteristische Figur königlicher Stellvertretung, so wurde es im Norden der Statthalter (Administrator et rector) mit umfassender Kompetenz; beauftragt wurden hier die dem Reichsgut direkt benachbarten Reichsfürsten, die Herzöge Albrecht II. von Sachsen und Albrecht I. von Braunschweig und nach des letzteren Tod die Brandenburger Markgrafen Johann II., Otto IV. und Konrad. Ihnen wurde, zuerst 1277 und dann noch einmal 1280, Verwaltung und Leitung der Städte Lübeck, Goslar, Nordhausen, Mühlhausen und alles andere Reichsgut in Sachsen, Thüringen und Slawien überantwortet mit der Aufgabe, alles, was an Ministerialen, Vasallen, Besitzungen und Rechten dem Reich entfremdet worden war, zurückzufordern. Den fürstlichen rectores wurde auch Gerichtsbarkeit im Namen des Königs in allen ihnen überantworteten Ländern und Provinzen übertragen. Es versteht sich, daß in diesem Bereich von Rudolfs Revindikationspolitik die Erfolgsaussichten weitaus geringer bleiben mußten als in den königsnahen Gebieten Frankens und Schwabens oder am Rhein. In ihrer Eigenschaft als Administratoren wären die genannten Reichsfürsten gewiß absetzbar gewesen, aber dies nur um den Preis erheblicher politischer Komplikationen. Daß die Fürsten hinsichtlich des Reichsgutes noch mehr in Versuchung geführt werden konnten, ihren eigenen Interessen Vorrang vor denen des Reiches einzuräumen, dürfte dem König von Anfang an bewußt gewesen sein. Indes scheint die Übertragung der norddeutschen Reichsgut-Administration beide Male eher von aktuellen politischen Motiven bestimmt gewesen zu sein: 1277 begann sich die endgültige Auseinandersetzung mit Ottokar von Böhmen abzuzeichnen, und mit der Beauftragung der Herzöge von Braunschweig und Sachsen sicherte sich Rudolf das Wohlverhalten zweier wichtiger norddeutscher Fürsten und isolierte zugleich die mit dem Böhmen verbündeten Brandenburger. Als er nach dem Sieg von Dürnkrut und dem Tode des Herzogs von Braunschweig drei der Brandenburger Markgrafen dem sächsischen Herzog zur Seite stellte, diente dies wahrscheinlich der Vertiefung eines Zwistes zwischen zwei Linien des Brandenburger Hauses, aus dem Rudolf politischen Nutzen ziehen wollte. Eine derartige Zielsetzung war naturgemäß nicht dazu angetan, eine kontinuierliche Revindikation entfremdeten Reichsguts zu ermöglichen. Die Reichsstädte des Gebietes, insbesondere Goslar, bemühten sich mit einigem Erfolg, sich die Administratoren vom Leibe zu halten. Die Goslarer übernahmen die Reichsvogtei ihrer Stadt in eigene Regie, indem sie sie ganz einfach einem Grafen, der vom Herzog von Sachsen damit belehnt worden war, abkauften. Und auch die Lübecker warfen ihr Kapital in die Waagschale: Als Rudolf 1289/90 in Erfurt seinen großen thüringischen Hoftag hielt, erklärten sie sich bereit, die bisher an den Sachsenherzog als den Inhaber der Reichsvogtei geflossenen 750 Mark lübischer Pfennige nunmehr an den König zu zahlen, und zwar für acht Jahre im voraus. So ergibt sich das widerspruchsvolle Ergebnis der norddeutschen Revindikationspolitik, daß die von Rudolf eingesetzten fürstlichen Administratoren gegen ihre Absichten die zwei bedeutenden Reichsstädte wieder in engere Beziehung zum König getrieben haben, die allerdings auf einer vornehmlich finanziellen Basis beruhte. Der Norden ist auch unter dem neuen König durchweg eine königsferne Landschaft geblieben.

Den bei weitem wichtigsten Teil des Reichsgutes bildeten die Reichsstädte, und zwar nicht nur wegen ihres militärisch nutzbaren Bevölkerungsreservoirs, sondern vornehmlich auch wegen ihrer Steuerkraft und nicht zuletzt wegen der Möglichkeit des königlichen Hofes, in den Städten Herberge zu finden. In dieser Hinsicht muß sich in den ersten Monaten von Rudolfs Regierung eine schwere Krise abgespielt haben. Der König ohne Residenz hatte zunächst eine ganze Reihe von Bischofsstädten aufgesucht, dann aber, nach dem 19. I. 1274, hat er sie für ziemlich genau ein Jahr offenbar bewußt gemieden. Dies dürfte weniger an den Bürgern dieser Städte gelegen haben, die den neuen König ebenso gefeiert haben wie die der Reichsstädte. Vielmehr werden die Bischöfe darauf bestanden haben, daß die Frage der Beherbergungskosten, aber auch der politischen Oberhoheit über ihre Residenzen zunächst einmal geklärt werden müßte. Außerdem hatten offenbar die den König begleitenden Amtsleute während dessen Aufenthalt Rechte im Bereich von Gerichtsbarkeit, Münze und Zoll geltend gemacht, die seit den Zeiten Friedrichs II. zum großen Teil aufgegeben worden waren. Die Staufer hatten in zunehmendem Maße ihre Pfalzorte – z. B. Hagenau, Nürnberg, Gelnhausen – als Aufenthaltsort bevorzugt, und insofern dürften Rudolfs Besuche bei den Bischöfen den Eindruck erweckt haben, er wolle ihre Städte wieder enger ans Reich ziehen. Die Bürger von Worms haben im Beisein ihres Bischofs, der ihnen den Eid sogar vorsprechen mußte, im November 1273 dem König geschworen, also hold und getreu zu sein, wie eine freie Stadt dem Reich von Rom sein solle, eine Stadt, die – wie es wörtlich heißt – von dem Reich gefürstet sei. Rudolf hat die Bürger von Worms demnach den Status einer freien Stadt, die dem Reich nicht untertan, sondern deren gefürstetes Glied war, in einer Weise betonen lassen, die bei den Bischöfen böses Blut gemacht haben dürfte. Übrigens sind nicht alle Bischofsresidenzen zur Ehre einer gefürsteten Stadt des Reiches aufgestiegen, die keine Steuern zu zahlen hatte und auch im übrigen von nahezu allen Pflichten gegenüber dem Reich befreit war. Außer Worms waren es noch Köln, Regensburg, Straßburg, Speyer, Metz, Toul, Verdun, Cambrai, Besançon und Lausanne; Mainz geriet 1462 nach einer gewaltsamen Eroberung wieder unter die Landesherrschaft des Erzbischofs, während Trier sich der Kontrolle des Erzbischofs nur selten einmal zu entziehen vermochte. Zu den freien Städten gehörten auch Augsburg, Basel, Chur und Konstanz, deren Vogtei (oberste Gerichtsbarkeit) allerdings dem Reich zustand und die aus diesem Grunde auch steuerpflichtig waren. Die Verfügung über die Vogtei hat dann gewiß dazu beigetragen, daß zwei dieser Städte zu Tagungsorten der beiden bedeutendsten Konzilien des späteren Mittelalters geworden sind. – Mit den Bischöfen hat der Habsburger dann nach einem Jahr seinen Frieden gemacht und den nächstfolgenden Hoftag wieder in eine Bischofsstadt, nämlich Würzburg, einberufen.

Im Gegensatz zu den freien Städten waren die Reichsstädte weder frei noch gefürstet, sondern unterstanden dem dominium Imperii; der König war ihr Herr, die Städter seine Untertanen. Theoretisch, oft auch de facto konnte er über die bedeutendsten Ämter der Stadt, z. B. das des Schultheißen, frei verfügen. Aber wie zuerst der Rheinische Bund bewiesen hatte, ließen sich die Reichsstädte nicht mehr als willenlose Objekte behandeln. Welche Rolle sie im Rahmen der königlichen Politik Rudolfs gespielt haben, verdeutlicht bereits die Anzahl der Urkunden, die sie in Empfang nehmen konnten. Unter dem ersten Habsburger entfielen 28% der erhaltenen Urkunden auf sie, während an die Geistlichen 35% und an Herren und Fürsten 37% gingen. Dieser Anteil hat sich auch unter den folgenden drei Herrschern nicht wesentlich verändert. Dies ist nicht weiter verwunderlich, wenn man berücksichtigt, welchen Anteil sie an der Beherbergung des wandernden Königs hatten. Wenn man von den Sonderfällen Wien und Erfurt einmal absieht, wo Rudolf aus besonderem Anlaß jeweils sehr lange geweilt hat, stehen an erster Stelle der Aufenthaltsorte Nürnberg mit 269 Tagen und Hagenau mit 200, dann folgen zwei Bischofsstädte: Mainz (156) und Basel (139). Dann wieder Reichsstädte: Ulm (109), Oppenheim (75), Eßlingen (48), Schwäbisch Gmünd (45), Colmar (39).

Die Masse der über einhundert Reichsstädte befand sich im Süden und Südwesten des Reiches, in Schwaben allein 28, im Elsaß 10, in Franken etwa 20. Nördlich des Mains gab es nur noch 25, von denen ein ansehnlicher Teil früher oder später dem Reich entzogen worden ist, z. B. das rheinische Boppard mit Oberwesel, Remagen, Sinzig, aber auch Düren, das als erstes schon vor Rudolfs Zeit an den Grafen von Jülich verpfändet worden war. Die bedeutendsten der nördlichen, königsfernen Reichsstädte waren Lübeck, Goslar, Dortmund, dazu wären dann noch Eger, Chemnitz und Zwickau zu nennen, die aber nahezu ständig als Pfandobjekte gedient haben. Unter den Reichsstädten hat es Zwerge gegeben, die kaum mehr als 400 bis 600 Einwohner hatten, die meisten dürften zwischen 2000 und 6000 Einwohner gezählt haben; nur einige überschritten die Zahl von 10000 Bewohnern: Nürnberg, Ulm, Lübeck mit je 20000, während Frankfurt über 10000 Einwohner verfügte. Dabei ist allerdings zu berücksichtigen, daß die deutschsprachigen Gebiete des Reiches damals allenfalls von 12 bis 14 Millionen Menschen bewohnt wurden.

Die meistbeachtete Leistung der Reichsstädte für das Königtum war ihre Steuer (precaria, Bede), die sie als für jede Stadt gesondert fixierte Pauschalsumme zu zahlen hatten und die mit den Beherbergungskosten verrechnet werden konnte. Die Städtebede war die einzige sichere Geldquelle des römischen Königs. Die Einnahmen aus den Regalien (Münze, Zoll usw.), die sich heute nicht mehr genauer berechnen lassen, dürften niedriger gewesen sein. Sehr beachtlich waren daneben allerdings die aus den Reichsrechten erwachsenen fiskalischen Ansprüche in Italien, die aber nur selten in voller Höhe realisierbar waren; darauf werden wir im Kapitel über Heinrich VII. zurückzukommen haben. Aus dem Reich ist uns eine Steuerliste aus dem Jahre 1241 überliefert, die vermutlich in Rudolfs Besitz gelangte und diesem dann als Grundlage für seine eigenen Steuerforderungen gedient haben dürfte. Die Gesamtsumme der Bede von 1241 betrug rund 7100 Mark (1 M. = ca. 231 bis 234 g Silber). Der höchste Satz von 250 M. entfiel auf Frankfurt, Hagenau, Basel; Gelnhausen folgte mit 200 M., Ulm war 1241 noch mit nur 80 M. veranschlagt. Wengen und Buchhorn am Bodensee waren mit 10 M. vertreten. Von den 7100 M. hatten die Juden, die eigens aufgeführt wurden, immerhin 853 M. zu entrichten, also rund 12%. Rudolf hatte die Steuersätze z. T. beträchtlich

erhöht, in einigen wenigen Fällen allerdings auch herabgesetzt. Frankfurt zahlte unter Rudolf 300 M.; Lübeck, das 1241 nicht berücksichtigt war, sogar 750 M. Alles in allem hat man die Steuereinnahmen des Habsburgers in seinen Anfangsjahren auf über 8000 M. per annum geschätzt. Der Wert dieser Summe läßt sich nur schwer vergegenwärtigen. Von den 7100 M. hätte man 1241 einen Trupp von 590 relativ niedrig bezahlten Armbrustschützen ständig unter Waffen halten können, ein einfaches Pferd kostete 5 M., ein gutes 20, und der Pfandwert der Stadt Düren, die mit nur 40 M. veranschlagt war, betrug damals 10000 M.
Mit der normalen Städte- und Judenbede war also kein Staat mehr zu machen, zumal wenn man berücksichtigt, daß die zweite Hälfte des 13. Jahrhunderts durch eine rapide Fortentwicklung der Geldwirtschaft gekennzeichnet war. Wie in der Einleitung schon erwähnt, hatte seit den fünfziger Jahren in Italien die erste wirtschaftlich nennenswerte Ausprägung von Goldmünzen eingesetzt, die dann seit Anfang des 14. Jahrhunderts auch in Deutschland zu kursieren begannen. Noch vorher lernten die Deutschen die neuen, vom französischen König ausgegebenen silbernen Großmünzen kennen, vor allem den gros tournois, der theoretisch den Wert von 12 Pfennigen = 1 Schilling haben sollte. Eine fast entgegengesetzte Entwicklung vollzog sich indessen im römisch-deutschen Reich, wo noch immer im wesentlichen nur der Pfennig ausgeprägt wurde. Einige der bislang führenden Pfennige, vor allem der schwergewichtige Kölner, wurden seit der Mitte des 13. Jahrhunderts in ständig sich mindernder Qualität ausgebracht. Das führte schließlich am Anfang des 14. Jahrhunderts dazu, daß der hochwertige und vor allem bis 1336 relativ beständige Tournosen-Groschen zur Leitmünze im rheinischen Zollsystem wurde. Vor diesem monetären Hintergrund müssen die Versuche des Habsburgers gesehen werden, die Städtesteuern nicht nur drastisch zu erhöhen, sondern auch über ein verändertes Einzugsverfahren ein größeres Maß an Einfluß in den Städten zu erlangen. Die Steuern sollten nicht mehr wie bisher vom Stadtregiment selbst in eigener Regie eingetrieben und dann pauschal dem König oder dem von diesem Begünstigten ausgehändigt werden. Rudolf hat seit 1274 mehrfach versucht, eine direkte Besteuerung der Reichsstadtbevölkerung durchzuführen. Zunächst soll er außer einer besonderen, im Normalverfahren einzuziehenden Sondersteuer für den Hoftag dieses Jahres alle Stadtbürger mit einer Vermögenssteuer von 3,3% belegt haben; nachweisbar ist diese Erhebung in Colmar. Die Kriege gegen Ottokar haben die Städte offenbar in starkem Maße finanzieren müssen. Frankfurt hat 1276 1200 M. aufzubringen gehabt, den vierfachen Satz seiner Normalsteuer. 1279 forderte Rudolf eine

neue Abgabe; die Kaufleute sollten 12,5% ihres Handelskapitals zahlen. Vom Erfolg dieser Besteuerung und von der Reaktion der Kaufleute auf diese für mittelalterliche Verhältnisse geradezu immense Belastung erfahren wir nichts, dafür um so mehr von dem nächsten Versuch, eine direkte Vermögenssteuer von 3,3% zu erzwingen. Es ist die Zeit, da Tile Kolup seine Triumphe in Neuss und Wetzlar feierte. Nachdem Colmar revoltiert, Hagenau den Landvogt vertrieben, drei Städte der Wetterau ein königsfeindliches Bündnis geschlossen und Wetzlar gar den falschen Friedrich in seine Mauern eingelassen hatte, lenkte Rudolf ein. Er bestand zwar auf der Zahlung des Dreißigsten Pfennigs, scheint aber darauf verzichtet zu haben, in die innere Finanzverwaltung der Städte, etwa durch seine Landvögte, einzugreifen. Die individuelle Besteuerung wurde in den folgenden Jahren allem Anschein nach nicht wiederholt, was die Städte dann damit honorierten, daß sie in den letzten Jahren Rudolfs noch einmal beträchtliche Sondersteuern, z. B. zur Auslösung des Pleißner Lands, aufgebracht haben.

Natürlich haben die Reichsstädte ihre durchweg königsfreundliche Politik nicht betrieben, ohne dafür Gegenleistungen zu fordern und zu erhalten; von der Anzahl der ihnen gewährten Privilegien haben wir bereits gehört. Die innere Autonomie der Städte wurde vom König vor allem dadurch gefördert, daß er ihnen die Besteuerung auch der Besitzungen des Klerus ermöglichte und die Unterschiede zwischen den Bürgern und den in der Stadt ansässigen Ministerialen nivellierte, indem er z. B. den Bürgern die Lehnsfähigkeit verlieh. Allerdings sah sich Rudolf in der Frage des Verhältnisses zwischen diesen beiden Gruppen der Stadtbewohner gelegentlich vor ein kaum lösbares Dilemma gestellt, denn obwohl er die Finanzkraft des gewerbe- und handeltreibenden Bürgertums schätzte, so mochte er auf die vor allem militärischen Leistungen der Burgmannen nicht verzichten, und er hat dabei auch Konflikte mit verschiedenen Städten in Kauf genommen. So hat er das Recht auf Burgbau auch in den Städten wieder aufleben lassen; in Oppenheim und in den Wetterauer Städten wurden die von den Bürgern während des Interregnum zerstörten Burgen wieder errichtet. Die wenigen Neugründungen von Städten, die auf Rudolf zurückgehen, Wolfstein bei Kaiserslautern, Germersheim, Landau, hat er stets bei vorhandenen Burgen vorgenommen. In Oppenheim, wo sich 1275 die Bürger gegen die Burgmannen aufgelehnt hatten, wurden die Burglehen drastisch vermehrt; nach einem neuerlichen Aufstand wurden 1286 die Bürger gänzlich vom Rat und vom Gericht ausgeschlossen. Als dann ein Jahr später die beiden Parteien miteinander versöhnt wurden, teilten sie sich die Sitze in den beiden Gremien, wobei aber Rudolfs Amtmann, der Graf von

Katzenelnbogen, die Auswahl der bürgerlichen Schöffen und der Ratsleute traf. Es versteht sich, daß Rudolf dort, wo er als Landesherr amtierte, die bürgerliche Autonomie noch weniger respektiert hat. Das Zentrum der habsburgischen Besitzungen im Oberelsaß, Ensisheim, wurde zu einer Großburg mit 14, später sogar 16 Burglehen ausgebaut.
Eine weitere Tendenz von Rudolfs Politik scheint der Integration der Städte in die königliche Herrschaft und ihrer politischen Nutzung geradezu diametral zuwiderzulaufen: die Verpfändung ganzer Städte an Fürsten und Herren. Während man in einigen größeren Städten bereits dazu übergegangen war, Hypotheken auf Grundstücke und Häuser zu legen und diese durch Eintragung in grundbuchähnliche Akten, z. B. die Kölner Schreinskarten und -bücher zu sichern, ohne daß der Gläubiger die beliehenen Sachen in eigenen Besitz nahm, war ein Kreditgeschäft mit König und Fürsten nur durch Pfandsetzung möglich. König Eduard III. hat z. B. dem Erzbischof von Trier die englische Reichskrone verpfändet und im Nachlaß von ermordeten Straßburger Juden fand man 1349 eine Krone des Markgrafen von Baden. Wenn man schon diese Staatssymbole zu Pfand gab, ist man natürlich auch nicht vor der Verpfändung von Territorien oder Teilen von ihnen, oder aber auch von Städten zurückgeschreckt. In aller Regel hat der König bei diesem Geschäft keinen Pfennig baren Geldes erhalten, vielmehr wurde mit der Pfandsetzung das Entgelt für politische oder militärische Leistungen gesichert, die bereits erbracht waren oder noch erbracht werden sollten. Um die Mitgift seiner Tochter zu garantieren, die Rudolf nicht bar zahlen konnte, wurden gleich am Anfang seiner Regierung fünf Städte, darunter Nürnberg und Ravensburg, dem Herzog von Bayern und Pfalzgrafen Ludwig verpfändet. Die Verfügungsgewalt des Königs über die Reichsstädte war lediglich durch den Grundsatz eingeschränkt, die Verpfändungen dürften nur zum Nutzen des Reiches erfolgen, aber dieser Nutzen war natürlich leicht heraufzubeschwören. Harmlos waren die Verpfändungen in der Regel dann, wenn sie sich im Rahmen der finanziellen Möglichkeiten des Königs hielten und wenn sich die betreffende Stadt nicht in unmittelbarer Nachbarschaft der Territorien des Pfandnehmers befand. Zwar ist die Summe sämtlicher von Rudolf getätigter Pfandgeschäfte schon unglaublich hoch: 173 000 M. Silber und 19 000 Pfd. Heller, aber keine der von ihm versetzten Städte ist damals dem Reich auf Dauer entfremdet worden; auf Geschäfte, die Städte in ihrer Gesamtheit – Regalien, Ämter, Gebiet – umfassen sollten, entfielen im übrigen nur 40 500 M. Silber. Zum Vergleich: Die entsprechende Summe belief sich unter Karl IV. auf 232 000 M., 55 000 Pfd. Heller, 276 000 fl.

Schlüsselt man die Gesamtsumme auf, dann erweisen sich die Pfandgeschäfte Rudolfs, soweit es sich um ganze Städte handelte, als politisch bedeutungslos. 15000 M. entfielen auf die erwähnte Verpfändung von Nürnberg, Memmingen, Ravensburg, Altdorf und Kaufbeuren, die entweder gar nicht zustande gekommen ist oder aber kurz nach dem Abschluß wieder rückgängig gemacht werden konnte. Für 10000 M. wurde 1277 Eger an König Ottokar verpfändet; die Stadt fiel nach Dürnkrut wieder ans Reich zurück. Dazu kamen noch einige kleinere Geschäfte, von denen Buchhorn (heute Friedrichshafen), Eppingen (1000 M.), Kaiserswerth (1500 M.), Duisburg (2000 M.), Mühlhausen/Thür. (4000 M.), Boppard und Oberwesel (4000 + 3000 M.) betroffen waren. Politisch bedenklich waren allenfalls die Verpfändungen von Duisburg an den Grafen von Cleve und von Mühlhausen an den Landgrafen von Thüringen, denn die beiden Städte lagen im Einflußbereich des jeweiligen Pfandnehmers. Aber als Rudolf dem Grafen von Jülich 1278 Boppard und Oberwesel mitsamt dem Zoll versetzte, hätte dies allenfalls zu einer stets gefährdeten Jülicher Exklave am Mittelrhein führen können. Erst als 1312 Heinrich VII. die genannten Orte seinem Bruder, dem Erzbischof Baldewin von Trier, verpfändete, war ihr Schicksal besiegelt: die Orte gingen am Ende im Trierer Kurstaat auf. Die Städtepolitik des Habsburgers hat diese Gefahren für den Bestand des städtischen Reichsgutes gemieden. Alles in allem: am Ende von Rudolfs Regierung konnten die Reichsstädte, trotz einiger voraufgegangener Mißhelligkeiten, als wichtigste dem König direkt untertane und verfügbare Stütze gelten, und zwar auch bei der Wahrnehmung von Recht und Frieden, einer Aufgabe, die sie 1254 schon einmal anstelle des Königs übernommen hatten.

Die Friedenswahrung hat Rudolf nahezu programmatisch an den Anfang seiner Regierung gestellt. Bislang sei er ein unermüdlicher Krieger gewesen, jetzt wolle er ein Pfleger des Landfriedens (amator pacis provincie) sein, soll er damals gesagt haben. Nur wenige Tage nach der Krönung erließ er ein Manifest, das die Reformatio des Friedens ankündigte. Am 26. II. 1274 wurde mit der Ernennung eines neuen Hofrichters, Berthold von Trauchberg, das Reichshofgericht installiert, das seit dem Mainzer Reichslandfrieden von 1235 als letzte Instanz in einer begrenzten Anzahl von Landfriedensfällen tätig werden konnte. Indes mutet die Landfriedenspolitik des Habsburger bis zum endgültigen Sieg über Ottokar von Böhmen angesichts der pauschalen Ankündigungen merkwürdig konturenlos an; eine umfassende und ausdrückliche Bestätigung des Mainzer Landfriedens hat es zunächst offenbar nicht gegeben, vielmehr begnügte Rudolf sich mit Verfügungen über die

Abstellung der seit 1240 illegitim eingerichteten und erhöhten Zölle. Eine neue und zukunftsträchtige Phase königlicher Landfriedenstätigkeit begann nach dem ersten Sieg über Ottokar am 3. I. 1276 mit der Verkündung eines Landfriedens im vorerst an das Reich gezogenen Lande Österreich mit Steiermark, Kärnten und Krain. Dieser Friede wurde für die beim Haus Habsburg verbleibenden Österreich und Steiermark im Mai 1281 erneuert. Es folgten am 6. VII. in Regensburg ein bayerischer, am 25. VII. in Nürnberg ein fränkischer und am 14. XII. 1281 in Mainz ein rheinischer Landfriede. Einige Jahre später, Mitte Januar 1287, wurde ein Landfriede in Thüringen verkündet. Obwohl Rudolf gegen Ende seiner Regierung doch noch einen generellen Landfrieden für das Reich auf der Grundlage des Mainzer Friedens von 1235 publiziert hat – 1287 in Würzburg und 1291 in Speyer –, so war mit dem Wiederaufgreifen früherer regionaler Landfriedensordnungen der Weg für die folgenden beiden Jahrhunderte vorgezeichnet.

Die Entwicklung der Landfrieden ist wegen der Unzahl der Gründungs- und Verlängerungsurkunden und deren ausschweifenden Einzelbestimmungen ein schwieriges, gelegentlich auch langweiliges Kapitel der spätmittelalterlichen Geschichte, das in Handbüchern, wenn überhaupt, dann nur am Rande behandelt zu werden pflegt. Gleichwohl gehören die von König oder Fürsten dekretierten oder von regionalen Mächten auf genossenschaftlicher Basis gegründeten Landfrieden zu den wichtigsten und wirksamsten Institutionen des Reiches, und zwar nicht nur auf der politischen Ebene von Fürsten, Herren und Städten, sondern auch im Alltag des gemeinen Mannes, des Kaufmanns, des Bauern, des Pilgers, des Juden. Dies wird gern vergessen, wenn von der lokal wie zeitlich beschränkten Geltung solcher Frieden die Rede ist. Aber auch wenn sie z. B. nur für die Wetterau und auf fünf Jahre beschlossen wurden, wird man den Nutzen dieser Institutionen nicht zu gering veranschlagen dürfen: Die in den letzten Jahrzehnten zutage geförderten Urkunden und Akten, die Landfriedensfälle betreffen, lassen jedenfalls vermuten, daß die Landfriedenseinungen und ihre Exekutivorgane im 14. Jahrhundert eine weitaus bedeutsamere Effizienz entfaltet haben als das im Zusammenhang mit Kaiser Friedrichs II. Mainzer Reichslandfrieden gegründete Hofgericht, dessen Tätigkeit seit jeher sehr viel mehr Aufmerksamkeit auf sich zu ziehen vermochte als diejenige der seit dem Beginn des 14. Jahrhunderts nachweisbaren Landfriedenskommissionen.

Obwohl eine knappe Definition des dem römisch-deutschen Reich eigentümlichen Landfriedens kaum die Vielfalt dieses Phänomens umschreiben kann, sei sie dennoch versucht: In Ermangelung eines

absoluten, zeitlich unbefristeten und das gesamte Reich einheitlich umfassenden, von der monarchischen Spitze dekretierten und durchzusetzenden Friedensgebotes war der römisch-deutsche König gezwungen, diesen Frieden durch Vereinbarungen mit den regionalen Mächten anzustreben. Der Landfriede sollte vor allem durch die Einschränkung, letztlich die Beseitigung der Fehde erreicht werden, d. h. des Versuchs, vermeintliches oder tatsächliches Recht auf eigene Faust durchzusetzen. Es ging dabei nicht nur darum, die Fehdeführung durch Vorschriften über Absagefristen, über den besonderen Schutz von bestimmten Personen oder Orten zu kanalisieren, sondern auch darum, den Fehdewilligen zu zwingen, sein Recht prinzipiell zuerst vor Gericht zu suchen. Erst wenn ihm vom Richter oder dem Beklagten das Recht verweigert wurde, durfte der Kläger selbst zur Gewalt greifen. Allerdings lag gerade hier die crux der Friedensbemühungen: Das bereits erwähnte Reichshofgericht, an dessen Spitze ein Hofrichter aus dem Stande der freien Herren amtierte, konnte im Grunde nur über Recht und Unrecht entscheiden und über Landfriedensbrecher die Acht verhängen; die Exekution des Urteils aber blieb in der Regel dem obsiegenden Kläger überlassen: Der römische König hatte, von den Reichslandvögten abgesehen, keine Amtsträger, die dem Urteil des Hofgerichts hätten Nachdruck verleihen können. Immerhin mußte aber die Reichsacht bei einem Rechtsstreit als gefährliche Waffe angesehen werden, vorausgesetzt allerdings, sie wurde einer ohnehin überlegenen Partei überantwortet. Gleichwohl hat sich das Reichshofgericht nicht zu einem wirkungsvollen Instrument königlicher Friedenswahrung entwickeln lassen. Aus der rund zwei Jahrzehnte währenden Regierungszeit Rudolfs von Habsburg sind ganze 20 Hofgerichtsurkunden überliefert; so ist es wenig wahrscheinlich, daß seine Hofrichter auf dem Gebiet der Landfriedenswahrung eine nennenswerte Tätigkeit entfaltet haben.
Rudolfs Friedenspolitik war ganz offenkundig von dem Wunsch der Fürsten, Herren und Städte bestimmt, die auftretenden Fälle in dem jeweiligen regionalen Rahmen zu regeln. Dabei kamen die unterschiedlichen politischen Gegebenheiten der einzelnen Landschaften bereits sehr deutlich zum Ausdruck: In Bayern waren an der Gründung des Landfriedens von 1281 nur noch die beiden Herzöge und der Bischof von Regensburg beteiligt; der Erzbischof von Salzburg, die Bischöfe von Bamberg, Freising, Eichstätt, Augsburg, Passau und Brixen sollten den Eid auf den Frieden noch leisten, haben dies allerdings dann wohl doch nicht getan. Zur Gründung des fränkischen Landfriedens hatten sich im Nürnberger Schottenmünster Bischöfe, Grafen, Freie, Dienstmannen und alle »die von Francken« versammelt; ähnlich muß es zu Mainz

gewesen sein, wo alle Welt von Konstanz bis Köln zusammengeströmt war. Entsprechend unterschiedlich sind dann auch die jeweiligen Landfriedensbestimmungen ausgefallen. In Bayern wurden auf der Grundlage älterer bayerischer Statuten Verfügungen erlassen, die der Durchsetzung einer uneingeschränkten Landeshoheit der Herzöge dienlich waren: Niemand durfte Geleit geben, es sei denn der Landesherr oder derjenige, der es von diesem hatte. Niemand durfte Burgen zu des Landes Schaden haben. Dazu kamen sehr ins Detail gehende Bestimmungen über das Schankrecht, über Viehexport und dergleichen mehr, so daß der bayerische Landfriede schon einer von den Herzögen garantierten Landesordnung gleichkam, an der Rudolf nur noch als Urkundbeamter mitwirkte, d. h. er stellte den Landfriedenstext, der im wesentlichen von den bayerischen Herzögen diktiert worden war, als Privileg aus. Anders in Franken oder am Rhein, wo nahezu alle Bestimmungen des Reichslandfriedens von 1235 erneuert wurden: Voraussetzungen rechter Fehde, Verbot der Pfalbürger, unrechter Zölle und Münze, der Pfändung ohne richterliche Erlaubnis; ferner die Verpflichtung des Königs, einen Freiherrn als Hofrichter einzusetzen, der über alles richten durfte, nur nicht über Angelegenheiten der Fürsten. Wie bereits erwähnt: Der Reichshofrichter hat sich auch in diesen Regionen, wo ein alle anderen Mächte dominierendes Fürstenhaus fehlte, nicht zu einer effektiven Landfriedensinstitution entwickeln lassen. Hier, wo die Gegensätze zwischen Fürsten, Adel und Städten die politische Atmosphäre bestimmten, ist man schon bald dazu übergegangen, Kommissionen zu bilden, die mit oder ohne Autorisierung durch den König Landfriedensfälle durch Mehrheitsbeschluß zu regeln versuchten. Es versteht sich, daß die prinzipielle Schwäche solcher genossenschaftlicher Institutionen auch hier schon bald unverkennbar zutage trat: Wenn eine der ständischen Gruppen zu der Meinung gelangte, daß ihre substantiellen Interessen von einer gegen ihr Votum gefaßten Entscheidung berührt würden, geriet sie schnell in Versuchung, die Einung zu boykottieren und sie damit funktionsunfähig werden zu lassen. Auch die in nahezu allen Landfrieden aufgenommene Verpflichtung, landschädliche Leute zu bekämpfen, sie jedenfalls nicht zu unterstützen, zu hausen oder zu verpflegen, war ein weitaus schwierigeres Problem als der eindeutige Text der betreffenden Paragraphen vermuten läßt. Mit dem einfachen Räuber niederer Herkunft ist man gewiß schnell fertig geworden, aber oft waren die Grenzen zwischen einem edlen Ritter, der als Amtmann eines Landesherrn fungierte, und einem gewöhnlichen Strauchdieb durchaus fließend; die poetische Gestaltung einer ritterlichen Räuberexistenz durch Werner den Gartenaere hatte in der zeitgenössischen Realität gewiß mehr als eine Parallele. Der Erfurter Poet Nikolaus von Bibra legte einem der Räte des Landgrafen von Thüringen die Worte in den Mund: »sum fur, sum latro . . . et sunt michi socii fures.“ (Ich bin Dieb, bin Räuber, und meine Genossen sind es auch.) Es versteht sich, daß es häufig Schwierigkeiten bereitete, Übereinstimmung darüber zu erzielen, ob solche Herren als landschädlich zu bezeichnen und dementsprechend zu behandeln seien. Als Rudolf am 20. XII. 1289 vor den Toren Erfurts 29 Räuber enthaupten ließ, wird kaum einer von ihnen dies als gerechte Strafe empfunden haben: Ob der König, als er die Herren dem Scharfrichter überantwortete, sich noch daran erinnerte, daß er selbst vor seiner Wahl einmal nächtens das Reuerinnenkloster bei Basel gebrandschatzt hatte?

Das Unvermögen des römisch-deutschen Königs, einen allgemeinen und ewigen Landfrieden zu dekretieren und durchzusetzen, hatte zahlreiche Gründe, darunter vor allem die autochthonen, z.T. – was die Ministerialität anbelangte – auch usurpierten Freiheitsrechte des Adels, die dieser mit nicht unbegründetem Argwohn gegen Fürsten und König zu wahren trachtete. Sie wären allenfalls durch eine langandauernde äußere Bedrohung zu beschneiden gewesen, die aber dem Reich bis in die Tage der Hussiteneinfälle erspart geblieben ist – und damals war das Königtum bereits so weit auf den Bereich seiner Hausmacht zurückgedrängt, daß es nicht mehr in der Lage war, das Monopol der Friedenswahrung von den Fürsten zurückzuverlangen. Als weitere Erklärung für das Fehlen eines allgemeinen und ewigen Staatsfriedens wird auch heute noch gelegentlich die These Leopold von Rankes wiederholt, im Spätmittelalter seien die Mittel der Verteidigung, z. B. Stadt- oder Burgmauern, denen des Angriffs überlegen gewesen. In der Tat konnte die mit Schießpulver betriebene Artillerie erst gegen Ende des 14. Jahrhunderts in nennenswertem Umfang eingesetzt werden; aber wenn es dem Habsburger in Thüringen innerhalb kürzester Frist gelungen ist, mehr als ein halbes Hundert Burgen zu brechen oder deren Besatzungen zur Aufgabe zu zwingen, dann spricht das nicht für eine technologische Lücke in der Friedenswahrung.

Versucht man Rudolfs Landfriedenspolitik aufgrund ihrer Gegebenheiten und ohne Berücksichtigung der folgenden Entwicklung zu beurteilen, so wird zu betonen sein, daß sie in noch ganz erheblichem Ausmaß der staufischen Tradition verpflichtet gewesen ist. Das kam insbesondere in der Rezeption von Friedrichs II. Reichslandfrieden von 1235 zum Ausdruck, die in Franken, Schwaben, am Rhein und schließlich auch in Thüringen eine starke Einwirkung des Königtums offengehalten hat. Das hat sich in den folgenden Jahrzehnten nicht aufrechterhalten lassen: Landfriedensbündnisse wurden spätestens seit der Doppelwahl von 1314 nicht mehr im Rahmen der Großregionen, d.h. der alten Herzogtümer geschlossen, sondern zumeist unter Berücksichtigung macht- und territorialpolitischer Interessen der regionalen Mächte. So entstanden oft kleinräumigere Landfriedensbezirke mit rasch wechselndem Teilnehmerkreis, was einer dauerhaften Friedenswahrung mit dem Ziel eines generellen Fehdeverbotes natürlich nicht dienlich sein konnte; die politischen Absichten der führenden Mächte solcher Einungen ließen dann in der Regel die Sicherung des Rechtsfriedens in den Hintergrund treten. Karl IV. hat in den Jahren 1354 bis 1356 noch einmal versucht, das gesamte Reich mit einem Netz relativ großräumiger Friedensbezirke zu überziehen, aber er hat damit ebensowenig Erfolg gehabt wie sein Sohn Wenzel und seine Ratgeber, die am Ende des 14. Jahrhunderts das Reich zum ersten Mal in Kreise eingeteilt haben, um den stets wechselnden Konstellationen ein Ende zu setzen und damit die Voraussetzung zu einer dauerhaften Friedenssatzung zu schaffen. Die für die Königsgewalt abträglichen Tendenzen der folgenden Entwicklung sind für den rückblickenden Historiker zwar schon bei den Landfrieden des ersten Habsburgers deutlich erkennbar, aber sie scheinen noch keineswegs irreversibel gewesen zu sein. In den genannten »königsnahen« Regionen waren noch beachtliche Möglichkeiten gegeben, den Weg der künftigen Gestaltung des Landfriedens zugunsten der monarchischen Spitze zu bestimmen; erst die politisch motivierten Landfriedenssysteme der Zeit nach 1314, die ständige Rivalität zwischen Wittelsbach, Habsburg und Luxemburg, die Preisgabe des ländlichen Reichsgutes und anderes mehr haben dann die Probleme geschaffen, die Hof- und Reichstage im späten 14. und im 15. Jahrhundert in Atem halten sollten und erst 1495 mit Maximilians Ewigen Landfrieden gelöst werden konnten, und zwar in einer Weise, die zu Rudolfs Zeiten noch gänzlich unvorstellbar gewesen sein muß.

Die Forderung nach Revindikation usurpierten Reichsgutes, vom König und den Kurfürsten gleichermaßen erhoben, war von Anfang an nicht nur auf zum Reich gehörende Wälder, Fischteiche und Dörfer gerichtet, sondern auch auf die fünf im Besitz des Böhmenkönigs befindlichen großen Lehen Österreich, Steiermark, Kärnten, Krain und die Windische Mark. Ottokar II., der darauf vertrauen durfte, den Gefahrenherd Ungarn fürs erste ausgeschaltet zu haben, hat zunächst überhaupt nicht auf die Wahl und Krönung Rudolfs reagiert und dem neuen König die binnen Jahr und Tag zu erbringende Lehnshuldigung verweigert. Dies blieb so lange ungefährlich, wie Rudolf vom Papst noch nicht als König anerkannt, approbiert, war. Diese Approbation, die später unter Albrecht I. und Ludwig dem Bayern zu einer brisanten Prinzipien- und Prestigefrage werden sollte, war von Rudolf und seinen Wählern in geschickter Weise nicht gerade umgangen, aber doch heruntergespielt worden. In überaus gewundener Form bat man den Papst darum, dem König die Fülle väterlicher Gunst (paterni favoris) nicht zu verweigern; ein wahrscheinlich aus der Kölner Kanzlei stammendes Schreiben spricht von applausus approbacionis. Der Papst hat den Habsburger aber lange warten lassen. Am 7. V. 1274 eröffnete Gregor X. das zweite Konzil von Lyon, an dem auch zahlreiche deutsche Bischöfe teilnahmen. Insbesondere der mit dem Böhmen verfeindete Erzbischof von Salzburg und natürlich die drei geistlichen Kurfürsten plädierten für die Anerkennung des neuen römischen Königs, während Ottokar nur über die Bischöfe von Seckau und Olmütz als Parteigänger verfügte. Ottokars Gesandte versuchten noch einmal, Alfons von Kastilien ins Spiel zu bringen, aber der Papst und die Kardinäle entschlossen sich doch schon bald, die Bedenken gegen den Habsburger zu unterdrücken, um den Kreuzzug nicht zu gefährden; denn um diesen überhaupt planen zu können, benötigte man die Zustimmung der deutschen Bischöfe zu dem am 18. V. 1274 beschlossenen sechsjährigen Kreuzzugszehnten. Faktisch war die Entscheidung damit bereits zugunsten des Habsburgers gefallen, zwischen dem 25. und 28. V. reisten die beiden böhmenfreundlichen Bischöfe ab, und am 6. VI. erschienen die Gesandten Rudolfs vor Papst und Kardinälen, um die Sicherheitseide der Kaiser Otto IV. und Friedrich II. zu bestätigen und im Namen Rudolfs zu wiederholen. Für den Fall der Kaiserkrönung, um die Rudolf und seine Wähler bereits gebeten hatten, wollte der Habsburger die Eide erneuern. Indes, erst als Alfons von Kastilien definitiv auf seine römische Königswürde verzichtet hatte, erkannte der Papst Rudolf mit Schreiben vom 26. IX. 1274 als römischen König an.

Damit waren die Schritte, die der Habsburger jetzt gegen den widerspenstigen Böhmen einleitete, rechtlich unanfechtbar geworden. Am 19. und 21. XI. 1274 wurden die ersten Beschlüsse gefaßt, und zwar auf Klagen des Königs unter Vorsitz des Pfalzgrafen. Zwei Dinge sind dabei zu unterscheiden: die Forderung nach Rückgabe unrechtmäßig erworbenen Reichsgutes, d.h. der erwähnten Fürstentümer und zweitens die nach der Lehnshuldigung für Böhmen, die Ottokar binnen Jahr und Tag nach der Aachener Krönung hätte leisten müssen. Die erste Sache hätte bereits sofort entschieden werden können, aber man setzet auch für sie dem Böhmenkönig einen Termin (23. I. 1275), bis zu dem sich Ottokar hätte rechtfertigen können. Inzwischen traf der Habsburger die

politischen und militärischen Vorbereitungen zu dem wohl von beiden Parteien als unausweichlich angesehenen Krieg. Es gelang ihm, mit König Ladislaus von Ungarn und dessen Mutter in Verbindung zu treten und eine Verlobung zwischen einem Bruder des Königs und seiner Tochter Clementia zu stiften, die dann allerdings nicht zu einer Ehe geführt hat. Die schließlich gescheiterten Verhandlungen mit Ungarn fanden zur gleichen Zeit statt, da Rudolfs ältester Sohn sich mit Elisabeth, der Tochter des Grafen Meinhard von Görz-Tirol vermählte (20. IX. 1274). Meinhard von Tirol war nicht nur wegen der von ihm beherrschten wichtigen Paßstraße über den Brenner ein unschätzbarer politischer Bündnispartner, sondern er verfügte auch noch über Besitzungen in Ottokars Machtsphäre und über die Vogteien über die Kirchen von Brixen und Aquileja.
Das Verfahren gegen Ottokar wurde weitergeführt. Am 15. V. 1275 wurde die Klage gegen ihn erneuert, und diesmal hat der Böhmenkönig sogar darauf reagiert: Sein Gesandter, Bischof Wernhard von Seckau, hielt eine provozierende Rede, in der er Rudolfs Wahl anfocht, weil dieser damals in Bann gewesen und die böhmische Stimme unberücksichtigt geblieben sei. Der Bischof, der die Versammlung bereits dadurch verärgerte, daß er seine Rede in lateinischer Sprache hielt, hatte damit einen schweren Fehler begangen. Denn durch die Anfechtung der Wahl trieb er den stets schwankenden Herzog Heinrich von Bayern für kurze, aber entscheidende Zeit ins Lager des Habsburgers. Diesem war damit der Weg nach Österreich geebnet. Burggraf Friedrich wurde nach Wien gesandt, wo er dem Böhmenkönig mitteilte, daß ihm seine Reichslehen Böhmen und Mähren sowie das Schenkenamt wegen Unterlassung der Huldigung entzogen worden seien. Außerdem habe man ihm die unrechtmäßig in seinem Besitz befindlichen Reichslehen mitsamt dem Egerland aberkannt. Der Burggraf holte sich natürlich eine Abfuhr, worauf am 24. VI. 1275 die Reichsacht über den Böhmenkönig verhängt wurde, ein Jahr später erfolgte die Aberacht. Erzbischof Werner von Mainz ließ nach einer weiteren vergeblichen Aufforderung zur Genugtuung den Bann über Ottokar und das Interdikt über sein Land folgen. Natürlich verlief die Entwicklung nicht ganz so folgerichtig und zwingend, wie sie hier erzählt werden muß. Ottokar überzog z. B. den Salzburger Erzbischof mit Krieg, der diesen vorerst zur Neutralität zwang. Überdies war Rudolf die gesamte Zeit über mit Plänen zur Kaiserkrönung beschäftigt; so hat er im Januar 1275 den Papst um die Kaiserkrönung zum 23. V. gebeten, und als ihm dann das Allerheiligenfest als Termin genannt wurde, war er auch damit einverstanden. Obwohl der Papst ihm z.T. aus dem Kreuzzugszehnten eine

Summe von 15000 Mark bewilligte, sah sich Rudolf gehalten, den Aufbruch nach Italien weiter zu verschieben. Dann starb Papst Gregor X. am 10. I. 1276, und sein Nachfolger, der Dominikaner Innocenz V., war einer Kaiserkrönung nicht gewogen.
Wegen des Ausbleibens der ungarischen Hilfe mußte der ursprüngliche Feldzugsplan geändert werden. Rudolf hatte zunächst beabsichtigt, zusammen mit dem Pfalzgrafen in Böhmen einzufallen, während sein ältester Sohn Österreich, Meinhard von Tirol Kärnten angreifen sollte. Der Angriff auf Prag unterblieb, statt dessen marschierte Rudolf selbst in Österreich ein, nachdem ein Einfall der Tiroler in Kärnten und Krain erwiesen hatte, wie wenig widerstandsfähig das Reich Ottokars war. Der österreichische Adel fiel, wie zuvor schon der von Kärnten und Krain, scharenweise vom Böhmenkönig ab. Nur die Bürger des von Ottokar reichlich privilegierten Judenburg und die von Wien leisteten ernsthaften Widerstand. Am Ende wurde Judenburg zur Kapitulation gezwungen, und nur den Wienern ist es gelungen, den Belagerern solange standzuhalten, bis Ottokar sich dem römischen König beugen mußte. Dazu war es gekommen, als sich auch im Kerngebiet von Ottokars Reich Auflösungserscheinungen bemerkbar machten. Die Wittigonen oder Rosenberger, die ihre Adelsherrschaften durch den König gefährdet glaubten, verließen Ottokars Heer. Der Habsburger hatte damit das Ziel seiner Revindikationspolitik ohne eine Entscheidungsschlacht erreicht und erklärte sich bereit, den Spruch einer paritätisch besetzten Schiedskommission zu akzeptieren. Am 21. X. 1276 wurde im Feldlager vor Wien entschieden, daß die usurpierten Reichslehen an das Reich zurückfallen sollten, während Ottokar, von Acht und Bann befreit, für Böhmen und Mähren die Huldigung leisten mußte. Eine Doppelhochzeit sollte die Übereinkunft sichern.
Aber in der Folge haben beide Seiten eine Reihe von Vereinbarungen nicht eingehalten, die Verlobungen gingen in die Brüche, und schließlich mußte Rudolf einen zweiten Krieg gegen den Böhmenkönig führen, der am 26. VIII. 1278 bei Dürnkrut nordöstlich von Wien mit Ottokars Niederlage und Tod endete. Der Habsburger hat sich bei diesem zweiten Kriegszug gegen Ottokar vor allem auf Truppen seiner süddeutschen Nachbarn aus Schwaben und dem Elsaß sowie auf Kontingente aus Österreich gestützt, auf ein allgemeines Reichsaufgebot also offenbar verzichtet. Den Bayernherzog Ludwig bat er lediglich um die Sendung von 140 verdeckten Rossen. Das mag zum Teil daran gelegen haben, daß dieser Feldzug nicht von langer Hand vorbereitet werden konnte; zum Teil wird man die beschränkte Teilnehmerzahl von Rudolfs Heer aber auch darauf zurückführen können, daß Rudolf die nun anstehende

endgültige Regelung der Verhältnisse im Südosten unbeeinflußt von großen Dankesverpflichtungen vorzunehmen gedachte.
Bei den Auseinandersetzungen zwischen dem römischen und dem böhmischen König sollen nationale, deutsche und böhmisch-slawische Ressentiments eine Rolle gespielt haben. Stets erwähnt wird in diesem Zusammenhang ein Brief Ottokars an die piastisch-polnischen Fürsten Schlesiens, in dem diese unter Berufung auf die Verwandtschaft nach Sprache, Blut und Abstammung zur Unterstützung der Böhmen gegen die Deutschen aufgefordert wurden. Der unersättliche Rachen der Deutschen werde sich nach einem Sieg noch freier ausdehnen, und ihre unreinen Hände würden dann leichter auf das Land der Polen ausgreifen. Der Brief stammt mit Sicherheit aus der Feder von Ottokars Kanzler, des Italieners Heinrich von Isernia, ist aber aller Wahrscheinlichkeit nach erst nach Ottokars Tod geschrieben worden. Immerhin deutet das Schreiben aber daraufhin, daß am Prager Hof derlei Gedankengänge mit Beifall rechnen durften. Gegen Ottokar selbst als den geistigen Urheber des Schreibens spricht im übrigen schon seine bekannte Vorliebe für die deutschen Siedler und Bürger seines Reiches, die ihm kurz nach seinem Tod den herben Tadel eines einheimischen böhmischen Chronisten eingetragen hat. Ottokar war im übrigen einer der bedeutendsten Mäzene der deutschen Literatur seiner Zeit und hat dabei nur die Tradition seines Vaters Wenzel fortgeführt. Während die deutschen Spruchdichter dem Habsburger wegen dessen Knauserigkeit manch gehässigen Vers gewidmet haben, galt Ottokar bei manchem Poeten als ein besonders freigebiger Herrscher, dessen Tod bei einer ganzen Reihe von ihnen tiefe Trauer ausgelöst hat. Ottokars Sohn Wenzel II. hat die Tradition seines Vaters und Großvaters übrigens weitergeführt und möglicherweise sogar selbst in deutscher Sprache gedichtet: In der Großen Heidelberger Liederhandschrift sind unter seinem Namen drei Lieder überliefert.
Aber auch wenn am Hofe der Böhmenkönige die deutschsprachige Dichtung gepflegt wurde und wenn in das Land zum Ärger manches Einheimischen viele Deutsche einwanderten, das Heer Ottokars ist mit dem national-böhmischen Schlachtruf »Praga« in die Schlacht gezogen, während Rudolfs Aufgebot den Kampf mit dem reichspatriotischen (nicht also nationalen) Ruf: »Rom, Rom, Christus, Christus« eröffnete. Wenn kürzlich dazu bemerkt worden ist, dies sei ein schöner Schein gewesen, denn die meisten Fürsten des Reiches hätten Rudolf im Stich gelassen und eine wirkliche politische Kraft habe der Reichsgedanke in dieser Zeit nicht mehr dargestellt, so stellt dies nicht nur hinsichtlich der Zusammensetzung von Rudolfs Heer eine Fehleinschätzung dar. Der Reichspa-

triotismus hat damals, aber auch in den beiden folgenden Jahrhunderten noch mehrfach politische Kräfte zu mobilisieren vermocht, wenngleich dazu angemerkt werden muß, daß diese Bindung je länger desto mehr nicht mehr die Person des jeweiligen Herrschers mit umfaßte, sondern sich mit dem real allenfalls noch in den Reichskleinodien faßbaren Reich begnügen mußte: 1338 sah man sich bereits zu der Erklärung veranlaßt, daß – wenn vom Reich die Rede sei – damit der Herr Kaiser Ludwig gemeint sei, d. h. daß dies damals schon nicht mehr selbstverständlich gewesen sein kann. Im Vergleich zu dem auf das Sacrum Romanum Imperium bezogenen Patriotismus wird man die nationale Komponente bei der Auseinanderserzung mit den Böhmen auf deutscher Seite als nur wenig wirksam einschätzen können. Vorhanden waren gegen die Slawen gerichtete Ressentiments allerdings doch: So warf ein Verseschmied den Wienern in lateinischer Sprache vor, den Schlüssel ihrer Stadt den Slawen ausgeliefert zu haben, und Engelbert von Admont hat ein Gedicht verfaßt, dessen einzig erhaltener Vers (in deutscher Übersetzung): »Rudolf, der den Hochmut des slawischen Szepters brach« gelautet hat. Indes waren dies doch wohl nur sehr vereinzelte Stimmen, die freilich beweisen, daß solche sich auch vom sprachlichen Gegensatz nährenden Gegensätze hier ebenso vorhanden waren, wie fast zur gleichen Zeit in Sizilien und wenige Jahre später in Flandern; aber Rudolf hat sie weder anzuheizen noch politisch zu nutzen versucht. In einigen historiographischen Werken der Zeit, insbesondere in der kurz nach Rudolfs Tod entstandenen Colmarer Chronik, ist die Auseinandersetzung zwischen den beiden Königen dann in betont nationaler Weise ausgemalt worden, wobei die Deutschen natürlich in strahlendem Glanz erscheinen und König Ottokar in völliger Verdrehung der Wirklichkeit als Deutschenhasser auftritt. Kurioserweise hat der Chronist nach der Mitteilung über Ottokars Tod ein in deutscher Sprache gedichtetes Klagelied über den edlen König in seinen Text aufgenommen. Auf das nationale Element in Politik und Chronistik der Zeit des ersten Habsburgers wird im Zusammenhang mit Rudolfs Krieg gegen den Pfalzgrafen von Burgund zurückzukommen sein; es kann aber bereits hier festgehalten werden, daß der Kampf gegen den Böhmenkönig auf deutscher Seite nur am Rande von einem solchen Sentiment berührt wurde und Rudolf den Krieg als römischer, nicht als deutscher König geführt hat, daß aber deutsche wie böhmische Quellen sich schon wenige Jahre später der Angelegenheit unter diesem Aspekt angenommen haben.

Nach dem Tode Ottokars konnte der Südosten des Reiches weitgehend nach den Vorstellungen des Habsburgers geordnet werden, wobei freilich die vielen Widrigkeiten, die der König zu überwinden hatte, im einzelnen unerwähnt bleiben müssen. Einem Wunsch Ottokars entsprechend wurde der achtjährige Wenzel der Vormundschaft des Markgrafen Otto V., des Langen, von Brandenburg übertragen, der kleine König mit Rudolfs Tochter Guta vermählt. Die ans Reich gefallenen Fürstentümer blieben zunächst weiterhin unter direkter Verwaltung des Königs, der von 1277 an fast vier Jahre lang in Wien residierte, das wieder Reichsstadt war bis in die Tage König Albrechts.

Obwohl die Dinge mittlerweile etwas differenzierter gesehen werden, wird man den Worten von Rudolfs Biographen Oswald Redlich noch immer beipflichten können, daß nämlich, von Böhmen und Mähren abgesehen, kein Fürstentum sich an Größe und innerer Geschlossenheit mit dem Territorium vergleichen ließ, das Österreich und Steiermark zusammen bildeten. Ein Vergleich der Einkünfte, die Rudolf damals zugeflossen sind, läßt die Bedeutung der neuen Reichsterritorien erkennen: Aus Österreich und Steiermark bezog er 18000 Mark Silber, aus den Habsburger Hausgebieten 7000 Mark; die Städtesteuer erbrachte etwa 8000 Mark. Der König hat offenbar schon sehr früh den Entschluß gefaßt, zumindest einen Teil der Territorien seinen eigenen Söhnen zuzuwenden. Den zwielichtigen Heinrich von Niederbayern zwang er, auf das Land Ob der Enns zu verzichten, das ihm vom König vor dem Krieg von 1276 verpfändet worden war. Dies führte zu einer Koalition des Herzogs mit dem Erzbischof Siegfried von Köln, der seinerseits mit seinem Amtsbruder von Trier und dem von Mainz verbündet war. Es ist Rudolf aber gelungen, den Widerstand insbesondere des Kölners zu brechen. Im Sommer 1282 erhielt er die Zustimmung der Kurfürsten für die Belehnung seiner Söhne mit den lediggewordenen Reichslehen. Zwischen dem 17. und dem 21. XII. 1282 wurden Rudolfs ältester Sohn Albrecht (* ca. 1254) und sein jüngster Rudolf (* 1271) zur gesamten Hand mit den Herzogtümern Österreich, Steiermark und Kärnten, mit dem Lande Krain und der Windischen Mark belehnt und damit zugleich zu Reichsfürsten erhoben. Die Belehnung mit Fürstentümern zu gesamter Hand galt nach dem zeitgleichen Schwabenspiegel zwar als nicht statthaft, aber unterhalb der königlichen Sphäre war sie schon eine gewohnte Erscheinung; sie sollte wohl vor allem dazu dienen, die Rechte der Habsburger im Falle des Todes eines der beiden neuen Fürsten zu sichern. Am 1. VI. 1283 ist diese Regelung auf Bitten der Vasallen Albrechts und Rudolfs durch die sogenannte Rheinfeldener Hausordnung aufgehoben und Albrecht zum alleinigen Herrn der Fürstentümer bestimmt worden. Kärnten wurde dann am 1. II. 1286 an Meinhard von Tirol abgetreten.

Der Übergang der freigewordenen Fürstentümer auf Rudolfs Sohn

Albrecht wird in der Forschung zumeist als der erste große Erfolg der Hausmachtpolitik der spätmittelalterlichen Königsdynastien bezeichnet. Ohne eine bedeutende territoriale Machtbasis – so diese Lehrmeinung – sei das römisch-deutsche Königtum nicht mehr existenzfähig gewesen. Dabei wird aber übersehen, daß Rudolf seinen Sohn Albrecht, der ja wegen der Minderjährigkeit seines Bruders von vornherein als der eigentliche Herr Österreichs agieren sollte, gar nicht als seinen Nachfolger auf dem Thron Karls des Großen auserkoren hatte. Zunächst sollte vielmehr Hartmann, sein zweiter Sohn, als Inhaber der althabsburgischen Besitzungen, als Graf von Habsburg, Kiburg, Landgraf im Elsaß, zum römischen König gewählt werden. Rudolf hat dies dem König von England am 25. IV. 1278 verbrieft, als über die Ehe Hartmanns mit einer Tochter Eduards I. verhandelt wurde. Als Hartmann Ende 1281 im Rhein ertrunken ist, hat Rudolf vorübergehend erwogen, seinen ältesten Sohn zum König wählen zu lassen. Für diesen Fall sollte aber Albrecht formell auf die beiden Herzogtümer Österreich und Steiermark verzichten und sie als Lehen auf seine damals (1286) noch im Kindesalter stehenden Söhne Rudolf (* 1281) und Friedrich (* 1286) übertragen. Als Albrecht dann nach dem Zwischenspiel des Nassauers 1298 zum römischen König gewählt wurde, hat er die bereits 1286 bekundete Absicht in die Tat umgesetzt und noch Ende 1298 seine Söhne zu gesamter Hand mit den beiden Herzogtümern sowie mit Krain und der Windischen Mark belehnt. Die eigentliche Regierung übte der älteste Sohn Rudolf aus, bis er 1306 König von Böhmen wurde; daraufhin übernahm sein Bruder Friedrich das Regiment. Auch Heinrich VII. hat nach seiner Wahl seine Grafschaft Luxemburg im Sommer 1310 auf den gerade vierzehn Jahre alt gewordenen Johann übertragen, und nicht Heinrich VII., sondern sein Sohn übernahm das Königreich Böhmen, nachdem zunächst Heinrichs jüngerer Bruder Walram als Böhmenkönig vorgesehen war. Gewiß haben die genannten Herrscher, insbesondere aber Albrecht von Habsburg, auch nach dem Verzicht auf die jeweilige Hausmacht Nutzen aus ihr gezogen. Aber bis zum Tode Heinrichs VII. galt doch ganz offenkundig die Meinung, der römische König habe auf seine angestammten Territorien wenigstens formell zu verzichten und seine Herrschaft allein auf das Reichsgut – Städte, Landvogteien, fiskalische Rechte – zu stützen. Erst das Doppelkönigtum Ludwigs des Bayern und Friedrichs des Schönen hat diese Regelung unpraktikabel werden lassen, da keiner von den beiden auf das gesamte Reichsgut zurückgreifen konnte und Ludwig seine Rechte als bayerischer Herzog gegen seinen zur habsburgischen Partei zählenden Bruder verteidigen mußte. Erst Karl IV. hat dann das

»Hausmachtkönigtum« auch offiziell sanktioniert, indem er neben dem römischen Königs- und Kaisertitel auch den eines Königs von Böhmen führte.

Die Wiedergeburt des römisch-deutschen Königtums unter dem ersten Habsburger hatte dieses aus einem Spielball einiger europäischer Mächte wieder zu einem ernsthaften Faktor im Kräftespiel des mittleren, südlichen und westlichen Europa werden lassen. Im fernen Osten des Kontinents hatten sich die russischen Fürsten, die sich vom christlichen Westen verraten fühlten, seit den Tagen des Alexander Newskij (1252–1263) dem Joch der ungläubigen Tataren gebeugt; dieser Teil Europas hat in der Politik des Habsburgers und seiner Nachfolger so gut wie keine Rolle gespielt und wurde indirekt erst dann wieder von Bedeutung, als die litauischen Großfürsten den allmählichen Niedergang der Goldenen Horde dazu nutzten, das entstehende Machtvakuum im Westen Rußlands zu einer Expansionspolitik großen Stils zu nutzen. Nahezu unberührt von der großen Politik blieb jedoch das zwar von dem Mongolensturm verschont gebliebene, gleichwohl aber unter der Oberhoheit der Tataren stehende Nowgorod die Basis des hansischen Osthandels; das Kontor auf dem rechten Ufer des Wolchow war neben denen von Bergen, London und Brügge die wichtigste Außenbastion der hansischen Kaufleute. Polen, das zwar auch nach der Schlacht von Liegnitz (9. IV. 1241) noch zweimal (1258/59 und 1286/87) von den Mongolen heimgesucht, aber doch nicht der Gewalt der Goldenen Horde unterworfen worden war, taucht nur gelegentlich im Rahmen von Rudolfs Königspolitik auf. Vor dem zweiten Krieg gegen Ottokar hat sich der Habsburger um den Herzog Heinrich von Breslau bemüht, der ihm dann nach Dürnkrut 1280 für das Land Glatz gehuldigt hat. Auf dem Erfurter Hoftag vom Winter 1289/90 erschien außer dem Breslauer auch noch der Herzog von Oppeln. Eine größere Bedeutung konnte Polen damals schon deshalb nicht spielen, weil es in eine geradezu unüberschaubare Zahl von fast souveränen Fürstentümern zerfallen war; zehn davon gab es allein in Schlesien, von denen nur Breslau eine nennenswerte Macht dargestellt hat, zumal Herzog Heinrich sich auch Kleinpolens mit dem Zentrum Krakau bemächtigen konnte. Der sich nach dem Mongolensturm fortsetzende Zustrom deutschsprachiger Siedler insbesondere nach Schlesien und in die westlichen Teile von Groß- und Kleinpolen erfolgte im übrigen auch weiterhin ohne jegliches Zutun von seiten des römisch-deutschen Königtums.

König Ladislaus IV. von Ungarn, Rudolfs Kampfgefährte von Dürnkrut, hat nach dem Sieg über Ottokar seine Bedeutung als Bündnispartner des Habsburgers verloren. Zum einen erwies er sich als außerstande, die großen Adelsparteien seines Landes zu zügeln, und zum anderen umgab er sich unter dem Einfluß seiner Mutter mit einer Gefolgschaft der noch überwiegend heidnischen Kumanen, eines Reiternomadenvolkes, das den Ungarn gegen die Mongolen geholfen hatte, und der König bekundete gegenüber den Bischöfen seines Landes gelegentlich die Neigung, diesen und dem Christentum den Garaus zu machen. Sein Hofhistoriograph schmiedete an einer Geschichte des Ungarnreiches mit Attila als seinem Begründer und dem freien Kriegertum als seiner gesellschaftlichen Basis. Erst der Tod des am Ende wohl psychopathisch gewordenen Königs (1290) hat Ungarn dann wieder zu einem beachtlichen Objekt der europäischen Politik werden lassen.

Obwohl sich während der beiden Kriege gegen Ottokar das Interesse Rudolfs notgedrungen auf den Südosten richten mußte, lag der Schwerpunkt seiner außenpolitischen Aktivitäten doch nicht dort, sondern im Westen, Süden und Südwesten Europas. Das dokumentiert sich schon in den Namen zweier (1276 bzw. 1277/80) nachgeborener, bald aber wieder verstorbener Söhne des Habsburgers, die Karl und Robert getauft worden waren. Beide Namen, auch Karl, waren damals im deutschen Sprachraum durchaus ungewöhnlich, während sie in französischen Fürsten- und Adelsfamilien häufig begegneten. Karl dürfte dem Anjou und Robert dem Herzog von Burgund nachbenannt worden sein, dessen Schwager Rudolf nach dem Tode seiner ersten Gemahlin Anna von Hohenberg geworden ist, als der 66jährige Witwer im Februar 1284 zu Remiremont die vierzehn Jahre alte Stiefschwester Roberts, Isabella, heiratete. Wenn man berücksichtigt, mit welcher Virtuosität der Habsburger die Ehen seiner zahlreichen Kinder als Mittel der Politik eingesetzt hat, wird man auch hier voraussetzen können, daß er die Burgunderin nicht nur wegen ihrer außergewöhnlichen Schönheit und schon gar nicht wegen ihrer kläglichen Mitgift von 4000 Pfd. Tourn. geehelicht hat. Die Ehe ist vielmehr im Rahmen der Arelat-Politik Rudolfs zu sehen.

Als neuralgische Punkte der habsburgischen Außenpolitik wird man die Kaiserkrönung sowie das Schicksal des italischen und des burgundischen Reichsteils ansehen können; alle diese Problemkreise standen in enger Interdependenz zueinander und waren im übrigen beherrscht von der Frage, ob es Rudolf gelingen würde, auf die eine oder andere Weise die Nachfolge eines seiner Söhne durchzusetzen und damit die maßgebliche Rolle des Wahlrechtes im Reich auszuschalten oder doch zurückzudrängen. Als die wichtigsten Kontrahenten und Partner agierten insgesamt nicht weniger als acht Päpste, dann die Könige Karl I. und II. von Neapel, die Könige Philipp III. und IV. von Frankreich, König Eduard I. von

England; auf landesherrlicher Ebene wären zu nennen Graf Amadeus V. von Savoyen, Pfalzgraf Otto IV. von Burgund, beides burgundische Vasallen des Habsburgers, Herzog Robert II. von Burgund, Vasall des Königs von Frankreich, und überdies noch die Mütter König Philipps III. und Eduards I., Margarete bzw. Eleonore, Töchter des Grafen von Provence, die dem Gemahl ihrer 1267 verstorbenen Schwester Beatrix, Karl I. von Anjou, den Besitz der beiden ungemein wichtigen Grafschaften Provence und Forcalquier streitig machten. Die beiden Territorien waren als Bestandteile des Königreichs Burgund oder Arelat vom römischen Reich lehnsrührig und schon insofern mußte die bloße Existenz eines neuen tatkräftigen römischen Königs die politische Welt von London bis Neapel in einen Spannungszustand versetzen. Das seit den Tagen Konrads II. und Heinrichs III. (1033–38) von den römisch-deutschen Königen beanspruchte burgundische Reich war zu Rudolfs Zeiten nicht mehr, aber auch nicht weniger als ein Rechtstitel. Reichsgut, auf das sich faktische Macht hätte gründen können, war kaum mehr vorhanden; nur im Norden boten die Reichsstädte Bern, Solothurn, Murten und Laupen sowie die freien Städte Lausanne und Besançon gewisse Möglichkeiten mehr oder weniger direkter Herrschaftsausübung oder doch Einflußnahme. Aber weiter im Süden war das Reich allenfalls noch durch den einen oder anderen Adler, z. B. auf den Mauern von St. Trophimes in Arles, repräsentiert. Bezeichnend, daß Innozenz IV. die Absetzung Friedrichs II. in Lyon verkündet hatte. Indes, so ausgelaugt die Reichsrechte im Arelat auch sein mochten, für die zeitgenössischen Mächte, für die Anjou, für die beiden königlichen Töchter des Grafen von Provence, für den Grafen von Savoyen, für den Dauphin, aber auch für den König von Frankreich waren sie doch von beträchtlicher Bedeutung; mit ihrer Hilfe ließen sich trefflich Herrschaftsansprüche legitimieren oder aber in Frage stellen. Ähnliches gilt natürlich auch für die Reichsrechte in Italien. Wie in der Einleitung bereits erwähnt, haben die Juristen der Zeit viel Scharfsinn darauf verwandt, diese Rechte so zu definieren, daß sie dem römisch-deutschen König nicht mehr viel Spielraum ließen, indem sie Bedingungen zu ihrer Ausübung setzten.

Die Habsburger waren von den drei bedeutenderen Königsdynastien des späten Mittelalters noch am ehesten in der Lage, dem Herrschaftsanspruch über das Arelat wenigstens teilweise Nachdruck zu verleihen, grenzte ein Teil ihres Hausgutes doch an das nördliche Hochburgund. Mit einem der burgundischen Landesherren, dem Grafen von Savoyen, war Rudolf schon als Graf von Habsburg in der Frage des Kiburger Erbes aneinandergeraten. Zwischen dem Habsburger und dem Savoyarden gab es indes noch weiterreichende Probleme: der eine kontrollierte mit dem St. Gotthard den wichtigsten neuerschlossenen Paß über die zentrale Alpenkette, der andere verfügte über nahezu alle Westalpenstraßen, und zudem kann man Habsburg und Savoyen als die beiden damals expansionsträchtigsten Dynastien im Alpenraum bezeichnen. Die über die Alpen nach Italien ausgreifende Grafschaft Savoyen war dank ihrer strategisch vorteilhaften Lage zu einem umworbenen Bündnispartner in Europa geworden. Ebenso wichtig wie seltsam waren dabei die Verbindungen zur englischen Krone. England verfügte im Südwesten Frankreichs über einen noch immer beachtlichen Festlandbesitz, der nach dem Tode Ludwigs des Heiligen wieder von Expansionstendenzen der Pariser Politik gefährdet zu sein schien und daher durch Bündnisse mit potentiellen Gegnern Frankreichs an dessen Ost- und Südgrenze gesichert werden sollte. Allerdings war die Sorge um Guyenne nicht das einzige Motiv des englisch-savoyardischen Bündnisses. Der König von England pflegte in diesem Alpenfürstentum Adelige zu werben, die als willkommene Konkurrenten seiner »normalen« Vasallen jenseits des Kanals als Bischöfe eingesetzt oder in anderer Weise in Dienst genommen wurden. Ein savoyardischer Baumeister hat in Nordwales und im schottischen Grenzgebiet an der Errichtung englischer Burgen mitgewirkt, und mehrere Herren von Grandson haben Eduard I. als Diplomaten gedient, u.a. auch am Hofe des Habsburgers, den sie als Rivalen ihres Landesherrn gut gekannt haben dürften.

Die später so bedeutsame Heiratspolitik der Habsburger hat unter Rudolf mit zwei Eheprojekten auf europäischer Ebene ihren Anfang genommen; in beiden Fällen sind sowohl die Wiederbelebung des Königreichs Arelat als auch die Nachfolge Rudolfs im Reich in die Erörterung der politischen Konsequenzen beider Eheallianzen einbezogen worden. Zunächst sollte Rudolfs zweitältester Sohn Hartmann Eduards I. Tochter Johanna ehelichen; noch während die Verhandlungen darüber im Gange waren, wurde von Papst Nikolaus III. (gew. 25. IX. 1277) ein weiteres Eheprojekt vorgeschlagen: Rudolfs Tochter Clementia sollte den ältesten Enkel Karls I. von Neapel–Sizilien, Karl (Martell) von Anjou, heiraten. Die mit den beiden Ehen verknüpften politischen Pläne waren z.T. miteinander unvereinbar, so daß die Vermutung naheliegt, Rudolf habe in prämacchiavellistischer Weise das englische Bündnis nur scheinbar angestrebt, um den savoyardischen Bundesgenossen Eduards I. solange zum Stillhalten zu veranlassen, bis König Ottokar vernichtet war. Diese Deutung läßt aber verschiedene Umstände außer acht, z.B., daß der zweite Feldzug gegen den Böhmenkönig keine von langer Hand vorbereitete Aktion gewesen ist. Immerhin hat aber Graf Philipp von Savoyen, der damals auch die Pfalzgrafschaft Burgund für seinen Stiefsohn Otto IV. verwaltete, vor Dürnkrut keinerlei Versuche unternommen, um die prekäre Lage des römischen Königs zu einem Angriff auf dessen Stammlande zu nutzen. Der im Zusammenhang mit der englischen Heirat erwogene Plan, das Königreich Arelat auf Hartmann zu übertragen, um diesem eine standesgemäße Ausstattung zu gewährleisten, mußte von den Habsburgern indes als wenig erfolgversprechend angesehen worden sein, denn Hartmann hätte sich nur auf die in der heutigen Westschweiz gelegenen Habsburger Besitzungen stützen können und sich im übrigen mit einem Titularkönigtum begnügen müssen, es sei denn, er hätte im Bunde mit dem englischen Alliierten Savoyen versucht, im mittleren Arelat, z. B. in der Dauphiné, Fuß zu fassen. Aber die Ausstattung Hartmanns mit dem Arelat war nur eine von zwei Alternativen. Die andere sah seine Wahl zum römischen König vor, und trotz der allmählich wachsenden Opposition von seiten der Kurfürsten wird man diese doch als die realistischere von beiden ansehen müssen. Rudolf hat die Versprechungen gegenüber Eduard I. am 25. IV. 1278 beurkundet. Vier Monate später gelang es ihm, das böhmische Problem ein für allemal zu bereinigen, und wiederum nur wenige Wochen später begann der aus der römischen Adelsfamilie Orsini stammende Papst Nikolaus III. eine Vermittlungsaktion zwischen dem römischen König und dem von Sizilien-Neapel, in der wiederum das Königreich Burgund oder Arelat eine wichtige, allerdings bis heute nicht ganz geklärte Rolle gespielt hat. Nachdem Gregor X. auf dem 2. Konzil von Lyon die Union mit der griechischen Kirche wiederhergestellt hatte (1274), sollte die Allianz zwischen Habsburg und Anjou als wichtigste Basis für die Regelung der Verhältnisse im Abendland zum Zweck eines neuen allgemeinen Kreuzzuges der Christenheit dienen. Nikolaus, dessen Wahl der Anjou vergeblich zu verhindern getrachtet hatte, verlangte von diesem den Verzicht auf die Senatorenwürde in Rom und auf seine Position als Vikar in Reichsitalien; der Anjou stimmte zu (24. V. 1278). Dafür mußte Rudolf auf die von den Päpsten schon lange beanspruchte Romagna verzichten, die er noch kurz zuvor als den Apfelgarten des römischen Reiches bezeichnet hatte. Die Bereitwilligkeit, mit der die beiden Könige den Wünschen des Orsinipapstes nachkamen, ist gewiß zum Teil auf dessen imponierende Persönlichkeit zurückzuführen, aber der Gewinn, den Habsburg und Anjou aus einem gegenseitigen Bündnis ziehen konnten, war doch beträchtlich: Für Rudolf stand die Kaiserkrone und damit die Sicherung der Nachfolge Hartmanns zur Debatte, und der Anjou durfte außer der kaum noch anfechtbaren Legitimierung des Besitzes von Neapel-Sizilien auf die Belehnung mit den Grafschaften Provence und Forcalquier hoffen, deren Besitz ihm noch immer von der Witwe Ludwigs des Heiligen in ziemlich rigoroser Weise bestritten wurde. Die Belehnung ist dann auch tatsächlich am 28. III. 1280 erfolgt. Nach dem Bericht des einige Jahrzehnte später schreibenden Dominikaners Tolomeo von Lucca ist damals der Plan erwogen worden, das Imperium in vier Teile zu teilen, nämlich Deutschland (gewiß mit Lotharingien), Vienne (d.h. das Arelat), sowie zwei Reiche in Italien (wohl Lombardei und Toscana), wobei das erste dem Nachkommen Rudolfs als Erbreich und das Arelat an Clementia und Karl Martell fallen sollten, während Tolomeo über die beiden italienischen Könige nichts Näheres mitzuteilen wußte. Diese Pläne waren jedoch, zumindest was das Deutsche Reich betraf, ziemlich illusorisch, denn sie wären gegen die Kurfürsten gewiß nur mit Gewalt durchzusetzen gewesen. Die Regelung der burgundischen Frage stand noch aus, als am 24. V. 1281 in Gegenwart des neuen Papstes die habsburgisch-angiovinischen Vertragsurkunden ausgetauscht wurden. Die Übertragung des Arelates auf Clementia und Karl Martell ist auch danach noch ernsthaft erwogen, am Ende aber nicht realisiert worden. Das angiovinische Arelat wäre im übrigen ein ganz anderes gewesen als das für Hartmann bestimmte. Die Umschreibung des Reiches kennen wir wenigstens in Umrissen aus einem Willebrief des sächsischen Kurfürsten. Nicht dazu gehören sollten die Diözesen und Städte Besançon und Lausanne zusammen mit der Pfalzgrafschaft Burgund; vergessen hatte der sächsische Kanzleibeamte offenbar die ebenfalls zum Arelat gehörende Diözese Basel. Diese Region betrachtete Rudolf demnach als zu bewahrende Einflußzone des römisch-deutschen Königs. Von dem an die Anjou abzutretenden Arelat sollte ein jährlicher Anerkennungszins an das römische Reich gezahlt werden. Der sächsische Willebrief datiert vom 15. IX. 1281; er ist aber nie an den Anjou ausgehändigt worden, weil die Arelat-Pläne sich schließlich zerschlagen haben. Gegen Ende des Jahres, als die Übertragung des Arelats kurz bevorzustehen schien, führte Hartmann einen Feldzug gegen den Grafen von Savoyen, um diesem die Städte Murten, Peterlingen und Gümmenen zu entreißen; ein deutlicher Hinweis darauf, daß das englische Arelat-Projekt von den Habsburgern mittlerweile verworfen worden war; nur wenig später ist Hartmann im Rhein ums Leben gekommen.

Gegen die geplante Übereignung des Arelats an den Anjou hatte sich inzwischen eine Koalition gebildet, der unter Führung von Philipps III. Mutter Margarete u.a. der Graf von Savoyen, der Herzog von Burgund und Edmund, Bruder König Eduards I., als

Gemahl der Witwe des letzten Grafen von Champagne, angehörte. Die Allianz war zum Kampf entschlossen, und in diesem Zusammenhang hat Rudolf dem König von Frankreich den berühmten Brief vom 16. IX. 1281 geschrieben, in dem er diesen um den Schutz für den Bischof und die Kirche von Toul gebeten hat. Bischof dieser Stadt war damals Konrad Probus, vorher Minoritenprovinzial von Oberdeutschland und Rudolfs vornehmster Unterhändler bei den Verhandlungen mit Karl von Anjou. Das Bittschreiben des römischen Königs an Philipp III. ist bisher stets mißverstanden worden: es ging dabei nicht um die Unterstellung der »weit vom Herzen des Reichs gelegenen Kirche von Toul« unter die Schirmherrschaft (garde) des Königs von Frankreich, die dieser gar nicht auszuüben in der Lage gewesen wäre, da er damals noch nicht über die Grafschaft Champagne verfügte. Philipp sollte vielmehr den Bischof und seine Kirche nur vor den konkreten Bedrohungen durch jene Allianz schützen, zu der ja auch seine Mutter Margarete gehörte. Wenig später aber waren die gesamten Verhältnisse, nicht nur im Arelat, gründlich verändert worden. Am 31. III. 1282 belästigten vor der Kirche S. Spirito bei Palermo französische Ritter einige Sizilianerinnen und lösten damit das als Sizilische Vesper bekannte Massaker unter den französischen Besatzungstruppen aus, das die Herrschaft des Anjou über Sizilien mit einem Schlag beendete. Zwei Jahre später fiel die Champagne durch die Ehe Philipps IV., des Schönen, mit Johanna, der Tochter des Grafen Heinrich III., an die Krone Frankreichs. Damit war Philipp IV. unmittelbarer Nachbar der Kirchen Toul und Verdun, des Herzogtums Lothringen und einer Reihe von Grafschaften geworden, die östlich der alten Grenze zwischen Lotharingien und dem westfränkischen Reich gelegen waren; allerdings wurde diese Grenze durch lehnrechtliche und kirchliche Beziehungen in einer kaum überschaubaren Weise überbrückt.

Bis 1284 war das Verhältnis zwischen dem französischen und dem römisch-deutschen König höflich, aber distanziert gewesen. Die Übernahme der Champagne durch den König von Frankreich führte dann binnen kurzem zu den ersten Expansionsversuchen des westlichen Nachbarreiches im Gebiet der lothringisch-französischen Grenze, die zwar noch als sehr vereinzelt und bescheiden gewertet werden müssen, von Rudolf aber doch sofort als ein systematisches Vorgehen angesehen worden sind. Jedenfalls hat er im April 1288 eine Kommission von zwei Rittern und einem Kleriker eingesetzt, die an der Maas, im Bereich des Klosters Beaulieu und des Stifts Montfaucon, den Verlauf der Reichsgrenze und deren Verletzung durch französische Kronbeamte untersuchen sollte. Im Inneren Deutschlands dürfte man diese Grenzstreitigkei-

ten wenn überhaupt, dann mit Desinteresse zur Kenntnis genommen haben; der Dichter Konrad von Würzburg hielt das vom Reich lehnsrührige Verdun für eine Stadt in Frankreich. In der Grenzregion selbst ließ jedoch die von Rudolf angeordnete Untersuchung deutlich werden, daß die von seinen Kommissaren befragten Zeugen, obwohl sie derselben Sprachgemeinschaft angehörten wie die Leute jenseits der Grenze, noch ein sehr ausgeprägtes Bewußtsein davon hatten, daß sie als Untertanen oder Vasallen des römischen Reiches einer ganz anderen politischen Welt angehörten als ihre westlichen Nachbarn. In einer der Zeugenaussagen hieß es z. B.: Wenn jemand im royaume de France einen Totschlag begeht, dann ist er mit Leib und Gut in der Hand des (Gerichts-)Herrn; im Empire aber löst er sich gegenüber dem Herrn mit einer bestimmten Geldsumme und hat die Fehde (la werre) mit den Freunden des Getöteten. D.h., daß in Frankreich der Bruch des (absoluten) Rechtsfriedens dem König gesühnt werden muß, während in dem zum Reich gehörenden Verdun der Totschlag noch immer weitgehend als Privatangelegenheit zwischen Täter und Geschädigten behandelt wird, die mit Fehde oder Kompensation bereinigt werden kann. (Ein Landfriede, wie er im Innern des Reiches bereits üblich war, ist in Lothringen erst 1343 gegründet worden und hat sich hier nie recht zu behaupten gewußt.)
In der Folge trat der für die weitere Entwicklung der gesamten Grenzzone maßgebliche Unterschied in der Verfassungsstruktur der beiden Reiche offen zutage. Jenseits der Grenze, über deren Verlauf man erstaunlich genau informiert war, agierten die ständig anwesenden Beamten des Königs von Frankreich, in diesem Fall die Baillis von Chaumont und Vitry, diesseits waren drei Kommissare des Königs erschienen, die nach Abschluß ihrer Untersuchung alsbald wieder abreisten. Auf Landvogte, wie es sie z. B. im Elsaß gab, konnte Rudolf im Gebiet der Grenze zu Frankreich nicht zurückgreifen. Die landesherrlichen Beamten, z. B. des Bischofs von Verdun oder der Grafen von Bar, vermochten im Konfliktfall aber den im Namen des Königs von Frankreich amtierenden Baillis keinen nennenswerten Widerstand entgegenzusetzen. Die Mittel, über die die Kronbeamten verfügten, waren dabei keineswegs nur militärischer Natur. Sie boten sich als Schirmherren für bedrohte Besitzungen von Kirchen, für die Städte der Region an. Sie vermittelten in Konfliktfällen und nutzten dann den dadurch gewonnenen Einfluß in oft rigoroser Weise. Sie bestanden auf der gewissenhaften Einhaltung bereits bestehender lehnrechtlicher Verpflichtungen und haben diese dann auch zu intensivieren verstanden. Es waren in der Regel keine spektakulären Aktionen, sondern die tagtäglichen Verwaltungs- und Justizmaßnahmen seiner Beamten, die den

König von Frankreich sehr allmählich zur überlegenen Macht im Grenzgebiet zwischen Regnum und Imperium werden ließen. Im Mai 1289, als Rudolf einen aufsehenerregenden Feldzug gegen den Pfalzgrafen Otto von Burgund, einen Günstling Philipps des Schönen, vorbereitete, nahm der Bailli von Chaumont eine Reihe von Dörfern, die zu den Reichslehen der Kirche von Toul gehörten, unter die Schirmherrschaft des Königs von Frankreich als Grafen von Champagne.

Schon wegen dieser merkwürdigen zeitlichen Koinzidenz wird man auch den Konflikt zwischen Rudolf und dem Pfalzgrafen von Burgund in den Rahmen der jetzt wieder spürbar werdenden Rivalität zwischen den beiden karolingischen Nachfolgereichen stellen müssen. Der Graf hatte schon 1279 sein vom Reich lehnsrühriges Fürstentum übernommen, bislang aber noch immer nicht die binnen Jahr und Tag schuldige Huldigung geleistet. Daß dieses Versäumnis so lange ungerügt blieb, hatte er vermutlich der Tatsache zu danken, daß Rudolf im hochburgundischen Raum sich zunächst keine weiteren Gegner schaffen wollte. In dieser Zeit gelang es dem römischen König, seine Position im Umkreis seiner Stammlande zu festigen, als Graf Philipp von Savoyen sich am 27. XII. 1283 zum Frieden bereit erklärte und dabei auf Peterlingen (Payerne) sowie die Reichsorte Murten und Gümmenen verzichtete. Im Bunde mit seinem neuen Schwager, Herzog Robert von Burgund, versuchte Rudolf dann sogar, seinen Einfluß auf das mittlere Arelat auszudehnen, und belehnte den Herzog unter gewissen Vorbehalten mit den Rechten, die durch den Tod des Dauphin von Vienne ans Reich heimgefallen waren. Indes endete dieses Unternehmen im Dschungel der für Rudolf kaum übersehbaren territorialen Mächte dieser Region, und schließlich begab sich der Burgunder ins Lager von Rudolfs Erzrivalen, des Grafen von Savoyen. Mit seinem Konkurrenten um die Dauphiné, Humbert von La Tour, schloß Robert einen Vergleich (25. I. 1286), der diesem den ungestörten Besitz des Landes garantierte.

Nach diesem Mißerfolg richtete Rudolf sein Interesse auf den Pfalzgrafen von Burgund, der bis dahin als Alliierter des Herzogs offenbar mit Nachsicht behandelt worden war. Die Gestalt dieses Fürsten ist von der nationalstaatlich geprägten Historiographie der vergangenen hundert Jahre mitunter arg verzeichnet worden. Obwohl Urenkel Barbarossas habe er die Deutschen nicht geliebt, den Reichsadler aus seinem Wappen entfernt und sich völlig dem Einfluß des Pariser Hofes hingegeben. Davon ist nur das letzte ungefähr zutreffend. Denn auch nachdem er die Pfalzgrafschaft übernommen hatte, war er als Soldritter der Capetinger und der Anjou im Mittelmeerraum und in Flandern herumgezogen. Da der burgundische Domanialbesitz sehr bescheiden war und der Pfalzgraf sich das ertragreiche Straßenregal mit einigen Adeligen teilen mußte, lebte er auf Kosten des Königs von Frankreich und galt als hoffnungslos überschuldet. Die Pfalzgrafschaft Burgund aber war von beträchtlicher handelspolitischer und militärischer Bedeutung, denn durch ihr Gebiet verlief eine der Straßen von Italien zu den Messestädten der Champagne, die damals noch als die dominierenden Umschlagplätze des Nord-Südhandels angesehen werden konnten.

Die Auseinandersetzung zwischen dem römischen König und seinem nachlässigen Vasallen scheint sich zwar an dem Versäumnis der Lehnshuldigung entzündet zu haben, es ging dabei aber doch nicht nur um einen Prinzipienstreit. Otto vertrat die in der Einleitung bereits erwähnte Krönungstheorie, d. h. er wollte nur einem in Rom gekrönten römischen Kaiser Lehnseid und Mannschaft leisten. Rudolf beabsichtigte aber nicht nur, seine formalen Rechte durchzusetzen, die ihm seiner Meinung nach bereits seit der Wahl zum römischen König zustanden, sondern er wollte auch seinen direkten territorial-politischen Einfluß im Gebiet von Doubs und Saône verstärken. Bündnispartner fand er im Lande des Pfalzgrafen selbst, allen voran den Oheim Ottos, Johann von Chalon-Arlay, der seit Rudolfs burgundischer Hochzeit mit ihm verschwägert war. Johann und seine Familie sowie eine ganze Reihe von anderen pfalzburgundischen Adeligen bildeten in den folgenden Jahren geradezu eine Adelsliga, die sich der Frankreich-freundlichen Politik ihres Landesherren aufs entschiedenste widersetzt hat. Mit der Förderung von Johanns Straßenzollpolitik handelte sich Rudolf allerdings die Feindschaft der Reichsstadt Besançon ein.

Die Kriege, die Rudolf dann in den Jahren 1288 und 1289 in der heutigen Westschweiz und der Franche Comté geführt hat, waren von ungemein verwickelten und schon den zeitgenössischen Chronisten schwer durchschaubaren regionalen Machtverschiebungen begleitet. Der Feldzug vom Sommer 1289, der zur Unterwerfung des Pfalzgrafen und der Stadt Besançon führte, erregte wegen der Stärke von Rudolfs Heer ernormes Aufsehen. Der Pfalzgraf, der gewiß Kenntnis von König Ottokars schlimmem Ende hatte, ließ sich angesichts seiner Isolierung – auch von Philipp dem Schönen erhielt er keine Unterstützung – auf keine Entscheidungsschlacht ein und erklärte sich zur Huldigung bereit, und zwar in der Weise, wie es seine Vorgänger gehalten hätten. Rudolf hat diese Formulierung zunächst ohne Beanstandung akzeptiert, aber kurze Zeit später fühlte er sich offenbar hinters Licht geführt und ließ den Pfalzgrafen nach Basel kommen, wo dieser dann am 20. IX. 1289 noch einmal Lehnseid und ligische Mannschaft leisten mußte, und zwar für alles, was seine Vorgänger von römischen Königen und Kaisern und namens des Reiches gehalten hatten. Die ihm abgenötigte Erklärung zugunsten eines noch nicht zum Kaiser gekrönten Königs hat den Pfalzgrafen indes nicht irritieren können. Nur wenige Jahre später hat er Rudolfs Nachfolger Adolf von Nassau wiederum das Recht zu bestreiten versucht, als einfacher König von ihm die Huldigung verlangen zu können.

Ähnlich wie sie es schon bei der Schilderung des Konflikts mit Ottokar von Böhmen getan hatten, haben einige nach Rudolfs Tod schreibende Chronisten aus dem Elsaß dem Krieg mit dem romanisch-sprachigen Pfalzgrafen einen national-deutschen Charakter unterstellt. Rudolf sei gegen die gesamte Gallia gezogen, um die Ehre und den Ruf der Theutunia wiederherzustellen, die durch die vorausgegangene Flucht des Bischofs von Basel vor dem Grafen von Montbéliard, einem Bruder des Pfalzgrafen, verdunkelt gewesen seien. Daraus hat dann die Historiographie der Jahrhundertwende einen Krieg des Habsburgers gegen einen Stellvertreter des Königs von Frankreich machen wollen. Im manchmal allzu angestrengten Bemühen, Distanz zur Geschichtsschreibung des 19. Jahrhunderts zu gewinnen, möchte man neuerdings die Auseinandersetzung nur noch im Rahmen von Rudolfs Territorialpolitik sehen und erklärt die nationale Begleitmusik als eine spätere Zutat der elsässischen Chronistik. Richtig daran ist, daß im Bündnissystem des Habsburgers die romanisch-germanische Sprachgrenze keinerlei Bedeutung gehabt hat und daß weder damals noch später im Arelat oder im romanischen Lothringen mit deutsch-nationaler Propaganda Politik betrieben werden konnte. Andererseits wird man gewisse nationale Ressentiments bei einigen Widersachern des Pfalzgrafen und des Grafen von Montbéliard angesichts der nur wenig jüngeren Quellenaussagen nicht ausschließen können, zumal es noch weitere Zeugnisse für eine derartige Stimmung gibt. In einem undatierten, wahrscheinlich nach 1284/85 entstandenen Brief an Philipp von Frankreich klagt König Rudolf über die Beeinträchtigung der Reichsrechte im Gebiet der zum Arelat gehörenden Kirche von Viviers, und er droht mit den Kräften der mächtigen Germania. Der Brief ist freilich nicht echt, sondern dürfte, wie viele andere auch, als Stilmuster für den Schulgebrauch verfaßt worden sein. Gleichwohl beweist das Schreiben doch, daß es damals Leute gegeben haben muß, die nationale Ressentiments als taugliches Mittel zur Aktivierung politischer Kräfte angesehen haben. Und selbst, wenn man diese Kreise als politisch einflußlos abtun möchte, kann doch schwerlich behauptet werden, daß sich die politischen Auswirkungen des Krieges gegen Pfalzburgund regional begrenzen ließen. Dazu war Pfalzgraf Otto schon zu weit unter den Einfluß Philipps des Schönen geraten. Noch vor dem Tode des Habsburgers hat er den Übergang seines Fürstentums in die Hände des Königs von Frankreich in die Wege geleitet, als er am 9. VI. 1291 mit Philipp den Vertrag von Evreux schloß, der die Ehe seiner einzigen Tochter Johanna mit einem Sohn des Königs vorsah. Für den Fall, daß es sich dabei um den Thronfolger handeln sollte, war der Pfalzgraf verpflichtet, die Lösung seines Fürstentums aus dem Reichsverband herbeizuführen.

Dieser Vertrag wird dem Habsburger aller Wahrscheinlichkeit nach unbekannt geblieben sein. Nur einen Monat vorher hat Rudolf auf einem von den Zeitgenossen fast unbeachteten Hoftag in Murten die Bilanz seiner burgundischen Politik ziehen können. Und diese war weit erfolgreicher als die der meisten seiner Vorgänger und aller seiner Nachfolger. Seine Verbündeten, darunter die Bischöfe von Valence-en-Die und Lausanne, der Dauphin Humbert und Graf Amadeus von Genf legten ein feierliches Versprechen ab, gegen die Rebellen und gegen die Unterdrücker der Reichsuntertanen vorzugehen (4. V. 1291). Graf Philipp von Savoyen sah sich veranlaßt, Verteidigungsmaßnahmen gegen die Alliierten des Habsburgers zu treffen. Der König befahl einem seiner Baillis, dessen Namen und Amtsbezirk leider ungenannt blieben, die Bundesgenossen nördlich des bei Vienne in die Rhône mündenden Oron zu beschützen. Zwei Tage zuvor hatte Rudolf den Grafen des Valentinois zum Reichsvikar im Arelat ernannt, dem offenbar die Wahrnehmung der Reichsrechte südlich des Oron anvertraut worden sind. Gewiß wird man die Frage stellen müssen, ob Rudolfs Erfolge im nördlichen und mittleren Arelat auf Dauer zu sichern gewesen wären. Das Desinteresse an dieser Region, das sein Sohn Albrecht nach seiner Wahl zum König an den Tag gelegt hat, läßt daran zweifeln. Aber immerhin hat noch Rudolfs unmittelbarer Nachfolger, Adolf von Nassau, versucht, den Linien von dessen Arelatpolitik zu folgen. Jedoch hat dann der Mangel einer eigenen, der habsburgischen vergleichbaren Ausgangsbasis dazu geführt, daß schon Adolf die von Rudolf gewonnenen Positionen nicht mehr zu halten vermochte.

Während der Hoftag von Murten (Anfang Mai 1291) von der zeitgenössischen Chronistik so gut wie unbeachtet geblieben ist, hat der fast ein Jahr dauernde Aufenthalt des Habsburgers in Erfurt (Ende 1289/90) allenthalben beträchtliches Aufsehen erregt. Tatsächlich gehören Rudolfs politische Aktionen in Thüringen zu den bemerkenswertesten seiner gesamten Regierungszeit. Ebenso wie in den ehemals babenbergischen Fürstentümern hat Rudolf auch hier königliche Herrschaftsrechte in Anspruch genommen und sich dabei mehrfach über die Interessen der thüringischen Landgrafen hinweggesetzt. Schon 1277, als der Kampf gegen Ottokar noch nicht entschieden war, war er vom Grafen von Orlamünde aufgefordert worden, Thüringen dem Landgrafen Albrecht (dem Entarteten) zu entziehen und einen Reichshauptmann in das von Fehden heimgesuchte Land zu entsenden. Der dubiose Charakter Albrechts, der vor Zeiten Kaiser Friedrichs II. Tochter Margarete geheiratet und sie dann in übelster Weise verstoßen hatte, entwikkelte sich zu einem wichtigen Faktor der kaum entwirrbaren Vorgänge in der mitteldeutschen Region. Aus der staufischen Ehe stammten die beiden Söhne Friedrich der Freidige (d. h. der Trotzige, Wilde) und Diezmann; aus einer illegitimen Verbindung hatte Albrecht noch einen Sohn namens Apitz, der zum Stein des Anstoßes wurde, als der Vater ihm seine ganze Zuneigung schenkte und die älteren Söhne um ihr Erbe zu fürchten begannen. Anlaß für die neuerlich ausbrechende Familienfehde war der Tod von Albrechts Vater Heinrich (des Erlauchten) am 15. II. 1288. Dieser hatte sich die vom Reich zu Lehen gehende Markgrafschaft Meißen vorbehalten, während die anderen Besitzungen auf seine Söhne Albrecht, Dietrich und Friedrich Clem aufgeteilt worden waren. Nach dem Tode des alten Landgrafen teilten Albrecht und der Sohn des bereits verstorbenen Dietrich die Mark unter sich auf. Als Albrecht seinem Neffen, Friedrich Tuta, seinen Anteil an der Mark verkaufen wollte, nahm ihn sein eigener Sohn Friedrich gefangen. Dies veranlaßte Friedrich Tuta zum Eingreifen; am 10. IX. wurde ihm die ganze Mark Meißen überlassen. Dies ist nur ein sehr unvollständiger Ausschnitt aus dem verwickelten wettinischen Familiendrama, in das sich übrigens auch König Wenzel von Böhmen einschaltete, als er sich von einem unehelichen Sohn Heinrichs des Erlauchten dessen gar nicht existierende Rechte auf Meißen und Lausitz abtreten ließ, was König Rudolf dann sogar noch am 13. III. 1289 bestätigte, um sich damit die Stimme Wenzels für die Wahl seines Sohnes Rudolf zu sichern.

Die thüringischen Fehden waren geführt worden, obwohl Rudolf schon 1286 den Erzbischof Heinrich von Mainz als seinen Hauptmann und Richter in Thüringen eingesetzt hatte. Der Minorit Heinrich von Isny, der wohl wichtigste Rat des Königs, hatte im Frühjahr 1286 den Mainzer Stuhl übernommen. Ihm ist es zunächst gelungen, die Zwistigkeiten in der wettinischen Familie auf ein erträgliches Maß zu reduzieren; im Januar 1287 errichtete er in Erfurt einen Landfrieden, dessen Organisation als vorbildlich bezeichnet werden kann. Als Hauptmann und Stellvertreter des Königs in Thüringen – seit dem 29. III. auch in Meißen – stand er an der Spitze einer Friedenskommission von 12 conservatores pacis, deren finanzieller Bedarf durch eine Vermögenssteuer gedeckt werden sollte. Rudolf hat offenbar beabsichtigt, die Stellung seines Vertreters durch einen Hoftag zu festigen, der Anfang 1288 nach Mühlhausen einberufen wurde. Aber nur einen Monat nach Heinrich dem Erlauchten starb auch der Mainzer Erzbischof, so daß sich Albrecht der Entartete und seine Söhne nun ungehindert um ihr Erbe raufen konnten. Wegen der Vorgänge in Burgund ist Rudolf dann erst Ende 1289 ins Kurmainzer Erfurt gekommen, um den beeindruckendsten Hoftag seiner Regierungszeit abzuhalten. Die Wettiner haben sich den Wünschen des Königs fügen müssen: das Pleißner Land mit Altenburg, Chemnitz und Zwickau, einst Pfand für die Mitgift von Friedrichs II. Tochter, mußten sie gegen eine Entschädigung ans Reich zurückgeben. Diezmann wurde mit der Niederlausitz belehnt, Albrecht behielt die Landgrafschaft, Friedrich Tuta die Mark Meißen. Albrecht mußte sich dafür am 5. VIII. verpflichten, nichts von dem zu veräußern, auf das Friedrich der Freidige Erbansprüche erheben konnte. Die Regelung der thüringischen Querelen hat sich dann als wenig tragfähig erwiesen, weil sich Landgraf Albrecht nach dem Tode Rudolfs nicht an seine Versprechungen hielt und die Landgrafschaft an König Adolf verkaufte, der damit aber nur die Politik seines Vorgängers fortgesetzt hat. Denn schon Rudolf hat in Thüringen weithin ohne Rücksicht auf den Landgrafen regiert. Dies wurde dadurch begünstigt, daß die Landgrafschaft, ganz im Gegensatz zur Markgrafschaft Meißen, kein besonders konsistentes Territorium umfaßte; ein Teil der thüringischen Grafen stand in unmittelbaren Beziehungen zum König; z. B. der Graf von Orlamünde, der Rudolf im Jahre 1277 zum Einschreiten veranlassen wollte. Einer radikalen Lösung der thüringischen Probleme zugunsten des Reiches stand allenfalls das Faktum entgegen, daß die Mainzer Kirche hier über beträchtliche Besitzungen verfugte. Es gibt immerhin zeitgenössische Quellen, die behaupten, Rudolf habe das Fürstentum ans Reich ziehen wollen. Dies läßt sich zwar durch urkundliche Zeugnisse nicht bestätigen, aber die Landfriedenstätigkeit des Königs während des Erfurter Tages ging doch weit über das auch in königsnahen Regionen Übliche hinaus. Eine Unterstellung Thüringens unter die Reichsgewalt schien jedenfalls schon unter dem ersten Habsburger in den Bereich der Möglichkeit gerückt zu sein. Die Hoftage zu Erfurt und Murten bildeten die »wohltuende Krönung seines unermüdlichen Wirkens für Frieden und Ordnung und für die Rechte des Reiches.« (O. Redlich) Es gibt unter den römisch-deutschen Königen des gesamten Mittelalters nur sehr wenige, die am Ende ihres Lebens auf das Reich als ein halbwegs geordnetes Gemeinwesen zurückblicken konnten. Rudolfs erster Nachfolger wurde abgesetzt und fiel dann im Kampf um die

Krone. Der nächste, Rudolfs Sohn Albrecht, wurde auf dem Tiefpunkt seiner Karriere ermordet. Heinrich VII. starb im fernen Italien an der Malaria. Ludwig der Bayer endete im Kirchenbann, während sich sein Gegenkönig zum Angriff auf das Zentrum seiner Hausmacht rüstete. Als Karl IV. starb, war gerade das Große Schisma über die Christenheit hereingebrochen, und die Reichsstädte beobachteten mit dem tiefen Mißtrauen, das der alternde Kaiser gesät hatte, die Politik seines Sohnes Wenzel. Dieser wurde dann zwei Jahrzehnte später wegen notorischer Unfähigkeit abgesetzt. Ruprecht von der Pfalz starb als politisch völlig vereinsamter Mann. Als Rudolf von Habsburg den Tod nahen fühlte, gab es in der Bilanz seiner Herrschaft nur einen negativen Posten von Gewicht, aber dieser erwies sich dann als so gravierend, daß nach seinem Ableben das Reich den Status nicht zu bewahren, geschweige denn auszubauen vermochte, den es unter diesem wohl einzigartigen König erreicht hatte: Es war dem Habsburger trotz mehrfacher Versuche aus den unterschiedlichsten Gründen, z. T. auch aus eigenem Verschulden nicht gelungen, die Kaiserwürde zu erlangen. Diese hätte es ihm ermöglicht, die Wahl eines seiner Söhne zum Nachfolger noch zu seinen Lebzeiten durchzusetzen. Indes war dies nicht der einzige Nachteil, der aus dem unterbliebenen Romzug resultierte.

Daß Rudolfs Königswürde im Vergleich zu der seiner westlichen Nachbarn in nur sehr bescheidenem Ausmaß charismatisch geprägt war, ist bereits ausführlich dargelegt worden. Einer sakralen Legitimierung durch eine Ahnenreihe von dem legendären Karl dem Großen über Hugo Capet und jüngst noch über den heiligen Ludwig hatte Rudolf nichts Vergleichbares entgegenzusetzen. Dazu kam die merkwürdig diffuse Definition seines Herrscheramtes, die von der modernen deutschen Geschichtsschreibung stets verfehlt zu werden pflegt, wenn sie von den deutschen Königen und Kaisern, vom deutschen Reich des Mittelalters handelt. Rudolf war, wie alle seine Vorgänger seit Heinrich IV., römischer König und bekundete mit diesem Titel seinen Anspruch auf die Kaiserkrone. Gregor VII. hatte Heinrich IV. als König der Deutschen, sein Herrschaftsgebiet als Deutsches Reich bezeichnet und den Salier damit auf den Status der anderen nationalen Könige Europas, der Dänen, Ungarn, Franzosen usw. hinabwürdigen wollen, aber Heinrich IV. und seine Nachfolger beharrten auf dem von Otto dem Großen begründeten Anspruch auf das Imperium, und auch Rudolf von Habsburg hat sich in diese Tradition gestellt, wenngleich er seine Herrschaftsrechte in Italien nur sehr zurückhaltend zur Geltung gebracht hat. Die Toscana überließ er dem Einfluß der Päpste, ohne freilich auf diese Provinz völlig zu verzichten, so wie er es dann hinsichtlich der Romagna getan hat. Auf der anderen Seite begann sich unter Rudolf die nationale Basis des römischen König- und Kaisertums wieder stärker bemerkbar zu machen, als dies unter Friedrich II., Richard von Cornwall oder Alfons von Kastilien möglich gewesen war. Eine ganze Anzahl von Quellen läßt darauf schließen, daß bei den Auseinandersetzungen des Habsburgers mit dem Böhmenkönig, mit dem König von Frankreich, aber auch mit dem Pfalzgrafen von Burgund nationales Bewußtsein und nationale Ressentiments eine Rolle gespielt haben, wobei freilich der König selbst sich dieser zusätzlichen Motivation politischer und militärischer Aktivitäten nicht bedient zu haben scheint. Der Brief an den König von Frankreich, in dem Rudolf mit den Kräften der Germania drohte, stammt aller Wahrscheinlichkeit nach nicht aus der Feder eines deutschen Kanzleibeamten. Die elsässischen Quellen, die im Zusammenhang mit dem Konflikt zwischen Rudolf und dem Pfalzgrafen von Burgund von einem Krieg zwischen Gallien und Germanien sprechen, dürften die tatsächlichen Intentionen des Habsburgers damit wohl kaum richtig wiedergegeben haben. »Rom« war der Schlachtruf, mit dem das Heer des Habsburgers gegen Ottokar von Böhmen auf das Marchfeld zog. Immerhin wird man aber voraussetzen können, daß es gewisse Kreise im Reich gegeben haben muß, die nationales Pathos als Triebfeder der königlichen Politik genutzt sehen wollten. Allerdings dürfte diese Gruppe nicht allzu einflußreich gewesen sein, und dies sollte sich auch in den folgenden anderthalb Jahrhunderten bis in die Tage Friedrichs III. und Maximilians nicht ändern. Bezugspunkt emotionaler Bindung auf höchster Ebene blieb durchweg das Reich; die Nation wurde nur selten und dann von isolierten Sprechern entdeckt. In den Tagen Rudolfs war es der als Familiare des Kardinals Jakob Colonna zeitweise an der Kurie lebende Kölner Kanoniker Alexander von Roes, der bei der Wahl von Ludwigs IX. ehemaligem Kanzler Simon de Brion zum Papst zugegen war (22. II. 1281), der dann als Martin IV. nach Meinung Alexanders die ganze Welt nach Art der Franzosen regieren wollte. Dadurch sei aber nicht nur die Kirche Gottes in Unordnung gebracht worden. Die rechte Ordnung der Welt sei nur dann gewährleistet, wenn den Deutschen das Imperium, den Franzosen die Wissenschaft (studium), den Italienern das Papsttum (sacerdotium) zugeteilt würden. Heute gebe es jedoch Leute, die der Meinung seien, das Imperium hätte entweder bei den Römern verbleiben oder aber auf die Franzosen übertragen werden sollen, die aufs ganze gesehen allen anderen Menschen vorzuziehen seien. Unter den staufischen Kaisern sei das Reich allerdings sehr schlecht und allein mit Hilfe von Schwaben und Bayern regiert worden, so daß man schon nicht mehr vom regnum Germaniae, sondern vom regnum Alemanniae rede. Die Erfahrung, daß nicht mehr die Deutschen, sondern die Franzosen den Lauf der Dinge bestimmten, hat Alexander von Roes nicht in Deutschland gemacht, sondern an der Kurie, wo die Anhänger des Anjou den Ton angaben. Auf Karl von Anjou mußte der Kölner Kleriker auch die ihm bekannte Weissagung beziehen, aus dem Hause Frankreich werde ein Herrscher mit dem Namen des ersten großen Kaisers aus dem Frankenvolk erstehen, der Monarch über ganz Europa sein und Kirche und Reich reformieren werde. Alexander schenkte dieser Prophetie indes keinen Glauben, denn Gott habe jetzt seinem Volk wieder Gnade zugewendet und ihm den Grafen von Habsburg als erlauchten Fürsten gegeben. Von Rudolf erwartete Alexander offenbar die Erneuerung des von den Deutschen getragenen Kaisertums.

Das ausgewogene Urteil über gute und schlechte Eigenheiten der drei von ihm berücksichtigten Nationen erweist den Familiaren des italienischen Kardinals als einen unbefangenen und weltgewandten Beobachter seiner Zeit. Zugleich verdeutlichen seine historischen und völkerpsychologischen Überlegungen jedoch auch das Dilemma des römisch-deutschen Königtums, dessen Basis zwar die deutsche Nation war, dessen eigentliche Bestimmung aber auch weiterhin die Herrschaft über das römische Imperium blieb. Der Anspruch auf das Kaisertum stieß mittlerweile in Italien und im Arelat auf die massive Konkurrenz der Capetinger und der Anjou. Es war dann wohl nicht zuletzt die Sorge, das ohnehin übermächtige Frankreich könne die Translatio Imperii auf sein Königshaus verlangen und ein von diesem abhängiger Papst werde dieser Forderung nachkommen, die den Gedanken, das römische Königtum auf seine eigentliche nationale Basis zu beschränken, erst gar nicht aufkommen ließ. Die Königswürde Rudolfs und aller seiner Nachfolger bewahrte so die seit Ottos des Großen Kaiserkrönung nur ihr eigentümliche römisch-imperiale Qualität, ohne dem damit verbundenen Anspruch je gerecht werden zu können. Allenfalls der Große Metzer Reichstag Karls IV. im Winter 1356 oder die ersten Sitzungen des Konstanzer Konzils unter Siegmund ließen gelegentlich ahnen, welche Auctoritas das römische König- und Kaisertum noch immer zu entwickeln imstande war. Auf die im wesentlichen von den Fürsten beherrschte deutsche Nation ließ sich diese Autorität nicht mehr begründen; erst Friedrich III. und besonders Maximilian haben mit ihren Appellen an die Beistandspflicht der deutschen Nation für das hl. römische Reich in dieser Hinsicht neue Wege einzuschlagen versucht; insofern stellt die unter diesen Herrschern kreierte Formel von dem Heiligen Römi-

schen Reich Deutscher Nation ein neues Programm dar, auch wenn diese Begriffskombination spätestens unter Friedrich Barbarossa möglich gewesen wäre.
Rudolfs Nachfolgepläne scheiterten indes nicht nur, weil er den Zug über die Alpen unterlassen hat, sondern auch an einigen widrigen Zufällen. Nachdem sein zweitältester Sohn Hartmann schon 1281 im Rhein ums Leben gekommen war, starb sein jüngster, Rudolf, den die Kurfürsten wahrscheinlich als Nachfolger akzeptiert hätten, am 10. V. 1290 im Alter von nur 19 Jahren, und zwar am Hofe seines Schwagers Wenzel in Prag. König Wenzel war von Rudolf als eine der maßgeblichen Figuren bei der künftigen Wahl in weitreichender Weise privilegiert worden. So hatte ihm Rudolf ohne Rücksicht auf die Ansprüche der bayerischen Herzöge am 4. III. 1289 die böhmische Kur bestätigt. Daraufhin hatte Wenzel versprochen, den jungen Rudolf nach des Vaters Kaiserkrönung oder nach dessen Tod zum römischen König zu wählen. Schon einen Monat später starb der Kandidat, und für den einzig überlebenden Sohn Rudolfs, den Herzog Albrecht von Österreich, hatte Wenzel das Geschäft nicht abgeschlossen. Die ständigen Querelen zwischen den beiden miteinander verschwägerten Fürsten ließen schon damals kaum einen Zweifel daran, daß das Reich nach Rudolfs Tod dem Belieben der Kurfürsten anheimfallen würde.
So souverän und so bürgernah wie er geherrscht hatte, ist der Habsburger auch aus dem Leben geschieden. Am Tage vor seinem Tod ritt er von Germersheim nach Speyer, wo er neben Philipp von Schwaben, dem einzigen Stauferherrscher in der Kaisergruft, beigesetzt werden wollte. Ganz am Ende seiner Regierung hat Rudolf sich damit doch noch offen zu dieser von den Päpsten verfluchten Dynastie bekannt. Der Anspruch auf ungebrochene Tradition der Reichsherrschaft, der sich in der Wahl dieser Grabstätte bekundete, wurde dann wenig später von Rudolfs Nachfolgern preisgegeben; selbst in den Gräbern sollte sich die Diskontinuität der Königs- und Kaisergeschichte im deutschen Spätmittelalter dokumentieren. Die beiden ersten Nachfolger Rudolfs sind noch – auf Veranlassung Heinrichs VII. – in der Speyerer Gruft beigesetzt worden, nachdem Adolf zunächst in der Zisterze Rosenthal eine Ruhestätte gefunden hatte. Heinrich VII. ruht im Dom von Pisa. Während die französischen Könige allesamt in St.-Denis begraben wurden, bis dann die Revolution diese Weihestätte der französischen Monarchie zerstörte, muß man die Nachfolger Heinrichs VII. in den Kirchen und Klöstern ihrer Hausmachtterritorien suchen: Friedrich der Schöne liegt in Maubach, Ludwig der Bayer in der Münchner Frauenkirche; Karl IV. und Wenzel wurden in

der Gruft des Prager Wenzelsdoms beigesetzt. Ruprechts Grab befindet sich in Heidelberg. Siegmund liegt im ungarischen Großwardein (Nagyvárad), Albrecht II. in Stuhlweißenburg (Székesfehérvár) und Friedrich III. schließlich im Stephansdom zu Wien.
Nach den Ausführungen über die Reichsgut-, Landfriedens- und »Hausmacht-«Politik des ersten Habsburgers darf die Geschichte der Grablege römisch-deutscher Könige und Kaiser im späteren Mittelalter als letzte Bestätigung voraufgegangener Urteile gewertet werden: Das Königtum Rudolfs war noch kein Hausmachtkönigtum, wie es sich wenig später unter Ludwig dem Bayern oder Karl IV. durchsetzen sollte. Zwar hat Rudolf durch die Belehnung seiner Söhne mit Österreich seine Familie in den Reichsfürstenrang erhoben und ihr zugleich die Hausmachtbasis für den künftigen Aufstieg zur Königsdynastie geschaffen; aber prinzipiell konnte man zu Rudolfs Zeiten noch der Meinung sein, das Reichsgut sei in einem für die Ausstattung des Königs noch ausreichenden Maße vorhanden. Gewiß hat Rudolf die längst fest etablierte Fürstenmacht nicht aus den Angeln zu heben versucht, aber die Grafen, Herren und Städte im Südwesten, am Rhein, in Thüringen waren beachtliche Mächte, die mit Hilfe der Landfriedenshoheit des römischen Königs zum Ausbau der monarchischen Gewalt herangezogen werden konnten. Auch im Hinblick auf die Stellung des Reiches im Rahmen der europäischen Mächte war Rudolfs Herrschaft der salisch-staufischen Tradition stärker verpflichtet, als dies manche seiner Zeitgenossen wahrhaben wollten.
Sein Verzicht auf ein direktes Eingreifen in Italien, die Anerkennung der Anjou-Herrschaft über das Erbe Friedrichs II. in Süditalien, Pläne zur Umgestaltung des Reiches in eine auf die deutschen Lande und das alte Lotharingien beschränkte Erbmonarchie können nicht darüber hinwegtäuschen, daß bei Rudolfs Tod die aus den Tagen der Salier überkommenen Rechtsansprüche des Reiches im wesentlichen erhalten geblieben waren. Sie politisch zu nutzen, wäre indes allenfalls einem König möglich gewesen, der sich der Unterstützung durch die maßgeblichen Kräfte im Reich hätte sicher sein können. Davon aber konnte keine Rede sein. Es gab niemanden, der die Grundlage seiner Existenz gefährdet sah, wenn der Graf von Provence den schuldigen Lehnseid verweigerte oder einer der italienischen Stadtherren versäumte, um die Bestätigung seines Amtes nachzusuchen, oder die Steuern nicht zahlte. Daß der Papst und die römische Kirche eines Kaisers als Schirmvogt bedürften, hat in der Zeit zwischen dem Tod Friedrichs II. und dem Sturz Bonifaz' VIII. wohl kaum jemand ernsthaft glauben wollen. Anders als die Könige Spaniens, die ihren Völkern die Befreiung des Landes von der muslimischen Herrschaft als Ziel setzen konnten,

anders als der König von Frankreich, der die englischen Festlandbesitzungen seiner Herrschaft unterwerfen und die Vierströmegrenze durchsetzen wollte, gab es für den römisch-deutschen König keine Aufgabe, für die er jedermann hätte mobilisieren können: Mit der Kolonisation im Osten hatte er nichts zu tun; diese vollzog sich – vom Westen unbemerkt – zu einem erheblichen Teil in Gebieten, die gar nicht unter der Lehnshoheit des römischen Königs standen. Italien galt vielen Deutschen als Höhle des Löwen, in welche die Spuren mancher Tiere hinein-, aber nicht wieder herausführten. Das Arelat wenigstens teilweise zu beherrschen, wäre allenfalls ein Habsburger in der Lage gewesen. So blieb dem König der Deutschen nur die Möglichkeit, sich im Kreise fast gleichberechtigter Fürsten behaupten zu müssen, die freilich auf längere Frist dank ihres Wahlrechtes den Sieg über ihn davontragen mußten. Als Rudolfs Nachfolger, noch vor der Wahl, seine Kandidatur zu rechtfertigen versuchte, erklärte er, als König werde er eher imstande sein, dem Hl. Lande die schon vorher gelobte Hilfe leisten zu können. Gewiß dürfte der arme Graf von Nassau die feste Absicht gehabt haben, dieses Gelübde eines Tages zu erfüllen, aber ein anderes Ziel seiner künftigen Königsherrschaft hätte er dem Empfänger der betreffenden Urkunde, seinem Wähler Siegfried von Köln, auch kaum nennen können, ohne diesen nicht sofort zum Widerruf seines Wahlversprechens zu veranlassen.

III. Adolf von Nassau

Die Wahl des Grafen Adolf von Nassau ist seit jeher als Musterbeispiel für die fatalen Konsequenzen des jetzt absolut dominierenden Wahlrechts hervorgehoben worden, wobei den rheinischen Kurfürsten als den ausschlaggebenden Mächten die Hauptverantwortung für diesen Mißbrauch einer privilegierten Position zugeschrieben werden muß; denn es bedeutet keine Verleumdung des Nassauer Königs, wenn man ihn als Kreatur des Kölner und des Mainzer Erzbischofs, in zweiter Linie auch des Pfalzgrafen bezeichnet, in deren Einfluß- und Machtbereich Adolf sein bescheidenes Territorium zu verwalten suchte. Die Nassauer Grafen hatten, wie zur gleichen Zeit auch die Herzöge von Bayern, ihre Ländereien im Jahre 1255 geteilt; Adolfs Vater übernahm den südlichen Teil der Nassauer Herrschaft mit Idstein, Weilburg und Wiesbaden, während die namengebende Burg im gemeinsamen Besitz beider Linien blieb. Der um 1250 geborene Adolf hatte wie manch anderer seiner Standesgenossen Anlehnung bei den benachbarten Fürsten gesucht und war Burghauptmann des Pfalzgrafen in Kaub geworden. Rudolf von Habsburg hatte ihm außerdem noch die Hauptmannschaft einer Reichsburg bei Wetzlar übertragen. Ebenso wie sein habsburgischer Vorgänger galt der Graf von Nassau als kampferprobter Ritter; der Herzog von Brabant (1288) soll von seiner Tapferkeit in der Schlacht von Worringen so beeindruckt gewesen sein, daß er ihn ohne Lösegeld aus der Gefangenschaft entließ, in die Adolf wie viele andere der mit dem Kölner Erzbischof verbündeten Herren geraten war. Mit Herzog Johann I. von Brabant teilte der Nassauer seine Liebe zur ritterlichen Lebensform, die an den Höfen Adolfs und seiner Nachbarn u.a. durch eine etwas provinziell anmutende Dichtung gepflegt wurde. Adolfs Ende in der Schlacht von Göllheim ist dann auch von einem zeitgenössischen Poeten in einem kleinen Epos als Heldentod inmitten der rheinischen Ritterschaft gefeiert worden. Am Hofe eines der Nachbarn hatte Adolf übrigens auch seine Gemahlin, Imagina von Limburg, gefunden. Die meisten seiner Standesgenossen überragte er durch seine ganz ungewöhnliche Bildung: er konnte lesen und schreiben und beherrschte die französische und lateinische Sprache. Vielleicht war er als zweitältester Sohn des Grafen Walram für eine geistliche Laufbahn vorgesehen gewesen; aber nicht er, sondern der ältere Bruder Diether wurde

Geistlicher; Diether trat in den Dominikanerorden ein und ist dann nach Adolfs Tod noch Erzbischof von Trier geworden. Adolfs Tüchtigkeit und Talente können aber nicht darüber hinwegtäuschen, daß er ganz anders als der aus einer kurfürstenfernen Region stammende Habsburger wenigstens zunächst völlig von seinen Wählern abhängig sein würde. Zumindest die beiden Erzbischöfe von Mainz und Köln waren fest entschlossen, diesmal ihre Stellung wieder besser zu nutzen als bei der voraufgegangenen Wahl. Zwar waren die Kurfürsten damals noch nicht so weit, daß sie sich geradezu selbst als das Reich bezeichnen und den König sozusagen nur als den zweiten Pol im Spannungsfeld der Reichsverfassung betrachten konnten, aber daß das Reich erst dann gedeihen könne, wenn es den Kurfürsten gut gehe, hat der Kölner Erzbischof den Nassauer Grafen in einer Urkunde erklären lassen, als Siegfried ihm seine Stimme zusagte. Schon vor Rudolfs Tod hatten die geistlichen Kurfürsten ein ziemlich allgemein gehaltenes Bündnis geschlossen (10. III. 1290), das als der Rahmen eines gemeinsamen Vorgehens im Falle einer Königswahl angesehen werden darf. Der führende Kopf dieses geistlichen Kurvereins war zweifellos der durch die Niederlage von Worringen gegen den Herzog von Brabant und die Stadt Köln schwer geschlagene Erzbischof Siegfried von Köln, der, wie er selbst unverhohlen bestätigt hat, mit Hilfe seiner Kurstimme die Position seiner Kirche und seines Territoriums zu konsolidieren und auszubauen gedachte.
Eine Wahl Albrechts von Habsburg galt im übrigen nicht von vornherein als gänzlich aussichtslos. Noch kurz vor der Entscheidung, mehr als ein halbes Jahr nach Rudolfs Tod, verpflichtete sich Herzog Ludwig II. von Bayern als Pfalzgraf, auf die anderen weltlichen Kurfürsten einwirken zu wollen, damit sie den Habsburger wählen würden, und er versprach, auch bei einem Scheitern dieses Versuches Albrecht seine Stimme zu geben (13. IV. 1292). Aber der junge Wenzel II., der mit den anderen beiden Laienkurfürsten bereits im November 1291 ein gemeinsames Vorgehen bei der Wahl verabredet hatte, war fest entschlossen, die Wahl Albrechts zu hintertreiben. Obwohl er mit dessen Schwester Guta verheiratet war und obwohl ihm König Rudolf noch kurz zuvor die 1273 ja bestrittene böhmische Kur und das Schenkenamt bestätigt hatte, war er nicht bereit, seinen Schwager zu wählen. Albrecht verfügte mit Österreich und Steiermark über einen wesentlichen Teil des von seinem Vater zerschlagenen Regnum Ottocarianum, dessen Wiederherstellung Wenzel offenbar ins Auge gefaßt hatte. Jedenfalls scheint er im Einvernehmen mit dem Erzbischof von Köln gestanden zu haben, der sich vom Nassauer Grafen versprechen ließ, außer dem Herzogtum Limburg, das an Brabant verlo-

ren war, auch noch Österreich wieder ans Reich zu ziehen. Wenzel durfte dabei auf Kräfte im Lande selbst vertrauen, denn Albrecht hatte nach Rudolfs Tod mit dem Adel insbesondere der Steiermark zu kämpfen, der über die Territorialpolitik des Habsburgers erbittert war. Zukunftsträchtiger als diese Querelen sollte sich allerdings ein Landfriedensbündnis erweisen, das im Westen der Habsburger Herrschafts- und Einflußsphäre die Gemeinden der Waldstätte Uri, Schwyz und Unterwalden im August 1291 geschlossen haben. Von den üblichen Bündnissen dieser Art unterschied sich die Tripelallianz vor allem dadurch, daß nicht Fürsten oder Städte, sondern Gerichtsgemeinden von Adeligen und Bauern sie abgeschlossen hatten, und zwar auf Ewigkeit, nicht wie die übrigen Landfriedenseinungen nur auf drei oder fünf Jahre. Problematisch war das Vorgehen der Alpenbauern und ihrer adeligen Führer schon insofern, als Unterwalden zum Herrschaftsgebiet der Habsburger gehörte und Uri seit 1231, Schwyz seit 1240 reichsunmittelbare Talschaften waren. Seit 1273 aber hatten die verfassungsrechtlichen Unterschiede keine Rolle mehr gespielt, so daß nach dem Tode Rudolfs die adelige Führungsschicht befürchtet zu haben scheint, von den Territorialbeamten Albrechts in ähnlicher Weise malträtiert zu werden wie der steierische oder österreichische Adel. Jedenfalls verlangte die Bundesurkunde von den Eidgenossen nicht nur Gehorsam gegenüber dem jeweiligen Herrn und Richter, sondern forderte auch, daß die Talammänner Einheimische sein müßten und ihr Amt nicht kaufen dürften. Eine weitergehende Tendenz der Eidgenossenschaft von 1291, etwa eine generelle Bestreitung der habsburgischen Rechte, wird man nicht konstatieren dürfen, auch wenn nur eine sehr kurze Zeitspanne zwischen der Begründung des Bundes und der ersten militärischen Konfrontation zwischen Eidgenossen und Habsburg in der Schlacht am Morgarten verflossen ist. Aber auch anderwärts knirschte es im habsburgischen Herrschaftsgefüge; der Graf von Savoyen suchte Bündnispartner, um die unter Rudolf verlorengegangenen Orte Murten und Peterlingen zurückzugewinnen, und fand sie auch im Abt von St. Gallen und im Bischof von Konstanz. Jedenfalls hatten es die Kurfürsten in Albrecht nicht mit einem übermächtigen Territorialherrn zu tun, der sie einfach zu seiner Wahl hätte zwingen können.

So vergingen mehr als neun Monate, bis die Verhandlungen um die Nachfolge in ihr entscheidendes Stadium traten. Am schnellsten handelte dann Siegfried von Köln, als er am 27. IV. mit einem seiner Mitstreiter von Worringen, dem mit ihm verschwägerten Grafen von Nassau, einen Vertrag schloß, der in überaus detaillierter Weise die Leistungen des Grafen für den Erzbischof und die

Kirche von Köln festlegte, die dieser für den Fall seiner Wahl zum römischen König zu erbringen hatte. Zur Begründung für seine Bemühungen um die Königswürde erklärte der Graf, er werde als König besser imstande sein, die von ihm längst beabsichtigte Hilfe für das Heilige Land zu leisten. Das Schicksal Jerusalems und der übrigen heiligen Stätten der Christenheit war damals wieder schmerzhaft in die Erinnerung des Abendlandes gerufen worden, denn im Mai 1291, also nur kurz vor Rudolfs Tod, waren Akkon und Sidon von den Muslims erobert worden, wenige Wochen später wurde am 31. VII. mit Beirut die letzte Festlandsbasis der Christen erobert. Die Ernsthaftigkeit von Adolfs Absichten wird man zwar nicht in Frage stellen wollen, aber angesichts der Wahlkapitulation für den Kölner Erzbischof erheben sich doch Zweifel an den Fähigkeiten des Grafen, ein solch riskantes Unternehmen durchführen zu können. Als besonders gravierend müssen die Konzessionen hinsichtlich von Adolfs politischem Verhalten erscheinen. Er hatte die von Siegfried betriebene Wahl anzunehmen und auch dann nicht von den dadurch erworbenen Rechten abzulassen, wenn es zu einer Doppelwahl kommen sollte.

Wenn er seine zahlreichen Versprechungen nicht einhalten würde, ging er seines Anspruchs auf die Wahl verlustig, selbst wenn diese bereits stattgefunden hätte. Siegfried konnte dann einen anderen wählen. Die Krönung in Aachen durfte Adolf erst verlangen, wenn alle Leistungen für die Kölner Kirche erbracht waren. Adolf sollte zeit seines Lebens Freund des Erzbischofs bleiben und keine Feinde der Kölner Kirche, insbesondere nicht den Herzog von Brabant und die Grafen von der Mark und von Berg in seinen Rat aufnehmen. Daß sich der Erzbischof im übrigen alle nur denkbaren territorialen und fiskalischen Konzessionen verbriefen ließ, versteht sich am Rande. So sollten zahlreiche Reichsfesten dem Erzbischof für die Dauer von Adolfs Königtum überantwortet werden. Die seit Worringen verpfändeten Kölner Burgen durfte Siegfried ohne Entgelt von den jetzigen Inhabern zurückfordern. Die Kölner Bürger hatten eine Geldbuße zu zahlen oder sollten in die Reichsacht getan werden. Adolf durfte die Huldigung der Stadt nicht entgegennehmen, da Köln in spiritualibus und in temporalibus dem Erzbischof untertan sei. Für unvermeidliche Ausgaben im Dienste des Reiches in Höhe von 25000 Mark Silber, das Dreifache der Jahressteuer von 1241, sollte der König aufkommen. Zur Sicherung dieser Zahlung waren die Burgen Nassau, Dillenburg und Geinsburg dem Erzbischof zu überantworten, desgleichen die nicht zum Eigentum Adolfs zählenden Festen Braubach, Rheinfeld, Limburg und Villmar. Der künftige König sollte 50 Bürgen stellen, mit denen zusammen der neue König sich auf Verlangen nach Bonn zu begeben hätte, um dort Einlager zu halten, d. h., um dort in einem komfortablen Schuldturm zu hausen.

Es ist müßig, Siegfried von Köln wegen der schamlosen Ausbeutung seiner Position einen individuellen Tadel zu erteilen; er war in ein System hineingestellt, in dem er genötigt war, so zu handeln, wie er es getan hat. Denn wenn er nicht zulangte, hätten es seine Amtsbrüder von Trier oder Mainz oder aber auch der Pfalzgraf getan. Mit dem Wunsch nach der Feste Cochem hatte der Kölner freilich die Interessensphäre des Trierers berührt; dieser erwies sich dann als ebenbürtiger Kontrahent und ließ sich schon am 14. V. 1292 garantieren, daß die Burg nicht in unrechte Hände kommen würde. Zwei Jahre später hat Adolf Cochem dann zusammen mit einer weiteren Burg für 6553 Mark Silber an den Trierer verpfändet (22. VII. 94), womit die strategisch wichtige Feste bereits endgültig in den Besitz der Trierer Kirche übergegangen war.

Die Wahl des Nassauer Grafen zum römischen König fand am 5. V. 1292 in Frankfurt statt, nachdem der Mainzer den Kölner Kandidaten, der auch mit ihm verschwägert war, akzeptiert und dazu auch noch den Böhmenkönig gewonnen hatte. Adolfs Sohn Ruprecht wurde mit Agnes, einer Tochter Wenzels, verlobt, und der König verpfändete ihm in diesem Zusammenhang das Pleißner Land mit Chemnitz und Zwickau sowie Stadt und Land Eger, auf das die Böhmenkönige schon seit langem Ansprüche erhoben. Eine Woche nach der am 24. VI. erfolgten Krönung zu Aachen versprach Adolf dem Böhmenkönig, hinsichtlich der Herzogtümer Österreich, Steiermark und Kärnten eine Einigung zwischen Wenzel und den Herzögen Albrecht und Meinhard herbeiführen zu wollen, und zwar bis zum 6. I. 1293. Falls dies nicht gelingen sollte, war Adolf gehalten, dem Böhmenkönig als wohlwollender Richter sein Recht zukommen zu lassen. Wenzel erwartete von Adolf demnach offenbar das gleiche Verfahren, dem 20 Jahre zuvor sein Vater Ottokar zum Opfer gefallen war, denn daß einer der beiden Herzöge über seine Besitzungen noch mit sich handeln lassen würde, stand nicht zu erwarten, so daß ein Urteil in contumacia die notwendige Folge gewesen wäre. Adolf aber hat sein Versprechen nicht eingehalten. Im November erschien der gefährlichere der beiden Widersacher Wenzels, Herzog Albrecht von Österreich, in Hagenau, lieferte die seit dem Tode seines Vaters in seiner Obhut befindlichen Reichskleinodien aus und huldigte dem neuen König für seine Reichslehen. Der Erzbischof von Mainz, der zunächst gegenüber dem Kölner ins Hintertreffen geraten war, hat sich nach der Wahl schadlos halten können. Er versuchte, die Hofkanzlei, die neben dem Reichshofgericht einzig bedeutsame Behörde des römisch-deutschen Königtums, völlig seiner Kontrolle zu unterwerfen. Zwar wird er sich das Recht, als Erzkanzler per Germaniam den Hofkanzler zu ernennen, erst von Albrecht am 13. IX. 1298 bestätigen lassen. Aber schon Adolf hat ihm am 5. VII. 1290 versprochen, seine Rechte als Erzkanzler zu wahren. Der Mainzer glaubte damals offenbar, daß er sich diese Rechte nicht spezifizieren lassen mußte, denn es war ihm schon damals gelungen, einen Vertrauensmann, den Kleriker Ebernand von Aschaffenburg, in Adolfs Kanzlei zu lancieren. Ebernand, zuvor Mainzer Protonotar, bekleidete unter König Adolf zunächst ebenfalls das Amt eines Protonotars, bevor er 1292 zum Kanzler ernannt wurde. Aber Gerhard ließ es dabei nicht bewenden. Schon am 1. VII. 1292 hatte ihm Adolf versprechen müssen, den Protonotar seines Vorgängers, Heinrich von Klingenberg, nicht mehr zu seinem Familiaren zu machen, d. h. diesen bedeutendsten Ratgeber Rudolfs von Habsburg in dessen späteren Jahren nicht mehr in die Kanzlei aufzunehmen. Gegen zwei untergeordnete Notare von Adolfs Vorgänger hatte Gerhard dagegen nichts einzuwenden; sie sind gleich zu Anfang seiner Regierungszeit als Schreiber tätig geworden. Da die Frage der politischen Kontinuität im Zeitalter des Wahlkönigtums in den folgenden Kapiteln noch eine wichtige Rolle spielen wird, sei darauf verwiesen, daß Adolf schon deshalb auf ihm fremde Schreiber zurückgreifen mußte, weil er selbst als Graf von Nassau über keine eigene Kanzlei verfügt hatte. Auch im Bereich der Regionalverwaltung ergab sich bei ihm eine merkwürdige Mischung von Kontinuität und Diskontinuität. Der König hat sich während der Zusammenkunft in Hagenau mit Albrecht darauf geeinigt, daß Eberhard von Katzenelnbogen, der unter Rudolf Amtmann in Oppenheim gewesen war, die Landvogtei in Oberschwaben erhielt, während der elsässische Landvogt Otto von Ochsenstein in seinem Amt bleiben durfe. Der Graf von Katzenelnbogen ist indes kaum in seinem Amtssprengel nachweisbar und hat die meiste Zeit am Hofe Adolfs geweilt. In der lokalen Reichsgutverwaltung zu Ravensburg ließ Adolf den Landrichter Heinrich von Neideck in seinem Amt. Dagegen wurde in Niederschwaben einer von Adolfs Nachbarn, Heinrich von Isenburg, als neuer Landvogt eingesetzt. Adolfs Landvogt in der Wetterau ist unbekannt; es spricht aber vieles dafür, daß er auch hier einen ihm vertrauten Mann eingesetzt und den habsburgischen abgelöst hat.

Die zahlreichen Verpflichtungen, die Adolf gegenüber seinen Wählern auf sich genommen hatte, beließen ihm selbst nur einen sehr schmalen Wirkungsraum. Nahezu jede Entscheidung größeren Ausmaßes mußte ihm das Mißtrauen eines seiner Mäzene eintragen, von denen jeder allein dem römischen König ein ebenbürtiger Rivale sein konnte. Adolf ist aber nicht davor zurückgeschreckt, sich dem dominierenden Einfluß seiner Wähler zu entziehen. Noch verhältnismäßig harmlos war es, als er sich auf den erwähnten Kompromiß mit dem Habsburger einließ, der die Hoffnungen des Böhmenkönigs auf die Renaissance des Regnum Ottocarianum zunichte machte. Fast zur gleichen Zeit aber verbündete sich Adolf mit dem Sieger von Worringen, dem Herzog Johann I. von Brabant, und ernannte ihn am 18. XI. 1292 zum Landvogt und Landfriedenshauptmann für das Gebiet zwischen Maas und Rhein, gab ihm damit also die Möglichkeit, das alte lotharingische Herzogtum zu restaurieren. Indes mußte der König wissen, daß er mit solchen Bündnissen zwar das Übergewicht der Kurfürsten in gewissem Maße neutralisieren, eine eigene Machtgrundlage aber damit noch nicht schaffen konnte. Gewiß haben sich eine Anzahl von Grafen aus dem Einflußgebiet der Habsburger in Schwaben auf die Seite des Nassauers gestellt, z. B. die von Öttingen; der Württemberger, die Helfensteiner haben ihn unterstützt, aber einen Versuch, Schwaben, ähnlich wie Rudolf es getan hatte, zu einer Herrschaftsbasis seines Königtums auszubauen, hat Adolf erst gar nicht wagen können. Er knüpfte vielmehr an eine andere Tradition seines Vorgängers an und hat versucht, in Thüringen und Meißen eine territoriale Basis für sein Königtum zu schaffen. Die Gelegenheit dazu bot ihm der bereits im voraufgegangenen Kapitel erwähnte trostlose Zustand des Hauses Wettin. Maßgeblich dafür war nach wie vor das zutiefst gestörte Verhältnis zwischen Albrecht dem Entarteten und seinen beiden Söhnen, Friedrich dem Freidigen und Diezmann, die fürchteten, zugunsten des von König Rudolf legitimierten Bastards Apitz um ihr Erbe, vor allem um die Landgrafschaft Thüringen, betrogen zu werden. Die Herrschaft über die Mark Meißen war auf Friedrich Tuta, einen Sohn von Albrechts Bruder Dietrich von Landsberg, übergegangen, der am 16. VIII. 1291 gestorben war, ohne Erben zu hinterlassen. Zu diesem Zeitpunkt hatte es keinen König gegeben, der die Mark als erledigtes Reichslehen hätte einziehen können, und die Wettiner waren offenbar der Meinung, über das Reichslehen wie über ein ihnen gehörendes Allod frei verfügen zu können; aber über die Aufteilung von Friedrichs Tuta Hinterlassenschaft verschärften sich die Gegensätze zwischen Vater und Söhnen. Als Albrecht den nördlichen Teil der Mark Landsberg an den Markgrafen Otto von Brandenburg verkaufte, versuchte sich Friedrich der Freidige der Mark Meißen mit Gewalt zu bemächtigen, und Diezmann nötigte seinen Vater am 28. IX. 1293 in Triptis zu einem Vertrag, der ihm die alleinige Nachfolge in der Landgrafschaft Thüringen zusichern sollte. Diezmann hat für diese Versprechungen auch Geld bezahlt, so daß er nicht nur erb-, sondern auch schuldrechtliche Ansprüche an der Landgrafschaft hatte. Über all dies hat sich Albrecht der Entartete aber hinweggesetzt; er reiste im April 1294 nach Nürnberg und verkaufte dem König die Landgrafschaft. Die Transaktion ist uns nur durch spätere Urkunden, chronikalische Notizen und fingierte Briefe bekannt; insofern bleibt eine ganze Reihe von Einzelheiten im unklaren. Wie immer es gewesen sein mag, der Kauf Thüringens und die gleichzeitige Reklamierung Meißens als eines heimgefallenen Reichslehens bewirkten einen geharnischten Protest des Erzbischofs von Mainz, der sich vor allem dagegen richtete, daß von dem Kauf auch Mainzer Lehen des Landgrafen betroffen waren. Aber es ging damals um mehr als um ein paar verlehnte Burgen und Dörfer. Thüringen gehörte seit langem zum bevorzugten Gebiet der Mainzer Territorialpolitik, für die am Rhein kaum noch Entfaltungsmöglichkeiten vorhanden waren. Schon die Landfriedenspolitik König Rudolfs war von Gerhard mit großer Reserve beobachtet worden. Die mit dem Tode des Habsburgers erloschene Hauptmannschaft über den Landfrieden hat Gerhard sich am 11. VII. 1292 von Adolf übertragen lassen, und fortan agierte er hier sogar als Vikar des Königs. Diese Ämter hatten mit dem Kauf Thüringens ihren Wert verloren. Adolf hat dann die beiden Fürstentümer mit militärischer Gewalt in seine Hände bringen können. Die Feldzüge wurden als Reichskriege geführt, die beiden Brüder Friedrich und Diezmann in die Reichsacht getan. Als Adolf sein Ziel erreicht hatte, verkündete er auf einem Hoftag in Frankfurt (April 1926), er habe die Fürstentümer Meißen, die Ostmark und Thüringen seinem Reich im Triumph angegliedert, dessen Macht dadurch beträchtlich erweitert worden sei. Dies entsprach insoweit den Tatsachen, als Thüringen und Meißen dem Reich unterstellt und nicht etwa dem Hausgut Adolfs zugeschlagen wurden. Daran hat auch nach dem Tod des Nassauers nie ein Zweifel bestanden. Der bereits von Adolfs Vorgänger mit der Wahrung des Landfriedens beauftragte Gerlach von Breuberg wurde von Adolf vermutlich noch vor 1296 als sein Hauptmann in Thüringen eingesetzt. Der Erfolg war allerdings blutig erkämpft worden, und die von Adolfs Söldnern verübten Grausamkeiten gingen nach Meinung vieler Zeitgenossen, besonders natürlich der Gegner des Königs, über das hinaus, was man bei einer Fehde unter Christen gewohnt war. Die ungesühnt gebliebenen Vergewaltigungen und Morde haben wenige Jahre später als willkommener Vorwand gedient, die Absetzung des Königs zu rechtfertigen.

Die Verwandlung von Thüringen und Meißen in Reichsterritorien hat indes nicht nur den direkt davon betroffenen Erzbischof von Mainz verärgert, irritiert mußte sich auch König Wenzel von

Böhmen fühlen, der sich ja noch 1289 vom jüngsten Sohn Heinrichs des Erlauchten dessen angebliche Rechte auf Meißen hatte abtreten lassen und dafür auch noch die Bestätigung durch König Rudolf erhalten hatte. Somit hatte Adolf innerhalb von nur zwei oder drei Jahren die Interessen von dreien seiner Wähler in beträchtlicher Weise verletzt. Daß der König am Ende der Koalition Mainz–Böhmen–Köln mit Albrecht von Österreich erlegen ist, sollte freilich nicht darüber hinwegtäuschen, daß seine Königsherrschaft bis zum Sommer 1297 unbestritten geblieben ist und die Kurfürsten sich angesichts von Adolfs Erfolgen gehütet haben, ihm mit offenem Widerstand zu begegnen. Im Frühjahr 1296 traf sich Adolf mit König Wenzel bei Grünhain; bei dieser Gelegenheit ist Wenzels Tochter Agnes ihrem Bräutigam Ruprecht zugeführt worden. Allerdings muß sie nur kurze Zeit später gestorben sein, so daß beim Abschluß von Wenzels Allianz mit Herzog Albrecht ein Jahr später eine familiäre Bindung zwischen Böhmen und Nassau nicht mehr bestanden hat. Auch Gerhard von Mainz demonstrierte noch im Sommer 1296 sein gutes Einvernehmen mit dem König, als er am 27. VI. ein Urteil von Adolfs Hofrichter Heinrich von Hessen beurkundete, demzufolge Pfalzgraf Otto von Burgund sämtliche Reichslehen abgesprochen wurden, weil er diese veräußert und in fremde, d. h. französische Hand überantwortet habe. Zwei Tage zuvor aber hatte Leutold von Kuenring, Schenk in Österreich, seinem Herzog, der ihm eine Rebellion verziehen hatte, versprochen, ihm wider jedermann, insbesondere aber gegen den König der Römer Hilfe zu leisten. Die betreffende Urkunde ist das erste Indiz für Albrechts Entschluß, doch noch den Kampf um das Reich zu wagen.

Den Kauf Thüringens hätte der König kaum tätigen und die dann notwendigen Feldzüge nicht durchführen können, wenn er nicht eine gewinnträchtige Allianz mit dem König von England abgeschlossen hätte. Zwar hat dieses Bündnis sich dann nicht zu den direkten Ursachen für das fatale Ende von Adolfs Herrschaft und Leben entwickelt, aber es hat ihm doch in der deutschen Historiographie der letzten hundert Jahre einen denkbar schlechten Ruf eingetragen. In nahezu allen größeren Darstellungen der deutschen Geschichte wird dem König Adolf mehr oder weniger offen der Verrat an seinem Bundesgenossen König Eduard I. von England vorgeworfen. Adolf habe sich von Eduard zunächst Subsidiengelder zahlen lassen, sei dann aber nicht wie vereinbart gegen Philipp den Schönen zu Felde gezogen, weil er sich von dessen Agenten habe bestechen lassen. Die Frage, ob sich Adolf von Nassau eines solchen Vergehens schuldig gemacht habe, ist schon deshalb von politischer Relevanz, weil es sich bei ihm immerhin um den

künftigen Kaiser handelte; zugleich aber wirft die angebliche Affäre mit ihren merkwürdigen Quellen ein bezeichnendes Licht auf den neuen Stil spätmittelalterlicher Politik und Diplomatie.
Die Initiative zum Abschluß der Allianz ist aller Wahrscheinlichkeit nach vom englischen König ausgegangen, allerdings wird es keiner allzu großen Überredungskünste der englischen Gesandten bedurft haben, um das Interesse Adolfs zu wecken, zumal sich schwache Mächte auch im Mittelalter gerne auf außenpolitische Aktionen einzulassen pflegen, um mit den auf fremden Boden erzielten Erfolgen die Malaise im Innern zu überwinden oder doch vergessen zu machen. Aber es gab nicht nur psychologische Gründe für die englische Allianz; schon von Anfang an hatte Adolf an die Westpolitik seines Vorgängers angeknüpft und 1293 den zögernden Pfalzgrafen von Burgund erneut zur Huldigung genötigt. Wir hatten gesehen, daß Rudolf von Habsburg in seinen letzten Jahren mit der Tatsache konfrontiert worden war, daß die Nachfolger des heiligen Ludwig die Schwäche der Reichsgewalt zu einer Ausdehnungspolitik im Arelat, aber auch im lothringischen Grenzsaum zu nutzen begannen. Die Ziele dieser Politik waren freilich noch sehr bescheiden; in die Ahnengalerie des Kardinals Richelieu oder gar Napoleons wird man Philipp den Schönen nur sehr bedingt einordnen können, denn der Rhein als Ostgrenze Frankreichs ist damals ganz gewiß noch nicht ernsthaft in Erwägung gezogen worden, jedoch war eine Expansionstendenz unverkennbar vorhanden. Noch am Tage vor Adolfs Wahl (4. V. 1292) hatte Philipp IV. den bis dahin wohl bedeutendsten Erfolg erzielen können, als die Bürger der zum Arelat gehörenden Stadt Lyon einen französischen Kronbeamten als gardiator (Schirmherrn) in ihren Mauern akzeptierten. Damit war eine Entwicklung zu einem vorläufigen Abschluß gebracht worden, die mit einem Schutzgesuch der Bürger an Philipp III. im Jahre 1271 eingesetzt hatte. Nunmehr konnte Philipp IV. Lyon eine Stadt seines Königreichs nennen, die einen seiner Beamten als obersten Gerichtsherrn und das Pariser Parlament als letzte Appellationsinstanz anerkannt hatte. Zwar ging es den neuen Untertanen des Königs von Frankreich gar nicht darum, sich dem römischen Reich zu entziehen, das zum Zeitpunkt des Vertragsabschlusses über kein Oberhaupt verfügte; sie suchten nur den wirksamen Schutz des französischen Beamten vor den Heimsuchungen durch die benachbarten Territorialherren, den Grafen von Savoyen, den Erzbischof von Lyon und sein Domkapitel. Daß der königliche Schutzbrief am Tage vor Adolfs Wahl verkündet wurde, wird angesichts der langsamen Nachrichtenverbindungen der Zeit als Zufall angesehen werden können, aber zugleich kann man es doch auch als Symptom für die

prinzipielle Schwäche einer Wahlmonarchie gegenüber dem mit einer stabilen Beamtenschaft agierenden französischen Erbkönigtum werten. Obwohl der Name Lyon in König Adolfs Urkunden und Akten nie erwähnt wird, dürfte angesichts der Bedeutung dieser Stadt davon auszugehen sein, daß dem römischen König diese neuerliche Beeinträchtigung der Reichsrechte nicht unbekannt geblieben sein kann und zu den Gründen zählte, die zum Abschluß des englischen Bündnisses geführt haben.
Mit dieser Allianz hat König Adolf nicht nur einen Bundesgenossen gewinnen können, der ihm die verlorenen Reichsrechte im Westen zurückzugewinnen versprach, sondern der römische König ließ sich von seinem Bündnispartner auch Subsidien in beträchtlicher Höhe zusichern: Eduard I. erklärte sich zur Zahlung von insgesamt wahrscheinlich 60000 Pfd. Sterling (= 90000 Mark Silber) bereit, von denen Adolf noch im Jahre 1294 zwei Raten von je 20000 Pfd. auch tatsächlich erhalten hat, das wären umgerechnet zusammen 60000 M. Silber. Zum Vergleich: im Verlauf seiner Regierung hat Adolf Pfandgeschäfte für insgesamt 129000 M. abgeschlossen, dazu noch weitere in Höhe von 19000 Pfd. Heller. Setzt man voraus, daß die Soldzahlungen im Reich damals nicht wesentlich von denen in Frankreich abgewichen sind, dann hätte König Adolf von den erhaltenen 40000 Pfd. Sterling (= 160000 Pfd. Tourn.) einen Trupp von 2666 einfachen Rittern 4 Monate lang besolden können (geringster Sold für einen einfachen Ritter 10 s.t. je Tag). Zwar gab es kein Reichsgesetz, das einem römischen König die Annahme von Geldern auswärtiger Herrscher untersagt hätte, aber Bonifaz VIII. dürfte doch einem weitverbreiteten Unbehagen Ausdruck verliehen haben, als er Adolf in einem Schreiben vom 23. V. 1295 vorhielt, daß er sich wie ein gemeiner Ritter gegen Sold zum Kriegsdienst verpflichtet habe. Zugleich belegt der päpstliche Tadel, daß Adolfs Subsidienvertrag mit Eduard I. damals aller Welt bekannt gewesen sein muß.
Obwohl der englisch-französische Krieg der Jahre 1294/97 nur ein bescheidenes Vorgeplänkel des vier Jahrzehnte später ausbrechenden Hundertjährigen Krieges darstellte, bedeutete er doch einen wichtigen Markstein für die weitere Entwicklung der gesamten europäischen Verhältnisse. Während in Frankreich und England das Königtum die Nutzung der jeweiligen fiskalischen Möglichkeiten in einer bis dahin unerhörten Weise intensivierte, blieb der römische König trotz seiner offenen Kriegserklärung auf die Unterstützung durch seinen ausländischen Verbündeten angewiesen. Sowohl in England als auch in Frankreich konnte die Besteuerung, von der auch der Klerus nicht verschont blieb, mit der dringenden Notlage (neccessitas) der Gemeinschaft begründet werden, für die

jedermann Opfer zu bringen habe. Das wurde naturgemäß nicht einfach hingenommen. Die Stände beharrten auf ihrem Mitspracherecht gemäß dem Prinzip: Quod omnes tangit, ab omnibus approbetur (Was alle berührt, muß von allen gebilligt werden). Eduard I. hat 1295 unter Berufung auf dieses Prinzip die Commons und den niederen Klerus versammelt, um mit ihnen über seine Steuerforderungen zu beraten. Überdies stießen die Forderungen der beiden Könige an den Klerus ihrer Länder auf den Widerstand der Kurie: Am 24. II. 1296 wandte sich Bonifaz VIII. mit der Bulle Clericis laicos gegen die Steuerpolitik nicht nur Philipps IV. (darauf werden wir im Kapitel über Albrecht I. zurückkommen), aber ständische Mitwirkung und kurialer Widerspruch bildeten nur die Kehrseite einer rapiden Steigerung königlicher Steuerforderungen, die mit einem Ausbau der Finanzverwaltung in beiden Reichen einhergingen. Philipp IV. hat zwar durchweg keine neuen Steuern erfunden, d. h. er begnügte sich mit den jeweils neu zu bewilligenden aides (auxilia) der Laien und den ihm seit 1297 wieder genehmigten Zehnten der Geistlichkeit; außerdem intensivierte er die Zwangsanleihen oder auch Enteignungen von Juden und Lombarden. Schließlich wird er aber 1302 den arrière-ban verkünden, dem alle waffenfähigen Leute, auch die Aftervasallen seiner Lehnsleute, zu folgen haben oder aber durch Geldzahlungen ableisten müssen. Auf diese Weise werden im Jahre 1304 795 000 Pfd. Tourn. zusammenkommen, eine Summe, die in den folgenden vier Jahrzehnten nie wieder erreicht werden wird. Die Kriegskosten, die seit dieser Zeit die Bevölkerung der beiden westlichen Monarchien belasteten, sind von Laienschaft und Geistlichkeit nicht selten als ruinös empfunden worden. Allein für den Kampf um die Gascogne mußten im Verlauf von Eduards Regierung nach einer um 1314/15 aufgestellten Gesamtrechnung 359 288 Pfd. St. aufgebracht werden. Zum Aufbau seiner zweiten Front im Osten Frankreichs, im Grenzraum zwischen Regnum und Imperium hat Eduard I. nicht nur bares Geld als Lock- bzw. Druckmittel für die Fürsten und Herren dieser Region eingesetzt. Für das zum Reich gehörende Herzogtum Brabant und die von der Krone Frankreich lehnsrührige Grafschaft Flandern war es geradezu von einer existenziellen Bedeutung, Zugang zum wichtigsten Rohstoff der damaligen Welt, der Wolle, zu haben, und die beste Wolle lieferten schon damals die Schafe Englands; daran hatte auch eine verheerende Seuche in den voraufgegangenen Jahrzehnten nichts ändern können. Die flandrischen Händler waren seit der Mitte der sechziger Jahre aus verschiedenen Gründen, politischen und wirtschaftlichen, aus dem englischen Wollexport verdrängt worden. Italienische Firmen, darunter vor allem solche aus Florenz, hatten ihre Stelle eingenommen, und die wenigen flandrischen Händler verloren im Mai 1294, als Eduards Versuche, den Grafen zum Bündnispartner zu gewinnen, gescheitert waren, ihr Privileg des freien Geleits. Und damit nicht genug: am 12. VI. 1294 wurde vom König angeordnet, alle Wolle und alle Felle in England zu beschlagnahmen. Eduard plante, die Wolle als Zwangsanleihe einzuziehen und zugunsten der Krone verkaufen zu lassen. Das erwies sich als ein Fehlschlag, aber dann wurden die Exportlizenzen der Italiener, die dem König beträchtliche Summen liehen, auf Holland und Brabant begrenzt, während nach Flandern englische Wolle nicht mehr ausgeführt werden durfte. Auch dieses Verbot ist dann nicht so peinlich beachtet worden, wie Eduard sich das gewünscht hatte, aber so wenig wirksam Boykottmaßnahmen auch während des Mittelalters gewesen sein mögen, Unsicherheit haben sie bei dem Betroffenen allemal hervorgerufen, und die Italiener haben sich das Übertreten des Exportverbotes durch ihre flandrischen Kunden teuer bezahlen lassen. Die wirtschaftspolitischen Möglichkeiten des englischen Königs haben bei der Auseinandersetzung mit Frankreich auch in den folgenden Jahrzehnten, insbesondere in den Zeiten Ludwigs des Bayern, eine wichtige Rolle gespielt; die Beschränkung oder die Kanalisierung des Wollexports war eine oft gefährliche, mitunter freilich auch zweischneidige Waffe, gegen die der französische König kaum ein wirksames Gegenmittel gefunden hat. Dies um so mehr, als Frankreich im Verlauf des späten 13. Jahrhunderts seine führende Rolle als Welthandelsplatz einbüßte. Genauer gesagt war es die 1284 an die Krone gekommene Champagne, wo sich auf den insgesamt sechs Messen der vier Städte Troyes, Lagny, Bar-sur-Aube, Provins die Kaufleute aus aller Welt trafen, um hier die Produkte des Nordens (Tuche, Felle, Pferde) gegen die des Südens (Gewürze, Edelmetalle, Gläser und andere Luxusartikel) einzutauschen. Innerhalb weniger Jahrzehnte haben diese Messen ihre Bedeutung fast völlig eingebüßt; man wird annehmen können, daß ein Teil der bis dahin über die Champagne exportierten Tuche Flanderns und der anderen Produktionszentren des Nordens jetzt ihren Weg in den Osten suchten und damit den weiteren Aufstieg der Hanse zur wirtschaftlichen Großmacht an Nord- und Ostsee ermöglichten.

Das römisch-deutsche Königtum hat von dieser Entwicklung nicht profitieren können; der Verlust Lyons oder einiger Dörfer des Touler Domkapitels auf dem linken Maasufer hat bei den Fürsten, Städten und Herren in deutschen Landen nicht den Eindruck zu wecken vermocht, das Reich sei in einer existenzbedrohenden Notlage, die eine finanzielle Hilfe für den König unausweichlich erscheinen lassen könnte; so blieb es König Adolf überlassen, sich das Geld von seinem Bundesgenossen zu besorgen. Nach dem Vertrag, den Adolf am 21. VIII. und Eduard I. am 22. X. 1294 ratifiziert haben, war der römische König nicht verpflichtet, einen einseitigen Krieg gegen den König von Frankreich zu führen. Es war vorgesehen, daß die beiden Bündnispartner so bald wie möglich mit ihren Heeren zusammentreffen und dann gemeinsame Operationen gegen Philipp durchführen sollten. König Eduard aber war zunächst gar nicht in der Lage, diese Absicht in die Tat umzusetzen, denn Aufstände in Wales und Kämpfe gegen das mit Frankreich verbündete Schottland hielten ihn bis in den Sommer 1296 in Atem; erst dann gelang es ihm, den Schottenkönig zur Abdankung zu nötigen. Während dieser Zeit hat Eduard sehr viel Mühe und Geld aufgewendet, um günstige Voraussetzungen für den künftigen Krieg auf dem Festland zu treffen. Zahlreiche Fürsten und Herren aus dem lotharingisch-französischen Grenzgebiet kamen in den Genuß großzügig bemessener Subsidien. Der König von Frankreich stand seinem Gegner in nichts nach und gewann z. B. den späteren Kaiser Heinrich VII., damals noch Graf von Luxemburg, für eine Jahresrente von 500 Pfd. Tourn. zum ligischen Vasall. Daß der Graf damit Felonie (Treubruch) gegenüber dem römischen König begangen haben könnte, scheint die meisten Zeitgenossen offenbar nicht weiter beunruhigt zu haben. Sein Nachbar, Graf Heinrich III. von Bar, seit 1293 Gemahl einer Tochter (Eleonore) König Eduards und seit dem Frühjahr 1295 Vikar des römischen Königs in Lothringen, war weniger vom Glück begünstigt als der spätere Kaiser: Dem Luxemburger gelang es, einen englischen Geldtransport nach Bar zu überfallen und 12000 Pfd. Tourn. zu erbeuten. Ein Protestbrief Eduards I. an Adolf als den Lehnsherrn des Luxemburgers blieb ohne spürbare Konsequenzen.

Daß König Adolf die ihm gezahlten Gelder in einer den Zielen des Vertrages mit Eduard gemäßen Weise verwenden sollte, wird man voraussetzen können. Wenn er mit dem Geld seine Stellung im Innern des Reiches stärkte, indem er es für den Kauf und die militärische Sicherung Thüringens einsetzte, so muß dies nicht unbedingt im Widerspruch zu seinen Vertragspflichten gestanden haben. Überdies hat sich Adolf nachweislich um die Vorbereitung des geplanten Zuges gegen Frankreich bemüht, und zwar nicht nur durch die Einsetzung des Grafen von Bar zum Vikar in Lothringen, sondern auch durch den Prozeß gegen den Pfalzgrafen Otto von Burgund, der am 27. VI. 1296 aller seiner Lehen und Besitzungen für enthoben erklärt wurde. Ottos Vasallen wurden ihres Lehnseides entbunden und aufgefordert, dem römischen König als ihrem unmittelbaren Herrn zu huldigen. Am 8. II. 1297 verpflich-

teten sich dann auch zahlreiche pfalzburgundische Adelige, an der Spitze Johann von Chalon, dem König in seinem Krieg gegen Philipp von Frankreich zu helfen, ihm ihre Burgen zu öffnen und unter gewissen Bedingungen sogar in Frankreich einzufallen. Außerdem stand Graf Guido von Flandern auf englisch-deutscher Seite gegen seinen Lehnsherrn. Graf Florens V. von Holland, der sich mit Philipp IV. verbündet hatte, fiel damals einem Mord zum Opfer, und sein Sohn bürgte als Schwiegersohn Eduards I. dafür, daß Holland als möglicher Brückenkopf für eine englische Expedition zur Verfügung stand. Das Jahr 1297 sollte dann die Entscheidung bringen. Philipp IV. rüstete gegen das unbotmäßige Flandern und begann am 23. Juni mit der Belagerung von Lille. Schon vorher hatte Eduard I. seinem Bundesgenossen Adolf angekündigt, er werde Guido zu Hilfe eilen und beabsichtige, am 7. VII. seine Truppen in London zu versammeln, um von dort aus unverzüglich übers Meer nach Flandern aufzubrechen. Der Termin ließ sich aber nicht einhalten, erst am 30. VII. wurden dem König die notwendigen Gelder bewilligt; am 23. VIII. stach Eduard in See und landete kurze Zeit später mit einem relativ kleinen Heer bei Sluis, dem Seehafen von Brügge.
Damals aber war der Konflikt zwischen Philipp IV. und der von ihm lehnsrührigen Grafschaft Flandern militärisch bereits entschieden: Ein flandrisches Aufgebot war am 20. VIII. bei Veurne unweit Dünkirchen von einem französischen Heer geschlagen worden. Wie schon bei voraufgegangenen Gefechten kämpften auch diesmal zahlreiche deutsche Herren im Heer der Flandrer, darunter auch Verwandte und Verbündete König Adolfs, so die Grafen von Katzenelnbogen, von Cleve, Spanheim und Jülich. Nach der Niederlage von Veurne war Lille nicht mehr zu halten und wurde am 1. IX. von den Belagerern besetzt.
König Adolf selbst war nicht nach Flandern gezogen, obwohl er im Frühsommer noch in Köln geweilt hat, von wo aus er in wenigen Tagen am Ort der Entscheidung hätte sein können. Von Köln ist er aber nach Süden gezogen; am 30. VI. weilte er in Landau, unternahm dann einen Eilmarsch von Oppenheim bis Gengenbach und Schlettstadt, von wo aus er am 30. VIII., also nach Veurne, einen beruhigenden Brief an den Grafen von Flandern schrieb und ihn seiner Unterstützung versicherte. Erst gegen Ende September ist der König wieder gen Norden gezogen; Mitte Oktober suchte ihn in Sinzig ein Gesandter König Eduards auf und stellte mit Betroffenheit fest, daß Adolf nur wenige Truppen zur Verfügung hatte.
Der merkwürdige Abstecher in den Süden Deutschlands hat zusammen mit einigen anderen Indizien König Adolf den Vorwurf des Vertragsbruches zugezogen. Schon der wenige Jahrzehnte spä-

ter schreibende Florentiner Chronist Giovanni Villani, der Flandern gut gekannt hat, berichtet von Gerüchten, wonach Adolf vom englischen König Geld bekommen habe, vom französischen aber noch mehr, und er sei deshalb dem Grafen von Flandern nicht zu Hilfe gekommen. Diese Notiz schien vor etwa 100 Jahren ihre Bestätigung gefunden zu haben, als in den Beständen der Archives Nationales ein längerer Bericht über den englisch-französischen Krieg mit detaillierten Angaben über verschiedene diplomatische Aktionen französischer Agenten entdeckt wurde. U.a. heißt es darin, daß nach einem vergeblichen Versuch, mit dem deutschen König ins Gespräch zu kommen, ein gewisser M. Mouche zunächst in Lille mit des Königs Bruder und dann in Deutschland mit dem König selbst und anderen seiner Umgebung Verträge geschlossen habe. Die Vertragspartner hätten versprochen, nicht mehr gegen den König (von Frankreich) vorzugehen, und daran hätten sie sich dann auch gehalten. An drei Stellen dieser Passage finden sich Eintragungen von arabischen Ziffern – zu dieser Zeit noch eine große Seltenheit –, und zwar zweimal die 30, einmal die 20, zusammen also 80. Wenn die Deutung dieser Summe richtig ist, dann hätten König Adolf und seine Berater 80000 Pfd. Tourn. Bestechungsgelder erhalten.
Bei dem M. Mouche handelt es sich um einen auch aus vielen anderen Quellen bekannten florentinischen Bankier namens Musciatto dei Franzesi, der im Dienste Philipps des Schönen u.a. dessen Kriege zu finanzieren half, aber auch mit König Adolf in Verbindung gestanden hat. Vor dem Juni 1297 hat der König ihm wegen seiner großen Verdienste um die Rückgewinnung von Reichsrechten zwei Burgen in Italien verliehen.
Die Angaben der Denkschrift und der Zug in den Süden Deutschlands lassen sich gut miteinander in Einklang bringen. Kürzlich hat man noch ein weiteres Indiz für den mutmaßlichen Vertragsbruch des Königs gefunden: Obwohl in ständiger Geldnot, habe Adolf dem Grafen von Jülich im Juli 1297, also gerade zu dem fraglichen Zeitpunkt, die Summe von 2000 Kölner Mark in Form von Tournosengroschen gezahlt. Zu den einzelnen Anklagepunkten können indes folgende Einwände erhoben werden:
1. Daß es Gerüchte über einen Verrat gegeben hat, kann nicht bestritten werden. Ähnliche Behauptungen wie über König Adolf hat man später auch über Ludwig den Bayern aufgestellt.
2. Bei der sog. Denkschrift handelt es sich allem Anschein nach nicht um ein amtliches Schriftstück, das etwa als Beleg für getätigte Zahlungen der Rechnungskammer vorgelegt worden wäre. Vielmehr dürfte es sich um eine private Aufzeichnung handeln, die mit Sicherheit nicht von Musciatto selbst stammt. Die Zuverlässigkeit

einzelner Angaben in anderen Abschnitten ist mit guten Gründen in Zweifel gezogen worden. Man hat sogar vermutet, der Verfasser habe die Gestalten der beiden Könige Adolf und Albrecht durcheinandergebracht. Mit Albrecht haben französische Gesandte nachweislich Verhandlungen schon vor seiner Wahl geführt. Außerdem wäre es höchst unwahrscheinlich, daß die Franzosen nicht der englischen Seite bei den Waffenstillstandsverhandlungen Beweise für Adolfs Doppelspiel vorgelegt hätten, um das deutsch-englische Bündnis endgültig zu sprengen. Eduard hat seinem Alliierten jedoch nie seine Untätigkeit zum Vorwurf gemacht.

3. Im Juli 1297 hat Adolf auch anderen Herren Zahlungsanweisungen ausgestellt, die auf eine zum 1. X. fällige Schuld des Grafen von Flandern angewiesen waren. Die Zahlung an den Jülicher dürfte ebenfalls aus dieser unverdächtigen Quelle erfolgt sein.

4. Die mysteriöse Reise Adolfs in den Süden hatte einen guten Grund. In dem erwähnten Brief an den Grafen von Flandern berichtet der König von einer Rebellion verschiedener hervorragender Reichsfürsten, die ihn aber an der Unterstützung des Grafen nicht hindern werde. Von einem Aufstand im strengen Sinne des Wortes konnte zwar nicht, oder besser: noch nicht die Rede sein, aber die Versammlung der erlauchten Herren, auf die Adolf anspielte, war doch fast schon eine potentielle Wahlversammlung mit einem möglichen Gegenkönig als prominentestem Gast.

Am 2. VI., dem Pfingstsonntag, hatte Erzbischof Gerhard von Mainz in Prag Ottokars Sohn Wenzel II. zum König von Böhmen gekrönt. Anwesend waren u.a. ein Sohn des Markgrafen Hermann von Brandenburg, Herzog Albrecht von Sachsen, außerdem die aus ihrem Erbe vertriebenen Söhne Albrechts des Entarteten, Friedrich der Freidige und Diezmann, alles Leute also, die durch die thüringische Expansionspolitik des Königs mehr oder weniger betroffen worden waren. Der zweifellos bedeutendste der illustren Gäste war Herzog Albrecht von Österreich. Es versteht sich, daß eine derartige Festversammlung das Mißtrauen König Adolfs erregen mußte und daß sein so merkwürdiger Zug nach Süden hier seine Erklärung finden kann: Im folgenden Jahr, als die Opposition tatsächlich zu ihrem Schlag gegen den König ausholte, hat Adolf mit einem kleinen Heer fast denselben Weg genommen, um Albrecht den Weg in die althabsburgischen Besitzungen im Schwäbischen und im Elsaß abzuschneiden, was ihm dann aber mißlungen ist. Auch der scheinbar so sinnlose Marsch nach Süden im Sommer 1297 kann demnach kaum als Indiz für eine angebliche Bestechung des Königs gewertet werden; es war vielmehr ein militärisch durchaus erklärbares Unternehmen.

Ein Freispruch von der Anklage des Verrates mangels eindeutiger

Beweise bedeutet freilich nicht, daß König Adolf ein genialer Staatsmann gewesen sei. Die ihm gezahlten Subsidien des englischen Königs, die ihm einen herben Tadel von Papst Bonifaz VIII. eingetragen haben, waren in das thüringische Unternehmen gesteckt worden, das allenfalls in der Zukunft Gewinn abzuwerfen versprach. Die Feldzüge nach Mitteldeutschland hatten jedoch nicht nur die englischen Gelder verschlungen, sondern den König auch politisch isoliert. Die Nachricht über die große Versammlung in Prag ließ urplötzlich deutlich werden, daß der römische König nun doch noch seine Krone gegen den Habsburger würde verteidigen müssen. Auf Adolfs Seite standen damals noch Pfalzgraf Rudolf, zugleich Herzog in Oberbayern, der gerade erst gewählte Erzbischof von Köln und der von Trier.

Der englisch-deutsche Krieg gegen Philipp den Schönen ging dann sang- und klanglos zu Ende, ehe er begonnen hatte. Am 9. X. schloß die englische Partei mit der französischen einen Waffenstillstand, ohne sich vorher, wie verabredet, mit König Adolf in Verbindung gesetzt zu haben. Dem König von Deutschland, so hieß es wörtlich, solle freigestellt bleiben, den Waffenstillstand für seine Person abzulehnen. Einem Bundesgenossen, von dessen Vertragsbruch man überzeugt ist, pflegt man solche Konzessionen nicht einzuräumen.

Im darauffolgenden Jahr erfüllte sich dann das Schicksal des Königs Adolf. Als Kern der gegnerischen Koalition erwies sich das Bündnis zwischen Albrecht von Österreich, dem Erzbischof von Mainz und Wenzel von Böhmen. Dem Böhmen wurden Anfang Februar weitgehende Versprechungen gemacht für den Fall, daß Albrecht zum König erhoben werden würde. Der Erzbischof von Mainz übernahm bei der in Aussicht genommenen Absetzung Adolfs die maßgebliche Rolle: er war es, der einen Fürstentag nach Frankfurt einberief, wo in einem Gerichtsverfahren der König abgesetzt werden sollte. Adolf versuchte, den Habsburger, der den militärischen Schutz der Tagung zu gewährleisten hatte, am Durchbruch nach Westen zu hindern, was aber nur zeitweise gelungen ist. Nach einigen Verzögerungen versammelten sich die verschworenen Fürsten am 23. VI. 1298 in einem Tiergarten zu Mainz. Von den Kurfürsten waren nur der Mainzer Erzbischof, Herzog Albrecht von Sachsen (Wittenberg) und drei Brandenburger Markgrafen anwesend. Von den Fürsten dürften allenfalls die Bischöfe von Straßburg und Konstanz, vielleicht noch Heinrich von Kärnten zugegen gewesen sein, die später gegen König Adolf in die Schlacht von Göllheim gezogen sind. Wenzel von Böhmen und Wikbold von Köln hatten den Mainzer beauftragt, auch in ihrem Namen zu handeln; der Sachse war von Pfalzgraf Ludwig (dem späteren

König) bevollmächtigt worden; freilich durfte Ludwig die Stimme des Pfalzgrafen eigentlich gar nicht führen, denn die stand seinem älteren Bruder Rudolf zu, der sich als einziger Kurfürst offen zu Adolf, der sein Schwiegervater war, bekannte. Erzbischof Boemund von Trier hielt sich damals wohl noch zurück, obwohl er ebenfalls dem Nassauer zuneigte.

Der vom Mainzer geladene König war natürlich nicht erschienen, so daß man ihn als contumax (Rechtsverweigerer) behandeln konnte. Der Schuldspruch wurde nach den Aussagen einer vom Mainzer Erzbischof ausgestellten Urkunde von den anwesenden Fürsten und Herren (nicht also nur von den Kurfürsten) gefällt. Von denselben Herren wurde er für des Reiches verlustig erklärt; davon abgehoben wird aber noch ein Urteil der Kurfürsten erwähnt, das den König seiner Rechte beraubte und alle ihm geleisteten Eide für nichtig erklärte. Die Delikte, deren man den Nassauer für überführt hielt, waren u.a.: Unentwegter Landfriedensbruch, Mißbrauch des weltlichen Schwertes gegenüber der Geistlichkeit, Unterlassung der Strafverfolgung gegen Amtsleute des Königs, die Mädchen und Frauen vergewaltigt hätten, Bruch der eingegangenen Verpflichtungen gegenüber der Mainzer Kirche und anderes mehr. Die Fürsten und Herren, so heißt es abschließend, müßten mit den Worten eines Weisen fragen: »Warum soll ich dich als Herrscher (princeps) anerkennen, wenn du mich nicht als Senator anerkennst?« Adolf sei seiner hohen Aufgabe nicht gewachsen gewesen und ungeeignet, das Königsamt weiter zu führen. Wenn die erzählenden Quellen der Zeit weitere Beschuldigungen richtig überliefern, so hat man dem König noch vorgeworfen, Sold des Königs von England angenommen zu haben und dann nicht gegen den von Frankreich gezogen zu sein. Der später schreibende Giovanni Villani aus Florenz verknüpfte dies dann noch mit dem Vorwurf, Adolf sei vom König von Frankreich bestochen und deshalb abgesetzt worden. Davon ist aber in der erwähnten Urkunde Gerhards von Mainz nicht die Rede. Der für abgesetzt erklärte König hätte sich im Grunde über das gegen ihn durchgeführte, mit zahlreichen Formfehlern behaftete Verfahren nicht beklagen dürfen: Dem Erzbischof von Köln hatte er vor seiner Wahl eben das Recht konzediert, das jetzt – auch im Auftrag von Siegfrieds Nachfolger Wikbold – der von Mainz in Anspruch nahm: Wenn er, der künftige König, sein Wort brechen werde, dann verliere er jedes durch die Wahl erworbene Recht am Reich, und der Kölner dürfe dann eine Neuwahl vornehmen. Zwar hat Gerhard von Mainz sich nicht auf die eingangs erwähnte Andernacher Urkunde Adolfs berufen, deren genauen Wortlaut er wahrscheinlich gar nicht kannte, aber zu den notorischen Delikten des Nassauers

zählte Gerhard auch den Bruch der im Jahre 1292 verbrieften Versprechungen zugunsten der Mainzer Kirche. Ein entsprechender Vorwurf hinsichtlich der Konzessionen an Siegfried von Köln fehlte wohl nur, weil dessen Nachfolger Wikbold in Mainz nicht zugegen sein konnte. Adolf hatte sich unter im Grunde unannehmbaren Bedingungen auf ein Spiel eingelassen, dem er sich politisch nicht gewachsen zeigte und das er jetzt nur noch mit militärischen Mitteln für sich entscheiden konnte.
Die Absetzung des Königs Adolf durch Kurfürsten und Fürsten war erfolgt, ohne daß diesem Akt – wie in staufischer Zeit – Bann und Absetzung von seiten des Papstes voraufgegangen wären. Ein völliges Novum in der Geschichte des römisch-deutschen Königtums stellte sie freilich nicht dar, denn Heinrich IV. hatte sich bereits von Gregors VII. Bann gelöst, als seine Gegner in Forchheim zur Wahl Rudolfs von Rheinfelden schritten. Aber das dürfte den Zeitgenossen wohl kaum noch in Erinnerung gewesen sein. Sie mußten jetzt zur Kenntnis nehmen, daß im römisch-deutschen Reich kraft des Wahlrechts einiger Fürsten und der Unterstützung, die diese bei anderen fanden, einem rechtmäßig gewählten König das Herrscheramt so entzogen werden konnte, wie z. B. einem Grafen von Leiningen die Landvogtei im Speyergau.
Allerdings waren die Kurfürsten nicht in der Lage, das Urteil auch zu exekutieren. Dazu bedurften sie des Herzogs von Österreich, dessen Name in der über das Urteil ausgestellten Urkunde des Mainzers gar nicht erwähnt worden war, den man aber offenbar unmittelbar nach der Verkündung von Adolfs Absetzung zum König gewählt hatte. Die erzählenden Quellen weichen bei ihren Berichten über die Stimmabgabe erheblich voneinander ab; nach einem Schreiben Herzog Albrechts von Sachsen an eine ungenannte Stadt hatten Wikbold von Köln, Wenzel von Böhmen und Pfalzgraf Ludwig (der Bayer) ihre Stimme auf die drei in Mainz anwesenden Kurfürsten von Mainz, Brandenburg und Sachsen übertragen, so daß eine Wahl mit sechs Stimmen zustande kam; Ludwigs Bruder Rudolf und Erzbischof Boemund von Trier hielten weiterhin zu Adolf.
Der Habsburger war bei dem Wahlakt selbst nicht zugegen, sondern weilte in einem Feldlager vor Alzey, das nach Bekanntwerden der Wahl kapitulierte. Bis zu diesem Augenblick hatte der Rebell ein Treffen mit dem König offenbar zu vermeiden gesucht; nach der Legitimation seines Aufstandes durch die Kurfürsten ergriff er die Initiative, indem er von Alzey aus nach Süden zog und damit den Nassauer zu einem Angriff verlockte. Auf dem Hasenbühl unweit Göllheim kam es am 2. VII. 1298 zur Entscheidungsschlacht, die fast ausschließlich von Rittern ausgefochten wurde.

Insgesamt dürften es zwischen 3000 und 4000 Mann gewesen sein, die über das Schicksal des Königs Adolf entschieden. Die Quellen berichten übereinstimmend davon, daß weitaus mehr Pferde als Ritter ums Leben gekommen sind, was darauf schließen läßt, daß ein Großteil der Ritter abgesessen war und sich damit begnügte, die Pferde der Gegner abzustechen. Unter den angeblich nur etwa 100 Toten befand sich auch der König. Über den Namen desjenigen, der ihm den Todesstoß gegeben hat, gehen die Meinungen der Chronisten auseinander. Einige nennen Albrecht als den Täter. Bemerkenswert, daß auch eine Reihe von Adolfs ehemaligen Standesgenossen auf den König eingeschlagen haben sollen. Genannt werden die Grafen von Leiningen, Veldenz und Zweibrücken sowie die Rau- und Wildgrafen. Wenn man berücksichtigt, daß nur wenig später Papst Bonifaz VIII. die Tötung des Königs als ein ruchloses Verbrechen von Meineidigen gebrandmarkt hat, wird das Verwirrspiel um den Hauptverantwortlichen für Adolfs Tod verständlich; auch der neue König Albrecht konnte damals kein Interesse mehr daran gehabt haben, sich einer solchen Tat zu rühmen.

Die Katastrophe des Königs Adolf ist keineswegs ein zwangsläufiges Ereignis gewesen. Die beiden Heere dürften etwa die gleiche Stärke gehabt haben, und die auf seiten Adolfs streitenden Reichsfürsten – Pfalzgraf Rudolf, Herzog Otto von Niederbayern und der Abt von St. Gallen – sind erst gewichen, als sie vom Tode des Königs erfuhren. Im Heer Albrechts waren von den Reichsfürsten nur Herzog Heinrich von Kärnten, der Erzbischof von Mainz sowie die Bischöfe von Straßburg und Konstanz vertreten. Mit dem Tod des Königs galt indes auch nach Ansicht von Adolfs Anhängern der Kampf um das Reich als entschieden, und da der Sieg von Göllheim im wesentlichen mit Albrechts eigenen Kräften errungen worden war, trug er dem Habsburger einen unschätzbaren politischen Vorteil ein, und zwar auch gegenüber seinen Wählern. »Also behielte Herzog Albrecht die walstat und gewan Roemischs reiche des tages mit gewalt.« Mit diesen knappen Worten hat der erste (bayerische) Fortsetzer der Sächsischen Weltchronik die Grenzen der kurfürstlichen Macht gegenüber dem Sieger von Göllheim angedeutet. »Den Kaiser macht das Heer«, konnte man in einem Brief des hl. Hieronymus lesen, und dieses Dictum war dem Mittelalter durchaus geläufig; es wird auch in der Geschichte Ludwigs des Bayern eine beachtliche Bedeutung gewinnen.

Gewiß hat Albrecht den Sieg von Göllheim nicht als konstitutiven Akt seines Königtums gewertet. Aber im Hinblick auf die dem militärischen Triumph voraufgegangene Wahl scheinen Bedenken bestanden zu haben. Jedenfalls legte Albrecht den bereits geführten

Königstitel wieder ab und wurde am 27. VII. in Frankfurt erneut gewählt. Erschienen waren diesmal mit Ausnahme Wenzels von Böhmen alle sechs Kurfürsten, und zwar auch der Erzbischof von Trier und Pfalzgraf Rudolf, der bei Göllheim gefangengenommen, aber schon bald wieder freigelassen worden war. Wer die Initiative zu der zweiten Wahl ergriffen hat, läßt sich heute nicht mehr ermitteln. Es spricht aber manches dafür, daß beide Parteien an der Wiederholung interessiert gewesen sind. Die Kurfürsten jedenfalls konnten in ihrem Wahlbericht an Bonifaz VIII. so tun, als ob mit dem Tode des Herrn Adolf göttlichen Angedenkens und der daraufhin notwendig gewordenen Wahl des edlen und mächtigen Herzogs von Österreich und Steiermark alles den gewohnten Gang genommen habe. Falls sie die Hoffnung gehegt haben, daß sich dieser Papst mit einer solcherart idyllischen Darstellung der dramatischen Vorgänge zufriedengeben würde, sollten sie sich indes erheblich geirrt haben.

IV. Albrecht I.

Die beiden maßgeblichen Förderer von Adolfs Sturz und Albrechts Wahl, Wenzel von Böhmen und Gerhard von Mainz, haben die Dankbarkeit ihres Kandidaten innerhalb kurzer Frist auf recht unterschiedliche Weise zu spüren bekommen. Es bleibt ein erstaunliches Faktum, daß der Mainzer Erzbischof sich überhaupt hatte durchringen können, dem Habsburger die Nachfolge des unbotmäßigen Nassauers zu ermöglichen. Vielleicht hegte er die Hoffnung, daß ihm ein am 13. IX. 1298 ausgestelltes Privileg, aufgrund seiner Stellung als Erzkanzler den Hofkanzler, also den bedeutendsten Amtsträger des Königs, ernennen zu dürfen, ihm einen maßgeblichen Einfluß auf Albrechts Reichspolitik einräumen würde. Tatsächlich hat Gerhard dann ein Mitglied des Mainzer Domkapitels, Eberhard von Stein, zum Kanzler ernannt, der später auch einen wichtigen Anteil an den Verhandlungen mit Philipp dem Schönen von Frankreich hatte. Aber Albrecht hat nicht gezögert, den Vertrauensmann des Mainzers seines Amtes zu entsetzen, als im Herbst 1300 der offene Kampf mit den rheinischen Kurfürsten ausbrach. Nachfolger des Herrn von Stein wurde der Protonotar Johann, ein Priestersohn aus der Züricher Region, der das Vertrauen seines Gönners Albrecht besaß, 1305 Bischof von Eichstätt und von Straßburg wurde, das Kanzleramt aber beibehielt.
Unter Berücksichtigung des kurfürstlichen Eigeninteresses gab es wohl keinen ungeeigneteren Kandidaten als den ältesten und einzig überlebenden Sohn König Rudolfs I. Als Verwalter der neuen habsburgischen Gebiete im Südosten hatte er sich als ebenso begabter wie rücksichtsloser Territorialherr erwiesen. Die alten Beratungsgremien der Herzöge von Österreich und Steiermark hatte er zwar bestehen lassen, sie zugleich aber zur Bedeutungslosigkeit verurteilt, indem er Leute seines Vertrauens, die sogenannten Heimlichen, mit den wichtigsten Ämtern der Landesverwaltung betraute; zum Beispiel den Abt Heinrich von Admont, der sich als steirischer Landeshauptmann verdient machte, zugleich aber auch dazu beitrug, daß die habsburgische Herrschaft bei Vasallen und Untertanen Albrechts nicht eben beliebt war. Rebellionen, die zum Teil vom Salzburger Erzbischof geschürt und ausgenützt wurden, hat Albrecht mehrfach bekämpfen müssen, wobei er sich auch als begabter Kriegsmann erwies. Als er im November 1295 schwer erkrankte, revoltierte der österreichische Adel, der sich besonders

durch die auf das alte babenbergische Herzogsgut gerichtete Revindikationspolitik Albrechts bedroht fühlte; auch diesmal fanden die Aufständischen die Unterstützung des Erzbischofs von Salzburg. Albrecht ist es aber wiederum gelungen, seine österreichischen Gegner zu isolieren und zur Unterwerfung zu zwingen, und mit dem Salzburger konnte er am 24. IX. 1297 in Wien sogar einen Frieden schließen, der sich dann als dauerhaft erwies. Dieser Vertrag stand bereits im Zeichen der Vorbereitung zu Albrechts Wahl; erleichtert wurden die Verhandlungen besonders auch dadurch, daß Heinrich von Admont einem Mordanschlag zum Opfer gefallen war, was Albrecht ermöglichte, dem Erzbischof weitreichende Konzessionen in Fragen der umstrittenen Vogtei über bestimmte außersteirische Besitzungen des Klosters Admont zu machen. Der Frieden mit dem Salzburger erwies sich dann als eine wesentliche Voraussetzung für Albrechts Vorstoß nach Westen, der im Sommer des folgenden Jahres das Schicksal des Königs Adolf besiegelte. Seine als Landesfürst unter Beweis gestellte außergewöhnliche politische und militärische Begabung hatte der Habsburger mit seiner Wahl zum römischen König natürlich nicht eingebüßt, und die vier rheinischen Kurfürsten haben dies auch alsbald zur Kenntnis nehmen müssen. Hätte Albrecht alle seine politischen Pläne verwirklichen können, so wäre ein habsburgisches Imperium entstanden, das außer den Herzogtümern Österreich, Steiermark, den habsburgischen Stammlanden in der heutigen Schweiz und am Oberrhein noch die folgenden Territorien umfaßt hätte: das Königreich Böhmen mit den damit verbundenen Ansprüchen auf Polen, die Mark Meißen mit der Landgrafschaft Thüringen, die Niederlausitz, Pleißen, die Grafschaften Holland und Seeland und schließlich Friesland. Zusammen mit dem habsburgischen Altbesitz am Oberrhein und dem entlang des Stromes massierten Reichsgut, insbesondere mit den Städten im Elsaß und am Mittelrhein, aber auch mit Duisburg, Kaiserswerth und Nimwegen hätten die beiden niederländischen Grafschaften dem Habsburger eine hegemoniale Stellung entlang des Rheines verschafft, die das Ende der kurfürstlichen Eigenständigkeiten im Westen des Reiches hätte bedeuten können.

Daß es dazu dann doch nicht gekommen ist, hatte eine ganze Reihe von Gründen. Dazu wird man auch den Charakter des Habsburgers rechnen müssen, der die Leutseligkeit seines Vaters offenbar gänzlich vermissen ließ. Albrecht muß gelegentlich ein sehr unwirsches Wesen an den Tag gelegt haben. Hinzu kam, daß er seit der erwähnten schweren Krankheit vom November 1295 auf einem Auge erblindet war. Die Ärzte, die eine Vergiftung ihres Patienten vermutet hatten, hängten ihn kopfüber an den Füßen auf, um das

Gift herauslaufen zu lassen, bewirkten dadurch natürlich eine Blutstauung im Kopf, die dem Habsburger die Sehkraft eines Auges kostete. Zu dem wenig Sympathie erweckenden Charakter Albrechts kam damit noch ein äußerlicher Makel; Albrecht, so ein bayrischer Chronist seiner Zeit, bot einen gar unwürdigen Anblick, er sei ein »gepaurischer man an der persone« gewesen.
Schon bald nach der am 24. VIII. 1298 zu Aachen durch Erzbischof Wikbold erfolgten Krönung muß es zu Mißstimmungen unter den rheinischen Kurfürsten gekommen sein. Zwar hat Albrecht sich bei der Erstattung der den Herren entstandenen Wahlkosten großzügig erwiesen, und auch eine ganze Reihe ihrer territorialen Wünsche wurde befriedigt. Aber in der Liste der dem Kölner gewährten Vergünstigungen vermißt man zum Beispiel die Vogtei über das Stift Essen und die Reichsstadt Duisburg. Die herbste Enttäuschung mußte indes der Mainzer hinnehmen. Der für Gerhard entscheidende Grund für das Zerwürfnis mit König Adolf war zweifellos dessen rücksichtloses Vorgehen in Mitteldeutschland gewesen. Dem Erzbischof waren nach der Krönung Adolfs die Amtmannschaft über die beiden Reichsstädte Nordhausen und Mühlhausen überantwortet worden, und Gerhard hatte dann auch als Reichsvikar in Thüringen fungiert, wo um Erfurt und im Eichsfeld beträchtliche Teile des Mainzer Territorialbesitzes gelegen waren. Die Wiedergewinnung der ihm von Adolf entzogenen Rechte mußte naturgemäß ein vordringliches Ziel des Mainzers sein, aber Albrecht hat offenbar nicht daran gedacht, das von seinem Vorgänger erworbene Recht an Thüringen und Meißen aufzugeben. So war er nicht einmal bereit, den beiden Söhnen Albrechts des Entarteten auch nur die Landgrafschaft Thüringen zurückzuerstatten. Während König Albrecht die von dem Nassauer eingesetzten Landvögte fast alle durch Leute seines Vertrauens ersetzte, durfte der ebenfalls von Adolf bestellte Landfriedenshauptmann in Thüringen, Gerlach von Breuberg, sein Amt behalten. Erzbischof Gerhard, der sich in Nürnberg für Diezmann und Friedrich von Thüringen verwendet hatte, dürfte den Hoftag mit Verbitterung verlassen haben. Im Grunde hätte sich aber keiner der vier rheinischen Kurfürsten über die ersten Regierungsmaßnahmen des neuen Königs beklagen können; ihren finanziellen Wünschen ist Albrecht offenbar sehr weit entgegengekommen, und er hat ihnen auch die Verfügung über mehrere Rheinzölle eingeräumt. Trotzdem wird man aber voraussetzen müssen, daß es zwischen ihnen und dem Habsburger in einigen politischen Fragen erhebliche, wenn auch zunächst nur latente Differenzen gegeben hat. Mißtrauen dürfte bei den rheinischen Kurfürsten schon die bevorzugte Behandlung hervorgerufen haben, deren sich König Wenzel

von Böhmen erfreuen durfte, der sich an der zweiten Wahl Albrechts ja gar nicht beteiligt hatte. Wie schon vorher Adolf von Nassau, so verpfändete nun auch Albrecht dem Böhmenkönig Stadt und Land Eger, das Pleißner Land, Chemnitz und Zwickau, und zwar für eine Summe von 50000 Mark Silber. Einbegriffen wurden in diese Pfandsumme auch einige Burgen im bayerischen Nordgau, der späteren Oberpfalz. Zudem erkannte Albrecht den Böhmenkönig als Herzog von Krakau und Sandomir an und billigte damit offiziell die östliche Expansionspolitik des Böhmenkönigs. Es kann aber kein Zweifel daran bestehen, daß Albrecht sich damals noch bemüht zeigte, die Kölner und Mainzer Erzbischöfe bei Laune zu halten. So bewog er zum Beispiel im Sommer 1299 die Stadt Erfurt mit Erfolg, sich der Herrschaft des Mainzers wieder zu fügen. Aber all das hat die Erzbischöfe von Mainz und Köln nicht daran hindern können, im Verlaufe des Spätherbstes 1299 offen gegen den König und seine Politik Stellung zu beziehen. Den Anlaß oder Vorwand dazu fanden sie in den Vertragsverhandlungen, die Albrecht damals mit Philipp dem Schönen über die zwischen dem Reich und Frankreich aufgekommenen Mißhelligkeiten geführt hat. Daß sich der Trierer Erzbischof nicht an der Fronde seiner beiden Amtsbrüder gegen den König beteiligte, lag vermutlich nur daran, daß er damals bereits schwer erkrankt war. Am 9. XII. 1299 ist Boemund gestorben. Zu seinem Nachfolger providierte Papst Bonifaz VIII. am 18. I. des folgenden Jahres den Bruder König Adolfs, den Dominikaner Diether von Nassau, über dessen künftige politische Haltung sich Albrecht keinen Illusionen hingegeben haben wird.

Daß der Papst dem Bruder von Albrechts Vorgänger eines der drei bedeutendsten Erzbistümer des Reiches anvertraute, geschah natürlich nicht von ungefähr. Die sich allmählich abzeichnende Auseinandersetzung zwischen dem Habsburger und den vier rheinischen Kurfürsten geriet nunmehr in das Spannungsfeld des sehr viel weiterreichenden Konfliktes zwischen Bonifaz VIII. und Philipp dem Schönen, in das Albrecht auch wegen seiner Verhandlungen mit dem französischen König einbezogen wurde.

Die Befürchtungen der Erzbischöfe von Köln und Mainz über gewisse politische Absichten des Habsburgers scheinen besonders durch einige Klauseln eines zwischen Vertretern des römischen und des französischen Königs ausgehandelten Ehevertrages für Albrechts Sohn Rudolf und Philipps Schwester Blanche hervorgerufen worden zu sein. In dem Abkommen verpflichtete sich der römische König nicht wie üblich auch für seinen Nachfolger, sondern für seine Erben, die im Reiche (in Romano regno) nachfolgen würden. Mit einer derartigen, durchaus nicht eindeutigen

Wendung war nun gewiß nicht die Machtstellung der Kurfürsten an der Wurzel zu treffen, und auch die schließlich erzielte Einigung in der Frage von Blanches Wittum rührte nicht an die Grundfesten des Reiches. Die Braut sollte u.a. die habsburgische Landgrafschaft Oberelsaß erhalten, aber diese wurde dadurch ja noch keineswegs zum französischen Territorium. All das aber hat gewisse Gegner des Habsburgers nicht davon abhalten können, die wildesten Gerüchte in die Welt zu setzen. Nicht die Maas, sondern der Rhein solle Frankreichs Ostgrenze werden; Philipp würde das gesamte Arelat erhalten, das Reich solle für die Habsburger ein Erbkönigtum werden und so weiter. Es kann kaum ein Zweifel daran bestehen, daß die Gerüchte aus der Umgebung der beiden Erzbischöfe, insbesondere wohl aus der des Kölners, stammten, denn beide haben sich am 5. XII. vertraglich verpflichtet, den von Albrechts und Philipps Delegationen ausgehandelten Verträgen nicht zuzustimmen, weil diese eine Entfremdung von Reichsgut beinhalteten. Die beiden Kurfürsten beriefen sich dabei auf das Zeugnis der Bischöfe von Cambrai, Lüttich und Toul. Kurze Zeit danach verließen sie das königliche Hoflager, um nicht Zeugen des Vertragsabschlusses werden zu müssen, der dann beim Hof Quatrevaux, an der Straße vom französischen Vaucouleurs zur Stadt Toul stattfand (6.–8. XII. 1299).
Albrecht hatte sich von Anfang seiner Regierung an sichtlich bemüht, nicht als willfähriger Gefolgsmann Philipps des Schönen zu erscheinen. Auch wenn der von seinem Vorgänger verkündete Krieg gegen Frankreich mit Adolfs Tod beendet war – Philipp schickte dem Sieger von Göllheim ein Glückwunschschreiben –, so hat Albrecht doch einiges dafür getan, die Reichsrechte an der Westgrenze zu sichern. Die Freigrafschaft Burgund betrachtete er wie sein Vorgänger als heimgefallenes Reichslehen, mit dem burgundischen Adel unterhielt auch er enge Verbindungen; Graf Guido von Flandern huldigte dem Habsburger bei dessen Krönung im August 1298 für seine vom Reich rührenden Lehen, und der Graf von Savoyen schließlich, ein alter Gegner der Habsburger, zugleich Bündnispartner Eduards I., söhnte sich im Februar 1299 mit Albrecht aus. Folgt man der grundlegenden (und im übrigen vorzüglichen) Darstellung dieser Vorgänge, die Fritz Kern 1910 vorgelegt hat, dann wären dies alles nur Züge eines genialen Doppelspiels, mit denen Albrecht die rheinischen Kurfürsten zugleich beruhigt und hinters Licht geführt habe. Während er nach außen die Frankreichpolitik seines Vorgängers Adolf wenigstens scheinbar fortsetzte, habe er hinter den Kulissen eine Verständigung mit Frankreich um nahezu jeden Preis gesucht. Kern ist aber den Beweis für seine Behauptung, Albrecht habe damals u.a. ein

»Stück Reichsland vom Reiche abgelöst«, schuldig geblieben, was nicht verhindert hat, daß sie sinngemäß in nahezu alle Handbücher der deutschen Geschichte übernommen worden ist. Unter Berücksichtigung der noch immer intakten Archivverhältnisse des Pariser Trésor des chartes kann indes mit Sicherheit festgestellt werden, daß Albrecht seinem Verhandlungspartner keinen einklagbaren Rechtstitel über irgendwelche »Reichsländer« in die Hand gegeben hat. Wo die Rechtsverhältnisse eindeutig waren – und das waren sie z.B. im Bereich der Kirchen von Verdun und Toul –, haben die Könige Frankreichs auch in den folgenden Jahrhunderten ihre liebe Not gehabt, ihre Ausdehnungsbestrebungen zu legitimieren. Anders verhält es sich freilich mit den westlich der Maas gelegenen Gebieten der Grafschaft Bar. Am 4. VI. 1301, also anderthalb Jahre nach dem Treffen von Quatrevaux, trug König Adolfs ehemaliger Vikar, Graf Heinrich III., zahlreiche einzeln genannte Burgen und Orte, die er angeblich als franc alleu (Allod/freies Eigen) westlich der Maas besaß, dem König von Frankreich auf und erhielt sie als Lehen zurück. Das Gebiet wurde fortan als Nouvelle Reprise, später als Barrois mouvant (das lehnsrührige Bar) bezeichnet. Im Gegensatz dazu standen seit 1301 die östlich der Maas gelegenen Regionen um St.-Mihiel oder Pont-à-Mousson, die ein halbes Jahrhundert später von Karl IV. zum Reichsfürstentum und zur Markgrafschaft Pont-à-Mousson zusammengefaßt wurden, um sie weiteren Expansionstendenzen des Königs von Frankreich zu entziehen. Unter den 1301 aufgetragenen Orten befanden sich mit hoher Wahrscheinlichkeit keine Reichslehen mehr; vielmehr handelte es sich bei jener Region um ein Konglomerat von einzelnen Burgen und Orten, deren rechtlicher Status heute kaum mehr aufgeklärt werden kann und wohl schon zur Zeit der Lehnsauftragung nicht immer eindeutig bestimmbar gewesen sein dürfte. Ob Albrecht in Quatrevaux jene Transaktion im voraus gebilligt hat, wissen wir nicht; jedoch wird man eine solche Konzession nicht ohne erhebliche Bedenken unterstellen können; denn in den seit der Konferenz von Quatrevaux verflossenen anderthalb Jahren hatten sich die Beziehungen zwischen Albrecht und Philipp nicht unerheblich verschlechtert: Philipp hatte den Wünschen Albrechts, gemeinsam gegen den Grafen von Hennegau vorzugehen, nicht entsprochen, und während Albrecht sich um das gleich zu behandelnde Erbe der Grafen von Holland und Seeland bemühte, versuchte Philipps Bruder Karl von Valois nach der Niederwerfung der Grafschaft von Flandern sich zuungunsten des römischen Königs in diese Angelegenheit einzumischen. Zusammenfassend kann festgehalten werden, daß die Ergebnisse der Unterhandlungen von Quatrevaux von einigen Kurfürsten, insbesondere wohl vom Kölner Erzbischof, ungeheuer aufgebauscht worden sind und daß die damals verbreiteten reichlich unsinnigen Gerüchte ihre Spuren noch in den Darstellungen unserer Tage hinterlassen haben. Noch vor dem so heftig beargwöhnten Treffen der Könige war am 10. XI. 1299 Graf Johann von Holland und Seeland, Herr von Friesland, gestorben, ohne Söhne oder Töchter zu hinterlassen. Anspruch auf die reichslehnbaren Grafschaften erhob sein Verwandter Graf Johann von Hennegau, ein Neffe des Königs Wilhelm aus dem holländischen Grafenhaus. Die beiden Grafschaften Seeland und Holland umfaßten zwar nur einen verhältnismäßig schmalen Küstenstreifen östlich der Grafschaft Flandern, aber ein Graf von Holland und Seeland kontrollierte damit das Mündungsgebiet des Rheins. Auch wenn die holländischen Häfen zu dieser Zeit noch im Schatten des flandrischen Brügge mit seinem Außenhafen Sluis standen, wird man ihre Bedeutung im Zusammenhang mit den englischen Festlandsinteressen und dem kölnischen Englandhandel kaum überschätzen können. Albrecht erkannte die Berechtigung der Ansprüche von König Wilhelms Neffen aus dem Hause Avesnes nicht an und betrachtete die Lehen als an das Reich heimgefallen. Man hätte nun erwarten können, daß die beiden rheinischen Erzbischöfe, insbesondere natürlich Wikbold von Köln, dem König in dieser Angelegenheit mit allen ihren Mitteln widerstanden hätten, denn wie ein Habsburger mit freigewordenen Reichslehen verfahren konnte, hatte ja Albrechts Vater in brillanter Weise vorexerziert. Aber die Erzbischöfe haben sich zunächst ganz anders verhalten, als man annehmen konnte. Es war Gerhard von Mainz, der am 7. VII. 1300 in Mainz das Urteil des Hofgerichts verkündete, das dem Grafen von Hennegau die umstrittenen Reichslehen aberkannte; Erzbischof Wikbold gab sich wenigstens äußerlich als loyaler Reichsfürst und zog im August mit Albrecht nach Nimwegen, um dort mit dem Hennegauer eine gütliche Einigung herbeizuführen.

Daß Albrecht sich zu einer friedlichen Regelung des Streitfalls bereit erklärt hatte, lag vermutlich vor allem daran, daß Philipp der Schöne sich zuvor geweigert hatte, hinsichtlich der freigewordenen Reichslehen mit dem Habsburger gemeinsame Sache zu machen. Einen Vorschlag zum gemeinsamen Vorgehen gegen den Hennegauer hatte Albrecht im Juli 1300 in Paris unterbreiten lassen, nachdem französische Truppen unter Philipps Bruder Karl von Valois Anfang des Jahres in Flandern eingefallen waren und das Land bis Mitte Mai vollständig besetzt hatten. Graf Robert von Flandern, mit dem Albrecht gemeinsam den Hennegauer hatte bekämpfen wollen, war zusammen mit seinem Vater als Gefangener nach Paris geführt worden. Die beiden trafen just zu dem

Augenblick dort ein, als die Hochzeit von Albrechts Sohn Rudolf und Philipps Schwester Blanche gefeiert wurde. Die Festlichkeiten konnten indes kaum darüber hinwegtäuschen, daß die Beziehungen zwischen dem Capetinger und dem Habsburger damals bereits stark abgekühlt waren. Der seeländische Adel, der sich u.a. auch auf Grund einer Aufforderung Albrechts gegen den Hennegauer erhoben hatte, wandte sich auf Betreiben des Valois an Philipp den Schönen und bat um Vermittlung in diesem Streit mit Johann von Hennegau. Albrechts Angebot an Philipp, die freien Reichslehen gemeinsam zu erobern und sie dem jungen Paar zu übertragen, blieb unbeantwortet. Daraufhin änderte Albrecht seine Pläne und schlug dem Hennegauer eine ebenfalls durch eine Ehe abzusichernde Allianz vor. Graf Johann ging wenigstens zum Schein auf dieses Angebot ein; aber zwischen ihm, dem Herzog von Brabant und zwischen diesem und Wikbold von Köln wurden geheime Abkommen getroffen, die sich eindeutig gegen den römischen König richteten. Als Albrecht dann nach Nimwegen zog, wurde ihm das Nahen eines hennegauischen Aufgebots gemeldet; er mußte unverrichteter Dinge nach Süden abziehen.
Inwieweit der König das Doppelspiel Wikbolds durchschaut hatte, entzieht sich unserer Kenntnis. Aber die schon am 2. IX. 1300 erfolgte Ankündigung, er werde einen Reichsvogt für die niederrheinischen Gebiete einsetzen, läßt darauf schließen, daß er dem Erzbischof die erlittene Demütigung heimzahlen wollte.
Kurze Zeit später, am 14. X., verbündeten sich die beiden allein führenden Opponenten des Habsburgers, die Erzbischöfe von Köln und Mainz, mit dem Nassauer Diether von Trier und dem Pfalzgrafen Ruprecht. Dem letzteren konzedierten die anderen drei die bislang vorbehaltenen Willebriefe für König Rudolfs Übertragung des Konradinischen Erbes an die Wittelsbacher. Die vier Herren beabsichtigten, das bereits einmal erfolgreich praktizierte Absetzungsverfahren gegen einen römischen König zu wiederholen. Diether von Nassau sprach von Albrecht bereits als dem Herzog von Österreich, der sich römischer König nenne.
Albrecht erwies sich jedoch als ein überlegener Gegner. Er hat gegen die vier Kurfürsten alle Möglichkeiten, die ihm als König zur Verfügung standen, schnell und geschickt mobilisiert. Vor allem die Landvögte in der Wetterau und im Speyergau erwiesen sich jetzt als wertvolle Helfer bei der militärischen Aktion gegen den Erzbischof von Mainz. An einer besonders empfindlichen Stelle traf der König seine Widersacher, als er unter Berufung auf einen bereits 1298 geschlossenen Landfrieden die Aufhebung aller unrechten Zölle verlangte. Bestimmungen über die Abschaffung von ungerechtfertigten Zöllen gehörten zum eisernen Bestand der

Landfrieden, jetzt aber forderte der König die strikte Einhaltung des Friedensrechtes, und es kam fast einer Wiederbelebung des großen Rheinischen Städtebundes von 1254 gleich, als er am 6. V. mit Mainz, Worms und Speyer eine Allianz schloß und am folgenden Tag zahlreichen Städten an Rhein und Mosel mitteilte, daß sämtliche seit 1250 neu erteilten Zollprivilegien, seine eigenen einbegriffen, als kassiert anzusehen seien. Einige der dabei genannten Zollstätten bestanden bereits vor diesem Stichjahr. Da abzusehen war, daß sich die Inhaber der Zölle gegen die Verstopfung ihrer Einnahmequellen zur Wehr setzen würden, erlaubte Albrecht den Bürgern, sich gegen die ungerechten Zöllner zu verbünden. Im Herrschafts- und Einflußbereich des Kölners wurde eine Reihe von Territorialherren gegen den Erzbischof aufgerufen.
Die Kurfürsten blieben natürlich nicht untätig. Gerhard von Mainz ließ über den König Bann und Interdikt verhängen. Aber schon in Quatrevaux und danach hatten sich der Kölner und der Mainzer nicht gerade als konsequente und taktisch geschickte Politiker erwiesen; dem offenen Schlagabtausch mit dem König zeigten sie sich nun ebensowenig gewachsen wie ihre beiden Kollegen von der Pfalz und von Trier. Sie vermochten es nicht, gemeinsam dem Angriff Albrechts zu begegnen, und wurden einer nach dem anderen in die Knie gezwungen. Einzelne Gebiete des Pfälzers und des Mainzers wurden dabei aufs schwerste verwüstet, so daß die wirtschaftliche Lage des Erzstifts Mainz nach dem Friedensschluß vom 21. III. 1302 katastrophal gewesen sein muß. Die wichtigsten Burgen – u.a. Bingen, Lahnstein – wurden für fünf Jahre einem königlichen Burghauptmann übergeben. Pfalzgraf Rudolf hatte schon im Juli 1301 kapituliert; er mußte das Konradinische Erbe, allerdings gegen eine Entschädigung, an den König zurückgeben. Die Besitzungen wurden dann den beiden Landvogteien Nürnberg und Oberschwaben zugeteilt. Der Kampf gegen Wikbold von Köln verlief in zwei Etappen. Nach der Eroberung einiger erzbischöflicher Burgen kam es im Frühjahr zu Verhandlungen, die an der Kurie geführt wurden und an denen auch ein Vertreter des Hennegauers beteiligt war. Dann aber änderte sich die militärische und politische Situation im niederländischen Grenzbereich auf dramatische Weise. In Brügge wurden – wie zwei Jahrzehnte zuvor in Sizilien – die französischen Besatzungstruppen abgeschlachtet, und am 11. VII. 1302 schlugen die flandrischen Bürger das zur Rache herbeigeführte Ritterheer Philipps des Schönen bei Kortrijk.
Damit hatte der Hennegauer die Rückendeckung durch den König von Frankreich verloren, und Albrecht sah die Chance, in Holland und Seeland doch noch ans Ziel zu gelangen. Im August 1302 befaßte sich sein Hofgericht erneut mit der Angelegenheit. An-

schließend unternahm der Habsburger einen Feldzug an den Niederrhein, der am 24. Oktober mit der Unterwerfung Wikbolds von Köln zu Ende ging. Zu den zahlreichen Bedingungen des Friedensvertrages, den der Erzbischof akzeptieren mußte, gehörte auch die Einwilligung zur Heerfolge gegen den Hennegauer. Dem Erzbischof ist es aber erspart geblieben, tatsächlich gegen seine ehemaligen Bündnispartner ziehen zu müssen, denn Albrecht hat nunmehr seine auf den Westen und Nordwesten des Reiches gerichtete Politik vollständig ruhen lassen und seine territorialpolitische Energie gen Osten und Südosten gewandt.
Dabei kam ihm zustatten, daß er im April 1303 eine Einigung mit Papst Bonifaz VIII. erzielen konnte, der ihm zunächst mit schroffer Ablehnung begegnet war, denn als Albrechts Gesandte kurz nach dem Sieg von Göllheim dem Papst die Wahlanzeige – ohne Bitte um Approbation – überbracht hatten, bezeichnete Bonifaz den Wahlvorgang als unrechtsmäßig und die Person Albrechts als untragbar, weil dieser seinen Vorgänger verraten und getötet habe. Beim Empfang der Gesandtschaft des römischen Königs soll Bonifaz mit einem kaiserlichen Diadem auf dem Haupt erschienen sein und ausgerufen haben: »Ich bin Caesar, ich bin Kaiser«. Der Papst mußte sich in seiner ablehnenden Haltung bestärkt sehen, als Albrecht mit Philipp Ende 1299 ein Bündnis schloß; die Ernennung von König Adolfs Bruder Diether zum Erzbischof von Trier folgte dem Treffen von Quatrevaux auf dem Fuß. Das Verhältnis zwischen Bonifaz und Philipp IV. war von Anfang an erheblichen Spannungen ausgesetzt gewesen, nachdem der französische Klerus zur Finanzierung des Krieges gegen England ohne Erlaubnis des Papstes einer Besteuerung unterworfen worden war. Bonifaz reagierte darauf am 24. II. 1296 mit der Bulle Clericis laicos, von der sich auch Eduard I. angesprochen fühlen durfte, denn das päpstliche Dekret untersagte generell die Besteuerung der Geistlichkeit, es sei denn, daß zuvor die Genehmigung der Kurie eingeholt worden war. Philipp antwortete auf die Herausforderung mit einem Ausfuhrverbot für Edelmetalle, Geld und Wechsel, das die Kurie empfindlich treffen mußte, weil ein Teil der Zahlungen des nordalpinen Klerus – auch des deutschen – über die Champagne-Messen abgewickelt wurde. Da sich Bonifaz damals einer gefährlichen Attacke der römischen Adelsfronde unter den Colonna zu erwehren hatte, lenkte er ein, wobei der bereits erwähnte Musciatto dei Franzesi als Vermittler fungierte. Obwohl Bonifaz dem König von Frankreich 1297 sogar einen Zehnten bewilligte, begegnete er Philipp dem Schönen und seinen Räten, die sich z.T. bereits aus dem Laienstand rekrutierten, mit tiefem Mißtrauen. Beide Parteien hatten damals offenbar bereits deutlich erkannt, daß Querelen um

die Besteuerung des französischen Klerus nur einen Ausschnitt aus einem sehr viel weiter reichenden Konflikt darstellten: Unter Philipp IV. überschritt der »frühmoderne französische Staat« die Grenze, die der universale Machtanspruch des Papsttums seit den Tagen Gregors VII. und Innozenz' III. den weltlichen Herrschaftsgebilden gesetzt hatte. Das staufische Kaisertum war in diesem Streit gescheitert, u.a. auch deshalb, weil Friedrich II. nur in Sizilien, nicht aber im römisch-deutschen Reich über die Mittel verfügte, die Einflußnahme der Kurie auf Kirche und Christenheit zu unterbinden. Philipp IV. aber wird sich wenige Jahre nach dem ersten Aufflackern des Konflikts als überlegener Gegner des Papstes erweisen: Seine Beamten unterbrechen den Verkehr zwischen der Kurie und der französischen Kirche und sorgen damit für eine freie Entfaltung der königlichen Propaganda. Zum Zeitpunkt der Bulle »Clericis laicos« durfte sich die Kurie noch als die finanzkräftigste aller Mächte Europas ansehen, die wie keine andere den Aufschwung der Geldwirtschaft seit der Mitte des 13. Jahrhunderts im Bunde mit den italienischen Banken auszunutzen verstand. Ein die gesamte Christenheit umfassender Zehnt belief sich damals auf die Summe von 800000 Pfd., während die Einkünfte der Krone Frankreichs vor dem Ende des 13. Jahrhunderts auf nur 264000 Pfd. geschätzt wurden. Im voraufgegangenen Kapitel ist die Entwicklung der königlichen Finanzen in England und Frankreich nach dem Beginn des Krieges zwischen diesen beiden Monarchien skizziert worden. Bonifaz' Bulle von 1296 war im Grunde der letzte erfolgversprechende Versuch, diese Steigerung der weltlichen Macht aufzuhalten. Clemens Bauer hat dies den »Kampf um die ökonomische Basis aller Machtgeltung, um die Geldquellen« genannt und die Niederlage, die Bonifaz VIII. und das Papsttum am Ende hinnehmen mußten als Wende in der Finanzentwicklung der Kurie bezeichnet; man wird hinzufügen können: Es war eine Wende für die Finanzgeschichte der gesamten Christenheit im Westen Europas.

Als im Frühjahr 1300, wenige Monate nach dem Bündnis von Quatrevaux, eine gemeinsame deutsch-französische Gesandtschaft in Rom erschien und um einen Termin für die Kaiserkrönung bat, wurde das Ersuchen von Bonifaz in schroffer Form zurückgewiesen und mit der Gegenforderung beantwortet, Albrecht solle zugunsten der Kurie auf die Toscana verzichten. Vor dem Hintergrund der feindseligen Haltung des Papstes nimmt sich Albrechts Krieg gegen die rheinischen Kurfürsten als ein gefährliches Spiel aus, jedoch war der Sieg so schnell errungen, daß ein Eingreifen des Papstes offenbar nicht mehr sinnvoll erschien. Zudem aber setzte nunmehr die zweite Phase im Konflikt zwischen Bonifaz und

Philipp dem Schönen ein, der es Albrecht ermöglichte, die Approbation durch den Papst zu erreichen. Anlaß für die neuerliche Zuspitzung der Lage war das scharfe Vorgehen Philipps des Schönen gegen den Bischof von Pamiers, der wegen Hochverrats, Häresie und manch anderer Verbrechen vor den Staatsrat geladen und verurteilt wurde. Bonifaz verlangte am 5. XII. 1301 die Freilassung des eingekerkerten Bischofs und lud den französischen Episkopat mitsamt dem König vor eine römische Synode. Der Papst hatte allerdings verkannt, daß er es nicht mit einem römisch-deutschen König oder Kaiser zu tun hatte, in dessen Reich sich die kuriale Propaganda fast nach Belieben hätte ausbreiten können. Die Bulle Ausculta fili (Höre, mein Sohn!) wurde von den königlichen Behörden unterdrückt und statt ihrer eine Fälschung (Deum time) in Umlauf gesetzt, deren gehässige Verzerrungen die öffentliche Meinung gegen ihren angeblichen Verfasser mobilisieren sollten. Immerhin erschienen aber im November 1302 französische Prälaten in Rom, um über den Konflikt zu beraten. Während bei einem vergleichbaren Fall ein römisch-deutscher König zumindest mit dem Bann belegt worden wäre, ließ es Bonifaz bei der Exkommunikation derjenigen bewenden, die andere an der Reise nach Rom zu hindern versuchten. Als Ergebnis der Synode ist allerdings auch die Bulle Unam sanctam vom 18. XI. anzusehen, die in kompakter und dezidierter, aber keineswegs revolutionärer Weise den Suprematieanspruch des Bischofs von Rom verkündete. Es gebe nur eine heilige Kirche, die ein Haupt, Christus, habe, und dieses werde durch Petrus und seine Nachfolger vertreten. Das geistliche wie das weltliche Schwert gehörten der Kirche; das weltliche dürfe der König nach Weisung durch Priester führen. Für das Seelenheil der Menschen sei es nötig, dem römischen Bischof untertan zu sein.

Während sich der Konfikt mit Philipp dem Schönen zuspitzte und französische Rechtsgelehrte eine beachtliche Gegenpropaganda entfachten, ließ Bonifaz dem römischen König die bislang verweigerte Huld in einem unverhofft weitreichenden Ausmaß zuteil werden. Am 30. IV. 1303 erklärte er in einem öffentlichen Konsistorium vor einer deutschen Gesandtschaft, er wolle wegen der dem gewählten römischen König anhaftenden Makel Gnade walten lassen und ihm die Approbation nicht länger versagen. Zugleich betonte er allerdings, daß die geistliche Gewalt sich zur weltlichen verhalte wie die Sonne zum Mond, daß die Deutschen die Kaiserwürde nur der Translation des Imperiums durch die Päpste verdanken, daß dieses ihnen daher auch wieder entzogen werden könne. Auf der anderen Seite wies er aber auch auf die imperiale Stellung des Reiches hin, und zwar in einer Weise, wie man sie nach der

Absetzung Friedrichs II. wohl nicht mehr für möglich gehalten hätte. Der gallische Hochmut bestreite zu Unrecht die Oberhoheit des Kaisers über die Könige der Christenheit. Albrecht habe die Pflicht, die verletzten Rechte des Reiches wiederherzustellen.
Um solch wohltuende Worte hören zu können, hatte sich Albrecht freilich zu einem für römische Könige bis dahin ganz ungewöhnlichen Eid bereit erklären müssen. Seine vier Bevollmächtigten leisteten vor dem Papst ein iuramentum fidelitatis et obedientie. Nicht also nur die übliche Treue, sondern auch der Gehorsam, wie sie die Amtsträger der Kurie im Patrimonium dem Papst schuldeten, banden den künftigen Kaiser an den Nachfolger Petri. Als Albrechts Kanzler Johann von Eichstätt und seine Begleiter den Eid leisteten, war der Sturz des Papstes allerdings bereits in die Wege geleitet worden. Wilhelm von Nogaret hatte in einem königlichen Conseil am 12. III. die Anklagen gegen Bonifaz vorgetragen; er bestritt die Rechtmäßigkeit seiner Wahl und griff auch die bereits von den Colonna erhobenen Vorwürfe auf, Bonifaz habe sich der Häresie schuldig gemacht und sei ein Simonist, wie ihn die Welt noch nicht gesehen habe. Den König forderte er auf, für ein allgemeines Konzil zu sorgen, das über Bonifaz richten solle. Der König sei dazu verpflichtet, weil er einen Eid geleistet habe, die Kirche zu schützen. Als in Paris bekannt wurde, was Bonifaz am 30. IV. vor der Gesandtschaft des Habsburgers erklärt hatte, daß der Papst nämlich alle zwischen Albrecht und Philipp geschlossenen Verträge für nichtig hielt, verstand man das als Kriegserklärung und trug die bisher hinter verschlossenen Türen vorgetragenen Anklagen in die Öffentlichkeit. Am 24. VI. nahm das Volk von Paris mit Empörung zur Kenntnis, daß der Papst ein Häretiker sei und Frankreich zerstören wolle. Bonifaz hatte schon am 13. IV. den König für exkommuniziert erklärt, jedoch war dies nicht in die Öffentlichkeit gedrungen; den Überbringer der Bulle hatte man in Frankreich eingekerkert. Am 8. IX. sollte dann in Anagni die Exkommunikation feierlich verkündet und zugleich Untertanen und Vasallen Philipps von ihrem Treueid entbunden werden, aber am Tage zuvor wurde Bonifaz von Sciarra Colonna und Wilhelm von Nogaret überfallen. Er stellte sich den Eindringlingen in vollem Ornat mit der Krone auf dem Haupt entgegen. Wilhelm von Nogaret hatte Mühe, den Colonna daran zu hindern, Bonifaz zu erschlagen. Der Papst sollte gedemütigt, aber nicht zum Märtyrer erhoben werden. Zwar gelang es dem Kardinal Fieschi, die Bürger von Anagni zu mobilisieren und den Papst am 9. IX. wieder zu befreien. Aber schon am 12. X. ist Bonifaz gestorben. König Albrecht, so schien es, hatte sich für einen schnell bedeutungslos gewordenen Gehorsamseid einen beträchtlichen politischen Vorteil eingehandelt.

Die zweite Phase von Albrechts Reichspolitik, während der die westlichen Gebiete des Reiches allem Anschein nach ganz aus dem Blickfeld des Königs rückten, dürfte fast genau zu dem Zeitpunkt eingesetzt haben, als in Anagni die Geschichte des hochmittelalterlichen Papsttums so abrupt beendet wurde. Die erzählenden Quellen, denen man in diesem Fall vielleicht einmal vertrauen darf, berichten, Albrecht habe seinem Schwager Wenzel ein offenbar von vornherein als unannehmbar gedachtes Paket von Forderungen präsentiert: Wenzel sollte die Reichsterritorien und -orte Eger, Pleißnerland und Meißen herausgeben. Außerdem wurde er aufgefordert, die Ansprüche auf Polen und Ungarn preiszugeben und überdies noch einen Zehnten aus den damals als ungemein ergiebig geltenden Silberminen von Kuttenberg zu zahlen oder aber eine pauschale Summe von 80000 Mark.
Obwohl nach Rudolfs von Habsburg Tod die Wahl seines Sohnes nicht zuletzt am Widerstand des Böhmenkönigs gescheitert war, schien die Unterstützung, die Albrecht während des Thronkampfes mit Adolf von Nassau von seinem Schwager erhalten hatte, den Habsburger versöhnt zu haben. Noch im Herbst 1302 hatten böhmische und ungarische Hilfstruppen dazu beigetragen, den schnellen Sieg über die rheinischen Kurfürsten zu erringen. Aber das Ausgreifen der böhmischen Machtsphäre zuerst auf Polen, dann auf Ungarn nahm für den römischen König bedenkliche Ausmaße an. So dürfte es Albrecht willkommen gewesen sein, als Bonifaz ihn bei den Approbationsverhandlungen aufforderte, den päpstlichen Kandidaten für den ungarischen Thron, Albrechts Neffen Karl Robert von Anjou-Neapel, zu unterstützen.
Seine Ansprüche auf die polnische Krone hatte Wenzel noch mit dem Einverständnis des Schwagers durchsetzen können. Diese beruhten im wesentlichen auf Vereinbarungen mit dem 1290 verstorbenen Heinrich IV. von Breslau, der einst Mündel Ottokars II. gewesen war. Die ungemein verworrene Entwicklung des in zahlreiche nahezu unabhängige Fürstentümer zerfallenen Polen war nach 1290 besonders durch die Gnesener Krönung Přemysls II. (von Posen) am 26. VI. 1295 gekennzeichnet, die zwar kein erneuertes gesamtpolnisches Reich herbeizuführen vermochte, aber doch die Möglichkeit dazu aufscheinen ließ. Als Přemysl schon im Februar 1296 ermordet wurde, begann ein Streit um das Erbe, in den außer Wladislaw Lokietek von Sieradz und Heinrich von Glogau auch Wenzel von Böhmen verwickelt waren. Wenzel durfte dabei auf eine Verbindung mit Elisabeth, der Tochter des ermordeten Přemysl hoffen. Im Jahre 1300 verhandelte Peter Aspelt, der aus den Diensten der Habsburger in die Wenzels gewechselt war, mit Albrecht über die polnische Expansionspolitik

Wenzels und ließ seinen Herrn am 29. VI. mit allen noch zu erobernden Gebieten in Polen belehnen. Wenig später wurde der Böhmenkönig in Gnesen mit der polnischen Krone gekrönt und offiziell mit Přemysls Tochter verlobt. Wladislaw Lokietek flüchtete außer Landes und versuchte, die Hilfe des Papstes für seine Rückkehr in die Heimat zu mobilisieren. König Albrecht war damals mit den rheinisch-niederländischen Angelegenheiten beschäftigt und glaubte offenbar, Wenzel werde für längere Zeit mit den Problemen Polens zu kämpfen haben. Indes gewann der Böhmenkönig mit Pommerellen und Danzig den Zugang zur Ostsee und am 27. VIII. 1301, nur ein Jahr nach seiner Erhebung zum König von Polen, wurde sein Sohn Wenzel III. in Stuhlweißenburg zum König von Ungarn gekrönt.

Ganz ähnlich wie Polen war auch Ungarn nach dem Mongolensturm von 1242 in eine Reihe von Fürstentümern zerfallen, denen gegenüber die Zentralgewalt einen sehr schweren Stand hatte. Nach dem gewaltsamen Ende des psychopathischen Königs Ladislaus IV. im Jahre 1290 hatte seine Schwester Maria, die Karl II. von Neapel-Anjou geheiratet hatte, ihren Sohn Karl Martell, den Gemahl von Rudolfs Tochter Clementia, als König präsentieren wollen, jedoch ist dieser erste Versuch, einem Anjou die Arpadennachfolge zu verschaffen, fehlgeschlagen. Mit Andreas III. kam noch einmal ein Sproß aus einer Seitenlinie des angestammten Herrscherhauses zum Zuge. Andreas, der mit Agnes, einer Tochter König Albrechts, vermählt war, starb am 14. I. 1301 und hinterließ nur eine Tochter. Mit Hilfe Bonifaz' VIII. versuchte Maria erneut, sich in die Nachfolgefrage einzumischen; diesmal war ihr Enkel Karl Robert der Kandidat. Allerdings wäre seine Wahl gleichbedeutend gewesen mit der Anerkennung des auf die Zeit Gregors VII. zurückgehenden Anspruchs der Kurie auf die Lehnshoheit über das Ungarnreich, und so bemühten sich die ungarischen Magnaten um einen anderen König. Man bot die Stephanskrone zunächst Otto von Niederbayern an, dann dem Böhmenkönig, dessen dreizehnjähriger Sohn mit der Tochter des Andreas verlobt war. Mit böhmischem Silber gelang es Wenzels Gesandten schnell, die Ungarn für seinen Sohn zu gewinnen. Die Anjou, die in den Mittelmeerprovinzen des Reiches zunächst hatten Fuß fassen können, mußten sich am Ende zurückziehen. Die böhmische Machtsphäre reichte damit vom Mittelmeer bis zur Ostsee, umklammerte das Herzogtum Österreich von Norden und Osten und reichte mit Chemnitz, Pleißen und Meißen tief in die mitteldeutschen Regionen hinein. Natürlich war dies alles kein festgefügter und konsistenter Block von intensiv beherrschten Territorien, aber als der Kardinallegat Nikolaus von Ostia im Sommer 1302 an Albrechts

Hof erschien, um den König für die ungarischen Pläne Bonifaz' VIII. zu gewinnen, dürfte er auf keine allzu große Reserve gestoßen sein. Am 31. V. erklärte der Papst den Anjou zum rechtmäßigen König von Ungarn. Sturz und Tod des Papstes haben an der Politik der Kurie gegenüber Ungarn nichts ändern können, denn zum Nachfolger Bonifaz' wurde am 22. X. 1303 der erwähnte Legat Nikolaus gewählt, der sich dann Benedikt XI. nannte.

Peter von Aspelt, der sich zum geistigen Führer der Opposition gegen die Habsburger entwickelte, hat zwar noch versucht, durch Verhandlungen einen offenen Krieg zu verhindern, aber im Verlauf des Winters 1303/04 bildeten sich allmählich die Fronten der offenbar unvermeidlichen Auseinandersetzung. Albrechts Vorgehen gegen die böhmischen Hegemonialbestrebungen im östlichen Mitteleuropa brachten alsbald die bislang der habsburgischen Politik so günstigen Konstellationen ins Wanken, denn es ist Albrecht nicht gelungen, seinen Schwiegersohn Hermann von Brandenburg von der Notwendigkeit eines Angriffs auf den Böhmenkönig zu überzeugen. Hermann ergriff ebenso wie sein Vetter Otto IV. die Partei Wenzels, der ihnen die von Albrecht verpfändete Mark Meißen überließ. Aus Albrechts Anhängerschaft scherte auch sein Schwager Heinrich von Kärnten aus, der sich wahrscheinlich aus persönlichen Gründen mit dem König überwarf. Andererseits konnte Albrecht mit der Unterstützung durch die Wittelsbacher rechnen. Gegen die Brandenburger, die sich mit Albrecht von Sachsen und Heinrich von Mecklenburg verbündet hatten, versuchte der König den Dänenkönig Menved zu mobilisieren, indem er ihm am 23. V. 1304 ein Privileg Friedrichs II. aus dem Jahre 1214 bestätigte, das diesem die Lehnshoheit über die Lande östlich von Elbe und Elde, mit Ausnahme der Reichsstadt Lübeck, einräumte. Man sieht, daß der Konflikt mit Böhmen das gesamte von Albrechts Politik bisher verschonte Gebiet des Reiches in Mitleidenschaft zog. Peter von Aspelt versuchte, eine Koalition mit Philipp dem Schönen zustande zu bringen, wurde jedoch während seiner Reise nach Frankreich gefangengenommen. Dem Anjou gelang es um die Jahreswende 1303/04, Wenzels Herrschaft in Ungarn zu unterminieren und Anhang unter der hohen Geistlichkeit des Landes zu gewinnen. Wenzel III. konnte sich nicht mehr halten und zog sich nach Böhmen zurück. Daß er dabei die Reichskleinodien mitnahm, kostete ihn die letzten Sympathien und ermöglichte es Karl Robert, Ende August 1304 mit ungarischen Truppen einen Angriff auf Preßburg zu wagen. König Albrecht begann seinen Feldzug erst im Oktober; er richtete den Stoß auf das wirtschaftliche Zentrum des Böhmenreiches, auf Kuttenberg.

Jedoch gelang es den Bewohnern, die Stadt zu verteidigen; der einbrechende Winter zwang Albrecht zum Abzug. Zwar war Ungarn an den Anjou verloren und in Polen war die böhmische Herrschaft durch einen Einfall Wladislaws Lokietek bedroht. Indes war Wenzel noch keineswegs besiegt. Einer seiner wichtigsten Bündnispartner, Herzog Heinrich von Kärnten, verlobte sich nach Albrechts Abzug mit Wenzels ältester Tochter Anna, ohne daß damals jemand ahnen konnte, daß diese Verbindung nur wenig später zu einem wichtigen politischen Faktor bei der Auseinandersetzung um die Nachfolge der Přemyslidendynastie werden sollte. Noch bevor es zu einem zweiten Angriff des Habsburgers auf Böhmen kam, ist Wenzel II. am 21. V. 1305 gestorben. Sein damals sechzehnjähriger Sohn sah sich außerstande, den Krieg fortzusetzen, und schloß schon im August Frieden mit dem römischen König. Er mußte auf das bereits verlorene Eger und das Pleißner Land verzichten; von Ungarn war schon nicht mehr die Rede. Die polnische Königswürde seines Neffen hat Albrecht aber anerkannt, dafür verzichteten die Brandenburger auf die Mark Meißen, die wieder zum Reichsterritorium werden sollte. Wenzel seinerseits erklärte sich bereit, die Brandenburger mit Pommerellen zu entschädigen. Aber weder Wenzel III. noch Albrecht haben ihre Pläne zu verwirklichen vermocht. In Polen hat Wenzel III. überhaupt nicht Fuß fassen können, denn der Tod seines Vaters hatte hier nachhaltige Auswirkungen gezeitigt. Dem kurz zuvor noch ins Exil gegangenen Wladislaw Lokietek gelang es, sich der Unterstützung des Bischofs von Krakau zu versichern, der ihn zwar nicht gleich zum König krönte, ihn aber doch zum Erben des polnischen Reiches erklärte. Lokietek war freilich zunächst außerstande, Großpolen mit Posen für sich zu gewinnen, das an seinen Rivalen Heinrich von Glogau fiel. Erst acht Jahre später hat sich Lokietek auch hier durchsetzen können und damit die Grundlage für den Wiederaufstieg der polnischen Monarchie unter seinem Sohn Kasimir geschaffen. Gänzlich gescheitert ist er aber bei dem Versuch, sich Pommerellens (poln. Pomorze) mit dem Ostseehafen Danzig zu bemächtigen. Auf diese Region erhoben auch die Markgrafen von Brandenburg mehr oder weniger unsichere Ansprüche lehnrechtlicher Art, und auch der Deutsche Orden hatte bereits ein Auge auf das Land geworfen. Im Bunde mit dem einheimischen Adel gelang es Lokietek zunächst, Pommerellen zu besetzen. Aber seine Herrschaft stieß auf den heftigen Widerstand einer der Adelsfamilien, der Swenta (poln. Swieça), deren Oberhaupt die Brandenburger Markgrafen um Hilfe bat und als Lehnsherren anerkannte. Diese kamen der Bitte gerne nach und konnten sich nahezu des gesamten Landes bemächtigen. Nur die Danziger Burg wurde von einer dem Lokietek treuen Besatzung gehalten. Die Polen hatten allerdings auch eine Anzahl von Deutsch-Ordensrittern in die Burg aufgenommen, die ihnen bei der Verteidigung helfen sollten. Als die Brandenburger die Belagerung abbrachen, kam es unter bis heute noch nicht geklärten Umständen zu einem Eklat zwischen den Ordensrittern und den Anhängern des Lokietek, der aber wohl von langer Hand vorbereitet war: Die Polen wurden von den Ordensrittern zum Abzug genötigt, und in der Nacht des 14. XI. 1308 eroberten die deutschen Ritter die Stadt, wobei die sich zur Wehr setzenden pommerellischen Adeligen im Kampf getötet oder danach umgebracht wurden. Danzig wurde teilweise zerstört, vermutlich auf Betreiben ihrer zum Ordensstaat gehörenden Konkurrentin Elbing. Daß die Ordensritter bei dieser Gelegenheit unter der Stadtbevölkerung, unter der es viele Deutsche gab, ein Blutbad angerichtet und an die 10000 Menschen umgebracht hätten, gehört in den Bereich der wenig später von Wladislaw Lokietek vor allem an der Kurie betriebenen Propaganda, die das Ziel hatte, der alsbald fest etablierten Herrschaft des Deutschen Ordens über das Land die rechtliche und moralische Basis zu entziehen. Einer der polnischen Augenzeugen, der in dem von Wladislaw angestrengten kanonischen Prozeß darüber befragt wurde, wußte von nur 16 Opfern zu berichten. An der Tatsache, daß die deutschen Ritter einen dem geistlichen Charakter ihres Ordens durchaus nicht angemessenen Gewaltakt begangen hatten, ändert das aber nichts. Der Hochmeister Siegfried von Feuchtwangen bemühte sich dann auch eifrig um die nachträgliche Legitimierung der Annexion. Da diese von Lokietek nicht zu erreichen war, wandte er sich an die Brandenburger, die ihm ihre nicht ganz einwandfreien Rechte an dem Land schon 1309 verkauften.

Zurück zu König Albrecht, der nach der Regelung des böhmischen Problems beabsichtigt hatte, nach Thüringen zu ziehen, um sich der Landgrafschaft zu bemächtigen; doch wurde er bei den politischen Vorbereitungen des Unternehmens von der Nachricht überrascht, Wenzel III. sei ermordet worden. Der junge König war zu einem Feldzug gegen Wladislaw Lokietek aufgebrochen, der sich Krakaus bemächtigt hatte, war aber auf der Burg Olmütz einem unbekannten Mörder zum Opfer gefallen.

Das verfassungsrechtliche Verhältnis Böhmens zum Reich war insofern komplizierter als das der anderen Fürstentümer, als hier die Stände, d.h. vor allem der Adel, einen Anspruch auf Wahl des Königs hatten. Wenzel hatte vor Beginn seines Feldzuges seinen Schwager Heinrich von Kärnten zu seinem Statthalter ernannt. Diese Stellung nutzte der Herzog dazu, eine Versammlung von Adeligen und Stadtbürgern so zu beeinflussen, daß die Mehrheit ihn als Gemahl von Wenzels Schwester zum König zu wählen

versuchte. Aber eine energische Minderheit wußte eine gültige Wahl zu verhindern. Ein konzentrischer Angriff Albrechts und seines ältesten Sohnes Rudolf auf Prag entschied das Nachfolgeproblem dann vorerst zugunsten der Habsburger. Rudolf, dessen erste Gemahlin Blanche gerade gestorben war, heiratete Wenzels II. Witwe, die Polin Elisabeth, und wurde zum König von Böhmen gewählt. Nachdem er dann zunächst allein mit dem Königreich belehnt worden war, entschloß sich Albrecht, wahrscheinlich unter dem Eindruck von Rudolfs labilem Gesundheitszustand, das Königreich seinen Söhnen zu gesamter Hand als Lehen zu übertragen; das Land sollte den Habsburgern für alle Zukunft gesichert sein.
Albrecht und seine Söhne geboten zu diesem Zeitpunkt über einen beachtlichen Block ausgedehnter Territorien: Österreich, Steiermark, Böhmen mit Mähren sowie Teilen von Schlesien und Polen, dazu das Pleißner Land und die Niederlausitz; außerdem durfte er die Landgrafschaft Thüringen und Meißen beanspruchen, und nicht zu vergessen sind die althabsburgischen Gebiete im Südwesten. Als nächstes stand die Eroberung und Sicherung von Thüringen und Meißen auf des Königs Programm. Die beiden Söhne Albrechts des Entarteten, Diezmann und Friedrich der Freidige, hatten wenigstens vorübergehend ihre Streitigkeiten beigelegt und wurden damals sogar von ihrem Vater unterstützt, der die Wartburg gegen die aufsässigen Eisenacher verteidigte. König Albrecht unternahm einen Vorstoß, der ihn bis vor Leipzig führte, und ließ dann ein Heer unter dem Nürnberger Landvogt Heinrich von Nortenberg im Lande zurück, während er selbst sich über Böhmen nach Wien begab. Albrechts Feldhauptmann ließ sich dann am 31. V. 1307 bei Lucka unweit von Altenburg auf eine Schlacht mit Friedrich und Diezmann ein, in deren Verlauf er gefangengenommen wurde. Am 3. VII. erlag König Rudolf von Böhmen der Ruhr. Während Mähren von den Habsburgern gehalten werden konnte, riefen die Böhmen Herzog Heinrich von Kärnten ins Land und wählten ihn am 15. VIII. zum König.
Albrecht hielt die Konsolidierung der Lage in Thüringen offenbar für seine vordringlichste Aufgabe und verzichtete vorerst darauf, in Böhmen einzugreifen, um hier dem als Nachfolger Rudolfs vorgesehenen Friedrich (dem Schönen) zum Sieg über den Kärntner zu verhelfen. Dieser nahm Verbindung mit den Wettinern auf und schloß auch ein Bündnis mit dem Grafen von Württemberg, dessen Amtsführung in der niederschwäbischen Landvogtei Anlaß zu ständigen Querelen mit dem König geboten hatte. Allerdings vermochte es der Kärntner trotz aller Bemühungen nicht, seine Herrschaft in Böhmen zu festigen. So erwartete wohl alle Welt, daß der für den Sommer 1308 vorbereitete Feldzug die Habsburger

wieder in den Besitz des Königreichs Böhmen mitsamt ihrer Kurstimme bringen würde. Aber am 1. V. wurde Albrecht beim Dorfe Windisch an der Reuß, unweit der Habsburg, von Johann, dem Sohn seines 1290 gestorbenen Bruders Rudolf, ermordet. Die sogenannte Rheinfeldener Hausordnung von 1283 hatte vorgesehen, daß Johanns Vater für den Verzicht auf die donauländischen Fürstentümer durch eine andere Herrschaft oder aber durch eine Geldsumme entschädigt werden sollte. Johann, dessen 1296 gestorbene Mutter eine Schwester Wenzels II. war, dürfte damit gerechnet haben, bei der Übernahme Böhmens durch die Habsburger in irgend einer Weise berücksichtigt zu werden. Albrecht hat aber die des öfteren vorgetragenen Bitten seines Neffen um eine standesgemäße Ausstattung in seiner bekannt unwirschen Weise zurückgewiesen, und so braute sich in der Umgebung des Königs eine Verschwörung zusammen. Johann fand in drei verschuldeten Adeligen die für die Ausführung des Anschlags notwendigen Komplizen. Johann der Meuchelmörder (Parricida) entkam den Häschern und floh nach Italien, wo er vor Heinrich VII. erschienen sein und um Begnadigung gebeten haben soll.
Die Historiker unserer Tage haben über die Politik des zweiten Habsburgers im allgemeinen ein sehr positives Urteil gefällt. Daß Dante den tedesco Alberto ins Purgatorium verbannte, weil er Italien, den Garten des Imperiums, zur Wüste verkommen ließ, wird zwar beiläufig vermerkt, dies aber auch oft nur, um die Realitätsbezogenheit von Albrechts Politik um so kontrastreicher von der angeblich staufisch-idealistischen seines Nachfolgers abheben zu können. Dabei wird allerdings vergessen, daß Albrecht, als ihn die Mörder niederstreckten, auf dem Tiefpunkt seiner Herrschaft angelangt war. Der Versuch, in den Niederlanden ein Reichsterritorium zu etablieren, war gescheitert. Gewiß hatte er in einem beeindruckenden Krieg die rheinischen Kurfürsten zu Paaren getrieben, aber inzwischen waren die Gegner von damals mit Ausnahme des Pfalzgrafen gestorben, und die neuen Erzbischöfe, der Kölner Heinrich von Virneburg (Nov. 1306), der Mainzer Peter von Aspelt (Nov. 1306) und der Trierer Baldewin von Luxemburg (März 1308) waren allesamt Parteigänger Philipps des Schönen; der Mainzer galt als erbitterter Gegner des Königs. In Thüringen und Meißen hatte sich Albrecht nicht durchsetzen können. Friedrich der Freidige hatte nach dem Tode des Bruders (10. XII. 1307) das wettinische Erbe in seiner Hand vereinigt und mußte als ebenbürtiger Gegner des Königs angesehen werden. Böhmen war einstweilen ebenfalls verloren, dazu die Kurstimme und die Ansprüche auf Polen. Im Hinblick auf die Verwaltung des Reichsgutes, dessen Revindikation und Sicherung zu den bedeu-

tendsten Leistungen seines Vaters zählten, läßt sich unter Albrecht ein gewisser Wandel beobachten. Zwar zog er im Jahre 1306 den Grafen von Württemberg zur Rechenschaft, als dieser sein Amt als Landvogt in Niederschwaben zum Ausbau seines Territoriums und zur Veruntreuung der vogteilichen Einkünfte nutzte. Als er dann Anfang 1307 den Württemberger wegen seiner andauernden Oppositionshaltung seines Amtes enthob, gründete Albrecht einen Landfrieden, dessen Behörde sich aus Vertretern der Reichsstädte sowie aus habsburgischen Amtsleuten zusammensetzte und somit eher zur Sicherung der habsburgischen Hausmacht als zur Bewahrung des Reichsgutes geeignet schien. Allerdings endete Albrechts Königtum zu schnell und abrupt, als daß ein sicheres Urteil über diesen Teil seiner Politik möglich wäre.
Mit Sicherheit wird man aber konstatieren können, daß Albrecht durch die Konzentration seines Interesses auf die böhmischen und thüringischen Probleme nicht in der Lage war, dem Reich auf europäischer Ebene den Einfluß zurückzugewinnen, den es unter seinem Vater einmal gehabt hatte; dies aber sollte erhebliche Auswirkungen auch auf die inneren Verhältnisse Deutschlands haben, und zwar bereits noch zu Lebzeiten des Habsburgers. Daß die drei mit Kurstimmen privilegierten Erzbistümer an Parteigänger Philipps des Schönen verliehen worden waren, kam nämlich nicht von ungefähr. Hinzuzurechnen sind übrigens noch die beiden für die althabsburgischen Besitzungen zuständigen Bistümer Konstanz und Basel, die von zwei romanisch-sprachigen Herren übernommen wurden, und zwar von Otto von Grandson und einem aus Autun stammenden Archidiakon von Avallon. Das zum Reich gehörende Bistum Cambrai kam in die Hände des Bruders von Enguerrand von Marigny, einem der wichtigsten Ratgeber des Königs von Frankreich, und Toul wurde vom Bruder des Sciarra Colonna übernommen, eines der Attentäter von Anagni. Albrecht hat nur im Falle des Bischofs von Konstanz die Belehnung mit den Regalien verweigert; die anderen, auch der sich loyal verhaltende Peter von Aspelt, erhielten die Bestätigung des Königs, der entweder das Ausmaß der französischen Einwirkung nicht erkannte oder kein Mittel wußte, mit dem man dieser Gefahr begegnen konnte.
Die bewußt und mit großer Umsicht vorgetragene Offensive des Königs von Frankreich auf die Stühle der wichtigsten Bistümer im Westen des Reiches war möglich geworden, als nach dem Tode Benedikts XI. (7. VII. 1304) und einem ungewöhnlich langen Konklave am 5. VI. 1305 der Gascogner Bertrand de Got mit 10 von 15 Stimmen zum Papst gewählt worden war. Der bisherige Erzbischof des seit 1303 unter englischer Herrschaft stehenden Bordeaux nannte sich Clemens V. Statt in dem von ständigen Adelsfehden

erschütterten Rom zu residieren, zog er es vor, in seiner Heimat umherzureisen. In Avignon hat er sich erst von 1309 an für einige Zeit niedergelassen. Auch wenn Clemens gelegentlich den Wunsch bekundete, an den Sitz seines Bistums zurückzukehren, auch wenn Avignon unter ihm noch nicht zum »babylonischen Gefängnis« des Papsttums geworden ist, daß mit diesem Papst eine neue Epoche der Kirchengeschichte begonnen hatte, dürften bereits die Zeitgenossen geahnt haben. Ein halbes Jahr nach seiner Wahl ernannte er zehn neue Kardinäle, vier Gascogner, fünf andere Franzosen und einen Engländer. Es kann vorweg bemerkt werden, daß von Clemens V. bis Gregor XI. (1378) insgesamt 95 Südfranzosen, 16 Nordfranzosen, 14 Italiener, 2 Engländer, 3 Kastilier und 2 Aragonesen zu Kardinälen erhoben worden sind, aber kein einziger Deutscher. Es kann zwar keine Rede davon sein, daß die Päpste dieser Zeit allesamt und jederzeit willfährige Werkzeuge der Könige Frankreichs gewesen wären; Avignon gehörte übrigens nicht zum Königreich Frankreich, sondern zum Arelat. Indes sorgte das beträchtliche Übergewicht der Franzosen im Kardinalskollegium für einen gleichbleibenden Einfluß des Pariser Hofes. Clemens V. freilich gehörte zu den Päpsten, die sich nur schwer entschließen konnten, einen Wunsch des Königs von Frankreich nicht zu erfüllen.

Im Vertrauen auf die Willfährigkeit dieses Papstes hat Philipp der Schöne noch zu Albrechts Lebzeiten eine der spektakulärsten Aktionen weltlicher Gewalt gegen eine geistliche Institution durchführen lassen: Am 13. X. 1307 wurden alle in Frankreich greifbaren Mitglieder des Templerordens verhaftet. Zwar hatte es über geheime heidnische Kulthandlungen der Ordensritter, über ein Götzenbild namens Baphomet, über Sodomie und anderes mehr allerlei Gerüchte gegeben; die geheimnisvollen Schätze des Ordens, sein immenser Landbesitz mußten nach dem Verlust der letzten Festlandbastionen im Hl. Land (1291) als ein Kapital erscheinen, das man sinnvolleren Aufgaben zuführen könnte, jedoch kam dann die unnachahmliche Verhaftungsaktion der französischen Kronbeamten für alle Welt überraschend. Die mit der Folter erpreßten »Geständnisse« mancher Ritter, darunter auch das des Großmeisters Jacques von Molay, veranlaßten den Papst zunächst, die Festnahme der Templer auch in den anderen Ländern anzuordnen, jedoch wurde diese Verfügung dann im Februar 1308 vorläufig außer Kraft gesetzt. Die endgültige Vernichtung des Ordens erfolgte erst nach Albrechts Tod während Heinrichs VII. Italienzug. Sehr viel weniger Aufsehen als die Aktion gegen den Templerorden haben die bereits erwähnten Besetzungen der westlichen Reichsbistümer mit Parteigängern des Kapetingers erregt. Für die mit der Ermordung Albrechts notwendig gewordene Neuwahl mußten die Veränderungen in Mainz, Köln und Trier indes nicht nur nach Auffassung Philipps des Schönen und seiner Berater von ausschlaggebender Bedeutung sein.

V. Heinrich VII.

Die nach dem plötzlichen Tode Albrechts alsbald einsetzenden Vorbereitungen zur Wahl eines neuen Königs offenbarten dann auch mit unverkennbarer Deutlichkeit, wieweit Philipp IV. mit seinen Bemühungen um die Vermehrung des französischen Einflusses im Nachbarreich mittlerweile gediehen war. Während die Präsentation Philipps III. als Kandidat für die römische Königswürde wohl doch nur ein etwas dilettantisch angelegter Versuch gewesen war, wurde diesmal die Benennung von Philipps des Schönen Bruder, Karl von Valois, mit ebenso großer Umsicht wie diplomatischer Raffinesse vorgetragen. Die drei rheinischen Erzbischöfe waren – wie erwähnt – allesamt Günstlinge des französischen Königs. Alle drei hatten letztlich dem König von Frankreich ihre Erhebung auf den jeweiligen Erzstuhl zu verdanken gehabt. Damit schienen Karl von Valois drei Stimmen schon so gut wie sicher. Aber Philipp wollte nichts dem Zufall überlassen. Seine Boten schwärmten aus, um mit Geld und guten Worten die Wahl seines Bruders sicherzustellen. Außer den sieben Kurfürsten haben die folgenden Fürsten und Herren des römisch-deutschen Reiches Schreiben aus Paris erhalten: die Herzöge von Brabant und Lothringen, die Grafen von Luxemburg, Hennegau, Geldern, Jülich, Leiningen, Virneburg, Sponheim, Looz, Katzenelnbogen, und der Herr von Reifferscheid. Es ist immerhin bemerkenswert, welchen Einfluß auf die Wahl Philipp diesen nicht unmittelbar dem Gremium der Kurfürsten zugehörenden Herren zugetraut hat. Ein Teil von ihnen, nämlich der Herzog von Brabant sowie die Grafen von Hennegau-Holland, Luxemburg, Namur, Jülich und der Herr von Looz – mit Ausnahme des letzteren waren sie alle Vasallen Philipps des Schönen – hatte sich unmittelbar nach Albrechts Ermordung am 11. V. 1308 in Nivelles, unweit von Brüssel, versammelt und sich auf Lebenszeit miteinander verbündet, und zwar mit dem Ziel, einander beizustehen außer gegen ihre Herren, die Könige von Deutschland und Frankreich. Am folgenden Tag vereinbarten die Bündnispartner, daß, falls einer von ihnen zum König gewählt werden sollte, der Betreffende die anderen in ihren Lehen zu bestätigen habe. Diese Vereinbarung sollte wohl vor allem dem Grafen von Hennegau-Holland zugute kommen, dessen Herrschaft von Albrecht ja nicht anerkannt worden war. Den Verbündeten war es sogar gelungen, auch den Rivalen des Hennegauers,

Graf Guido von Flandern, für diese Absprache zu gewinnen, und außerdem hatten sie Kontakte zu den Bischöfen von Lüttich und Utrecht. Die seit dem englisch-französischen Krieg von 1294–97 offen zutage getretenen Bemühungen des Königs von Frankreich, mit nahezu allen Mitteln eine erneute englische Brückenkopfbildung im Nordwesten des römisch-deutschen Reiches zu verhindern, die Art und Weise, wie Philipp mit dem abtrünnigen Grafen von Flandern verfahren war, das brutale Vorgehen des Königs gegen den Templerorden, die unerhörte Behandlung Papst Bonifaz' VIII. – so umstritten dieser auch gewesen sein mochte –, all dies dürfte den an ihre nahezu souveräne Freiheit im römischen Reich gewohnten Herren, Grafen und Fürsten zu denken gegeben haben. Als Kandidaten hatte Philipp ausgerechnet seinen Bruder Karl von Valois vorgesehen, der kurz zuvor Flandern erobert und die beiden Dampierre gefangen nach Paris gebracht hatte. Alle diese Ereignisse scheinen bei den Teilnehmern der Konferenz von Nivelles zu einer bemerkenswerten Renaissance des Reichsgedankens, vielleicht auch schon des Kaisergedankens geführt zu haben. Man wird den Bündnispartnern ferner unterstellen dürfen, daß sie keinen römisch-deutschen König vom Typ des Habsburgers Albrecht haben wollten, der einem von ihnen die Erbfolge in zwei wichtigen Territorien des Nordwestens streitig gemacht hatte, um diese ans Reich zu ziehen. Im Hinblick auf den Habsburger waren die drei geistlichen Kurfürsten mit Sicherheit ganz derselben Meinung; die Kölner und die Mainzer Kirche hatten noch immer an den Folgen von Albrechts triumphalem Sieg der Jahre 1301/02 zu leiden.
Von den drei Erzbischöfen scheint sich nur der Kölner Heinrich von Virneburg zeitweise den Wünschen Philipps des Schönen geneigt erwiesen zu haben. Die größte Enttäuschung hat dem Pariser Hof gewiß der junge Baldewin von Trier bereitet, stammte er doch aus einer Grafendynastie, die seit dem 12. XI. 1294 dem König von Frankreich durch einen ligischen Lehnseid in besonderer Weise verbunden war. Baldewin selbst, wie sein Bruder zum Teil in der französischsprachigen Heimat seiner Mutter Beatrix von Avesnes aufgewachsen, hatte mit 13 Jahren (1298) sein Studium an der Pariser Universität begonnen. Als Erzbischof Diether von Trier, der Bruder Adolfs von Nassau, starb, schien der 22jährige Baldewin dem französischen Hof als der geeignete Kandidat, um den französischen Einfluß unter den wahlberechtigten Fürsten des Reiches in entscheidender Weise zu mehren. Zwar war Baldewin, der schon die Stellung eines Dompropstes in Trier innehatte, vom Domkapitel gewählt worden, aber daß dann Priester- und Bischofsweihe von Papst Clemens V. so schnell (10. bis 11. III. 1308)

vorgenommen wurde, verdankte Baldewin nur dem Einfluß König Philipps. Das hat er in einer französischsprachigen Urkunde auch selbst anerkannt, mit der er dem König und all seinen Nachfolgern Treue und Loyalität gelobte, wobei er allerdings die Verpflichtungen ausnahm, die er der heiligen Kirche zu Rom und dem König von Deutschland (!) schuldete (April 1308).
Nun war Karl von Valois natürlich keineswegs der einzige Kandidat für die römische Königswürde. Schon die Bundesgenossen der Konferenz von Nivelles hatten ja die Frage erörtert, ob nicht einer von ihnen zum König gewählt werden könnte. Aber daneben gab es damals auch noch aussichtsreichere Bewerber. Albrechts Sohn Friedrich war ebenso im Gespräch wie die Markgrafen Otto und Woldemar von Brandenburg, Graf Albrecht von Anhalt, sowie die Pfalzgrafen Rudolf und Ludwig. Die Brandenburger Markgrafen einigten sich am 22. X. mit dem Sachsen-Wittenberger und den beiden Pfalzgrafen darauf, denjenigen der genannten Kandidaten zu wählen, der mehr geistliche Stimmen auf sich vereinigen würde als die anderen. Es mag sein, daß man mit diesem Bündnis einem eigenmächtigen und alleinigen Vorgehen der drei Erzbischöfe etwa zugunsten des französischen Kandidaten einen Riegel vorschieben wollte. Allerdings war damals die Bewerbung Karls von Valois im wesentlichen schon gescheitert. Clemens V. hatte zwar auf Betreiben Philipps IV. ein Schreiben an die Kurfürsten gerichtet, in dem u.a. wegen der schlimmen Lage des Heiligen Landes auf die Wahl eines geeigneten Mannes drängte, aber zur Nennung eines Namens war er offenbar nicht bereit gewesen. Baldewin von Trier hatte in dem Bestreben, seinem Bruder zum Königtum zu verhelfen, die Unterstützung seines Mainzer Amtsbruders Peter von Aspelt gefunden, der aus einer luxemburgischen Ministerialenfamilie stammte. Aus dem Zögern des Papstes, die Pläne Philipps des Schönen offen zu unterstützen, glaubten die beiden mit Recht schließen zu dürfen, daß eine Wahl Karls von Valois in Avignon keineswegs willkommen sein würde: Der französische Druck auf die Kurie in Zusammenhang mit dem Prozeß gegen die Templer und das gewünschte Verfahren gegen Bonifaz VIII, der posthum zum Häretiker erklärt werden sollte, dürften auch den französischen Kardinälen vor Augen geführt haben, daß die geplante Bindung des Imperiums an die Capetingische Dynastie das Papsttum noch gefährlicher bedrohen könne, als dies die Staufer in ihrer Blütezeit je vermocht hatten.
Schon am 20. IX. hat Graf Heinrich von Luxemburg dem Kölner Erzbischof die Versprechungen beurkundet, die er für den Fall seiner einmütigen oder auch zwiespältigen Wahl zum römischen König erfüllen wollte. Was die territorialen und finanziellen Wün-

sche des Kölners anbelangte, so ist Heinrich dabei noch über das hinaus gegangen, was einstmals der Graf von Nassau dem Vorgänger des Virneburgers, Siegfried von Westerburg, hatte versprechen müssen. Die von König Albrecht der Kölner Kirche zugefügten Schäden, die auf 45000 Pfd. kleiner Tourn. beziffert wurden, sollten der Kirche erstattet werden. Alles in allem: der Kölner ließ sich von dem Luxemburger Grafen versprechen, seiner Kirche wieder den Status einzuräumen, den sie zu Beginn der Regierung des Nassauers erreicht hatte, oder besser gesagt: den sie damals angestrebt hatte. In ähnlicher Weise wurde dann am 28. X. dem Mainzer die Erfüllung aller Forderungen versprochen. Die Schäden, die Albrecht hier verursacht hatte, wurden insgesamt mit über 100000 Mark Silber angegeben. Auch sie sollten dem Mainzer erstattet werden, damit dieser dem Reich um so nutzbringender und lieber dienen könne. Heinrichs Bruder wurden die Privilegien der Trierer Kirche in vollem Umfang bestätigt.
Am 27. XI. 1308 kam es zu einer einstimmigen Wahl. Nur König Heinrich von Böhmen, von dem man nicht genau weiß, ob er geladen worden war, ist nicht zugegen gewesen. Dem Papst wurde die Wahl in Form eines Notariatsinstrumentes kundgetan, das einen Wahlbericht Baldewins sowie die vom Pfalzgrafen ausgesprochene Wahlformel enthielt. Clemens wurde aber nicht um die Approbation von Person und Wahl des neuen Königs der Römer gebeten, sondern nur um die alsbaldige Krönung des Königs mit der Kaiserkrone. Dies kann nach den vorausgegangenen Vorgängen um die Anerkennung Albrechts durch Bonifaz VIII. nur als eine Korrektur der unter dem Habsburger verfolgten Politik gegenüber dem Papsttum und als Kritik an dessen weitgehenden Konzessionen gewertet werden. Clemens V. hat dies akzeptiert, er bestätigte die Wahlanzeige schon am 11. I. 1309. Als Baldewin dann im Sommer 1309 eine Gesandtschaft an die Kurie schickte, befanden sich in deren Gepäck nur Urkunden mit dem normalen Sicherheitseid und den üblichen Versprechungen der römischen Könige, nicht aber die Formel von Albrechts römischem Beamteneid. Gleichwohl hat Clemens nicht gezögert, Heinrichs Königtum anzuerkennen (26. VII. 1309) und ihm die Kaiserkrönung am Feste Mariä Lichtmeß (2. II.) des Jahres1312 zu versprechen.
Es mag sein, daß bei der Wahl des Grafen Adolf von Nassau einige der Kurfürsten sich erst gar nicht mit der Frage herumgeschlagen haben, welche Rolle denn der arme Graf von Nassau im Reich spielen sollte, wenn er erst einmal zum König gekrönt sein würde. Wenn Adolf vor seiner Wahl in der Urkunde für den Erzbischof von Köln verkündete, er wolle König werden, um so das Heilige Land befreien zu können, dann war das im Grunde auch das

Eingeständnis politischen Unvermögens. Ein Kreuzzug war nicht nur zu dieser Zeit ein solch schwieriges Unterfangen, daß es mit den bescheidenen Mitteln eines römischen Königs aus dem Hause Nassau schlechterdings nicht zu verwirklichen war. An der Wahl des Luxemburgers waren nun aber mit Peter von Mainz und Baldewin von Trier zwei Fürsten beteiligt, denen man schwerlich Engstirnigkeit und politische Naivität nachsagen könnte. So jung Baldewin damals noch gewesen sein mag, die Wahlanzeige an Clemens V., die von ihm verfaßt worden ist, verrät doch schon den staatsmännischen Genius der späteren Jahrzehnte. Die Hausmacht des Luxemburgers Heinrich wird man wohl etwas höher einschätzen können als die des Nassauers. Aber sie konnte doch bei weitem nicht mit der des Grafen von Habsburg konkurrieren. Zudem grenzte Rudolfs Hausbesitz an das damalige Herz des Reiches, an den Oberrheingraben mit den vielen Reichsstädten. Die Besitzungen Heinrichs aber waren am äußersten Westrand des Reiches gelegen. Sie umfaßten zu Beginn des 14. Jahrhunderts etwas mehr als das heutige Großherzogtum sowie einen Teil der belgischen Provinz gleichen Namens; im Süden hatten die Luxemburger mit Diedenhofen einen Stützpunkt unmittelbar vor der reichen Handelsstadt Metz, im Norden gehörte noch Durbuy zur Hausmacht des neuen Königs. Heinrich hatte sich wie Rudolf von Habsburg vor seiner Wahl als ein ebenso fähiger wie gefürchteter Territorialherr erwiesen; über seine Zollpolitik an der Obermosel wußten die Trierer Bürger manch trauriges Lied zu singen. Als einziger der oberlothringischen Landesfürsten hatte er es verstanden, aus dem englisch-französischen Krieg Nutzen zu ziehen, als es ihm gelang, eine Geldsendung für Eduards I. Bundesgenossen, den Grafen von Bar, abzufangen. Übrigens beherrschte Heinrich die deutsche Sprache nur in sehr unzulänglicher Weise, seine Muttersprache war das Romanische, wie es im Hennegau gesprochen wurde. Wichtigere Urkunden ließ er sich ins Französische übersetzen, um ihren Inhalt in allen Einzelheiten richtig verstehen zu können.

Baldewin von Trier und Peter von Mainz müssen sich darüber im klaren gewesen sein, daß sie mit Heinrich VII. nicht einen König Artus auf den Thron erhoben hatten, der würdevoll einer Tafelrunde präsidieren und im übrigen wohlgefällig dem Treiben der um ihn versammelten Fürstengesellschaft zuschauen würde. Man kann sich nur schwer vorstellen, daß im Zuge der zwischen diesen beiden Kirchenfürsten geführten Gespräche über die künftige Reichspolitik nicht auch Projekte erörtert worden sind, die es dem künftigen König ermöglichen würden, die Ausgangsbasis seiner Macht so zu erweitern, daß er zum einen ein Feld sinnvoller

Herrschaftsausübung finden könnte und zum anderen ihren eigenen Spielraum nicht allzu sehr beschneiden würde. Denn daß die Sphäre der rheinischen Kurfürsten möglichst ungestört von einer auf Ausweitung der territorialen Basis erpichten Königspolitik bleiben sollte, kann angesichts der Wahlversprechungen für die drei rheinischen Erzbischöfe als sicher angenommen werden.

Ebensowenig wie die Macht- und Einflußsphären der rheinischen Kurfürsten können als Ziel möglicher Reichspolitik des neuen Königs die Regionen in Frage gekommen sein, in denen die Luxemburger bislang vergeblich versucht hatten, Fuß zu fassen: der Nordwesten des Reiches. Nach der Schlacht von Worringen (1288), in der die Luxemburger mit verschiedenen Verbündeten gegen Brabant um das Herzogtum Limburg gekämpft und verloren hatten, war Heinrich VII. als Graf von Luxemburg Verbündeter des seit dieser Schlacht mächtigsten Fürsten in Niederlotharingien geworden und hatte Johanns I. von Brabant Schwester Margarete geheiratet. Der erwähnte Vertrag von Nivelles hatte Heinrich verpflichtet, den Besitzstand seiner Bundesgenossen zu garantieren, und er hat sich zeit seines Lebens daran gehalten. Es blieben die seit Adolf von Nassau umstrittenen Fürstentümer Thüringen und Meißen, und hinzu kam jetzt noch das Königreich Böhmen.

Allerdings läßt sich der Erwerb Böhmens durch die Luxemburger nicht mit der Formel umschreiben, Heinrich habe über eine zu schmale territoriale Basis für sein Königtum verfügt und deswegen sofort damit begonnen, eine Hausmacht im Osten zu begründen, ohne welche die Kaiseridee nicht hätte verwirklicht werden können (Leuschner). Diese Erklärung der sich dann als epochales Ereignis erweisenden Übernahme der böhmischen Krone läßt doch eine ganze Reihe von Gegebenheiten außer acht, die ihr entgegenstehen. Das Königtum des noch nicht gekrönten Heinrich von Kärnten konnte zum Zeitpunkt von Heinrichs VII. Wahl trotz seiner Ehe mit Wenzels II. Tochter Anna keineswegs als gesichert gelten. Die Geistlichkeit des Landes stand dem nicht aus der alten Přemyslidenfamilie stammenden Kärntner Herzog ebenso ablehnend gegenüber wie wenig später ein Teil des böhmischen Adels dem Luxemburger Johann. Der erste Kontakt zwischen der böhmischen Opposition und Heinrich VII. ist, soweit wir sehen, erst im August 1309 hergestellt worden, als Abt Konrad von Königsaal mit seinem Kaplan Peter von Zittau, dem wir die Nachricht verdanken, zum Generalkapitel seines Ordens nach Cîteaux reiste. Erst ein knappes Jahr später soll Abt Konrad seinen Prager Gesinnungsfreunden die Absicht des römischen Königs eröffnet haben, Heinrich von Kärnten die Reichslehen Böhmen und Mähren abzuerkennen und einen anderen an seine Stelle zu setzen. Heinrich VII. hatte aber bereits

Anfang Juni 1309, also noch vor der folgenreichen Unterredung mit dem Abt von Königsaal, eine Gesandtschaft an Papst Clemens auf den Weg geschickt, die einen möglichst frühen Termin für die Kaiserkrönung aushandeln sollte. Der Luxemburger hat dann seinen Italienzug angetreten, als es noch keineswegs feststand, daß die Herrschaft Heinrichs von Kärnten in Böhmen so schnell und so vollständig zusammenbrechen würde. Zur Absicherung des Staatsstreichs gegen den Kärntner wollten die Böhmen eine Halbschwester von dessen Gemahlin mit Namen Elisabeth mit dem Sohn des römischen Königs vermählen, und dieser sollte dann die böhmische Krone übernehmen. Die Luxemburger scheinen zunächst erwogen zu haben, Heinrichs jüngeren Bruder Walram als Kandidaten für Ehe und Thron zu benennen, und zwar vielleicht deshalb, weil Johann damals noch nicht einmal 14 Jahre alt war. Aber dann wurde doch – wahrscheinlich auf Drängen der böhmischen Opposition gegen den Kärntner – der Königssohn mit Elisabeth vermählt. Einen Tag später, am 31. VIII. 1310, belehnte Heinrich seinen Sohn, der am 10. VIII. volljährig geworden war, mit Böhmen und Mähren. Bereits vorher war Johann auch mit dem Stammland Luxemburg belehnt worden. Unmittelbar nach der Übertragung Böhmens auf seinen Sohn begab sich Heinrich auf den Weg nach Italien und überließ es Johann, der unter der Obhut des Mainzer Erzbischofs auch als Reichsvikar amtieren sollte, sein Königreich in Besitz zu nehmen. Als Johann am 7. II. 1311 in der Domkirche auf dem Prager Hradschin zum König von Böhmen gekrönt wurde, befand sich Heinrich VII. längst in Mailand und dürfte bedauert haben, daß er einen Teil seiner Truppen für den Zug nach Böhmen hatte abzweigen müssen.

Es verdient demnach hervorgehoben zu werden, daß der Gewinn des Königreichs Böhmen kaum zur Sicherung der materiellen Basis von Heinrichs Romfahrt dienen konnte, sondern diese eher behindert hat. Außerdem scheinen die Luxemburger zunächst daran gedacht zu haben, Böhmen zur Ausstattung einer Sekundogenitur zu verwenden. Auch wenn Heinrichs Sohn Johann zur Zeit seiner Belehnung nur bedingt regierungsfähig war, so konnte doch der römische König nicht gänzlich frei und in seinem Namen über die Mittel der neuen luxemburgischen Territorien verfügen. Auch Heinrichs VII. römisches Königtum war demnach noch nicht das Hausmachtkönigtum, wie es dann sein Enkel Karl IV. bewußt und systematisch verwirklichen sollte. Nicht einmal die Grafschaft Luxemburg blieb unter der nominellen Verfügungsgewalt des Königs, ja er hat sogar die seit den Tagen Rudolfs von seinen Vorgängern verfolgte Absicht, in Thüringen oder Meißen ein neues Reichsterritorium zu gewinnen, aufgegeben, um die Stellung seines

Sohnes in Böhmen konsolidieren zu können: Bereits am 18. XII. hat Johann in seiner Eigenschaft als Reichsvikar mit Friedrich dem Freidigen einen Vertrag geschlossen, der dessen Stellung in Thüringen und Meißen sanktionierte.

Wenn also weder Böhmen noch der mitteldeutsche Raum als territoriale Grundlage für Heinrichs Königtum in Frage kamen, wenn auch die Rheinlande angesichts der Interessen seiner Wähler als Tätigkeitsfeld des römischen Königs ausscheiden mußten, dann wird man die Italienpolitik Heinrichs VII. als den fast letzten Ausweg für eine sinnvolle Königsherrschaft werten müssen. Zwar berichtet eine zeitgenössische Chronik, Peter von Aspelt habe Heinrich von dem Romzug als einem viel zu gefährlichen Abenteuer abgeraten. Man wird aber unter Berücksichtigung der Interessenlage des Mainzers fragen müssen, ob er wirklich diese Warnung ausgesprochen hat. Es mag sein, daß er aufgrund der unverhofft günstigen Entwicklung der böhmischen Angelegenheit den König bewegen wollte, diese vorrangig zu regeln und den Romzug bis zur endgültigen Sicherung der böhmischen Position hintanzustellen. Daß er aber ein prinzipieller Gegner der Italienpolitik gewesen wäre, wird man schon deshalb nicht voraussetzen können, weil er noch im Jahre 1313, als Heinrich VII. kurz vor seinem Tode in eine überaus prekäre Situation geraten war, ein Mainzer Truppenkontingent über die Alpen führen wollte.

In welcher Weise aber konnte Italien dem Luxemburger als Ersatz für die geschwundenen Aussichten auf den mitteldeutschen Raum, auf den Verzicht intensiver Nutzung des Reichsgutes im Bereich der vier rheinischen Kurfürsten dienen? Das Urteil über Heinrichs Romzug wird zu einem nicht unerheblichen Teil von den periodisch wiederkehrenden Geldsorgen des Königs und Kaisers bestimmt. Dazu hat vor allem auch die eindrucksvolle Miniatur im Chartular Baldewins von Trier beigetragen, die einen mit vier Pferden bespannten Wagen zeigt, der Gold und Silber des Herrn von Trier über die Alpen transportiert. Man wird aber damit rechnen können, daß Baldewin dies als eine Investition betrachtet hat, die sich eines Tages mehr als amortisieren würde. Die Städte Italiens galten den Zeitgenossen, besonders den nichtitalienischen, als ungeheuerlich reich; dieses Urteil dürfte im wesentlichen auch zutreffen, insbesondere natürlich dann, wenn man die italienischen Städte mit den damals noch recht bescheidenen Orten vergleicht, über die Heinrich in Deutschland verfügen konnte. Mit Florenz oder Mailand konnten sich zum Zeitpunkt von Heinrichs Italienzug allenfalls Gent oder Brügge messen, und die lagen nicht im Machtbereich des römischen Königs. In Italien aber, in der Lombardei, in Toscana und anderwärts, hatte das Reich Rechte, z.B.

auf die Einsetzung oder aber doch die Bestätigung des jeweiligen Stadtregimentes, man hatte das Recht auf die Friedenswahrung auf dem Lande, und alle diese Rechte ließen sich auch finanziell nutzen. Mit welchem Erfolg bares Geld als politisches Lock- oder Druckmittel eingesetzt werden konnte, hatte der Luxemburger während des englisch-französischen Krieges selbst erfahren können, und er war ganz offenbar entschlossen, die Quellen, auf die er südlich der Alpen einen Anspruch hatte, zu nutzen, um auch auf dem Gebiet von Geld und Kredit mit dem Nachbarn im Westen konkurrenzfähig zu werden. Die fiskalischen Möglichkeiten Italiens mußten für den Luxemburger um so faszinierender gewesen sein, als sich hier bereits das Gold als Währungsmetall für den großen und internationalen Handel durchgesetzt hatte. Nach dem Tod Friedrichs II. hatte zunächst Florenz begonnen, eine Goldmünze zu prägen, die bald allgemein als der (kleine) Floren bekannt wurde. Es war, wie der Zusatz zu erkennen gibt, im Verhältnis zu anderen, später geschlagenen Gulden, eine verhältnismäßig kleine, 3,5 g schwere Münze, deren Wert aber in Relation zu den damals üblichen Silbermünzen als enorm zu bezeichnen ist. Ein fl. sollte durchweg dem Wert von 20 Tournosengroschen (also 1 lb. Tourn.) entsprechen, und auf den Tournosengroschen gingen (1297) 7 Kölner Pfennige. Der Floren war zu Beginn von Heinrichs VII. Regierung in Deutschland noch kaum in Umlauf, das Wort Gulden ist zuerst um 1310 bezeugt, und wir dürfen annehmen, daß Heinrichs Romzug das Ereignis war, das zum ersten Mal Goldmünzen in größerer Anzahl nach Deutschland hat fließen lassen. Mit welchen Summen Heinrich VII. in Italien rechnen durfte, dokumentiert z.B. ein am 8. II. 1311 in Mailand ausgestelltes Notariatsinstrument, in dem u.a. die vierteljährlich an Heinrichs Generalvikar, den Grafen von Savoyen, zu entrichtende Steuer von ca. 50 lombardischen Städten verzeichnet wurde. Aufs Jahr umgerechnet sollten da knapp 300000 fl. zusammenkommen; Genua allein hätte 40000, Mailand 29760 fl. per annum aufbringen müssen, jede von ihnen allein also mehr als die normale Jahressteuer der deutschen Reichsstädte damals eingebracht hat. Bei der Summe von ca. 300000 fl. handelte es sich wohlgemerkt nicht um die an den König bzw. Kaiser zu entrichtende Abgabe, und die Städte der Toscana mit Florenz waren noch nicht einmal in den Berechnungen berücksichtigt worden.

Bei den Steuerplänen und -hoffnungen hat es Heinrich indes nicht bewenden lassen. Unter dem Luxemburger hat die Kammer, die unter seinen Vorgängern gewiß existiert hatte, deren Tätigkeit aber wegen des Mangels an einschlägigen Quellen kaum erkennbar wird, eine beträchtliche Ausweitung ihrer Tätigkeit erfahren. Zwar

mag diese Feststellung u.a. auch darauf beruhen, daß Heinrichs Archiv nach seinem plötzlichen Tod von den zuständigen Kanzleibeamten im Stich gelassen wurde und in Italien zurückgeblieben ist, somit dem Schicksal entging, dem bis in die Tage Ruprechts bzw. Siegmunds fast alle Archivalien der römisch-deutschen Könige verfallen sind, nämlich in alle Winde zerstreut zu werden. Aber, daß Heinrichs VII. Kammer eine vielfältigere Tätigkeit ausgeübt hat, daß seine fünf nachweisbaren Kammernotare einen bis dahin ungewohnten Einfluß auch auf die Kanzlei gewonnen haben, kann als gesichert gelten. Vier dieser Kammernotare waren übrigens Italiener, einer stammte aus den Diensten von Heinrichs Vetter Theobald von Bar, Bischof von Lüttich, war also wohl ebenfalls kein Deutscher. Alle fünf Kammernotare haben sich hauptsächlich mit italienischen Angelegenheiten befaßt. Man sieht, daß auch das römisch-deutsche Königtum durchaus in der Lage war, sozusagen aus dem Stand heraus eine offenbar nach kurialem und französischem Vorbild orientierte Finanzbehörde aufzubauen, vorausgesetzt, daß es etwas zu verwalten gab. Aber die Blüte der königlichen Kammer im römisch-deutschen Reich blieb Episode; für die Zeit Ludwigs des Bayern und selbst Karls IV. müssen wir uns wieder mit den schon vorher üblichen sporadischen Quellensprengseln aus dem Bereich der Kammertätigkeit begnügen.
Schon diese wenigen seit langem bekannten Einzelheiten aus dem Bereich von Heinrichs italienischer Finanzverwaltung hätten eigentlich ausreichen sollen, um das in der älteren deutschen Historiographie gezeichnete Bild Heinrichs VII. als eines politischen Schwärmers in Frage zu stellen. Auch seine voraufgegangene Tätigkeit als Territorialherr und seine wenig von Skrupeln beeinträchtigte Politik während des Krieges zwischen Frankreich und der deutsch-englischen Allianz lassen daran zweifeln, daß der Luxemburger als ein realitätsfremder Romantiker nach Italien gezogen sei, um dort eine längst vergangene Kaiserherrlichkeit wiederzubeleben. Natürlich waren bei dem Italienzug auch Prestigegründe im Spiel. Die Empfindlichkeit, mit der Heinrich und Philipp IV. nach der Kaiserkrönung auf die Proklamationen des jeweils anderen reagierten, lassen jedenfalls vermuten, daß Heinrich eine gewisse Genugtuung darüber empfunden hat, als er seinem ehemaligen Lehnsherrn jetzt als dem Rang nach überlegener Herrscher entgegentreten konnte, und Philipp scheint durch dieses Verhalten seines ligischen Lehnsmanns vom Jahre 1294 tief gekränkt gewesen zu sein. Jedenfalls kann man aus diesem Verhalten der beiden Herrscher den Schluß ziehen, daß nicht wechselseitige Sympathie, sondern rauhe politische Notwendigkeit sie seinerzeit zusammengeführt hatte. Aber ausschlaggebend ist Prestigesucht für den

Romzug des Luxemburgers gewiß nicht gewesen. Neben den finanziellen Motiven dürften vor allem verfassungsrechtliche Überlegungen zu dem Entschluß geführt haben, nach Italien zu ziehen und sich in Rom zum Kaiser krönen zu lassen. In einer Denkschrift vom November 1310 heißt es: »Obwohl kluge Leute wissen, daß der römische König, sobald er gewählt und vom Papst approbiert ist, die Verwaltung des Reiches (imperium) innehat, ganz so, als wenn er schon (zum Kaiser) gekrönt wäre, so gibt es doch gewisse andere Leute, die Schaden und bei den Einfältigen Verwirrung stiften, indem sie behaupten, ihm (dem König) brauche man nicht zu gehorchen, ehe er nicht (zum Kaiser) gekrönt sei. Und aus dieser Bosheit können dann viele Rebellionen zum Schaden der Sache des Reiches entstehen.« Heinrich hat mit diesen Worten, aber auch mit dem Plan zum Romzug jenen Theorien die Spitze brechen wollen, die im Arelat und in Italien weit verbreitet waren, jetzt aber auch ins ehemalige Lothar-Reich einzudringen begannen. Am Hofe Heinrichs hatte sich nach seiner Wahl eine ganze Reihe von Herren und Fürsten aus den von dieser Theorie betroffenen Regionen eingefunden: der Graf von Savoyen, der Dauphin von Vienne, Graf Johann von Saarbrücken, zugleich Herr des an der Maas gelegenen Commercy, außerdem die Grafen aus dem niederlothringischen Raum, die während des englisch-französischen Krieges und seiner Folgen in besonderem Maße das Fehlen einer kaiserlichen Autorität gespürt haben mußten. Heinrichs Hofgesellschaft ähnelt in ihrer Zusammensetzung in erstaunlichem Ausmaß derjenigen der späteren Herzöge von Burgund. In den Augen dieser lotharingischen Fürsten und Herren, die den Luxemburger z.T. auf dem Italienzug begleitet haben, dürfte das Streben nach der Kaiserkrone kaum als politischer Anachronismus erschienen sein, sondern als schiere Notwendigkeit zur Eindämmung des französischen Hegemoniestrebens. Dieses bekundete sich damals insbesondere auch im Bereich der Kirchenpolitik, und so dürfte die Hoffnung, durch den Romzug dem wenig standfesten Papst einen plausiblen Vorwand für die Rückkehr nach Rom zu liefern, ebenfalls zu den Motiven von Heinrichs Italienpolitik gezählt haben.
Allerdings ist diese Hoffnung wohl die erste gewesen, die der König und seine Anhänger begraben mußten, denn schon in der erwähnten Denkschrift vom November 1310 wurde vorausgesetzt, daß eine möglichst bald stattfindende Krönung nur von einem Vertreter des Papstes vorgenommen werden könnte. Im übrigen mußte die angestrebte Kaiserwürde aber auch für den deutschen Teil des Reiches von erheblichem Nutzen sein, denn zum einen wäre es dem Luxemburger möglich geworden, noch zu seinen Lebzeiten den Nachfolger zu wählen, wie dies Rudolf von Habsburg ja

immer erstrebt, aber nie erreicht hatte; zum zweiten wären die Kurfürsten nach seiner Kaiserkrönung kaum in der Lage gewesen, mit dem Luxemburger in der Weise umzuspringen, wie sie es kurz zuvor mit Adolf von Nassau getan hatten.

Die Informationen, über die Heinrich vor Beginn des Romzuges verfügte, stammten zu einem erheblichen Teil von Leuten, die aus ihrer jeweiligen Heimatstadt vertrieben worden waren, nachdem ihre Partei der gegnerischen unterlegen war. Man wird voraussetzen können, daß Heinrich die Einseitigkeit jener ihm aus Italien zugehenden Nachrichten durchschaut hat und daß er von vornherein beabsichtigte, sich nicht in die innerstädtischen Querelen hineinziehen zu lassen. Er wollte über den Parteien stehen, über den weißen oder den schwarzen Guelfen, über den Ghibellinen; die alten, aus der spätstaufischen Zeit stammenden Parteinahmen waren mittlerweile zu Bezeichnungen von Gruppierungen höchst unterschiedlicher Ausrichtung geworden; aber Heinrichs Absicht, nach Italien zu ziehen, erfüllte sie auf einmal wieder mit den alten Inhalten. Nach dem Urteil eines dem Luxemburger durchaus nicht abgeneigten Chronisten war Heinrich ein Mann von einem etwas einfachen Gemüt, der aller Welt den Frieden bringen wollte.

Die von den della Torre aus Mailand vertriebenen Visconti hatten dem Luxemburger für ihre Rückführung in die Heimatstadt 60000 fl. versprochen. Als dann in Mailand darüber beraten wurde, wieviel man dem König bei Gelegenheit der Krönung mit der Lombardenkrone als Geschenk überreichen solle, wurde zunächst ein Vorschlag in Höhe von 50000 fl. gemacht. Als der mit Heinrich nach Mailand zurückgekehrte Matteo Visconti daran erinnerte, daß auch der Königin ein Geschenk offeriert werden müsse und 10000 fl. als angemessenes Präsent empfahl, sprang der bis zu Heinrichs Erscheinen absolute Herr der Stadt, Guido della Torre, auf und rief in gut gespielter Empörung, dies sei für eine so mächtige und reiche Stadt doch allzu schäbig, und forderte die Versammlung auf, die runde Summe von 100000 fl. zu bewilligen. Die Mailänder haben sich dann zwar bemüht, diesen Antrag unter den Tisch fallen zu lassen, aber Gesandte des Königs, die bei den Verhandlungen anwesend waren, berichteten den Vorfall ihrem Herrn, und Heinrich soll dann auf der Zahlung des höchsten Angebots bestanden haben. Selbst wenn diese schöne Geschichte nicht ganz den tatsächlichen Vorgängen entsprechen sollte, so kennzeichnet sie doch die politische Szenerie, in der Heinrich sich in Italien zurechtfinden mußte. In der von dem wechselseitigen Haß der della Torre und der Visconti vergifteten Atmosphäre Mailands blieb dem mit den Verhältnissen zu wenig vertrauten und militärisch zu schwachen Friedensstifter die Erfahrung nicht erspart, die vor ihm und nach ihm viele andere in den Städten Italiens haben machen müssen. Den genauen Hergang der großen Mailänder Revolte vom 12. II. 1311 wird man wohl nie mehr ermitteln können. Vermutlich haben die Visconti die della Torre durch ein Bündnisangebot in eine Falle gelockt. Jedenfalls haben die Leute Matteos den Truppen Heinrichs VII. geholfen, einen Aufstand der della Torre niederzuschlagen, obwohl deren Anhänger zunächst mit der Parole durch die Straßen gelaufen waren: »Tod den Deutschen, Frieden zwischen dem Herrn Guido und dem Herrn Matteo.« Dem Anführer der Guelfen-Partei gelang die Flucht. Heinrich hat damals nicht sogleich den Fehler begangen, den ihm seine Feinde alsbald vorrechneten und den er letztlich dann doch nicht hat vermeiden können. Er wurde damals noch nicht sofort, wie Guido della Torre aufmerksamen Zuhörern in Cremona, Bologna und schließlich in Florenz versicherte, zum Oberhaupt der kirchenfeindlichen Ghibellinen-Partei, sondern versuchte weiterhin eine neutrale Haltung zu wahren; Matteo Visconti wurde nach Asti und dann nach Treviso verbannt.

Heinrichs Chancen, sich in Italien doch noch durchzusetzen, waren damals noch nicht vertan. Er verfügte noch über ein intaktes Heer, in dem die nordalpinen Kräfte mit etwa 5000 Mann den harten Kern bildeten, und sein Ruf als Friedensstifter war allenfalls durch die Propaganda der geflohenen Mailänder, aber noch nicht durch tatsächliche Ungerechtigkeiten in Frage gestellt worden. Aber dann beging er den Fehler, anstatt geradewegs nach Rom zu ziehen, zunächst einmal Cremona, wo der della Torre vorübergehend Aufnahme gefunden hatte, zu belagern und anschließend das ebenfalls aufrührerische Brescia zu bestrafen. Als er am 5. IX. 1311 das eroberte Brescia verließ, verfügte er nur noch etwa über ein Viertel seines ehemals ansehnlichen Heeres; der Rest war einer Seuche erlegen oder davongelaufen. Heinrichs Bruder Walram war gefallen, Margarete von Brabant, seine Gemahlin, die mehrfach besänftigend auf Heinrich einzuwirken versucht hatte, trug damals bereits den Keim der Krankheit in sich, der sie am 14. XII. in Genua erlegen ist. Herzog Leopold von Österreich, der wichtigste Bundesgenosse des Luxemburgers, betrachtete seine Aufgabe offenbar als bereits erfüllt und zog mit dem Rest seiner Leute nach Hause. Heinrich hat die Bewohner von Cremona, vor allem aber die von Brescia für ihren Widerstand teuer bezahlen lassen. Den capitano del popolo von Brescia, der bei einem Ausfall verwundet in seine Gefangenschaft geraten war, ließ er in ausgesucht grausamer und entehrender Weise hinrichten, woraufhin die in der Stadt befindlichen Gefangenen des königlichen Heeres auf den Mauern der Stadt gehängt wurden. Zu den Strafen, die beide Städte hinnehmen mußten, gehörten die Schleifung der Stadtbefestigungen, die Kassierung ihrer Privilegien, der Verlust des contado, des städtischen Umlandes, sowie Geldbußen von 100000 fl. (Cremona) bzw. 70000 fl. (Brescia).

Das Fatale an Heinrichs sehr bewußt angeordneten Terrormaßnahmen war, daß sie von einem militärisch im Grunde bereits geschlagenen Mann ausgingen. Seinen Gegnern spielte er damit nur die Beweise für die barbarische Gesinnung der Teutonen in die Hände. Der Norden Italiens war zwar einigermaßen gesichert, aber dafür war dem König nunmehr der Landweg nach Rom versperrt; Florenz, die Hochburg des Guelfentums, hatte bereits während Heinrichs Aufenthalt in Mailand begonnen, von diesem als dem König von Deutschland zu sprechen, verweigerte also dem mit Zustimmung des Papstes nach Italien gekommenen König der Römer die Anerkennung. Die finanziellen Forderungen des Luxemburgers, dessen Bemühungen, mit Hilfe von ihm eingesetzter Vikare die Verwaltung Italiens wirksam in die Hand zu bekommen, die Furcht vor einem Verlust der Herrschaft über das Florentiner Contado, ließen eine tatkräftige toscanische Fronde entstehen. Nur Pisa, Rivalin von Florenz an der Mündung des Arno, beteiligte sich nicht an dem Komplott und wurde dann zu Heinrichs wichtigstem Stützpunkt.

Die Diskrepanz zwischen Anspruch und Wirklichkeit von Heinrichs Herrschaft über Italien begann in der Folge immer deutlicher sichtbar zu werden. Die 70 Geiseln beispielsweise, die Brescia für künftiges Wohlverhalten hatte stellen müssen und Heinrichs Heer begleiteten, gingen einfach nach Hause, ohne daß dies irgendwelche Konsequenzen gehabt hätte. In Genua wurden die Florentiner als Söhne und Erben Lucifers in die Reichsacht getan, der Stadt alle Gerichts- und Verwaltungsrechte aberkannt, alle Besitzungen Florentiner Bürger außerhalb der Stadt galten als dem Reich heimgefallen usw. Aber all das hinderte die Kaufleute und Bankiers von Florenz nicht daran, schon kurze Zeit nach des Königs Abreise in Genua wieder ihren Geschäften nachzugehen. Allerdings hatte die Stadt am Arno die ihr drohende Gefahr durchaus ernst genommen, zumal sie befürchten mußte, daß einige der kleineren Gemeinden in ihrer Umgebung die Chance nützen würden, um sich dem florentinischen Joch zu entziehen. Große Hoffnungen setzte man auf König Robert von Neapel, den Enkel Karls von Anjou. Robert hatte seine vom Reich lehnsrührigen Grafschaften Provence und Forcalquier verlassen, als Heinrich die Alpen überquerte, und war über Piemont nach Süden geeilt. Am 12. VIII. 1310 wurde er von Papst Clemens V. mit dem Rektorat über die Romagna betraut. In Florenz wurde er am 30. IX. begeistert empfangen, auf die Häuser der Guelfen hatte man sein Porträt gemalt. Allerdings ließ Robert sich nicht verleiten, den Erwartungen seiner Gastgeber zu entsprechen und die Führung der sich neu formierenden guelfischen Partei zu übernehmen. Heinrich kam ja im Einvernehmen mit Clemens V., und den wollte der Anjou nicht ohne Not brüskieren. Clemens wußte natürlich, daß es zwischen dem römischen König und dem von Neapel sehr leicht zu Konflikten kommen konnte. Der seit den Tagen Karls I. von Anjou in Reichsitalien verbreitete Einfluß dieser Dynastie war auch nach der Sizilischen Vesper noch sehr beträchtlich, und die von Heinrich beabsichtigte Revindikation der Reichsrechte mußte nahezu notwendigerweise eine Minderung der Ansprüche des Hauses Anjou zur Folge haben. Hinzu kam, daß Robert spätestens nach der Kaiserkrönung Heinrichs gehalten gewesen wäre, dem Luxemburger Lehnseid und Mannschaft für die erwähnten Grafschaften Provence, Forcalquier und Piemont zu leisten. Der Kardinal Jacob Stefaneschi, ein Italiener, der wegen der Verunglimpfung Bonifaz' VIII. und seines Andenkens durch Philipp IV. mit dem König von Frankreich haderte und von einer Allianz zwischen dem Anjou und dem römischen König eine Eindämmung des französischen Einflusses auf die Kurie erhoffte, hatte einen Ehebund zwischen Luxemburg und Anjou vorgeschlagen. Karl von Kalabrien, ein Sohn Roberts, sollte Beatrix, eine Tochter Heinrichs, heiraten und diese das Arelat als Mitgift erhalten. Dieser Plan wurde von Clemens aufgegriffen und am 8. XI. 1310 dem Luxemburger offiziell unterbreitet. Heinrich ist auch darauf eingegangen, seine Tochter ist sogar schon an die Kurie abgereist. Als er dann aber nach Italien kam, scheint sein Mißtrauen gegen den Anjou schon bald geweckt worden zu sein. Allenthalben stieß er auf Beispiele des mächtigen Einflusses, dessen sich Robert in den nördlichen Regionen Italiens noch immer erfreuen konnte. Die Mailänder Revolte, die Schwierigkeiten, die sich dann auftürmten, schienen sich nicht allein aus den örtlichen Gegebenheiten erklären zu lassen. Heinrich verdächtigte zunächst vor allem den König von Frankreich, als Drahtzieher dieser Querelen zu wirken, und Clemens V. sah sich schon Ende März/Anfang April 1311 veranlaßt, einen Brief an Heinrich zu schreiben, in dem er energisch bestritt, von irgendwelchen dem Luxemburger feindlichen Reden des Königs von Frankreich gehört zu haben. König Robert legte inzwischen eine eher abwartende Haltung an den Tag, so daß die Florentiner schon der Meinung waren, er habe sich mit Heinrichs Maßnahmen in Reichsitalien abgefunden. Tatsächlich wurden während der Wintermonate, als der König in Genua weilte, die Verhandlungen über die beabsichtigte Ehe zwischen Beatrix und dem Sohn des Anjou weitergeführt, wobei sich die

Frage, in welcher Form die von Heinrich geforderte Lehnshuldigung des Königs von Neapel erfolgen sollte, als letztlich unlösbares Problem erwies. Der Luxemburger beharrte auf der persönlichen Präsenz des Anjou bei der Kaiserkrönung und der daran anschließenden Huldigung. Das konnte Clemens V. schon deshalb nicht für richtig halten, weil Robert für das Königreich Neapel mit Sizilien sein ligischer Lehnsmann war. Am 8. I. 1312 beschwor er daher den Luxemburger, auf seine allzu weit gehenden Forderungen zu verzichten und sich mit einer Mannschaftsleistung durch Beauftragte Roberts zu begnügen. Als das Schreiben des Papstes den Luxemburger erreichte, war das Mißtrauen gegen den Anjou freilich durch neue Nachrichten weiter vertieft worden. Im Dezember war Roberts Bruder, Herzog Johann von Gravina, mit Truppen in Rom erschienen und begann, mit reichen Geldgeschenken den römischen Adel für sich zu gewinnen. Strategisch wichtige Punkte der Stadt, darunter die Engelsburg und die Mulvische Brücke, wurden von seinen Leuten besetzt. Es war offenkundig, daß diese Truppen nicht zum ehrenvollen Empfang des kommenden Kaisers in der Ewigen Stadt erschienen waren. Obwohl bei Eintreffen der Nachrichten aus Rom die angiovinischen Gesandten, die mit Heinrich VII. über die Ehe zwischen Beatrix und dem Sohn Roberts verhandelten, aus Furcht vor Repressalien sofort den königlichen Hof verlassen hatten, vermieden es die beiden Könige zunächst noch, das faktische Zerwürfnis einzugestehen und offen gegeneinander vorzugehen. Heinrich beschwerte sich allerdings bei Papst Clemens, und dieser hat dann Briefe an den Herzog von Gravina schreiben lassen, in denen dieser aufgefordert wurde, die Ewige Stadt zu verlassen. Jedoch wurden diese Briefe zwar noch gesiegelt, aber nie abgeschickt; denn am 28. III. 1312 erschienen drei Mitglieder des französischen Königshauses – Philipp IV. selbst war erkrankt – und bestanden darauf, daß Clemens die Briefe, von denen man in Paris erfahren hatte, zurückhielt. Der Papst gehorchte. Damit war im Grunde schon der weitere Verlauf von Heinrichs Romzug vorausbestimmt.

Der Luxemburger mußte den Einzug in die Stadt mit Waffengewalt erzwingen; Bogenschützen des Anjou beschossen die Truppen Heinrichs, als diese am 7. V. 1305 die Mulvische Brücke überquerten, den Weg nach St. Peter vermochten Heinrichs Ritter nicht freizukämpfen. Indes wurden die Verhandlungen mit dem Anjou wieder aufgenommen, selbst mit dem Herzog von Gravina glaubte Heinrich noch reden zu sollen. Zwei Wochen nach dem Einzug in Rom unterbreitete Robert dem römischen König einen Vertragsentwurf, der u. a. vorsah, daß Roberts Sohn Karl nach seiner Hochzeit mit Beatrix zum Vikar der zum römischen Reich zählenden Toscana ernannt würde, während in der Lombardei ein dem Anjou genehmer Vikar Heinrichs eingesetzt werden sollte. In den toscanischen Städten sollten die Behörden in der bisher gewohnten Weise gewählt werden, das heißt, es sollte alles bei dem für den Anjou günstigen Zustand bleiben. Heinrich, so sah es der neapolitanische Entwurf vor, hatte vier Tage nach seiner Krönung Rom zu verlassen und so schnell wie möglich in die Länder seines Rechtes, d.h. in die Lombardei zurückzukehren. Die Unterlagen der Verhandlungen mit dem Luxemburger fielen in die Hände der Florentiner und lösten in der Stadt am Arno Bestürzung und Empörung aus, hatte doch Robert selbst die Bürger im Widerstand gegen den König von Deutschland bestärkt. Daß Robert noch immer zu verhandeln suchte und nur einen Stellvertreterkrieg durch den Herzog von Gravina führen ließ, der offenbar nur dazu bestimmt war, die Guelfen in der Toscana zu beschwichtigen, hatte nun eine ganze Reihe von Gründen. Heinrich besaß noch immer die Unterstützung Clemens' V., außerdem aber mußte Robert befürchten, daß der Luxemburger sich mit seinem Todfeind, Friedrich von Aragon, König von Trinacria-Sizilien, in Verbindung setzen würde. Gesandte Friedrichs waren schon im Winter 1311/12 in Genua erschienen und hatten dem Luxemburger eine Eheallianz angeboten. Heinrich hatte damals abwinken müssen: seine Tochter Beatrix sei schon anderweitig verlobt, und bis zum Abschluß eines Vertrages mit dem Anjou wolle er nicht mit dem König von Trinacria verhandeln. Das Erscheinen der sizilischen Gesandten am Hof Heinrichs VII. war natürlich nicht zu verheimlichen gewesen. Zu der Bedrohung von außen kam in enger Wechselwirkung dazu eine solche aus dem Inneren des Königreiches Neapel. Ein offener Krieg mit dem Luxemburger, zumal wenn dieser bereits zum Kaiser gekrönt sein würde, konnte unliebsame Erinnerungen an die Staufer wecken, denn unter der Bevölkerung des Königreichs muß es nach aragonesischen Spionageberichten weite Kreise gegeben haben, die mit der angiovinischen Herrschaft unzufrieden waren.

In Rom änderte sich inzwischen nichts an der Bürgerkriegssituation. Am 26. V. 1312 kam es zu einem der heftigsten Gefechte, die das mittelalterliche Rom je innerhalb seiner Mauern gesehen hat; es endete mit einer Niederlage Heinrichs. In Florenz trug man im Triumph erbeutete Fahnen des römischen Königs und des Grafen von Flandern durch die Straßen. Die von Clemens V. entsandten Kardinäle, die sich weigerten, Heinrichs Krönung in einer anderen Kirche als dem Petersdom zu veranstalten, wurden schließlich durch die über die ständigen Kämpfe erbosten Römer genötigt, mit St. Johann im Lateran vorlieb zu nehmen. Am 29. VI. 1312 konnte nach 92 Jahren zum ersten Mal wieder ein römischer König zum

Kaiser gekrönt werden. Die anschließenden Feierlichkeiten allerdings wurden durch Bogenschützen der Guelfen in empfindlicher Weise beeinträchtigt.
In den Schreiben, mit denen der Luxemburger aller Welt seine neue Würde und einzigartige Machtstellung verkündete, waren einige Sätze enthalten, die Philipp der Schöne als eine Minderung der Souveränität seines Reiches verstand. Er schickte dem neuen Kaiser umgehend ein Antwortschreiben, in dem er nach einem ebenso knappen wie frostigen Glückwunsch des langen und breiten ausführte, daß das Reich der Franken seit Christi Zeit nur seinen König und den König der Könige, nämlich Jesus Christus, zum Herrn habe; es erkenne keinen weltlichen superior an, welchen Kaiser es auch immer gerade gäbe. Philipp beschwerte sich dann noch darüber, daß der Kaiser den Bürgern von Lyon die Krönung angezeigt und dabei diese als seine Getreuen und Untertanen bezeichnet habe. Diese Stadt gehöre bekanntlich seit jeher zum Königreich Frankreich und wurde diesem mit Gottes Hilfe auch immer zugehören; dies, obwohl er die Stadt erst 1292 als Bestandteil seines Reiches hatte in Anspruch nehmen können.
Im Grunde hätte Philipp auf die Manifeste seines einstigen ligischen Lehnsmannes mit größerer Gelassenheit reagieren können, denn daß nicht der Kaiser, sondern der König von Frankreich der maßgebliche Herrscher im Kräftespiel der abendländischen Christenheit war, dürfte den meisten Zeitgenossen kaum verborgen geblieben sein. Noch vor Heinrichs Wahl hatte Papst Clemens V. im Einvernehmen mit Philipp ein allgemeines Konzil nach Vienne einberufen. Zwar gehörte die Stadt, wie einstmals auch Lyon, zum Arelat, also zum Herrschaftsbereich des Kaisers, aber das wichtigste Thema des Konzils war vom französischen König vorgegeben worden: die definitive Vernichtung des Templerordens. Außerdem wollte man allerdings auch noch über die Zurückeroberung des Hl. Landes und die Reform der Sitten und der Freiheiten der Kirche beraten. Als das Konzil am 16. X. 1311 eröffnet wurde, befand sich Heinrich VII. auf dem Wege nach Genua, während Florenz ihm den Landweg nach Rom zu versperren suchte. Die 20 Kardinäle, 4 Patriarchen, 29 Erzbischöfe, 79 Bischöfe und 38 Äbte, die sich in Vienne versammelt hatten, berieten zwar auch die Frage der kirchlichen Immunität gegenüber weltlichen Steuerforderungen sowie andere Probleme, die im 15. Jahrhundert die Tagesordnungen der Konzilien füllen sollten, aber das zentrale Thema blieb die Aufhebung des Templerordens, die den Plänen für einen neuen Kreuzzug natürlich diametral zuwiderlief. Das Problem wurde durchweg gar nicht von den Konzilsvätern behandelt, sondern in Geheimverhandlungen zwischen der Kurie und einer französischen Gesandt-

schaft unter Philipps Kämmerer Enguerrand von Marigny. Am 20. III. 1312 erschien der König selbst am Konzilsort, zwei Tage später war das Ziel erreicht. Am 3. IV., noch vor Heinrichs Kaiserkrönung, wurde das päpstliche Dekret vor den Konzilsteilnehmern verkündet, das die Aktion Philipps des Schönen nachträglich legalisierte und die Beschlagnahme des Templervermögens auch außerhalb Frankreichs zur Folge hatte. Am 18. III. 1313 schließlich wurde der zunächst zu einer lebenslangen Kerkerhaft begnadigte Großmeister des Ordens zusammen mit dem Großpräzeptor der Normandie in Paris öffentlich verbrannt, nachdem die beiden zur Überraschung der Zuschauer ihre »Geständnisse« widerrufen hatten.
Als der Konflikt zwischen Heinrich VII. und Robert von Neapel sich kurz vor der Kaiserkrönung zuzuspitzen begann, hatte Clemens die beiden Kontrahenten aufgefordert, einen einjährigen Waffenstillstand zu wahren. Der Luxemburger wurde zusätzlich verpflichtet, Rom noch am Tage der Krönung zu verlassen und bei der Rückkehr die Gebiete der Kirche zu umgehen. Der Kaiser war nun aber nicht mehr gewillt, den schönen Schein aufrechtzuerhalten. Am 1. VIII. ließ er Clemens wissen, daß er den geforderten Waffenstillstand nicht gewähren könne; nicht er habe schließlich den Krieg eröffnet, vielmehr hätten König Robert und sein Bruder Johann das Reich angegriffen und ihm, dem künftigen Kaiser, den Zugang zu St. Peter verwehrt. Am 5. VIII. protestierte Heinrich in feierlicher Form gegen die im Brief Clemens V. geäußerte Ansicht, der Kaiser sei dem Papst durch einen Treueid verpflichtet. Heinrich ließ es aber nicht bei solchen Protesten bewenden, denn schon am 4. VII. schloß er ein Bündnis mit Roberts Feind Friedrich von Trinacria. Die Allianz schloß aus den beiderseitigen Verpflichtungen nur den Papst und die römische Kirche aus. Der Kaiser hoffte, von Friedrich vor allem militärische Unterstützung zur See zu gewinnen; er ernannte ihn zum Reichsadmiral, unterstellte ihm außer Genua und Pisa auch Venedig, das gar nicht zum Reich gehörte. Der König von Trinacria versprach dem Kaiser, dafür die enorme Summe von 100000 fl. zu zahlen und außerdem noch einmal 50000 fl. per annum für die Dauer des gegenwärtigen Krieges. Aber diese Zusage konnte dem Kaiser über seine gegenwärtigen Schwierigkeiten nicht hinweghelfen. Als er am 20. VIII. 1312 Rom verließ, traf Florenz die letzten Vorbereitungen zur Verteidigung. In der Stadt wurden an die 4000 Ritter sowie 60000 Krieger zu Fuß zusammengezogen. Heinrich hatte dieser Besatzung nur 2000 Ritter, davon nur noch 1000 von jenseits der Alpen, sowie 15000 Mann zu Fuß entgegenzustellen. Sein Heer war nicht einmal in der Lage, das Areal der ummauerten Großstadt zu

umzingeln. Noch bevor die Belagerung aufgenommen wurde, hatte Heinrich am 12. IX. in Arezzo König Robert von Neapel offiziell aufgefordert, sich binnen dreier Monate wegen der gegen ihn erhobenen Anklagen zu rechtfertigen. Diese umfaßten im wesentlichen den Vorwurf der Konspiration mit den rebellischen Städten in Lombardei und Toscana, den Versuch, die Kaiserkrönung zu verhindern usw. Von der Weigerung Roberts, Lehnseid und Mannschaft für sein Reichslehen zu leisten, war in der Ladung nicht die Rede. Robert sollte wegen des crimen laese maiestatis, und zwar der kaiserlichen Majestät, verurteilt werden. Ein auf die lehnrechtlichen Versäumnisse zielendes Verfahren wäre gewiß ebenfalls möglich, vielleicht sinnvoller gewesen, aber in diesem Fall hätte Robert auf einem Gericht von Standesgenossen bestehen können, und dem Luxemburger ging es in diesem Fall wohl auch ums Prinzip, d.h. er wollte seine Stellung als Kaiser und Herr der Welt unter Beweis stellen. Daß der Kaiser als Person Herr der Welt sei, daß ihm ein Ehrenvorrang vor den Königen dieser Welt zustehe, haben die meisten Zeitgenossen Heinrichs VII. nur mit der Einschränkung gelten lassen wollen, daß ihm diese Position keinesfalls eine tatsächliche Macht, Jurisdiktion oder Zwangsgewalt außerhalb des Bezirks der drei regna einräume. Diese Ansicht hatte Heinrich insofern respektiert, als er mit der Eröffnung des gegen Robert gerichteten Verfahrens wartete, bis er in Arezzo wieder auf dem Boden Reichsitaliens war. Robert befand sich außerhalb des districtus Imperii, in einem Königreich, das vom Papst zu Lehen ging: Auf dieses Faktum haben dann auch die antikaiserlichen Gutachten, die Heinrichs Gerichtsverfahren zu Dutzenden auf den Plan rief, mit Nachdruck verwiesen: Obwohl der Kaiser Herr der Welt genannt werde, regiere er diese jedoch nicht, so formulierten es die Wohlwollenden von Heinrichs Gegnern.

Die Belagerung von Florenz dauerte sechs Wochen und endete ohne den wohl auch von Heinrich selbst kaum erhofften Erfolg. Die kleineren Städte des contado, die sich Heinrich unterworfen hatten, erkannten die Florentiner Suprematie wieder an, kaum daß die kaiserlichen Truppen die Region verlassen hatten. König Robert hatte nach der offenen Kampfansage des Kaisers keine Hemmungen mehr, sich als Führer der guelfischen Rebellen zu bekennen. Mitte Februar 1313 akzeptierte er den ihm offerierten Titel eines Capitano der Liga. Obwohl er sich nicht in der Lage sah, seinen Schützlingen militärische Unterstützung zu gewähren, war die offene Bekundung seiner Gegnerschaft von einschneidender Bedeutung für die antikaiserliche Bewegung in Italien. Ghiberto da Correggio, ein von Heinrich eingesetzter Vikar in Reg-

gio, wurde zum Generalkapitän des Königs Robert in Parma, Cremona und der gesamten zur Guelfenpartei zählenden Region der Lombardei.
Der Kaiser, der seit der vergeblichen Belagerung von Florenz an der Malaria litt, begegnete der sich abzeichnenden militärischen und politischen Katastrophe mit zahlreichen Urteilssprüchen gegen die toscanischen Städte und gegen zahllose Einzelpersonen, die zu vollstrecken er aber außerstande war. Daß sein Plan, in Italien eine eigene kaiserliche Münze durchzusetzen, gescheitert war, erkannte er indirekt dadurch an, daß er den Münzstädten befahl, den Gulden seiner Erzfeindin Florenz nachzuprägen. Von der bei Poggibonsi neugegründeten Stadt Monte Imperiale (Kaiserberg) erging am 26. IV. 1313 der Spruch gegen den Majestätsverbrecher Robert, der als Rebell, Verräter und Feind des Reiches zum Tode verurteilt wurde und enthauptet werden sollte, vorausgesetzt, daß er in die Gewalt des Kaisers oder des Reichs geraten würde.
Dieses Urteil hat zwar kein Blut, wohl aber eine gewaltige Flut von Tinte fließen lassen. Beide Seiten haben in Traktaten all ihre theologisch-juristische Weisheit aufgeboten, um die Rechtswidrigkeit der jeweils anderen Partei und die Gerechtigkeit der eigenen nachzuweisen. Der Hof König Roberts entwickelte sich zum Zentrum einer ungemein gehässigen Propaganda gegen das von den Deutschen beanspruchte Kaisertum. Die Guelfen wurden daran erinnert, wie einst Roberts Großvater Karl die unfruchtbaren und todbringenden Bäume aus dem Garten des heiligen Glaubens ausgerottet habe. Nun sei ein Graf Heinrich von Luxemburg – diesen Namen hatte man wohl bewußt arg verballhornt – aufgetreten und sei als ein ganz und gar Unwürdiger mit dem Kaisertum ausgezeichnet worden. In Wirklichkeit sei er aber kein Kaiser, sondern ein Räuber; kein Gründer des Rechts, sondern dessen Zerstörer. Das umfassendste Pamphlet gegen das Kaisertum der Deutschen stammt aus der Zeit kurz nach dem Tode Heinrichs; es handelt sich dabei um die Instruktion für eine Gesandtschaft, die den Papst davor warnen sollte, einen neuen König von Deutschland zu bestätigen oder gar (zum Kaiser) zu krönen. Die Gesandten sollten Clemens V. an die Reihe so verruchter Gestalten wie Nero, Domitian, Traian, Friedrich II. und den Grafen von Lisimberg erinnern; die Kaisergeschichte war, folgt man dem Pamphlet aus der Kanzlei König Roberts, eine Geschichte der Kirchen- und Christenverfolgung. Sobald ein König von Deutschland gewählt werde, richte dieser sofort seine Absichten gegen den König von Frankreich, dann wende er sich gegen Italien, und die Ghibellinen rieten ihm, das Königreich Sizilien zu erobern. Die Könige der Römer würden in der Regel aus den Leuten deutscher Zunge gewählt, und

diese Sprache pflege ein abstoßendes Volk hervorzubringen, das eher der Barbarei als dem christlichen Glauben anhänge.

Auf der anderen Seite begann man Überlegungen anzustellen, mit dem sich das Papsttum seit den Tagen Friedrichs II. nicht mehr hatte auseinandersetzen müssen. In einem von einem Juristen aus Pavia verfaßten Traktat über Ursprung und Macht von Kaiser und Papst hieß es z.B., die päpstliche auctoritas gelte nur für den geistlichen Bereich, beide Gewalten, kaiserliche und päpstliche, seien göttlichen Ursprungs. Der gewählte Kaiser benötige auch nicht die Krönung durch den Papst, da das Kaisertum schon vor der Geburt Christi existiert habe und Christus in bezug auf die Kaiserkrönung keine Änderung verfügt hätte. Die Krönung durch den Papst füge der Macht des Kaisers auch nichts Substanzielles hinzu; die Autonomie des Weltkaisertums gegenüber dem ganz auf sein geistliches Amt beschränkten Papsttum, die civilitas humani generis als natürliche, vom irdischen Kaisertum garantierte Sphäre politischen Daseins ist auch das große Thema von Dantes Monarchia, die vermutlich erst nach dem Tode Heinrichs VII., aber unter dem Eindruck von dessen Kaisertum geschrieben worden ist.

Während des Winters 1312/13 wurden Pläne für einen erneuten Vorstoß gen Süden geschmiedet. Trotz der energischen Warnungen aus Avignon beabsichtigte Heinrich im Bunde mit Friedrich von Trinacria einen Angriff auf das Reich des Anjou, indes erwies sich die finanzielle und personelle Basis des geplanten Feldzugs als überaus schmal. Heinrichs Residenz Pisa mußte die Hauptlast des Unternehmens tragen. 200000 fl. sollte die Kommune beisteuern. Johann von Böhmen, Heinrichs Sohn, hielt einen Hoftag in Nürnberg, auf dem militärische Unterstützung für den Kaiser gelobt wurde. Aber in Italien war die Begeisterung der Ghibellinen für das erneuerte Kaisertum längst verflogen. Heinrich gewährte Privilegien an alle, die solche verlangten, aber am Ende waren es nicht mehr als 2500 nordalpine und 1500 italienische Ritter, die am 8. VII. 1313 von Pisa aus nach Süden aufbrachen. Schon vier Tage später blieb die Armee vor dem sich als uneinnehmbar erweisenden Siena liegen. Heinrich wurde erneut vom Fieber befallen, dem er am 24. VIII. in dem Städtchen Buonconvento erlag. Sein Leichnam wurde nach Pisa gebracht und in der dortigen Kathedrale beigesetzt. Die nordalpinen Truppen des Kaisers beeilten sich, nach Hause zu gelangen. Die Reichsinsignien wurden von des Kaisers Marschall Heinrich von Flandern über die Alpen gebracht, das Archiv des Luxemburgers aber, mit zahlreichen Urkunden und Akten, blieb in Italien zurück.

VI. Ludwig der Bayer

Die auf den Tod Heinrichs VII. folgenden Verhandlungen über die Wahl eines neuen Königs nahmen mehr als ein ganzes Jahr in Anspruch. In dieser Zeit starb Clemens V. (20. IV. 1314), und Philipps des Schönen Leben neigte sich seinem Ende zu († 29. XI. 1314). An Kandidaten mangelte es auch diesmal nicht. Es verstand sich von selbst, daß auf der einen Seite Baldewin von Trier seinem Neffen Johann, der von seinem Vater als Reichsvikar eingesetzt worden war, zur Krone verhelfen wollte und daß andererseits die Habsburger die Gelegenheit von Heinrichs überraschend frühem Tod nutzen würden, um die Königskrone zurückzugewinnen. Außerdem bewarb sich – das hatte jetzt schon fast Tradition – ein Mitglied des Hauses Capet. Diesmal war es Philipps gleichnamiger Sohn, der die Erbin der vom Reich lehnsrührigen Grafschaft Burgund geheiratet hatte und dem nach Meinung seines Vaters die Stimmen des Mainzers und des Kölners so gut wie sicher waren. Seinen ehemaligen Günstling Baldewin von Trier hat Philipp nicht mehr als seinen Helfer betrachtet; mit der luxemburgischen Dynastie waren die Capetinger zunächst einmal zerfallen.

Ebenso wie fünf Jahre zuvor traten auch diesmal Bewerber aus dem nordwestlichen Grenzraum des Reiches auf: Der Sohn des Grafen Robert von Flandern, Ludwig von Nevers, sowie einer von insgesamt drei gefährlichen Gegnern, deren Flandern sich damals zu erwehren hatte, nämlich Graf Wilhelm von Hennegau, Holland und Seeland. Normalerweise hatten es die flandrischen Grafen verstanden, entweder den König von Frankreich oder den von England als ihren Verbündeten gegen den jeweils anderen auszuspielen; diesmal aber hatten sie beide zu Gegnern: Philipp der Schöne war mit der Genugtuung, die Flandern ihm nach der Sporenschlacht von Kortrijk zu gewähren hatte, auch nach der Abtretung der Städte Lille, Douai, Orchies und Bethune noch immer nicht zufriedengestellt. Daher hatte er zum 22. VII. 1313 den Grafen Robert mit Repräsentanten der Kastellanien und Städte von Flandern an seinen Hof in Arras zitiert. Die den Flandrern dann präsentierte Forderung, die vertraglich zugesicherte Schleifung der Befestigungen von Brügge, Gent und Ypern endlich durchzuführen, führte zum Bruch. König Eduard II. von England, um ein gutes Einvernehmen mit seinem Schwiegervater Philipp dem Schönen bemüht, richtete im Oktober 1313 eine obligatorische Durchgangsstation für den englischen Wollexport auf das Festland ein, den sogenannten Wollstapel, und zwar zunächst in St.-Omer, im Frühjahr 1315 dann im brabantischen Antwerpen. Die Tuchweber der flandrischen Großstädte konnten sich ausrechnen, daß diese zunächst vor allem fiskalische Maßnahme auch für politische Zwecke eingesetzt werden konnte. Zu der ungewohnten antiflandrischen Allianz trat dann noch die seit langem existierende Rivalität mit dem Grafen Wilhelm von Hennegau, der jetzt als Inhaber auch der Grafschaften Seeland und Holland in der Lage war, den flandrischen Schiffsverkehr in der Scheldemündung zum Erliegen zu bringen. Für Ludwig von Nevers war die Würde eines römischen Königs also kaum mehr als der letzte Strohhalm, der die Grafschaft Flandern vor dem drohenden politischen Untergang retten konnte. Es versteht sich, daß er bei den Kurfürsten keinerlei Entgegenkommen finden konnte, und daß man in Paris seine Kandidatur eifriger diskutierte als in Köln oder Mainz.

Graf Wilhelm von Hennegau, Holland und Seeland, Herr von Friesland, ebenso wie Ludwig von Nevers ein Vetter des verstorbenen Königs, war zweifellos eine bedeutendere Figur unter den Königskandidaten. Seine Reichslehen hatte er vor dem Zugriff König Albrechts bewahren können. Zur Bewerbung, die er auf einem Kurfürstentag in Rhens am 2. I. 1314 persönlich vortrug, hatten ihn außer der Sorge vor einem Erfolg des Rivalen Ludwig von Nevers auch seine Bestrebungen um die Ausdehnung der holländischen Herrschaft über die Friesen bewogen. Obwohl sich dann auch seine Kandidatur als aussichtslos erwies, wurden seine Bemühungen am Ende doch noch in reichem Ausmaß belohnt, denn für die Unterstützung, die er nach seinem Verzicht dem Herzog Ludwig von Bayern gewährte, wurden ihm nicht nur seine Reichslehen bestätigt, sondern auch die Friesen des Oster- und Westergaus aufgefordert, den Grafen endgültig als ihren Herrn zu akzeptieren. Die bei Gelegenheit der Wahl von 1314 geknüpfte Verbindung zwischen Bayern und Hennegau führte dann zehn Jahre später zu der politisch überaus bedeutsamen Ehe von Wilhelms Tochter Margarete mit Ludwig dem Bayern, dessen erste Gemahlin damals gerade gestorben war.

Herzog Ludwig IV. von (Ober-)Bayern, Pfalzgraf bei Rhein, Sohn Herzog Ludwigs II. und der Mechthild, einer Tochter Rudolfs von Habsburg, war 1283 geboren worden. Seit dem Tode des Vaters (1294) stand er mit seinem etwa neun Jahre älteren Bruder Rudolf in fortwährenden Auseinandersetzungen, deren Ursache vor allem die tiefe Abneigung der Mutter gegen den ältesten Sohn gewesen zu sein scheint: Mechthild hat diesem nie verziehen, daß er sich mit dem Nachfolger ihres Vaters verbündet und sogar dessen Tochter

geheiratet hatte. Sie hat den jüngeren Sohn an den Hof ihres Bruders nach Wien geschickt, wo Ludwig zusammen mit seinen späteren Rivalen Friedrich und Leopold auf den künftigen Lebensweg eines Fürsten und Ritters vorbereitet wurde. D.h., er lernte reiten, mit Lanze und Schwert umzugehen, auf Hochwild und mit Greifvögeln zu jagen. Seine Lateinkenntnisse dürften über das Paternoster und das Ave Maria kaum hinausgereicht, und die für einen Fürsten notwendigen Rechtskenntnisse wird er an der Quelle erworben haben, d.h. bei Verfahren am Wiener Hof oder bei Gelegenheit von Besuchen an den Höfen von adeligen Gerichtsherren des Landes Österreich. Ludwig hat von sich selbst einmal gesagt, er sei nur ein einfacher Ritter, der von theologischen Streitfragen nichts verstünde. Das dürfte im wesentlichen gewiß den Tatsachen entsprochen haben, aber von falscher Bescheidenheit war das Bewußtsein der Ritterschaft dieser Zeit im übrigen kaum geprägt. Welchen Rang sie sich zur Zeit Ludwigs selbst zuerkannte, verkündet der Dichter des bayerischen Lohengrin (um 1328/30): welch ein orden/Bist dû, werdiu ritterschaft! vil herter danne Franzisse/und aller grâwer orden sî,/Benedic, Dominic, Augustîn dâ bî,/swer dich mit wirde wil tragen sunder misse. (V. 5376ff.) Des Dichters Mäzen, aller Wahrscheinlichkeit nach der Kaiser selbst, hat diese Meinung sicherlich geteilt: Als er schon im Kirchenbann stand, gründete er 1330 das Stift Ettal, in dem ein Konvent von 13 Rittern mit ihren Frauen in religiöser und adeliger Muße ihr Leben verbringen durfte. Trotz vieler Bemühungen hat man bis heute kein Vorbild dieses seltsamen Ritterrefugiums zu entdecken vermocht.
Ludwig dürfte erst verhältnismäßig spät als Kandidat für die anstehende Neuwahl in Betracht gezogen worden sein. Die erste sichere Quelle für seine Kandidatur datiert vom 4. VIII. 1311, als er dem Grafen Berthold von Henneberg, der dann zu einem der bedeutendsten Ratgeber, ja geradezu zum Reichsvikar Ludwigs werden sollte, die Bestätigung seines Besitzes versprach, falls er – Ludwig – zum König gewählt werden sollte. Der Herzog von Bayern wurde zum Kandidaten der Partei, die ursprünglich den Sohn des Kaisers, König Johann von Böhmen, auf den Thron erheben wollte. Außer den beiden Mitgliedern des Luxemburger Hauses, Baldewin von Trier und Johann von Böhmen, gehörte dazu noch der Mainzer Erzbischof Peter von Aspelt. Warum sich die Wahl von Heinrichs VII. Sohn im Verlauf der Verhandlungen als nicht durchsetzbar erwies, konnte bislang nicht mit Sicherheit geklärt werden. Indes hat die Vermutung viel für sich, der Wittelsbacher sei am Ende von der luxemburgischen Partei der anderen, die den ältesten noch lebenden Sohn König Albrechts favorisierte, als Kompromißkandi-

dat präsentiert worden. Dagegen spricht auch nicht, daß Ludwig nur kurze Zeit vorher eine Fehde gegen die Habsburger geführt hatte. Am 9. XI. 1313 hatte er sie in einer Schlacht bei Gammelsdorf unweit von Landshut geschlagen und damit einen Streit um die Vormundschaft über die Kinder der beiden verstorbenen niederbayerischen Herzöge Otto und Stephan entschieden. Die Auseinandersetzung um die Herrschaft über Niederbayern scheint von den Beteiligten aber als eine ganz normale Fehde betrachtet worden zu sein, deren Ausgang die Beziehungen zwischen den beiden Dynastien Habsburg und Wittelsbach nicht weiter belasten sollte. Jedenfalls hat sich Ludwigs Bruder Rudolf, dem die pfälzische Kurstimme zustand, nach Gammelsdorf offenbar vorbehaltlos auf die Seite der Habsburger gestellt; aber auch Ludwig söhnte sich schon bald mit seinem Vetter Friedrich aus. Als er im April 1314 mit dem Habsburger in Salzburg zusammentraf, um die Auslösung der österreichischen Kriegsgefangenen zu besprechen, sollen sie nachts, als sie zusammen in einer Bettkammer lagen, über das Königtum diskutiert haben. Dabei habe der Habsburger seinem bayerischen Vetter geraten, sich um die Königswürde zu bemühen; Ludwig aber erwiderte, seine Mittel seien dafür viel zu bescheiden, während Friedrich doch mächtig und reich sei. Ob diese Anekdote, die der Zisterziensermönch Johann von Viktring überliefert, den Tatsachen entspricht, entzieht sich zwar unserer Kenntnis, jedoch wird man nicht bezweifeln können, daß Ludwigs Verhältnis zu den Habsburgern im Sommer 1314 als bereinigt betrachtet werden konnte, so daß die luxemburgische Partei hoffen durfte, mit seiner Präsentation die Wahl eines Habsburgers noch abwenden zu können. Jedenfalls hatten die Parteigänger Herzog Friedrichs damals offenbar den Eindruck gewonnen, daß sie auch gegen den Willen der beiden rheinischen Erzbischöfe ihr Ziel erreichen könnten. Den luxemburgischen Böhmenkönig glaubten sie neutralisieren zu können, indem sie den mehrfach – einmal auch von den Habsburgern selbst – aus Böhmen verjagten Heinrich von Kärnten auf die politische Bühne zurückholten. Die pfälzische Stimme war ihnen zugesichert worden, und auch Herzog Rudolf von Sachsen-Wittenberg war bereit, den Habsburger zu wählen. Des Wittenbergers Vetter Johann II. von Sachsen-Lauenburg versuchte dagegen, das wahre Recht seiner Familie dadurch zu sichern, daß er der luxemburgischen Partei, die nach dem Juni 1314 zu derjenigen Ludwigs des Bayern wurde, seine Stimme zusicherte. So kam es am 19. und 20. IX. dieses Jahres zu dem schon vorher von den Zeitgenossen befürchteten Zwiespalt der Wahlfürsten. In Sachsenhausen bei Frankfurt wählten Erzbischof Heinrich von Köln, der Wittelsbacher Pfalzgraf Rudolf, der Wittenberger Herzog und Heinrich von

Kärnten als Böhmenkönig den Herzog Friedrich von Österreich zum römischen König; am folgenden Tag gaben auf dem anderen Mainufer die Erzbischöfe von Mainz und Trier, König Johann von Böhmen und der Sachsen-Lauenburger dem Herzog von Bayern ihre Stimme. Da zu diesem Zeitpunkt der Stuhl Petri vakant war – Johann XXII. wurde erst am 7. VIII. 1316 gewählt –, waren die an die Kurie geschickten Wahlanzeigen der beiden Parteien vorerst nur von geringer Bedeutung. Die Privilegien, die beide gewählte Herrscher ihren jeweiligen Wählern und Förderern erteilt haben, unterschieden sich nicht wesentlich von denen, die seit den Tagen des Königs Adolf auch von einem einmütig gewählten König ausgestellt worden waren. Namentlich konsolidierten sie die Stellung der rheinischen Kurfürsten innerhalb der Reichsverfassung. Allerdings hatten diese sich nun durch die Doppelwahl in eine mehr als prekäre Lage hineinmanövriert. Ihre Territorien waren ja keineswegs geschlossene politische Gebilde und leicht gegeneinander abzuschottende Flächenstaaten, vielmehr gab es eine ganze Reihe von kleineren Gebieten, die als Exklaven im Machtbereich des jeweiligen Rivalen gelegen waren. Der als Treffpunkt der rheinischen Kurfürsten immer beliebter werdende Konferenzort Rhens zum Beispiel, wo gelegentlich auch Wahlen durchgeführt worden sind, war ein kleiner Kölner Außenposten in unmittelbarer Nähe der kurtrierischen Städte Koblenz und Boppard – das letztere war erst von Baldewin als Pfand vom Reich erworben worden –, der kurmainzischen Burg Lahneck und der von den Pfalzgrafen lehnsrührigen Marksburg bei Braubach. Das Konglomerat der kurfürstlichen Territorien wurde durchzogen vom Rhein, der auch damals wichtigsten Handelsstraße im Westen des Reiches, an deren fiskalischem Nutzen alle partizipieren wollten, ob sie nun habsburgisch oder wittelsbachisch gewählt hatten. Nach der Doppelwahl von 1314 hatte sich vor allem aufgrund der Koalition zwischen Mainz und Trier am Rhein ein gewisses Übergewicht der Wittelsbacher über die Anhänger der Habsburger herausgebildet. Im Jahre 1317 war es König Ludwig sogar gelungen, einen regional begrenzten Landfrieden zustande zu bringen, an dem sich notgedrungen auch der Kölner beteiligen mußte, wollte er nicht Gefahr laufen, von den anderen Fürsten und Herren, aber auch von der Stadt Köln als Friedensbrecher behandelt und verfolgt zu werden. Allerdings scheiterte dieser Versuch, den Kölner über einen Landfriedensbund aus der habsburgischen Partei herauszubrechen. Es kam zur offenen Fehde, in deren Verlauf die wichtige Feste Brühl in die Hände Baldewins von Trier fiel. Am 23. VIII. 1318 kam es dann zu einem mehr als merkwürdigen Freundschaftsbund zwischen den drei Erzbischöfen von Mainz, Trier und Köln. Im Grunde beinhal-

tete diese Allianz eine Neutralitätserklärung in bezug auf den Thronstreit. Jedem der beteiligten Kurfürsten war es zwar freigestellt seinem König weiterhin Treue zu wahren und Hilfe zu leisten, jedoch verpflichteten sich die drei für den Fall, daß einer der beiden Könige den anderen unterwerfen werde, daß dann der Anhänger des Siegers für die Besitzstandswahrung des jeweils mit seinem König Unterlegenen sorgen werde. Ihre mehr als pragmatische Haltung hat den drei geistlichen Bündnispartnern in der modernen Historiographie viel Kritik eingetragen, indes lag die Ausklammerung der Thronstreitigkeiten aus den Beziehungen zwischen ihren Territorien natürlich nicht nur im Interesse der drei Kurfürsten, sondern auch in dem ihrer Untertanen und der den Rhein befahrenden Kaufleute; vielleicht hat auch die Hungersnot, die in diesen Jahren weite Teile Europas heimgesucht hat, die Erzbischöfe zu ihrem Neutralitätsvertrag veranlaßt. An der politischen Haltung von Ludwigs Parteigängern hat die Allianz im übrigen nicht viel geändert, denn als sich der Wittelsbacher im Herbst 1318 an den Rhein begab, fanden sich Baldewin von Trier und Peter von Aspelt in seinem Feldlager ein.
Alles in allem wird man das Kräfteverhältnis zwischen den beiden Königen am Vorabend der Entscheidungsschlacht von Mühldorf als ausgeglichen bezeichnen können. Zwar hatten die Habsburger in der Nacht vom 14. auf den 15. November 1315 eine schwere militärische Schlappe hinnehmen müssen, als ein von Friedrichs Bruder Leopold geführtes Ritterheer in einem Engpaß am Aegerisee, am Moorgarten, von den gut informierten und vorbereiteten Bewohnern der drei Schweizer Waldstätte vernichtet wurde, jedoch hat man damals noch keineswegs allgemein erkennen können, daß diese Schlacht eine für die Entwicklung der Schweizer Eidgenossenschaft epochale Bedeutung haben würde. Jedenfalls war die Stellung der Habsburger in ihren alten Besitzungen am Oberrhein und in Schwaben nicht ernsthaft erschüttert worden; Leopold konnte von hier aus im Jahre 1319 sogar einen freilich ergebnislos bleibenden Angriff auf den Bayern unternehmen. Die Reichsstädte dieser südwestdeutschen Region – auch Konstanz, Zürich, Schaffhausen und St. Gallen – standen auf habsburgischer Seite und verhinderten dadurch, daß der Bayer einen engen Kontakt zu seinen rheinischen Wählern pflegen konnte. Auf der anderen Seite verstand es Ludwig aber, insbesondere seine Stellung im Stammland Bayern zu festigen; die drei niederbayerischen Herzöge unterstützten ihren Oheim auch dann noch, als dessen Vormundschaft über sie im Jahre 1319 zu Ende ging. Desgleichen blieb das gute Verhältnis zwischen dem Wittelsbacher und den Luxemburgern Johann von Böhmen und Baldewin von Trier ungetrübt; König

Johann war dabei allerdings auch auf die Unterstützung des Bayern angewiesen, denn König Karl Robert von Ungarn stand im Bunde mit den Habsburgern, und als dritter gesellte sich zu diesen beiden noch Ladislaus Lokietek, der sich in Polen hatte durchsetzen können. Eine auf lange Sicht gefährliche Situation bahnte sich für die luxemburgisch-wittelsbachische Koalition an, als Peter von Aspelt am 5. VI. 1320 starb. Zwar hat dann das Mainzer Domkapitel Peters Trierer Amtsbruder zum Erzbischof wählen wollen, aber dieser lehnte ab, und dann hat Papst Johann XXII. den aus einem mit dem Habsburger eng liierten Grafengeschlecht der Schweiz stammenden Matthias von Bucheck zum Mainzer Erzbischof providiert. Der neue Kurfürst hat sich, vermutlich auf Drängen Baldewins von Trier, zunächst neutral verhalten, aber es stand natürlich zu befürchten, daß die bisher dem Wittelsbacher so günstige Konstellation am Mittelrhein über kurz oder lang auseinanderbrechen würde. Als die Habsburger im Frühherbst 1322 einen konzentrischen Angriff auf Bayern begannen, mußte die Entscheidung fallen. Leopold zog aus den habsburgischen Altlanden im Westen mit 800 Rittern heran, Friedrich aus dem Osten mit etwa 2200 Rittern sowie 4000 Ungarn und Kumanen. Obwohl Leopold noch zu weit entfernt war, um den Termin seines Erscheinens genauer bestimmen zu können, akzeptierte Friedrich den Vorschlag seines ehemaligen Spielgefährten, den 28. IX. als Tag der Entscheidungsschlacht anzusetzen. Beide Könige waren offenbar bereit, das Ergebnis des Streits als konstitutives Faktum, als Gottesurteil, für die Herrschaft des Siegers anzuerkennen. Auf der Seite Ludwigs kämpften außer den niederbayerischen Kontingenten noch König Johann von Böhmen und der Burggraf von Nürnberg mit größeren Aufgeboten. Alles in allem umfaßte Ludwigs Heer etwa 1500 Ritter und 3000 Mann zu Fuß. Trotz dieser im Vergleich zu den Truppenstärken der frühen Neuzeit bescheidenen Zahl von Kämpfern – die bayerischen und österreichischen Herren dürften sich zum Teil gewiß persönlich gekannt haben – gilt die Schlacht bei Mühldorf als eine der größten des gesamten Spätmittelalters. Der Burggraf von Nürnberg brachte die Entscheidung, als die niederbayerischen Ritter abgesessen waren und damit begonnen hatten, die Pferde der Österreicher abzustechen. Vor der Reiterattacke des Zollern wichen Friedrichs Truppen zurück; Ungarn und Kumanen flohen vom Schlachtfeld. König Friedrich und sein jüngerer Bruder Heinrich wurden als Gefangene vor den Sieger geführt, der selbst entgegen den Gepflogenheiten seiner Vorgänger gar nicht in der Schlacht mitgekämpft, sondern sie inmitten eines Trupps von elf gleichgekleideten Rittern aus der Ferne beobachtet hatte. Friedrich wurde auf Trausnitz eingekerkert; sein Bruder Heinrich ging in die Gefangenschaft Johanns von Böhmen.

Mit dem Sieg von Mühldorf (28. IX. 1322) begann eine neue Phase der Geschichte von Ludwigs Königtum, die von Anfang an durch zwei Faktoren maßgeblich bestimmt worden ist. Beide standen in enger Wechselbeziehung zueinander: 1. der am 8. X. 1323 eröffnete Kampf Papst Johanns XXII. gegen den Wittelsbacher und 2. die sich fortsetzende Auseinandersetzung mit Habsburg, in der sich Johann von Luxemburg alsbald auf die Seite der Gegner des siegreichen Königs schlug.
Der Streit König Ludwigs mit Papst Johann XXII. hatte sich an der Italienpolitik entzündet, die Ludwig nach dem Mühldorfer Sieg begonnen hatte, um die jenseits der Alpen aufgebauten Positionen der Habsburger zu neutralisieren. Nach dem Tode Heinrichs VII. waren seine nordalpinen Truppen zwar nach Hause zurückgekehrt, aber die von dem Luxemburger herbeigeführten oder verursachten Veränderungen in der politischen Szenerie Italiens waren von seinen Gegnern nicht oder nur sehr schwer wieder zu beseitigen gewesen. Zumal die Visconti haben die unter dem Luxemburger errungene Machtposition in Mailand gehalten und ausgebaut, woran auch die Ernennung König Roberts zum Vikar in Reichsitalien nichts geändert hat, die schon Clemens V. hatte vornehmen wollen und die dann Johann XXII. am 26. VII. 1317 endgültig ausgesprochen hat.
Von den 1314 gewählten Königen war zunächst nur Friedrich in der Lage gewesen, eine wirksame Italienpolitik zu betreiben. Auch der Bayer hat zwar einen Reichsvikar für Italien ernannt, der aber keinerlei Tätigkeit entfalten konnte. Ganz anders war die Position der Habsburger. Friedrich nutzte zunächst seine Ehe mit einer Tochter des Königs Jacob II. von Aragon zu Verbindungen mit Heinrichs Reichsadmiral, Friedrich III. von Trinacria (Sizilien), wandte sich dann aber dessen Todfeind Robert von Neapel zu, verheiratete seine Schwester im Jahre 1316 mit einem Sohn des Anjou und versuchte mit Robert, Italien in eine guelfisch-neapolitanische und eine habsburgische Einflußzone aufzuteilen. Dabei geriet Friedrich aber sehr schnell in Konflikt mit Cangrande della Scala, dem Stadtherrn von Verona, gegen den die Stadt Padua Friedrich um Hilfe rief. Diese wurde auch gewährt, und schließlich hat Friedrich den unentbehrlichen Herzog Heinrich von Kärnten zu seinem Statthalter in Italien bestellt, der dann die habsburgische Position bis zum Italienzug Ludwigs des Bayern zu verteidigen verstand. Obwohl Friedrich auch Verbindungen mit erklärten Ghibellinen hatte, z. B. mit dem Signore von Lucca, Castruccio Castracane, blieb er von dem Bannstrahl des neuen Papstes verschont; vermutlich verdankte Friedrich dies nur seiner Allianz mit König Robert von Neapel.

Papst Johann XXII. hat im übrigen mit großer Energie vom Anfang seines Pontifikates an versucht, das unter Heinrich VII. wieder aufgeblühte Ghibellinentum im nördlichen Italien zu bekämpfen und auszurotten. Zu diesem Zweck ernannte er einen seiner Nepoten, den Kardinal Bertrand de Poujet, zu seinem Legaten für die Lombardei, der im Sommer 1320 seine Tätigkeit in Norditalien aufgenommen hat. Zu seiner Unterstützung sollte Philipp von Valois, der spätere König von Frankreich, Truppen in die Region führen. Dem Kardinal war aufgetragen worden, auf der Grundlage von zwei Ketzergesetzen Friedrichs II. den katholischen Glauben gegen die in der Lombardei verbreiteten häretischen Strömungen zu verteidigen. Gegen die Häupter der angeblichen Ketzerei sollten Inquisitionsverfahren durchgeführt werden; die übrigen weniger bedeutenden Ghibellinen konnten dann als Begünstiger der notorischen Ketzer summarisch abgeurteilt werden. Im Hinblick auf die Vollstreckung der im Zuge dieser Verfahren ausgesprochenen Sentenzen vertraute man auf die Feinde der Verurteilten, und zwar sowohl die inneren wie die äußeren. In einem Fall hatte man dabei auch Erfolg: Der als Ketzer verurteilte Graf Friedrich von Montefeltro wurde während eines Volksaufstandes in Urbino umgebracht. Die bedeutenderen Ghibellinen aber überstanden die Prozesse und die sich daran anschließenden Strafaktionen im wesentlichen unbeschadet; zu leiden hatten indes die christlichen Untertanen der zu Ketzern erklärten Herren. In welchem Geist die Kämpfe geführt wurden, erhellen einige der Anklagepunkte des Legaten gegen die Este: diese wollten sich angeblich lieber mit Sarazenen, Heiden oder gar mit dem Teufel verbünden als ihre Stadt Ferrara aufgeben. Die römische Kirche, so hätten sie behauptet, sei ein Handelsunternehmen, das man wie eine Hure behandeln müsse, einmal solle man ihr Geld, das andere Mal die Peitsche geben. Obwohl sich die militärischen Hilfsmittel des Legaten als ungenügend erwiesen, nahmen die Visconti und die Este die ihnen von dem päpstlichen Legaten drohenden Gefahren sehr ernst. Als am 3. IX. 1320 in Asti Matteo Visconti exkommuniziert wurde, legte er drei Wochen später feierlichen Protest dagegen ein. Er wies darauf hin, daß seine Rechtsstellung in Mailand nicht mehr auf dem ihm von Heinrich VII. verliehenen Generalvikariat beruhe, sondern auf den ihm vom Großen Rat Mailands übertragenen Vollmachten. Wenn er nicht nach Avignon komme, so liege das an seinem hohen Alter von über siebzig Jahren und den Gefahren, die ihm bei der Reise durch die Länder des Königs Robert von Neapel drohten. Aber die konziliante Haltung des Visconti half ihm wenig. Ein Gericht unter einem Mailänder Erzbischof aus der Familie della Torre verurteilte ihn am 14. III. 1322 als einen überführten Ketzer zur Aberkennung all seiner Würden und Besitzungen. Die Venezianer, denen man eine wirksame Bekämpfung des Mailänders zutraute, wurden aufgefordert, alle in ihrer Stadt weilenden Mailänder zu arretieren und ihren Besitz zu konfiszieren.

Zu denjenigen, die gegen das Mailänder Schlangennest aufgeboten wurden, zählten auch die Habsburger. Am 21. II. 1322 schrieb Johann XXII. den Bürgern der guelfischen Hochburg Brescia einen Empfehlungsbrief für den rex electus Friedrich, der als treuer Sohn der Kirche gegen deren Feinde kämpfen werde. Es war dann allerdings nicht König Friedrich, sondern sein Bruder Heinrich, der gegen die Visconti und ihre Parteifreunde zu Felde zog. Indes erwies sich Heinrich als ein wenig zuverlässiger Verbündeter, denn er führte mit dem Visconti Verhandlungen, deren Ergebnis ihn dazu bewogen, ohne Wissen und Billigung seines Bruders die Heimreise nach Österreich anzutreten. Nachdem der alte Matteo am 26. VI. 1322 gestorben war, hat dann auch Friedrich mit Matteos Sohn Galeazzo Verbindungen angeknüpft. Vermutlich wäre dies über kurz oder lang von Papst Johann XXII. zumindest mit einem herben Tadel bedacht worden, aber die Gefangenschaft auf Burg Trausnitz hat den Habsburger dann davor bewahrt, unter die Mühlsteine der kurialen Justizmaschinerie zu geraten.

Anders erging es dem Sieger von Mühldorf. Ludwig hat nach seinem Triumph alsbald seine Aufmerksamkeit den italienischen Vorgängen zugewandt. Den Mailändern und Venezianern schickte er Nachricht von seinem Sieg, und eine illustre Gesandtschaft des Bayern überquerte dann die Alpen; angeführt wurde sie von Graf Berthold von Marstetten, genannt von Neiffen. Am 5. V. kam es in der Nähe von Mailand zu einer Konfrontation der königlichen Gesandten mit dem Kanzler des päpstlichen Legaten, der ein kirchliches Inquisitionsverfahren auf dem Fuße folgte. Schon am 6. VI. 1323 sollten Ludwigs Gesandte sich wegen der Begünstigung von Ketzern verantworten. Als sie die Stirn hatten, die Vorladung zu ignorieren, wurden sie am folgenden Tag exkommuniziert und am 20. VI. als Helfer von Ketzern verurteilt. Ludwigs Boten haben sich dadurch aber nicht beirren lassen; sie fungierten von nun an als Vikare des römischen Königs und stellten sich damit in Konkurrenz zu dem Kardinallegaten, der ja aufgrund des vom Papst vacante imperio beanspruchten Vikariatsrechtes ausdrücklich auch kraft imperialer Autorität handelte. Das päpstliche Heer mußte mehrfach Niederlagen hinnehmen; Anfang 1324 geriet sogar der Anführer der päpstlichen Truppen, Johannes Cadena, in Mailänder Gefangenschaft.

Damals hatte sich der Brennpunkt des Geschehens jedoch schon

längst von Italien und dessen Schlachtfeldern nach Avignon in das Konsistorium Papst Johanns XXII. verlagert. Ein aragonesischer Gesandtschaftsbericht vom 4. X. 1323 enthält einige bemerkenswerte Einzelheiten über die im Vorfeld des am 8. X. eröffneten ersten Prozesses gegen Ludwig geführten Diskussionen. Schon hier wird die unbeugsame Konsequenz von Johanns Absichten deutlich. Die beiden Kardinäle Napoleon Orsini und Peter Colonna wandten sich gemeinsam gegen Johanns Pläne, Ludwig die Ausübung seiner Herrschaft abzuerkennen, und ein weiterer Kardinal warnte den Papst vor der furia Teutonicorum, der Wut der Deutschen, worauf der Papst erwiderte: »Bei Gott, sie werden Wut und abermals Wut finden.« Das persönliche Ressentiment des Papstes Johann XXII. gehörte zweifellos zu den wichtigsten Ingredienzien seines Kampfes gegen König Ludwig, denn nichts anderes als ein politischer Kampf war das in die Formen des kanonischen Prozeßverfahrensrechtes gekleidete Vorgehen Johanns gegen den Sieger von Mühldorf, ein Kampf, der auf die bedingungslose Unterwerfung, ja auf die Vernichtung des politischen Gegners zielte.
Papst Johann war zum Zeitpunkt seiner Wahl (7. VIII. 1316) bereits 79 Jahre alt. Die Wahl des aus Cahors stammenden Jacques Duèze war eine Verlegenheitslösung gewesen. Italiener und Gascogner im Kardinalskollegium hatten sich lange nicht auf einen Kandidaten einigen können, und schließlich waren sie auf den Mann aus Cahors verfallen, weil er als betagter und kränklicher Mann für ein verhältnismäßig kurzes Pontifikat zu garantieren schien, was sich dann freilich als ein Irrtum erwies, denn Johann XXII. ist erst am 4. XII. 1334 im Alter von 91 Jahren gestorben. Als ein Lückenbüßer aber hat er sich in den 18 Jahren seines Pontifikats ganz gewiß nicht erwiesen. Jacques Duèze war als Bischof von Fréjus an den Hof König Karls II. nach Neapel gerufen worden und hatte dort von 1308 bis 1310 als Kanzler gewirkt. Nach dem Tode seines königlichen Gönners hat er dieses Amt aufgegeben und wurde 1310 Bischof von Avignon. Zwei Jahre später ernannte ihn Clemens V. zum Kardinalbischof von Ostia. Zwar wird man ihn schwerlich als Vertrauensmann König Roberts, des Sohnes Karls II. bezeichnen können, aber die Anschauungen, die in Roberts Pamphleten gegen Heinrich VII. über das von den Deutschen beanspruchte römische Kaisertum zum Ausdruck gekommen sind, dürfte Johann im wesentlichen geteilt haben. Ganz anders als sein Vorgänger Clemens, der allenfalls einmal hinter den Kulissen gegen seinen Mentor in Paris zu agieren gewagt hatte, war Johann eine gänzlich unbeeinflußbare Persönlichkeit, Starrsinn haben ihm nicht nur seine Feinde nachgesagt. Johann war ein versierter Jurist, aber auch in Glaubensfragen vertrat er gelegent-

lich höchst originelle Ansichten, die ihm beinahe einen Prozeß wegen Häresie eingetragen hätten. Erst unter ihm gewann die avignonesische Kirche ihr eigenes Profil; den Bischof von Avignon machte er zum Kardinal und bezog dann den Bischofspalast der Rhônestadt, der unter seinen Nachfolgern zu der noch heute existierenden Festung ausgebaut wurde. Zugleich begannen die Kardinäle mit dem Bau ihrer Residenzen; Spitäler, neue Kirchen und Klöster wurden errichtet, die großen italienischen Handelshäuser gründeten ihre Zweigniederlassungen. Die Firma Alberti aus Florenz, die noch 1307 keine Geschäftsbeziehungen zu Avignon hatte, zog im Lauf der folgenden Jahrzehnte ihre Agenten aus den Städten der Champagne-Messen ab und war 1348 in Avignon mit 6 von insgesamt 19 Angestellten vertreten, die rund 30% der Lohnsumme des Unternehmens bezogen. Die Betonung des wirtschaftlichen Aspektes dieser Kirchengeschichtsepoche ist übrigens keine Eigenheit der modernen Historiographie, denn schon das Urteil der Zeitgenossen ist maßgeblich von ihm bestimmt worden. Kritik am finanziellen Gebaren der Kurie hatte es freilich schon seit unvordenklichen Zeiten gegeben, aber während der Zeit der »babylonischen Gefangenschaft« erreichte sie einen neuen Höhepunkt.

Clemens V., Johann XXII. und ihre Nachfolger haben die Abgaben, die von Europas Klerus und Ordensgeistlichkeit gezahlt werden mußten, zwar nicht gänzlich neu erfunden, aber ihre Eintreibung in einem bis dahin nicht gekannten Ausmaß systematisiert und durch drakonische Strafmaßnahmen die Zahlungsmoral zu stärken versucht. An einem einzigen Tag (5. VII. 1328) wurden einmal 1 Patriarch, 5 Erzbischöfe, 30 Bischöfe und 46 Äbte mit Suspension, Exkommunikation und Interdikt überzogen, weil sie ihre Servitien nicht gezahlt hatten. Das servitium commune war von Bistümern und Abteien mit Einkünften von über 100 fl. per annum bei Gelegenheit der Neubesetzung an die Kurie zu zahlen und wurde zwischen der Kammer des Papstes und der des Kardinalkollegs aufgeteilt. Es umfaßte durchweg 33% der ersten Jahreseinkünfte. Neben diesem servitium commune waren noch servitia minuta zu zahlen, die an bestimmte Beamte der Kurie verteilt wurden. Seit Clemens V. wurden dann auch die minderen Pfründen, die nicht wie die zum servitium herangezogenen im Konsistorium verliehen wurden, soweit ihre Einkünfte 24 fl. überstiegen, mit einer Abgabe belastet, die später als Annaten bezeichnet worden sind. (Im alltäglichen Sprachgebrauch des 15. Jahrhunderts wurden mit dem Wort Annaten mitunter alle Geldleistungen bezeichnet, die bei einer Pfründenverleihung zu entrichten waren; aus der Verwendung dieses Sammelbegriffs rühren manche Mißverständnisse.) Johann XXII. hat die Berechnung der Annaten 1317 festgelegt: normalerweise umfaßten sie die Hälfte des Jahreseinkommens und flossen ungeteilt der päpstlichen Kasse zu. Die Kurie zu Avignon hat darüber hinaus auch die Zehnten weiterhin ausgeschrieben, obwohl deren Ertrag mittlerweile zu einem beträchtlichen Teil an die betreffenden Landesherren, vor allem an den König von Frankreich, abgetreten werden mußte. Dank der zahlreichen erhaltenen Akten gehört die avignonesische Periode zu den am besten bekannten Epochen der kurialen Finanzgeschichte; indes müssen die vor einigen Jahrzehnten errechneten Bilanzen des päpstlichen Haushalts mit einiger Vorsicht interpretiert werden, weil nicht alle Gelder, die nach Avignon flossen und dann wieder ausgegeben wurden, in die Bücher eingetragen worden sind. Unter Johann XXII. betrugen die registrierten Einkünfte im Durchschnitt 230000 fl. per annum bei Ausgaben in Höhe von 233000 fl. Darin sind allerdings Beträge aus anderen Fonds nicht enthalten, die es diesem Papst erlaubten, für die Feldzüge in Italien 400000 fl. aus »seiner Börse« auszugeben. Die Kriege in Italien haben unter Johann 63% der kurialen Ausgaben beansprucht; das war ein für spätmittelalterliche Verhältnisse durchaus üblicher Satz, wobei man freilich darüber hinwegsehen muß, daß es sich hier nicht um das Budget des Herzogtums Burgund oder der Stadt Köln, sondern um das des geistlichen Oberhauptes der Christenheit handelte. Für die Beamtenbesoldung wurden zwischen 10 und 20% der Mittel aufgewandt. Ein Vergleich des päpstlichen Haushalts mit dem des römisch-deutschen Königs und späteren Kaisers ist wegen des fast vollständigen Mangels an einschlägigen Quellen unmöglich und würde wohl auch nur zu einem sehr ernüchternden Resultat führen: Bares Geld in nennenswertem Umfang konnte Ludwig – von der einmal fixierten und daher im Wert ständig absinkenden Städtesteuer abgesehen – nur aus Italien erwarten. Obwohl eine Feuersbrunst im Jahre 1737 die Archivalien der Rechnungskammer zu einem beträchtlichen Teil vernichtete, lassen sich doch für eine Reihe von Jahren dieser Zeit die Einkünfte des Königs von Frankreich, soweit sie in den Akten der trésoriers registriert wurden, berechnen. Zwischen 1322 und 1331 bewegten sie sich zwischen (aus Pariser Pfd. umgerechnet) 447145 Pfd. und 1474732 Pfd. Tourn. Bei Nichtberücksichtigung der Extremwerte ergibt sich ein Jahresdurchschnitt von ca. 885000 Pfd. Tourn. Da der normale Monatssold eines einfachen Ritters in diesen Jahrzehnten entweder 15 Pfd. Tourn. (Frankreich) oder 15 fl. (England) betrug, können die Zahlen des kurialen Haushalts unmittelbar mit denen des französischen verglichen werden: Der König von Frankreich hatte hinsichtlich seiner Einkünfte den Papst weit hinter sich gelassen.

Im Kriegsjahr 1328 konnte Philipp VI. übrigens auf nicht weniger als 244212 Pfd. Tourn. aus den ihm von der Kurie bewilligten Zehnten zurückgreifen. Die Einkünfte der Kurie, die sich bis zur Mitte des 14. Jahrhunderts nicht wesentlich veränderten, wird man angesichts dieser Vergleichszahlen und unter Berücksichtigung des riesigen Einzugsgebietes der apostolischen Kammer nicht einmal als besonders hoch bezeichnen können, jedoch haben die Zeitgenossen diese Vergleiche nicht anstellen können und wurden nicht selten gerade dann mit den Forderungen der Kurie und ihrer Kollektoren konfrontiert, wenn die betreffende Kirche durch die Umstände des Amtswechsels ohnehin in finanzielle Schwierigkeiten geraten war. Die Kollektoren oder die entscheidenden Leute an der Kurie von der Notlage zu überzeugen, erwies sich dabei durchweg als aussichtsloses Unterfangen. Allenfalls Zahlungsaufschub wurde gewährt, aber das konnte dann dazu führen, daß z. B. der neue Bischof von Bamberg im Jahre 1344 die Servitienschuld von vier seiner Vorgänger übernehmen mußte. Besonders fatal wirkte sich die Modalität der Servitienforderungen dann aus, wenn die Bischöfe einer Diözese schnell hintereinander wegstarben. So gab es in Mainz zwischen 1306 und 1390 sieben Erzbischöfe, in Trier aber nur drei; auf Bamberg trafen zwischen 1304 und 1374 zehn Servitienforderungen. Die Höhe des jeweiligen Servitiums war fixiert; Köln und Salzburg, später auch Mainz und Trier, wurden mit je 10000 fl. taxiert, Magdeburg nur mit 2500, das Bistum Metz aber mit 6000 fl. Das Eintreiben der Annaten bei den minderen Pfründeninhabern gestaltete sich für die päpstlichen Kollektoren zu einem mühseligen, gelegentlich auch gefährlichen Geschäft. In der Diözese Trier wurde einem ihrer Angestellten eine Hand abgehauen, ein anderer endete am Strick. Die Annatenforderungen dürften hinter den Ansprüchen auf Servitien nicht weit zurückgeblieben sein, doch war ihre Eintreibung oft mit sehr hohen Kosten verbunden: Einem von Johanns XXII. Kollektoren in Norddeutschland mußte die päpstliche Kammer 680 fl. zuschießen, weil seine Reisespesen höher ausgefallen waren als die tatsächlich erfolgten Zahlungen. Aus den Abrechnungen der Kollektoren erhalten wir übrigens wertvolle Aufschlüsse über die Währungsverhältnisse im damaligen Europa: Um 1320 waren die von den Steuereintreibern bevorzugten Goldmünzen offenbar noch nicht über die Rheingrenze hinaus nach Osten vorgedrungen.

Alles in allem: Auf die Christenheit wirkte die in engstem Konnex zu den italienischen Bankhäusern stehende Kurie zu Avignon gelegentlich wie ein geldgieriger Moloch, dessen Zugriff man sich mit allen denkbaren Mitteln zu entziehen trachtete, dem man aber doch immer wieder zum Opfer fallen mußte. Um so ernster mußten Papst und Kardinäle eine Auseinandersetzung nehmen, die zu Beginn von Johanns XXII. Pontifikat den Rahmen, in dem sie bis dahin im wesentlichen geführt worden war, sprengte und die gesamte Christenheit zu beschäftigen begann. Wie in der Einleitung bereits erwähnt, waren die Bettelorden schon bald nach ihrer Gründung durch das unverhofft große Echo, das sie allenthalben gefunden hatten, in einen Gegensatz zu ihren Gründungsidealen geraten: Die Armut, in der die Mönche leben wollten, hatte ihnen nicht selten einen Reichtum an materiellen Gütern beschert, der insbesondere die Franziskaner in einen erbitterten Grundsatzstreit stürzte. Der Versuch, das Problem durch den juristischen Trick einer Unterscheidung zwischen dominium und usus zu umgehen, war für die Anhänger einer wahren Armut naturgemäß unannehmbar. Es kam zu Parteibildungen innerhalb des Ordens, und die Auseinandersetzungen zwischen den kompromißlosen Jüngern des hl. Franziskus, den Spiritualen, und der konziliantер gesinnten Kommunität beschäftigten zunächst den Papst, schließlich auch das Konzil von Vienne (1312). Die am 6. V. 1312 erlassene Bulle »Exivi de paradiso« verfügte einen tatsächlich armen Gebrauch (usus pauper) der den Klöstern und Mönchen zur Verfügung stehenden Dinge. Aber auch diese Entscheidung konnte den Streit zwischen den Spiritualen und den Gemäßigten nicht beilegen, zumal jetzt der Satzungskonflikt in einen dogmatischen überging: Die grundsätzliche Frage, ob Jesus und die Apostel als Einzelpersonen oder als Gemeinschaft weltliches Eigentum besessen hätten, mußte selbstverständlich an die Grundlagen der gegenwärtigen Amtskirche rühren. Als die Ordensoberen, darunter der Generalminister Michael von Cesena und der allenthalben respektierte Bonagratia von Bergamo, die sich bis dahin gegen die radikalen Kräfte des Ordens gewandt hatten, in aller Öffentlichkeit die Lehre von der Armut Jesu als wahr und katholisch deklarierten (6. VI. 1322), kam es zum Bruch mit dem Papst. Am 8. XII. verkündete Johann den Verzicht auf das Eigentum an franziskanischem Besitz, der damit vogelfrei wurde. Ein Jahr später wurde die Behauptung einer prinzipiellen Armut Christi für häretisch erklärt (12. XI. 1323). Dies erfolgte einen Monat nach der Eröffnung des ersten Prozesses gegen Ludwig den Bayern (8. X.), und es kennzeichnet das immense öffentliche Interesse an dieser dogmatischen Auseinandersetzung, daß Ludwig, der zunächst den Papst als Begünstiger der das Beichtgeheimnis verletzenden Minoriten angegriffen hatte, die Partei der radikalen Franziskaner ergriff und in der Sachsenhäuser Appellation den Papst als Häretiker brandmarken ließ, weil Johann die absolute Armut Christi leugne.

Aber weder Ludwig noch die franziskanischen Rebellen, die sich später an seinen Hof flüchteten, haben die trotz ihres Exils fest im System der abendländischen Christenheit wurzelnde Kurie ins Wanken bringen können. Denn die finanziellen Forderungen der Päpste, die natürlich einen überaus fruchtbaren Nährboden jenes häretischen Dogmas bildeten, stellten ja nur einen Teil der kurialen Einwirkungsmöglichkeiten auf das Leben des europäischen Klerus dar. In wechselseitigem Konnex dazu stand das Stellenbesetzungsrecht, das der Papst aufgrund seiner Machtvollkommenheit (plenitudo potestatis) und unter Umgehung der regulären Besetzungspraxis, z. B. durch Wahlen von Domkapiteln und Mönchskonventen, in einem bis dahin unbekannten Ausmaß auszuüben begann. Mit den Reservationen der »an der Kurie vakanten Benefizien« hatte sich Bonifaz VIII. die Besetzung der im Umkreis von zwei Tagesreisen um Rom befindlichen Benefizien vorbehalten. Diese Reservationen wurden von seinen Nachfolgern ständig erweitert, bis schließlich Urban V. 1363 den Anspruch auf die Besetzung nahezu aller höheren Benefizien erhob. Wer also die Pfründe eines Domherrn übernehmen wollte, mußte dazu entweder persönlich nach Avignon reisen oder durch einen Vertreter ein Gesuch einreichen, das dann in umständlicher Weise seinen Weg durch die kurialen Behörden nahm. Nicht gerade selten stieß dabei ein Bewerber auf einen oder mehrere Konkurrenten; wieviel Bestechungsgelder oder auch ganz normale Gebühren dabei nach Avignon geflossen sind, kann man nicht genau berechnen. Die in diesem Zusammenhang produzierte Urkunden- und Aktenflut kann es durchaus mit der einer Großbehörde unserer Tage aufnehmen. In den Kommunregistern Johannes' XXII. hat man 65000 einschlägige Stücke gezählt, in denen Clemens' VI. sogar 90000. Zum Vergleich: In den Regesta Imperii Karls IV. sind rund 7500 Urkunden verzeichnet. Zur Beförderung der Schriftstücke gab es ein Gremium von 50 cursores pape, die aber nur die wichtigsten Schreiben an prominente Adressaten zuzustellen pflegten. Die Masse der anderen Schriftstücke wurden von den Bittstellern selbst befördert oder von Agenten der in Avignon ansässigen Handelsgesellschaften. Nur vor diesem Hintergrund kann man ermessen, auf welch ungleichen Kampf sich Ludwig der Bayer eingelassen hat und wie sehr sich seine Auseinandersetzung mit der Kurie von den voraufgegangenen unter Barbarossa oder Friedrich II. unterschied. Das Papsttum war den noch fast archaischen Verhältnissen des Hochmittelalters längst entwachsen und hatte sich zu einer Macht mit dem damals wohl am meisten aufgeblähten Behördenapparat Europas entwickelt, während der Bayer Mühe hatte, aus der primitiven Kanzlei eines Territorialfürsten diejenige eines römischen Königs zu machen; dabei hat er auf nur einen einzigen Notar seines Vorgängers zurückgreifen können.

Nach den Ereignissen und Vorfällen in Italien kann der am 8. X. 1323 eröffnete Prozeß für König Ludwig schwerlich wie ein Blitz aus heiterem Himmel gekommen sein. Schon vorher, z. B. bei der Besetzung des Mainzer Erzstuhls, hatte der Wittelsbacher erfahren müssen, daß das Wohlwollen dieses Papstes eher seinem Gegner zuteil wurde, obwohl Johannes streng darauf achtete, auch Friedrich nur unter dem vor der Approbation üblichen Titel eines rex electus anzuschreiben. Die an die Domtür zu Avignon angenagelten Anklagen umfaßten u.a. die folgenden Punkte: Ludwig habe ohne Approbation durch den Papst Namen und Titel eines römischen Königs geführt und die Rechte von Regnum und Imperium wahrgenommen. Dies sei eine Rechtsverletzung, da die Leitung des Reiches bei Vakanz der römischen Kirche zustehe. Ferner habe sich Ludwig der Begünstigung von Ketzern wie des Galeazzo Visconti schuldig gemacht. Ludwig solle daher bei Strafe des Bannes binnen dreier Monate von der Verwaltung des Reiches und der Begünstigung der Ketzer ablassen. Als besonders gravierend mußte es erscheinen, daß Johann unter den illegalen Verwaltungsmaßnahmen des Bayern, die Belehnung von Ludwigs gleichnamigem Sohn mit der Markgrafschaft Brandenburg erwähnte, die mit dem Tode des Askaniers Woldemar ans Reich heimgefallen war. Damit war die Herrschaft des von den Kurfürsten gewählten römischen Königs auch im regnum Teutonicum in Frage gestellt.
Die ihm gesetzte Frist von drei Monaten nutzte Ludwig, um eine Gesandtschaft nach Avignon zu senden, die einen Aufschub des gesetzten Termins verlangen sollte. Vom 18. XII. 1323 datiert die sogenannte Nürnberger Appellation Ludwigs, eine Prozeßschrift, die dazu dienen sollte, die Jurisdiktion Johanns in Frage zu stellen und durch ein Schiedsrichterkolleg zu ersetzen. Man hat die Nürnberger Appellation und die ihr folgenden – die Frankfurter vom 5. I. und die Sachsenhäuser vom 22. V. 1324 – häufig als reine Propagandaschriften gedeutet, mit denen die öffentliche Meinung für ein Allgemeines Konzil gewonnen werden sollte, das dann Ludwigs Sache in neutraler Weise hätte aburteilen können. Auf die Sachsenhäuser Appellation trifft diese Interpretation im wesentlichen auch zu, wenn man davon absieht, daß sie, angeblich ohne Wissen Ludwigs, von dessen Protonotar Ulrich Wild auf des Königs Namen gefälscht worden sein soll. Die Nürnberger und die Frankfurter Appellation aber sind Prozeßschriften, die der Angeklagte dem Richter, in diesem Fall also Papst Johann XXII., zugeleitet hat. Sie sollten die Haltlosigkeit der Vorladung und die Befangenheit des Richters nachweisen. Dabei wurde auf die Empfindlichkeit des Papstes wenig Rücksicht genommen. Johann, so heißt es, begünstige die Minoriten, die ständig das Beichtgeheimnis

verletzten, und sei daher ein wahrhafter Begünstiger von Häretikern. Zum Schluß legte Ludwig Berufung an den Apostolischen Stuhl ein und forderte die Einberufung eines Konzils.
Der Vorwurf, die Minoriten in ketzerischen Aktionen zu begünstigen, war zweifellos an den Haaren herbeigezogen und wirkt auch schon insofern nicht sehr überzeugend, als wenig später die Anklage sozusagen umgedreht wurde und das Vorgehen Johanns gegen die radikalen Kräfte des Franziskanerordens im sog. Barfüßerkrieg als Häresie gebrandmarkt wurde. Aber die Attacken der Nürnberger Appellation richteten sich vor allem gegen die Funktion des Papstes als Ankläger in einem Inquisitionsprozeß. Die Entscheidung darüber, ob die besagten Vorwürfe zu Recht bestehen oder nicht, hätte nicht der Papst als Ankläger und Richter selbst treffen können. Zugleich wären der dann tätig werdenden neutralen Instanz auch die Urteile über die anderen Streitfälle zugefallen. Die komplizierten Normen des kurialen Prozesses, auf den sich Ludwig mit der Nürnberger Appellation eingelassen hat, können hier nicht im Detail referiert werden. Es scheint, daß die Berater Ludwigs und die nach Avignon gesandten Prokuratoren der Sache wenigstens am Anfang nicht ganz gewachsen gewesen sind. Jedenfalls hat Johann XXII. es verstanden, die erforderlichen Entscheidungen über die Rechtmäßigkeit von Ludwigs Vorwürfen selbst zu treffen, und wie das Ergebnis dieser Prüfung ausgefallen ist, braucht nicht näher erläutert zu werden. Die Prokuratoren Ludwigs haben es dabei offenbar versäumt, diesen Vorgang, der einen Verstoß gegen das in diesem Fall übliche Verfahrensrecht darzustellen scheint, offiziell protokollieren zu lassen; in der von Johann schriftlich gegebenen Antwort auf die Einlassungen der Prokuratoren wird die Überreichung der Appellation von Nürnberg mit keinem Wort erwähnt, was die Forschung lange zu der Annahme geführt hat, diese sei gar nicht in Avignon ausgehändigt worden. In späteren Jahren hat Ludwig, als er sich um die Absolution bemühte, stets die Meinung vertreten, die am 23. III. 1324 über ihn verhängte Exkommunikation sei zu Unrecht erfolgt, und dies dürfte im wesentlichen wohl auch den Tatsachen entsprechen. Aber Johann konnte in der Bannbulle, die auf der den Prokuratoren gegebenen Responio aufbaute, unwidersprochen die Behauptung aufstellen, Ludwig habe sich als contumax bezeugt – er habe sich dem weiteren Verlauf des Verfahrens entzogen – und sei daher zu Recht exkommuniziert worden. Der Papst hat den Verlauf der Appellation vom Januar 1324 also lückenhaft und damit nicht der Wahrheit gemäß dargestellt. Allerdings wird man die Bedeutung von Johanns Rechtsbeugung nicht überbewerten dürfen. Der Papst hat mit der eigenwilligen Behandlung der Nürnberger Appellation

offenbar nur den kürzesten Weg zu einem Ziel gewählt, das er unbedingt erreichen wollte. Man wird davon ausgehen können, daß die Sache Ludwigs auch dann mit Exkommunikation und Absetzung geendet hätte, wenn jene Regeln am Anfang des Prozesses beachtet worden wären, denn angesichts der Zusammensetzung des Kardinalskollegiums hätte man gewiß eine Schiedskommission zusammenstellen können, die in der von Johann gewünschten Weise die Einreden Ludwigs zurückgewiesen hätte.

Der am 23. III. verhängten Exkommunikation folgte am 11. VII. 1324 die Aberkennung aller durch die Wahl erworbenen Rechte. Johann drohte Ludwig mit dem Entzug der Reichslehen und verhängte Bann und Interdikt über alle seine Anhänger. Der gewählte König der Römer wurde in den an der Kurie verfaßten Dokumenten allmählich zum Bayern degradiert. Rund 25 Jahre vorher waren die Strafandrohungen Bonifaz VIII. gegen Philipp den Schönen wirkungslos ins Leere gegangen, und als der Papst den Bann gegen den König hatte schleudern wollen, war er von Sciarra Colonna mit Schlägen traktiert worden. Aber das römische Reich war nicht Frankreich, wo man die Anhänger des Papstes und Gegner der monarchischen Allgewalt mit mehr oder weniger sanftem Druck zur nationalen Solidarität ermuntern konnte. Ludwig hatte gerade seine Rivalen in einer Schlacht besiegt, aber der Krieg gegen die Habsburger war damit natürlich noch nicht gewonnen; von den elsässischen Reichsstädten, die sich in der unmittelbaren Nachbarschaft der alten habsburgischen Besitzungen befanden, bekannten sich Colmar und Schlettstadt weiterhin zu dieser Dynastie, deren weiterer Widerstand von dem energischen Bruder Friedrichs, Leopold, garantiert wurde. Allerdings wären die Habsburger allein wohl doch zu sehr geschwächt gewesen, um sich gegen den Bayern behaupten zu können. Aber in der ersten Prozeßurkunde Johanns XXII. war der Hinweis auf einen Vorgang enthalten, der geeignet war, der anti-wittelsbachischen Position neue Kräfte zuzuführen: die Belehnung des damals noch minderjährigen Königssohnes Ludwig mit der Mark Brandenburg (April 1323). Die Übertragung eines nicht mit den bayerischen und pfälzischen Besitzungen in Konnex stehenden Fürstentums, das überdies über eine Kurstimme verfügte, hatte nur mit Unterstützung einiger benachbarter Herren erfolgen können. Andere waren über die Erwerbspolitik Ludwigs verstimmt. Um Bündnispartner zu werben hatte der König u.a. seine Tochter Mechthild mit dem jungen Landgrafen Ludwig dem Ernsthaften von Thüringen verlobt. Daran war an sich nichts Verwerfliches; fatale Konsequenzen zeitigte diese Verbindung allerdings dadurch, daß der Landgraf zuvor bereits mit Guta, einer Tochter Johanns von Böhmen verlobt gewesen war und das junge Mädchen sich bereits bei ihrer künftigen Schwiegermutter auf der Wartburg befand. Guta wurde unverrichteter Dinge wieder nach Hause geschickt und hat dann übrigens noch vier weitere Verlobungen feiern können, ehe sie schließlich Johann von Valois, den späteren König Johann II. von Frankreich, ehelichte. Bei dem persönlichen Affront des Böhmenkönigs ließ es der Bayer dann nicht bewenden, denn er erteilte dem Bräutigam die Erlaubnis, die an Böhmen verpfändeten Reichsstädte Altenburg, Chemnitz und Zwickau auszulösen. Johann, der sich selbst Hoffnungen auf die Mark Brandenburg gemacht hatte – angeblich war sie ihm sogar als Preis für die Teilnahme an der Mühldorfer Schlacht zugesagt worden –, begann sich vom Wittelsbacher zu lösen. Schon im Verlauf des Jahres 1322 hatte er die seit den Tagen von Heinrichs VII. Kaisertum arg lädierten Beziehungen zum französischen Königshaus wieder zu normalisieren verstanden. Am 24. VIII. 1322 heiratete König Karl IV. Maria, die Schwester des Böhmenkönigs, und im Frühjahr 1323, als die thüringische Verlobung der Guta in die Brüche ging, reiste König Johann zusammen mit Erzbischof Baldewin und seinem damals siebenjährigen Sohn Wenzel nach Paris und vertraute diesen seinem Schwager Karl zur Erziehung an. Wahrscheinlich schon am 8. V. d.J. heiratete Johanns Sohn, der dann den Namen seines Erziehers und Firmpaten angenommen hat, dessen Nichte Margarete oder Blanche, Schwester des späteren Königs Philipp VI. Der König von Frankreich wurde dadurch zum Mittelsmann einer Opposition aus Luxemburgern und Habsburgern, die alsbald Pläne zur Ablösung des gebannten Königs Ludwig zu schmieden begann. So soll der Böhmenkönig vorgeschlagen haben, seinen Schwager, d. h. den König von Frankreich, oder sich selbst zum Kaiser erheben zu lassen. Nachdem dieser Plan einmal erörtert worden war, wurde er im folgenden Jahr mit größerer Energie wieder aufgegriffen. Im Einvernehmen mit Papst Johann schlossen Herzog Leopold und König Karl IV. am 27. VII. 1324 in Bar-sur-Aube einen Vertrag, in dem sich Leopold verpflichtete, die Kurfürsten dahin zu bringen, den französischen König auch zum römischen zu wählen. Leopold sprach in diesem Zusammenhang vom vakanten Reich; er war also bereit, das Königtum seines gefangenen Bruders preiszugeben, und zwar für die Unterstützung des künftigen Königs bei der Unterwerfung der Waldstätte und der Verpfändung einer Reihe von Reichsstädten an die Habsburger. Falls die Kurfürsten sich dem Ansinnen widersetzen sollten, war die Übertragung des Königtums durch Provision, also durch eine von dem Recht der Kurfürsten unbeeinträchtigte Einsetzung durch den Papst, vorgesehen. Zwar dürften die Einzelheiten dieses dubiosen Vertrages kaum an die Öffentlichkeit gedrungen sein, aber die Konferenz von Bar-sur-Aube war nicht zu verheimlichen gewesen und scheint bei den Zeitgenossen beträchtliches Aufsehen erregt zu haben. Leopold hat dann auch noch versucht, die Pläne zu verwirklichen, aber im Bereich der Ränkespiele und Intrigen hat sich der Bayer zeit seines Lebens zumindest als ebenbürtiger, wenn nicht überlegener Gegner von Habsburg und Luxemburg erwiesen. Mit dem gefangenen Friedrich hatte er einen Trumpf in der Hand, den er erfolgreich gegen die Opposition ausspielen konnte. Zunächst schloß er am 13. III. 1325 mit Friedrich die sogenannte Trausnitzer Sühne, die den Thronverzicht des Habsburgers und dessen Belehnung mit den habsburgischen Erbländern vorsah. Da die erforderliche Zustimmung Leopolds zu diesem Vertrag nicht zu haben war, kam es dann in München zu weiteren Verhandlungen der beiden königlichen Widersacher, die am 1. IX. 1325 zu einem in der Reichsgeschichte des Mittelalters einmaligen Vertrag führten. Ludwig und Friedrich wollten künftig gemeinsam als Könige regieren. Sie sollten auf der Straße, in der Kirche und überall in gleicher Weise als römische Könige geehrt werden. Reichslehen waren von den beiden gemeinsam zu verleihen, das Hofgericht sollte ungeteilt im Namen beider Könige urteilen. Die Einhaltung dieser letzten Bestimmung läßt sich übrigens nicht kontrollieren, da aus der Zeit von 1325 bis 1329 keine einzige Urkunde dieser Institution überliefert ist. Auch mit Leopold, der sich zunächst gesträubt hatte, den Vertrag anzuerkennen, konnte sich Ludwig am Ende einigen. Am 7. I. 1326 hat der Bayer sich sogar bereit erklärt, auf sein Königtum zu verzichten, wenn es gelingen sollte, binnen sechs Monaten die Approbation von Friedrichs Königtum durch den Papst zu erreichen. Aber nur wenige Wochen später ist Leopold am 28. II. 1326 in Straßburg gestorben, und überdies hatte sich sein Bruder Friedrich durch seine Abmachungen mit dem gebannten Bayern schon längst die Gunst des Papstes verscherzt. Außerdem scheint Friedrich nach seiner Freilassung aus der bayerischen Haft ein gebrochener Mann gewesen zu sein; eine auch nur halbwegs wirksame Regierungstätigkeit hat er selbst während Ludwigs späterem Romzug nicht ausgeübt. Zwar lassen sich auch nach Leopolds Tod noch Versuche der Habsburger registrieren, in Avignon die Approbation Friedrichs als römischen Königs zu erreichen, was zu Mißstimmungen zwischen den beiden Königen geführt hat. Aber diese Bemühungen erwiesen sich am Ende als vergeblich. Zurückgezogen und fast unbeachtet ist König Friedrich am 13. I. 1330 gestorben. Seine beiden Brüder Albrecht II. und Otto waren zunächst nicht in der Lage, die politischen Ereignisse der folgenden Jahre nachhaltig zu beeinflussen.

Obgleich mit dem Tode Leopolds die Opposition der Laienfürsten im Reich einen ihrer führenden Köpfe und zudem den offenbar einzig zielbewußten Anführer verloren hatte, war das Königtum des Wittelsbachers alles andere als unumstritten. Papst Johann XXII. hatte das Interdikt auch über die Anhänger des gebannten Königs verhängt, und das hieß zum Beispiel, daß in den Städten, deren Regiment dem Bayern zuneigte, in den Territorien, deren Herren sich zu Ludwig bekannten, der Klerus keine sakrale Handlungen vornehmen durfte: z.B. keine Messe lesen, keine Ehen schließen, keine Taufen oder christliche Beerdigungen vornehmen. Die Zeitgenossen faßten dies alles in die einprägsame Formel: der Klerus dürfe nicht singen. Das war trotz der damals schon weitverbreiteten kritischen Haltung gegenüber der Amtskirche eine ungeheuer einschneidende Forderung des Papstes, die dann allerdings auch z.T. auf scharfe Ablehnung gestoßen ist. In einigen Städten hat man den Klerus vor die Wahl gestellt, entweder zu singen oder die Stadt zu verlassen. Heftig umstritten war zunächst auch die von der Kurie verlangte öffentliche Verkündung der Sentenzen gegen Ludwig. In Aachen verlas der Kantor sie in der Kirche Karls d. Großen und zog damit sich und dem Kollegiatkapitel des Marienstiftes den Zorn der Stadtbevölkerung zu. In den Brandenburger Städten Berlin und Cölln führte der Versuch des Propstes Nikolaus von Bernau, die Bevölkerung gegen den König zu mobilisieren, zu schweren Tumulten, in deren Verlauf der Propst ermordet wurde. Ein päpstlicher Bote, der die Urteilssprüche Johanns beförderte, wurde in Saarburg, also in Erzbischof Baldewins unmittelbarem Machtbereich eingekerkert, und in Basel wurde ein anderer Bote in den Rhein geworfen und ertränkt. Bürgermeister, Rat und Schöffen der Stadt Straßburg schrieben einen Brief an den Papst, sie sähen sich außerstande, die päpstlichen Mandate in der Stadt verlesen zu lassen, weil es innerhalb und außerhalb ihrer Stadt Anhänger des erwählten Königs Ludwig gäbe. Ein Bericht über die Lage in den Städten und Territorien entlang des Rheins von Basel bis zur Mündung des Stroms, der vermutlich von einem Kölner Kleriker nach Avignon gesandt worden ist, vermittelt ein ziemlich buntscheckiges Bild von der Oboedienz bzw. Nicht-Oboedienz der verschiedenen Städte, Herren und Fürsten. Dem Bayern kam es dabei zugute, daß die Minoriten seit der Sachsenhäuser Appellation in ihm einen mächtigen Bundesgenossen in der Auseinandersetzung mit Papst Johann über die Armut Christi gefunden zu haben glaubten. Zahlreiche Minoriten kümmerten sich nicht um das verhängte Interdikt; aber auch die Dominikaner verrichteten z.T. den Gottesdienst. Alles in allem läßt sich feststellen, daß das Interdikt bei weitem nicht in der von Johann erhofften Weise beachtet worden ist; aber auch die Freunde des Königs haben doch keinen Zweifel daran gelassen, daß sie die geschilderten Zustände für ein furchtbares Unglück hielten. Wo die Messen stattfanden, hatte der Klerus ein schlechtes Gewissen, und im übrigen mußten die Geistlichen den langen Arm der Kurie fürchten. Wer Karriere in der Kirche machen wollte, wer Hoffnungen auf bessere Pfründen hegte, tat gut daran, nicht den Bruch mit Avignon zu provozieren. Auf der anderen Seite konnten die der Kurie genehmen Kandidaten zwar mit einer Erhebung zum Bischof per provisionem rechnen, jedoch stieß ein solchermaßen Begünstigter dann unter Umständen auf einen vom Kapitel gewählten Rivalen, der den Vorzug hatte, vom Kaiser mit den Temporalien seiner Kirche belehnt zu werden, d. h. die Verfügungsgewalt über den weltlichen Besitz seines Bistums zu erhalten. Aufgrund dieser verfassungsrechtlichen Gegebenheit wird es auch verständlich, daß Ludwig sich trotz Bann und Absetzung auch weiterhin auf zahlreiche Domkapitel und viele Bischöfe stützen konnte und daß vor allem in der Einflußsphäre seiner Hausmacht sich zumeist nur die von ihm favorisierten Bischöfe durchzusetzen vermochten.

Der mit gewaltigem Propagandaaufwand geführte Kampf zwischen den beiden obersten Gewalten der Christenheit, für deren Treiben der gemeine Mann zu normalen Zeiten nur wenig Interesse bekundet haben dürfte, griff durch das über die Anhänger des Bayern verhängte Interdikt tief in den alltäglichen Glaubens- und Lebensbereich der Bevölkerung namentlich der Reichs- und der Freien Städte ein. Das hat man in Avignon natürlich gewußt und gelegentlich auch Bedauern darüber zum Ausdruck gebracht. Die Gefahr, daß in einer solchen Situation die Amtskirche mit ihren Priestern, die nicht singen, mit den Sakramenten, die nicht gespendet werden durften, auf die Dauer Schaden erleiden könnte, scheint die Kurie offenbar für gering gehalten zu haben. Und dies nicht ganz zu Unrecht. Die für Deutschland eigentümliche Mystik, die gerade damals ihrer Blütezeit entgegenstrebte, hätte sich gewiß als Nährboden für eine gegen Avignon gerichtete Bewegung nutzen lassen, aber dies ist allem Anschein nach weder von Ludwig dem Bayern noch von seinen gelehrten Beratern erkannt worden. Der erste und zugleich auch bedeutendste Prediger der Mystik, der Dominikaner Meister Eckhart aus dem thüringischen Hochheim, ist zwar am Ende seines Lebens der Häresie bezichtigt worden, aber er hat dies als ungerechtfertigt empfunden und an den Papst in Avignon appelliert, um seine Rechtgläubigkeit unter Beweis stellen zu können. Dies zu einem Zeitpunkt, als der Kampf zwischen dem Bayern und Johann XXII. bereits in aller Schärfe entbrannt war und der Meister somit die Gelegenheit gehabt hätte, ähnlich wie die

Spiritualen des Franziskanerordens, den Zwiespalt zwischen Kaiser und Papst zu seinen Gunsten auszunutzen. Dabei war Eckhart ein welterfahrener Mann; 1302 war er an der Sorbonne als Magister der Theologie tätig geworden, hatte dann als Provinzial die sächsische Ordensprovinz übernommen, 1307 wird er Generalvikar der böhmischen Provinz, soll dann die süddeutsche Provinz leiten, geht aber wieder nach Paris und lehrt schließlich an der Schule seines Ordens zu Köln. Eckharts in deutscher Sprache gehaltene Predigten von der Abgeschiedenheit des Menschen von sich selbst und allen Dingen dieser Welt, von seiner Einbildung in Gott, von dessen Gegenwart im Seelengrund des Menschen, müssen auf die Zuhörer des Meisters, besonders die weiblichen unter ihnen, einen tiefen Eindruck gemacht und bei seinen Gegnern den Verdacht geweckt haben, daß die von Eckhart mitgeteilten Erfahrungen mystischer Selbstentfremdung und Gottfindung sich nicht mehr mit der Lehre der die Heilsgüter verwaltenden und vermittelnden Kirche vereinbaren ließen. Als unter den eigenen Ordensbrüdern Kritik laut wurde und die Kurie eine Untersuchung forderte, sah sich Erzbischof Heinrich von Köln, ein Anhänger Avignons, zum Einschreiten genötigt. Gegen die von Minoriten geführte Untersuchung appellierte der Meister dann an den Papst. Erst nach seinem Tod wurden am 27. III. 1329 15 Sätze aus Predigten und Traktaten als häretisch, 11 weitere als mißdeutbar verurteilt. Weder Meister Eckhart selbst noch die Bedeutenderen seiner Schüler und Nachfolger haben beabsichtigt, mit ihrer Lehre und ihrem Leben den Boden der kirchlichen Dogmen zu verlassen, und sind Auslegungen, die sie in den Verdacht der Häresie bringen mußten, durchweg entschieden entgegengetreten. Zu einer Gefahr für die Kirche ist die von einfachen und armen Leuten, aber auch von wohlhabenden Stadtbürgern rezipierte Frömmigkeit der großen Mystiker nicht geworden. Mit gelegentlich aufgespürten Gruppen, die allzu radikal ihre Abneigung gegen Priesterschaft und Sakramentlehre bekundeten, ist die trotz Bann und Interdikt weiterhin gut funktionierende Inquisition fertig geworden, ohne großes Aufsehen zu erregen. Einen John Wyclif oder Jan Hus hat der Streit zwischen Kurie und römischem König bzw. Kaiser nicht hervorgebracht. Die gelehrten Ketzer, die sich nach Ludwigs Italienzug am Münchner Hof versammelten, haben wohl die Gemüter in Avignon oder an der Pariser Universität in Aufregung versetzen können, kaum aber die Seelen der des Lateinischen nicht mächtigen Reichsstadtbürger. Die empörten sich nur, wenn der Klerus sich weigerte, seinen Pflichten nachzukommen. Erst das Scheitern der verheißungsvollen Ausgleichsverhandlungen im Frühjahr 1337 hat dann zu einer national gefärbten Erregung über das hartherzige Verhalten von Papst und Kurie gegenüber dem bußwilligen Kaiser geführt; darauf werden wir noch zurückkommen. Aufs ganze gesehen ist das kirchliche Leben in Deutschland durch den Streit des Bayern mit Avignon in seinem äußeren Ablauf zwar manchmal empfindlich gestört, aber doch kaum tiefgreifend verändert worden. Daß schließlich Karl IV. nach dem Tode des häretischen Kaisers seine Herrschaft so rasch zu stabilisieren vermochte, wird man vor allem der Hoffnung zuschreiben dürfen, unter einem von Avignon auf den Thron erhobenen König wieder das gewohnte von katholischem Glauben und Kult geprägte Alltagsleben führen zu können.

Unter Berücksichtigung der kirchlichen Zustände im Reich wird man die in den folgenden Jahren unternommene Italienpolitik, vor allem natürlich den Romzug und die Kaiserkrönung, als eine Flucht nach vorne werten müssen. Im Dezember 1326 reiste der Bayer nach Innsbruck, wo er eine Unterredung mit König Friedrich hatte; von dort aus zog er nach Trient, um sich mit verschiedenen Ghibellinen zu treffen, mit denen er die Vorbereitungen zu einem in nächster Zeit geplanten Romzug erörtern wollte. Ursprünglich hatte Ludwig beabsichtigt, nach der Tridentiner Konferenz noch einen Hoftag in Nürnberg zu halten; und erst von dort aus sollte der Romzug angetreten werden. Jedoch kam man in Trient zu der Auffassung, daß die Überraschung eines sofortigen Vorstoßes auf die Ewige Stadt so groß sein würde, daß sich die Guelfen erst gar nicht zu einem organisierten Widerstand aufraffen könnten. Anders als beim Beginn von Heinrichs VII. Romfahrt waren die Fronten zwischen den Anhängern des künftigen Kaisers und seinen Feinden diesmal im Hinblick auf Guelfen und Ghibellinen sehr viel deutlicher abgesteckt. Indes dauerte es eine geraume Zeit, bis z. B. Friedrichs Vertrauensmann in Görz und Treviso, Heinrich von Kärnten, sich mit Cangrande, dem Herrn von Verona, auf einen Waffenstillstand geeinigt hatte, so daß der Übergang über die Kärntner Alpenpässe gesichert war. Die Ghibellinen erklärten sich bereit, insgesamt 150000 fl. aufzubringen, eine angesichts der Bedeutung, die ihnen die Legalisierung ihrer Stellung durch einen Kaiser bringen würde, durchaus bescheidene Summe. Florenz hat für den Schutz des Königs von Neapel gegen den heranrahenden römischen König erheblich tiefer in den Stadtsäckel greifen müssen. Nachdem Ludwigs Gemahlin Margarete von Hennegau mit einer kleinen Truppe von Soldrittern in Como eingetroffen war, zog Ludwig gen Mailand, wo er am 31. V. mit der Eisernen Krone der Lombarden gekrönt wurde. Ebenso wie Heinrich VII. mußte aber auch der Bayer erfahren, daß Mailand ein für die Deutschen sehr gefährliches Pflaster war: Galeazzo Visconti machte sich des Hochverrats verdächtig, es wurden einige belastende Briefe von ihm entdeckt. Er wurde eingekerkert und das Gebiet von Mailand dem von Ludwig bestellten Generalvikar der Lombardei, Wilhelm von Montfort, unterstellt. Die Brüder des Verdächtigen blieben aber weiterhin am Hof Ludwigs. Heinrichs VII. Hauptresidenz und Grablege Pisa, das sich zuvor mit Florenz auf einen modus vivendi geeinigt hatte, verschloß dem Bayern die Tore, wurde dann aber durch eine Belagerung zur Unterwerfung gezwungen. Am 15. XI. 1327 wurde zum erstenmal einer der italienischen Stadttyrannen, Castruccio Castracane, in den Reichsfürstenstand erhoben; Castracane wurde zum erblichen Herzog von Lucca, Pistoia, Volterra und Luni ernannt und erhielt zugleich die Würde eines Fahnenträgers des Hl. Reiches. Falls Ludwig der Meinung gewesen sein sollte, durch sein eigenmächtiges Vorgehen Papst Johann XXII. doch noch zum Einlenken bewegen zu können, so dürfte diese Hoffnung schon bald zunichte gemacht worden sein. Am 3. IV. 1327 wurde ihm auch noch sein angestammtes Herzogtum aberkannt und zum 1. X. der Beginn eines weiteren Ketzer-Prozesses gegen den Bayern angekündigt. Als Grund des neuen Verfahrens wurde u. a. auch Ludwigs Umgang mit Marsilius von Padua und Johann von Jandun angegeben. Daß der angekündigte Prozeß stattfand und am 23. X. 1327 mit der Verurteilung Ludwigs als Ketzer endete, sei nur am Rande vermerkt.

Mit Marsilius von Padua und Johann von Jandun waren zwei der bedeutendsten Theoretiker und Propagandisten des Ghibellinentums an den Hof Ludwigs gekommen.

Marsilius von Padua galt als der wohl gefährlichste Theoretiker und Propagandist dieser antikurialen Partei. Mit dem Defensor pacis (Verteidiger des Friedens), einem umfangreichen Traktat über den weltlichen, von der geistlichen Suprematie gelösten und seiner selbst gewissen Staat, hatten sich Marsilius und sein als Mitverfasser angesehener Kollege Johann von Jandun einen Ketzerprozeß eingehandelt. Da Marsilius auch die Kaiserwürde als eine von der geistlichen Sphäre unabhängige Macht deklarierte, dürfte der Defensor pacis einen nicht unerheblichen Einfluß auf die Ausgestaltung von Ludwigs Romzug gehabt haben. Den traditionellen Anspruch des Papsttum auf den Vollzug der Kaiserweihe hat Marsilius keineswegs in Abrede gestellt, aber er verwies auf das Beispiel der Krönung des französischen Königs durch den Erzbischof von Reims, die dem Consecrator keinerlei Rechte über den von ihm Geweihten einräumte. Hinsichtlich der Approbation meinte Marsilius: Wenn die Machtbefugnisse des gewählten römischen Königs davon abhinge, so wäre das Amt der Kurfürsten ohne jeglichen Sinn. Als häretische Kernsätze des Defensor pacis wurden am

23. X. 1327 die folgenden Aussagen gebrandmarkt: 1. Das Gleichnis vom Zinsgroschen bezeuge, daß Christus sich der weltlichen Gewalt untergeordnet habe. 2. Die Autorität Petri sei die gleiche wie die der anderen Apostel. 3. Der Kaiser habe die Macht, Päpste ein- oder abzusetzen. 4. Die Priester seien alle im Rang gleich. 5. Die Strafgewalt des Priesters beruhe auf der Delegation durch den Kaiser.

Die am 17. I. 1328 im Petersdom vollzogene Kaiserkrönung Ludwigs wird in aller Regel als die Realisierung bestimmter Ideen des Marsilius interpretiert. Aus der Hand des Sciarra Colonna als dem Vertreter des Römischen Volkes habe der Bayer die Kaiserkrone entgegengenommen; ein exkommunizierter Bischof hat dann die Weihe vollzogen. Daß es bei den Feierlichkeiten nicht ganz mit rechten Dingen zugegangen ist, läßt schon die bayerische Chronica Ludovici IV. erkennen, wenn sie zwar ausführlich über Pomp und Pracht des Krönungszuges berichtet, sich zugleich aber über die Person des Coronators ausschweigt. Das allzu profan-römische Zeremoniell in der Peterskirche muß wohl auch vom Kaiser selbst als unbefriedigend empfunden worden sein, jedenfalls hat er sich dann am Pfingstsonntag noch einmal krönen lassen. Aber dies stellte in den Augen Papst Johanns nur einen weiteren Frevel dar, denn als Coronator fungierte der am 12. V. zum Papst gewählte Minorit Petrus von Corvaro. Vor der Erhebung Nikolaus' V., des letzten der kaiserlichen Gegenpäpste, hatte Ludwig aufgrund seiner kaiserlichen Macht und unter Berufung auf das Vorbild Ottos I. den Jakob von Cahors, der sich Papst nenne, für abgesetzt erklärt (18. IV.). Indes erwies sich die Begeisterung der Römer als eine flüchtige Stimmung. Anfang August, als es auch im Heer des Kaisers zu Mißhelligkeiten gekommen war, verließ Ludwig mitsamt seinem Papst die Stadt; zu ihm stießen nunmehr noch weitere vom Papst mit dem Bann belegte Theologen aus dem Minoritenorden, darunter der aus einem Kerker in Avignon entkommene Ordensgeneral Michael von Cesena, der Procurator des Ordens, sowie der Oxforder Magister Wilhelm von Ockham. München wurde in der Folge, wenn auch nur vorübergehend, zu einer Hochburg der geistlich-intellektuellen Fronde gegen die römische Kurie in Avignon. Der Kaiser ließ der Absetzungssentenz vom 28. IV. eine weitere, ebenfalls auf diesen Tag datierte, folgen, in der jetzt nur noch theologische Gründe für die Maßnahme gegen den Mann aus Cahors ins Feld geführt wurden: Johanns Ansichten und Entscheidungen in der Armutsfrage wurden als häretisch bezeichnet. Bei der Bevölkerung der Reichsstädte und den fürstlichen Verbündeten des Kaisers mitsamt ihren Vasallen und Untertanen wurde die Freude über Ludwigs Rangerhebung freilich erheblich

durch die Fortdauer des Interdikts getrübt. Die Erhebung eines Gegenpapstes wurde selbst von der Chronik der Bayernherzöge mit herben Worten getadelt; Nikolaus V. hat sich übrigens nur kurze Zeit nach der Rückkehr des Kaisers seinem Rivalen in Avignon auf Gnade und Ungnade unterworfen. Die Römer schlossen ebenfalls ihren Frieden mit Johann und gelobten, künftig keinen Kaiser mehr krönen zu wollen.
Papst Johann hatte schon vor der seiner Ansicht nach natürlich häretischen Kaiserkrönung des Bayern erneute Versuche unternommen, die Basis von Ludwigs Herrschaft in Deutschland zu unterminieren, und seit dem April 1328 schien sich dann auch ein Erfolg abzuzeichnen. Die Habsburger spielten dabei allerdings eine untergeordnete Rolle, obwohl der mit dem Bayern verbündete König Friedrich damals noch lebte; aber für den von Johann verfolgten Plan einer Neuwahl des römischen Königs konnten die Habsburger dem Papst nicht viel bieten, verfügten sie doch über keine Kurstimme. Der Papst glaubte auf die Stimmen der beiden Erzbischöfe von Mainz und Köln rechnen zu können, entscheidend aber waren die Stimmen der beiden Luxemburger Baldewin von Trier und Johann von Böhmen. Da diese in der Hoffnung auf eine Wahl Johanns zunächst auf die päpstlichen Wünsche eingingen, schien die Neuwahl und damit ein möglicher Sturz des Bayern nur noch eine Frage der Zeit zu sein. Zum 31. V. 1328 wurde sogar ein Wahltag ausgeschrieben, aber Papst Johann gab in einem Schreiben vom 7. V. an Baldewin zu verstehen, daß er den Böhmenkönig nicht als den vornehmsten Kandidaten benennen könne. Seinen Favoriten hat Johann freilich ebenfalls nicht genannt; es war der am 27. V. zum König von Frankreich erhobene Philipp von Valois. Der Wahltag fand dann aber schon deshalb nicht statt, weil die Gräfin Loretta von Sponheim dem Erzbischof Baldewin von Trier aus territorialpolitischen Gründen auf der Mosel auflauerte und ihm als Gefangenen auf eine ihrer Burgen führte. Als Baldewin Mitte Juni wieder frei kam, schleppte sich die Sache solange hin, bis mit dem Tode des Erzbischofs von Mainz am 9. IX. der Plan Johanns endgültig scheiterte, denn nun kam es zu einem offenen Konflikt zwischen Baldewin und dem Papst, als dieser einen Neffen des Kölner Erzbischofs zum Nachfolger providierte, das Mainzer Kapitel aber den Trierer als neuen Erzbischof postulierte (12. X. 1328). Die beiden Virneburger haben dann versucht, doch noch die von Johann XXII. gewünschte Wahl Philipps VI. zustande zu bringen, aber das war wohl nicht einmal mit dem Kandidaten abgesprochen, denn der unterhielt zu diesem Zeitpunkt sehr gute Beziehungen mit den Luxemburgern und förderte die Bemühungen Baldewins um die Bestätigung der Mainzer Postulation.

Damit waren die Pläne des Papstes gescheitert, und seine Weigerung, Baldewin als Mainzer Erzbischof anzuerkennen, trieb diesen vollends ins Lager des Bayern. Baldewin wurde für eine gewisse Zeit zum prominentesten Bundesgenossen des Kaisers im Kampf gegen die Kurie, wobei er mitunter sogar gegen seinen Neffen, den Böhmenkönig, Stellung nehmen mußte. An seiner tiefen Skepsis gegenüber der Person des Kaisers hat dieser Positionswechsel allerdings nichts geändert.
Die komplexen politischen Gegebenheiten und Entwicklungen im Reich vom Romzug Ludwigs bis zu seinem Tode im Herbst des Jahres 1347 auch nur halbswegs überschaubar darzustellen, wird man als eine kaum zu bewältigende Aufgabe bezeichnen müssen; auch die Zeitgenossen werden Mühe gehabt haben, die vielen Pläne, Intrigen und Machenschaften der maßgeblichen Figuren zu über- oder gar zu durchschauen. In geheimen Verhandlungen wurden Ergebnisse erzielt und auch urkundlich festgehalten, die man später ohne jede Scham dementierte. Nachdem z. B. Gerüchte über den Thronverzicht des Bayern zugunsten seines Neffen, des Herzogs Heinrich von Niederbayern, durchgesickert waren, stellte der Kaiser diesen Verzicht in einem Brief an die Wormser in Abrede (14. VII. 1334). Selbst wenn man ihnen eine Urkunde mit des Kaisers Siegel daran vorzeigen würde, sollten sie nicht daran glauben, »da ja diu werlt so vil valsch und weren sucht, daz den ze allen zeiten nicht ze gelauben ist«.
Die erwähnte Abdankung Ludwigs des Bayern, die im Einvernehmen mit dem Schwiegervater des Herzogs Heinrich, König Johann von Böhmen, erfolgt ist, kann nur vor dem Hintergrund der im Jahre 1330 eingeleiteten Versuche Ludwigs zu einer Versöhnung mit Johann XXII. verstanden werden. Daß der starrsinnige Greis sich überhaupt auf die Bemühungen Ludwigs eingelassen hat, ist vor allem auf gewisse politische Entwicklungen im Gefolge einer großen Einigung der drei reichspolitisch wichtigsten Dynastien – Habsburg, Wittelsbach und Luxemburg – zurückzuführen, die der Papst nicht einfach ignorieren konnte. Im Frühsommer 1330 offerierten Baldewin von Trier, Johann von Böhmen und König Friedrichs Bruder Otto von Österreich dem Papst den Vorschlag, Ludwig solle sich von seinem Papst lossagen (der sich freilich schon selbst unterworfen hatte), er solle sich von seinen Appellationen distanzieren, seine Handlungen gegen die Kirche widerrufen und die über ihn verhängte Exkommunikation als rechtens anerkennen. Dafür sollte der Papst Ludwig die Absolution erteilen und sein König-, aber auch sein Kaisertum anerkennen. Der Papst antwortete auf diesen Kompromißvorschlag zwar mit neuerlichen Vorwürfen gegen den gebannten Bayern, zeigte sich aber dennoch

bereit, Verhandlungen über die Vorschläge aufzunehmen. Tatsächlich sind in den folgenden Jahren mehrfach Gesandtschaften des Kaisers nach Avignon gereist, um die Möglichkeiten einer Befreiung des Bayern von den über ihn verhängten Strafen zu erkunden. Allerdings waren die Ausgangspositionen der beiden Widersacher zu weit voneinander entfernt, als daß unter diesem Papst eine Einigung hätte erzielt werden können. Ludwig war durchaus bereit, seine Verfehlungen im geistlich-theologischen Bereich zu bekennen und dafür Buße zu tun. Z.B. hat er sich im Verlauf der folgenden Jahre von den an seinem Hofe aufgenommenen Minoriten distanziert und behauptet, als einfacher Rittersmann habe er von dem Barfüßerkrieg um die Armutsfrage gar nichts verstanden. Desgleichen war er bereit, die Erhebung eines Gegenpapstes als Verfehlung einzugestehen, und auch an der Kaiserkrönung wären die Ausgleichsverhandlungen gewiß nicht gescheitert. Als Gegenleistung erwartete Ludwig aber ganz allgemein, daß der Papst das römische Reich in seinen Rechten und Ehren belassen werde. Zu diesen Rechten rechnete er von Anfang an die Ausübung der vollen Herrschergewalt ohne vorherige Approbation, und zwar auch in Italien. Im übrigen stellte er seinen guten Willen im Verlauf der späteren Verhandlungen dadurch unter Beweis, daß er auch über rein politische Fragen mit sich reden ließ, z. B. über die Annullierung der Prozesse Heinrichs VII. gegen Robert von Neapel oder über ein gutes Einvernehmen mit Frankreich als der gegenwärtigen Schutzmacht der Kurie. Es sollte sich aber auch unter Johanns XXII. umgänglicheren Nachfolgern zeigen, daß die Ansichten beider Parteien kaum miteinander in Einklang zu bringen waren, unter anderem wohl auch deshalb, weil weltliche und geistliche Sphäre an einem Punkt unauflösbar miteinander verstrickt zu sein schienen: Ludwig hat die am 23. III. 1324 über ihn verhängte Exkommunikation für unrechtmäßig erachtet und allem Anschein nach stets darauf bestanden, daß die andere Seite dies wenigstens indirekt anerkennen solle (so Alois Schütz). Johann XXII. war zu einem derartigen Eingeständnis natürlich überhaupt nicht bereit, indes scheinen sich seine beiden Nachfolger zeitweise mit dem Gedanken getragen zu haben, diese Auffassung des Bayern stillschweigend zur Kenntnis zu nehmen. Die Ausgleichsverhandlungen gestalteten sich aber nicht nur wegen der sachlichen Differenzen über die Gründe von Ludwigs Bestrafung zu einer überaus zähen Prozedur. Auf die politischen Störfaktoren werden wir noch zu sprechen kommen. Hinzu kam aber auch noch, daß nach Ansicht der Kurie die geschehenen Dinge nicht mit einem einfachen Gnadenakt des Papstes aus der Welt geschafft werden konnten. Die Sentenzen gegen den Bayern waren im Rahmen von förmlichen Prozessen verhängt worden und konnten demnach auch nur in ebenso förmlichen Verfahren wieder aufgehoben werden. Offenbar war Ludwig noch im November 1333 bei Gelegenheit seines angeblichen Verzichts auf die Herrschaft der Meinung, ein solches Verfahren vermeiden und die Differenzen als ebenbürtiger Verhandlungspartner des Papstes beilegen zu können. Aber unter Johanns Nachfolger Benedikt hat sich Ludwig dann einem Absolutionsprozeß unterworfen, dessen Verlauf sich etwa in der folgenden Weise skizzieren läßt: Nach Überprüfung der Vollmachten von Ludwigs Rechtsvertretern erhalten beide Parteien die Gelegenheit, sich in einem öffentlichen Konsistorium allgemein zur Sachlage zu äußern. Dabei kommt indes schon aller Welt sichtbar zum Ausdruck, daß sich hier ein bußfertiger Sünder seinem Richter zu stellen, d. h. zu unterwerfen hat. Die Vertreter des Poenitenten bekennen in allgemeiner Form dessen Vergehen gegenüber dem Nachfolger Petri und seiner Kirche. Auf der Grundlage der in diesem Zusammenhang überreichten Prokuratorien wird alsdann in mehr oder weniger vor der Öffentlichkeit abgeschirmten Verhandlungen über die Einzelheiten der Rekonziliation diskutiert. Die Unterhändler des Poenitenten verfügten nicht nur über die der Gegenseite vorzuweisenden Prokuratorien, sondern auch noch über weitere Verhandlungsinstruktionen, die, soweit sie in deutscher Sprache abgefaßt waren, natürlich nicht geeignet waren, der Gegenseite zur Kenntnisnahme vorgelegt zu werden (anders Schütz). Wiederum in einem öffentlichen Konsistorium wäre dann am Ende die Unterwerfung des Poenitenten unter die Sanktionen im einzelnen vollzogen und die Absolution verkündet worden. Wäre diese dem Prestige eines Herrschers nicht eben zuträgliche Prozedur auf die Verstöße gegen die geistlichen Normen, kurz: die Sünden, zu beschränken gewesen, hätte Ludwig mit den Nachfolgern Johanns wohl doch ins reine kommen können. Aber das Problem, ob der gewählte römische König schon vor der Approbation durch den Papst rechtmäßig Regierungshandlungen vollziehen dürfe und ob die u. a. auch aus der Verneinung dieser Frage resultierende Exkommunikation des Bayern von 1324 zu Recht bestehe, hat sich als so schwerwiegend erwiesen, daß der geringste Druck von außen zum Scheitern der Rekonziliationsverhandlungen führen mußte. Dies ist ein sehr wesentlicher Punkt: Die Verfahren an der Kurie waren eingebettet in die politischen Gegebenheiten und Entwicklungen der Zeit und sind von diesen in vielfacher Weise gefördert, mehr aber noch behindert und am Ende gänzlich abgewürgt worden. Inwieweit die Bemühungen des Kaisers um seine Versöhnung mit der Kurie auch aus der Sorge um sein Seelenheil resultierten, wird man schwerlich ermessen können;

aufs Ganze gesehen dürfte er aber die Auseinandersetzung mit Avignon als eine politische Angelegenheit angesehen haben, und zumindest in den Jahren 1337 und 1338 hat er es verstanden, auch die meisten seiner heimlichen oder offenen Gegner zu dem Bekenntnis zu veranlassen, es gehe der Kurie nicht um den rechten Glauben, sondern um die Vernichtung der politischen Macht des römisch-deutschen König- und Kaisertums.

Die bereits erwähnte Einigung der drei großen Königsdynastien, die als Voraussetzung des ersten Einlenkens der Kurie angesehen werden darf, war am 6. VIII. 1330 mit einem Vertrag besiegelt worden, der zum einen die Anerkennung Ludwigs als Kaiser durch die beiden letzten Söhne König Albrechts, zum anderen die Beteiligung König Johanns von Böhmen an einem zweiten Italienzug des Bayern vorsah. Der endgültige Friede mit den Herzögen Albrecht II. und Otto war für den Wittelsbacher von ganz erheblicher Bedeutung, da er nunmehr mit der vorbehaltlosen Loyalität auch der Reichsstädte rechnen durfte, die in der Nachbarschaft habsburgischen Herrschaftsgebietes gelegen waren. Demgegenüber scheint der Luxemburger Johann seinen Bündnispartner hinters Licht geführt zu haben. Kurze Zeit nach dem Hagenauer Vertrag verlobte er nämlich seinen zweiten, damals achtjährigen Sohn Johann Heinrich mit der zwölfjährigen Tochter Herzog Heinrichs von Kärnten, der später so berühmt-berüchtigten Margarete Maultasch. Da diese Verlobung den Böhmen Aussichten auf den Erwerb des Herzogtums Kärnten und der noch weit wichtigeren Grafschaft Tirol eröffnete, führte die Verlobung der beiden Kinder die Dynastien Wittelsbach und Habsburg noch enger zusammen. Und bei der ersten Überraschung ließ es der Luxemburger nicht bewenden; er zog nach Italien und erweckte dort den Eindruck, er komme im Auftrag des Kaisers, zugleich aber auch im Einvernehmen mit dem Papst und dem König von Frankreich, um dem Land den Frieden zu bringen. König Johann erzielte zunächst auch geradezu überwältigende Erfolge; das guelfische Brescia bot ihm sogar die Signorie an, die er auch akzeptierte. Dann aber ermöglichte er die Rückkehr der aus der Stadt verbannten Ghibellinen. Italien muß sich damals in die Anfangsphase von Heinrich VII. Romzug zurückversetzt gefühlt haben. Selbst Azzo Visconti von Mailand und Alois Gonzaga unterstützten den Böhmenkönig, der seine Herrschaft schließlich über Lucca, Parma, Modena und Reggio ausdehnen konnte, Städte und Gebiete, auf die auch Papst Johann XXII. Ansprüche erhob. Der Böhmenkönig hat in der folgenden Zeit versucht, seine italienischen Erfolge diplomatisch abzusichern; die Pläne, mit denen er dabei jonglierte, haben die Höfe Europas, von München bis Avignon, von Paris bis Neapel in den folgenden Jahren ständig in Atem gehalten. Um nur ein Beispiel zu nennen: Für Philipp VI. von Frankreich sollte ein besonderes lombardisches Königreich geschaffen werden, das dieser vom Papst zu Lehen gehalten hätte. Die bereits erwähnten Städte Parma, Reggio und Modena sollten, ebenfalls als päpstliche Lehen, dem Böhmenkönig übertragen werden. Johanns Vertragsentwürfe enthielten nahezu alle eine eindeutige Tendenz gegen den Wittelsbacher, aber es erwies sich dann doch nur allzubald, daß die böhmische Position zu schwach war. Johann mußte in Verhandlungen mit dem Bayern eintreten, die am Ende des Jahres zu dem Ergebnis führten, daß der Kaiser den italienischen Unternehmungen Johanns seinen Segen gab. Das vom Böhmenkönig zurückgewonnene Reichsgut sollte ihm als Pfand überlassen werden. König Johann ist unmittelbar nach dieser ziemlich problembeladenen Einigung mit dem Kaiser nach Frankreich gereist und hat dort im Januar 1332 mit Philipp VI. eine Allianz geschlossen, in die übrigens auch schon Johanns Sohn Karl eingeschlossen wurde. Dieser war damals gerade 15 Jahre alt und von seinem Vater mit der Vertretung in dem allmählich unruhig werdenden Italien betraut worden, und damit begann seine Karriere mit einer eher militärischen denn politischen Aufgabe – vielleicht ist dies der Schlüssel zum Verständnis von Karls später so betont geäußerter Abneigung gegen den Krieg als einem Begleitinstrument des politischen Geschäfts. Die beiden Luxemburger sind damals in eine sehr enge Beziehung zu Philipp VI. getreten; im Grunde wurden Johann und sein Sohn Karl zu Soldrittern des Königs von Frankreich. Mit 400 Helmen hatten sie Philipp VI. in Champagne und Vermandois Beistand zu leisten. Es war übrigens der Vertrag von Fontainebleau, der etwa 14 Jahre später zu der Beteiligung des gewählten römischen Königs Karl IV. an der Schlacht und Katastrophe von Crécy im August 1346 führen sollte. Der Anlaß zu dem Vertrag war die Ehe von Karls Schwester Guta oder Bonne, die nach fünf Verlobungen nun endlich unter die Haube kam; im März konnte sie die Hochzeit mit Philipps VI. ältestem Sohn Johann feiern.

Der Böhmenkönig scheint damals eine geradezu unendliche Fülle von politischen Plänen erwogen zu haben. In dem Vertrag zu Fontainebleau war z. B. auch die Möglichkeit vorgesehen, daß Johann selbst König oder gar Kaiser werden könne; er wollte dann den Besitzstand seines Vertragspartners Philipp wahren. Für den Fall eines Angriffs auf den König von Deutschland oder den Kaiser war Johann nicht zur Hilfe verpflichtet. Vorgesehen war aber u. a. auch der Fall eines französischen Angriffs auf einen Dritten im Reich. Johann hatte dann militärische Unterstützung zu gewähren. Möglicherweise war von den vielen politischen Alternativen, die in dem Heiratsvertrag von Fontainebleau berücksichtigt wurden, gerade dieser Angriff auf einen Dritten das vordringlichste Ziel, denn am 11. V. 1332 schloß Johann mit dem Bischof von Lüttich, dem Grafen von Geldern, Looz und Namur eine Allianz gegen den Herzog Johann III. von Brabant. Die sich daran anschließende Auseinandersetzung endete mit einem Schiedsspruch, den Philipp VI. erteilte, wofür ihm der Brabanter Herzog den ligischen Lehnseid geleistet hat. Es ist nahezu unmöglich, die militärischen und politischen Ereignisse, in die Johann damals verwickelt war, im nachhinein zu überschauen. Der Böhmenkönig ist von Zeitgenossen und Nachfahren oft als Pläneschmied und Hansdampf in allen Gassen gescholten worden, und man wird nicht umhin können, diesem Verdikt wenigstens teilweise zuzustimmen. Von seinen vielen Plänen sind gewiß nur wenige bis zur Reife gediehen; nicht einmal das römische Königtum seines Sohnes wird man ohne Einschränkungen dazu rechnen dürfen, denn die Vereinbarungen, die Karl im Zuge der Wahlvorbereitungen mit Baldewin von Trier über das weitere Schicksal der Grafschaft Luxemburg getroffen hat, sind von Johann nur mit erheblichem Vorbehalt gebilligt worden, und am Ende haben sich Karl und Baldewin über Johanns Kopf hinweg geeinigt. Jedoch hat Johann gerade im lothringisch-luxemburgischen Grenzraum dafür gesorgt, daß diese Region vom wittelsbachischen Einfluß freiblieb und als eine der wenigen sicheren luxemburgischen Bastionen im Reich gelten konnte. Johann, der sich unter den französischen Fürsten und Baronen sehr viel wohler gefühlt hat als unter dem stets zur Frondebildung neigenden Adel Böhmens, hat sich im übrigen in Lothringen sehr zielbewußt und erfolgreich dem bis dahin übermächtigen Einfluß Philipps VI. entgegengestellt, obwohl dieser ja seit 1332 sein Lehnsherr war. So setzte er z. B. seit 1337 seine Schirmvogtei (garde) über Verdun gegen den Widerstand des Pariser Hofes durch, und 1343 gründete er einen großen lothringischen Landfrieden, der die Schiedsgerichtsbarkeit des Königs von Frankreich eindämmen sollte. Zu den großen und nachhaltigen Erfolgen Johanns zählt vor allem der Ausgleich mit König Kasimir von Polen, der unter der Bezeichnung »Vertrag von Trentschin« zitiert zu werden pflegt. Im ungarischen Trentschin ist jedoch am 24. VIII. 1335 nur ein Vorvertrag zustande gekommen, der als Grundlage der im November des Jahres zu Wissegrad (ebenfalls in Ungarn) abgeschlossenen Übereinkunft gedient hat. Diese sah im wesentlichen den Verzicht Johanns auf die polnische Krone vor, wofür Kasimir sich zur Preisgabe seiner Ansprüche auf die ehemals piastischen Fürstentümer Schlesiens, zumal auf die Oppelner Herzogtümer bereit erklärte. Damit war die bereits vollzogene böhmische Expansion in die piastische Herrschaftssphäre legitimiert worden.

Zurück zum Vertrag von Fontainebleau des Jahres 1332. Dieser war nur ein weiterer Stein in dem europäischen Mosaik, an dem König Johann damals arbeitete. Welche Vorstellungen Johann von dessen Gesamtbild gehabt hat, ist bis heute noch nicht eindeutig erkennbar geworden. Wollte er selbst römischer König oder Kaiser werden, wie es der Vertrag von Fontainebleau als Möglichkeit vorsah, oder ging es ihm nur darum, die italienischen Eroberungen der Luxemburger zu wahren und eines Tages mit Kärnten und Tirol zusammenzufassen? Auch der Plan, Kaiser Ludwig solle zugunsten seines Neffen Heinrich von Niederbayern, der zugleich König Johanns Schwiegersohn war, abdanken, um dadurch die Absolution Johanns XXII. zu gewinnen, dürfte dem Kaiser vom Böhmenkönig vorgeschlagen worden sein. Die Abdankung des Kaisers sollte mit einer Tauschaktion großen, geradezu europäischen Stils verbunden werden, und der Hauptnutznießer dieses Geschäftes wäre zweifellos Philipp VI. von Frankreich geworden, denn ihm wurden gegen die vom Reich auf normalem Wege nie aufzubringende Summe von 300000 Mark Silber das gesamte Arelat sowie die Stadt Cambrai zum Pfand versprochen. Einbegriffen waren in diese Versprechungen auch die Lehen der Anjou, Provence und Forcalquier, das Bistum Avignon, Vienne mit dem Delphinat, Savoyen und Lyon, das Frankreich aber schon längst als sein Eigentum in Besitz genommen hatte, sowie endlich die Freigrafschaft Burgund mit Besançon, dazu noch Sitten und Lausanne. Die Urkunde des Herzogs Heinrich, die wahrscheinlich am 15. II. 1334 in Poissy von einem französischen Kanzleibeamten geschrieben worden ist, trägt das Datum des 7. XII. 1333; etwa zweieinhalb Wochen vor diesem Datum, am 19. XI., hatte der Kaiser seinem Neffen eine Urkunde übergeben, in der Ludwig den sieben Kurfürsten, den Fürsten, Grafen, Freien, Dienstmannen, Städten, Reichen und Armen gebot, daß sie seinen Vetter als einen römischen König anerkennen sollten; er befahl ihnen bei dem Eid, den sie ihm selbst geleistet hatten, daß sie dem Herzog von nun verbunden und gehorsam sein sollten als einem römischen König, und er sagte sie aller Eide ledig, die sie ihm geschworen hatten. Es fällt auf, daß Ludwig in der mit dem kaiserlichen Siegel bekräftigten Urkunde, die er auch als Kaiser ausstellte, über das Schicksal dieser Würde kein Wort verloren hat. Offenbar als Preis für den Verzicht Ludwigs hat König Johann am 6. XII. in Frankfurt dem Kaiser eine Urkunde ausgestellt, in der er ihm Unterstützung gegen den Papst gelobte, falls dieser einen mit ihm ausgehandelten, aber noch nicht abgeschlossenen Vertrag, der den Verzicht des Bayern vorausgesetzt haben dürfte, zu Fall bringen würde. Zu welchen Bedingungen Ludwig zum Verzicht bereit war, erfahren wir aus einem Revers Herzog Heinrichs vom 19. XI., in dem dieser versicherte, daß der ihm überantwortete (Verzicht-)Brief des Kaisers keine Kraft haben solle und er ihn auch nicht öffentlich vorzeigen werde, bis daß der Papst den Kaiser durch einen bevollmächtigten Boten öffentlich absolviert und dieser (offenbar erst dann) alles widerrufen habe, was er gegen den Papst und den Stuhl zu Rom unternommen hatte. Man wird schwerlich annehmen können, daß Ludwig damals die von ihm vorausgesetzte Verfahrensweise – erst Absolution, dann Verzicht – noch für durchsetzbar gehalten hat. Immerhin war noch im vorausgegangenen Sommer von kaiserlichen Gesandten in Avignon die Angelegenheit zur Sprache gebracht worden. Aber nicht nur wegen Heinrichs Versprechungen mußte der Verzicht des Bayern für die Kurie völlig wertlos sein: Die Frage, welche Konsequenzen der Verzicht auf das Königtum für seine Kaiserwürde haben würde, hatte Ludwig überhaupt nicht berührt. Da der Konnex und der Unterschied zwischen diesen beiden Ämtern und Würden bei den vorausgegangenen Verhandlungen stets beachtet worden war, hätte man Ludwigs Spiegelfechterei in Avignon auf den ersten Blick bemerkt. Es lohnt sich daher nicht, über die aus Ludwigs »Verzicht« resultierenden Möglichkeiten zu räsonieren, z. B. über die Frage, welche Funktionen ein Kaiser ohne die Machtmittel des römischen Königtums noch hätte ausüben können. Der Kurie ging es in diesem Fall ums Prinzip, und so hat sich Johann XXII. auch erst gar nicht um eine Interpretation des Briefes vom 19. XI. bemüht, sondern den Bayern zu einem eindeutigen Verzicht auf beide Ämter aufgefordert. Aber noch ehe das Schreiben des Papstes vom 28. VI. 1334 an Ludwigs Hof eingetroffen sein kann, erklärte dieser am 29. VI. in einem Brief an die Kardinäle, daß Gerüchte, er werde auf die Kaiserwürde verzichten, nicht der Wahrheit entsprächen. Damit hatte Ludwig nicht einmal gelogen. Ein Räsel bleibt, warum der Böhmenkönig, der im übrigen in seinen eigenen Verträgen alle nur denkbaren Eventualitäten zu berücksichtigen pflegte, seinen Schwiegersohn nicht besser beraten hat und sich nicht von der Aktion distanzierte, als ihm der Text des Verzichtbriefes, spätestens wohl am 6. XII., bekannt geworden war. Das Ziel des Bayern, seinen Rivalen Johann von Böhmen ins Zwielicht zu setzen, hat der Kaiser gewiß erreicht; aber auch er selbst hatte mit dieser politischen Farce seine Glaubwürdigkeit unterminiert: Nicht einmal dem kaiserlichen Siegel durfte man von nun an Vertrauen entgegenbringen. Auch im Lager seiner politischen Verbündeten galt er fortan als wankelmütige Figur; Baldewins Notare nannten ihn den »Dyptingus«, den Doppelzüngler.

Als der Bayer die Gerüchte über seinen Verzicht als Lügengespinst bezeichnete, hat er dies wohl auch im Vertrauen darauf tun können, daß die Stellung des mittlerweile fast 92 Jahre alten Papstes ins Wanken geraten war und er daher hoffen durfte, es schon bald mit einem konzilianteren Gegenspieler zu tun zu haben. Schuld an der Krise in Avignon trug u. a. König Robert von Neapel, der über die Unterstützung der böhmischen Italienpolitik durch Johann XXII. empört war. Diese Politik war zwar im wesentlichen bereits gescheitert, als Johanns Truppen am 14. IV. 1333 bei Ferrara einer großen italienischen Liga unterlagen, aber die Gefahr einer böhmischen Expansion in Roberts Interessensphäre war noch immer nicht ganz gebannt. Wortführer der schon lange latent existierenden Fronde im Kardinalskolleg, die sich jetzt ans Tageslicht wagte, wurde Napoleon Orsini, der ja schon 1323 vor dem Prozeß gegen Ludwig gewarnt hatte. Dem Kaiser wurde der Vorschlag gemacht, ein allgemeines Konzil einzuberufen, das den Papst wegen einer bis dahin geduldeten theologischen Lehre, der sogenannten Visio beatificata, als Ketzer verurteilen sollte. Ludwig stimmte natürlich zu, und zwar in demselben Schreiben, in dem er auch die Gerüchte über den Verzicht auf das Kaisertum dementierte. Die erhoffte Gelegenheit, den alten Widersacher im Bunde mit Robert von Neapel, aber auch mit Philipp VI. von Frankreich stürzen und sich selbst ohne Prestigeverlust rehabilitieren zu können, hat sich dann aber im letzten Augenblick zerschlagen. Am 4. XII. 1334 starb, zur großen Erleichterung auch seiner früheren Anhänger, Papst Johann XXII. Sein Nachfolger wurde nach einem nur siebentägigen Konklave am 20. XII. gewählt; Jacques Fournier, aus dem südfranzösischen Ort Saverdun im Languedoc stammend, war erst Zisterzienserabt gewesen, dann nacheinander Bischof von Pamiers (1317) und Mirepoix (1326) geworden. Schließlich wurde er von Johann XXII. 1327 zum Kardinal ernannt und war dann u. a. als Appellationsrichter in Inquisitionssachen tätig; so schrieb er auch Gutachten und Traktate zu Glaubensfragen u. a. auch gegen Wilhelm Ockham und Meister Eckhardt.

Ganz anders als sein Vorgänger, der sein einziges Vergnügen in der Arbeit gefunden hatte, vermittelte Papst Benedikt XII. das Bild eines den Freuden des Lebens durchaus nicht abgeneigten und umgänglichen Kirchenfürsten. Aber die bei Beginn seines Pontifikates bekundeten friedfertigen Absichten und die Ankündigung, er werde vielleicht bald nach Rom als seinem eigentlichen Amtssitz reisen, erwiesen sich als trügerisch. Benedikt stellte schon sehr bald unter Beweis, daß er dem Druck des Königs von Frankreich weit weniger Widerstand entgegenzusetzen vermochte als sein Vorgänger.

Zunächst freilich schienen die Chancen, zu einem Vergleich mit dem Bayern zu kommen, außerordentlich günstig zu sein. Man hat die mehrfachen Wechsel und Kehrtwendungen in der Politik des Bayern gegenüber der Kurie vielfach damit zu erklären versucht, daß es an seinem Hof verschiedene Parteien gegeben habe, so z. B. eine minoritische, die zumal in dogmatischen Fragen sehr viel radikalere Position bezogen habe, während eine andere, deutsche, die sich vor allem aus Ludwigs Rat und Kanzlei rekrutierte, gemäßigtere und pragmatischere Ansichten verfochten habe. Das ist gewiß im wesentlichen richtig, und der Bayer hat sich gelegentlich von gewissen Thesen der an seinen Hof geflüchteten Barfüßer distanziert. Aber nach neueren Forschungen scheint es doch so gewesen zu sein, daß Ludwig über die Jahre hinweg eine weitgehend einheitliche Meinung hinsichtlich seiner Position und seiner Verfehlungen gegenüber dem Papsttum vertreten hat. Natürlich kamen die von den Päpsten verfemten Minoriten nicht als Rechtsvertreter des Kaisers an der Kurie in Betracht. Die Gesandten und Prokuratoren des Bayern waren ausschließlich Deutsche und übten Funktionen in Rat und Kanzlei des Kaisers aus. Von den Laien wäre vor allem Berthold von Henneberg zu nennen, daneben die Grafen Ludwig und Friedrich von Öttingen, Graf Berthold von Neiffen-Marstetten, von den Klerikern der Magister Ulrich Hofmaier aus Augsburg, Arnold von Minnebeck auch Eichstätt und der bedeutendste von allen, Marquart von Randegg, Mitglied des Augsburger Domkapitels, der in Bologna die Rechte studiert hatte, wo er dann auch 1322 zum Prokurator der deutschen Nation gewählt worden war. Studiert hatten in Bologna übrigens, auch noch einige andere der hier Genannten, z. B. Ludwig von Öttingen und Arnold von Minnebeck.

Tatsächlich kam dann das Rekonziliationsverfahren in Gang und war bis zum Frühjahr 1336 schon so weit gediehen, daß ein Ende des unseligen Streits in Sicht gekommen schien. Dann aber wurden die zwischen der Kurie und den Vertretern des Bayern geführten Verhandlungen durch den sich abzeichnenden Konflikt zwischen England und Frankreich belastet, das Verfahren gegen Ludwig den Bayern geriet in die Präliminarien des hundertjährigen Krieges.

Der Konflikt zwischen den beiden Monarchien resultierte im wesentlichen zunächst aus der Tatsache, daß die englischen Könige auf dem Festland noch immer Besitzungen hatten, die vom König von Frankreich zu Lehen gingen. Zu Beginn des 14. Jahrhunderts war das zwar nicht mehr sehr viel, doch haben die Könige Englands ihren Außenposten auf dem Kontinent zäh gegen die Ausdehnungspolitik der Könige Frankreichs verteidigt, und zwar nicht nur wegen des auch damals schon hochgeschätzten Weines aus der Gegend von Bordeaux. Am 1. II. 1328 starb mit Karl IV. der letzte

direkte männliche Nachkomme des Hugo Capet. Der verstorbene König hatte nur eine Tochter hinterlassen, dazu jedoch auch noch eine schwangere Gemahlin; aber statt des erhofften Sohnes schenkte die Königin dann nur einer weiteren Tochter das Leben. Für die Nachfolge kamen nunmehr zwei Kandidaten in Betracht: Philipp von Valois, der ein Neffe König Philipps IV. war, und Eduard III., ein Enkel dieses Königs. Die Ansprüche Eduards wurden aber von den französischen Ständen – Fürsten, Baronen, Prälaten und Stadtbürgern – übergangen; am 27. V. 1328 wurde der Graf von Valois zum König erhoben. Eduard III. mußte gute Miene zum bösen Spiel machen, denn er war vor allem wegen seiner Feldzüge gegen den mit Karl IV., später auch mit Philipp VI. verbündeten Schottenkönig Robert Bruce nicht in der Lage, seine Erbansprüche aufrechtzuerhalten oder gar durchzusetzen. Er sah sich vielmehr sogar genötigt, im Juni 1329 in der Kathedrale von Amiens dem Rivalen für die französischen Lehen zu huldigen. Anwesend waren damals u. a. auch König Johann von Böhmen und sein ältester Sohn Karl. Der Luxemburger hat ein halbes Jahrhundert später, als er im Januar 1378 seinem Neffen, König Karl V., in Paris einen Besuch abstattete, in einer Rede vor dem französischen Staatsrat an dieses Ereignis erinnert und damit die Legitimität der englischen Ansprüche auf die französische Krone bestritten.
Die Vorbereitungen zu dem befürchteten Krieg, der nicht zuletzt auch einer diesseits und jenseits des Kanals geschürten Psychose entsprungen ist, sind von beiden Parteien mit großer Umsicht, vor allem aber mit vielem Geld getroffen worden. Unter den zahlreichen Allianzen, die seit 1328 geschlossen wurden, verdienen diejenigen hervorgehoben zu werden, die sich um die Person des einstigen Thronkandidaten, des Grafen von Hennegau und dreien seiner vier Töchter gruppierten. Die älteste, Margarete von Hennegau, hatte 1324 den Bayern geheiratet. Trotz erheblicher Bedenken erteilte dann Papst Johann XXII. Dispens wegen zu naher Verwandtschaft für die Ehe König Eduards III. mit Philippa von Hennegau. Und die dritte Tochter des Hennegauers, Johanna, war mit dem Grafen Wilhelm von Jülich verheiratet. Die beiden Grafen haben ihrem Schwager Eduard von England mehrfach als Soldritter während dessen Kriegszügen gegen die Schotten gedient. Allerdings waren die beiden Schwäger im Jahre 1328 auch im Heere Philipps VI. zu finden, das gegen Flandern zog; der Hennegauer hatte damals sogar wesentlichen Anteil am Sieg der Franzosen bei Cassel (August 1328). Graf Wilhelm von Jülich erhielt am 22. XII. 1328 von Philipp für seine Verdienste bei jenem Kriegszug ein Rentenlehen in Höhe von 600 Pfd. und war an einem guten Verhältnis zu Frankreich schon deshalb interessiert, weil seine

Mutter ihm die Herrschaft Vierzon-sur-Cher hinterlassen würde. Die zahlreichen französischen und englischen Verbindungen zu den einzelnen Fürsten, Grafen und Herren im niederländischen und niederrheinischen Raum können hier nicht aufgezählt werden; auch einige Bürger der Stadt Köln haben es verstanden, aus dem sich abzeichnenden Konflikt zwischen den beiden finanzkräftigen Monarchien ihren Nutzen zu ziehen: Der Ritter Edmund Birkelin beteiligte sich an den schottischen Feldzügen König Eduards und gehörte zeitweise zur Besatzung von Edinburgh. Zur zentralen Figur der Annäherung des Kaisers an seinen Schwager Eduard von England wurde dann jedoch der Graf Wilhelm von Jülich. Dieser hatte mit zahlreichen Rittern aus der Region zwischen Maas und Niederrhein bis zum Oktober 1335 ebenfalls gegen die Schotten gekämpft, war dann am Hofe Eduards geblieben, ehe er aufs Festland zurückkehrte, um hier den Kaiser und die Habsburger im Kampf um das Erbe Heinrichs von Kärnten zu unterstützen, der nach einem von Fehlschlägen überreichen Leben am 2. IV. 1335 gestorben war.

Die verschiedenen Absprachen über Heinrichs Erbe hatten den Nachteil, daß sie sich z.T. gegenseitig ausschlossen. Die Luxemburger beanspruchten natürlich alles für Heinrichs Tochter Margarete und ihren Gemahl Johann Heinrich; jedoch konnte der Kaiser geltend machen, daß nach lehnrechtlichen Normen eine weibliche Erbfolge nicht ohne weiteres zwingend war, und die Habsburger durften sich auf eine Abmachung mit dem Kaiser berufen, wonach sie Kärnten als Reichslehen erhalten sollten. Für dieses Versprechen hatten sie sich zur Unterstützung Ludwigs bei dem zu erwartenden Kampf um Tirol verpflichtet, das der Kaiser an sein Herzogtum ziehen wollte. Ludwig sah nach dem Tode seines ärgsten Widersachers in Avignon und dem Scheitern der luxemburgischen Italienpolitik offenbar keinen Anlaß, auf den Böhmenkönig noch irgendwelche Rücksichten zu nehmen, so daß es im Sommer 1336 zur offenen Fehde um Heinrichs Erbe kam. Da Herzog Heinrich von Niederbayern zu seinem Schwiegervater hielt, scheint der Kaiser schon kurz nach dem Ausbruch des Krieges zur Ansicht gelangt zu sein, daß er ihn nicht gewinnen könne. Er brach jedenfalls das Unternehmen kurzerhand ab, indem er von seinen habsburgischen Alliierten die Auslieferung von vier Schlössern an Enns und Donau forderte.

Das führte zu einem Umsturz des ganzen Bündnissystems; schon im Oktober schlossen die Habsburger mit dem Böhmenkönig einen Vertrag, der ihnen Kärnten und den Luxemburgern Tirol garantieren sollte. Obwohl diese gegenseitige Legitimierung des jeweiligen Besitzstandes ohne die Belehnung durch den Kaiser

jederzeit wieder in Frage gestellt werden konnte, bedeutete die Allianz zwischen Habsburg und Luxemburg doch eine empfindliche Niederlage des Wittelsbachers, die dieser jedoch innerhalb der beiden folgenden Jahre wieder wettzumachen verstand, und zwar nicht durch neue territorialpolitische Schachzüge, sondern durch einige aufsehenerregende Erfolge auf europäischer Ebene.
Dem Grafen von Jülich hatte der kurze Krieg reichen Gewinn eingetragen: Herzog Otto von Österreich akzeptierte ihn als Zeltgenossen, erlaubte ihm sogar, seine Helmzier zu tragen, und der Kaiser erhob ihn am 21. VIII. zum Markgrafen und damit auch zum Reichsfürsten. Wilhelm war dadurch zum Standesgenossen z. B. seines Nachbarn, des Herzogs von Brabant geworden. Wenige Wochen später wurde der neue Reichsfürst zum Leiter einer Gesandtschaft ernannt, die in Paris über ein Bündnis zwischen dem Kaiser und König Philipp VI. verhandeln und anschließend nach Avignon reisen sollte, um dort den Absolutionsprozeß fortzuführen und zu einem guten Ende zu bringen. Die Beauftragung eines der einflußreichsten Vertrauensleute Eduards III. mit der schwierigen Mission mußte in Paris, aber auch in Avignon als Wink mit dem Zaunpfahl aufgefaßt werden. Sie stellte eine Aufforderung an Philipp wie Benedikt dar, zwischen Krieg und Frieden zu wählen. Es muß in diesem Zusammenhang betont werden, daß es bis zum Ende des Jahres 1336 zwischen dem Kaiser und Eduard III. noch zu keinerlei vertraglichen Bindungen gekommen war. Am 23. XII. schlossen dann im Pariser Louvre Markgraf Wilhelm und der Präsident der Rechnungskammer, Miles von Noyers, im Namen ihrer jeweiligen Herren ein Abkommen, das bemerkenswert wenig substantielle Verpflichtungen enthielt. Der Kaiser versprach, dem Vertragspartner keinen Schaden zufügen zu wollen, während sich Philipp lediglich verpflichtete, die Sache des Kaisers in Avignon nicht zu stören. Miles von Noyers war zu dieser Zeit der bedeutendste Ratgeber und Diplomat Philipps VI. und hatte sich bei den organisatorischen und politischen Vorbereitungen des für unvermeidlich gehaltenen Krieges gegen England große Verdienste erworben. Philipp hatte ihn nach der Wahl Papst Benedikts nach Avignon gesandt, wo Miles der Kurie und dem neuen Papst alsbald klarmachte, wie eng der ihnen von Philipp VI. zugemessene Spielraum sein werde. Der König von Frankreich hat sich dann nicht an seine durch den Herrn von Noyers gemachten Versprechungen gehalten. Zunächst blieb eine französische Delegation aus, ohne deren Beratung und Zustimmung man nichts unternehmen wollte. Die deutsche Gesandtschaft wurde inzwischen mit ausgesuchter Höflichkeit behandelt, und über die Bedingungen der Absolution scheint man sich schon weitgehend geeinigt zu haben. Als Philipp

VI. den Papst Anfang April aufforderte, die Sache Ludwigs von Bayern aufzuschieben oder abzubrechen, hat dieser jedenfalls darauf verwiesen, daß der Kaiser sich den Befehlen und Urteilen der Kirche in allem zu unterwerfen bereit sei und daß er, der Papst, deshalb vor allem wegen seiner Verantwortung gegenüber den Gläubigen im Reich die Verhandlungen weiterführen müsse. Benedikt warnte in dem Schreiben, dem wir diese Nachrichten verdanken, Philipp vor den Gefahren eines englisch-deutschen Bündnisses. Der Papst war, wie man seinem Verhalten vor der Ankunft von Philipps Boten und nach seinem Brief vom 4. IV. entnehmen kann, ernsthaft um eine Aussöhnung mit dem Kaiser bemüht, aber als nur eine Woche später, am 11. IV., das große Konsistorium eröffnet wurde, hatte er seine Haltung bereits grundlegend geändert. Inzwischen war eine große Delegation aus Paris eingetroffen, und diese hatte ihn offenbar mit durchschlagendem Erfolg von der Richtigkeit des französischen Standpunktes überzeugen können. Bezeichnend für die weitere Entwicklung des avignonesischen Papsttums war, daß sich unter den Mitgliedern von Philipps Gesandtschaft mit Pierre Roger und Etienne Aubert die beiden Nachfolger Benedikts, Clemens VI. und Innozenz VI., befanden. Ob die kaiserliche Delegation schon vor Beginn des feierlichen Konsistoriums, mit dem der Absolutionsprozeß eingeleitet werden sollte, von der schlimmen Wendung informiert gewesen ist, entzieht sich unserer Kenntnis. Jedenfalls verkündete Benedikt, daß er Zweifel an der wahren Bußfertigkeit des Poenitenten hege und ihm daher im Augenblick nicht die Absolution erteilen werde. Später hat er unwidersprochen behauptet, den Gesandten des Kaisers einen neuen Termin für weitere Verhandlungen vorgeschlagen zu haben. Ludwigs Bevollmächtigte aber und der Kaiser selbst haben die von Benedikt möglicherweise als Unterbrechung gewertete Entscheidung vom 11. IV. als Abbruch des Verfahrens aufgefaßt und dementsprechend reagiert. An der Tatsache, daß Benedikt dem französischen Druck nachgegeben und seine Haltung nach dem Eintreffen von Philipps VI. Gesandtschaft in entscheidender Weise geändert hat, wird man angesichts seines Schreibens vom 4. IV. nicht zweifeln können.

Allerdings hatten sich Philipp und Benedikt, so wie es letzterer vorausgesagt hatte, in eine sehr ungünstige Position hineinmanövriert. Als Ende April eine große englische Gesandtschaft aufs Festland übersetzte und in Valenciennes unmittelbar an der Grenze zwischen Hennegau und Frankreich ihre Fäden zu den niederländischen Fürsten und Herren zu spinnen begann, dürfte Philipp sein Mißtrauen gegen die Aufrichtigkeit des Kaisers und seines Gesandten, des Markgrafen von Jülich, bestätigt gesehen haben. Am

24. V. 1337 ließ Philipp VI. das Herzogtum Guyenne besetzen; das war die Kriegserklärung an Eduard III. Es verdient noch einmal betont zu werden, daß der Kaiser erst im Verlauf des Sommers 1337 in direkte Vertragsverhandlungen mit den Gesandten Eduards III. eingetreten ist. Diese Unterredungen müssen am 7. VII. 1337 aber bereits so weit gediehen gewesen sein, daß der Kaiser dem Philipp von Valois, der sich als König von Frankreich ausgebe, eine Kriegserklärung glaubte zustellen zu können. Als Gründe der geplanten Fehde nannte Ludwig die Hintertreibung seiner Ausgleichsverhandlungen mit Benedikt und die Einmischung Philipps in Angelegenheiten der zum Reich gehörenden Cambraier Kirche. Die militärisch-politische Situation entlang der Grenze zwischen Frankreich und dem römisch-deutschen Reich hatte sich im südlicheren Teil seit den Tagen des Königs Adolf erheblich verändert. Auf den Dauphin von Vienne glaubte der Kaiser zählen zu können, aber dieser lehnte das Ersuchen des Kaisers ab; er wäre bei einem Kampf wohl auch zu isoliert gewesen. Der Adel in der Freigrafschaft Burgund war zwar noch immer nicht mit der Herrschaft des französischen Herzogs versöhnt, aber zu einer möglichen Gefahr konnte er danach dann doch nicht mehr werden, zumal der benachbarte Graf von Bar, einstmals ein wichtiger Bundesgenosse Eduards I., seit dem Brügger Vertrag vom Jahre 1301 vollständig unter die Kontrolle des Königs von Frankreich geraten war. Herzog Raoul von Lothringen schloß am 26. VII. mit König Johann von Böhmen als Grafen von Luxemburg ein Bündnis zum Schutz ihrer Länder, das sich allem Anschein nach vor allem gegen Ludwigs wichtigsten Alliierten, den Markgrafen Wilhelm von Jülich, gerichtet hat. Auch zahlreiche kleinere Herren der Region waren gegen Rentenlehen Gefolgsleute Philipps VI. geworden, so z. B. die Grafen von Salm und Leiningen und andere mehr. Sehr viel ungünstiger war aus der Sicht Frankreichs die Lage in den Niederlanden. Der von Johann von Böhmen gegen Brabant geführte kleine Krieg hatte auch dazu dienen sollen, dieses neben Hennegau-Holland mächtigste Fürstentum der Region auf die Seite Frankreichs zu zwingen. Es erwies sich dann sehr schnell, daß Herzog Johann III. nur der Not gehorcht hatte, als er Philipp VI. als Schiedsrichter in der Auseinandersetzung akzeptierte und obendrein dem König von Frankreich für ein Börsenlehen gehuldigt hatte. Bei der Werbung um Brabant und die anderen niederländischen Fürstentümer und Grafschaften spielte die englische Wollausfuhr wiederum eine beträchtliche Rolle. Während gegen das von Frankreich 1328 zur Räson gebrachte Flandern ein Boykott verhängt wurde (August 1336), ließ Eduard mit dem Herzog von Brabant über einen Stapelort verhandeln, wobei es um den Verkauf

von immerhin 30000 Sack Wolle ging. Schließlich ist dieser begehrte Rohstoff dann nach Seeland (Dordrecht und Middelburg) transportiert worden, aber der Herzog von Brabant konnte über das mit dem König von England ausgehandelte Abkommen dennoch zufrieden sein. Nachdem ihm zunächst 10000 Pfd. St. zugesagt worden waren, konzedierte ihm Eduard am 1. VII. 1337 sogar 60000 Pfd., das wären an die 400000 fl., dieselbe Summe, die später auch dem römisch deutschen Kaiser zugesagt worden ist. In diesen Subsidien waren die Soldzahlungen an die 1200 Brabanter Panzerreiter noch nicht einmal enthalten, die vom Tage der Ankunft Eduards auf dem Festland jeweils 15 fl. im Monat erhalten sollten. Welche Bedeutung den Brabanter Rittern in dem geplanten Aufgebot zukommen sollte, erhellt ein Vergleich mit der am 23. VII. 1337 in Frankfurt vereinbarten Leistung des Kaisers, der 2000 Helme für zwei Monate ins Feld führen und dafür in zwei Raten 300000 und 100000 fl. kassieren sollte. Die Bedingungen, unter denen die beiden Herrscher, Ludwig und Eduard, sich miteinander verbündet haben, erfahren wir aus einer englischen Urkunde vom 20. VII.; danach sollte Eduard als Generalvikar des Kaisers den Krieg gegen Philipp von Valois führen. Wenn der Kaiser sich selbst mit seinem Heer an dem Feldzug beteiligen werde, sollte dieses Vikariat allerdings erlöschen. Die Übertragung des Amtes, die Ludwig ein Jahr später tatsächlich vorgenommen hat, sollte es Eduard ermöglichen, die Reichsvasallen der Grenzregion aufgrund kaiserlicher Autorität aufzubieten. Allerdings besaß das Geld wohl eine noch bessere Überzeugungskraft. Kaum einer der Fürsten und Herren der niederländischen Region ist damals leer ausgegangen, zumindest was die Versprechungen anbelangt. Wieviel dann tatsächlich gezahlt worden ist, wird man noch genauer berechnen müssen. Von den 400000 fl., die dem Kaiser zugesagt worden waren, hat Ludwig wahrscheinlich nur 100000 erhalten, und diese auch nur in z. T. sehr bescheidenen Raten; anderen wird es ähnlich ergangen sein. Vom Gold des Königs von England sprach man zunächst überall. Ein französischer Spion, der von einer Grenzburg nach Freiburg im Breisgau geschickt worden war, berichtete, der Kaiser wolle zum 22. IX. die Städte aufbieten, und zwar sollten die Bürger eine Truppe von 12000 Mann versammeln. Aber auch diesmal kam es zunächst nur zu einem drôle de guerre. Weder der englische König noch der römische Kaiser hatten es mit dem Feldzug besonders eilig. Eduard hätte sich bei seiner Ankunft auf dem Kontinent den finanziellen Forderungen seiner zahlreichen Alliierten konfrontiert gesehen, im Grunde war er aber schon damals zahlungsunfähig. Desungeachtet begann er sich im Herbst 1337 in vereinzelten Urkunden mit dem Titel eines rex Angliae et

Franciae zu schmücken. Erst als es englischen Gesandten am 17. VI. 1338 gelang, die flandrischen Bürger unter dem Genter Jacob von Artevelde gegen die Zusage englischer Wollverkäufe zur Neutralität zu verpflichten und damit mit Ausnahme des Bischofs von Lüttich alle Gefahrenquellen beseitigt waren, setzte Eduard auf den Kontinent über. Er landete am 22. VII. in Antwerpen und fand statt der vom Parlament bewilligten 20000 Sack Wolle nur deren 2500 vor. Die italienischen, englischen und z. T. auch deutschen Bankiers hatten alle Hände voll zu tun, dem König die notwendig gewordenen Gelder zu borgen. Eduard ist in der folgenden Woche über Köln und Bonn nach Koblenz gereist, wo er am 5. IX. auf dem Platz vor der Kastor-Kirche der feierlichen Verkündigung einiger Reichsgesetze beiwohnte und vom Kaiser zu seinem Vikar besonders in den westlichen Regionen des Reiches ernannt wurde.

Die Koblenzer Versammlung des Kaisers bildete den Höhepunkt der großen gegen die Unversöhnlichkeit der Kurie und deren Suprematieansprüche gerichteten politischen Bewegung im römisch-deutschen Reich. Was der starrsinnige Johann XXII. nicht erreicht hatte, das bewirkte nun die klägliche Rolle, die der leutselige Benedikt während der Verhandlungen im Frühjahr 1337 gespielt hatte. Die Empörung über das Verhalten des Papstes muß gewaltig gewesen sein. Erzbischof Walram von Köln, anders als sein Bruder Wilhelm von Jülich keineswegs ein Anhänger des Bayern, teilte dem Papst mit, er könne nicht nach Avignon kommen, da er dann seiner Rückkehr nicht mehr sicher sei. Der Unmut über Avignon ging durch alle Stände. Als der Prokurator der Stadt Aachen am 31. VIII. 1338 eine Audienz bei Benedikt hatte, bemerkte dieser mit Verdruß, er habe bislang 36 gleichlautende Briefe von Reichsstädten erhalten, in denen diese dem Kaiser ihre volle Unterstützung bekundet hätten. Und weitere erwarte er noch. Diese Briefe waren als Folge des sogenannten Rhenser Kurvereins vom 16. VII. geschrieben worden und müssen offenbar mit Eilboten nach Avignon befördert worden sein.

Daß sich die Kurfürsten mit ihrer Einung an die Spitze der politischen Fronde gegen das vom König von Frankreich beherrschte Papsttum gesetzt hatten, war einer merkwürdigen Wende im Mainzer Bistumsstreit zu verdanken. Baldewin von Trier hatte den Sitz des benachbarten Erzbistums sechs Jahre lang gegen den von der Kurie und von Philipp VI. geförderten Heinrich von Virneburg behauptet. Im Zuge von Ludwigs Rekonzilitationsverfahren wollte auch er seinen Willen zum Ausgleich unter Beweis stellen und hat gegen Ende 1336 zugunsten seines Rivalen verzichtet. Mit welcher Torheit damals an der Kurie die Angelegenheiten des Reiches gehandhabt wurden, zeigte sich, als man aus Avignon zwei Franzosen nach Mainz schickte, die dort die Verwaltung des Erzstifts dem providierten Virneburger übertragen sollten. Die beiden Herren müssen sich in einer so arroganten Weise aufgeführt haben, daß bei den von ihren Maßnahmen Betroffenen geradezu zwangsläufig nicht nur antikuriale, sondern auch nationale Ressentiments geweckt wurden. Die Bischöfe von Straßburg und Basel, bislang treue Parteigänger Avignons, haben den Papst vor der Halsstarrigkeit der Völker Germaniens gewarnt; der Gehorsam der Deutschen schwinde dahin, wenn der Hl. Stuhl nicht einlenken werde. Ähnliches konnten die Kurialen in Avignon wenig später einem in Verse gefaßten Traktat entnehmen, den der knapp zwanzigjährige, aus Franken stammende Konrad von Megenberg im Jahre 1337 geschrieben hatte und am 1. I. 1338 dem päpstlichen Kaplan Jean Poisson überreichte, in der Hoffnung, damit einer Bitte um eine Pfründe Nachdruck verleihen zu können. Der Planctus ecclesiae in Germaniam (Klagegesang der Kirche auf Deutschland), ein Gespräch zwischen Kirche und Papst mit gelegentlichen Einwänden des Dichters, handelt vor allem über die Hintansetzung der Deutschen durch den Papst zugunsten der Franzosen und der Italiener. Die Franzosen, so meint die Kirche, seien zwar rechtgläubig, aber doch ein weibischer Pöbel; die Lombarden geistvoll, aber voller Trug. Rettung verspricht sich die Kirche einzig von der deutschen Ritterschaft (militia Germanica), die von dem fränkischen Adeligen Konrad als Garant der von den Deutschen getragenen Reichsherrschaft und damit auch als die eigentliche Schutzmacht für Papst und Kirche angesehen wird. Der Papst weist indes das Loblied auf die Deutschen zurück; das seien fade und geschmacklose Leute, erzeugten Irrlehren und hätten nie wirklich an der Spitze des Imperiums gestanden. Hinsichtlich des ungeschliffenen Habitus seiner Landsleute teilte der Megenberger übrigens die Meinung des Papstes, hatte er doch in Paris studiert und dort den Spott der urbanen Franzosen über die bäuerischen Deutschen kennengelernt. Aber die Einfalt (simplicitas) der Deutschen, so meinte er, sei zugleich ihre Stärke; im Betrug seien sie tatsächlich allen anderen unterlegen. Die Kirche warnt den Papst vor seiner harten Haltung gegenüber dem Kaiser. Die Priester und die Juden, so behaupteten die Laien in Deutschland, vernichten alles Gut. Ludwig verteidige jedoch die einen wie die anderen. Wenn er nur wolle, werde das Volk den Schild (gegen den Klerus) ergreifen. Der Papst läßt sich dann zwar vom Elend der Alamania rühren, bleibt aber bei seiner dem Kaiser feindlichen Haltung. Konrads Planctus war offenbar nicht dazu angetan, ihm die gewünschte Pfründe zu verschaffen; vermutlich zu einer zweiten Fassung des Poems gehören die Verse, in denen die Alamania den Verfasser etwas spöttisch fragt, ob er denn nun seine Bulle bekommen habe. Wenige Jahre später scheint sich Konrad mit den Zuständen in Avignon abgefunden zu haben, wurde Anhänger des »Pfaffenkönigs« Karls IV. und trat in einer gelehrten Auseinandersetzung mit dem im Kreise Baldewins von Trier groß gewordenen Lupold von Bebenburg für das Recht der Päpste auf die Translatio Imperii ein, das er im Planctus noch geleugnet hatte. Überhaupt wird man sich vor einer Überschätzung oder Fehldeutung des sich in diesen aufgeregten Tagen bekundenden Nationalgefühls – oder besser: Reichspatriotismus – der Deutschen hüten müssen. Edmund Stengel glaubte sogar Bismarcksche Töne zu vernehmen, wenn Rudolf Losse, Erzbischof Baldewins rechte Hand, im Zusammenhang mit dem Auftreten der beiden »Welschen« in Mainz von der Furchtlosigkeit der Deutschen sprach, die sich dadurch nicht beeindrucken ließen. Im übrigen war aber nicht Frankreich, sondern die Kurie das bevorzugte Ziel des deutschen Zorns, wenngleich natürlich nicht zu verkennen war, daß Papst und Kardinäle unter dem unausweichlich scheinenden Druck des Pariser Hofes standen. Aber zu einem wirksamen politischen Faktor ist der verletzte Nationalstolz der Deutschen auch damals nicht geworden. Zwar haben die Reichsstädte im Entwurf eines Schreibens an den Papst (17. V. 1338) daran erinnern wollen, daß die Völker Deutschlands (Alamanie) dem apostolischen Stuhl bisher bereitwilliger Verehrung und Gehorsam erwiesen hätten als die anderen und daß dies wegen der Prozesse gegen den Kaiser der Römer anders geworden sei und auch bleiben könne, aber in den öffentlichen Verlautbarungen des Kaisers oder der Kurfürsten ist doch nie der Versuch unternommen worden, nationale Emotionen zur Verstärkung der auf die Bewahrung der Reichsrechte zielenden Propaganda zu schüren. Hinsichtlich der Ausdehnungspolitik Frankreichs sollte auch nicht übersehen werden, daß diese sich zur Zeit Ludwigs des Bayern, vom Arelat einmal abgesehen, auf einige wenige Burgen und Orte entlang der Maas-Schelde-Grenze beschränkte und daß die einzig nennenswerten größeren Objekte dieser Politik, nämlich Stadt und Diözese von Cambrai und Verdun, außerhalb des deutschen Sprachraums gelegen waren. In deutschen Landen dürfte von den Rechtsverletzungen, die Ludwig dem Philipp von Valois vorgeworfen hatte, kaum jemand direkt betroffen gewesen sein. Betroffen war aber auch der gemeine Mann in den Reichsstädten, wenn der Klerus sich wegen des Interdikts zu singen weigerte, oder wenn die Anhänger des Bayern trotz der päpstlichen Zensuren ihre Kinder taufen ließen und nicht so recht wußten, ob sie sich damit nicht die ewige Verdammnis einhandeln würden. Es setzte sich jetzt die Meinung durch, daß der Kaiser alles getan hatte, was man von ihm billigerweise erwarten konnte: Er hatte sich von seiner Kaiserkrönung distanziert, von der Erhebung des Gegenpapstes, von der Gemeinschaft mit den häretischen Minderbrüdern und den ghibellinischen Traktatenschreibern. In welchen Punkten es von einem römischen König und Kaiser keine Konzessionen geben konnte, dies ein für allemal und für alle verständlich zu definieren war eine Aufgabe, die man nicht länger mehr nur dem gebannten Bayern und seinem Beraterkreis überlassen konnte, zumal Ludwig sich im Sommer 1337 sogar mit dem Gedanken einer Heerfahrt nach Avignon getragen hat, die alles nur noch schlimmer gemacht hätte. So kam es am 27. III. 1338 auf einer Mainzer Provinzialsynode in Speyer zu einem erneuten Vermittlungsversuch von zehn Bischöfen, der mit Zustimmung des anwesenden Kaisers dem Papst unterbreitet wurde. Den Bischöfen wurde aber eine Abfuhr aus Avignon zuteil, die an Schroffheit nicht zu überbieten war. Und als spiritus rector verfiel der Mainzer Erzbischof, bisher eher ein Anhänger der Kurie, der Exkommunikation.

Der Kaiser nutzte die gegen die Kurie gerichtete Stimmung mit atemberaubender Konsequenz. Am 17. V. versammelte er im Frankfurter Deutschordens-Haus Vertreter der Domkapitel sowie der Leute aus Stadt und Land; Fürsten waren offenbar nicht zugegen. Man beschloß auf dieser Tagung, die Kurie mit gleichlautenden Briefen zu bestürmen, in denen der bereits 1323 von Ludwig eingenommene Standpunkt vertreten wurde, der von den deutschen Fürsten in Eintracht, aber auch in Zwietracht (mit Mehrheit) gewählte römische König habe das Recht, den Titel zu führen und das Reich (Romanum Imperium) zu regieren, zumal wenn er (wie Ludwig) auf dem Throne Karls d. Großen zu Aachen gekrönt worden sei. Am folgenden Tag legte Ludwig ein großes, wahrscheinlich von seinen Minoriten verfaßtes religiöses, aber auch politisches Glaubensbekenntnis ab, das nach seinen Anfangsworten als Fidem catholicam bekannt wurde. Mit zahlreichen, oft fehlerhaft zitierten Stellen aus dem Corpus iuris canonici wurde u. a. die Gleichrangigkeit von Kaiser und Papst zu beweisen gesucht: »Im 93. Abschnitt im Kapitel: ›Legimus‹, wo es im Text heißt, ›daß das Heer den Kaiser macht‹, und die Glosse sagt zu dem Wort: ›Kaiser‹: denn allein auf die Wahl der Fürsten hin nenne ich Ihn einen wahren Kaiser, bevor er vom Papst bestätigt wird . . .« Dem, der sich Papst Johann XXII. nannte, wurde Usurpation der Rechtsprechung in weltlichen Dingen vorgeworfen und am Ende die These verfochten, »daß ein Konzil der universalen katholischen Kirche, wo über das göttliche Recht oder über den Glauben gehandelt wird, größer ist und höher steht als das Konzil des

Papstes und der Kardinäle und daß es dieses auflöst und aufhebt, wenn sie ihm widerstreben.«
In seiner Antwort auf den Appell des Mainzer Metropoliten und seiner Suffragane hatte Papst Benedikt erklärt, nicht eine Bischofsversammlung, sondern der gebannte Bayer und die Kurfürsten seien befugt, sich um die Rekonziliation Ludwigs zu bemühen. Die Kurfürsten, mit Ausnahme allerdings Johanns von Böhmen, haben dann zwei Monate nach der Verkündung von Fidem catholicam ihre Position in der verfahrenen Sache festgelegt. Die Fragen, ob die eben erwähnte beiläufige Bemerkung des Papstes oder der exkommunizierte Heinrich von Mainz oder gar Ludwig selbst die Versammlung im Rhenser Baumgarten herbeigeführt oder letztlich veranlaßt haben, beantwortet zwar keine der zeitgenössischen Quellen in direkter Weise, indes läßt sich mit zureichender Sicherheit feststellen, daß Erzbischof Baldewin von Trier und sein erster Ratgeber, der Official Rudolf Losse, einen maßgeblichen Anteil am Zustandekommen des sogenannten Rhenser Kurvereins und der sprachlichen Gestaltung von dessen Dokumenten gehabt haben. Unter Berücksichtigung der Rolle, welche die Kurfürsten, besonders aber die rheinischen unter ihnen, in den voraufgegangenen Wahljahren 1292, 1298, 1313/14 und dann während der Zeit des Doppelkönigtums bis zur Schlacht von Mühldorf gespielt hatten, wird man die dreißiger Jahre des 14. Jahrhunderts als eine Periode kurfürstlicher Schwäche bezeichnen müssen. Das lag zum einen an der kapriziösen Politik eines ihrer Kollegen, nämlich des Böhmenkönigs, von dessen Eskapaden sich sogar sein Oheim Baldewin von Trier gelegentlich indirekt distanziert hat. Der Plan einer Wahl des Herzogs Heinrich von Niederbayern war kläglich gescheitert, Baldewin wegen seiner Ansprüche auf den Mainzer Erzstuhl bis 1336 auf Gedeih und Verderb mit dem Bayern liiert, während der Kölner Erzbischof Walram von Jülich sich die Gunst der Kurie nicht verscherzen wollte. Es war dem Trierer Metropoliten also unmöglich gewesen, nach dem Tode seines großen Landsmanns Peter von Aspelt einen neuen Bundesgenossen von Format zu finden. Auf der Frankfurter Versammlung vom 17. V. hatte Ludwig die Vertreter der Städte, des nichtfürstlichen Adels, aber auch der Domkapitel um sich versammelt gehabt und seine Politik offenbar auf eine breitere Grundlage stellen können. Der Besitz zahlreicher Privilegien, deren sich die Kurfürsten seit den Tagen Adolfs von Nassau bemächtigt hatten, konnte sie nicht darüber hinwegtäuschen, daß der Kaiser im Begriff stand, ihnen allmählich das Wasser abzugraben. Es lag also in ihrem höchst eigenen Interesse, jetzt selbst als Wahrer der Reichsinteressen aufzutreten, wollten sie nicht von Ludwig in den Hintergrund gedrängt werden.

Daß sie dies nur vermeiden konnten, indem sie sich zumindest in der Sache an die Seite des Kaisers stellten, mußte Ludwig willkommen sein, jedoch barg die Parteinahme der Kurfürsten natürlich auch für ihn gewisse Gefahren.
Der Bayer befand sich auf dem rechten Rheinufer in Lahnstein, als sich die Kurfürsten, darunter vier Pfalzgrafen, nicht aber der Böhmenkönig, am 16. VII. 1338 im Apfelgarten zu Rhens miteinander verbündeten, »umb gemeinen und kuntlichen nutz der gemeinen christenheit und des (Römischen) richs und (der Kurfürsten) ere, recht, friheit und gewonheit ze schirmen, ze schutzen und ze hanthaben«. Weder vom Kaiser noch gar von der Person Ludwigs des Bayern ist in dieser Urkunde die Rede, und in dem bisher sogenannten Weistum des Kurvereins vom selben Tag wird nur ganz allgemein von den Rechten eines von der Mehrheit der Kurfürsten (auch in Zwietracht) gewählten Königs der Römer gehandelt. Dieser bedürfe keiner Approbation des apostolischen Stuhls zur Verwaltung des Reiches (Imperium!); über die Kaiserkrönung oder die Erlangung des Kaisertums verlautet nichts.
Der Kurverein von Rhens ist seit jeher zu den bemerkenswertesten Ereignissen in der Verfassungsgeschichte des spätmittelalterlichen Reiches gerechnet worden. Zum ersten Mal bildeten die Kurfürsten einen Bund, der nicht durch eine Neuwahl bedingt war, sondern durch besondere politische Umstände während der Regierungszeit eines lebenden Herrschers. Auf dem Wege zu einem eigenen, zwischen den Ständen (Laienfürsten, Bischöfen und Äbten, Grafen, Reichsstädten) und dem Monarchen fungierenden Faktor der Reichsverfassung und -politik bedeutete die Einung vom 16. VII. 1338 ganz zweifellos einen Markstein. Aber es muß doch andererseits betont werden, daß die Kurfürsten in der Einungsurkunde »alle herren und freunt, die ihnen zugehörten oder aber auch nicht, sie seien geistlichen oder weltlichen standes, ihre eigenen mannen, dienstmannen, burgmannen, amtleute und bürger gebeten haben, ihrem bunde beizutreten«, und dies haben dann auch nachweislich eine ganze Reihe von Städten und geistlichen Fürsten getan. Die Kurfürsten beabsichtigten damals also eine Einung des gesamten Reiches für das Recht des römischen Königs. Allem Anschein nach war dabei nicht beabsichtigt, den Kaiser auch selbst in diese Einung aufzunehmen, was nach den Normen der Zeit durchaus möglich gewesen wäre. Das sogenannte Weistum der Kurfürsten, das in Form eines Notariatsinstrumentes veröffentlicht wurde, ist allem Anschein nach kein Weistum gewesen, wie man bisher immer gemeint hat, d. h. kein Urteil, das aufgrund richterlicher Befragung von einem Urteilerverband, z. B. einem Schöffenkolleg, gefunden wurde. Bestimmte Formulierungen haben diese Deutung nahege-

legt, jedoch wird man das »Weistum« nach den Untersuchungen von Ernst Schubert eher als eine Deklaration der ursprünglichen Einungsgenossen, d. h. der Kurfürsten, über die Ziele ihres Bundes werten müssen. Diese Unterscheidung ist im Hinblick auf die damalige Stellung der Kurfürsten nicht ohne Bedeutung; sie haben sich zu dieser Zeit offenbar noch nicht als ein fest abgegrenztes Kollegium begriffen, auch nicht als »die geborenen Schöffen des Reiches« (Heinz Lieberich). Die Frage, ob die Rhenser Deklaration mit ihrem Schweigen über die Person des Bayern nicht indirekt auch gegen ihn gerichtet gewesen sei, wird von Schubert sicher zu Recht verneint. Der Markgraf von Brandenburg, Ludwigs Sohn, wird sich schwerlich auf eine offenkundig gegen seinen Vater gerichtete Aktion eingelassen haben. Die Kurfürsten wollten ihr eigenes Recht und das des Reiches verteidigen, und letzteres war mit dem des verketzerten Kaisers weithin identisch, jedenfalls hat man das in Avignon so gesehen, wo man die Nachrichten aus Rhens »mit heftigem, herzbeklemmend starrem Staunen und nicht ohne viel Mißfallen« zur Kenntnis genommen hat. Verwunderlich war der Groll der Kurie angesichts der vorliegenden Texte keinesfalls. Denn obwohl das Rhenser Notariatsinstrument nach den Pontifikatsjahren Benedikts XII. datiert war und nicht einmal die Jahre von Ludwigs Königsherrschaft in der Datierung nannte, hatten die Kurfürsten gerade in den Punkten entschieden Partei ergriffen, die dem Papst zum Vorwand der Abweisung des Kaisers gedient hatten. Allerdings wird man die brüske Ablehnung der Rhenser Deklaration durch die Kurie schwerlich als besonders weitsichtig werten können, denn Zweifel daran, ob denn der Kaiser und das Reich tatsächlich ein und dasselbe seien, müssen bei einigen der beteiligten Zeitgenossen schon unmittelbar nach Bekanntwerden des Textes aufgekommen sein. Als elsässische Reichsstädte am 4. VIII. 1338 sich dem Bündnis anschließen wollten, hielten sie es jedenfalls für notwendig, dessen Zweck u.a. auch dahingehend zu erläutern, daß sie den Herrn Kaiser Ludwig ausdrücklich nannten und mit dem Zusatz versahen, »der daz rich ist«. Etwas differenzierter hat den Sinn des Rhenser Bundes eine kurfürstliche Verlautbarung definiert, die wahrscheinlich nur der Erzbischof von Mainz publizieren ließ. Es heißt da: »Das wir mit derselben buntnusse und verainung, als wir das rich begriffen und in den briefen benant haben, meinen unsern herren, den keyser Ludwigen von Rom und das Romischen rich, das er inne hat, und nieman anders.« In der Entwicklung, die nach der Goldenen Bulle Karls IV. zur Konstituierung des Kurkollegs als eines eigenständigen, zwischen König und Ständen angesiedelten Gremiums der Reichsverfassung und -herrschaft führen sollte, nimmt der Rhenser

Kurverein zweifellos eine richtungweisende Position ein. Denn im Grunde beanspruchte ja schon er die eigentümliche »Doppelfunktion«, nämlich einerseits ständische Aufgaben zu absorbieren und andererseits Elemente monarchischer Reichsherrschaft für sich zu beanspruchen (E. Schubert). Zwar war dieser Kurverein noch ein für alle Reichsangehörigen offenes Bündnis, aber allzuviele weitere Mitglieder sind ihm dann doch nicht mehr beigetreten; den Zeitgenossen galt das Kurfürstenbündnis als das entscheidende Ereignis, und während sie den Frankfurter Tag der Domkapitel, des Adels und der Städte wieder vergessen hatten, blieb die Erinnerung an Rhens weiterhin lebendig.

Das Bekenntnis der elsässischen Städte zum Herrn Kaiser Ludwig, der das Reich ist, war in Frankfurt formuliert worden, wo der Bayer auf einem Hoftag seine Bekenntnisschrift Fidem catholicam erneut verkünden und zugleich seinen Standpunkt in der Frage der rechtlichen Qualität der römischen Kaiserwürde mit einem Weistum festlegen ließ, das nach seinen Anfangsworten Licet iuris genannt wird (4. VIII. 1338). Ludwig erklärte mit Zustimmung und Rat der Kurfürsten und anderer Fürsten des Reiches: Die kaiserliche Würde und Gewalt stammt unmittelbar von Gott allein. Sie ist nach dem Recht und der Gewohnheit des Reiches von alters bestätigt. Wenn jemand zum Kaiser oder König erwählt wird von den Kurfürsten oder ihrer Mehrheit, muß er sofort aufgrund der Wahl allein als König und Kaiser der Römer angesehen und benannt werden. Es wird ihm von allen dem Reich Untertanen Gehorsam geschuldet. Er hat volle Gewalt, die Güter und Rechte des Reiches zu verwalten und bedarf keiner Approbation von seiten des apostolischen Stuhls. Obwohl im Licet iuris durchweg vom Kaiser die Rede ist, wo der vorausgegangene Kurverein von Rhens nur den römischen König erwähnt, ist im Hinblick auf die Wahl der Kurfürsten und das Recht, das der Kandidat durch sie erwirbt, kein wesentlicher Unterschied zu konstatieren. Denn daß der Titel (d. h. der bloße Name) des Kaisers nicht durch die Kur der sieben Fürsten verliehen wird, hat Ludwig schon dadurch anerkannt, daß er in der Datierung des Licet iuris zwischen den Jahren des Königtums und des Kaisertums unterschieden hat. Indes hat schon mit dieser Doppeldatierung das kaiserliche Gesetz einen ganz anderen Ton angeschlagen als die Rhenser Deklaration, hatte doch Ludwig selbst in den vorausgegangenen Rekonziliationsverhandlungen die Kaiserkrönung unter die Handlungen gerechnet, von denen er ggf. Abstand nehmen wollte. Aber auch die Betonung der plenitudo imperialis potestatis (die Fülle der kaiserlichen Gewalt) unterschied das Kaisergesetz von der neutraleren Definition der Rechte des römischen Königs, wie sie unter Balde-

win von Trier im Kurverein und dessen Deklaration vorgenommen wurde.
Nach dem Frankfurter Hoftag versammelte man sich drei Wochen später auf kurtrierischem Gebiet in Koblenz, wo inzwischen König Eduard III. eingetroffen war, um dort zum Reichsvikar erhoben zu werden. Erneut ließ der Bayer Kaiser- und Königsrecht in mehreren Gesetzen definieren und verkünden. Die Rhenser Deklaration wurde jetzt durch die Erwähnung und durch wörtliche Zitate in einem der verkündeten Gesetze tatsächlich zu einem Weistum gemacht, aber Ludwig ging über die Intentionen von deren Urheber Baldewin weit hinaus, indem er aus den Deklarationen den Schluß zog, daß die gegen ihn geführten Prozesse der Kurie nichtig seien. Niemand dürfe ihn mehr deswegen angreifen, und er verbot erneut, das Interdikt aus Avignon zu beachten. Diejenigen, die ihm wegen der Prozesse die Heerfolge verweigern sollten, würden nach Spruch der Kurfürsten, denen sich andere Fürsten und Magnaten anschlossen, als Majestätsverbrecher der Acht verfallen. Während Erzbischof Walram von Köln sich allmählich aus der kaiserlichen Umklammerung zu befreien begann – in Koblenz war er schon nicht mehr anwesend –, hat Erzbischof Baldewin von Trier offenbar keine Möglichkeit mehr gesehen, sich dem Sog der kaiserlichen Politik zu entziehen. Mit Eduard III. hatte der Erzbischof schon lange in Verhandlungen gestanden; während des Koblenzer Hoftages trat er nun endgültig zu der Kriegspartei des Engländers über und schloß einen Soldvertrag mit dem König: Für 500 Schwerbewaffnete, die er ins Feld führen wollte, wurden dem Erzbischof außer dem Monatssold für die Panzerreiter die pauschale Subsidie von 100000 fl. versprochen.
An der Kriegsbereitschaft des Bayern scheint man in Trier aber schon leise Zweifel genährt zu haben. Jedenfalls beginnt ein damals verfaßtes Memorandum über den Nutzen eines Krieges gegen Frankreich mit der Überlegung: »Wenn der Kaiser das Geld des Königs von England nimmt und dann nicht ins Feld zieht ... zusammen mit den anderen, die teilgehabt haben an dem Geld des Königs, dann wird bestimmt nicht nur er selbst, sondern die gesamte Nation Deutschlands von Schmach betroffen werden.« Zu den Nachteilen einer möglichen Kriegsmüdigkeit des Bayern bemerkt der Verfasser, bei dem es sich aller Wahrscheinlichkeit nach um Baldewins rechte Hand Rudolf Losse handelte: »Wenn der Kaiser nicht als Angreifer (Aggressor) angesehen wird, sondern als Saumseliger, dann wird er auch von der Kurie nicht gefürchtet werden. Und wenn er nicht gefürchtet wird, wird er nicht absolviert werden, da Demut und Unterwerfung ihm nichts nützen, wie viele voraufgegangene Geschehnisse beweisen.« Rudolf Losse

wußte, wovon er sprach, kannte er doch Avignon aus eigener Anschauung; er hatte dort auch noch Korrespondenten, die ihn und seinen Herrn auf dem laufenden hielten.
Überlegungen, wie sie von Losse angestellt wurden, werden dem kaiserlichen Hof nicht fremd gewesen sein, aber trotz der militärisch günstigen Lage hat der Kaiser auf einen Feldzug gegen Philipp VI. verzichtet. Am 8. V. 1339 wollte er zwar bei Cambrai mit 2000 Helmen erscheinen, aber die ihm versprochenen Subsidien des Königs von England blieben zum größten Teil aus, und auch Eduard sah sich nicht in der Lage, zu dem geplanten Termin loszuschlagen. Dem Bayern bescheinigte er am 2. VIII. öffentlich, seinen Bündnisverpflichtungen nachgekommen zu sein, indes war es doch ein etwas klägliches Bild, daß der Kaiser, der sich noch vor kurzem die plenitudo potestatis imperialis bescheinigt hatte, nicht auf dem Kampfplatz erscheinen konnte, weil das Geld ausgeblieben war. Den Feldzug gegen den König von Frankreich hat der Bayer dann seinem Reichsvikar, König Eduard III., überlassen. Im Herbst 1339 zog ein englisch-niederländisches Heer durch Hennegau gegen Cambrai, das der Bischof, ein Vasall des Kaisers, erfolgreich gegen den Reichsvikar zu verteidigen vermochte. Als Eduard die Grenze nach Frankreich überschritt, begannen einige Verbündete abzubröckeln. Graf Wilhelm von Hennegau weigerte sich wegen seiner lehnsrechtlichen Pflichten, das Reich Philipps VI. anzugreifen. Obwohl eine Entscheidungsschlacht, auf die sich die Parteien bereits geeinigt hatten, aus beiderseitiger Furcht, alles auf eine Karte zu setzen, aber auch wegen Nahrungsmangel, nicht stattgefunden hat, blieb der Feldzug Eduards III. nicht ohne Folgen. Die flandrischen Städte Gent, Brügge und Ypern gaben ihre neutrale Haltung auf und schlossen sich dem König von England an. Am 26. I. 1340 huldigten ihm die Genter als König von Frankreich; Graf Ludwig von Flandern hatte schon vorher die Konsequenzen gezogen und war an den Hof Philipps VI. geflüchtet.
Auch im Herbst des Jahres 1340 kam es zu einem Feldzug ohne Entscheidungsschlacht. Schließlich vermittelte die Mutter des Grafen von Hennegau – sie war Schwester des Königs von Frankreich sowie Schwiegermutter Eduards III. und Ludwigs des Bayern – einen Waffenstillstand, der am 24. und 25. IX. des Jahres unweit von Tournai ausgehandelt wurde. Wie tief die Randzonen des römisch-deutschen Reiches in den Konflikt zwischen England und Frankreich bereits einbezogen waren, demonstriert die Zusammensetzung der beiderseitigen Delegationen. Von seiten Philipps IV. waren vier Reichsfürsten anwesend, nämlich Johann von Böhmen, Herzog Raoul von Lothringen, Graf Aymon von Savoyen und

schließlich der Bischof Adolf von Lüttich. Von der französischen Delegation war lediglich Graf Johann von Armagnac kein Vasall des römischen Reiches. Von englischer Seite nahmen nur Reichsangehörige an den Verhandlungen teil: die Herzöge von Brabant und Geldern, der Markgraf von Jülich sowie ein Mitglied der Hennegauer Grafenfamilie; Markgraf Wilhelm von Jülich war übrigens bereits im Mai 1340 von Eduard III. zum Grafen von Cambridge und paris regni (Reichsfürsten) erhoben worden. Der Waffenstillstand, der bis zum 25. VI. 1341 gelten sollte, ist dann vom Kaiser ein knappes Jahr später zum Anlaß genommen worden, Eduard III. mitzuteilen, er habe das Vikariat des englischen Königs widerrufen. Einen Vertrag mit Philipp VI., der zweifellos einen Bruch der Vereinbarungen mit Eduard bedeutete, hatte der Bayer schon vorher abgeschlossen. Vermittelt hatte in diesem Falle Philipps VI. Nichte, Margarete von Hennegau, die Gemahlin des Kaisers. Ludwig schwor dem König von Frankreich, ein treuer Verbündeter sein zu wollen, er garantierte ihm den Besitzstand seines Reiches und verzichtete damit auf die Rückgewinnung der Reichsrechte, wie er es wenige Jahre zuvor so feierlich versprochen hatte (24. I. 1341). Am 15. III. bestätigte Philipp den Vertrag und gab zu erkennen, dem gebannten Kaiser bei den Rekonziliationsbemühungen behilflich sein zu wollen. Am 25. IV. hat dann Ludwig das Vikariat des englischen Königs widerrufen und erteilte Philipp Vollmacht, in Avignon seine Versöhnung mit dem Papst zu betreiben.

Was Rudolf Losse vorausgesagt hatte, ist dann eingetreten. Man sang Spottlieder auf den kriegsmüden Bayern und munkelte, Ludwig habe sich von Philipp VI. bestechen lassen. Eduard III. hat dem Kaiser in einem höflichen Schreiben seine Politik zu rechtfertigen versucht. Vorwürfe wurden darin nicht erhoben, denn daß seine Zahlungsunfähigkeit die politische und militärische Misere verursacht hatte, konnte auch Eduard nicht bestreiten. Aber ausschlaggebend für die Umkehrung der Allianz war allem Anschein nach nicht das Ausbleiben der rund 300000 fl., mit denen der Bayer noch hatte rechnen dürfen, sondern die Hoffnung auf die Versöhnung mit der Kurie. So naiv oder absurd, wie diese Hoffnung oft bezeichnet worden ist, wird sie zum Zeitpunkt des Vertragsabschlusses mit Philipp im übrigen nicht gewesen sein. Wie man in Avignon am Anfang von Benedikts Pontifikat auf einen Wink aus Paris reagiert hatte, wird am Hofe des Bayern noch in Erinnerung gewesen sein; damals hatte Philipp sich Ludwig gegenüber nur zur Neutralität verpflichtet. Diesmal wollte er sich für die Belange des Bayern direkt einsetzen, und er hat dies offenbar auch ohne jede Einschränkung getan. Jedoch war die Stimmung in

Avignon vor allem wohl aufgrund der spektakulären Ereignisse des Jahres 1338 für das Vorhaben der beiden Herrscher sehr ungünstig. Philipp mußte sogar wegen der Allianz mit dem verketzerten Bayern einen herben Tadel einstecken. Darüber hinaus trugen Gerüchte über einen neuen Italienzug des Bayern nicht zur Verbesserung des Klimas bei, und schließlich wurde dieses dann eisig, als die Erbin von Tirol, Margarete Maultasch, ihrem angeblich immer noch nicht zur Manneskraft gediehenen Gemahl Johann Heinrich die Tore ihres Schlosses versperren ließ und nur etwa zwei Monate später, am 10. II. 1342, den ältesten Sohn des Kaisers, Markgraf Ludwig von Brandenburg heiratete. Zuvor hatten einige kaisertreue Bischöfe, gestützt auch auf ein Gutachten Wilhelms von Ockham, die Ehe der Margarete mit dem Luxemburger für nichtig erklärt, weil sie nicht vollzogen worden sei. Nach der Auflösung des thüringischen Verlöbnisses von König Johanns Tochter Guta war dies schon das zweite Mal, daß die Familienehre der Luxemburger in erheblicher Weise tangiert wurde.
Dem Kaiser war mit der Tiroler Heirat seines Sohnes ein bereits vorher geplanter Coup gelungen, mit dem er nun doch noch an das im Sommerkrieg von 1336 verfehlte Ziel gelangt war. Die Luxemburger hatten freilich durch politische Kurzsichtigkeit erheblich dazu beigetragen, daß ihrem Widersacher dieser Sieg fast kampflos zugefallen war. Der Tiroler Adel galt von Hause aus nicht gerade als den Wittelsbachern freundlich gesinnt. Der Hauptverantwortliche für das Desaster war übrigens nicht der junge Johann Heinrich, der einige Jahre später doch noch einige Kinder in die Welt gesetzt hat, sondern sein älterer Bruder Karl von Mähren, der die Verwaltung des Landes in die Hand genommen hatte, und zwar in einer Weise, die den Tiroler Adel alsbald in die Opposition trieb. Vor allem beging der damals knapp zwanzigjährige Regent denselben Fehler, den andere Landesherren in vergleichbaren Situationen auch schon sehr oft gemacht hatten: er importierte für wichtige Ämter der Landesverwaltung auswärtige, d. h. böhmische Leute. Die beiden zufällig vakant werdenden Bistümer Trient und Brixen besetzte er mit seinem Kanzler Nikolaus von Brünn bzw. mit einem Kaplan seines Bruders Johann Heinrich. Bei manchen Rechnungslegungen Tiroler Amtsleute scheinen als Kontrollbeamte nur Böhmen zugegen gewesen zu sein. Als Karl mit seinem Bruder während einer Reise außer Landes weilte, kam es unter dem als Landeshauptmann eingesetzten Nikolaus von Brünn zu einem ersten Aufstand gegen die böhmische Herrschaft. Karl ließ einen der Rädelsführer, einen natürlichen Sohn Heinrichs von Kärnten, folglich einen Halbbruder Margaretes, der Folter unterziehen und fühlte sich durch die erzielten »Geständnisse« gegen die Schwäge-

rin bestätigt. Die Burg Tirol und die Gräfin wurden unter böhmische Bewachung gestellt, die freilich nicht verhinderte, daß Margarete Kontakt zum Kaiser aufnahm und am Ende, als Karl wiederum außer Landes war, ihren Gemahl mit Schimpf und Schande davonjagen ließ.

Während der Hauptverantwortliche für das Desaster in seiner Autobiographie mit selbstgefälliger Ausführlichkeit die kleinen von ihm initiierten Scharmützel im italienischen Vorfeld des Landes schilderte, hat ihm die Vertreibung des Bruders offenbar die Sprache verschlagen. An der Stelle, wo er hätte darauf eingehen müssen, bricht der erste Teil seiner Vita ab, und im zweiten wird der Vorgang nur ganz am Ende als verabscheuungswürdiges Verbrechen erwähnt. Karl selbst hat den Tiroler Eheskandal als die entscheidende Ursache seiner Kandidatur für die römische Königswahl gewertet, und manche moderne Historiker sind ihm dabei insofern gefolgt, als sie den »unseligen Handel« als Einleitung der Katastrophe des Bayern werteten. Von einer »Katastrophe« des Kaisers vor seinem plötzlichen Tod kann indes, wie wir noch sehen werden, gar keine Rede sein.

Zweifellos war die Übernahme Tirols im Hinblick auf Ludwigs Aussöhnungsbemühungen mit der Kurie ein politischer Mißgriff, denn es fiel seinen Gegnern in Avignon natürlich nun sehr leicht, die Bußfertigkeit des Poenitenten in Zweifel zu ziehen. Allerdings darf der Erwerb Tirols nicht isoliert gesehen werden. Er gehört in den Zusammenhang der Hausmacht-, aber auch der Italienpolitik des Wittelsbachers, und dort erweist sich das neu erworbene Gebiet als ein Mosaikstein von solch erheblicher Bedeutung, daß der Zugriff des Kaisers durchaus verständlich wird. Ausbau und Konsolidierung der wittelsbachischen Hausmacht im Süden, Westen, Nordosten und schließlich 1345/1346 auch im Nordwesten des Reiches, die wir bisher weitgehend unberücksichtigt gelassen haben, stehen mit Ludwigs Reichspolitik in einem sehr engen Zusammenhang. Die zahlreichen Einzelheiten dieser Bestrebungen, die vielen Rückschläge, die der Kaiser dabei hinnehmen mußte, können nicht im einzelnen ausgebreitet werden. Für die Verhältnisse des alten Herzogtums Bayern war die Einigung, die Ludwig mit seinem Vetter Heinrich XIV. von Niederbayern am 16. II. 1339 geschlossen hat, von nachhaltiger Wirkung. Herzog Heinrich, der vom Aussatz befallen war, hatte sich damit nur sieben Monate vor seinem Tod von der Politik seines Schwiegervaters Johann von Böhmen gelöst, der sich übrigens im März 1339 dem Kaiser unterwerfen und für seine Reichslehen huldigen mußte. Heinrichs Sohn Johann, der noch minderjährig war, starb bereits im Dezember 1340, und schon im Januar 1341 fand im niederbayerischen Deggendorf eine von Ludwig einberufene Ständeversammlung statt, die erklärte, Ober- und Niederbayern sollten fortan ein Land sein und heißen. Zwar wurde dies dann nicht verwirklicht, aber die Tendenz, die beiden Teilherzogtümer auf Dauer in Verwaltung und ständischer Vertretung wiederzuvereinigen, kam schon in dem Auftrag an Ludwigs Söhne zum Ausdruck, die Lande nach seinem Tode ungeteilt zu lassen. Als territoriale Grundlage der Kaiserherrschaft durfte auch der Besitz der wittelsbachischen Vettern von der Pfalz gerechnet werden. In einem Vertrag, der am 4. VIII. 1329 in Pavia abgeschlossen worden war, hatte Ludwig sich mit Oberbayern und einer Reihe anderer Einzelbesitzungen begnügt, während die Pfälzer außer den rheinischen Gebieten die wittelsbachischen Herrschaften im bayerischen Nordgau erhielten, die später dann Oberpfalz genannt worden sind. Die pfälzische Kurstimme – und damit auch der Titel des Pfalzgrafen – sollte gemeinschaftlicher Besitz der Dynastie bleiben und abwechselnd von Ludwigs Erben und den Pfälzern ausgeübt werden, wobei die Wahl von Ludwigs Nachfolger der Pfälzer Linie zuerkannt wurde. Der Preis, den der Bayer gezahlt hat, war hoch, aber die beiden überlebenden Söhne seines ungeliebten Bruders, Rudolf II. und Ruprecht der Ältere, erwiesen sich bis zum Jahre 1340 als wichtige Eckpfeiler von Ludwigs Politik im Westen des Reiches. Im Gefolge des Vertrags von Pavia verpfändete der Kaiser den Pfälzern u. a. die Städte Germersheim und Annweiler mit dem renommierten Trifels, drei weitere Burgen sowie die gesamte Landvogtei im Speyergau. Erst die Übernahme des niederbayerischen Anteils durch Ludwig hat dann den jüngeren der beiden Pfälzer vorübergehend ins luxemburgische Lager getrieben. Den territorialen Konnex zwischen den bayerischen Stammlanden und den Rheinlanden ermöglichte eine Landfriedenspolitik, die unverhohlen zur Stärkung der wittelsbachischen Hausmacht, nicht also zu einer über den Einzelinteressen dieses Hauses stehenden Friedenswahrung eingesetzt wurde. Die am 17. VI. und am 1. VIII. 1340 abgeschlossenen Landfrieden in Schwaben bzw. Franken sahen vor allem ein gemeinsames Handeln bei einer künftigen Königswahl vor, und daß dabei die wittelsbachischen Interessen nicht zu kurz kommen würden, war schon dadurch gewährleistet, daß Ludwigs zweitältester Sohn Stephan zum Landfriedenshauptmann mit besonderen militärischen Befugnissen ernannt wurde. Der Chronist Johann von Winterthur bezeichnete Stephan geradezu als Herzog von Schwaben. Im Herbst 1341 wurde dieser dann auch noch mit der Landvogtei im Elsaß betraut. Während der Kaiser sich durch eine sehr extensive Bündnispolitik eine weite Einflußsphäre über den Süden des Reiches und eine Region entlang des Ober- und Mittel-

rheins schuf, hat er die Macht im Innern seines angestammten Fürstentums in so intensiver Weise gefördert, daß man das nach längeren Vorbereitungen 1346 auf sein Gebot von seinen Söhnen (also nicht von der Reichsspitze) erlassene Oberbayerische Landrecht als den vielleicht am besten gelungenen Versuch des 14. Jahrhunderts bezeichnet hat, Landesherrschaft, Landrecht und Landesverwaltung miteinander zu verbinden. (Heinz Angermeier) Das aus Rechtsansprüchen, wie sie in bayerischen Gerichten gefunden worden waren, zusammengestellte Landrecht sollte den unter der Kontrolle landesherrlicher Viztume stehenden Richtern eine einheitliche Rechtsfindung ermöglichen. Es kennzeichnet die besondere konsistente Entwicklung des bayerischen Territoriums im süddeutschen Raum, daß diese aus der kaiserlichen Landfriedenspolitik in den benachbarten Regionen ausgeklammert bleiben konnte. Die eigenartige Stellung Bayerns in der deutschen Geschichte bis in unsere Gegenwart hinein ist durch diese Entwicklung des Rechts- und Gerichtswesens gewiß nicht verursacht, aber doch wesentlich gestützt worden; daran hat das nach Ludwigs Tod erneut eintretende Zeitalter der Teilungen Bayerns nichts wesentlich ändern können.
Wenn man noch einmal die Situation des Kaisers am Vorabend des sogenannten Tiroler Eheskandals zu überblicken versucht, so erstreckte sich seine Herrschafts- und Einflußsphäre damals von Bayern über Franken, Schwaben zum Rhein, ins Elsaß, zum Mittelrhein, in die Wetterau. Im Norden hatte der Kaiser in seinem Schwiegervater, besonders aber auch im Markgrafen von Jülich, zwei wichtige Bundesgenossen. Im Nordosten verfügte der Kaiser über die Mark Brandenburg. Ganz anders als die Mark, die für die Wittelsbacher stets nur ein gefährdeter Außenposten bleiben sollte, war das altbayerische Tirol mit dem stark frequentierten Brennerpaß eine geradezu ideale Ergänzung des angestammten Territoriums und darüber hinaus Ausgangspunkt möglicher weiterer Italienunternehmungen, vorausgesetzt allerdings, daß sich der neue Landesherr mit dem einheimischen Adel zu arrangieren verstand. Auch die Haltung der Kurfürsten und der anderen Fürsten hat sich wenigstens zunächst durch die Tiroler Affäre nicht merklich verändert, und wenn es in gewissen Regionen, z. B. in Schwaben oder der Wetterau Schwierigkeiten mit dem Adel gab, dann lag das nicht an einer Entrüstung dieser Herren über das moralische Fehlverhalten des Kaisers, sondern an dessen intensiver Reichspolitik.
Und selbst die Kurie schien noch einmal verständigungsbereit. Benedikt XII. hat sich zwar nach Bekanntwerden von Ludwigs neuester Untat geweigert, das Absolutionsverfahren weiterzuführen, jedoch ist er am 25. IV. 1342 gestorben, und sein Nachfolger,

der aus dem Limousin stammende Benediktiner Pierre Roger, der sich dann Clemens VI. nannte, ist zunächst auf das Versöhnungsbegehren des Kaisers eingegangen. Dem Kaiser kam dabei die Unterstützung von seiten des Pariser Hofes zugute, aber der französische Druck wurde doch von Anfang an durch den der Luxemburger nahezu neutralisiert. Clemens war vor seiner Wahl u.a. Erzbischof von Sens und Rouen gewesen und 1338 von Benedikt zum Kardinal ernannt worden. Wie Karl IV. in seiner Autobiographie berichtet, hatte ihm Pierre bei einem Besuch in Avignon prophezeit, er werde eines Tages König werden, worauf er dem Kardinal erwidert habe: Du wirst noch vorher Papst sein. Die kleine Anekdote hat oft als Ausgangspunkt von Darstellungen gedient, die das Geschehen von der Wahl Clemens' VI. bis zu der Karls IV. als eine geradezu zwangsläufige Ereigniskette sehen wollten. Indes trifft eine derartige Interpretation nur in eingeschränktem Maße zu. Daß Clemens VI. nur ungern auf Ludwigs Rekonziliationsbemühungen eingegangen ist, wird man trotz der zeitweise günstig verlaufenden Verhandlungen unterstellen dürfen. Desgleichen kann vorausgesetzt werden, daß der Markgraf von Mähren spätestens seit dem Hinauswurf aus Tirol ernsthaft danach strebte, den Bayern aus dem Sattel zu heben. Auf der anderen Seite bedurften Clemens und die Luxemburger Bundesgenossen, und die waren vorerst nicht in ausreichender Zahl zu gewinnen, da ein Erfolg gegen den Kaiser nach Lage der Dinge kaum zu erzielen war. Dies gilt nicht nur für die Situation im Innern des Reiches, sondern ebenfalls für die Beziehungen des Kaisers zu den anderen Mächten in Europa. König Kasimir von Polen hatte den Verlust seiner Lehnshoheit über die schlesischen Fürstentümer noch keineswegs verschmerzt; mit Ludwig I. von Ungarn kam es seit dem Jahre 1345 zu einem ernsthaften Dissens wegen dessen Politik gegenüber Neapel, wo Ludwigs Bruder Andreas vermutlich mit Wissen seiner Gemahlin Johanna ermordet worden war, und Philipp VI. von Frankreich, ligischer Lehnsherr der Luxemburger und vielfach mit ihnen verschwägert, war ein Verbündeter des Kaisers, der seine Verpflichtungen durchaus ernst genommen hat. Denn daß Philipp weise gehandelt hatte, als er dem von seinem englischen Alliierten enttäuschten Bayern die Hand zur Versöhnung reichte, erwies sich spätestens am 26. IX. 1345, als Graf Wilhelm von Hennegau, Holland und Seeland starb und seine vier Schwestern sich urplötzlich als Erbinnen der strategisch so wichtigen Territorien betrachten durften. Als Reichsoberhaupt hatte Ludwig der Bayer natürlich eine im Vergleich zu seinen beiden Schwägern Eduard von England und Wilhelm von Jülich vorteilhafte Position, und es gelang dann seiner Gemahlin auch, sich im Verlauf des

Frühjahrs 1346 als alleinige Erbin bei den Ständen der Territorien durchzusetzen. Damit hatte sich der Kaiser als Landesherr in einem Gebiet etabliert, das unmittelbar an das Machtzentrum des Königs von Frankreich grenzte.
Diese neue Konstellation dürfte in Paris gewiß manche Erinnerung an das Jahre 1337 wachgerufen haben, aber ein Wittelsbacher im Hennegau war immer noch erträglicher als ein Plantagenet, und so blieb Philipp VI. durchaus bemüht, seinen Bündnispartner bei Laune zu halten. Seiner Intervention bei Clemens VI. war es zu verdanken, daß die neugewonnenen Besitzungen des Kaisers nicht sofort mit dem Interdikt belegt wurden; Clemens stellte lediglich die Bedingung, daß die Länder nicht vom Kaiser selbst, sondern von seiner Gemahlin übernommen würden.
Während Margarete die Huldigung des Hennegaus entgegennahm (16. III. 1346), befanden sich König Johann und sein Sohn Karl auf dem Wege nach Avignon, um die letzten Vorbereitungen zur Wahl eines neuen römischen Königs zu treffen. Die Verhandlungen mit der Kurie erfolgten ohne vorherige Unterrichtung des französischen Königs. Erst am 3. VI., als die Entscheidung längst getroffen worden war, ließ Clemens den König wissen, daß er dem Markgrafen von Mähren für den Fall seiner Wahl Gunst und Gnade zuteil werden lassen wolle.
Daß Karl IV. nach dem Tode des Bayern (11. X. 1347) seine Herrschaft über das Reich sehr rasch durchzusetzen vermochte und auch durch zwei Gegenkönige nie ernsthaft in Gefahr geriet, hat die nachfolgende Geschichtsschreibung oft zu der Ansicht verleitet, der Aufstieg des Luxemburgers sei trotz einiger Schönheitsfehler ebenso unaufhaltsam gewesen wie – beginnend mit dem Tiroler Eheskandal – der Niedergang Ludwigs des Bayern. Für eine derartige Beurteilung des Geschehens spricht zunächst die verhältnismäßig große Zahl von Kurstimmen, die der Markgraf von Mähren am 11. VII. 1346 in Rhens auf sich vereinigen konnte. Gewählt wurde er von den drei rheinischen Erzbischöfen, dem Herzog von Sachsen-Wittenberg und dem Böhmenkönig. An einer einstimmigen Kur fehlte demnach nur die Stimme des Pfalzgrafen. Allerdings war der kurz zuvor am 7. IV. vom Papst providierte Erzbischof von Mainz, Gerlach von Nassau, noch keineswegs im Besitz seines Amtes und seiner Territorien, denn diese wurden ihm von dem für gebannt und abgesetzt erklärten Heinrich von Virneburg vorenthalten. Der Kölner Walram, Bruder von Ludwigs wichtigem Bundesgenossen Wilhelm von Jülich, hatte dem Luxemburger seine Stimme zu einem so hohen Preis verkauft, daß alle Welt darüber entrüstet war. Aber politisch gravierender war die Konzession, daß Wilhelm während des unausweichlichen Thron-

streites eine neutrale Haltung bewahren durfte, während der neue König gehalten war, dem Kölner Hilfe zu leisten, falls dessen Erzstift von Gegnern des Luxemburgers angegriffen würde. Selbst Karls Großoheim von Trier war nicht bereit, seine Unterstützung kostenlos zu gewähren. Ohne Wissen seines Vaters hat Karl am 22. V. 1346 ein Abkommen mit Baldewin geschlossen, das einen zuvor auch von Johann gesiegelten Vertrag in beträchtlichem Maß zugunsten des Erzbischofs veränderte und u.a. stillschweigend vorsah, daß Karls damals neunjähriger Halbbruder Wenzel, dem gemäß von König Johanns Testament die altluxemburgischen Gebiete im Westen zufallen sollten, enterbt werden und Karl diese Territorien übernehmen würde. Wenzels Erbe sollte dann in großem Umfang zur Sicherheit für die von Baldewin und seiner Kirche zu erbringenden politischen und militärischen Leistungen eingesetzt werden. Die altluxemburgischen Stammlande sind dann auch tatsächlich in den folgenden Jahren bei finanziellen Transaktionen in einer für ihren Fortbestand sehr abträglichen Weise genutzt worden. Baldewin aber wurde in den Jahren nach Karls Wahl dessen wichtigster Bundesgenosse im Westen des Reiches und hat bis zu seinem Tode (21. I. 1354) die Richtlinien der luxemburgischen Politik in den Rheinlanden, aber auch gegenüber Frankreich und England maßgeblich zu bestimmen vermocht.

Trotz der beeindruckenden Stimmenzahl von Rhens mußte ein Blick über die politische Landkarte Europas die Anhänger des Luxemburgers in eine trostlose Stimmung versetzen. Der süddeutsche Raum mit Bayern, Schwaben und Franken und den zahlreichen Reichsstädten stand nahezu unbeirrt auf des Kaisers Seite; die Habsburger verhielten sich neutral. Ludwig I. von Ungarn stand auf der Seite des Kaisers und das Verhältnis Böhmens zu Polen war mehr als gespannt: Noch im Sommer 1345 hatte König Kasimir einen Feldzug gegen Ratibor unternommen und mußte von König Johann zurückgeschlagen werden. Eine Revision der Verträge von Trentschin und Vissegrad lag damals durchaus im Bereich der durch die Feindschaft zwischen Wittelsbach und Luxemburg bestimmten Möglichkeiten. Allenfalls im mittel- und norddeutschen Raum konnte Karl IV. auf die Hilfe einiger Fürsten zählen, z.B. des Sachsen-Wittenbergers, des Landgrafen von Hessen und der Fürsten von Mecklenburg. Jedoch verfügten die Wittelsbacher mit der Mark Brandenburg über einen so bedeutsamen Stützpunkt auch in dieser Region, daß es Herzog Barnim III. von Pommern-Stettin vorzog, sich neutral zu verhalten. Als weiteren wichtigen Faktor für die Stabilität von Ludwigs Position im Reich wird man die gerade erst gewonnenen Grafschaften Hennegau und Holland-Seeland nicht vergessen dürfen, auch wenn diese zunächst wohl kaum direkt gegen den Luxemburger eingesetzt werden konnten. Aber diese Bastionen dürften zum einen den König von Frankreich von einem Parteiwechsel abgehalten und zum anderen die Position des Markgrafen von Jülich gestärkt haben. Die Krönungsstadt Aachen hat dem neuen König auch vor der Katastrophe von Crécy ihre Tore verschlossen und dürfte sich dann durch die Niederlage und Flucht des Luxemburgers in ihrer Haltung bestätigt gefühlt haben.

Gewiß wird man sich überall im Reich nach dem Ende des lästigen Interdikts gesehnt haben, von dem man trotz der wiederholten Verbote, es öffentlich zu verkünden, durchaus Kenntnis hatte, aber der Preis, den die Kurie für seine Aufhebung verlangte, wurde doch weithin als zu hoch empfunden. In der Ablehnung der kurialen Forderungen auf eine Subordination des römisch-deutschen Königstums waren Reichsstädte, Herren, Grafen und Fürsten, auch die Bischöfe, 1338 weithin einig gewesen und daran hatte sich im Prinzip auch nach dem Tiroler Skandal nicht viel geändert. Bevor Clemens VI. die Fürsten am 28. IV. zur Neuwahl aufforderte, hatte ihm Karl nahezu alle Bedingungen konzedieren müssen, unter denen nach Ansicht der Päpste ein römischer König seine Herrschaft ausüben durfte. Im Hinblick auf Italien erkannte er an, daß der Papst vor der Approbation des Königs das Vikariat ausüben könne. Selbstverständlich akzeptierte er die kuriale Lehrmeinung, daß die Verurteilung des Bayern als Ketzer rechtens gewesen sei. Karl erklärte sogar die Prozesse, die sein Großvater gegen Robert von Neapel geführt hatte, für nichtig. Hinsichtlich des deutschen Regnum verhielt sich der Luxemburger etwas zurückhaltender. Die Forschungen des letzten halben Jahrhunderts haben zeigen können, in welch subtiler Weise Karl und seine Berater, vor allem vermutlich Baldewin von Trier, es vermieden haben, die weitreichenden Ansprüche des Papsttums (insbesondere ein Vikariatsrecht auch auf das deutsche Regnum) expressis verbis zu akzeptieren. Indes haben die Zeitgenossen kaum die Gelegenheit gehabt, die mit feinsinnigem diplomatischen Geschick entworfenen und ausgefertigten Urkunden genauer zu studieren. Für die Anhänger des Bayern, für die »Kaiserlichen«, galt der Luxemburger als Mietling und Botengänger des Papstes und mit dem nach der Rhenser Wahl bis zur Approbation am 6. XI. 1346 und zur Bonner Krönung vom 26. XI. geführten Titel eines »in regem Romanorum electus« (zum römischen König Gewählter) hat er der Meinung, sein Königtum entgegen den Beschlüssen von 1338 von der päpstlichen Approbation abhängig gemacht zu haben, in unbestreitbarer Weise Vorschub geleistet.

Die kaiserliche Propaganda gegen den neuen König, die übrigens auch nach dem Tode des Bayern mit unverminderter Heftigkeit weiter betrieben wurde, hatte noch leichteres Spiel, als nur sechs Wochen nach der Wahl Karl in die Niederlage Philipps VI. bei Crécy verwickelt wurde (26. VIII. 1346). Die politischen Umstände der Beteiligung Karls IV. an diesem fatalen Feldzug sind bis vor kurzem stets gründlich verkannt worden, und zwar vor allem deshalb, weil man einen Freundschaftsbund zwischen Karl IV. und dem französischen Thronfolger allzu vordergründig interpretiert hat. Dieser Pakt, der mit einer Urkunde Karls vom 7. V. und einer Gegenerklärung Johanns vom 4. VIII. 1347 abgeschlossen wurde, beweist indes nur, daß König Philipp selbst damals noch immer nicht das Königtum seines Schwagers anerkannt hatte und mit Rücksicht auf Ludwig den Bayern es seinem Sohn überließ, den Luxemburger bei guter Hoffnung zu halten. In die Schlacht von Crécy ist Karl IV. im Rahmen des böhmischen Aufgebotes gezogen, das er selbst und sein Vater Johann aufgrund des Vertrages von 1332 dem französischen König zuführen mußten. Der nach einer mißglückten Augenoperation vollständig erblindete König Johann ließ sich von seinen Kampfgefährten in das Schlachtgetümmel führen und fiel; Karl IV. konnte fliehen und kehrte verkleidet nach Böhmen zurück. Die Anerkennung seines Königtums durch Philipp VI., die er bei einem Sieg vielleicht hätte erreichen können, war nunmehr in weite Ferne gerückt, und daß er sein Prestige in deutschen Landen gänzlich verspielt hatte, bewies er mit einem Feldzug im Frühjahr 1347, den er mit Hilfe von einigen guelfischen Herren Italiens von Süden her gegen Tirol führte. Indes vermochte Margarete Maultasch ihre Stammburg gegen den ehemaligen Schwager zu behaupten; Karl mußte sich nach Trient zurückziehen und sorgte mit der Brandschatzung von Meran und Bozen dafür, daß die Position der Wittelsbacher in diesem wichtigen Paßterritorium fürs erste gesichert blieb. Daß der Luxemburger schließlich im Sommer 1347 von Böhmen aus die bayerischen Kernlande angreifen wollte, werden seine Feinde als Verzweiflungsaktion gewertet haben. Aufs Ganze gesehen hatten sich die Wittelsbacher seit der Rhenser Wahl eher passiv verhalten, wenn man davon absieht, daß Herzog Stephan sich gegen einige Herren der Region gewandt hatte, die sich dem neuen König geneigt zeigten. Die Passivität des Kaisers und seiner Anhänger wird man aber kaum als Zeichen der Schwäche werten können; im September 1346 hatten nach einem Bericht des in der Regel gut informierten Matthias von Neuenburg alle rheinischen, schwäbischen und fränkischen Reichsstädte dem Kaiser ihre Loyalität zugesichert, und daran hat sich bis zum Herbst 1347 nichts geändert. Die Zeit, so mochte der Bayer glauben, konnte nur für ihn arbeiten, und Aggressoren, die in die bayerischen Lande eingefallen waren, hatte er schon zweimal vernichtend geschlagen. Die Zeit aber entschied anders; das Ende der Wittelsbacher Reichsherrschaft wurde weder durch militärische noch politische oder sonstige Faktoren bewirkt, sondern durch das zufällige Ereignis von Kaiser Ludwigs Tod am 11. X. 1347.

VII. Karl IV.

Erst von diesem Tage an wird man die Geschichte des römischen Königs Karl IV. datieren können. Ermöglicht wurde die kurz nach Ludwigs Tod einsetzende Anerkennungsbewegung zum einen gewiß durch die Aussicht, daß ein von der Kurie geförderter Herrscher die Aufhebung des unangenehmen Interdikts bewirken werde, zum anderen aber auch dadurch, daß der Luxemburger jetzt, da den Wittelsbachern das Prestige der kaiserlichen Majestät genommen war, seine unbezweifelbaren politischen und diplomatischen Fähigkeiten frei zu entfalten vermochte. Der Florentiner Chronist Matteo Villani hat Gestalt und Verhaltensweise des Luxemburgers kurz nach der Kaiserkrönung in einer – verglichen mit den meisten Produkten der gleichzeitigen deutschen Historiographie – ungemein plastischen und eindrucksvollen Weise so umschrieben: Von mittlerer Statur – nach Meinung der Deutschen aber eher klein –, ein wenig verwachsen (gobetto = das Buckelchen), mit schwarzem Bart und Haar, über der Stirn kahl, mit breitem Gesicht und großen Augen. Karl war sorgfältig, aber schmucklos gekleidet. Während seiner Audienzen pflegte er zu stehen und mit einem Messerchen sorgfältig an einem Weidezweig zu schnitzen. Den vor ihm knienden Bittsteller sah er nicht an, vielmehr ließ er die Augen umherschweifen, so daß es schien, als ob er die Petition gar nicht beachtete. Gleichwohl hörte er aufmerksam zu und antwortete mit wenigen, aber gehaltvollen Worten. Die mit dem Umherirren der Augen und den Schnitzbewegungen der Hand in seltsamem Kontrast stehenden Ruhe des gespannten Intellekts mußte auf einen mit den theatralischen Gesten und rhetorischen Gefechten seiner Landsleute vertrauten Italiener natürlich besonders irritierend wirken. Matteo berichtet allerdings in weiteren Abschnitten seiner Chronik auch von ganz anderen Verhaltensweisen des Kaisers: von wütendem Aufbrausen am erfolglosen Ende nächtelanger Verhandlungen und von leutseliger Entschuldigung mit freundlicher Miene am nächsten Morgen. Karl ist über lange Zeit hinweg im Umgang mit den vielen Gegnern und den wenigen Freunden, die er hatte, ein Virtuose der Verhandlungskunst gewesen, die nicht selten die Probleme nur zu überdecken vermochte oder durch andere, nicht weniger schwierige ersetzte. Die ihn bereits im besten Mannesalter überfallende Gicht muß eine gewisse, von früher Kindheit vorhandene Neigung zu Griesgram und bigotter Tugendlehre entwickelt

haben, die Anlaß zu boshaften Anekdoten bot: Eine von vornherein sympathieerregende Gestalt wie der erste Habsburger ist Karl IV. gewiß nicht gewesen; um so beeindruckender müssen seine intellektuellen Fähigkeiten gewesen sein.
Den ersten Beweis dieser Überlegenheit mußten die Söhne des Kaisers fast im Zentrum ihres Herrschaftsbereiches zur Kenntnis nehmen, als Karl nur wenige Tage nach Ludwigs Tod die Bürger von Regensburg zur Anerkennung seines Königtums bewegen konnte. Dabei mag die Tatsache, daß er mit einem ansehnlichen Aufgebot aus Böhmen sowie mit einer Reihe von fränkischen und schwäbischen Herren vor der Stadt erschienen war, einigen Eindruck gemacht haben, aber ausschlaggebend wird die militärische Demonstration kaum gewesen sein. Schon am 31. X. konnte Karl in Nürnberg einziehen und hier die Reaktion der schwäbischen Städte beobachten, die am 22. X. ein Bündnis geschlossen hatten, um den Gefahren einer möglichen Doppelwahl zu begegnen. Der Kaiser, so die Bundesurkunde, habe sie in Frieden gelenkt und gestärkt, und sie wollten nur einen neuen Herrscher anerkennen, der zuvor von der Bundesversammlung mit Mehrheit zum rechtmäßigen König erklärt werden würde. Aber dies feierliche Gelöbnis hinderte Ulm nicht daran, schon im November aus der Einheitsfront auszuscheren und Karl anzuerkennen; fast zur gleichen Zeit entschieden sich auch die elsässischen Städte für den Luxemburger. Die meisten der schwäbischen folgten dann am 9. I. 1348 ihrem Beispiel. Dies war ein sehr wichtiger Erfolg für den König, denn am Tage danach wurde in Lahnstein von der wittelsbachischen Partei ein zweiter König präsentiert: König Eduard III. von England, der Sieger von Crécy. Diesem gewiß voraussehbaren Ereignis verdankten 23 schwäbische Reichsstädte ein Privileg Karls IV., das ihnen u.a. die Unverpfandbarkeit konzedierte und ihnen auch das Recht einräumte, bei Verletzung ihrer Privilegien Widerstand zu leisten, und zwar auch gegen das Reichsoberhaupt. Eins allerdings erreichten die Städte nicht: die Anerkennung ihres Bundes, denn das Privileg wurde nicht diesem, sondern den einzelnen Mitgliedern verliehen. Eine Anerkennung des Bundes hätte gegen das seit 1231 definierte Reichsrecht verstoßen, und Karl hat vom Anfang seiner Regierung an darauf geachtet, daß das Verbot reiner Städteallianzen, das er dann auch in die Goldene Bulle übernommen hat, wenigstens der Form nach mehr oder weniger beachtet wurde. Bis zum Beginn der siebziger Jahre, als das Fiasko von Baesweiler und in Brandenburg zu einem Wechsel seiner Haltung führte, hat Karl IV. dann eine städtefreundliche Politik betrieben, die durchweg das handeltreibende Patriziat gegenüber den Handwerken begünstigte.

Der Übergang der meisten Reichsstädte ins Lager des Luxemburgers – allein Aachen wahrte weiterhin seine ablehnende Haltung – war nur einer von mehreren Faktoren, die ihm am Ende den in der Aachener Krönung vom 15. VII. 1349 kulminierenden Triumph über seine Gegner ermöglichte. Mit der Wahl Eduards III. hatten die Wittelsbacher einen schwerwiegenden Fehler begangen, denn offenkundig hatte dieser ihnen noch keine definitive Zusage gegeben, daß er sie auch annehmen werde. Gesandte der Kaiserin und ihres ältesten Sohnes Ludwig von Brandenburg verhandelten im Dezember 1347 mit Eduard, zugleich weilten aber auch Boten von Kaiser Ludwigs engstem fürstlichem Bundesgenossen, Markgraf Wilhelm von Jülich, in London und dürften dem König noch ganz andere Möglichkeiten eröffnet haben. Am 10. I. 1348 wählten dann Bevollmächtigte des Erzbischofs Heinrich von Mainz, des Pfalzgrafen, des Markgrafen von Brandenburg und des Herzogs Erich von Sachsen-Lauenburg Eduard zum römischen König. Daß dabei nur die beiden wittelsbachischen Kurfürsten, Pfalz und Brandenburg, über unbestrittene Stimmen verfügten, war nicht weiter beunruhigend, denn diesen Makel hätte man mit einem erfolgreichen Kampf gegen die Luxemburger leicht bereinigen können. Bedenklicher war, daß der neue Herrscher vorerst nicht in der Lage war, seine Rechte auch selbst wahrzunehmen, und daß infolgedessen Karl IV. von Basel aus den Rhein hinab bis Mainz ziehen konnte, ohne auf nennenswerten Widerstand zu stoßen. Eine knappe Woche nach der Lahnsteiner Wahl eröffnete er am 16. I. das Spiel um die Macht mit einem ziemlich überraschenden Zug, indem er den Markgrafen von Jülich mit dem diesem zustehenden Anteil, einem Viertel, an Hennegau, Holland, Seeland und Friesland belehnte. Die einseitig zugunsten der Kaiserin erfolgte Regelung der Hennegauer Erbfolge hatte offenbar den Jülicher verärgert und zum Parteiwechsel veranlaßt. Wilhelm wurde beauftragt, eine Allianz zwischen dem römischen und dem englischen König herbeizuführen. Um die Bündnisfähigkeit des Luxemburgers unter Beweis zu stellen, begann Erzbischof Baldewin von Trier seit dem 16. I. mit diplomatischen Aktionen, dem Bischof von Cambrai und seinem Kapitel in Erinnerung zu rufen, daß ihre Temporalien nicht vom französischen, sondern vom römischen König zu Lehen gingen.

Mit der englischen Allianz, die dann am 23. IV. bzw. am 24. VI. von Eduard bzw. Karl ratifiziert wurde, hat der Luxemburger die Konstellation des Jahres 1337 erneuert. Zwar war diesmal keine Offensive des römischen Königs gegen Frankreich vorgesehen, aber die Möglichkeit eines Krieges gegen Philipp VI. zur Rückgewinnung von Reichsrechten wurde in den Vertragsurkunden wenigstens erwähnt. Man wird voraussetzen können, daß Karl prinzipielle Bedenken gegen die Allianz mit Eduard gehabt hat, dessen Ansprüche auf die Krone Frankreichs er zeit seines Lebens für ungerechtfertigt hielt. Dies hat er auch in seiner wahrscheinlich etwa 1350 geschriebenen Autobiographie unmißverständlich zum Ausdruck gebracht. Durch seinen Namen, den er erst während seines Parisaufenthaltes im Jahre 1323 erhalten hatte, war der luxemburgische Přemyslide in die Tradition des Stammvaters der beiden Reiche gestellt worden; bei Gelegenheit der Aachener Krönung hat er diese karolingische Tradition aller Welt vor Augen geführt, als er der Grabkirche Karls des Großen eine Büste ihres Stifters schenkte, die auf einem mit den Lilien Frankreichs geschmückten Sockel ruht, während das Gewand des Kaisers mit dem Reichsadler verziert ist. Aber diese in dem kostbaren Reliquiar zum Ausdruck gebrachte Ansicht über die gemeinsamen Wurzeln von Regnum Francie und Imperium hat Karl IV. nicht daran gehindert, sich mit dem Todfeind seines Schwagers Philipp zu verbünden. Auch wenn diese Allianz keine unmittelbaren Folgen gezeitigt hat, so war sie doch die vielleicht entscheidende Basis für die Durchsetzung von Karls Königtum auf europäischer Ebene und für seine Konsolidierung im Inneren des Reiches. Die Wittelsbacher hatten ihren Kandidaten für den Thron und mit Wilhelm von Jülich einen ihrer wichtigsten Bundesgenossen verloren. Sie haben dann mehr als ein Jahr benötigt, ehe sie mit dem armen Grafen von Schwarzburg einen neuen König kreieren konnten. In der Zwischenzeit hatte es Karl IV. verstanden, seine Position im Reich auszubauen, und zwar nicht nur im Westen und Südwesten, sondern auch im Norden des Reiches. Herzog Albrecht II. von Österreich, Sohn König Albrechts, erkannte Karl mit seiner Lehnshuldigung am 26. V. 1348 an. Im Norden wurden die von Anfang an zur luxemburgischen Partei zählenden Herren von Mecklenburg zu Herzögen und Reichsfürsten erhoben (8. VII. 1348), dem Herzog von Pommern-Stettin die Lehnsunabhängigkeit von der Mark Brandenburg zugestanden, womit diesem stillschweigend ebenfalls die Reichsfürstenwürde verliehen wurde (Juni 1348).

An die Substanz der wittelsbachischen Macht außerhalb Bayerns ging es dann, als im August 1348 am Hof des Magdeburger Erzbischofs ein alter Pilgrim auftauchte und behauptete, der nach bis dahin unbezweifelter Meinung all seiner Untertanen und Vasallen im Jahre 1319 verstorbene Markgraf Woldemar von Brandenburg zu sein. Gegen den Widerstand der mit Woldemar verwandten Herzöge von Sachsen-Wittenberg und der Grafen von Anhalt hatte Ludwig der Bayer seinerzeit die Mark seinem Sohn Ludwig als Lehen übertragen. Der Falsche Woldemar, wie er in der Histo-

riographie durchweg genannt wird, wurde sowohl vom Magdeburger Erzbischof als auch von den Sachsen-Wittenberger Herzögen und den Anhaltern als der rechtmäßige Herr der Mark Brandenburg anerkannt und mit großem Pomp in sein Fürstentum geführt, während Markgraf Ludwig gerade in Bayern weilte und zunächst wegen Geldmangel nicht nach Brandenburg zurückkehren konnte. Der Großteil der Brandenburger Städte war überdies mit der wittelsbachischen Landesherrschaft so unzufrieden, daß schließlich nicht mehr allzuviel gerettet werden konnte, zumal Karl IV. seine Chance nutzte und mit einem böhmischen Aufgebot erschien. Am 2. X. 1348 hat er in feierlicher Form den angeblichen Markgrafen mit der Mark Brandenburg und mit Landsberg belehnt, nachdem dieser und seine askanischen Bundesgenossen zugunsten der Krone Böhmens auf die Mark Lausitz verzichtet hatten.
Die Frage, ob der vom römischen König in aller Öffentlichkeit als Reichs- und Kurfürst anerkannte alte Mann ein Betrüger oder ein Geisteskranker gewesen sei, der in einem ungewöhnlich günstigen Moment auftauchte und dann von den Gegnern der Wittelsbacher für ihre politischen Ziele eingesetzt wurde, ist bis heute nicht befriedigend beantwortet worden. Es gibt sogar noch eine dritte, von durchaus ernst zu nehmenden Forschern vertretene These: Der Pilgrim sei tatsächlich der alte Markgraf Woldemar gewesen. Immerhin muß man die Frage stellen, warum die Wittelsbacher nicht die Gruft in Chorin öffnen ließen, wo der angeblich 1319 verstorbene Fürst beigesetzt worden sein sollte. Auch fehlen der Gestalt des Falschen Woldemar die burlesken Züge eines Hochstaplers vom Schlage eines Tile Kolup, wofür freilich seine fürstlichen Mentoren gesorgt haben könnten. Wer immer dieser seltsame Mann gewesen sein mag, seine Existenz hat erheblich dazu beigetragen, das Königtum Karls IV. im Norden des Reiches durchzusetzen.
Inzwischen hatten die Wittelsbacher nach neuen Kandidaten für die Königswürde Ausschau gehalten und waren auf den mit ihnen verschwägerten Markgrafen Friedrich den Ernsthaften von Meißen verfallen. Es kennzeichnet aber die veränderte Machtlage im Reich, daß der Meißner die Chance, dem böhmischen Nachbarn in ebenbürtiger Weise entgegentreten zu können, nicht ergriff und den Wittelsbachern eine Absage erteilte. Daraufhin setzten diese den Ausverkauf ihres noch verbliebenen Prestiges fort, indem sie den thüringischen Grafen Günther von Schwarzburg, der sie im Kampf gegen den Falschen Woldemar unterstützt hatte, als Kandidaten nominierten. Am 30. I. 1349 wurde Günther von Pfalz, Brandenburg, Sachsen-Lauenburg und Heinrich von Mainz zum römischen König gewählt. Die Machtmittel des Schwarzburgers dürften

wahrscheinlich denen des Grafen Adolf von Nassau entsprochen haben, aber dieser hatte sein Königtum immerhin dem einmütigen Willen aller sieben Kurfürsten zu danken und hat seine Herrschaft zunächst auch durchzusetzen vermocht, ohne auf merklichen Widerstand von seiten seines Rivalen Albrecht zu stoßen. Dem Grafen von Schwarzburg aber standen außer den angeschlagenen Wittelsbachern allenfalls eine Reihe von thüringischen Herren als Helfer zur Verfügung, die von der Königsherrschaft eines ihrer Standesgenossen eine unmittelbare Beziehung zum Reichsoberhaupt zurückzugewinnen hofften. Ernstlich ist Karl IV. durch diesen Gegenkönig nie gefährdet worden. Im Gegenteil: die Schachzüge, mit denen er den Gegner schließlich mattsetzte und zur Abdankung zwang (24. V. 1349), trugen nicht unerheblich zur Erweiterung seiner Machtbasis und zur Schwächung der wittelsbachischen Position bei. Am 4. III. heiratete Karl in zweiter Ehe Pfalzgraf Rudolfs einzige Tochter Anna und leitete damit den Zerfall der Wittelsbacher Familieneinheit ein. Außerdem erkannte auch die Stadt Mainz den Luxemburger an und sagte sich von dem von der Kurie längst abgesetzten Erzbischof Heinrich los.
Ob die Bevölkerung des Reiches die politischen Turbulenzen dieser Jahre überhaupt noch mit Interesse zur Kenntnis genommen hat, wird man bezweifeln dürfen, denn seit dem Frühjahr 1348 kursierten erst Gerüchte, dann sichere Nachrichten über eine furchtbare Seuche, die sich unaufhaltsam von Genua und von Marseille aus gen Norden ausbreitete. Die Pest, der Schwarze Tod, hat in den Jahren 1348 bis 1352 nahezu den gesamten europäischen Kontinent überzogen; unerklärlicherweise hat die innerhalb weniger Tage zum Tode führende Krankheit einige Städte und Regionen verschont, aber dort, wo sie wütete, hat sie zumeist ein Drittel oder gar die Hälfte der Bevölkerung dahingerafft. Vermutlich war die Seuche von Genuesen, die aus der von den Tataren belagerten Stadt Kaffa auf der Krim hatten entkommen können, in ihre Heimatstadt eingeschleppt worden, von wo aus sie das Rhônetal durcheilte und etwa im August 1348 Paris erreichte, wo ihr im Laufe der folgenden Monate etwa 25% der Bevölkerung zum Opfer fielen; betroffen waren hier vor allem die Unterschichten und die Kinder. Natürlich blieb die Ursache der Pest, ein erst 1894 identifizierter Bazillus, den Zeitgenossen verborgen. Jedoch sind die Symptome der Krankheit, ihr Ausbruch und ihr Verlauf, von einigen Schriftstellern der Zeit so genau beschrieben worden, daß ihre Identifizierung als Lungenpest außer Zweifel steht. Im Gegensatz zur Beulenpest, bei der die Lymphknoten in Achselhöhle und Leisten zu eiternden Beulen aufgebläht werden, pflegt die Lungenpest ohne weitere Zwischenträger direkt vom Kranken auf den Gesunden

übertragen zu werden; es bedarf dazu also nicht der Ratte und ihres Flohs. Die Ärzte und Krankenpfleger, aber auch die Totengräber des 14. Jahrhunderts haben unwillkürlich einige medizinisch oder hygienisch richtige Maßnahmen getroffen, indem sie z.B. die Ansteckung durch große Pesthüte mit riesigen Schnäbeln zu verhindern trachteten. Aber aufs ganze gesehen war man doch hilflos und suchte nach außermedizinischen Erklärungen für die grauenvolle Seuche. Einen Trost fanden viele in dem Gedanken, der Schwarze Tod sei eine Geißel Gottes, welche die Christenheit für ihre Frevel strafen sollte. Aber dabei blieb es nicht, man suchte nach einem greifbaren Urheber des Übels und fand ihn in den Juden, die schon in den vergangenen Jahrzehnten mehrfach Pogromen oder harmloseren Verfolgungen ausgesetzt gewesen waren.
Die wegen ihrer Wuchergeschäfte verhaßten und wegen ihrer religiösen Sonderstellung ohnehin stets verdächtigen Juden wurden dann seit dem Ende des Jahres 1348 zu Opfern einer von Hysterie geprägten Raserei, die freilich von einer ganzen Reihe politischer Kräfte in oft schamloser und zynischer Weise geschürt und in die gewünschte Richtung dirigiert wurde. Zu den Drahtziehern der Pogrome hat sich als stiller Teilhaber auch der römische König Karl IV. gesellt und sich damit an einem Verbrechen mitschuldig gemacht, das nach unseren Begriffen einem Völkermord nahekam. Der König hat sich dazu bereitgefunden, obwohl die Juden, seine Kammerknechte, neben den Reichsstadtbürgern die einzigen Steuerzahler des Reiches waren, und obwohl er von ihrer Unschuld überzeugt war. In einem Mandat an das ihm als Landesherrn unterstehende Regiment der Stadt Luxemburg hat er dies nachdrücklich betont: Es sei nicht nachgewiesen, daß die Juden, wie allenthalben behauptet werde, die Brunnen vergiftet hätten. Selbstverständlich sind die Pogrome auch nicht auf die Initiative Karls zurückzuführen, und möglicherweise hätte er auch, selbst wenn er gewollt hätte, keinen der Exzesse verhindern können, da ihm dazu weitgehend die Mittel der Exekutive fehlten. Aber, und das ist das Entscheidende, er hat einer ganzen Reihe von Leuten, die sich mit dem Gedanken der Vernichtung von Judengemeinden zum Zweck der Aneignung ihres Vermögens trugen, im vorhinein Straffreiheit garantiert, wobei er sich für die betreffenden Privilegien Anteil an der zu erwartenden Beute, d.h. dem Nachlaß der zu Ermordenden, versprechen ließ. Karls Mitwisserschaft, seine indirekte Mittäterschaft an einigen der zahlreichen Pogrome ist durch seine eigenen in diesem Zusammenhang ausgestellten Urkunden über jeden Zweifel erhaben. Besonders makaber gestaltete sich der Judenmord in Nürnberg. Schon kurze Zeit, nachdem der patrizische Rat dieser Stadt Karl IV. anerkannt hatte, wurde er durch die Handwerker

gestürzt und ins Exil getrieben; die Stadt kam wieder unter die Herrschaft der Wittelsbacher. Die vertriebenen Nürnberger wandten sich an den König, der ihnen die Rückführung in die Stadt und die Wiederherstellung der alten Verfassungsverhältnisse versprach. Dabei muß bereits von der künftigen Vernichtung der Judengemeinde die Rede gewesen sein, denn Karl IV. gewährte am 27. VI. 1349 dem Markgrafen Ludwig von Brandenburg, mit dem er sich gerade über die Abdankung Günthers von Schwarzburg geeinigt hatte, ein Privileg, das diesem drei der besten Judenhäuser in Nürnberg zusprach, »wann die Juden da selbes nu nehst werden geslagen«. Nachdem die Patrizier mit Hilfe des Königs die Herrschaft in Nürnberg wieder übernommen hatten, erschien ihnen diese Schenkung, vielleicht auch noch einiges andere, als eine Beeinträchtigung der Autonomie ihrer Stadt, und so zögerten sie den Beginn des Pogroms solange hinaus, bis eine nach Prag gereiste Delegation am 16. XI. 1349 ein Privileg in der Tasche hatte, das alle früheren Briefe und Handfesten des Königs in dieser Angelegenheit außer Kraft setzte. Karl gestattete den Nürnbergern außerdem, anstelle der abzureißenden Judenhäuser und der Synagoge zwei Marktplätze und eine Marienkirche zu errichten. Erst als sie im Besitz des Widerrufs waren, ließ der Nürnberger Rat zur Tat schreiten, die mindestens 568 Juden, mehr als einem Drittel der Gemeinde, das Leben kostete.
Karl IV., dem es unter seinen Zeitgenossen wahrlich nicht an gehässigen Kritikern gemangelt hat, wurde doch, soweit man sieht, nie dem Vorwurf des Judenmordes konfrontiert. Vermutlich war aber auch die Kenntnis seiner Mitwisserschaft und seiner Hehlerei auf einen sehr kleinen Kreis von Leuten beschränkt, die kein Interesse daran hatten, ihre eigene Beteiligung ans Tageslicht gezeigt zu sehen. Es kann kein Zweifel daran bestehen, daß die Ermordnung und Ausplünderung der Juden, auch wenn die christlichen Zeitgenossen angesichts des allgemeinen Sterbens in Europa mit Achselzucken darüber hinweggegangen sind, nach den rechtlichen Normen der Zeit ein Unrecht gewesen ist, insofern der den Juden zustehende Schutz des Königs, der Bischöfe und des Stadtregiments mißachtet worden war. Die Straßburger z.B., die ohne Wissen und Willen des Königs ihre Juden umgebracht hatten, fürchteten die Bestrafung durch den König und suchten nach Bundesgenossen. Schließlich haben sie sich von der Strafe losgekauft, deren Berechtigung also anerkannt. Die Stadt Nördlingen wurde wegen ihrer Gewalttaten vor das Reichshofgericht geladen, am 26. III. 1349 aber von ihrer Schuld freigesprochen. Wieviel die Nördlinger für diesen Spruch gezahlt haben, entzieht sich unserer Kenntnis.

In seiner vermutlich kurz nach den Pogromen geschriebenen Autobiographie hat Karl IV. seinen Nachfolgern einen Tugendspiegel vorgehalten, in dem auch Recht und Gerechtigkeit der gebührende Platz zugewiesen wurde. Dabei zitiert er Psalm 99,4: Honor regis iudicium diligit, die Würde des Königs liebt das gerechte Gericht, und dies verweist auf die Rex-David-Platte der Reichskrone, die er kurz zuvor von den Wittelsbachern erhalten hatte. Es ist wenig wahrscheinlich, daß Karl IV. sich je die Frage gestellt hat, ob er dem Anspruch dieser Herrschaftsinsignie gerecht geworden sei.

Die ebenso schrecklichen wie schmählichen Vorgänge des Jahres 1349 stellen nun nicht nur ein Problem der persönlichen Moral des römischen Königs und gewisser städtischer Führungsschichten dar, sondern sie beleuchten auch schlagartig eine Krisensituation der damaligen Gesellschaft und ihrer wirtschaftlichen Tätigkeit, und zwar bereits in der Zeit vor dem großen Sterben. Die Motive für die Judenmorde und -vertreibungen, die ja durchweg vor dem Ausbruch der Seuche erfolgt sind, waren – von der panischen Angst vor der Brunnenvergiftung einmal abgesehen – keineswegs überall die gleichen. Die wirtschaftlichen Gründe sind bereits von einigen Zeitgenossen gesehen und benannt worden. »Was man den Juden schuldete, das wurde alles wett, alle Pfänder und Schuldscheine wurden den Schuldnern zurückgegeben. Das bare Gut nahm der Rat und teilte es nach einem bestimmten Schlüssel unter die Handwerker auf«, so berichtet der Straßburger Priester Fritsche Closener und fügt hinzu, dies sei das Gift gewesen, das die Juden tötete, nicht also das, was sie angeblich in die Brunnen geschüttet hatten. Dieser Bericht hat der Meinung Vorschub geleistet, die Pogrome seien in aller Regel das Werk der armen, bei den Juden verschuldeten Leute gewesen, die für die kurzfristigen Kleinkredite bis zu 43% Zinsen zahlen mußten. Tatsächlich werden diese armen Schlucker auch die Hauptbeteiligten an den Morden und Ausschreitungen gewesen sein. Aber in Nürnberg ging der Plan zur »Judenschlacht« unbezweifelbar auf das Konto der patrizischen Führungsschichten, und diese haben die Vernichtung der Nürnberger Judengemeinde nicht nur für die beabsichtigten Sanierungsmaßnahmen in der zu eng gewordenen Stadtmitte genutzt. Man wird aus der späteren Entwicklung den Schluß ziehen dürfen, daß der Judenpogrom in Nürnberg auch der Ausschaltung der jüdischen Konkurrenz aus dem Kreditgeschäft dienen sollte. Das von der Kirche seit dem 12. Jahrhundert verschärft gehandhabte Verbot, für ausgeliehenes Kapital einen Preis, den Zins, zu verlangen, war im Rahmen des sich ausweitenden Waren- und Geldverkehrs überaus lästig geworden und wurde in mancherlei Weise umgangen. Die bei Kreditgeschäften mit Fürsten und Königen zu erzielenden Gewinne waren wohl zu verlockend, als daß man sie auf Dauer den Juden hätte überlassen wollen. Im Nachlaß der Straßburger Juden hat man nicht nur zu Pfand gegebenen Plunder gefunden, sondern z.B. auch eine Krone des Markgrafen von Baden, die dann dem Eigentümer zurückgegeben wurde. Die Kölner haben die Schuldscheine adeliger und geistlicher Personen, die sie vorgefunden haben, aufbewahrt und die Schulden für die Stadtkasse eingezogen. Das bislang übliche Bild eines tumultuarisch zustande gekommenen Aufruhrs, der im wesentlichen von den armen Handwerkern getragen wurde, während das handeltreibende Patriziat sich vergeblich der Raserei entgegengestellt habe, wird man für eine ganze Reihe von Städten einer Korrektur unterziehen müssen.

Die wirtschaftlichen Voraussetzungen der Pogrome gehören schon deshalb nicht zu den oft aufgrund theoretischer Überlegungen erschlossenen Folgen der Pest, weil die meisten »Judenschlachten« vor dem Ausbruch der Seuche inszeniert worden sind. Die tatsächlichen Konsequenzen des Großen Sterbens für Wirtschaft, Politik und Kultur des späteren Mittelalters sind häufig sehr kontrovers beurteilt worden. Als gesichert darf gelten, daß das Land nachhaltiger getroffen worden ist als die Stadt, obwohl die Sterblichkeit innerhalb der Stadtmauern aller Wahrscheinlichkeit nach größer war. Aber die wirtschaftlich florierenden unter den Städten haben es verstanden, binnen kurzer Zeit die Menschenverluste durch eine großzügige Einwanderungspolitik auszugleichen. In Lübeck dürfte bereits 1360 die alte Bevölkerungszahl wieder erreicht worden sein. Dies muß in zahlreichen Regionen zu einer weiteren Verdünnung der Landbevölkerung geführt haben. Die in dieser Zeit entstandenen Wüstungen sind zumeist wohl nur mittelbar durch die Pest verursacht worden. Es kam zu Zusammenlegungen von Dörfern, wobei natürlich diejenigen mit den besseren Böden und Verkehrsverhältnissen den Vorzug erhielten. Die Periode nach der großen Pestwelle, der übrigens weitere gefolgt sind, ist das goldene Zeitalter der Lohnarbeit genannt worden: Die Löhne stiegen infolge der verminderten Zahl von Tagelöhnern und Handwerkern, und zwar in der Stadt. Im Agrarbereich fielen demgegenüber die Preise für die landwirtschaftlichen Erzeugnisse. Diese Entwicklung führte nicht nur zur Verarmung der Bauern, sondern auch zu einer in vielen Fällen wohl einschneidenden Minderung der Einkommen des auf die Abgaben der Bauern angewiesenen Adels. Es kam gewiß nicht von ungefähr, daß nur wenige Jahre später sich die ersten Adelsgesellschaften bildeten, die nach dem Vorbild der Städtebünde die Wahrung adeliger Interessen gegen Städte, aber auch gegen Fürsten zum Ziele hatten. Hinsichtlich des »Goldenen

Handwerks« haben jüngere Untersuchungen ergeben, daß das Bild vom behaglichen Wohlstand der spätmittelalterlichen Stadtbürger erheblich differenziert werden muß. In den Städten Oberdeutschlands hat es zahlreiche Handwerker gegeben, die am Rande des Existenzminimums gelebt haben. In den ersten Generationen nach der Pest dürfte sich die Kluft zwischen Arm und Reich noch erheblich vertieft haben, da die Kumulation des Erbgutes auf die Überlebenden bei vermögenden Familien natürlich von ganz anderem Gewicht war als bei solchen, die von der Hand in den Mund lebten. Aufs Ganze gesehen hat die Pest den Städtern bei weitem nicht so geschadet wie der Landbevölkerung und dem ritterlichen Adel. Die Fürsten, die selbst über Städte verfügten und am Gewinn des Handels durch die Zölle partizipierten, dürften die Drangsale dieser Zeit wohl weit besser überstanden haben als die Herren, die auf ihre Bauern angewiesen waren. Überdies sind die fürstlichen Familien in Deutschland von der Pest so gut wie verschont geblieben: Sie dürften die Möglichkeit genutzt haben, sich für einige Zeit von den Untertanen und den meisten ihrer Vasallen zurückzuziehen, um so der Ansteckung zu entgehen. »Flieh schnell und lang und komm' nur zögernd zurück!«, diesem Rat der Pariser medizinischen Fakultät scheinen viele derjenigen gefolgt zu sein, die es sich leisten konnten.
Nachdem Karl IV. die Tochter des Pfalzgrafen geheiratet und sich mit des Kaisers ältestem Sohn, dem Markgrafen von Brandenburg ausgesöhnt hatte, konnte er ohne Bedenken in sein Königreich Böhmen als der Basis für seine Herrschaft über das römisch-deutsche Reich zurückkehren. Vom Herbst 1349 bis zum Herbst 1353 hat er mit Ausnahme von zwei kurzen Reisen nach Nürnberg deutschen Boden nicht mehr betreten. Die Wittelsbacher waren mit ihren eigenen Problemen beschäftigt. Die sechs Söhne des Bayern hatten ihre Herrschaftsrechte auf zwei Gruppen von je drei Brüdern verteilt: Markgraf Ludwig, Ludwig der Römer und Otto erhielten u.a. Oberbayern, dazu kamen Brandenburg und Tirol; Stephan, Wilhelm und Albrecht hatten Niederbayern und Hennegau-Holland inne. Karl IV. hatte ihnen freie Hand gelassen, die weithin verlorene Mark Brandenburg zurückzuerobern, aber erst als sich die Gewichte merklich zugunsten der Wittelsbacher verschoben hatten, bestätigte er den umständlichen Spruch einer sehr parteiisch zusammengesetzten Kommission, demzufolge deren Mitglieder lieber beschwören wollten, daß der, der sich nennt Woldemar, nicht der Sohn des Markgrafen Konrad sei, als daß er es wäre. Am 16. II. 1350 belehnte Karl dann Ludwig und seine Brüder mit den Marken Brandenburg und Lausitz, nachdem die Wittelsbacher zuvor auf die Oberlausitz zugunsten Böhmens ver-

zichtet hatten. Damals hielten aber noch zahlreiche Städte, darunter Brandenburg, Berlin, Cölln, Angermünde, zu Woldemar und mußten vom König aufgefordert werden, ihren rechtmäßigen Herren zu gehorchen. Im Laufe der folgenden Jahre hat dann der alte Mann mit Ausnahme der Grafen von Anhalt alle seine Anhänger verloren. Am 10. III. 1355 hat er schließlich als Markgraf von Brandenburg, zu Lausitz und Landsberg sowie als Erzkämmerer des Hl. Reiches in einer feierlichen Urkunde die Städte Brandenburg und Görzke von der ihm geleisteten Huldigung entbunden und aufgefordert, Ludwig den Römer und dessen Bruder Otto anzuerkennen. Nur wenig später ist Woldemar gestorben und als Markgraf in der Dessauer Marienkirche beigesetzt worden.

Daß Karl IV. von 1350 bis zum Herbst 1353 nur in sehr sporadischer Weise Reichspolitik betrieb – die Zahl seiner Urkunden für deutsche Empfänger ging rapide zurück –, hatte eine Reihe von Gründen. Seit dem Oktober 1350 war er für nahezu ein Jahr durch eine schwere Nervenkrankheit fast gelähmt. Aber dies war sicher nicht die einzige Ursache für das lange Verweilen in seinem Erbreich Böhmen, denn dieses ist unter ihm zu einem weitaus gewichtigeren Machtzentrum der Königsherrschaft geworden, als es jedwede Hausmachtterritorien der voraufgegangenen Könige gewesen waren. Dies hat sich nicht zufällig via facti so ergeben, sondern war von Anfang an so geplant und hat sich selbst im Titel Karls IV. niedergeschlagen. Während nämlich Rudolf I. nach seiner Wahl nur noch römischer König, nicht also auch noch Graf von Habsburg war, und auch Ludwig der Bayer nach seiner Wahl den Herzogstitel nicht mehr führte, benannte sich Karl IV. mit dem Doppeltitel: römischer König und König von Böhmen. Auch die Kaiserkrönung hat nicht bewirkt, daß der böhmische Titel wegfiel. Schon die Zeitgenossen haben die Frage erörtert, welche der beiden in Karl verkörperten Mächte die andere dominiert habe; die meisten von ihnen haben das römische Reich als die unterlegene bezeichnet.

Am 7. IV. 1348, als der Kampf gegen die Wittelsbacher zwar schon entschieden, aber noch keineswegs beendet war, hat Karl IV. als römischer König ein rundes Dutzend feierlicher Privilegien publiziert, die das böhmische Reichsrecht zum Teil auf neue, zum Teil auf sicherere Grundlagen stellen sollten. Ihr Text ist übrigens nicht von einem böhmischen Kanzleibeamten geschrieben worden, sondern von dem aus Laon stammenden Kleriker Nikolaus Sortes, der im Frühjahr 1347 aus Paris an den Hof Karls gekommen war und auch den Freundschaftsvertrag mit dem französischen Thronfolger entworfen und geschrieben hatte. Auch der Wortlaut der böhmischen Privilegien von 1348 dürfte wenigstens zum Teil auf Sortes zurückgehen. Zwei Begriffe nehmen in der Privilegierung des Jahres 1348 eine zentrale Stelle ein: Die Inkorporation und die Krone Böhmens. Das aus dem Kirchenrecht entlehnte Instrument der Inkorporation, der Einverleibung, war auch der weltlichen Sphäre damals schon nicht mehr ganz fremd, aber die unauflösbare Einverleibung der schlesischen Fürstentümer (mit Ausnahme der erst 1368 erworbenen Schweidnitz und Jauer) und der Oberlausitz in die Krone Böhmens gilt doch als ein Novum in der Geschichte des Landes. Während das Verständnis des Begriffs der Inkorporation keine großen Schwierigkeiten bereitet, bleibt die »Krone Böhmens« ein nur schwer definierbares Phänomen. František Kavka hat es versucht: »Als gewiß kann gelten, daß hier nicht nur die Unterscheidung des eigentlichen Böhmen (regnum) von anderen Ländern (umkränzenden, angrenzenden) ausgedrückt wurde, die nicht an Böhmen angegliedert waren, sondern daß auch die ›Krone‹, der sie unterstanden, als das höherstehende Symbol, übergeordnet nicht nur dem eigentlichen ›regnum‹, sondern auch dem Herrscher, der Dynastie und der Landesgemeinde, herausgestellt wurde.« Entscheidend ist aber doch wohl die begriffliche Überordnung der corona über das regnum Bohemie, und es kann wohl auch kein Zweifel daran bestehen, daß der gegenwärtige Träger des überzeitlich dynastisch-staatlichen Symbols König Karl gewesen ist, der mit einem Diadem für die Prager Reliquienbüste des Hl. Wenzel, die für die Krönung des böhmischen Königs ausgeliehen werden mußte, der Corona regni Bohemie eine reale Gestalt geben ließ.

Eine der 12 Urkunden »bestätigte« die Lehnsabhängigkeit Mährens vom Königreich Böhmen. Tatsächlich war die verfassungsrechtliche Position dieses Landes keineswegs so definiert, wie es der König in dem Privileg darstellte, denn Mähren galt vorher als Lehen des römisch-deutschen Reiches. Karl hat 1348 noch eine ganze Reihe anderer Rechte Böhmens bestätigt, darunter die Primogenitur im Königshaus, das Kurrecht nebst dem Amt des königlichen Mundschenks. Schon vor der Wahl von 1346 war es ihm gelungen, das bis dahin zum Mainzer Metropolitanverband gehörende Bistum Prag zu einem selbständigen Erzbistum mit den Suffraganen Olmütz und Leitomischl erheben zu lassen. Am 7. IV. 1348 folgte die Gründung der Prager Universität nach dem ausdrücklich genannten Vorbild der hohen Schulen von Paris und Bologna; am 14. I. 1349 hat er das Prager Generalstudium dann als römischer König und künftiger Kaiser bestätigt. In dieser in Eisenach ausgestellten Urkunde hat er ausdrücklich festgestellt, er sei zwar gehalten, alle seine Getreuen im römischen Reich zu achten, aus Neigung bevorzuge er indes die Einwohner seines Königreichs

Böhmen und daher habe er diesen in der Stadt Prag, der Metropole seines Reiches, ein Generalstudium errichtet, das auch der Förderung Böhmens dienen solle. Alles in allem: Das Königreich Böhmen wurde in einem sehr weitgehenden Maße rechtlich gegen jegliche fremde Einwirkung von außen abgesichert, und vollendet wurde dies durch die Goldene Bulle von 1356, in deren 8. Kapitel verfügt wurde, daß niemand aus dem Reich Böhmen und den dazu gehörigen Gebieten vor ein auswärtiges Gericht, d.h. auch nicht vor das Hofgericht des römischen Königs, geladen werden durfte.
Karl schuf mit der Gründung des Prager Metropolitanverbandes, mit der Stiftung der Prager Hohen Schule, mit den übrigen Privilegien vom 7. IV. 1348, mit der Inkorporation Schlesiens und der Oberlausitz in das böhmische Reich die Grundlage dessen, was man den Bohemozentrismus seiner Reichsherrschaft genannt hat. Gegen das Wort ist – von ästhetischen Bedenken abgesehen – nichts einzuwenden, nur muß man sich davor hüten, es mit dem Nationalismus oder gar Chauvinismus zu füllen, wie dies in einer tschechischen Publikation des Jahres 1978 geschehen ist. Dem modernen Mißverständnis leistet allerdings die Tatsache Vorschub, daß Spuren eines den Unterschied von tschechischer und deutscher Sprache betonenden Nationalismus schon im Böhmen des frühen 14. Jahrhunderts zu beobachten sind. Die seit dem 13. Jahrhundert erfolgte Einwanderung deutscher Siedler hatte Böhmen geradezu ein zweisprachiges Land werden lassen; in manchen Städten hatte das deutsche Element sogar ein merkliches Übergewicht, das erst im Verlauf der zweiten Hälfte des 14. allmählich gemindert wurde, ohne daß die Entwicklung durch genauere Zahlenangaben gekennzeichnet werden könnte. Während die deutschsprachige Literatur Böhmens – darunter z.B. auch unter dem Namen Wenzels II. überlieferte Gedichte – keine Spuren eines sich auf die Sprache beziehenden Nationalismus aufweist, finden sich in von tschechisch-sprachigen Chronisten stammenden Werken gelegentlich deutliche fremden-, d.h. deutschfeindliche Tendenzen, die später dahin modifiziert wurden, daß man zwischen einheimischen und fremden Deutschen unterschieden hat. Träger dieser Fremdenfeindlichkeit war in der Frühzeit, d.h. vor dem Zeitalter des Jan Hus, ein Teil des böhmischen Adels.
Diesen Hintergrund wird man bei der Diskussion von Karls »Bohemozentrismus« stets zu berücksichtigen haben, aber gerade dann erweist sich seine Politik als weitgehend unbelastet von dem zweifellos schon vorhandenen Antagonismus zwischen tschechischen Böhmen und Deutschen, der dann eine Generation später so unselige Folgen zeitigen sollte. Der ausgleichenden Tendenz von Karls Politik widerspricht auch nicht seine mehrfach ausgesproche-

ne Hochschätzung der slawischen, d.h. der tschechischen Sprache, der er im Schlußkapitel der Goldenen Bulle den gleichen Rang einräumt, wie der deutschen und der italienischen: Den Söhnen und Erben der Laienfürsten wurde empfohlen, diese drei Sprachen vom siebten Lebensjahr an zu erlernen. Besonderes Aufsehen hat in der national-tschechischen Historiographie der Neuzeit die Gründung des sog. Emmausklosters erregt, mit der Karl am 22. XI. 1347 den Prager Erzbischof beauftragte. Die Erlaubnis dazu hatte er sich noch vor seiner Wahl bei Clemens VI. erbeten, und zwar mit der Begründung, daß es in gewissen Gebieten Benediktinermönche gebe, die mit päpstlicher Genehmigung die Messen in slawischer Sprache läsen, jetzt aber wegen der Zerstörung ihrer Klöster umherirrten. Da nun in Böhmen und seinen Grenzgebieten viele Schismatiker und vom Glauben abgefallene Leute existierten, die mit Hilfe der lateinischen Sprache nicht zu bekehren seien, könnten die slawischen Mönche dafür sorgen und sollten zu diesem Zweck an verschiedenen Orten zusammengefaßt werden. Das Antwortschreiben Clemens' VI. war unverkennbar von der an der Kurie traditionellen Skepsis gegenüber jedweder nichtlateinischen Liturgie geprägt. Der Papst erlaubte dem Markgrafen von Mähren lediglich die Gründung eines Klosters, das dann in einer Vorstadt Prags als Monasterium ordinis sancti Benedicti gegründet wurde. Erst am Ostermontag 1372 konnte die Klosterkirche geweiht werden; nach dem Evangelium dieses Tages wurde das Kloster dann benannt. Der Hauptpatron war der in dalmatinischen Legenden als Slawe geltende hl. Hieronymus, außerdem wurden die Slawenapostel Kyrill und Method sowie die böhmischen Heiligen Adalbert und Prokop zu Patronen des Klosters bestimmt. Von der Absicht, die wohl überwiegend aus Kroatien stammenden Benediktiner zur Mission einzusetzen, war schon beim Gründungsakt 1347 nicht mehr die Rede: Die Mönche sollten die slawische Liturgie pflegen, um so den hl. Hieronymus zu ehren. Nach dem Wunsch des Papstes blieb der slawische Kult auf den Bereich des Klosters beschränkt. Zwar hat Karl im Jahre 1359 den Nachfolger Clemens', Innozenz VI., gebeten, den Mönchen zu erlauben, auch außerhalb des Klosters die Messe zu feiern, aber damals ging es schon nicht mehr nur um die slawische, sondern auch um die lateinisch-ambrosianische Liturgie, denn auch die Mönche des Prager Ambrosius-Klosters sollten in entsprechender Weise privilegiert werden. Man hat den Eindruck, daß Karls Förderung der heimischen Sprache am Anfang seiner Regierung weiterreichende Ziele verfolgte als in der Zeit seines Kaisertums, als er die ihm geläufigen fünf Sprachen sozusagen als »unentbehrliches Mittel zur menschlichen Verständigung« auch zwischen Fürsten

und Untertanen bewertet hat (F. Seibt). Die ursprüngliche Absicht zur slawischen Mission, die Aufnahme des slawischen Kyrie eleison »Hospodine pomiluy ny« in den böhmischen Krönungsordo von 1347 lassen jedenfalls auf eine über die spätere abgeklärte Haltung hinausreichende Bindung an die Sprache seiner Mutter schließen. Bei aller Wertschätzung der tschechischen Zunge ist es aber unter Karl IV. noch nicht dazu gekommen, daß die (Reichs-) Hofkanzlei Urkunden in dieser Sprache ausgestellt hätte, während der Anteil deutschsprachiger Privilegien und Mandate allmählich den der lateinischen zu übertreffen begann. Auf die deutsche Sprache in Karls Kanzlei werden wir im Rahmen eines Exkurses über die Verfassungsgeschichte noch zurückkommen.
Als krönender Abschluß der Privilegierung des Königreichs Böhmen war von Karl ein der späteren Goldenen Bulle vergleichbares Gesetz geplant, die später sogenannte Maiestas Carolina, deren Text in den Jahren nach 1348 zusammengestellt worden ist. Das Konglomerat recht unterschiedlicher Statuten beginnt mit Vorschriften über die Bekämpfung der Ketzerei, die in Böhmen schon lange vor den Tagen des Jan Hus Kirche und Landesherrschaft Sorge bereitete und übrigens keineswegs auf die tschechisch-sprachige Bevölkerung beschränkt blieb. Ein zweiter Komplex der Maiestas befaßte sich mit dem Gut der Krone Böhmens, mit Städten und Burgen in Böhmen und den Nebenländern der Krone Böhmens, in Schlesien und der Lausitz, deren Veräußerung durch Verkauf oder Verpfändung untersagt wurde. Dem Adel des Landes wurden Bündnisse, die nicht vom König sanktioniert waren, verboten. Ein allgemeiner Landfriede durfte nicht durch außergerichtliche Gewaltanwendung gebrochen werden. Die Besitzrechte des Adels sollten durch erbrechtliche Bestimmungen geschützt, zugleich aber natürlich auch eingeengt werden; die (grundherrliche) Niedergerichtsbarkeit blieb dem Adel unbestritten, zugleich wurde sie aber durch ein Verbot von Leibes- und Lebensstrafen begrenzt. Auch andere Artikel der Maiestas hätten die Rechte des böhmischen Adels nicht grundsätzlich in Frage gestellt, z.B. das auf den (gerichtlichen) Zweikampf, aber schon die Tatsache, daß Rechte kodifiziert und damit der Willkür entzogen wurden, dürfte den Unwillen der Herren provoziert haben. Während so die Maiestas dem Adel Böhmens die Grenzen seiner Macht zu zeigen versuchte, schrieb sie dem König und der Krone Böhmens einen sakralen Status zu, der sie in eine den adeligen Herren unerreichbare Sphäre erheben mußte. Die konkreten Einwände, die dann auf einem böhmischen Landtag im Herbst 1355 gegen das geplante und schon von einigen Herren besiegelte Gesetz erhoben wurden, kennen wir nicht. Jedenfalls muß der Widerstand gegen das in lateinischer

Sprache verfaßte Gesetzeswerk aber so heftig gewesen sein, daß Karl es für besser hielt, die Maiestas zurückzuziehen. Er erklärte, alle Exemplare des Gesetzes seien einem Brand zum Opfer gefallen. Jedoch kann der Verzicht des Kaisers, die Maiestas gegen den Widerstand der böhmischen Großen, die durchweg nicht durch lehnrechtliche, sondern durch landrechtliche Normen an ihren König gebunden waren, durchzusetzen, nicht als völlige Niederlage gewertet werden. F. Kavka hat darauf aufmerksam gemacht, daß im Zusammenhang mit der Maiestas auch die Erbfolge des böhmischen Königs beraten worden ist, und in dieser Frage hat Karl einen beträchtlichen Erfolg über die Ansprüche der Landesgemeinde erzielt. Bereits im Jahre 1349, als ihm noch kein Sohn geboren war, hatte Karl sich die Thronfolge – ohne jede Wahlentscheidung – seines jüngeren Bruders Johann Heinrich zusichern lassen. Auf diese Regelung hatte er verzichten zu können gemeint, als ihm 1350 ein erster Sohn geboren wurde. Aber dieser starb schon bald nach der Geburt, und so ließ sich Karl – vermutlich als Konzession für das Verschwinden der Maiestas – erneut die Erbfolge seines Bruders und von dessen Söhnen garantieren. Zum böhmischen Hochadel wahrte Karl seit dieser Zeit im übrigen ein sehr distanziertes Verhältnis; Mitglieder der bedeutenden Familien hat er nicht in seinen Rat aufgenommen. Die Böhmen, die er in seine Umgebung zog, stammten aus dem lehnrechtlich gebundenen und im Königsdienst bewährten Adel des Landes.

Auch die Tatsache, daß Karl nach 1356 keinen weiteren Generallandtag mehr einberufen hat, läßt darauf schließen, daß er seiner Stellung im Lande sicher zu sein glaubte. Schon wegen der ihm zustehenden Gewinne aus den Silberbergwerken von Kuttenberg galt der König von Böhmen als ein reicher Fürst. Zu Beginn seiner Herrschaft soll Karl trotz der von ihm beklagten Mißwirtschaft des Vaters über rund 25% der Burgen im Lande verfügt haben; 5 weitere hat er selbst gebaut, 18 zusätzlich erworben. Dazu kam eine beträchtliche Ausweitung von Karls Herrschaftsbereich außerhalb Böhmens, die durchweg mit Hilfe des bereits erwähnten Instruments der Inkorporation in die Krone Böhmens gesichert wurde. Zu nennen sind vor allem die von den Pfalzgrafen bei Gelegenheit von Karls zweiter Eheschließung und danach erworbenen Gebiete in Bayern, in der heute so genannten Oberpfalz. »Des Kaisers Herrschaft in Bayern« mit dem Zentrum Sulzbach erstreckte sich bis in die Region nördlich von Nürnberg mit dem 1361 vom Bamberger Bischof erworbenen Erlangen; einige weitere im Laufe seiner Regierung der Krone Böhmens inkorporierte Orte westlich davon bildeten die heute so genannte Landbrücke nach Frankfurt, die es dem Kaiser erlaubte, auf dem Wege in die

Wahlstadt in eigenen Orten Quartier zu nehmen. Die nordbayerischen Erwerbungen Karls IV. verfolgten allerdings sehr viel weiter reichende Ziele, nämlich ein böhmisches Kronland in dieser zentralen Region des Reiches zu schaffen, das in enger Nachbarschaft zu den Besitzungen der Nürnberger Burggrafen eines fernen Tages vielleicht mit diesen hätte vereinigt werden können; für eine derartige Deutung von Karls Territorialpolitik westlich des Böhmer-Waldes sprechen jedenfalls einige Verlobungen, die für noch im Kindesalter stehende Mitglieder der beiden Familien geschlossen worden sind. Schließlich hat der Kaiser aber den südlichen Teil der Oberpfälzer Region dem Erwerb der Mark Brandenburg geopfert. Diese ist dann vermutlich wegen verfassungsrechtlicher Probleme, die sich aus der mit diesem Fürstentum verbundenen Kurstimme ergeben mußten, nicht der Krone Böhmens inkorporiert worden.
Karls erster Romzug konnte wegen einer ganzen Reihe von widrigen Umständen, darunter auch seine schwere Krankheit, erst sechs Jahre nach seiner Aachener Krönung angetreten werden. Zu den Hindernissen einer frühen Kaiserkrönung gehörten auch die zeitweise chaotischen Zustände in der Stadt Rom und die undurchsichtige Haltung von Karls einstigem Gönner, Papst Clemens VI., der 1346 die Wahl des Luxemburgers herbeigeführt hatte, jetzt aber zögerte, seinen einstigen Favoriten, der sich mit den Wittelsbachern versöhnt und sogar eine Tochter des Pfalzgrafen geheiratet hatte, dazu mit dem König von Frankreich in latentem Streit lebte, den Weg in die Ewige Stadt zu ebnen. Als Clemens VI., über dessen Lebensführung schlimme Gerüchte umliefen, am 6. XII. 1352 starb, folgte ihm mit dem aus dem Limousin stammenden Innozenz VI. (Etienne Albert) ein Mann, der ernsthafte Anstrengungen unternahm, eine Rückkehr der Kurie an den Tiber durch Befriedung der Stadt Rom und des Patrimonium wenigstens in den Bereich der Möglichkeiten zu rücken, nachdem sein Vorgänger noch im Jahr 1348 die Residenzstadt Avignon mit der Grafschaft Venaissin von der Königin Johanna von Neapel gekauft und damit derartige Hoffnungen für die Zeit seines Pontifikats zunichte gemacht hatte. Allerdings waren die Zustände in Rom nicht dazu angetan, Papst und Kardinälen die Rückkehr an den Tiber allzu verlockend erscheinen zu lassen.
Haupt- oder Residenzstädte, die ihrer Funktion beraubt werden, geraten früher oder später in eine Krise ihres Selbstbewußtseins, die in enger Korrelation mit dem durch den Bedeutungsverlust verursachten sozialen, wirtschaftlichen und kulturellen Niedergang des betreffenden Ortes zu stehen pflegt. Rom hatte solche Krisen schon des öfteren durchlitten. Die Übersiedlung der Päpste nach Avignon bewirkte alsbald eine neue, deren ersten Höhepunkt die

teilweise profanierte und von Papst Johann XXII. als ketzerisch verdammte Kaiserkrönung des Bayern darstellte. Die Ansicht, das Kaisertum werde nicht durch die Päpste, sondern durch das Volk von Rom verliehen, blieb weiterhin aktuell und gewann an Durchschlagkraft, als sich jenseits der Alpen zwei Rivalen um die Herrschaft im Reich zu streiten begannen. Kurz vor dem Todes des Kaisers, zu Pfingsten 1347, gelang es dem aus dem Wirtshausmilieu durch eifriges Studium und einen begeisterungsfähigen Intellekt zum Notar und Demagogen aufgestiegenen Cola di Rienzo die Vorherrschaft des römischen Adels zu brechen und sich zum Volkstribunen aufzuschwingen. Anschließend ließ er die beiden römisch-deutschen Herrscher vor seinen Richterstuhl zitieren; eine pikante Note gewann diese Anmaßung dadurch, daß einer der beiden Colas Neffe gewesen wäre, wenn die Behauptung, der Volkstribun sei ein natürlicher Sohn Heinrichs VII., den Tatsachen entsprochen hätte. Seine Herrschaft über Rom währte indes nur wenige Monate; er wurde vertrieben und gelangte nach einigen Irrfahrten schließlich auch nach Prag, wo er von Karl IV. mit Interesse empfangen, dann aber in ehrenvoller Haft gehalten wurde, bis er schließlich auf eigenen Wunsch nach Avignon gehen durfte, weil man ihn dort mittlerweile als brauchbares Werkzeug für eine Wiederherstellung der päpstlichen Herrschaft in Rom schätzen gelernt hatte. Jedoch ist Cola di Rienzo, kurz nachdem er in die Ewige Stadt zurückgekehrt war, am 8. V. 1354, einem Aufruhr zum Opfer gefallen. Seither ruhten die Hoffnungen der Kurie auf dem umsichtigen und tatkräftigen Kardinal Egidio Albornoz, der in den folgenden Jahren auch bedeutende Erfolge bei der Wiederherstellung halbwegs geordneter Zustände in Italien erzielen konnte.

Die Vorbereitungen zum Romzug Karls IV. waren im Frühjahr 1353 in ihr entscheidendes Stadium getreten, als sich in Wien ein Großteil der bedeutenderen Fürsten zu einem Kongreß versammelte. Die drei königlichen Dynastien des Reiches lebten in Frieden miteinander: Ludwigs des Bayern ältester Sohn wurde Zeuge der Verlobung von Karls elfjähriger Tochter Katharina mit dem künftigen Herzog Rudolf IV. von Österreich. Anwesend war auch König Ludwig der Große von Ungarn, dessen damals vierzehnjährige Pflegetochter Anna von Schweidnitz wenige Monate später die dritte Gemahlin des seit dem 2. II. 1353 zum zweiten Mal verwitweten Königs werden sollte. Der Vorbereitung des Romzuges diente dann noch eine Reise durch die bis zur Wahl Karls IV. stets königsnahen Regionen Süddeutschlands und des Elsaß, wo er eine Reihe regionaler Landfrieden stiftete oder bestätigte. Der König war offenbar schon auf der Heimreise, als er die Nachricht vom

Tode seines Großoheims (21. I. 1354) erhielt. Karl eilte sofort nach Trier, um die Frage von Baldewins Nachfolge und Nachlaß zu regeln. Über den unter Baldewin angeblich aufgehäuften Reichtum der Trierer Kirche müssen in Avignon abenteuerliche Gerüchte kursiert haben, so daß sich das Trierer Kapitel veranlaßt sah, in einem Brief an Innozenz die wahre Lage darzustellen: Baldewin habe während der vielen Jahre, da der König in Böhmen weilte, für diesen gewirkt und dabei einen Schatz von ehemals 300000 fl. fast vollständig aufgebraucht. Nur noch 5000 fl. habe man vorgefunden, und diese seien für die Beisetzung und für die Sicherung des Friedens während der Vakanz ausgegeben worden. Wie immer es um den Wahrheitsgehalt des Schreibens bestellt gewesen sein mag, an Barmitteln hat Karl IV. in Trier nicht mehr viel vorgefunden. Das Kapitel gewährte ihm eine Anleihe von 2000 fl. und versprach ihm weitere 3000, falls die vorgesehene Nachfolge des Grafen Boemund von Saarbrücken bei der Kurie durchgesetzt werden könne. Wichtiger als die Gulden waren aber die politischen Möglichkeiten, die der Tod des im Alter wohl recht unbequem gewordenen Kirchenfürsten dem König eröffnete, denn seit Karls Wahl hatte Baldewin die Richtlinien von Karls Westpolitik als sein Vikar in maßgeblicher Weise bestimmt. Jetzt konnte der König seine eigenen Vorstellungen verwirklichen; diese betrafen zum einen die Politik gegenüber Frankreich und zum zweiten die Regelung der Luxemburger Frage. Karl zog nach Metz, wo er den sich zunächst reserviert verhaltenden Bürgern einschärfen mußte, daß sie auch einem noch nicht zum Kaiser gekrönten römischen König Gehorsam schuldeten. Am 13. III. gründete er dann auf dem Boden des alten lotharingischen Herzogtums zwei neue Reichsfürstentümer: das Herzogtum Luxemburg und die Markgrafschaft von Pont-à-Mousson. Mit der Zusammenfassung der altluxemburgischen Stammlande zu einem Herzogtum entschädigte Karl seinen Halbbruder Wenzel für die Unbill, die er ihm seit König Johanns Tod im Bunde mit Baldewin von Trier zugefügt hatte. Die an die Trierer Kirche verkauften Städte Grevenmacher, Remich, Echternach und Bitburg – zusammen bildeten sie einen breiten Grenzstreifen im Osten Luxemburgs – sind allerdings erst 1358 an den Herzog zurückgegeben worden, und zwar aller Wahrscheinlichkeit nach ohne Entschädigung für die Trierer Kirche. Zugleich trug Karl mit der Erhebung seines Bruders in den Reichsfürstenstand einer unverhofft günstigen Entwicklung Rechnung. Wenzel hatte schon am 17. V. 1351 den Ehevertrag mit Johanna, Tochter des Herzogs Johann III. von Brabant und Witwe des Grafen von Hennegau-Holland, geschlossen. Diese Ehe ist aller Wahrscheinlichkeit nach nicht von Karl oder gar von Baldewin gestiftet

worden, sondern von Wenzels Mutter Beatrix von Bourbon, die sich von dieser Heirat eine Annullierung der faktischen Enterbung ihres Sohnes durch seinen Halbbruder erhoffen mochte. Inzwischen war Johanna durch den Tod ihrer Brüder zur präsumtiven Erbin der Herzogtümer Brabant und Limburg geworden. Im Westen des Reiches zeichnete sich ein großer Hausmachtkomplex der Luxemburger ab, den sie mit Hilfe der königlichen Autorität gegen die Ansprüche anderer, z.B. des mit einer Schwester Johannas verheirateten Grafen von Flandern, sichern konnten. Die Rangerhebung Wenzels war ein erster Schritt in diese Richtung.
Die Gründung der Markgrafschaft Pont-à-Mousson signalisierte eine neue, und zwar offensive Frankreichpolitik des römischen Königs. Seit dem Abschluß des Bündnisses mit Eduard III. waren die Beziehungen zwischen den Valois und den Luxemburgern zum Erliegen gekommen. Karls erste Gemahlin Blanche, Schwester Philipps VI., war am 1. VII. 1348, und Karls Schwester Bonne, Gemahlin des Thronfolgers Johann, am 11. IX. 1349 gestorben. Gerüchte, nach denen Bonne wegen ehelicher Untreue auf Befehl ihres Gemahls umgebracht worden war, scheinen seriöser gewesen zu sein als der übliche Tratsch am Pariser Hof. Als Johann mit dem Tode seines Vaters am 22. VIII. 1350 König wurde, hätte er den mit seinem Schwager 1347 geschlossenen Freundschaftsvertrag erneuern können; dies ist aber nicht geschehen. Karl hat mit der Zusammenfassung der nach dem Vertrag von Brügge (1301) noch beim Reich verbliebenen Teile der Grafschaft Bar zu einer Markgrafschaft die Rechte des Reiches in dieser Region nachdrücklich in Erinnerung gebracht. Diesem Zweck dienten noch eine ganze Reihe anderer Maßnahmen und Privilegierungen, z.B. die Belehnung des neuen Bischofs von Toul mit den Temporalien seiner Kirche, darunter auch die von Frankreich als Schirmgebiet angesehene Prévôté Void auf dem linken Ufer der Maas. Die Baronie Apremont, nach Karls Worten die bedeutendste in Lothringen, wurde als reichsunmittelbares Lehen bezeichnet und schließlich die Forderung erhoben, daß der noch minderjährige Herzog von Lothringen, dessen Vormund Eberhard von Württemberg bis dahin stets nur mit König Johann als Lehnsherrn des Lothringers verhandelt hatte, der Fürsorge des römischen Königs unterstellt würde. Die Einzelmaßnahmen sollten durch die Erneuerung eines von König Johann von Böhmen im Jahre 1343 gegründeten Landfriedens abgesichert werden: statt wie bisher bei jeder Gelegenheit den König von Frankreich oder das Pariser Parlament als Schiedsrichter bzw. Entscheidungsinstanz anzurufen, sollten die Lothringer ihre Angelegenheiten im Rahmen der vorgesehenen Landfriedenskommission selbständig regeln. Welche Bedeutung Karl IV.

den in Lothringen getroffenen Entscheidungen zugemessen hat, läßt die Eilfertigkeit erkennen, mit der er unmittelbar nach der Rückkehr aus Rom die Frankreichpolitik wieder aufgegriffen hat.

Trotz der Erfahrungen, die sie mit Karls Großvater und Vater hatten machen müssen, scheinen manche Italiener dem Romzug des Luxemburgers mit geradezu illusionären Erwartungen entgegengesehen zu haben. Francesco Petrarca, der als Sohn Florentiner Eltern in Avignon gelebt hatte und erst 1347 nach Italien gegangen war, schrieb dem König einen Brief, in dem er ihn zur Wiedererrichtung antiker Caesarenherrlichkeit aufforderte. Zwar hat Karl sich ungemein geschmeichelt gefühlt, die Aufmerksamkeit eines der berühmtesten Literaten seiner Zeit auf sich gezogen zu haben, aber er ließ den damals noch im Prager Gewahrsam befindlichen Cola di Rienzo in seinem Namen antworten, die Epochen eines Caesar oder Augustus seien vergangen, und die Zeit – es war das Frühjahr 1351 – sei noch nicht reif für sein Kommen. Karl kannte die italienischen Verhältnisse aus eigener Erfahrung; in seiner Autobiographie schildert er ausführlich einen angeblich von Azzo Visconti angestifteten Giftanschlag, dem in Pavia Karls Gefolge zum Opfer gefallen und er selbst nur durch sein Fasten vor dem Hochamt entronnen war. Als er jetzt erneut die Alpen überquerte, war er fest entschlossen, den kürzesten Weg nach Rom einzuhalten, sich möglichst durch nichts aufhalten zu lassen und sich nur, wie dem Papst versprochen, einen Tag in der Ewigen Stadt aufzuhalten. Die Rechte, die ihm in Italien zustanden, wollte er nur in fiskalischer, nicht aber in machtpolitischer Weise nutzen. Dies scheint ihm dann auch in beträchtlichem Maße gelungen zu sein. Man hat errechnet, daß Karl aus Italien kraft seiner Reichsrechte im Verlauf seiner Regierungszeit mehr als 850000 fl. zugeflossen sind. Gut bezeugt sind die 100000 fl., die Florenz dem König während dessen erstem Italienzug als Pauschale für die seit langem nicht gezahlte Steuer von 4000 fl. per annum bewilligt hat. Die Krönungsreise verlief, von einer Ausnahme abgesehen, ohne größere Zwischenfälle. Wiederum erwies sich der Tod als Karls wertvollster Bundesgenosse, denn der einzige, der sich ihm mit Aussicht auf Erfolg hätte entgegenstellen können, Mailands Erzbischof Giovanni Visconti, starb am 5. X. 1354; seine Neffen haben nicht nur die Krönung Karls mit der Eisernen Krone der Lombarden im Mailänder Dom zugelassen (5. I. 1355), sondern auch noch für die Missetaten, die ihre Familie während Heinrichs VII. Italienzug begangen hatte, um Vergebung gebeten.

Mit nur 300 Helmen war Karl vor Mailand erschienen; beim Einzug in Rom, dessen Kirchen er zuvor heimlich als Pilger verkleidet besichtigt hatte, waren es immerhin 10000 Berittene, die ihn geleiteten. Am 5. IV., dem Ostersonntag, wurde er von Kardinal Peter von Ostia zum Kaiser gekrönt. Ein Eilmarsch führte ihn wieder gen Norden, wo er dann am 20. V. in Pavia einen jener Aufstände erlebte, die den römisch-deutschen Kaisern seit jeher das Leben in Italien so verleidet hatten. Neun Monate, nachdem er Italien betreten hatte, verließ er es wieder. Petrarca war über das bekundete Desinteresse des Kaisers an den italienischen Zuständen empört, und der Florentiner Chronist Matteo Villani höhnte, der Luxemburger sei wie ein Krämer gekommen, habe sich die Kaiserkrone verschafft, die Taschen gefüllt und sich dann schnell davongemacht.

Elf Tage nach der Rückkehr, am 26. VIII. 1355, hat der Kaiser eine Vertragsurkunde für den König von Frankreich ausgestellt und zugleich mit der im Namen Johanns II. geschriebenen, aber natürlich unbesiegelten Gegenurkunde seinem Schwager und Bundesgenossen vom Jahre 1347 zustellen lassen. Ende September legte er dem böhmischen Adel sein umfangreiches Gesetzeswerk, die Maiestas Carolina, vor, die wir bereits behandelt haben, und schon zum 1. XI. wurde ein Hoftag nach Nürnberg einberufen, wo Karl ein Grundgesetz für das Reich beraten und erlassen wollte.

Diese drei Problemkreise – Vertrag mit Frankreich, Maiestas Carolina, Goldene Bulle – haben die Phase von Karls Herrschaft geprägt, die als der Höhepunkt seiner Regierung bezeichnet werden darf. Sie wurde mit der Verkündung des zweiten Teils der Goldenen Bulle und der Bestätigung des Vertrages mit Johann II. am 25. bzw. 28. XII. 1356 abgeschlossen.

Die Intentionen des Kaisers hinsichtlich des Grundgesetzes für das Reich sind uns wenigstens teilweise durch den Bericht von Straßburger Ratsboten an ihre Heimatstadt bekannt. Am 29. XI. 1355 teilten sie dem Stadtregiment mit, der Kaiser wolle die folgenden Vorschläge beschließen lassen: 1. Feststellung, wer Anspruch auf die Würde der Laienkurfürsten habe. 2. Wie die Münzen gang und gäbe wären, gleichgültig ob es sich dabei um Gold- oder Silbermünzen handele. 3. Die Zölle auf dem Rhein und die Geleitgelder zu Lande sollten gemindert werden. 4. Wie man Frieden machen solle zu Wasser und zu Land. 5. Wie man den König mit Mehrheit wählen solle.

Die Punkte 1 und 5 des Botenberichts, bei dem es sich natürlich nicht um ein amtliches Aktenstück des Hoftages handelt, gehören offensichtlich zusammen und sind im Text der Goldenen Bulle mit zahlreichen anderen Fragen, die in den Zusammenhang der Königswahl gehören, in fast erschöpfender Weise berücksichtigt und geklärt worden. Vorschlag Nr. 2, der auf eine Vereinheitlichung der zahlreichen umlaufenden Münzen und ihre leichtere Konvertibilität zielte, fand demgegenüber keine Berücksichtigung, zumindest nicht in der Goldenen Bulle. Den Kurfürsten wurde jedoch die uneingeschränkte Münzhoheit eingeräumt, d.h. auch das Recht, Goldmünzen schlagen zu lassen. Der Vorschlag Nr. 3 hat zwar Spuren in der Goldenen Bulle hinterlassen, insofern außer unrechter Fehde, Brandstiftung usw. auch ungehörige und ungewöhnliche Zölle verboten wurden (Zusatz zu cap. 18), aber die dann notwendige Festlegung dessen, was als ungewöhnlich aufzufassen sei, fehlt. Dafür wurde eine generelle und unbeschränkte Übereignung auch des Zollregals an die Kurfürsten verfügt. Vorschlag Nr. 4: Wahrung des Landfriedens, ist zwar in verschiedenen Kapiteln der Goldenen Bulle berücksichtigt worden, z.B. in dem Verbot der conspirationes, der Bündnisse zwischen Stadt und Stadt und anderer Einungen mit Ausnahme derjenigen zwischen verschiedenen Ständen, Fürsten, Herren, Städten, die zur Einhaltung des Landfriedens abgeschlossen würden. Auch die Wiederholung des Pfalbürgerverbots gehört in diesen Zusammenhang und die zaghafte Definition dessen, was als rechte Fehde anzusehen sei.

Hinsichtlich der Frage, wie die Übernahme der Punkte 1 und 5, aber auch 2 und 3 zu beurteilen sei, wird man leicht Einigkeit erzielen können. 1 und 5 wurden eindeutig im Sinne des kaiserlichen Vorschlags geregelt, aber auch nur deshalb, weil hier die Interessen der Kurfürsten mit denen Karls übereinstimmten; die beiden anderen sind ebenso eindeutig nach den Wünschen der Kurfürsten gestaltet worden. Streiten kann man nur über Punkt 4. Reichten die erwähnten Bestimmungen aus, eine Steuerung des Landfriedens durch das Königtum offenzuhalten oder ließen sie den fürstlichen Mächten den Raum, sich den monarchischen Absichten zu entziehen? Als gesichert kann gelten, daß Karl IV. keinen allgemeinen, den regionalen Einungen übergeordneten Reichslandfrieden schaffen wollte. Vielleicht referiert der Chronist Heinrich von Dießenhofen die Idealvorstellungen des Kaisers, wenn er berichtet, Karl habe befohlen, im Reich den Frieden zu wahren. Die Kurfürsten und die Städte hätten dies versprochen und gebeten, der Kaiser möge in den einzelnen Provinzen (in singulis dyocesibus) Hauptleute einsetzen, was dieser dann auch getan habe. Wie gesagt, der Chronist hat hier offenbar des Kaisers Pläne mit der Wirklichkeit verwechselt; wenn man die vom Dießenhofener angedeutete Möglichkeit und noch einige andere, die der zeitgenössischen Friedenswahrung eigen sein konnten, mit den Landfriedensbestimmungen der Goldenen Bulle vergleicht, dann erweisen sich letztere doch als ziemlich vage. Von königlichen Hauptleuten ist da ebensowenig die Rede wie von der prinzipiellen Frage der königlichen Landfriedenshoheit. Der ganzen Vielfalt regionaler Friedenskonstellationen blieben Tür und Tor geöffnet; erst in den achtziger Jahren hat man diesen Zustand, der dem politischen Mißbrauch des Landfriedens förderlich war, durch die Einteilung des Reiches in verschiedene Kreise zu beenden versucht. Ungeregelt blieb auch die Frage, ob Landfrieden mit königlicher Beteiligung geschlossen werden sollten, und selbst noch die, ob die Frieden der Einwilligung des Herrschers bedurften. Karl IV. hat zu der Zeit, als die Goldene Bulle verkündet wurde, eine sehr energische Landfriedenspolitik betrieben; so zwang er den Erzbischof von Trier, dem lothringischen beizutreten, obwohl dieser wegen der fiskalischen Interessen seiner Kirche sich viel lieber rheinischen Allianzen angeschlossen hätte. Später, im Jahre 1368, setzte Karl einen mittelrheinischen Landfrieden durch, obwohl dort alle Welt über seine Politik empört war; die schwäbischen Städte unterwarf er seit den späten fünfziger Jahren einer strengen Aufsicht. Aber nur in diesem letzten Fall hätte sich Karl auf die Bestimmung: »De conspirationibus« der Goldenen Bulle berufen können. Die anderen Erfolge basierten durchweg auf dem Einsatz des kaiserlichen Prestiges und waren in mehreren Fällen von sehr kurzer Dauer. Der lothringische Landfrieden z.B. ist auseinandergefallen, kaum daß der Kaiser Metz verlassen hatte.

Alles in allem: Vergleicht man die sog. Propositionen aus dem Straßburger Brief mit den dann tatsächlich in die Goldene Bulle aufgenommenen Bestimmungen, so kann kein Zweifel daran bestehen, daß diese in nur sehr eingeschränktem Maße die Verwirklichung von Karls politischen und verfassungsrechtlichen Plänen darstellt. Die Goldene Bulle war möglicherweise nicht einmal ein Kompromiß zwischen Kaiser und Kurfürsten auf mittlerer Linie, sondern ein Privileg, das den Kurfürsten, darunter allerdings auch dem König von Böhmen, die weiterreichenden Konzessionen einräumte. Dies wird noch deutlicher, wenn die weiteren in der Goldenen Bulle enthaltenen Bestimmungen für die Kurfürsten in die Betrachtung einbezogen werden, z.B. cap. XI: Von der Gerichtsbarkeit, das verfügte, keine Grafen, Freiherren, Edelleute, Lehnsleute, Burgmannen, Schutzbefohlene, Bürger oder sonstige Untertanen von Kurfürsten vor ein anderes Gericht als das dieser Fürsten zu ziehen. Dieselben Personengruppen durften auch kein auswärtiges Gericht anrufen (ius de non evocando et de non appellando). Nur wenn das Recht verweigert wurde, konnte Kläger oder Beklagter an das Reichshofgericht appellieren. Den Untertanen des Böhmenkönigs stand nicht einmal dieses Recht zu.

Für den Erlaß des umfangreichen, mit kostbaren Goldbullen besiegelten Reichsgesetzes, von denen heute noch sieben Originalausfertigungen erhalten sind, hatte es weder im Inneren des Reiches

noch im Rahmen seiner Außenbeziehungen einen zwingenden Grund gegeben; schon deshalb war von dem Kaiserlichen Rechtbuch, wie Karl die Goldene Bulle zu bezeichnen pflegte, keine Satzung völlig neuen Rechtes zu erwarten. Dazu bestand während des Mittelalters außerhalb der Städte ohnehin nur wenig Neigung; umstürzende Neuerungen hat man allenfalls in schweren Krisen oder Katastrophenfällen durchzusetzen vermocht. Viele Bestimmungen der Goldenen Bulle bedeuteten daher auch kaum mehr als die Sanktionierung bereits eingetretener Zustände. Wenn dem Wittenberger statt dem Lauenburger die sächsische Kurstimme zugebilligt wurde, so wird das der Rechtsauffassung der meisten Zeitgenossen entsprochen haben, vom Lauenburger natürlich abgesehen, der aber bei den letzten Wahlen stets dem falschen Kandidaten die Stimme gegeben hatte. Aber dennoch bedeutete die umfassende Kodifizierung der Rechte eine Veränderung des Bestehenden. Die Oligarchie der Kurfürsten gewann deutlichere Konturen, indem der Kaiser ihnen das Recht und die Pflicht auferlegte, jährlich einmal zu Beratungen mit dem Herrscher zusammenzukommen. Zugleich wurde ihnen als den »Grundfesten und unverrückbaren Säulen« des Reiches der Rechtsschutz des crimen laesae maiestatis als pars corporis Caesaris (als Teil des kaiserlichen Leibes) zugestanden, d.h. der gleiche Rechtsschutz und -status wie der des Kaisers selbst. Die Kurfürsten repräsentierten das Reich nunmehr in gleicher Weise wie der Monarch. Zwar blieb in der Goldenen Bulle und in der politischen Praxis Karls IV. die Bindung der Kurfürsten an den Hof des Herrschers gewahrt, aber die Weiterentwicklung zu einer »Reichsrepräsentanz« der Kurfürsten war doch bereits vorgezeichnet; dazu bedurfte es im Grunde nur noch eines schwacheren Königs, und dafür hat Karl IV. mit der Durchsetzung von Wenzels Wahl selbst gesorgt.
Obwohl die jährlichen Kurfürstenkonferenzen unter Karl IV. unterblieben, waren mit der umfassenden Kodifizierung der kurfürstlichen Prärogativen die nicht im Besitz einer Kurstimme befindlichen Fürstenhäuser fürs erste auf einen sekundären Rang verwiesen worden. Allerdings hat dann einer der sich benachteiligt fühlenden Herren mit sehr dubiosen Mitteln versucht, diese Fehlentwicklung zu korrigieren. Die Fälschungen, mit denen Karls Schwiegersohn, Herzog Rudolf IV. von Österreich, sich selbst und seinen Nachfahren den Titel eines Erzherzogs zuschreiben und sein Fürstentum nahezu aller Pflichten gegenüber dem Reich entbinden ließ, waren eine unmittelbare Antwort auf die übermäßige Privilegierung der Kurfürsten durch die Goldene Bulle. Die Hochstapelei des exaltierten jungen Fürsten offenbart ein durchaus berechtigtes Mißvergnügen an der exzessiven Begünstigung eines durch viele Zufälle an

die Spitze der Fürstenhierarchie gelangten Gremiums. »Die Reichsrepräsentanz der Kurfürsten verhinderte zum einen die Entwicklung eines allgemeinen ständischen Konsensrechtes und förderte damit die zentrifugalen Tendenzen im Heiligen Reich.« (E. Schubert)

Auch die Kurie hätte allen Grund gehabt, sich durch die Goldene Bulle geschädigt zu fühlen. Die Frage der Approbation des römischen Königs durch den Papst, die in den Jahren Ludwigs des Bayern gelegentlich das ganze Reich in Atem gehalten hatte, wurde überhaupt nicht erwähnt. Nach der Wahl, so hieß es, soll der König die Privilegien der Kurfürsten bestätigen, und wenn er dazu nicht der Approbation aus Avignon bedurfte, dann auch nicht für die weiteren Regierungshandlungen, die er dann noch vornehmen würde. So war durch simples Schweigen der anstößige Anspruch des Papsttums zwar nicht aus der Welt geschafft, aber doch seiner verfassungsrechtlichen Bedeutung entkleidet worden.

Die Goldene Bulle regelte nur einen Teil der Verfassungswirklichkeit des römisch-deutschen Königtums, insofern wird ein historischer Exkurs über das Reich Karls IV., der sich am Text dieses Privilegs orientiert, nur einen Ausschnitt der betreffenden Gegebenheiten vermitteln können. Hinzu kommt, daß gegen die ausschließlich normative Quellen berücksichtigende Behandlung der Verfassungsprobleme im römisch-deutschen Reich des späten Mittelalters seit einigen Jahren Bedenken erhoben worden sind; die in diesem Zusammenhang vorgelegten Studien haben den in der deutschen Historiographie traditionsgemäß etwas vernachlässigten sozialgeschichtlichen Aspekt des Phänomens in den Vordergrund gerückt und haben auch zu beachtlichen Ergebnissen geführt, die zum gesicherten Bestand unseres Wissens über diese Epoche gezählt werden können. So hat Peter Moraw z.B. darauf verwiesen, daß es unterhalb der (angeblich) leicht durchschaubaren Ereignisgeschichte einen von den Staufern bis in die frühe Neuzeit durchlaufenden Zusammenhang gegeben habe, und zwar in Gestalt eines ansehnlichen Teils der jeweiligen Führungsgruppen am Hofe. Für die Zeit Karls IV. wurde diese allgemeine Hypothese dahingehend konkretisiert, daß eine Anzahl von königsnahen Personenverbänden existiert habe, die als soziale Gebilde aufzufassen seien. An der Existenz solcher Gruppen gleicher oder ähnlicher regionaler und sozialer Herkunft wird man auch kaum zweifeln können. Seit langem ist z.B. bekannt, daß es am Hofe Karls IV. mehrere einflußreiche Nürnberger gegeben hat, von denen einige als Nutznießer des Pogroms von 1349 zu großem Reichtum gekommen sind. Es gab ferner Berater des Kaisers aus der Umgebung Baldewins von Trier, und über andere, z.B. Kaufleute aus Eger, werden wir demnächst noch näher unterrichtet werden. Bedenklich stimmt allerdings die Tatsache, daß allem Anschein nach kein einziges Mitglied dieser Personengruppen – das Wort Verband erscheint etwas zu hoch gegriffen – jemals eine Äußerung hinterlassen hat, die jene recht weitgehende moderne Hypothese absichern könnte; immerhin hat ja Ulman Stromer, den man zu einer Nürnberger Gruppe rechnen kann, eine Schrift autobiographischen Charakters hinterlassen, in der man aber kaum eine Andeutung findet, daß ihm der kaiserliche Hof zu Prag ein besonders vertrautes Feld seiner Tätigkeit gewesen wäre. Aber wichtiger als solche eher zufälligen Einwände, die leicht durch andere aus der etwas verfemten Ereignisgeschichte zu ergänzen wären, dürfte die Frage sein, ob denn die Verfassung des karolinischen Hofes – aber auch die der anderen Höfe von Adolf bis Albrecht II. – überhaupt dazu angetan war, eine über die Existenz solcher keineswegs unwandelbarer sozialer Gruppen hinausreichende Kontinuität der Reichstradition zu gewährleisten. Der Hof des römischen Königs oder Kaisers zur Zeit Karls IV. war noch immer sehr altertümlicher Art. Zu berücksichtigen wären im Grunde nur vier Institutionen: Der alles übergreifende Rat, die aus karolingischer Zeit stammende Hofkanzlei, das Reichshofgericht und die Kammer.

Dem Rat gehörten die meisten, wenn nicht alle höheren Kanzleibeamten, Kanzler und Protonotare an; dazu kamen zahlreiche andere Leute, die den Titel eines consiliarius führen durften, darunter auch einige Fürsten, dann Grafen und Herren. Zuletzt hat man 182 solcher Räte Karls IV. gezählt. Das ist nicht besonders viel, wenn man den Hof von Karls Schwägerin, der Herzogin von Brabant (ca. 1356 bis 1404), zum Vergleich heranzieht, wo rund 130 conseillers nachweisbar sind. Viele der 182 Räte haben in der Politik des Kaisers nur eine unbedeutende Rolle gespielt und sind wohl eher durch Zufall zur Ehre ihres Titels gekommen. Bemerkenswert ist die Herkunft der Spitzenleute, zu denen Moraw 24 Mitglieder des Rates gerechnet hat. Die Hälfte stammt aus Karls Hausmachtterritorien, acht aus Böhmen und Mähren, drei aus Schlesien, einer aus Luxemburg. Dazu kamen je drei aus Schwaben und Franken sowie aus Mitteldeutschland, einer aus dem Ostseeraum. Zwei lassen sich nicht eindeutig einer bestimmten Region zuordnen.

Die Funktion des Rates ist von Peter Moraw trefflich so umschrieben worden: »Die Zuständigkeit des königlichen Rates war praktisch unbegrenzt. Sie reichte so weit wie die königliche Politik und Regierung selbst. Feste Ressorts gab es nicht, jedoch hat man als einzelner Rat aus persönlichen Gründen sein Augenmerk oft bevorzugt bestimmten und von anderen respektierten Geschäftsbereichen zugewandt.« Eben dies scheint ein für die Beurteilung der Möglichkeiten von politischer Kontinuität im Reich entscheidender Punkt zu sein: Der Einfluß von Personen oder Personengruppen ist nahezu ungebunden, nicht durch Institutionen mit präzise definiertem Ressort und demnach eigener Traditionsbildung kanalisiert. Dementsprechend erscheinen dann nicht ganz unwichtige Bereiche königlicher Politik der spätmittelalterlichen Könige, z.B. gegenüber königsfernen Städten und Regionen, Fluktuationen unterworfen, die als Widersprüche in der Politik des jeweiligen Herrschers der gegenwärtigen Geschichtsforschung so viele Rätsel aufgeben.

Man hat, um derartige Skepsis gegenüber der vermuteten kontinuitätsfreundlichen Substanz des Wahlkönigtums von vornherein den Boden zu entziehen, die Ansicht vertreten, die Verhältnisse, wie sie im römisch-deutschen Reich geherrscht haben, dürften nicht vor der Folie eines idealen, abstrakten Anstaltsstaates gesehen werden, da die Zeitgenossen Karls IV. sich diesen nicht hätten vorstellen können. Dies ist gewiß richtig, aber Karl IV. hat während seiner frühen Jugend im Zentrum eines Reiches gelebt, das auf dem Wege zu einem realen Anstalts- oder Behördenstaat schon eine beträchtliche Strecke zurückgelegt hatte. Ein Vergleich der jeweiligen Institutionen des Reiches mit denen des Königs von Frankreich, der hier natürlich nicht mit der wünschenswerten Ausführlichkeit vorgenommen werden kann, wird schon sehr schnell zu dem Ergebnis führen, daß die Zustände, wie sie im römisch-deutschen Reich des 14. Jahrhunderts geherrscht haben, nicht als der »alteuropäische« Regelfall angesehen werden können.

Eine vergleichende Untersuchung zwischen dem Conseil des Königs von Frankreich und dem Rat des römischen Kaisers würde noch am ehesten – aber auch nur auf den ersten Blick – manche Ähnlichkeit zutage fördern, aber die Zahl der conseillers du roi, die diesen Titel aufgrund eines bestimmten Amtes führten, wird die der entsprechenden Funktionsträger am Prager Hof bei weitem übertroffen haben: maréchaux de France, maître des arbaletriers, baillis, sénéchaux, maîtres des requêtes de l'hôtel du roi etc. Auch wird man am Hof Karls vergeblich eine Ressortzuweisung suchen, wie sie in Paris bereits üblich war: consiliarii in camera computorum, in camera inquestarum, in parlamento. Gewiß hat es im Conseil des Königs von Frankreich auch Personengruppen gegeben, die allein aufgrund ihrer Herkunft einen weitreichenden Einfluß ausübten, ohne dazu durch ein bestimmtes Amt legitimiert zu sein. Der Kanzler Philipps VI., Guillaume Flote, bevorzugte in seiner Umgebung Leute aus seiner Heimat, der Auvergne. Aber neben solchen landsmannschaftlich bestimmten Personengruppen

hat es andere gegeben, die ihr Gepräge durch die Institutionen erfuhren, deren Mitglieder sie waren. So lassen sich am Hof Philipps VI. zwei Gruppen unterscheiden, die man etwas überspitzt als Parteien des Parlaments bzw. der Rechnungskammer bezeichnet hat, und die sich z.B. in der Finanzpolitik beträchtlich voneinander unterschieden haben.
Die Finanzverwaltung Karls IV. ist bisher nur in sehr schwachen Umrissen erkennbar geworden. Noch immer bereitet es erhebliche Schwierigkeiten, mehr als die bloße Existenz einer für das Reich (nicht also für die böhmische Hausmacht) zuständigen Kammer nachzuweisen. Wie wenig institutionell gefestigt diese auch damals noch immer gewesen sein muß, beweist die von Peter Moraw erhellte Tätigkeit des Zisterziensers Dietrich von Portitz, seit 1361 Erzbischof von Magdeburg. Moraw hat ihn als »Finanzminister« Karls IV. bezeichnet, der in den Jahren zwischen 1355 und etwa 1362 »mit unerhörten Vollmachten« für die böhmische Domäne und für das deutsche Reichsgebiet gewirkt hat. Eine Urkunde Karls vom Dezember 1360 umschreibt die Kompetenzen Dietrichs offenbar in Anlehnung an ein Vikariatsprivileg; er durfte u.a. des Kaisers und des Reichs »recht, nucz und gewonheit ... suchen ... fordern« usw. Nach Moraw verfügte Dietrich in Prag über eine eigene Kanzlei, die sowohl von der Hofkanzlei als auch von den Kammern für Reich und Böhmen unterschieden war und offenbar eine Behörde ohne verfassungsgeschichtlich einzuordnenden Namen gewesen ist. Indes konnten bislang noch keine nennenswerten Aktionen von Dietrichs Finanzverwaltung im deutschen Teil des Reiches nachgewiesen werden, und man wird Zweifel daran hegen dürfen, ob Indizien dafür überhaupt zu erwarten sind. Benesch von Weitmühl, Karls böhmischer Chronist, hat im Zusammenhang mit des Kaisers Erwerbungen in der Oberpfalz gemeint, Karl habe zeit seines Lebens vom Reich und von dessen Städten wenig oder nichts erhalten, und hat die Zustimmung der Kurfürsten zu den Transaktionen als Kompensation für das Ausbleiben dieser Reichshilfe gewertet. Diese Behauptung stellt eine Untertreibung dar, denn im Verlauf der siebziger Jahre hat der Kaiser von den Reichsstädten ungewöhnlich hohe Abgaben gefordert und auch erhalten. Aber die normalen Jahressteuern der Städte dürften zum großen Teil gar nicht mehr an den Hof des Kaisers oder ggf. in die Kasse des Herrn von Portitz geflossen sein, sondern wurden sofort an solche Leute gezahlt, die vom Kaiser entsprechend privilegiert worden waren. Nachweislich ist so mit der Lübecker Steuer in Höhe von 750 Mark lüb. (nach A. Grassmann = 1200 fl. rhein.) verfahren worden, die Jahr für Jahr direkt an die Markgrafen von Brandenburg, den König von Dänemark

oder die Herzöge von Sachsen-Wittenberg gezahlt worden ist. Karls dafür zuständige Amtsleute hatten allenfalls darüber zu wachen, daß der Betrag auch tatsächlich entrichtet wurde; bei der Lübecker Steuer haben sie sich mehrfach geirrt und die bereits erfolgte Zahlung noch einmal gefordert. Übrigens scheinen auch die bereits erwähnten außerordentlichen Steuern des Jahres 1373, die für den Kauf der Mark Brandenburg verwendet worden sind, nicht von Kämmerern des Kaisers, sondern von Nürnberger Kaufleuten gesammelt und bis zur Überweisung an die Wittelsbacher aufbewahrt worden zu sein.

Vor dem Hintergrund der verwaltungsgeschichtlich gewiß etwas anarchisch oder privatwirtschaftlich anmutenden Praxis im Reich Karls IV. läßt sich die Ordonnanz Philipps V., mit der am 17. IV. 1320 Anzahl der Beamten, Zuständigkeit, Geschäftsgang usw. der Pariser Chambre des comptes geregelt wurden, nun tatsächlich wie das Produkt eines bereits vollendeten Behördenstaates werten. Die Art der Tätigkeit von vier geistlichen und drei weltlichen maîtres sowie der elf clercs (Schreiber geistlichen Standes) wurde im Detail ebenso geregelt wie die tägliche und wöchentliche Arbeitszeit. Die zentrale Aufgabe der Chambre des comptes war die Kontrolle der Abrechnungen, die ihnen von den für die Finanzen zuständigen Lokalbeamten aus den Bailliages und Sénechaussées in einem Seitengebäude des Palais auf der Ile de Cité vorgelegt werden mußten. Seit der Ordonnanz von 1320 waren das übrigens nicht mehr die Baillis selbst, sondern die diesen attachierten Einnehmer (receveurs). 10 Monate im Jahre verwandte man für die Prüfung der regionalen Abrechnungen, die beiden restlichen waren für die Kontrolle der Hôtels von König und Königin, der Münze, des Kriegsschatzamtes bestimmt. Die Rechnungskammer entwickelte sich dank dieser und anderer Kontrollbefugnisse zu einer Oberbehörde, die ihre ursprüngliche Kompetenz weit überschritt und fast die gesamte Reichsverwaltung unter ihre Aufsicht brachte. Schenkungen und Gnadenakte des Königs, Konfiskationen und andere Verwaltungsakte mußten die Rechnungskammer passieren, ehe sie definitive Geltung erlangen konnten. Bis zur Konstituierung einer Cour des monnaies (1346, Münze und Währung) und der Cour des aides (Ende 14. Jh., für außerordentliche Steuern) nahm die Chambre des comptes auch deren Aufgaben wahr. Die Zusammensetzung der Kammer hat sich später noch oft verändert; Vertrauensleute des Königs stellten als souverains des finances die direkte Verbindung zu dieser wichtigsten Verwaltungsbehörde dar; sie wurden gelegentlich auch als Präsidenten der Kammer bezeichnet, zählten aber zunächst nicht zu deren regulärem Personal. Trotz des Brandes, der am 26./27. X. 1737 einen großen Teil der Kammer-

Archivalien, darunter die unschätzbaren Memorialbücher, vernichtete, läßt sich aufgrund des geretteten Materials die enorme politische Bedeutung der Chambre des comptes auch heute noch ohne Schwierigkeiten ermessen. Natürlich war die Chambre des comptes kein seelenlos funktionierender Apparat, und prosopographisch orientierte Studien können auch in ihrem Bereich die dem Mittelalter Frankreichs eigentümlichen Parteibildungen, Klientelgruppen oder – wenn man so will – »Personenverbände« nachweisen; aber von derlei sachfremden Elementen wurden und werden bekanntlich die Behörden aller Zeiten geprägt.

Altertümlichkeit und Kurzatmigkeit der Verwaltung des römischdeutschen Reiches treten auch im Bereich der wichtigsten Zentralbehörde, der Hofkanzlei, unverkennbar zutage. Gewiß hat gerade hier die Regierung Karls IV. insofern stabilisierend gewirkt, als er die Wahl seines Sohnes durchsetzen konnte. Wenzel hat dann auch zunächst einen Teil von Karls Kanzleipersonal im Amt belassen. Aber der Thronwechsel von 1378 stellt in der spätmittelalterlichen Geschichte von Rudolf bis Friedrich III. einen einmaligen Sonderfall dar. Daß Karl IV. nicht auf die Notare seines Vorgängers zurückgreifen konnte und wollte, braucht nicht eigens betont zu werden. Allem Anschein nach ist nur einer von Ludwigs Notaren später auch in Karls Kanzlei tätig gewesen. Einen ähnlichen Kontinuitätsbruch hatte es aber auch bei den voraufgegangenen Thronwechseln gegeben. Ludwig der Bayer war mit den Stimmen von Heinrichs VII. Bruder und Sohn gewählt worden. Man hatte also ganz gewiß eine Kontinuität der Reichsverwaltung beabsichtigt, gleichwohl hat der Bayer aber nur einen einzigen Notar des Vorgängers übernommen. Es verwundert daher nicht, daß es unter diesen Umständen zur Ausbildung eines halbwegs brauchbaren Reichsarchivs nicht kommen konnte. Die Urkunden und Akten Heinrichs VII. blieben nach seinem Tode in Italien, das meiste davon befindet sich heute noch in Turin. Zwar hat man wahrscheinlich schon zur Zeit Adolfs von Nassau Kopien der ausgestellten Urkunden in Registerbände eingetragen, um einen Überblick über die erteilten Privilegien zu behalten. Aber diese Register gelangten in aller Regel nicht in den Besitz des Nachfolgers, sondern wurden als Privatbesitz des jeweiligen Herrschers und seiner Familie betrachtet. So liegen die nur wenig systematisch geführten und nur fragmentarisch überlieferten Register des Bayern heute in München. Von den Registern Karls IV. gelangten Teile in den Besitz der Markgrafen von Meißen. Erst Siegmund hat diesen Zustand zu beenden versucht und mit den Erben Ruprechts Verhandlungen über die Auslieferung der Reichsregister geführt. Aber nur die Bände, die noch im Besitz von Ruprechts Kanzler

Raban von Speyer waren, wurden ihm am Ende ausgehändigt; die anderen gelangten auf Umwegen in das Archiv von Karlsruhe. Da die Register Wenzels gänzlich verschollen sind, stellen die verstreuten Register Ruprechts die erste geschlossene und auf uns gekommene Serie dieser für eine kontinuierliche Verwaltung unentbehrlichen Akten dar. Zum Vergleich: In den Pariser Archives Nationales befinden sich die aus dem königlichen Trésor des chartes stammenden Registerbände (Signatur JJ) noch heute so gut wie vollständig. Für die Zeit von Philipp IV. (ab 1302) bis Karl VI. (1422) wurden mehr als 140 Bände benötigt. Auch die drei Bände, welche die Urkunden Heinrichs VI. von England als König von Frankreich umfassen, sind im Pariser Archiv aufbewahrt worden; die Kontinuität des Königtums ist hier also nicht einmal durch die schlimmste Katastrophe unterbrochen worden, die den französischen Staat während des Mittelalters getroffen hat. Über die Sollstärke des französischen Kanzleipersonals sind wir sehr genau unterrichtet, und zwar vor allem deshalb, weil die vorgeschriebene Anzahl der zu besoldenden Notare nicht selten erheblich, in der Regel sogar um das Doppelte übertroffen wurde. 1342 sollten nicht mehr als 30 Notare beschäftigt werden; aber im folgenden Jahr wurden 60 besoldet. Dies scheint dann für längere Zeit die Norm gewesen zu sein, denn noch 1361 gab es 59 Notarsstellen, dazu eine, die dem Coelestiner-Konvent in Paris vorbehalten war. Über die Kanzleiverhältnisse unter Karl IV. liegt noch keine abschließende Studie vor. Nach den älteren diplomatischen Untersuchungen waren während der politischen Blütezeit (um 1354) 14 bis 16 Notare gleichzeitig tätig, dazu kamen noch etwa acht Registratoren. Seit 1376 sollen dann nur noch drei oder vier Notare gleichzeitig gearbeitet haben. L.E. Schmitt verzeichnete für die gesamte Regierungszeit Karls 138 Kanzleischreiber, darunter 11 Italiener und 3 Franzosen. Viele dieser Schreiber haben aber nur vorübergehend als Hilfskräfte gearbeitet. Endgültigen Aufschluß über Karls Kanzleipersonal wird uns voraussichtlich die Habilitationsschrift von Peter Moraw bieten; an der Feststellung, daß es auch hier zwischen den Verhältnissen in Paris und denen in Prag einen beträchtlichen Unterschied gab, wird diese aber nicht viel ändern: In Frankreich eine fast schon überdimensional aufgeblähte Behörde, im römisch-deutschen Reich ein Kreis von Notaren, die noch immer in engstem Kontakt zum Herrscher stehen; der Franzose Nikolaus Sortes kann dabei als ein besonders signifikantes Beispiel angesehen werden. Karls Hofkanzler, also die Leiter der Kanzlei, rekrutieren sich wie im Hochmittelalter noch immer ausschließlich aus dem geistlichen Stand; seit den Tagen Ludwigs des Bayern wurden durchweg Bischöfe mit dem politisch wichtigsten Amt des römisch-deutschen Reiches betraut. In Frankreich hatte bereits Philipp der Schöne (1285–1314) zwei Laien, die Juristen Pierre Flote und Wilhelm von Nogaret, in dieses Amt berufen; im östlichen Nachbarreich ereignete sich dies erst im Jahre 1433, als Siegmund den aus Böhmen stammenden Kaspar Schlick zum Nachfolger des Kanzlers und Bischofs Johann von Agram ernannte.

Bezieht man die Gerichtstätigkeit der monarchischen Spitze beider Reiche in die Betrachtung ein, so ergibt sich ein ähnlich gelagerter Sachverhalt. Als Organ der königlichen Gerichtsbarkeit im römischen Reich gab es seit dem Mainzer Reichslandfrieden das Reichshofgericht. Dieses hat unter Karl IV. einen beachtlichen Aufschwung seiner Urkundenproduktion zu verzeichnen. Die seit kurzem vorliegenden, allerdings nicht vollständigen Regesten der erhaltenen Hofgerichtsurkunden umfassen für die Zeit Ludwigs des Bayern 44 einzelne Stücke, für die Epoche Karls IV. etwas mehr als 300. Das wäre eine Steigerung von 700%. Bei näherem Zusehen reduziert sich der Respekt vor dieser Leistung indes erheblich. Die Verhängung der Reichsacht über die Stadt Worms z.B. ist in 18 erhaltenen und einzeln gezählten Schreiben verkündet worden. Schlüsselt man die 300 Regestennummern auf, so ergibt sich, daß sie sich auf nur etwa 100 verschiedene Verfahren beziehen. Dies ergäbe einen Durchschnitt von 3 Prozessen pro Jahr. Zwar muß vorausgesetzt werden, daß ein Teil der Hofgerichtsurkunden heute verschollen ist, aber ein Überblick über die Schreiber dieser Behörde läßt doch den sicheren Schluß zu, daß man mit nur sehr wenig Personal ausgekommen sein muß. Ein Großteil der erwähnten Wormser Urkunden stammt von einem Notar des Prozeßsiegers, des Bischofs von Worms. Das normale Personal war offenbar nicht in der Lage, die nach Ende dieses Verfahrens notwendigen Schreibarbeiten allein zu bewältigen. Von den 21 bisher nachgewiesenen Schreibern des Hofgerichts waren nur zwei über längere Zeit hinweg tätig, sechs haben jeweils nur an einem einzigen Tag gearbeitet. So wird man davon ausgehen können, daß am Hofgericht Karls IV. jährlich kaum mehr als acht bis zehn Verfahren abgewickelt worden sein können.

Das Reichshofgericht mit dem Pariser Parlament zu vergleichen, ist im Grunde schon wegen der völlig unterschiedlichen Quellenlage reichlich abwegig. Während das Register, in das die Achturteile des Hofgerichts eingetragen worden sind, nicht überliefert ist, befindet sich die Serie der verschiedenen Parlamentsregister noch heute so gut wie vollständig in den Archives Nationales, und andere Quellen geben zahlreiche weitere Auskünfte über Personal und Verfahrensweise dieses königlichen Gerichts. Die bis 1350 reichende

Publikation von Regesten (Kurzfassungen) der verschiedenen Urkunden (minutes, arrêts, jugès) läßt gar keinen Zweifel daran, daß wir es hier mit einer ganz anderen Intensität königlicher Gerichtsbarkeit zu tun haben als im römisch-deutschen Reich, und zwar sowohl in quantitativer wie in qualitativer Hinsicht. Das Jahr 1347, als die Niederlage von Crécy noch nachwirkte, verzeichnet nur 425 einzelne Stücke, das sind aber noch 125 mehr als sämtliche unter Karl IV. ausgestellten und erhaltenen Urkunden des Hofgerichts. Zwar handelt es sich in Frankreich um die Ausstellerüberlieferung und im Reich um die der Empfänger, die stets fragmentarisch zu sein pflegt. Aber es spricht ja auch schon gegen die Fähigkeit des römischen Reiches zur Kontinuität seiner politischen Traditionen, wenn hier die Archivalien verlorengingen. Die übrigen Zahlen aus den Parlamentsregesten sprechen für sich: im Pestjahr 1348 sind 921 und 1349 immer noch 801 einzelne Stücke verzeichnet.
Schon diese nackten Zahlen lassen die Rechtspflege der monarchischen Spitze im römisch-deutschen Reich nach französischem Maßstab als quantité négligeable erscheinen, und dieser Eindruck wird bei einer auch nur flüchtigen Lektüre der jeweiligen Regestenpublikationen bestätigt. Während die Pariser Register nämlich ein geradezu umfassendes Spektrum des sozialen Lebens im Frankreich des 14. Jahrhunderts eröffnen, wobei die Schattenseiten naturgemäß überbelichtet erscheinen, begegnet uns in den Hofgerichtsurkunden Karls IV. eine durchweg erlauchte Gesellschaft. Zwar verhandelt man auch schon einmal über die Berechtigung zum Bau neuer Fleischbänke in Friedberg, dies aber auch nur deshalb, weil die Burgmannen dieser Reichsstadt in den Fall verwickelt waren. Im übrigen waren aber nicht einmal alle Reichsstädte daran interessiert, ihre justiziablen Angelegenheiten vor dem Hofgericht verhandeln zu lassen; z.B. verbot Karl IV. am 17. IX. 1349 seinem Hofrichter, Klagen gegen die Bürger von Frankfurt anzunehmen, und verpflichtete ihn, die Klagen an den Schultheißen der Stadt zu weisen. Immerhin waren aber die Reichsstädte und einzelne ihrer Bürger verhältnismäßig häufig als Kläger oder Beklagte vor dem Hofgericht erschienen oder aber haben sich geweigert, sich der Klage zu stellen. Verhandelt und entschieden wurde in der Regel über Vermögenssachen, über die Rechtmäßigkeit einer Fürstenherrschaft, z.B. der des Falschen Woldemar, oder über die Herrschaft eines Bischofs über seine Residenzstadt. Kriminelle Delikte kamen de facto gar nicht zur Sprache, während das Pariser Parlament seit 1312 ein eigenes Register für Kriminalsachen führte. Daß es eine kaiserliche Exekutive zur Vollstreckung der Urteile nicht gab und demzufolge die Durchsetzung des Rechtes dem obsiegenden Kläger anheimgestellt werden mußte, versteht

sich am Rande. Dem König von Frankreich standen dafür die Baillis und ihre Unterbeamten zur Verfügung. Daß die Gerichtsbarkeit des Königs von Frankreich von denjenigen, die ohne Schuld unter ihre Mühlsteine gerieten, als gnadenlose Maschinerie empfunden wurde, daß sie, wie jede andere auf Perfektion gerichtete Behörde, ihre schrecklichen Schattenseiten hatte, kann in diesem Zusammenhang nur angedeutet werden: Korruption und Nepotismus der hohen Beamten, Bestechlichkeit und Parteilichkeit, immense Kosten und lange Dauer der Verfahren bildeten ständige Anlässe zu Klagen, aber auch zu Reformversuchen. Der Hofnarr des Königs von Aragon, der offenbar ebenfalls die Mängel einer aufgeblähten Justizmaschinerie kannte, wird zu Beginn des 15. Jahrhunderts die damals noch immer von rechtskundigen, aber nicht-gelehrten Rittern geprägte Gerichtspraxis der Deutschen als segensreichen Zustand empfinden; in dem Kapitel über Ruprecht werden wir darauf zurückkommen.

Zusammenfassend läßt sich nach diesem kurzen Vergleich feststellen: Im römisch-deutschen Reich hat es nur eine qualitativ begrenzte und quantitativ nicht sehr ins Gewicht fallende Gerichtstätigkeit der monarchischen Spitze gegeben. Daran hat Karl IV. auch nichts wesentliches ändern wollen. Die Steigerung der Urkundenproduktion spricht nur auf den ersten Blick gegen eine derartige Einschätzung der Entwicklung. Einer Intensivierung der Hofgerichtsbarkeit waren durch die vor seiner Zeit erteilten Privilegien bereits enge Grenzen gesetzt, und Karl hat diesen seinen Segen gegeben, als er den Kurfürsten das ius de non appellando et de non evocando bestätigte und für sein eigenes Königreich sogar die völlige Exemtion vom Reichshofgericht verfügte. Wenn man dessen Urkunden überprüft, zeigt sich dann auch, daß die einmal aufgerichteten Schranken nicht mehr zu überwinden waren. Die Untertanen und Vasallen der Kurfürsten, aber auch die der meisten anderen fürstlichen Landesherren konnten vom Kaiser als Gerichtsherren nicht mehr erreicht werden, und umgekehrt war es diesen nicht mehr möglich, die Quelle allen Rechts aufzusuchen, als die Karl von dem Florentiner Kanzler Caluccio Salutati gepriesen wurde.

Wenn die Exemtion der kurfürstlichen Territorien von der Reichshofgerichtsbarkeit noch als Anerkennung eines bereits nicht mehr revidierbaren Zustandes beurteilt werden mag, so wird man Karls Haltung gegenüber dem noch verfügbaren Reichsgut nicht mehr in dieser Weise umschreiben können. Karl hat wie alle seine Vorgänger seit Adolf von Nassau städtisches Reichsgut, ganze Städte, Stadtsteuern, einzelne Ämter verpfändet. Die Gesamtsumme aller Pfandgeschäfte, die man für seine Zeit errechnete, blieb während des ganzen Spätmittelalters unübertroffen: 258000 Mark Silber, 117000 Pfd. Heller, 312000 fl., das ist fast ein Drittel aller bekannten Pfandgeschäfte mit städtischem Reichsgut. Mit der Nennung der Gesamtsumme ist freilich noch nichts über die Entwicklung der Verpfändungspolitik zwischen 1346 und 1378 im einzelnen gesagt: Sie weist nämlich beträchtliche Schwankungen und Widersprüche auf. Zunächst war Karl sichtlich bemüht, verpfändetes Reichsgut zurückzugewinnen, z.B. ließ er sich von dem ihm zu großem Dank verpflichteten Mainzer Erzbischof Gerlach von Nassau u.a. die wichtigen Orte Oppenheim und Ingelheim zurückgeben (1353), und zwar ohne daß er für die Auslösung die Pfandsumme zurückzahlen mußte. Danach löste er auch noch das strategisch wichtige Kaiserslautern und Kaysersberg aus dem Pfandbesitz verschiedener Herren. Systematischer scheint der Kaiser dann vorgegangen zu sein, als ihm am 24. II. 1361 ein Sohn, der spätere König Wenzel, geboren wurde. Die Revindikationspolitik wurde betrieben mit dem Ziel, »des heiligen Reichs gut, Land, stete und vestene mit hilf gots zu losen und wieder zu brengen zu dem Reich« (23. IV. 1361). Noch 1361 wurden Colmar, das bereits wieder verpfändete Kaysersberg, Münster im Gregoriental und Schweinfurt ausgelöst, dazu noch eine Reihe von Ämtern und Rechten in anderen Städten. Heinrich von Dießenhofen hat über Karls Reichsgutpolitik geurteilt, er habe die Rechte des Reiches heimlich (quasi tacite) wiederherstellen wollen. Auf die 1361 einsetzende Phase dieser Politik trifft diese Wertung von Karls Zeitgenossen auch zu. Die Nachfahren haben über Karls Reichsgutpolitik aber ganz anders, nämlich durchweg vernichtend geurteilt, und dieses Urteil wird man als zwar hart, im großen und ganzen aber als zutreffend bezeichnen müssen. Kürzlich ist auf eine merkwürdige Diskrepanz zwischen der späten, etwa 1371 einsetzenden Reichsgut- und der böhmischen Hausmachtpolitik aufmerksam gemacht worden: Während Karl als Böhmenkönig in ebenso mühseliger wie zäher Weise an seiner sogenannten Landbrücke zwischen Prag und Frankfurt zimmerte, hat er ländliches Reichsgut im oberdeutschen Raum in einem solchen Ausmaß anderen überantwortet, daß danach, von den Städten abgesehen, nichts mehr zum Verpfänden übrig geblieben war. Die Reichslandvogteien, die von Rudolf I. zur Revindikation und Verwaltung des Reichsgutes systematisch ausgebaut worden waren, haben erst unter Karl IV. diese Funktion im wesentlichen eingebüßt, nachdem sie allerdings von seinen Vorgängern bereits geschwächt worden waren. Die Landvogtei in der Wetterau wird 1373 zum ersten Mal um eines politischen Zweckes willen an einen Reichsfürsten, den Markgrafen von Meißen, vergeben. Ein Jahr später wird sie im Rahmen der

Wahlverhandlungen als Lockmittel für die Trierer Stimme eingesetzt, jedoch zerschlägt sich das Geschäft. 1378 wurde die Landvogtei dem Pfalzgrafen übertragen, und zwar mit der Erlaubnis, die verpfändeten Teile des Reichsgutes einzulösen. Die Begründung dieser Vollmacht ist bezeichnend: Der Landvogt sei nicht mehr in der Lage, das Land zu schirmen, der Pfalzgraf aber könne es nur, wenn er die Festen, Güter und Gefälle wieder einlösen werde. Das klingt wie der Beginn einer neuen Revindikation, jedoch wäre es eine Revindikation für die Pfalzgrafen, nicht mehr für das Reich gewesen. Indes ist auch die Pfalz in der Wetterau gescheitert, am Ende war die für die Bewahrung einer einstmals zentralen Reichslandschaft so wichtige Landvogtei nur noch ein Titel ohne jegliche Substanz. Erfolgreicher waren die Pfalzgrafen im Speyergau, dessen Landvogtei sie bereits 1349 erwarben und nicht mehr herausgaben. Die beiden schwäbischen Landvogteien sind von Karl IV. ebenfalls als Instrumente seiner Fürstenpolitik genutzt worden. Im Oktober 1365 übertrug er die niederschwäbische dem Pfalzgrafen Ruprecht, um diesem eine bessere Position bei dessen Fehden gegen den Grafen von Württemberg zu verschaffen. Ein Jahr später, als Ruprecht zum Oberhaupt einer gefährlichen Opposition gegen die luxemburgische Hegemonialpolitik im Westen und Osten des Reiches geworden war, wird ihm die Vogtei entzogen und dem Mainzer Erzbischof übertragen, der sie aber ebenfalls schon bald wieder verloren haben muß. 1371 wird sie schließlich Graf Eberhard von Württemberg anvertraut und gerät damit in die Hände eines der expansionslüsternen Dynasten der Region. Dem Inhaber der oberschwäbischen Landvogtei, Graf Ulrich von Helfenstein, werden seit 1364 geradezu systematisch Einkünfte und Rechte seines Amtsbezirkes verpfändet. Am Ende von Karls Regierung geraten dann beide Vogteien in den Strudel des noch zu besprechenden Städtekrieges.
»Der Verlust der Landvogteien ist Teil eines umfassenderen Vorgangs, des Verzichts des Königtums auf die instrumentale (d.h. direkte) Nutzung des Reichsguts für die eigenen Herrschaftsinteressen.« (Schubert) Die definitive, allerdings nie expressis verbis gefaßte Entscheidung, das Reichsgut aufzugeben, statt einer Reichsregierung Reichspolitik zu betreiben, ist allem Anschein nach erst im Zuge der Vorbereitungen von Wenzels Wahl getroffen worden, nachdem ein Plan, im Westen des Reiches eine hegemoniale Stellung des Hauses Luxemburg aufzubauen, mit der Schlacht von Baesweiler und der Gefangenschaft von Karls Bruder Wenzel (1371) gescheitert war. Die Motive von Karls Reichspolitik sind von Ernst Schubert so umschrieben worden: »Karl IV. wollte dem Reich die Nutzungen entziehen, die es brauchte, um einen König

aus seiner Mitte zu bestellen. Nur der böhmische König sollte in der Lage sein, aus seinen Mitteln das Reich zu unterhalten ... So gesehen ist das Scheitern des Königtums Ruprechts von der Pfalz, das vor allem durch seine geringen materiellen Einkünfte aus dem Reich herbeigeführt wurde, eine Konsequenz der Politik Karls IV.« Diese These wird gewiß Widerspruch erfahren, jedoch hat sie den Vorzug, mit dem Urteil vieler spätmittelalterlicher Chronisten unterschiedlichster Provenienz und den Ergebnissen der Forschungen über die Reichslandvogteien im Einklang zu stehen.

Im Zusammenhang mit dem nahezu endgültigen Bedeutungsschwund der Landvogteien, von denen nur die elsässische und – wegen ihrer Einwirkungsmöglichkeiten auf die zahlreichen Reichsstädte – die schwäbischen noch eine gewisse Rolle spielen konnten, verlor noch eine andere Institution fast alle praktische Bedeutung: die der Reichsburgmannschaften. Unter dem ersten Habsburger war es für die den Reichsburgen benachbarten Grafen und Herren noch attraktiv gewesen, gegen bestimmte, oft gut dotierte Lehen die Verpflichtung auf sich zu nehmen, dem König als Burghauptmann zu dienen. Burglehensverträge sind zwar unter Karl IV. noch gelegentlich geschlossen worden, doch scheinen sie nicht mehr dem ursprünglichen Zweck, d.h. der persönlich oder durch Stellvertreter ausgeübten Burghut gedient zu haben, sondern nur noch zur Entlohnung für andersgeartete Dienste. Da eine umfassende Untersuchung dieser Institution und ihrer Entwicklung noch aussteht, kann hier lediglich die globale Feststellung getroffen werden, daß es Burgmannen zwar noch gab, daß sie aber für Verwaltung oder Beherrschung des Reiches untauglich geworden waren.

Bei aller Skepsis gegenüber der kontinuitätsbildenden Wirkung der königlichen »Behörden« – Kanzlei, Hofgericht, Reichsgutverwaltung –, die sich mit den vergleichbaren Einrichtungen z.B. der französischen Krone ganz einfach nicht messen können, bleibt aber als unbezweifelbares Faktum, daß das römisch-deutsche Reich fortbestanden, daß es weiterhin ein reges Interesse der großen Dynastien an der Königskrone gegeben hat. Mit der trivialen Feststellung, es habe zu der einmal vorgegebenen Form des Reiches keine zwingende Alternative gegeben, wird man sich als Erklärung kaum begnügen wollen, obwohl sie im wesentlichen zutrifft. Auch die Existenz wechselnder und sich gegenseitig bekämpfender Personenverbände wird man schwerlich als zureichende Erklärung für diese Kontinuität werten können, denn etwas mehr als eine Mafia-Organisation ist das römisch-deutsche Reich denn doch gewesen. Es gibt auch einen bisher entweder unberücksichtigt gebliebenen oder aber stark vernachlässigten Bereich von Rechtsnormen und -gegebenheiten, der in vielfacher und nachhaltiger Weise als Ferment des spätmittelalterlichen Reiches gewirkt zu haben scheint: das Lehnswesen. Die nur rudimentär entwickelte Institutionalisierung der Reichsverwaltung hat übrigens auch hier ihre Auswirkungen gehabt, denn spezielle Lehnsregister, die zur Kontrolle der Belehnungsakte genutzt werden konnten, sind erst unter Ruprecht angelegt worden. Soweit die Belehnungen überhaupt beurkundet wurden, hatte man sie vorher in die allgemeinen Reichsregister eingetragen, von denen bereits die Rede war. Schon Siegmund hat aber die sinnvolle Neuerung seines Vorgängers wieder aufgegeben. Während sich dies nahtlos in die oben entworfene Skizze der Reichsverwaltung einfügt, vermittelt der durch Karl-Friedrich Kriegers Studie möglich gewordene Überblick über das Reichslehnswesen im späten Mittelalter das überraschende Bild einer lebendigen Entfaltung dieser Sphäre, an deren Spitze nach der Heerschildordnung des Sachsenspiegels der König stand. Auf dem zweitobersten Rang der siebenstufigen Pyramide waren die geistlichen Fürsten gestellt, dann die weltlichen, die Herren, die Freien und die Vasallen der Herren, dann deren Vasallen. Die siebte Stufe blieb unbesetzt. Als lehnsunfähig galten dem Sachsenspiegel (ca. 1230) die Geistlichen, soweit sie nicht Fürsten waren, Frauen, Bauern sowie Kaufleute, d.h. Stadtbürger. Allerdings entsprachen diese Sollvorschriften des Spielers schon der Wirklichkeit des 13. Jahrhunderts in nur eingeschränktem Maße. Bürger wurden in bescheidenem Umfang schon wenig später lehnsfähig, und bürgerliche Lehnsträger hat es dann später sowohl auf der Ebene der Territorien als auch auf der des Reiches gegeben. Aber nicht nur auf der untersten Stufe erfolgte eine Vermehrung der Reichsvasallen. Schon seit jeher war bekannt, daß es am Ende des Mittelalters mehr Laienfürsten gegeben hat als noch um 1180, als sich der sogenannte jüngere Reichsfürstenstand nach unten hin abschloß. Namur, Hessen, Savoyen, Jülich, Geldern, Mecklenburg, Luxemburg, Pont-à-Mousson, Berg, Kleve und Cilli z.B. sind auf unterschiedliche Weise zu Reichsfürstentümern geworden. Durch die in einem rechtlich sehr umständlichen Verfahren erfolgenden Erhebungen wurde der bis dahin als völlig unabhängig geltende Allodialabesitz des Kandidaten mit seinen Reichslehen zusammengefaßt und die Gesamtheit zum Fürstentum deklariert. Damit ergab sich eine nicht unbeträchtliche Vermehrung des Reichslehngutes, für das die Vasallen dem König zu huldigen hatten. Neben den Fürsten sind aber auch die Grafen zu berücksichtigen, die in direktem lehnrechtlichem Kontakt zum König standen. Um 1180 scheint es nur etwa 10 reichsunmittelbare Grafschaften – nicht mehr Amtsbezirke, sondern Gebietsherrschaften – gegeben zu haben, von denen die Hälfte zum alten Lothar-Reich gehörten. Im

Laufe der folgenden Jahrzehnte lassen sich dann rund 28 Grafschaften zählen, die vom Reich zu Lehen gingen, darunter so bedeutende wie Hennegau und Holland. Dazu kamen noch zahlreiche weitere Grafen, die vom Reich bestimmte Einzelobjekte zu Lehen hatten. Kompliziert verlief die Entwicklung der Beziehungen zwischen dem Königtum und den Herren, die sich zum großen Teil aus der ehemaligen Reichsministerialität rekrutierten, z.T. aber auch edelfreier Herkunft sein konnten. Während Karl im Zuge seiner gegen Frankreich gerichteten Lothringenpolitik der Baronie Apremont faktisch die Reichsunmittelbarkeit gewährte, unterstellte er die ehemaligen Ministerialen im Macht- und Einflußbereich der Trierer Kirche, d.h. im Hunsrück, in der südlichen Eifel und am Mittelrhein der Lehnshoheit des Trierer Erzbischofs (1348). Zu einer völligen Mediatisierung dieser Ritterschaft hat dies hier aber ebensowenig geführt wie in den anderen Ministerialengebieten des Reiches, wo manche Herren zwar ihre Lehnsbindung an das Reich zugunsten eines benachbarten Landesherren preisgaben, zahlreiche andere aber trotz anderweitiger Lehnshuldigungen auf ihre Bindungen an das Reich nicht verzichten wollten. Da sie sich außerstande sahen, allein und auf sich selbst gestellt ihre Freiheit gegen die Übermacht der Landesherren zu wahren, begannen sie gegen Ende von Karls Regierungszeit mit der Gründung von Adels- oder Rittergesellschaften, mit denen sie offenbar nach dem Vorbild der Städtebünde ihre Interessen besser durchsetzen zu können glaubten. Darauf werden wir im folgenden Kapitel noch zurückkommen.

Aufs Ganze gesehen darf festgestellt werden, daß es am Ende des Spätmittelalters weitaus mehr Reichsvasallen gegeben hat als unter Friedrich II., wobei die Zahl der geistlichen Fürsten ungefähr konstant geblieben ist: 89, nach 92 in staufischer Zeit. Die Zahl der Laienfürsten stieg demgegenüber von 13 (um 1245) auf 38 (1300) und 44 (1350).

Fragt man nach den Gründen für diese so positive Entwicklung, so sollte zunächst berücksichtigt werden, daß sie zwar vom König gefördert, nicht selten wohl auch in die Wege geleitet worden ist, daß aber auf der anderen Seite das gleiche Interesse an der Anknüpfung der Lehnsbindungen vorhanden gewesen sein muß, was schon darin zum Ausdruck kommt, daß einige Herren zum Mittel der Urkundenfälschung griffen, um ihre Reichsunmittelbarkeit zu »beweisen«. Aus der Perspektive des Königtums läßt sich der Vorteil der geschilderten Entwicklung so beschreiben: »Während das Amtsrecht in der Form der Amtspflichten (z.B. eines Landvogtes oder eines Vikars) grundsätzlich nur die Person des Amtsträgers erfaßte, bot das Reichslehnrecht die Möglichkeit, den gesamten

Herrschaftsbereich des betroffenen Kronvasallen in den Verfassungsaufbau des Reiches zu integrieren. Diese Integrationswirkung, die vom König bis ans Ende der Lehnskette reichte und die gesamte, durch Reichslehnbesitz vermittelte Herrschaft als auftraggebundene und abgeleitete Königsherrschaft erscheinen ließ, konnte unter Umständen sogar den Grundstein für ein allgemeines Staatsbewußtsein legen und damit auch mithelfen, den Weg zur modernen Staatlichkeit zu ebnen.« (K.-F. Krieger)

Zum letzten Satz muß freilich angemerkt werden, daß er sich gar nicht mehr auf das Reichslehnswesen, sondern auf das eines Territoriums bezieht, denn als Stütze für diese These wird auf ein Lehnbriefformular der Pfalzgrafen verwiesen, nach dem die Vasallen nicht allein auf die Person des Fürsten, sondern auf die Pfalz als das territoriale Substrat des werdenden Kurstaates verpflichtet wurden. Eine ähnliche Funktion hätte zweifellos auch der Begriff des Reiches übernehmen können, und er hat dies in gewisser Weise auch getan. Aber auf dieser Ebene waren Institution und Person des Herrschers bereits auseinandergetreten, und ein Reichspatriotismus bezog sich weniger auf den König als auf die Gesamtheit aller Reichsstände.

So unterentwickelt aber die Organe der Reichsverwaltung auch gewesen sein mögen, das Lehnrecht hat dem König doch immer wieder die Möglichkeit gegeben, politischen Druck von nachhaltiger Wirkung auszuüben. Eine unterbliebene Lehnshuldigung oder eine verweigerte Belehnung haben für die betreffenden Fürsten und Herren nicht selten sehr unangenehme Situationen heraufbeschworen. Auch Fürsten, deren Macht der eines römischen Königs in nichts nachstand, waren doch stets bemüht, den faktisch unangreifbaren Besitz ihrer Reichslehen durch Huldigung und Belehnung sanktionieren zu lassen. Die Geltung dieser lehnrechtlichen Normen ist dann auch nie ernsthaft in Frage gestellt worden. Wenn gegen Ende des 14. Jahrhunderts der Herzog von Lothringen und die Herzogin von Brabant behaupteten, ihre Fürstentümer seien freie Allode (franc alleu), so deutet dies zwar auf die Tendenz einiger Territorien am Westrand des Reiches, aus dessen Lehnsverband auszuscheren; aber derlei Versuche blieben auf diese Region beschränkt und wurden hinsichtlich des Herzogtums Brabant auch wieder aufgegeben. Aufs Ganze gesehen aber garantierten die beiderseitigen Interessen von Herrscher und Vasallen am Fortbestand des Lehnsgebäudes die Weiter-Existenz des Reiches, das freilich aus der Perspektive der letzteren im Idealfall zu einer Leerformel geworden wäre, die den Schutz des einzelnen Vasallen vor der Unterwerfung unter eine andere Macht garantiert hätte, für die im übrigen von seiten des Königs aber keine Ansprüche mehr erhoben werden durften.

Von einem solchen Zustand war das Reich unter Karl IV. nun nicht mehr sehr weit entfernt: Der Waffendienst, vor vielen Jahrhunderten einmal ein konstitutives Element des Lehnswesens, war innerhalb dieses Systems praktisch nicht mehr durchsetzbar. Noch die staufischen Herrscher hatten das Wehrpotential des Reiches, d.h. vor allem die gepanzerten Reiter, nach den Normen des Lehnrechts aufbieten können; den Höhepunkt dieser Entwicklung hatte das große Mainzer Hoffest markiert, als Friedrich Barbarossa die Reichsritterschaft, vom Herzog bis zum einfachen Dienstmann, um sich scharte und aller Welt Glanz und Schlagkraft dieser Kriegerkaste vor Augen führte. Die Heere der Panzerreiter waren in der Zwischenzeit zwar mehrfach von zu Fuß kämpfenden und mit Langbogen oder Spießen bewaffneten Truppen vernichtend geschlagen worden, jedoch galt der zu Pferd, gelegentlich auch zu Fuß kämpfende Ritter noch immer als das Rückgrat der königlichen und landesherrlichen Streitkräfte und ist dies bis zum Ende des Mittelalters auch geblieben. Allerdings konnte er nicht mehr einfach unter Berufung auf seine vasallitischen Pflichten zum Krieg befohlen werden. Der Bedeutungsschwund des militärischen Elements im Lehnswesen stellte indes keine Besonderheit des römisch-deutschen Reiches dar, sondern ist ebenfalls in Frankreich oder England zu beobachten. Die champagnischen Vasallen erklärten schon 1315, sie seien nur innerhalb der Grafschaft folgepflichtig und dann auch nur gegen eine gewisse Entschädigung; außerhalb der Champagne verlangten sie eine umfassende Besoldung. Nicht anders war es in England, wo den Vasallen schon gegen Ende des 13. Jahrhunderts Soldzahlungen zugestanden werden mußten; das allein auf dem Lehnrecht basierende Aufgebot wurde hier zum letzten Mal und ohne Erfolg im Jahre 1327 verkündet. Für die Kämpfe jenseits des Kanals ließ sich der Adel selbstverständlich nur noch durch Soldzahlungen, vor allem aber durch die Aussicht auf Beute und Lösegeld für Gefangene begeistern. Im Verhältnis zwischen Frankreich und England kam es geradezu zur Restauration jener Epoche, während der die normannischen Vorfahren von Eduards III. Adel die Gestade Westeuropas heimsuchten, nur daß jetzt nicht mehr heidnische Seefahrer, sondern christliche Ritter mordeten, vergewaltigten und brandschatzten. Die enorme Beute, die man in den ersten Dezennien des Hundertjährigen Krieges in Frankreich machen konnte, hat dann dafür gesorgt, daß auch die restlichen lehnrechtlichen Verpflichtungen zum Militärdienst in Geldleistungen umgewandelt wurden. Eben das aber ist dem römisch-deutschen Königtum nicht gelungen. Als Grund dafür hat K. F. Krieger »vor allem das Fehlen einer Reichsfinanzbehörde« verantwortlich machen wollen, jedoch wird man dies allenfalls als eine sekundäre Ursache einschätzen können. Gewiß war in England die von den Normannenkönigen eingeführte unvergleichlich effektive Fiskalverwaltung eine wichtige Voraussetzung für die Entfaltung eines allgemeinen Steuersystems. Aber: »If England had not faced the demands of national war (d. h. des Hundertjährigen Krieges) it is difficult to see how the idea or system of public finance could have developed.« (G. L. Harris) Ähnliches ließe sich auch über die französischen Verhältnisse sagen. Hätte es nicht auch hier die im Vergleich zu England noch sehr viel härtere Zwangslage (necessitas) des Krieges gegeben, wäre es den Königen seit den Tagen von Crécy und Maupertuis nie gelungen, die noch immer als außerordentliche Leistung verstandene Steuer als dauerhafte Abgabe zur Wahrung des status regni und des bien public durchzusetzen. Solche außergewöhnlichen und kriegsbedingten Notlagen, im Mittelalter die einzige Möglichkeit, um andauernde Steuerforderungen zu legitimieren, hat es bis zur Zeit der Hussitenkriege im römisch-deutschen Reich nicht gegeben. Weder der faktische Verlust von Rechten in Reichsitalien oder in Burgund noch die Auseinandersetzung mit den theokratischen Ansprüchen der Kurie konnten gegenüber den Reichsständen als außergewöhnliche und existenzbedrohende Notlagen ausgegeben werden. Erst die Einfälle der Hussitenheere unter Siegmund erwiesen sich dann als ausreichend, um die Notwendigkeit einer allgemeinen militärischen und finanziellen Mobilisierung sichtbar zu machen. Es war dann aber nicht die Monarchie, sondern das Fürstentum, das die Initiative ergriffen hat – darauf werden wir noch eingehen.

Zurück zum Lehnrechtssystem, nach dessen Normen sich seit dem Wormser Konkordat auch die Beziehungen zwischen Reichsbischöfen, -äbten und -äbtissinnen auf der einen und König oder Kaiser auf der anderen Seite gestalteten. Bei der Bestallung von geistlichen Reichsfürsten trafen allerdings noch zwei weitere Instanzen in Konkurrenz zu der des Monarchen: die vom Adel der jeweiligen Nachbarschaft dominierten Domkapitel bzw. Klosterkonvente und der Papst mit seinem Provisionsrecht. Das aufs Ganze gesehen sehr gute Verhältnis Karls IV. zu den Päpsten seiner Zeit hat die geistliche Stufe der Lehnspyramide wieder zu einem beachtlichen Feld königlicher Personalpolitik werden lassen. Unter Ludwig dem Bayern war es naturgemäß sehr oft zu unersprießlichen Konfliktsituationen gekommen: Den von Avignon den Reichskirchen oktroyierten Bischöfen versagte der Kaiser die Belehnung mit den Temporalien, wobei er allerdings nicht selten mit der Unterstützung durch die um ihr Wahlrecht geprellten Domkapitel rechnen durfte. Im Gegensatz zu seinem Vorgänger stützte sich Karl IV. weitgehend auf das päpstliche Provisionsrecht. Schon

Clemens VI. soll nach dem Bericht eines Chronisten dem Luxemburger zugesagt haben, bei der Besetzung vakanter Bistümer die vom König vorgeschlagenen Kandidaten zu berücksichtigen. Urban V. und Gregor XI. haben sich später förmlich verpflichtet, die Bischofsstühle im Reich und in Böhmen nur mit Wissen und Zustimmung des Kaisers zu besetzten; die betreffenden Privilegien sind allerdings nicht erhalten. So blieb im Unterschied zum Laienfürstentum die Reichskirche eine Sphäre, die der mittelbaren Einwirkung von seiten des Königs zumindest bei der Neubesetzung offenstand, allerdings auch dies nicht ganz ohne Einschränkung, denn auch hier stieß die mit dem Papsttum verbündete Macht des Kaisers auf den Widerstand der regionalen Kräfte. So ist es Karl IV. zwar als einzigem Herrscher zwischen Rudolf I. und Albrecht II. gelungen, einen nah mit ihm verwandten Grafen, Johann von St.-Pol, auf einen der drei wichtigsten Stühle des Reiches, nämlich den von Mainz zu lancieren, dies, obwohl die Mehrheit des Kapitels sich für den Neffen des verstorbenen Erzbischofs Gerlach von Nassau entschieden hatte. Aber als dieser völlig farblose (später aber heiliggesprochene) Prälat schon nach zwei Jahren starb, stimmte jetzt das Domkapitel einmütig für den schon einmal übergangenen Nassauer. Der Kaiser bestand indes auch diesmal auf einem eigenen Kandidaten, dem Bamberger Bischof Ludwig von Meißen. Johann von Nassau widersetzte sich im Bunde mit seinem Kapitel dem vom Papst dann auch tatsächlich providierten Meißner; damit begann eine Auseinandersetzung, die bis in die Anfänge des Schismas andauerte und beinahe mit dem Wechsel des Erzbistums Mainz zur clementistischen Oboedienz geendet hätte. Der Konflikt um das Erzstift demonstriert fast beispielhaft die Grenzen der über die Kurie laufenden Einflußnahme des Kaisers: Wo seine Wünsche zu schroff mit denen des die jeweilige Region bestimmenden Adels kollidierten, konnte der Streit nur zu seinen Ungunsten ausgehen. Karl war freilich realistisch genug, um dort, wo Einfluß und Macht eines Fürstenhauses zu dominierend schien, gar nicht erst mit eigenen Kandidaten aufzuwarten. Über die Besetzung des Bistums Konstanz z. B. pflegten die Herzöge von Österreich mit der Kurie zu verhandeln. Das Wormser Domkapitel hat schon 1349 das Versprechen beurkundet, künftig nur noch den Pfalzgrafen genehme Kandidaten zu wählen, und ähnlich hat sich auch das Kapitel von Speyer den Wünschen der benachbarten Pfalzgrafen gefügt.

Aufs Ganze gesehen konnte Karl IV. aber mit der Provisionspraxis der Kurie von Avignon durchaus zufrieden sein. Albert Hauck hat immerhin 17 Bischöfe namhaft machen können, die ihre Ernennung nachweislich der Initiative des Kaisers zu danken hatten. Im

Hinblick auf die seelsorgerischen Fähigkeiten unterschieden sich die Kandidaten der Kurie bzw. des Kaisers nicht allzu sehr von denen der Domkapitel; jedenfalls hatte Ludwig von Meißen diese ebensowenig aufzuweisen wie sein Rivale Johann von Nassau.
Karl hat die ihm von der Kurie gewährte Unterstützung nicht nur dadurch honoriert, daß er den von ihm eingesetzten Reichsvikaren stets nachdrücklich die libertas ecclesie, die Freiheit der Kirche, ans Herz legte, sondern er hat auch seit dem Jahre 1354 in einer Reihe von Privilegien, darunter das Dekret »Etsi imperialis dignitas« von 1359 (Neufassung 1374), die Rechte der Geistlichkeit gegenüber weltlichen Obrigkeiten zu sichern gesucht, so wie er dies dem Papst vor seiner Wahl versprochen hatte. Die constitutio qui dicitur Karolina, zu Deutsch »dat Karlyn«, ist in den folgenden Jahrhunderten ebenso oft zitiert wie übertreten worden, denn die Verfügungen des Luxemburgers rührten durchweg an den Nerv der Symbiose von weltlicher und geistlicher Sphäre: »Der Kaiser erklärte in ihnen alle Bestimmungen, die weltliche Herren gegen geistliche Personen erlassen hatten, für ungültig, insbesondere jene, daß weltliche Besitzungen nicht in geistliche Hand kommen, Geistliche nicht in Zivilangelegenheiten und zum Testieren zugelassen werden und daß gebannte Laien vor weltlichen Gerichten nicht zurückgewiesen werden sollten.« (P. Johanek) Dazu kam dann noch ein Verbot der Besteuerung von Kirchengütern und anderes mehr. Zwar haben Karls Verfügungen in der Folgezeit weder Landesherren noch Stadtregierungen daran gehindert, den Bereich geistlicher Immunität gegenüber weltlicher Gerichtsbarkeit und Steuerforderung, wo immer es ging, einzuschränken, aber die Geistlichen hatten mit der Karolina doch eine Waffe zur Hand, deren Wirkung, wie die breite Überlieferung ihres Textes andeutet, nicht gering gewesen sein kann.
Das im Vergleich zu den turbulenten Zeiten Ludwigs des Bayern recht harmonisch anmutende Bild der kirchlich-politischen Zustände Deutschlands sollte freilich nicht darüber hinwegtäuschen, daß hohe und niedere Geistlichkeit sich mit den Gegebenheiten der Kurie zu Avignon trotz des Friedens zwischen Papst und Kaiser keineswegs abzufinden vermochte. Die Einwirkungen der Kurie auf die Besetzung der Stellen, von denen nicht wenige profitiert hatten, besonders aber die Forderungen von Servitien, Annaten und anderen Abgaben, die jetzt wieder ungehindert erhoben werden konnten, machten allenthalben böses Blut, und als dann weitere Abgaben in Gestalt von Zehnten gezahlt werden sollten, kam es mehrfach zu Protestaktionen. Ein Zehnt, der für Karls zweiten Romzug ausgeschrieben wurde, stieß auf den entschiedenen Widerstand der Wittelsbacher: Weder Papst noch Kaiser hätten in

ihren Landen zu gebieten. Der Klerus der Kölner Diözese verbündete sich 1372 gegen weitere päpstliche Zehntforderungen und prangerte das kuriale Finanz- und Stellenbesetzungssystem so umfassend und scharf an, daß man sich in die Tage des Bayern versetzt fühlen konnte – oder in die des Konstanzer Konzils.
Neben dem Lehnsrecht wirkte noch ein zweites Bindeglied für die Konsistenz der monarchischen Reichsverfassung, auf das wir im Zusammenhang mit der Goldenen Bulle bereits eingegangen waren: Die Stellung des Königs als Quelle allen Rechtes und des Friedens im Lande. Auch für diesen Bereich gilt die Feststellung, daß Fürsten, Herren und – in diesem Falle – auch die Städte die Funktion des Königs als höchster Friedens- und Rechtswahrer zwar durchaus anzuerkennen bereit waren, vorausgesetzt allerdings, daß er auf konkrete Einwirkungen in diesem Bereich weitgehend verzichtete. Die allenfalls noch als rudimentär zu bezeichnende Tätigkeit des Reichshofgerichtes kann als augenfälliges Symptom dieses Zustandes gewertet werden. Jedoch erschöpfte sich die Rechtspflege des römischen Königs nicht in der Aufrechterhaltung dieser embryonal verkümmerten Institution. Darüber hinaus blieb ihm noch immer das Recht, Landfriedenseinungen zu dekretieren. Dies könnte man jedenfalls aus den Formulierungen mancher Gründungsurkunden solcher Einungen schließen. In der Regel sind die Landfrieden der Zeit Karls IV. jedoch von den beteiligten Mächten auf freiwilliger Basis geschlossen worden, wobei man den König bzw. Kaiser gerne als den höchsten Garanten des Friedens die Gründungsurkunde ausstellen ließ. Gelegentlich hat Karl aber auch regionale Landfrieden gegen den Willen der von ihm ausersehenen Mitglieder erzwungen. Dazu bedurfte es allerdings besonders günstiger politischer Umstände und vor allem auch der persönlichen Anwesenheit des Herrschers beim Gründungsvorgang. Die betreffenden Einungen erwiesen sich dann stets als sehr brüchige Gebilde, die bald nach dem Abzug des Königs ihren Geist aufgaben. An einigen Landfrieden war Karl selbst beteiligt und hat sich bei der Alltagsarbeit der Kommissionen durch Vikare vertreten lassen. Für die Rechtssicherheit auf dem Lande haben die Kommissionen der einzelnen Landfrieden sicherlich mehr geleistet, als die erhaltenen Quellen es erkennen lassen; aber aufs Ganze gesehen war es doch ein zutiefst unbefriedigender Zustand, daß der über die einzelnen Territorien und Städte hinausreichende Friede nur mit Einungen zu erreichen war, die auf vier oder fünf Jahre vereinbart werden mußten und dann bestenfalls ein- oder zweimal erneuert wurden. Zwar entschieden die Kommissionen über die an sie herangetragenen Landfriedensfälle – Mord, Raub, Brand – und über die Hilfe, die dem Geschädigten ggf. zu leisten war, mit

Mehrheitsbeschluß. Aber wie in dem Kapitel über Rudolf von Habsburg bereits erwähnt wurde, kam es nicht gerade selten vor, daß die Abstimmungsniederlage eine der beteiligten »Großmächte« zum Ausscheiden aus der Einung veranlaßte und diese damit zur Wirkungslosigkeit verdammte. Großmächte waren in dieser Zeit aber schon ein Herzog von Jülich oder die Stadt Metz. Meinungsverschiedenheiten über Verfolgung und Bestrafung lösten dabei nach wie vor nicht die »normalen« durch die Lande streunenden Räuber und Mörder aus, die kein Zuhause und damit keine Leumundszeugen hatten, sondern die dem niederen Adel zugehörigen Strauchdiebe, die Kaufmannszüge zu überfallen und sich dann auf ihre Burgen zurückzuziehen pflegten. Oder die »Diener«, d. h. die Beamten, der Landesherren, die zumeist ebenfalls dem niederen Adel entstammten und bei der Erfüllung ihrer Pflichten mit ihren Kollegen aus den benachbarten Territorien aneinandergerieten, wenn sie z. B. deren Schutzbefohlene mit Feuer und Schwert zur Leistung von Abgaben ermunterten. In solchen Fällen standen sich dann oft zwei etwa gleich mächtige Kontrahenten gegenüber, die sich natürlich nur ungern einer Mehrheitsentscheidung beugten, zumal wenn diese mit den Stimmen der beteiligten Städte zustande gekommen war. Die aus einer derartigen Situation fast zwangsläufig resultierende Fehde konnte dann zumeist nur beendet werden, wenn zumindest einer der Gegner durch Brandschatzung oder Gefangenschaft seiner Ritter wirtschaftlich ruiniert worden war. In offener Feldschlacht sind nur wenige dieser Fehden entschieden worden; allerdings ist Karl IV. selbst durch eine solche Niederlage empfindlich getroffen worden, als sein Halbbruder Wenzel 1371 bei Baesweiler in die Gefangenschaft des Herzogs von Jülich geriet. Darauf werden wir zurückzukommen haben, desgleichen auf das Scheitern von Karls Landfriedenspolitik in der schwäbischen Region. Das Reichshofgericht wäre die Instanz gewesen, dem Unwesen von rechter und unrechter Fehde zu begegnen, aber niemand war offenbar bereit, diese vom Monarchen beherrschte Instanz durch Appellationen aufzuwerten oder ihr gar größere Exekutionsmittel zuzubilligen, die allein dazu angetan gewesen wären, einen allgemeinen und unbefristeten Rechtsfrieden zu gewährleisten. So blieb – vorausgesetzt, daß man das Reichshofgericht überhaupt damit befaßte – Acht und Aberacht, für deren Durchsetzung der Prozeßsieger erst einmal selbst zu sorgen hatte. Diesen erbarmungswürdigen Zustand zu verbessern – durch die Einteilung des Reiches in Kreise, durch genaue Verfahrensvorschriften, am Ende durch die Lösung des obersten Friedensgerichtes von der Person des Kaisers – haben sich die maßgeblichen Kräfte im Reich in den folgenden Jahrhunderten oft redlich bemüht; indes erwiesen sich die Interessen von König, Fürsten, Adel und Städten als zu unterschiedlich und das Kräfteverhältnis zwischen den einzelnen Gruppen als zu ausgeglichen, als daß es je zu einer von allen als akzeptabel gewerteten Lösung gekommen wäre.

In dem Kapitel über Rudolf von Habsburg waren die Probleme geschildert worden, die es einem römisch-deutschen König nahezu unmöglich machten, die charismatische Legitimation seines Herrschaftsauftrages in einer ähnlich selbstverständlichen Weise zum Ausdruck zu bringen, wie dies z.B. in dem westlichen Nachbarreich üblich war. Der römische König wurde gewählt, verfügte also nicht über das vorgegebene Charisma einer uralten Dynastie, wie es zu der Zeit, als Karl am Pariser Hof aufwuchs, in dem riesigen doppelschiffigen Saal des Palais Royal auf der Ile de Cité in Gestalt von 48 Statuen der Könige Frankreichs seit dem mythischen Pharamund der französischen Gesellschaft vor Augen geführt wurde. Dieser Kult des Königtums muß auf den jungen Luxemburger einen tiefen Eindruck gemacht haben. Es wurde bereits erwähnt, daß er bei Gelegenheit seiner Aachener Krönung 1349 dem Marienstift eine Büste Karls des Großen schenkte, die auf einem mit den französischen Lilien geschmückten Sockel ruht, während das Gewand des Kaisers den Reichsadler trägt.

Gegenüber allen seinen Vorgängern seit dem Interregnum hatte Karl IV. den unschätzbaren Vorteil, über seine Mutter einer der ältesten Dynastien Europas zu entstammen, wobei man darüber hinwegsehen konnte, daß ihre Königswürde erst etwa 200 Jahre zurückreichte. Offenbar in Analogie zu der Pariser Statuensammlung ließ er in einem Saal der Prager Burg eine Serie von Porträts seiner přemyslidischen Ahnen malen, und in gleicher Weise hat er denn auch der väterlichen Familie ein Denkmal ihrer »Geblütsheiligkeit« gesetzt, indem er auf dem Karlstein einen Saal mit dem Stammbaum der Luxemburger dekorierte, und zwar mit dem biblischen Noe als »Spitzenahn«, dem Karl eine in der mittelalterlichen Staatslehre sonst nicht bezeugte Rolle als Herrscherfigur zugewiesen zu haben scheint.

Aber nicht nur die Abstammung von fast mythischen und biblischen Vorvätern zeichnete Karl IV. aus: Von dem kurzen und auf Italien beschränkten Intermezzo seines Großvaters abgesehen, war er seit der Absetzung Friedrichs II. der erste unumstrittene Kaiser, d.h. er hatte die in sich unvollkommene Würde eines römischen Königs zu ihrer Vollendung gebracht.

Im Zentrum des von Karl betriebenen Herrschaftskultes standen die Königs- und Kaiserinsignien, die Reichssymbole der Wenzels- und der (ottonischen) Kaiserkrone, der Hl. Lanze sowie der zum Kronschatz zählenden Christusreliquien, die er im Verlaufe seiner

Herrschaft um etliche Stücke zu mehren verstand. Die Reichskleinodien waren ihm erst 1350 vom ältesten Sohn des Bayern ausgehändigt worden, und zwar u.a. auch gegen die Zusage, sie in Nürnberg oder Frankfurt aufbewahren zu lassen. Statt dessen hat Karl sie zunächst nach Prag überführt, später auf die von ihm errichtete Burg Karlstein, wo sie in der 1365 geweihten Kreuzkapelle deponiert wurden. Dort konnten sie freilich schon deshalb nicht der Reichsrepräsentation dienen, weil die in der Waldeinsamkeit gelegene Burg den individuellen Frömmigkeitsübungen des Kaisers vorbehalten war und nicht einmal die Kaiserin hier nächtigen durfte. Der Öffentlichkeit wurden die Insignien an einem eigenen, von Papst Innozenz VI. zu Ehren des Römischen Reiches bewilligten Fest »gewiesen«, und zwar auf einem Holzgerüst, das auf dem Prager Karlsplatz errichtet worden war und unter Wenzel durch einen Steinbau ersetzt wurde. Ein Pilgerabzeichen, das man bei dieser Gelegenheit erwerben konnte, zeigte u.a. den knienden Kaiser mit der Hl. Lanze. Einer Initiative Karls IV. dürfte auch der Brauch entsprungen sein, daß der Kaiser in einer der Lesungen am Weihnachtsmorgen mit dem Reichsschwert in der Hand die Worte des Evangeliums rezitierte, die das Edikt des Caesar Augustus erwähnen. Diese Szene, die den Kaiser in die Tradition des vom Christentum vereinnahmten Friedensherrschers Augustus stellte, muß auf Karl V. von Frankreich, der sie 1356 in Metz beobachten konnte, einen solchen Eindruck gemacht haben, daß er seinen Emissären, die den Oheim 1377 nach Paris geleiten sollten, die Anweisung gab, den Kaiser bis zum Weihnachtsfest in dem zum Reich gehörenden Cambrai aufzuhalten und so zu verhindern, daß dieser Akt imperialer Selbstdarstellung auf französischem Boden stattfinde. Auf Karls IV. Wenzelskult, die Stilisierung der Wenzelskrone zum Staatssymbol, ist bereits hingewiesen worden; er hat sogar eine Vita dieses Gründerheros der böhmischen Dynastie geschrieben, die er zugleich als Fürstenspiegel für seine Nachkommen konzipierte. Dem Königreich Arelat erwies er seine Reverenz, indem er den jüngeren Sohn auf den Namen des burgundischen Märtyrer-Königs Siegmund taufen ließ. Das ganze Ausmaß von Karls Herrschaftskult, seiner schon von den Zeitgenossen mit Bewunderung und Befremden registrierten Reliquiensammlung, kann hier nicht annähernd umschrieben werden. Zweifellos hat Karl damit auch gewaltigen Eindruck auf die Zeitgenossen gemacht, z.B. während des Großen Metzer Hoftags, als er mitten im Winter seinen Fürsten ein imponierendes Festmahl im Freien gab oder bei der Krönung zum burgundischen König in Arles.

Karl IV. hat die Wirkung seiner kaiserlichen Person auch mehrfach durch die bildende Kunst der Vergänglichkeit zu entheben gesucht, z.B. in der für die Öffentlichkeit nicht zugänglichen Burg Karlstein, wo er sich u.a. mit seiner dritten Gemahlin Anna von Schweidnitz und einem Reliquienkreuz porträtieren ließ, oder im thüringischen Mühlhausen, wo um 1370 auf dem Altan der Marienkirche eine lebensgroße Figurengruppe aufgestellt wurde: »Der Kaiser steht dort mit der Kaiserin und zwei Hofchargen und nimmt, indem er sich mit einer höfisch-zeremoniösen Gebärde von geradezu französischer Courtoisie über die Brüstung neigt, in effigie die Huldigung der Mühlhausener Bürger entgegen.« (Erich Bachmann) Indes scheinen Karls Bemühungen um den Kult seiner kaiserlichen Person doch nicht immer die erwünschte Wirkung erzielt zu haben. Gewiß ist vieles von dem, was er auf dem Gebiet der Herrschaftsrepräsentation geschaffen hat, durch das klägliche Versagen seines Sohnes Wenzel nachträglich desavouiert worden. Aber das kann doch schwerlich zur Erklärung dafür ausreichen, daß z.B. die Historiographen Nürnbergs, dessen Stadtbild von diesem Kaiser in eindrucksvoller Weise geprägt worden war, dem Luxemburger ein so schmähliches Andenken gewahrt haben. Daß Karl der deutschen Metropole die Ehre von Geburt und Taufe des Thronfolgers zuteil werden ließ, dankte ihm einer der Nürnberger Chronisten mit der hämischen Notiz, Wenzel habe bei der Taufe die Windeln vollgemacht; mehr als dieses böse Vorzeichen wollte er über den Staatsakt offenbar nicht mitteilen.

Man hat kürzlich gemeint, nirgends im deutschen Mittelalter habe es einen hoffnungsvolleren Ansatz für ein wirkliches tendenziell Paris oder London vergleichbares Zentrum gegeben als den Prager Hof zur Zeit Karls IV. (Peter Moraw) Zentrale Funktionen kann ein Hof in vielerlei Hinsicht ausüben: in politischer und jurisdiktioneller, in gesellschaftlicher und kultureller, in religiöser und kirchen-politischer und schließlich auch in wirtschaftlicher. Über die Jurisdiktion am Hof des römisch-deutschen Königs braucht nach den voraufgegangenen Ausführungen kein Wort mehr verloren zu werden: Das Reichshofgericht war gegenüber dem Großteil der Bevölkerung abgekapselt, und Karl IV. hat diesen Zustand hingenommen und gebilligt. Als Gradmesser für die Funktion einer Stadt als politisches Zentrum kann die Zahl der Aufenthalte von Fürsten und Herren gewertet werden. Da dies noch niemand genauer untersucht hat, müssen wir uns mit einem Überblick über die ständigen Fürstenquartiere an der Moldau begnügen: Über eigene Häuser haben in Prag nur zwei Laienfürsten aus dem mitteldeutschen Raum verfügt: Der Markgraf von Meißen (von 1348–1410) und der Herzog von Sachsen-Wittenberg (1348–1407); dazu kamen noch die Bischöfe von Minden (später Erzbischof von Magdeburg) und Meißen, die zu den vertrautesten Räten

des Kaisers zählten. Außerdem noch der bereits erwähnte Erzbischof Ludwig von Mainz, der vermutlich für seine Dienste bei der Wahl Wenzels, vor allem aber auch wegen seines schweren Schicksals ein Haus auf der Prager Kleinseite als Geschenk erhielt. Seinen Amtssitz am Rhein hat Ludwig von Meißen ja nie innegehabt, sondern seinem Rivalen Johann von Nassau überlassen müssen, so daß im Grunde von einer »Prager Residenz eines Erzbischofs von Mainz« gar nicht gesprochen werden kann. Bezeichnenderweise hat Ludwig sein Domizil an der Moldau kurz nach Karls IV. Tod verkauft. Im November 1370 hatte der Kaiser »seinem geliebten Bruder« Waldemar Atterdag ein Haus unterhalb des Hradschin geschenkt, und zwar auf Lebenszeit. Auch dies ist signifikant: Das Haus war als Unterkunft für Karls besonderen Schützling Waldemar IV. gedacht, nicht aber als ständiges Quartier für die Könige Dänemarks. Ganz anders waren zu dieser Zeit bereits die Verhältnisse in Paris, wo nicht nur die meisten Kronvasallen und die bedeutenderen Bischöfe über solche ständigen Hôtels verfügten, sondern auch viele Fürsten und Herren aus dem Grenzraum zwischen Frankreich und dem Imperium. Philipp VI. hatte 1328 seinem Schwager König Johann ein Haus geschenkt, auf das Karl aber vermutlich wegen der damit verbundenen lehnrechtlichen Verpflichtungen vor seiner Bonner Krönung verzichtet hat.
Daß die auf ihre Eigenständigkeit bedachten Fürsten es vorzogen, mit dem Kaiser an gleichsam neutralem Ort zusammenzutreffen, in Nürnberg, Frankfurt, Metz oder Aachen, entsprach den mit der Goldenen Bulle abgesegneten Verfassungsverhältnissen im Reich. Hinsichtlich der gesellschaftlich-politischen Funktion des Königshofes bedeutete es indes eine neue Gegebenheit, wenn die seit den Tagen Rudolfs von Habsburg das Bild der königlichen Umgebung prägenden Grafen und Herren aus Schwaben, Franken und vom Mittelrhein durch böhmische Edelleute und z.T. sogar durch bürgerliche Leute aus Nürnberg, Frankfurt, Mainz oder Eger merklich in den Hintergrund gedrängt wurden. Das bürgerliche, mit Geld und Handel beschäftigte Element am Hofe Karls IV. ist sogar in dessen panegyrischer Selbstdarstellung berücksichtigt worden. Karls bedeutendster Poet, der Meißner Heinrich von Mügeln, läßt in seinem allegorischen Preisgedicht »Der Meide Kranz« die zwölf Wissenschaften über ihre jeweiligen Vorzüge disputieren, ein Streit, der am Ende vom Kaiser zugunsten der Theologie entschieden wird. Aber auch die unterlegenen Disziplinen des Trivium, des Quadrivium, der Heilkunst, Alchimie und der Metaphysik haben ihre Meriten. So die Arithmetik als Hilfswissenschaft der Ökonomie. Der Fürst, der des Kaufmanns entbehrt, so heißt es, wird keinen Nutzen, sondern Schaden haben.

Darum hat die Arithmetik ihre eigene Würde und der Kaiser weiß das zu schätzen. Gewiß war kaufmännische Attitüde schon dem ersten Habsburger als Charakterzug nachgesagt worden, aber die »Rechenhaftigkeit« und das Gewinnstreben des Kaufmanns galten im Wertesystem adelig-ritterlicher Mentalität nach wie vor als Habgier und Geiz, Untugenden, die ein Herrscher vielleicht haben, aber keineswegs auch noch rühmen lassen durfte. H. Herkommer hat auf die Diskrepanz zwischen dem wissenschaftsbegeisterten Lobgedicht des Heinrich von Mügeln und einem derselben Gattung zugehörenden »Jugement dou roy de Behaigne« des Guillaume de Machaut aufmerksam gemacht. In dem französischen Gedicht tritt Karls Vater Johann als Richter auf, der über die Frage zu entscheiden hat, ob die Trauer eines von der Geliebten verlassenen Ritters oder das Leid einer Dame über den Tod des Freundes schwerer wiege; dies war eines jener Minneprobleme, deren Lösung die höfische Gesellschaft Europas seit den Tagen der Eleonore von Poitou zu delektieren pflegte. Als Ratgeber des Böhmenkönigs wirkten dabei die höfisch-ritterlichen Tugenden mit: Honneur, Courtoisie, Amour, Beauté und Largesse. Letztere, zu deutsch: die milte, figurierte im Wertesystem von Johanns Sohn Karl als zügellose Verschwendungssucht, die er dem Vater in seiner Autobiographie ohne Umschweife vorgehalten hat. Romanische Courtoisie und Chevalerie haben am Hofe Karls IV. keine Heimstatt gefunden; er hat nicht, wie er es dem Vater nachsagte, sein mühsam erarbeitetes Geld mit Rheinländern oder Hennegauern bei Trinkgelagen in der Nachfolge des Königs Artus verpraßt oder gar beim Turnier. Während Karl weder Kosten noch Mühen scheute, um dem Kult seiner Herrschaftsinsignien und Reliquien einen würdigen Rahmen zu geben, begegnete er diesem profanen Zeremoniell von Adel und Ritterschaft mit kaltem Desinteresse. Das scheint allerdings nicht von Anfang an so gewesen zu sein. Kurz nach dem Tode des Bayern hat er in Rottenburg (Neckar) unerkannt unter dem Wappen eines seiner Gefolgsleute an einem Stechen teilgenommen. Dabei wurde er von einem Ritter aus dem Sattel gehoben und mußte sein Pferd für 60 Mark zurückkaufen. Außerdem äußerten die Schwaben Bedenken dagegen, den König weiter am Turnier teilnehmen zu lassen, weil sie fürchteten, ihn in Gefahr zu bringen. Wenig später muß Karl dann einen Brief Papst Clemens' VI. erhalten haben, in dem er vor der weiteren Teilnahme an Lanzenstechen gewarnt wurde, weil dies seinem Ansehen abträglich sei. An diese Mahnung scheint sich Karl danach auch gehalten zu haben; den Turnieren ging er von nun an aus dem Wege. Als er im Frühjahr 1358 in Nürnberg zu einem Hoftag erwartet wurde, meinten einige, er werde erst nach dem auf den 14. Mai angesetzten großen Turnier erscheinen. Einige Jahre später fertigte er einen Brabanter Edelknecht, der über die Turniererfolge von Karls Bruder Wenzel am Brüsseler Hof berichtete, mit der Bemerkung ab, er selbst habe vor kurzem den Markgrafen von Brandenburg aus dem Sattel gehoben, d.h. dessen Fürstentum gekauft. Der Kaiser habe es besser gefunden, so fügte der Chronist hinzu, um Gewinn zu tjosten, nicht aber um Verlust. Gewiß waren die Turniere auch an anderen Königshöfen gelegentlich verpönt worden, weil die dabei üblicherweise eintretenden Unglücksfälle die Wehrkraft des Hochadels schädigten. Ludwig der Heilige und Philipp der Schöne hatten solche Verbote angesichts ihrer Kreuzzüge bzw. der Auseinandersetzung mit England ausgesprochen. Überdies galt die Teilnahme am Turnier nach Ansicht der Kirche als Sünde, und ein Ritter, der sich dort mit einem Gegner maß, riskierte es, im Falle eines Unglücks in ungeweihter Erde beigesetzt zu werden. Aber all das hat doch die hohe gesellschaftliche Bedeutung des ritterlichen Spiels nicht mindern können, und unter dieser Gegebenheit muß die schon fast unheroische und anticourtoise Atmosphäre, die Karl IV. um sich verbreiten ließ, den Prager Hof beträchtlich von den meisten anderen in Europa unterschieden haben. Über die Eigenart des Prager Lebens berichtet der mittelrheinische Chronist Tilmann Elhen von Wolfhagen mit dem Satz: Der selbe Carolus was wise unde wol geleret, also daz he der meister zu Prage disputacien suchte und konte sich wol darinne richten. Ganz beiläufig wird Ritterschaft einmal in einem weiteren Lobgedicht Heinrichs von Mügeln auf Karl IV. mit einer aufschlußreichen Pointe gerühmt: Ihr Ursprung gehe auf die biblischen Gestalten des Jonatas und des Judas Makkabäus zurück; deren Mut komme derjenige des Kaisers gleich. Hubert Herkommer hat dazu die ansprechende Vermutung geäußert, daß die in diesem Zusammenhang durchaus ungewöhnliche Nennung des Jonatas eine geistliche Überhöhung der heroisch-kämpferischen Musterfigur des Judas Makkabäus bedeuten sollte. Daß auch das erotische Rankenwerk der ritterlichen Existenz am Prager Hof trotz der vier Ehen des Kaisers keinen Eingang fand, versteht sich fast von selbst; dem Eros hat der Kaiser allenfalls in religiös sublimierter Form durch einen feinsinnigen Marienkult gehuldigt, dem auch Mügelns »Kranz der Jungfrau« zugerechnet werden kann.

Der Ritter, so war in einem anderen Abschnitt ausgeführt worden, galt noch immer als der Turm in den Schlachten des 14. Jahrhunderts, auch wenn es schon mehrfach den Bauern gelungen war, den entscheidenden Schlag zu führen. Der Ritter war aber nicht nur der Kämpfer par excellence, sondern auch immer noch die gesellschaftliche Leitfigur der adeligen Führungsschichten in Europa. Dies um so mehr, als der Gegensatz zwischen dem in der epischen Poesie gezeichneten Ausbund an chevaleresken Tugenden und dem realen um Sold und Beute dienenden Kriegsmann selten so gewaltig auseinanderklaffte wie in den Zeiten des Hundertjährigen Krieges. Gewiß war es nicht nur Karl IV., der auf diesem Gebiet andere Maßstäbe zu setzen versuchte, sondern z. B. auch der Sohn seiner Schwester Bonne, Karl V. von Frankreich, der bereits zu seinen Lebzeiten »Der Weise« genannt wurde. Aber schon die politischen Gegebenheiten seines Reiches haben diesen völlig unmilitärisch wirkenden Monarchen gezwungen, dem ritterlichen Dasein größere Konzessionen zu machen als ihm wohl lieb gewesen ist. Als Karl IV. 1378 in Paris weilte, ließ sein Neffe das Schauspiel von der Eroberung Jerusalems durch Gottfried von Bouillon und die fränkisch-lotharingische Ritterschaft aufführen; ein universaler Kreuzzug der Christenheit hätte für Frankreich das Ende der Bedrängnis durch die Engländer und die das Land verwüstenden Kompanien bedeutet. Dies schien nur möglich, wenn man die Ritterschaft Europas wieder der Aufgabe zuführte, für die sie einst die Sanktionierung ihrer Existenz durch die Kirche erhalten hatte.

Die andauernde Wertschätzung der ritterlichen Existenz kam auch in den zur Zeit Karls IV. einsetzenden Gründungen neuer Ritterorden zum Ausdruck. Als erster hatte Eduard III. am St. Georgstag 1348 den Hosenbandorden (Order of the Garter) gestiftet, deren Mitglieder sich gegenseitig Treue und Freundschaft in allen Gefahren schuldeten. 1351 folgte ihm König Johann II. von Frankreich mit dem Orden der Ritter »Notre Dame de la Noble Maison«, dem sog. Sternenorden; fast alle Fürsten Westeuropas, die etwas auf sich und ihre höfisch-ritterliche Umgebung hielten, haben diese beiden Beispiele nachgeahmt, bis schließlich Philipp der Gute von Burgund den Orden vom Goldenen Vlies ins Leben rief, der alle seine Vorgänger in den Schatten gestellt hat. Kritische Zeitgenossen dürften in diesen z. T. sehr exklusiven Klubs kaum mehr als luxuriöse Einrichtungen zum Zweck höfischer Kurzweil, z. B. durch die Renaissance von König Artus' Tafelrunde, gesehen haben, indes hatten ihre fürstlichen Mäzene damit doch sehr viel mehr im Sinn. Nach dem Absterben vasallitischer Bindungen bedurfte der jetzt im wesentlichen nur noch auf Soldzahlungen beruhende Konnex zwischen Herrscher und ritterschaftlichem Adel einer Wiederbelebung seiner emotionalen Komponente. Die Verwandtschaft der neuen Orden zur ligischen Vasallität läßt sich schon an den Statuten mancher von ihnen ablesen, die den Mitgliedern die Zugehörigkeit zu einer anderen Rittergesellschaft untersagten.

Karl IV. hat es nicht für sinnvoll gehalten, den Königen Frankreichs oder Englands bei der kostspieligen Gründung neuartiger Ritterorden nachzueifern. Dies dürfte dazu beigetragen haben, daß sich gegen Ende seiner Regierung in den südwestdeutschen Regionen der nichtfürstliche Adel in Analogie zu den Reichsstädten zur Gründung von Rittergesellschaften auf genossenschaftlicher Basis entschlossen hat. Karls Sohn Wenzel hat in einer politisch sehr ungünstigen Situation mit einer dieser Einungen, den bei Fürsten und Städten gleichermaßen verhaßten Schleglern Kontakt aufzunehmen versucht; jedoch mußte er die Gesellschaft schließlich auf Betreiben ihrer Gegner verbieten. Sein Bruder Siegmund gründete noch vor seiner Wahl zum römischen König 1408 den Drachenorden, der aber schon wegen der Armut seines Gründers keine allzu große Bedeutung erlangt zu haben scheint. Erst Maximilian hat dann über einen Ritterorden von strahlendem Glanz verfügen können, den Orden vom Goldenen Vlies, der ihm und dem Hause Österreich durch seine Ehe mit Maria von Burgund zugefallen war. Für die spielerische Stilisierung des ritterlichen Kampfes hat Karl IV. zumindest seit seiner Niederlage in Rottenburg kein Verständnis gezeigt. Kämpferisch betätigen konnte man sich in Krieg und Fehde, und diese waren für Karl IV. einzig und allein Mittel der Politik. Einen alten chirurgischen Lehrsatz variierend hat er dazu die Auffassung vertreten, zum Eisen solle man erst dann greifen, wenn alles andere versagt habe. Diese Sentenz erweist ihn keineswegs als einen überdurchschnittlich friedfertigen Herrscher, denn fast alle Fürsten seiner Zeit, darunter auch die erfolgreichen Feldherren des Hundertjährigen Krieges, haben nach dieser Devise gehandelt. Das Ritterheer war wegen der aufwendigen Rüstungen und der teuren Pferde, besonders aber wegen der Verpflichtung zur Lösegeldzahlung eine ungemein kostbare Truppe, die nur im äußersten Notfall einer offenen Feldschlacht ausgesetzt wurde, es sei denn, daß man auf einen hoffnungslos unterlegen erscheinenden Gegner stieß. Alle militärischen Katastrophen, die Frankreich im Verlaufe des Hundertjährigen Krieges erleiden mußte – bei Crécy, Maupertuis und Azincourt –, entsprangen jeweils einer solchen Lagebeurteilung, die sich dann jedesmal als fatale Fehlkalkulation erwies. Die beiden Schlachten von Gammelsdorf und Mühldorf, in denen Ludwig der Bayer sein Feldherrentalent unter Beweis stellen konnte, sind dem Wittelsbacher aufgezwungen worden; sie fanden auf bayerischem Territorium statt. Im Vergleich zu seinem Rivalen Ludwig wird man Karls IV. Verhalten geradezu als aggressiv einstufen müssen: zweimal ist er nach der Rhenser Wahl in wittelsbachisches Gebiet eingefallen, zuerst in Tirol, dann in Bayern, wo ihm wegen Ludwigs Tod der Sieg in den Schoß gefallen ist. Auch später hat Karl IV. noch mehrfach Feldzüge unternommen, ist dabei allerdings jedesmal offenen Schlachten aus dem Wege gegangen. Anders sein Bruder Wenzel, der sich offenbar von seinen Turniererfolgen und der zahlenmäßigen Unterlegenheit seines Gegners Wilhelm von Jülich blenden ließ und die Feldschlacht wagte, deren Ergebnis ihn in die Gefangenschaft und seine Fürstentümer an den Rand wirtschaftlichen und politischen Ruins führte.

Wenn Karl IV. auf den verschwenderischen Glanz der Ritterschaft verzichtete und damit auch darauf, Prag zum gesellschaftlichen Mittelpunkt der adeligen Führungsschicht im Reich werden zu lassen, so tat er um so mehr für die langfristig großen Nutzen versprechende Institutionalisierung der Wissenschaften. Heinrich von Mügeln und Tilmann Elhen von Wolfhagen sind nicht die einzigen Zeugen dafür, daß Gelehrsamkeit und Religion die Atmosphäre des Prager Hofes bestimmten. Bis zum Ausbruch der Kirchenspaltung nahm die Universität Karls IV. fast eine Monopolstellung für das Regnum Teutonicum ein, denn die von Karls Schwiegersohn Rudolf IV. gegründete Wiener Hochschule konnte zunächst nicht recht florieren.

In den Zusammenhang der kulturellen Ausstrahlung des Prager Hofes gehören auch Karls Bemühungen um die Sprachen, die wir in einem früheren Abschnitt bereits gestreift haben. Die Germanisten waren vor Zeiten einmal der Meinung, Karls Kanzlei habe eine entscheidende Bedeutung für die Entstehung einer neuhochdeutschen Schriftsprache gehabt. Daß Karl IV. sich auch der deutschen Sprache – und zwar auf Kosten der tschechischen – angenommen habe, glaubte der einige Jahrzehnte später schreibende Straßburger Chronist Jakob Twinger von Königshofen zu wissen: und kunde (dyrre keyser) sehs sprochen, under den hette er dütsche sproche aller liebest. dovon het er dütsche sproche vaste (sehr) gemeret: wan zu Proge und durch alles Behemlant übet men aller meist dütsche sproche, do vor nüt anders denne behemesch was. Daß die von Twinger behauptete Dominanz der deutschen Sprache in Böhmen so gewaltig gewesen und daß ihr Vordringen auf die Initiative Karls zurückzuführen sei, wird schwerlich den Tatsachen entsprochen haben, und ebensowenig kann nach der schon 1936 erschienenen Untersuchung Ludwig Erich Schmitts die These von der sprachnormierenden Wirkung der Prager Kanzleibeamten aufrechterhalten werden. Schmitt ist zu dem Ergebnis gekommen, daß in Karls Kanzlei in sprachlicher Hinsicht eine bunte Vielfalt geherrscht habe, die in der regionalen Herkunft der einzelnen Notare ihre Erklärung findet: Ein Nürnberger schrieb ganz einfach so, wie er es zu Hause gelernt hatte, ein Notar vom Mittelrhein orientierte sich vielleicht an den Gewohnheiten der kurtrierischen Kanzlei.

Der starke mitteldeutsche Kern des Kanzleipersonals hat dann den irrigen Eindruck erweckt, daß bereits Karls Kanzlei den über das Mitteldeutsche führenden Weg zur neuhochdeutschen Schriftsprache gewiesen habe.

Daß die Kaufleute und ihre Geschäfte selbst in einem Preisgedicht auf den Kaiser Berücksichtigung gefunden haben, kam gewiß nicht von ungefähr, denn Karls IV. großes Interesse für Handel und Gewerbe hat auch bei dem Prager Hof fernstehenden Chronisten gelegentlich beträchtliches Aufsehen erregt. Maßnahmen zur Förderung von Handel und Gewerbe hatten schon im früheren Mittelalter zu den normalen Obliegenheiten der Herrscher gehört. Durch die Erteilung von Zoll-, Markt- und Münzprivilegien, durch die Instandhaltung der Straßen, ganz allgemein durch die Sicherung des Landfriedens haben die Könige und Fürsten die Wirtschaftskräfte ihres Herrschaftsbereichs zu stärken oder in neue Bahnen zu lenken gesucht. Etwas Neues war es freilich, als die Anekdotenerzähler dem ersten Habsburger ganz unbefangen kaufmännisches Talent und Gehabe nachsagten. Karl IV. hat dann auf dem Gebiet der Wirtschaftspolitik alle seine Vorgänger in den Schatten gestellt. Sein aufsehenerregendstes Projekt war eine neue Handelsroute zwischen Venedig und Brügge. Zwar gab es seit dem Beginn des Jahrhunderts einen regelmäßigen Schiffsverkehr zwischen den italienischen Mittelmeerhäfen und Flandern, jedoch galt der Seeweg wegen der Biskayastürme, der christlichen und der muslimischen Kaperschiffe als so risikoreich, daß der Landweg trotz der Alpenpässe und der zahllosen Zollstationen keineswegs an Bedeutung verloren hatte, zumal ein Teil der venezianischen Waren – Gewürze, Glas usw. – für den Schiffstransport nicht besonders geeignet war. Die Venezianer, die ja, anders als z. B. die Mailänder, keine Reichsangehörigen waren, durften seit dem Beginn des 14. Jahrhunderts auf zwei Routen, über Basel und Nürnberg, ihre Waren gen Norden transportieren. Da sich der Verkehr auf diesen Wegen gelegentlich aus politischen Gründen als problematisch erwiesen hatte, stieß das vom 10. II. 1365 datierte Angebot des Kaisers, eine neue Route über Prag, die Elbe, Hamburg und das Meer bis Brügge zu eröffnen, in Venedig auf reges Interesse, zumal die Serenissima damals gegenüber der Rivalin Genua ins Hintertreffen zu geraten drohte. Karl hat die Verwirklichung des Projekts mit der ihm mitunter eigenen Umsicht und Energie in die Wege geleitet: Die Stadt Hamburg erhielt bereits im Januar 1365 Privilegien zur Errichtung einer Messe und eines dauernden Jahrmarktes; sogar eine Handelsflotte wurde gebaut, um den Transport der venezianischen Waren auf der Elbe zu ermöglichen. Die Magdeburger fürchteten um ihr Stapelrecht und werteten den Flottenbau

als Indiz für Angriffsabsichten des Kaisers auf ihre Stadt und das gesamte Sachsenland. Ihre Verteidigungsmaßnahmen erwiesen sich jedoch als überflüssig: »Dar wart doch nicht ut«, vermerkt die Schöppenchronik nicht ohne Ironie über das Schicksal des Projekts. Vermutlich ist dieses aber weniger am Widerstand einiger davon betroffener Territorialherren und Städte gescheitert als am Einlenken von Basel und Nürnberg gegenüber den Venezianern.
Neuere Forschungen W. v. Stromers haben indes wahrscheinlich gemacht, daß die wirtschaftlichen Aktivitäten des Kaisers doch nachhaltigere Konsequenzen gezeitigt haben, als man bisher angenommen hatte. Im Zusammenspiel mit Karls zielbewußter Gewerbepolitik hätten oberdeutsche, böhmische und schlesische Venedigfirmen in zahlreichen Städten und Märkten Schwabens, Bayerns, Österreichs, Böhmens, Oberungarns und am Rhein die Barchentweberei eingeführt, und zwar zwischen 1363 und 1383; außerdem habe man damals bereits damit begonnen, massenweise einheitliche Qualitätsstoffe für den Export auf die großen Märkte der Zeit zu produzieren. Bisher hatte man vermutet, daß die Herstellung des Barchents, eines Gewebes aus Leinenkette und Baumwollschuß, bereits früher eingesetzt, sich aber nur sehr allmählich weiterentwickelt habe. Sollten die Forschungen v. Stromers bestätigt werden, dann wäre die Barchentweberei systematisch und verhältnismäßig rasch verbreitet worden. Allerdings wäre dies keineswegs allein das Werk des Kaisers und seiner oberdeutschen und böhmischen Kaufleute gewesen, denn daß die neuartigen Textilien auch in verschiedenen habsburgischen und wittelsbachischen Städten hergestellt wurden, führt v. Stromer auf Karls Rivalen zurück: sechs der fraglichen Landesherren waren mit Töchtern des Barnabó Visconti verheiratet, die »sozusagen als Mitgift das Know how der Barchentweberei aus der Lombardei« mitgebracht hätten.
Zur gleichen Zeit, da Karl IV. sein venezianisches Verkehrsprojekt durchzusetzen versuchte, etablierte sich im Norden des Reiches die von Lübeck geführte Hanse als politische Großmacht des Ostseeraums. Zwar waren die Hansekaufleute von Anfang an immer darum bemüht gewesen, sich aus den nationalen und internationalen Konflikten der Länder und Städte herauszuhalten, in denen sie ihren Geschäften nachgingen. Aber schon der Umfang des hansischen Handels im Nord- und Ostseeraum, zwischen Brügge und Nowgorod, Bergen und London, ließ die rechtlich nur unscharf definierte Organisation geradezu zwangsläufig zu einem politischen Faktor ersten Ranges werden. Einen merklichen Einschnitt in die Entwicklung der Hanse bedeutete der durch die Kaperung eines Greifswalder Schiffes vor der flandrischen Küste ausgelöste

Konflikt mit England und Flandern. Der alsbald gefaßte englische Seeräuber wurde auf Betreiben der Hansevertreter in Brügge hingerichtet. Das führte zu Repressalien von seiten Eduards III. Die auf Initiative des Lübecker Stadtregiments zusammengerufenen Vertreter zahlreicher Städte beschlossen dann auf dem ersten großen Hansetag 1356, die allzu eigenmächtig agierende Leitung des Brügger Kontors einer strengeren Kontrolle zu unterwerfen. Mit diesem Hansetag war im Grunde – ohne daß es freilich urkundlich festgestellt worden wäre – aus der locker gefügten Einung der Hansekaufleute die Städtehanse geworden, deren Politik maßgeblich von Lübeck bestimmt wurde. Dies zeigte sich schon bei der Fortsetzung des Konflikts mit Brügge. Die in dieser Stadt tätigen Kaufleute drängten nach der Erhebung neuer Gebühren und der Ausdehnung des Brügger Stapelrechtes auf Salz und Getreide auf eine Verlegung des Kontors in eine andere Stadt. Die Lübecker setzten dann auf einem weiteren Hansetag, dem u.a. die westfälischen Städte ferngeblieben waren, eine Handelsblockade gegen die gesamte Grafschaft Flandern durch. Nach zwei Jahren lenkte Brügge ein und konzedierte die Bestätigung der alten Privilegien, die nunmehr auch von den beiden anderen Hauptstädten Flanderns, Ypern und Gent, sowie vom Grafen Ludwig gesiegelt wurden. Dem Sieg im flandrischen Wirtschaftskrieg folgte unmittelbar der offene Konflikt mit dem König von Dänemark, Waldemar IV. Atterdag, dessen Expansionspolitik die Verkehrswege Lübecks und der anderen Ostseestädte bedrohte. Eine Handelsblockade blieb erfolglos, obwohl die wendischen und pommerschen Städte Bündnisse mit den Königen Schwedens und Norwegens, mit dem Deutschen Orden und einigen anderen Fürsten der Region abgeschlossen hatten. Ein direkter Angriff von 52 Schiffen auf Kopenhagen endete mit einer schweren Niederlage, die dem Lübecker Bürgermeister Johann Wittenborg den Kopf kostete. Mit Waldemar mußte man einen Waffenstillstandsvertrag schließen und Friedensverhandlungen aufnehmen, die jedoch nicht zum Ziele führten. Beide Seiten bereiteten sich auf einen neuen Waffengang vor. Waldemar Atterdag reiste zu diesem Zweck an den Hof des Kaisers nach Prag. Am 5. I. 1364 bestätigte ihm Karl IV. zwei Privilegien aus dem Jahre 1350, von denen das eine dem Dänenkönig den besonderen Schutz des damaligen römischen Königs versprochen und das andere ihm die Reichssteuer von Lübeck überwiesen hatte. Diese Steuer war von 1359 bis 1363 dem Sachsen-Wittenberger Herzog zugeflossen und diesem noch am 18. III. 1363 urkundlich bestätigt worden. Nach einigem Zögern haben die Lübecker die Steuer dann tatsächlich an ihren Gegner gezahlt, und zwar bis 1367. Vom 12. III. 1368 datiert ein Schreiben, in dem die Lübecker dem Kaiser mitteilten, daß sie sich mit dem König von Schweden, dem Herzog von Mecklenburg sowie mit den Städten Preußens, Seelands, Hollands und der Zuidersee gegen Waldemar verbündet hätten; der Dänenkönig wolle, obwohl er die Reichssteuer beziehe, ihre Stadt verderben. Vorausgegangen war ein großer Hansetag in Köln, auf dem die Städte die sog. Kölner Konföderation gründeten, die als einzige rechtliche Klammer des Hansebundes bis 1385 Bestand gehabt hat. Das Kriegsziel des »verbundes«, die Wiederherstellung des alten durch Handels- und Steuerprivilegien gesicherten Zustandes im dänischen Herrschaftsbereich, war bereits im November 1369 mit der Festlegung der Friedensbedingungen zwischen der Hanse und dem dänischen Reichsrat erreicht; am 24. V. 1370 wurde in Stralsund der Friede geschlossen, der den Hansestädten zur Sicherheit für ihre Freiheiten die vier Sundfestungen Hälsingborg, Malmö, Skanör und Falsterbo für 15 Jahre einräumte und ihnen für den Fall von Waldemars Tod ein Mitspracherecht bei der Wahl des Nachfolgers konzedierte. Der Kaiser hatte schon im November '69 seine Konsequenzen aus der dänischen Niederlage gezogen, indem er die Lübecker Reichssteuer wieder dem Sachsenherzog Rudolf überwies. Ein Jahr später hat er »seinen lieben Bruder« Waldemar, der damals in Prag weilte, für seine Niederlage zu entschädigen versucht: Er schenkte ihm auf Lebenszeit ein Haus unterhalb des Hradschin und gewährte ihm einen Anteil am Prager Zoll. Es kann hier vorweggenommen werden, daß der Kaiser, nachdem er 1373 die Mark Brandenburg in seinen Besitz gebracht hatte, der politischen und wirtschaftlichen Metropole des Hansebundes in aufsehenerregender Weise den Hof gemacht hat: Am 23. III. 1374 erklärte er das von den Bewohnern der Küstenländer beanspruchte Strandrecht für ungesetzlich und erlaubte den Lübeckern, gegen jedermann vorzugehen, der sich des Strandguts bemächtige und dem Eigentümer vorzuenthalten suche. Die Bürgermeister der Stadt ernannte er zu Reichsvikaren mit umfassenden gerichtlichen Vollmachten gegen alle Räuber zu Wasser und zu Lande. Im Herbst 1375, als Waldemar Atterdag im Sterben lag und die Nachfolgefrage akut wurde, stattete Karl IV. als einziger Kaiser des alten Reiches dem Venedig des Nordens einen offiziellen, mit großen Feierlichkeiten verbundenen Besuch ab und ehrte die Mitglieder des Rates, die eigentlich seine Untertanen waren, indem er sie als »Herren« ansprach. Diese Reverenz hinderte die Lübecker und ihren großen Bürgermeister Jakob Pleskow aber nicht daran, in der Frage der dänischen Thronfolge den kaiserlichen Wünschen entgegenzuwirken. Unmittelbar nach Karls Abreise verbreitete sich die Nachricht vom Tode Waldemars. Der Kaiser wandte sich an den dänischen Reichsrat und forderte ihn auf, den Sohn von

Waldemars älteren, mit einem Mecklenburger Herzog verheirateten Tochter zu wählen. Die Dänen waren dazu aber nicht bereit und entschieden sich für Olaf, den Sohn der jüngeren Tochter Margarete und König Håkons VI. von Norwegen. Lübeck hat diese Wahl nachträglich gebilligt, da die Stadt keinen Dänenkönig wollte, der zugleich als norddeutscher Landesherr einige der Lübecker Landverbindungen kontrollierte. An dieser Einschätzung der Lage hat auch ein Schreiben Karls nichts geändert, in dem der Kaiser die Lübecker beschwor, seinem Kandidaten nicht entgegenzuarbeiten und den norwegischen nicht zu unterstützen (16. I. 1376). Am Ende war Karls Versuch, die ihm fremde Sphäre von politischer und ökonomischer Macht im Norden des Reiches auch nur zu beeinflussen, ebenso gescheitert wie sein Projekt einer neuen Handelsroute zwischen Mittelmeer und Nordsee.

Fassen wir noch einmal alles zusammen, dann hat der Prager Hof zur Zeit Karls IV. lediglich in einigen Bereichen und dann auch nur in eingeschränktem Maße die Funktion einer Zentrale des Reiches auszuüben vermocht. Der größte Erfolg dürfte wohl mit Gründung und Förderung der Prager Universität erzielt worden sein; die über Prag verlaufende große Handelsroute vom Mittelmeer zur Nordsee hat sich nicht verwirklichen lassen, gleichwohl wird man die Anziehungskraft der in einem enormen Ausbau befindlichen böhmischen Landeshauptstadt auf die Kaufleute Süddeutschlands schwerlich überschätzen können. Für die Ausweitung der zentralen Gerichtsbarkeit eines römischen Königs oder Kaisers gab es indes keine Möglichkeit. Ein für die fürstlichen und adeligen Führungsschichten des Reiches auch nur halbwegs attraktives gesellschaftliches Zentrum ist die Stadt an der Moldau nicht geworden, obwohl sie damals zum Rang einer europäischen Großstadt mit etwa 40000 Einwohnern aufrückte. Mit einem Wort: Die reale Verfassung des Reiches war nicht dazu angetan, eine der französischen oder der englischen Hauptstadt adäquate Zentrale sich entfalten zu lassen, und Karl IV. selbst hat mit seiner gewiß weisen, aber wohl nicht klugen Abneigung gegen die Mentalität des ritterschaftlichen Adels dazu beigetragen, daß die Grafen und Herren aus den bislang königsnahen Regionen den Hof des Kaisers zu meiden begannen. Daß er am Ende seiner Regierung auch noch das Bürgertum der meisten Reichsstädte verprellte, wird noch zu zeigen sein.

Statt von einer Hauptstadt wurde das politische, gesellschaftliche und kulturelle Leben in Deutschland von den großen Reichsstädten und von den vielen landesherrlichen Residenzen geprägt, die sich jetzt sehr allmählich zu entwickeln begannen, z.T. übrigens in Nachahmung der böhmischen Zentrale Prag. Denn wenn Herzog

Rudolf IV. von Österreich sich um die Errichtung eines Bistums Wien bemühte und die Stephanskirche sogar schon als Dom bezeichnete, wenn er 1365 eine Universität ins Leben zu rufen versuchte, so tat er das als Konkurrent seines Schwiegervaters im benachbarten Prag. Nach dem Verlust des ländlichen Reichsgutes und dem Verzicht auf die Regalien sowie auf die Weiterentwicklung einer obersten Gerichtsbarkeit am Hof hatte das Königtum im Grunde auch gar keinen Bedarf für die Ausweitung seiner rudimentären Verwaltungs- und Gerichtsbehörden. Als Karls Nachfolger und Sohn Wenzel ein neuartiges System der Judenbesteuerung, die sog. Judenschuldentilgung erfand, bediente er sich zu ihrer Durchführung der Geschäftserfahrung Nürnberger Kaufleute. Die Landesherren konnten demgegenüber für die Nutzung der Regalien, die Einziehung von altgewohnten Abgaben und neuen, aber immer noch als außerordentlich deklarierten Steuern allmählich eine zentrale und lokale Verwaltung aufbauen, welche die schon im früheren Mittelalter angelegte föderalistische Struktur der Reichsverfassung in einer bis heute nachwirkenden Weise verfestigt hat. Die Ausbildung des sog. »institutionellen Flächenstaates« auf landesherrlicher, nicht also auf monarchischer Ebene ist zu Recht als das bedeutsamste Ereignis der gesamten deutschen Verfassungsgeschichte bezeichnet worden. Die ganze Vielfalt der für diesen Vorgang maßgeblichen Erscheinungen auch nur anzudeuten, übersteigt die Möglichkeiten einer allgemeinen Darstellung dieser Zeit. Insbesondere auf dem Gebiet der Gerichtsbarkeit, die als allgemeinste Basis für die Durchsetzung der Landeshoheit angesehen werden muß, hat es bis zum Ende des Ancien Régime einen fast unbegreiflichen Wirrwarr unterschiedlichster Kompetenzansprüche gegeben. Der generellen Tendenz, die gesamte Gerichtsbarkeit einschließlich der aus ihr abzuleitenden Zwangsgewalt in einer Hand zu vereinen, standen zumeist die Ansprüche des landsässigen Adels zumindest auf die Niedergerichtsbarkeit unterhalb der Blutjustiz entgegen. Da das Reichshofgericht als Appellationsinstanz für Untertanen und Vasallen der Kurfürsten, praktisch aber auch für die aller anderen Fürsten nicht mehr in Frage kam, hätte es eigentlich nahegelegen, als Ersatz die fürstlichen Hofgerichte auszubauen. Das war aber zunächst keineswegs die Regel; vielmehr wandten sich die Kläger nicht selten an renommierte Gerichte der Nachbarschaft, z.B. an bestimmte Oberhöfe in Reichsstädten. Außerdem erstand in den Freistühlen Westfalens eine neue beachtliche Gerichtsbarkeit reichsrechtlichen Ursprungs, die sich – bei Rechtsverweigerung – über die abschließende Tendenz landesherrlicher Jurisdiktion hinwegsetzte. Die unter Königsbann richtenden Freigrafen Westfalens zitierten ungeachtet der fürstlichen Landeshoheit Untertanen und Vasallen vieler Landesherren, aber auch Bürger von Reichsstädten vor ihre Stühle und ließen diese auch als Kläger zu; im Verlauf der Reichsreformbestrebungen des 15. Jahrhunderts haben die Fürsten dann versucht, diese Kompetenzansprüche einzudämmen, worauf wir im Kapitel über Siegmund zurückkommen werden.

Diese und andere Beeinträchtigungen durch bereits bestehende oder auch in überraschender Weise neubelebte Rechtsansprüche haben die Ausbildung einer einheitlichen und gleichförmigen Landeshoheit zu einem langwierigen, z.T. am Ende des Alten Reiches noch nicht ganz abgeschlossenen Prozeß werden lassen; gleichwohl wird man die Zeit Karls IV. als die Epoche bezeichnen können, in der sich die Entwicklung beträchtlich beschleunigt hat und manches Phänomen offener als bisher zutage getreten ist. Für die niederrheinischen Territorien Kleve, Berg, Geldern, Jülich und Kurköln hat man festgestellt, daß die frühesten Zeugnisse für die Aufteilung dieser Länder in Ämter, d.h. in prinzipiell homogene Verwaltungsbezirke, aus der Zeit von 1345 bis 1363 stammen. Der Titel des Amtmannes beginnt die Vielfalt der herrschaftlichen Funktionsträger zu umgreifen. Darüber hinaus bürgert sich der allgemeine Begriff des Untertanen auch für die adeligen Vasallen eines Landesherrn ein. Einer der bedeutendsten Jülicher Adeligen wird 1355 als des Markgrafen Wilhelm »underseisse« bezeichnet, »dartzu (also erst in zweiter Linie) als sin rait, ritter, erfdrossite sins huys, man ind burchman«. Der Betonung eines tendenziell gleichförmigen Herrschaftsanspruchs korrespondiert auf der anderen Seite die Verselbständigung des »Landes« gegenüber der Person des Fürsten. Für die erwähnten niederrheinischen Territorien begegnet dieses Phänomen ebenfalls in dem genannten Zeitraum, in dem auch die Goldene Bulle ausgestellt wurde.

Damals beginnt sich die Entwicklung abzuzeichnen, die zunächst aus dem weiteren Rat des Landesherren den adeligen oder ritterlichen ordo der landständischen Versammlungen werden läßt, während sich im engeren Rat die »Heimlichen« (secretarii), Amtsleute und sonstige »Diener« um den Fürsten scharen. Eine vorbildliche Wirkung bei der Ausgestaltung der unbeschreiblich vielgestaltigen landständischen Verfassungen haben zweifellos die Domkapitel ausgeübt, denen seit dem Beginn des 13. Jahrhunderts endgültig das exklusive Recht der Bischofswahl und der Verwaltung des Stifts bei Sedisvakanz zugesprochen worden war. In Augsburg, Bamberg und Passau haben die Kapitel sogar das Monopol landständischer Vertretung wahren können; in anderen geistlichen Fürstentümern traten der Stiftsadel und die Städte als zweiter und dritter Stand hinzu. Zwar kann man diese Dreierkonstellation – Geistlichkeit,

Adel, Stadtbürgertum – als den Regelfall auch für nicht-geistliche Territorien bezeichnen, allerdings mit der Einschränkung, daß die Zahl der Ausnahmen die der Normalfälle vermutlich noch übertroffen hat. Im Hinblick auf den Abschnitt über das Lehnswesen verdient hervorgehoben zu werden, daß die zum größten Teil der Reichsministerialität entstammenden Angehörigen des ritterschaftlichen Adels in Südwestdeutschland, die durchweg zu einer eigenen Territorialbildung nicht imstande waren, sich im Verlauf des 15. Jahrhunderts der Einbeziehung in die Landstandschaft entzogen haben, um ihre Reichsfreiheit und damit den Zugang zu den Reichstagen zu wahren. Zugehörigkeit zu den Landständen bedeutete zwar in fast allen Fällen die Unterstellung unter die Herrschaft eines Landesherrn, aber auch in dieser Hinsicht gibt es Ausnahmen: In Kurköln beteiligten sich eigenständige Landesherren an einer Grafen- und Herrenkurie, um ihre aus Streubesitz innerhalb der erzbischöflichen Machtsphäre resultierenden Interessen zu wahren. Soziale und rechtliche Unterschiede bewirkten im Süden Deutschlands gelegentlich die Teilung des Adels in zwei Kurien. In Kurtrier zählte das Domkapitel nicht zu den Ständen, sondern teilte sich mit dem Erzbischof die Stellung der Herrschaft. Von den Städten eines Landes gelangten bei weitem nicht alle in die bürgerliche Kurie, sondern nur die »Hauptstädte«, die zumeist aufgrund ihrer wirtschaftlichen und administrativen Bedeutung in den Genuß dieser bevorzugten Stellung kamen. Freie Bauern waren nur in wenigen Regionen auf den landesständischen Tagen vertreten, z. B. in Dithmarschen, im Stift Kempten oder in Tirol.
Eine mehr oder weniger verbindliche Festlegung der Zugehörigkeit zu den einzelnen Ständen, deren Kompetenzen sowie der Verhandlungs- und Beschlußmodalitäten ist in der Regel erst nach jahrzehntelangen Auseinandersetzungen zustande gekommen und war auch danach nicht selten einschneidenden Änderungen unterworfen. Von einer halbwegs vollendeten Ständeverfassung kann zur Zeit Karls IV. allenfalls im Hinblick auf die niederländischen Territorien oder auf Böhmen gesprochen werden. Wie souverän eine starke Herrscherpersönlichkeit mit den Ständen umspringen konnte, demonstrierte Karl IV., als er nach dem Scheitern der Maiestas Carolina keine weiteren Generallandtage mehr einberief. Erst 1419 hat die undurchsichtige Lage Böhmens nach dem Tode Wenzels wieder zu einer allgemeinen Versammlung der böhmischen Stände Anlaß gegeben, die dann für die nächsten Jahre die Herrschaft im Lande auszuüben versuchte. Die Durchsetzung der auf dem Dualismus von Fürst und Land basierenden landständischen Verfassung gelang den Ständen oft in Zeiten der Bedrängnis, z. B. während der Regentschaftsregierung für einen noch minderjährigen

Fürsten oder bei Gelegenheit eines Erbstreites unter den Angehörigen der landesherrlichen Familie. In einer solchen Situation gewährte 1356 die von ihrem Schwager, dem Grafen von Flandern, bedrängte Herzogin Johanna von Brabant zusammen mit ihrem Gemahl und mainbour Wenzel die Joyeuse Entrée, eines der für die Ziele landständischer Politik aufschlußreichsten Privilegien, das in 34 einzelnen Punkten die Verpflichtungen des Fürstenpaares gegenüber dem Lande Brabant festlegte. Einige davon entsprachen durchaus auch den Interessen der Herzogin, z.B. das Gebot, die Lande ungeteilt zu lassen, nichts zu verpfänden oder sonstwie zu veräußern. Das war eine Bestimmung, die unter Umständen auch den Ständen die Pflicht auferlegt hätte, für ihre Einhaltung finanzielle Opfer zu bringen. Andere Punkte wiederum verstießen ziemlich eindeutig gegen die gewohnte Freiheit fürstlicher Herrschaftsausübung: So durften Johanna und Wenzel keine Bündnisse ohne die Zustimmung der Städte und des gemeinen Landes (d.h. im wesentlichen des Adels) abschließen. Als prinzipielle Ziele landständischer Politik können bezeichnet werden: Eine umfassende Kontrolle der fürstlichen Amtsleute und Richter, die zur Rechenschaftslegung verpflichtet werden sollten, Verbot, landfremde Amtsleute einzusetzen, Erhebung von Steuern nur in bestimmten Fällen und nach Zustimmung der Stände. Das Urteil über die Wirksamkeit landständischer Politik wird sich schwerlich allein auf Dokumente von der Art der Joyeuse Entrée stützen können, denn ob die dort festgelegten Verpflichtungen auch eingehalten wurden, hing wesentlich von der weiteren Entwicklung der realen Machtverhältnisse ab. Aufs Ganze gesehen, haben die Stände in der etwa zur Zeit Karls IV. einsetzenden ersten Phase ihrer organisierten Entfaltung zur Konsistenz der einzelnen Länder beigetragen und so die fürstlichen Bestrebungen unterstützt, die Einwirkungsmöglichkeiten der Reichsspitze auf die innere Entwicklung ihrer Territorien auf ein Minimum zu reduzieren.

Nach diesem Exkurs über die allgemeine Verassungsentwicklung des römisch-deutschen Reiches zu der Zeit, als Kaiser Karl IV. die Goldene Bulle publizierte, kehren wir zu dem dritten großen Thema jener Jahre zurück: Zur Frankreichpolitik des Kaisers.

Drei Tage, nachdem der Kaiser den zweiten Teil der Goldenen Bulle in Anwesenheit des Kardinals Talleyrand von Périgord und des französischen Thronfolgers, des Dauphins von Vienne, zu Metz verkündet hatte, bestätigte er am 28. XII. 1356 den ihm von König Johann II. vorgeschlagenen Vertrag mit Frankreich. Sein eigener Vertragsentwurf, den er mit Datum vom 26. VIII. 1355 nach Paris geschickt hatte, war dort nicht akzeptiert worden, obwohl der Kaiser sich zugleich bereit erklärt hatte, in dem englisch-französischen Konflikt, der erneut auf einen Krieg zusteuerte, zu vermitteln. Gerade zu der Zeit, als Karls Boten in Paris eintrafen, war dort ein Komplott gegen den König aufgedeckt worden, in das auch der Thronfolger, der Sohn von Karls unter dubiosen Umständen ums Leben gekommenen Schwester Bonne, verwickelt war. Erst mehrere Monate später wurde der Dauphin, zugleich Herzog der Normandie, zusammen mit mehreren Komplicen in aller Öffentlichkeit begnadigt. Am selben Tag, dem 6. II. 1356, lehnte Johann Karls Vertragsangebot mit höflichen Worten ab. Der Grund dafür lag wohl weniger in der Tatsache begründet, daß der Thronfolger zu seinem Oheim nach Prag hatte fliehen wollen, sondern in einer Reihe von Einzelbestimmungen des Prager Entwurfs, die nach Meinung König Johanns die Rechte Dritter berührten. Gemeint waren damit der Dauphin, von dem der Kaiser die Lehnshuldigung forderte, sowie der Herzog von Burgund, der für die vom Reich lehnsrührige Pfalzgrafschaft Burgund huldigen sollte. Im Mai präsentierte Johann dann einen eigenen Vertragsentwurf, der sehr allgemein gehalten war, die Lehnsverpflichtungen der beiden Fürsten ebensowenig erwähnte wie die Expansionsversuche Frankreichs im Gebiet von Verdun und Cambrai, von denen Johann zunächst öffentlich abrücken sollte. Dann aber veränderte sich die Lage des französischen Königtums in dramatischer Weise: Am 19. IX. wurde König Johanns Heer bei Poitiers/Maupertuis vernichtend geschlagen, der König geriet in Gefangenschaft. Der Dauphin Karl reiste als Statthalter seines Vaters nach Metz, um den kaiserlichen Oheim um Hilfe zu bitten.

Karl IV. hatte den Großen Metzer Hoftag von einem aus Frankreich geflohenen hohen Kronbeamten, dem Bailli von Chaumont Geoffroy von Nancy vorbereiten lassen, der, bevor er sich die Ungnade Johanns II. zugezogen hatte, für die Wahrung der Interessen Frankreichs in dieser Grenzregion zuständig gewesen war.

Die Beschäftigung eines von der französischen Justiz verfolgten Mannes blieb nicht der einzige Affront für die Krone Frankreichs. Zunächst regelte der Kaiser eine ganze Reihe von lothringischen Angelegenheiten einseitig in seinem Sinne, legitimierte z.B. die Vormundschaftsregierung der Gräfin Yolande von Bar, die nur wenige Monate zuvor noch in einem Pariser Staatsgefängnis gesessen hatte. Dann erklärte er in feierlicher Form alle Schirmverträge in Lothringen, auch die der Könige Frankreichs, für nichtig. Dann ließ er sich nach dem großen Festmahl am Weihnachtstag vom französischen Thronfolger für die Dauphiné huldigen, und erst als dann auch die Huldigung für die Grafschaft Burgund erfolgt war, akzeptierte er den von König Johann entworfenen Vertrag.

Die Umstände, unter denen die Verständigung mit Frankreich

zustande gekommen war, lassen keinen Zweifel daran, daß Karl IV. aus Prestigegründen einen Sieg über König Johann erzielen wollte, mit dem er das Freundschaftsbündnis von 1347 hatte schließen müssen, während ihm König Philipp damals die kalte Schulter gezeigt hatte. Die weitere Entwicklung läßt deutlich erkennen, daß die erstaunlich energisch und umsichtig betriebene Lothringenpolitik des Luxemburgers nur Mittel zu diesem Zweck gewesen war, denn nach 1357 überließ er das Land ohne erkennbaren Widerstand dem sich allmählich erholenden Einfluß Frankreichs. Während auf dem Metzer Hoftag Boten der von Frankreich lehnsrührigen Prévôté Gondrecourt den Kaiser mit Erfolg um Unterstützung gegen den außer Kontrolle geratenen Bailli von Chaumont gebeten hatten, agierten seit den sechziger Jahren wieder die Beamten des Königs von Frankreich als Vermittler und Friedensstifter, ohne auf die Konkurrenz des fernen Kaisers zu treffen.
Nur in einem Fall hat Karl IV. noch einmal die Rechte des Reiches in nachhaltiger Weise gegen die Ausdehnung der französischen Einfluß- und Machtsphäre zur Geltung gebracht. Gemeint ist nicht die gewiß aufsehenerregende Krönung des Kaisers mit der burgundischen Krone am 4. VI. 1365 in der Kathedrale von Arles, sondern die vier Jahre vorher am 15. V. 1361 erfolgte Exemtion der Grafschaft Savoyen mit ihren Alpenpässen aus dem Reich Arelat und ihre Inkorporation in das Römische Reich. Dies dürfte manchem Zeitgenossen schon als Zeichen der endgültigen Preisgabe des Arelats erschienen sein, die dann faktisch während Karls Reise nach Paris im Winter 1377/78 erfolgen sollte.
Die beiden ersten Ehen Karls IV. mit Blanche von Valois (1323) und Anna von der Pfalz (1349) kennzeichnen noch die auf den Westen gerichtete Politik seiner frühen Jahre; die beiden anderen mit Anna von Schweidnitz (1353) und Elisabeth von Pommern (1363) stehen bereits eindeutig im Zeichen der böhmischen Hausmachtinteressen im Osten des Reiches. Die beiden bedeutendsten Fürsten am Ostrand der böhmischen Machtsphäre, Kasimir III. von Polen und Ludwig I. von Ungarn, hatten die Chancen, die ihnen der Thronstreit zwischen Karl und Ludwig dem Bayern eröffnet hatte, fast ungenutzt verstreichen lassen. Mit König Kasimir hat Karl nach dem Tode des Kaisers im schlesischen Namslau am 22. XI. 1348 einen Vertrag geschlossen, den dieser als Belohnung für seine Zurückhaltung betrachten durfte. Zwar hat er den 1335 erreichten Status quo, d. h. die Zugehörigkeit der schlesischen Fürstentümer zur Krone Böhmens bestätigt, aber Karl war bereit, dem polnischen König in dessen Auseinandersetzung mit dem Deutschen Orden Unterstützung zu gewähren. Kasimir hatte zwar

mit dem Deutschen Orden am 8. VII. 1343 in Kalisch einen Frieden geschlossen, der dem Orden die Herausgabe der in den voraufgegangenen Jahren eroberten Gebiete Polens auferlegte, nicht jedoch die Preisgabe des 1309 okkupierten Pommerellen mit der Stadt Danzig. Entgegen den Bestimmungen dieses Vertrages führte Kasimir aber auch weiterhin den Titel eines Herrn und Erben von Pommerellen, und er scheint gehofft zu haben, durch sein Bündnis mit dem neuen römischen König nun doch noch ans Ziel gelangen zu können. Dazu ist es aber nicht gekommen. Daß Kasimir darauf verzichtet hat, Karls Hilfe gegen den Orden in Anspruch zu nehmen, wird man einerseits gewiß seinem zu Ausgleich und Kompromiß neigenden Charakter zuschreiben können, zum anderen sollte aber nicht außer acht gelassen werden, daß Polen sich damals in die Lage versetzt sah, im Osten Kompensation für die im Norden und Westen erlittenen territorialen Verluste zu suchen. So gelang es Kasimir in Konkurrenz zu den noch immer weithin heidnischen Litauern und mit Unterstützung durch Ludwig von Ungarn, die Fürstentümer Halić und Wladimir (Rotreußen) zu erwerben, so daß er schon 1349 den Titel eines dominus Russiae führen konnte. Die polnische Expansion in den Osten vollzog sich vor dem Hintergrund der allmählich zerfallenden Tatarenherrschaft über die russischen Fürstentümer. Der Niedergang der Goldenen Horde setzte etwa mit dem Tode des Chans Özbeg (1341) ein und beschleunigte sich nach 1357, als unter verschiedenen Tatarensippen schwere Kämpfe um die Nachfolge des Chans Gambek ausbrachen. Nicht nur der Polenkönig versuchte, in das Machtvakuum vorzustoßen, in noch sehr viel stärkerem Maße begannen die Litauer, russische Fürsten und Herren, die sich der Tributpflicht gegenüber den Tataren zu entziehen trachteten, unter ihre Schutzherrschaft zu nehmen. Teilweise wurden sogar Litauer als neue Herren über die ostslawisch-orthodoxe Bevölkerung eingesetzt. Seit 1345 haben die beiden Brüder Kestutis und Algi ein litauisches Imperium aufzubauen begonnen, wobei der erste den durch nur im Winter halbwegs passierbare Sümpfe leicht zu verteidigenden Grenzraum im Westen gegen den Deutschen Orden zu halten hatte, während sein Bruder die Expansion in den Osten leitete, die schließlich bis ins Fürstentum Smolensk hineingetragen werden konnte. Zeitweise schien es fast so, daß Rußland nicht von innen heraus, sondern aus dem heidnischen Nordwesten seine Restauration erfahren sollte. Die Litauer haben sich dabei wenigstens teilweise dem orthodoxen Glauben ihrer neuen Untertanen angepaßt. Das römisch-katholische Christentum kannten die Litauer aus ihren zahlreichen Kontakten und Zusammenstößen mit Polen und dem Deutschen Orden; freilich gab es nicht nur feindliche Berührungen mit dieser westlichen Welt. Lange vor der epochemachenden Heirat von Ludwigs des Großen Tochter Hedwig mit Jagiello-Wladislaw von Polen und Litauen (18. II. 1386) hatte es auf dynastischer Ebene bereits Eheschließungen mit christlichen Fürsten gegeben. So hatte ein Enkel Kasimirs im zarten Alter von 9 Jahren die Tochter eines der litauischen Fürsten geheiratet. Solche Ehen pflegten in aller Regel mit Versuchen einherzugehen, das Volk der Braut oder des Bräutigams für den christlichen Glauben zu gewinnen, und unter den Litauer Fürsten gab es eine ganze Reihe, die sich vor allem aus politischen Erwägungen dem römisch-katholischen Glauben geneigt zeigten. Ein Chronist des Deutschen Ordens berichtet davon, daß ein Ordensritter, Heinrich von Plauen, dem Kaiser das Interesse der Heiden an ihrer Bekehrung mitgeteilt habe. Tatsächlich hat dann Karl IV. unter dem Titel des Weltherrschers (monarcha mundi) am 21. IV. 1359 ein Schreiben an die Fürsten Litauens gerichtet und an sie appelliert, sich taufen zu lassen, um dadurch nicht nur ihr Seelenheil, sondern auch den kaiserlichen Schutz ihrer Freiheiten zu gewinnen. Die Litauer scheinen das kaiserliche Angebot freundlich aufgenommen zu haben, denn eine Delegation unter dem Prager Erzbischof reiste quer durchs Ordensland nach Litauen, um die Verhandlungen über die Taufe aufzunehmen. Wenn die Ordenschronistik die Wahrheit berichtet, dann sollen die Litauer damals nicht nur Territorialforderungen gestellt, sondern auch verlangt haben, daß Truppen des Deutschen Ordens gegen die Tataren eingesetzt würden. Die Ordensspitze scheint über den Gang der Verhandlungen beunruhigt gewesen zu sein, jedenfalls warf der erwähnte Chronist dem Kaiser Leichtgläubigkeit gegenüber den verschlagenen Heiden vor. Natürlich tauchte in diesem Zusammenhang bereits das Problem auf, das dann nach der Taufe Jagiellos die Ordensritter und ihre Propagandisten so lebhaft beschäftigen sollte: Mit der Taufe der Litauer würde die Existenzberechtigung des Ordensstaates als eines Bollwerks und einer Ausgangsbasis des christlichen Glaubens dahinschwinden. Allem Anschein nach muß es zwischen Karls Delegation und den litauischen Unterhändlern zu einer vorläufigen Einigung gekommen sein, denn gegen Ende 1358 wartete der Kaiser in Breslau auf die Ankunft der litauischen Fürsten, die sich zur Taufe bereit erklärt hatten, es dann aber doch vorzogen, vorerst ihren alten Glauben beizubehalten. Diese für den Deutschen Orden glückliche Entwicklung dürfte dessen Hochmeister Winrich von Kniprode jedoch nicht darüber hinweggetäuscht haben, daß Karl IV., anders als sein Vater Johann, den Deutschen Orden und seinen Staat als eine politische Macht neben anderen ansah, und daß dieser Kaiser unter

Umständen einem Bündnis mit Polen oder gar mit den zum Christentum bekehrten Litauern einer einvernehmlichen Beziehung zum Orden den Vorzug geben konnte. Dieser Einstellung zum Staat des Deutschen Ordens widersprach es auch nicht, daß Karl mit den im Reich ansässigen Ordensoberen in bestem Einvernehmen gestanden hat, daß er einer ganzen Reihe von Ordensniederlassungen wertvolle Privilegien erteilte und auf seinen Romzügen von Ordensrittern begleitet zu werden pflegte. Fürs erste aber konnten Winrich von Kniprode und sein Nachfolger ohne Gewissensbisse den Kampf gegen die Heiden fortsetzen und die litauischen Grenzräume dem Adel Mittel- und Westeuropas als Tummelplatz anbieten, wo mit Totschlag, Menschenraub und Brandschatzung »demütige Opferbereitschaft im Dienst an der Verteidigung und an der Ausbreitung des Glaubens« unter Beweis gestellt und zugleich ritterschaftliche Selbstbestätigung gefunden werden konnte. Die Scharmützel an der Westgrenze haben die Litauer indessen nicht daran gehindert, ihr Imperium in die Weiten Rußlands auszudehnen; 1362/63 geriet das freilich bedeutungslos gewordene Kiew unter ihre Herrschaft, und Großfürst Olgerd schien auf dem besten Weg, Herr aller Russen zu werden.

In eine neue Phase trat die Ostpolitik Karls IV., als ihm 1361 endlich ein lebensfähiger Sohn geboren wurde und es ihm zwei Jahre später unter Ausnutzung eines Erbstreites im Hause Wittelsbach gelang, die Inhaber der Mark Brandenburg, Ludwig den Römer und Otto (den Faulen), zum Abschluß eines Vertrages zu bewegen, der de facto eine Erbfolge der bayerischen Wittelsbacher in der Mark ausschloß und statt dessen den Luxemburgern die Aussicht auf eine Übernahme dieses mit einer Kurstimme verbundenen Fürstentums eröffnete. Der damals 23jährige Otto sollte zu diesem Zweck Karls fünfjährige Tochter Elisabeth heiraten. Vermutlich hat man die Brisanz des am 18. V. 1363 zu Nürnberg geschlossenen Vertrags zunächst nicht erkannt, zumal dieser eine ganze Reihe von anderen Erbmöglichkeiten berücksichtigte. Erb- und Heiratsabsprachen zwischen den großen und kleinen Dynastien des Reiches waren damals an der Tagesordnung und in der Regel ebenso vergänglich wie die Umstände, unter denen sie zustande gekommen waren. Auch die beabsichtigte Ehe zwischen Otto und Elisabeth gehört zu den vielen gescheiterten Projekten dieser Art, aber die einmal bekundete Absicht des Luxemburgers, seine Hausmacht durch den Erwerb der Mark Brandenburg zu arrondieren, blieb bestehen.

In den Händen der Wittelsbacher war die Mark stets ein gefährdeter Außenposten geblieben, der mitunter mehr Kräfte binden konnte, als den Herzögen von Bayern lieb war. Für Böhmen, das seit den Verträgen von Trentschin über die schlesischen Fürstentümer sowie über die Oberlausitz verfügte, mußte sie eine wertvolle Abrundung der schlesischen Positionen bedeuten, und mit der Altmark um Tangermünde und Stendal wäre dem Böhmenkönig auch am Unterlauf der Elbe eine wichtige Bastion zugefallen. Allerdings war zu erwarten, daß diese Pläne auf den Widerstand einer ganzen Reihe von Mächten innerhalb und außerhalb des Reiches stoßen würden. Betroffen waren u.a. auch die Könige Kasimir von Polen und Ludwig von Ungarn, weil zwischen beiden Herrschern seit 1339 eine Erbabsprache bestand, die dem Überlebenden das Reich des anderen zufallen lassen würde. Zunächst war dies eine nur sehr theoretische Möglichkeit gewesen, aber da beide Könige ohne legitime Söhne geblieben waren, begann sich anfangs der sechziger Jahre abzuzeichnen, was dann tatsächlich eingetreten ist: die Vereinigung Polens und Ungarns unter einem der beiden Herrscher. Karl IV. war an der Verbindung der beiden Nachbarreiche natürlich sehr interessiert und hat mehrfach versucht, seine eigene Dynastie durch verschiedene Verlobungsprojekte einzufügen, die aber alle gescheitert sind. Auch die vierte Eheschließung des Kaisers mit Elisabeth von Pommern, einer Enkelin Kasimirs, gehört in diesen Zusammenhang. Karl ist es gelungen, mit dem Polenkönig ein gutes Einvernehmen wiederherzustellen, das bei Gelegenheit eines vielbeachteten Fürstentreffens zu Krakau im September 1364 aller Welt vor Augen geführt wurde. Indes hat die Harmonie dieser Tage dann nicht allzu lange Bestand gehabt. Einer der Gäste Kasimirs, Herzog Rudolf IV. von Österreich, ist im Juli des folgenden Jahres gestorben, und seine kinderlos gebliebene Witwe, Kaiser Karls Tochter Katharina, heiratete dann am 19. III. 1366 den Verlobten ihrer jüngeren Schwester Elisabeth, den Markgrafen Otto von Brandenburg. Dessen Bruder Ludwig der Römer war damals bereits verstorben, so daß der Übergang Brandenburgs in böhmischen Besitz nur noch eine Frage der Zeit zu sein schien. In den folgenden Jahren vergrößerte sich Karls Hausmacht im Osten noch um Schweidnitz-Jauer, das ihm nach dem Tode seines dritten Schwiegervaters zufiel (29. VII. 1368), und schließlich noch um die schon lange angestrebte Niederlausitz, die am 1. VIII. 1370 der Krone Böhmens inkorporiert werden konnte.

Die böhmische Expansionspolitik hatte den sonst so vorsichtigen König Kasimir bewogen, mit Ludwig von Ungarn am 14. II. 1369 ein Bündnis zu schließen, das für den Fall eines Krieges gegenseitige Unterstützung vorsah und den Partnern untersagte, mit dem Kaiser einen Heiratspakt zu vereinbaren. Der fortan schwelende Konflikt zwischen Polen und Böhmen, der auch durch den Tod Kasimirs am 5. XI. 1370 nicht beendet wurde, gehört in den

Zusammenhang einer sehr viel weiter gespannten Auseinandersetzung zwischen dem seine Hausmachtbasis rücksichtslos ausbauenden Kaiser und dessen Bruder Wenzel von Luxemburg-Brabant auf der einen und einer großen Koalition zwischen Ungarn, Polen und Wittelsbach auf der anderen Seite. Eine der führenden Figuren der antiböhmischen Allianz, vielleicht sogar der engagierteste von Karls Gegnern war Pfalzgraf Ruprecht, seit dem Tode seines Bruders Rudolf (1353) das Oberhaupt der pfälzischen Wittelsbacher und bis 1366 einer der beständigsten Bundesgenossen des Kaisers, dem er nach dem Tode seiner Nichte Anna, Karls zweiter Gemahlin (1353), deren Mitgift in der Oberpfalz, das später so genannte Neuböhmen um Sulzbach, Rosenberg, Lauf usw. verkauft hatte. Diese Gebiete waren mit Zustimmung der Kurfürsten Ende 1355 der Krone Böhmens inkorporiert worden. Der Kaiser hat sich dem Pfalzgrafen gegenüber mehrfach als sehr kulant erwiesen; noch im Oktober 1365 übertrug er ihm die Landvogtei Niederschwaben und befahl den dort gelegenen Reichsstädten ihm gehorsam zu sein. Sieben Monate nach der Brandenburger Hochzeit von Karls Tochter Katharina aber ernannte Karl am 26. X. 1366 seinen Bruder Wenzel zu seinem Vikar. Der Kaiser plante damals einen zweiten Romzug, der die Rückkehr der Kurie in die Ewige Stadt vorbereiten sollte. Zwar war in der Goldenen Bulle über die Stellvertretung des Kaisers während seines Aufenthaltes jenseits der Berge (absente rege) keine Regelung getroffen worden, wohl aber über das Vikariat während der Thronvakanz. Dieses stand in den Ländern fränkischen Rechtes (Rheinlande, Schwaben, Franken) dem Pfalzgrafen, in den Regionen sächsischen Rechtes dem Herzog von Sachsen zu. Außerdem konnten die Pfalzgrafen auf den Schwabenspiegel verweisen, der ihnen das Vikariatsrecht auch absente rege zubilligte. Karl ging bei der Beeinträchtigung pfälzischer Ansprüche zugunsten seines Bruders noch weiter: Am selben Tage entzog er Ruprecht die Orte Kaiserslautern und Wolfstein, und am 20. II. 1367 übertrug er dem Bruder auch noch die im unmittelbaren Einflußbereich der Pfalz gelegene Landvogtei im Elsaß. Bereits im September 1366 hatte Karl dem Pfalzgrafen die niederschwäbische Vogtei aberkannt und den Mainzer Erzbischof damit betraut. Als Erzbischof Gerlach sich dann im April 1367 der mittlerweile entstandenen Opposition um den Pfalzgrafen anschloß, wurde auch er abgesetzt. Herzog Wenzel erhielt später noch weitere Vergünstigungen, z.B. übertrug ihm der Kaiser 1368 noch die Städtesteuern aus der oberschwäbischen Landvogtei, die eigentlich dem Burggrafen von Nürnberg zugestanden hätten. Herzog Wenzel verfügte damit über eine Herrschafts- und Einflußzone, die von der Nordsee bis zum Oberrhein reichte und schon beträchtliche Teile der späteren neuburgundischen Großmacht umfaßte. Auch hier eröffneten sich dem Kaiser sehr konkrete Erbaussichten, denn die Ehe Wenzels mit Johanna von Brabant war unfruchtbar geblieben, obwohl der Herzog im Laufe seines Lebens mindestens fünf Bastarde gezeugt hat. Am Tage, da er ihn zu seinem Reichsvikar bestellte, schloß Karl mit Wenzel einen Erbvertrag, der allerdings von Johanna nicht bestätigt worden ist.

Ruprechts Bruch mit dem Kaiser im Jahre 1366 ist also auf eine ganze Reihe von Motiven zurückzuführen, wobei das Bestreben Karls, sich der Mark Brandenburg zu bemächtigen, den Pfalzgrafen wohl weniger wegen der territorialen Aspekte als vielmehr wegen der verfassungspolitischen Konsequenzen des Zugewinns einer Kurstimme beunruhigt haben dürfte. Jedenfalls hatte er sich in der voraufgegangenen überaus verworrenen Auseinandersetzung um das Erbe Tirols zwar auf die Seite seines Vetters Stephan II. von Niederbayern gestellt, während Karl IV. seinen Schwiegersohn Rudolf IV. von Österreich unterstützte, indem er ihn am 8. IV. 1364 mit der durch den Tod des Grafen Meinhard, des Sohnes der Margarete Maultasch und Ludwigs des Brandenburgers, frei gewordenen Grafschaft belehnte; aber trotz der offenen Fehde zwischen der bayerischen und der habsburgischen Partei war es bis 1366 zu keinem ernsthaften Konflikt zwischen Karl und Ruprecht gekommen, zumal aufgrund einer Vermittlung Ludwigs des Großen von Ungarn ein Waffenstillstand geschlossen werden konnte. Im Juli 1366 aber bekundete Ruprecht ein großes Unbehagen an des Kaisers Reichspolitik, als er Straßburger Boten warnend darauf hinwies, daß der Kaiser das Reich an die Krone Böhmens ziehen wolle. Auch die anderen rheinischen Kurfürsten, Kuno von Trier, der Mainzer Gerlach von Nassau und schließlich der neue Kölner Erzbischof Friedrich von Saarwerden, mußten sich durch die luxemburgische Hegemonialpolitik bedroht fühlen und schlossen sich der pfälzischen Opposition an. Diese war längst nicht mehr auf den Westen des Reiches beschränkt. Am 2. XI. 1367 war in Ofen ein Bündnis zwischen Ungarn, Bayern und Pfalz geschlossen worden, das am 14. II. 1369 durch eine Allianz zwischen Polen und Ungarn und dann noch durch einige andere ergänzt wurde. Karl IV. blieb natürlich nicht untätig; es gelang ihm, einen von Ruprechts Bundesgenossen und Verwandten auf seine Seite zu ziehen: Am 29. IX. 1370 vermählte er zu Nürnberg seinen neunjährigen Sohn Wenzel, den künftigen König von Böhmen und mutmaßlichen Nachfolger auch auf dem Throne Karls des Großen, mit einer Tochter des Wittelsbachers Albrecht von Hennegau-Holland. Wenig später wurde dann noch die damals dreijährige Tochter Anna mit einem Sohn des Hennegauers verlobt. Dies war

wohl der höchste Preis, den der Kaiser in diesem Bereich der Politik zu zahlen imstande war, und kennzeichnet zugleich die Bedeutung, die er der Verbindung mit diesem Nachbarn seines Bruders Wenzel zugemessen haben muß.
Die Auseinandersetzung zwischen dem Kaiser und seinen Gegnern im Westen und Osten wurde durch zwei nahezu gleichzeitige militärische Niederlagen, einer Katastrophe und einer unbedeutend erscheinenden Schlappe, entschieden. Am 22. VIII. 1371 stießen bei Baesweiler, unweit von Aachen, die Ritterheere der Herzöge von Jülich und von Brabant-Luxemburg aufeinander. Der Jülicher siegte; Herzog Wenzel und zahlreiche seiner Kampfgefährten gerieten in Gefangenschaft, was für die betreffenden Fürstentümer schlimmer war, als wenn die Herren einen ruhmvollen Rittertod erlitten hätten, denn die zu zahlenden Lösegelder bedeuteten in aller Regel den finanziellen Ruin des Unterlegenen. Obwohl der Konflikt zwischen Jülich und Brabant von den meisten der zeitgenössischen Chronisten als ein isolierter, im wesentlichen nur von den beiden Fürsten und ihren Kampfgefährten ausgetragener Streit um Geleitrechte gedeutet worden ist, kann doch kein Zweifel daran bestehen, daß er in den Zusammenhang der großen Politik gehörte. Wenzel war als Vikar des Kaisers mit dem Reichsbanner in die Schlacht gezogen; Wilhelm von Jülich war Lehnsmann des Pfalzgrafen, und der Erzbischof von Köln hatte nur wenige Wochen vor der Schlacht mit dem Jülicher eine Allianz geschlossen, von der nur der Stuhl von Rom und das Hl. Römische Reich – nicht also die Person des Kaisers – ausgenommen sein sollten. Im Heer des Jülichers kämpften eine ganze Reihe von Grafen, die man bis dahin zu den königsnahen Dynasten der Region rechnen konnte und sich offenbar auch nicht durch das von der anderen Seite geführte Reichsbanner beirren ließen.
Fast zur selben Zeit mußte Karl IV. selbst eine Niederlage hinnehmen, die freilich sehr viel glimpflicher ausfiel als die im Westen. Während der Feierlichkeiten bei Gelegenheit von Wenzels Nürnberger Hochzeit hatte Karl seinem brandenburgischen Schwiegersohn Fehde ansagen lassen, weil dieser die Konditionen, unter denen er dem Kaiser die Rechte an der Mark abgetreten hatte, mittlerweile nicht mehr als zufriedenstellend betrachtete. Karls Tochter Katharina war ihrem zweiten Gemahl gar nicht erst in dessen Fürstentum gefolgt, so daß der gesundheitlich und charakterlich etwas schwächliche Otto vermutlich von seinen wittelsbachischen Verwandten überredet werden konnte, seine Rechte auf die Mark zurückzufordern. Als Karl dann das Fürstentum mit Gewalt an sich ziehen wollte, mußte er den Feldzug im August 1371 abbrechen, weil König Ludwig von Ungarn und Polen ihm im Bunde mit den Bayern in den Rücken zu fallen drohte.

Die beiden Niederlagen haben den Kaiser dann zur Preisgabe der auf eine hegemoniale Stellung im Westen und Osten des Reiches zielenden Politik veranlaßt. Die Einigung, die er mit den rheinischen Kurfürsten im Frühjahr 1372 erzielte, ging vollständig zu Lasten seines Bruders, der während der entscheidenden Verhandlungen weiterhin im Kerker der Jülicher Burg Nideggen saß. Wenzels Gemahlin, die mit guten Gründen ihrem Schwager zutiefst mißtraute, versuchte vergeblich, Einfluß auf die Beratungen mit dem Pfalzgrafen und den geistlichen Kurfürsten zu nehmen. Noch vor seiner Freilassung aus der Gefangenschaft wurde dem Luxemburger Herzog mit der Begründung, er sei nicht Herr seiner Entscheidungen, das Reichsvikariat aberkannt und dem Kölner Erzbischof übertragen. Dies war aber nur eine als vorübergehender Kompromiß gedachte Maßnahme, denn drei Jahre später wurde die Ausübung des Vikariates absente rege grundsätzlich dem Pfalzgrafen zugestanden. Auch auf die Landvogtei im Elsaß mußte Wenzel verzichten; sie wurde an die Habsburger verliehen, die sich bereits am 29. IX. 1369 mit den bayerischen Wittelsbachern geeinigt und diesen für den Verzicht auf Tirol eine hohe Entschädigung bewilligt hatten. Herzog Wilhelm von Jülich mußte zwar in aller Öffentlichkeit den Kaiser kniefällig um Vergebung bitten, daß er dessen Vikar befehdet und gefangen gehalten hatte; außerdem mußte er ausdrücklich auf Lösegeldforderungen verzichten. Aber dafür durfte er vom Brabanter Herzog für den Schutz von dessen Territorien die Summe von 50000 fl. in Empfang nehmen, und kaum jemand dürfte daran gezweifelt haben, daß es sich dabei um den Preis für die Freilassung von Karls Bruder gehandelt hat. Auch für die anderen Gefangenen mußten Wenzels Territorien aufkommen, auch Brabant und Limburg, die er nur als mainbour seiner Gemahlin regierte und auf die finanziellen Belastungen dann mit erheblichen politischen und sozialen Unruhen reagierten.
Im Osten hat Karl IV. schon im Oktober 1371 einen Waffenstillstand geschlossen, der zunächst bis zum Pfingstfest 1373 terminiert war. Pfalzgraf Ruprecht scheint selbst keinen unmittelbaren Nutzen aus der Niederlage von Karls Bruder gezogen zu haben. Obwohl er der Übertragung des Reichsvikariats auf den Kölner Erzbischof seine Zustimmung gegeben haben dürfte und obwohl er es zuließ, daß die Landvogtei im Elsaß den Habsburgern zufiel, war er mit der Preisgabe der luxemburgischen Großmachtpläne im Westen so zufrieden, daß er dem ein Jahr später erfolgenden Kriegszug des Kaisers gegen Markgraf Otto und dem inzwischen zum Erben erklärten Sohn des Herzogs Stephan von Bayern, Friedrich, keinen Widerstand mehr entgegensetzte und so den am 15. VIII. 1373 zu Fürstenwalde vereinbarten Übergang der Mark in

den Besitz Karls IV. ermöglichte. Dafür mußte Karl IV. allerdings einen immensen Preis zahlen: 200000 fl. in bar, weitere 100000 fl. in Schuldverschreibungen, dazu eine Rente von 3000 Mark Silber für Markgraf Otto, sowie als Pfand für weitere 100000 fl. das westliche Neuböhmen in der Oberpfalz. Die Kurstimme verblieb dem Wittelsbacher bis zu seinem Ableben. Im Vergleich dazu wird man den Preis für die Grafschaft Tirol – zwischen 220000 fl. und 254000 fl. – noch als angemessen bezeichnen können. Allerdings hatten die Habsburger diese Summe aus ihrem eigenen Vermögen aufbringen müssen, während Karl sich nicht scheute, für die Erweiterung seiner Hausmacht auf die Finanzkraft der Reichsstädte zurückzugreifen.

Karls Beziehungen zu diesen Städten waren, seit sie ihn als römischen König anerkannt hatten, von distanzierter Freundlichkeit, im ganzen aber gut gewesen. Er hatte ihnen Bündnisse erlaubt, die kaum noch mit dem Verbot reiner Städteallianzen zu vereinbaren waren. Allerdings unterwarf er sie seit 1359 einer etwas schärferen Kontrolle, indem er z.B. die ihm eng verbundenen Grafen von Öttingen und Helfenstein in ihre Allianzen delegierte. Während der Epoche luxemburgischen Hegemonialstrebens errichtete im Dezember 1370 Karls Hauptmann in der Oberpfalz, Borso von Riesenburg, einen schwäbischen Landfrieden, an dem außer den Städten nur noch Graf Ulrich von Helfenstein beteiligt war, der dann als Landfriedenshauptmann fungieren sollte. Aber dieser Landfrieden, der schon aufgrund seiner Zusammensetzung eine Tendenz gegen den Grafen von Württemberg offenbarte, kann nicht allzu lange den Intentionen des Kaisers entsprochen haben, denn schon Anfang 1371 wurde dem Württemberger die Landvogtei in Niederschwaben übertragen; was der Kaiser damit beabsichtigte, geht aus einem Mandat vom 23. VI. hervor, in dem Karl dem Grafen Eberhard und der Stadt Straßburg befahl, daß sie – falls sie gegen den Pfalzgrafen Ruprecht zu Felde ziehen würden – dies unter des Reiches Banner tun sollten. Es kam dann gewiß nicht von ungefähr, daß der Helfensteiner nur wenige Monate nach Baesweiler im Februar 1372 von einigen schwäbischen Adeligen gefangengenommen wurde. Als Drahtzieher der Gewalttat verdächtigten die Städte den Württemberger, der am 7. IV. 1372 bei Altheim ein reichsstädtisches Aufgebot in die Flucht schlug. Der Kaiser hat dann während seiner Reise an den Rhein im Sommer 1372 offenbar nicht erreichen können, daß sein Landfriedenshauptmann freigelassen wurde. Während sein Vikar und Bruder unter demütigenden Bedingungen die Freiheit erhielt, mußte der Hauptmann des von Karls Vertreter begründeten Landfriedens in Schwaben seine Amtsführung mit dem Leben bezahlen: Am 5. V. 1373 wurde er in

seinem Kerker ermordet aufgefunden. Der Tod des Helfensteiners war die Voraussetzung für eine Neuorientierung der schwäbischen Landfriedenspolitik. Im Mai 1373 wurde auf kaiserlichen Befehl ein neuer Bund errichtet, dem außer Ulm und den niederschwäbischen Städten auch der Graf von Württemberg angehörte. Dieser wurde Hauptmann des Bundes, delegierte wie die Städte vier Mitglieder in die Friedenskommission und verfügte als Hauptmann auch noch über die entscheidende neunte Stimme. Kurz danach dürften die Städte mit den Steuerforderungen des Kaisers konfrontiert worden sein. Für den Kauf der Mark Brandenburg hatten Ulm 40000 fl., Augsburg 36000 fl., Nürnberg 20000 fl. aufzubringen. Die Hauptlast des von dem Nürnberger Kaufmann Hermann Groß und seinem schwäbischen Partner Eberhard von Mühlhausen abgewickelten Geschäfts hatten offenbar die unter Kuratel des Württembergers gestellten schwäbischen Städte zu tragen.
Das enge Verhältnis zwischen den Reichsstädten und der monarchischen Spitze, das seit den Tagen Wilhelms von Holland zwar nie ganz ohne Spannungen geblieben war, alles in allem aber doch als eine der beständigsten Grundlagen der Königsherrschaft in deutschen Landen angesehen werden konnte, erwies sich nach dem Kauf der Mark Brandenburg als nachhaltig gestört. Bei den finanziellen Belastungen ließ es der Kaiser nicht bewenden. An die politische Substanz der Städtegemeinschaft ging es, als Karl gegen Ende 1373 oder Anfang 1374 die Städte Nördlingen, Donauwörth, Dinkelsbühl und Bopfingen aufforderte, ihrer Verpfändung an Bayern zuzustimmen. Zwar zerschlug sich dieses Geschäft, aber bei Gelegenheit von Wenzels Wahl ereilte das Schicksal dann doch noch eine von ihnen: Am 24. VII. 1376 wurde Donauwörth an die Herzoge von Bayern verpfändet. Zehn Tage später verbündeten sich Ulm, Konstanz und zwölf weitere Städte zu dem Zweck, ihrer Schatzung oder Verpfändung durch wen auch immer entgegenzutreten. Der Kern des Schwäbischen Städtebundes hatte sich konstituiert.
Als der Kaiser dann die Städte aufforderte, dem neuen römischen König zu huldigen, bestanden diese darauf, daß ihnen zuvor die Unverletzlichkeit ihrer Freiheiten bestätigt werde. Karl verhängte die Acht und erklärte den Reichskrieg gegen die Städte. Ulm, die Metropole der Rebellion, wurde belagert, jedoch war das kaiserliche Heer außerstande, die Stadt zu erobern. Nachdem Karl in die Mark Brandenburg abgereist war, wurde am 14. V. 1377 der junge Graf Ulrich von Württemberg von einem städtischen Aufgebot bei Reutlingen geschlagen. Unter Vermittlung von Nürnberger Bürgern begannen daraufhin Verhandlungen, die bereits gegen Ende Mai zum Frieden führten. König Wenzel, der von den Städten

nunmehr anerkannt wurde, bestätigte den einzelnen Mitgliedern des Bundes ihre Privilegien; er versprach, sie nicht verkaufen oder verpfänden zu wollen, erklärte sogar alle bereits vorgenommenen Verpfändungen für nichtig. Für den Fall, daß irgend jemand – der König nicht ausgenommen – diese Privilegien verletzen sollte, waren die Städte berechtigt, sich gegenseitig Hilfe zu leisten. Eine direkte Anerkennung des Bundes hat Wenzel weder damals noch später ausgesprochen, aber die Städte haben diesmal, anders als 1348, ihr Bündnis nicht aufgelöst. Im Gegenteil: in den folgenden Jahren wurde es sogar noch beträchtlich erweitert.

Die Beendigung des schwäbischen Krieges hat den Kaiser in die Lage versetzt, eine Reise in die Stadt zu unternehmen, in der er einen Teil seiner Kindheit verbracht hatte. Das aufsehenerregende Unternehmen wurde als Wallfahrt zu dem bei Paris gelegenen St. Maur-des-Fossés durchgeführt, aber alle Welt rätselte über den tatsächlichen Anlaß der Reise, die für den von der Gicht gezeichneten Kaiser eine schwere Strapaze bedeuten mußte. Über den äußeren Ablauf des Staatsbesuchs sind wir durch einen offiziellen französischen Bericht, der mit 18 Miniaturen illustriert wurde, ungewöhnlich detailliert unterrichtet. Die öffentlichen Reden der beiden Herrscher werden dabei ausführlich referiert; Karl IV. ließ sich nach einigem Zögern dazu bewegen, die englische Politik scharf zu verurteilen; eine direkte militärische Unterstützung durch das Reich mochte er seinem Neffen aber nicht zusagen. Die Geheimgespräche der beiden Monarchen, an denen nur die Kanzler teilnahmen, dürften vor allem zwei Themen behandelt haben: Die Rückkehr der Kurie nach Rom und die Thronfolge in Ungarn und Polen.

Der am 29. XII. 1370 gewählte Gregor XI., Neffe Clemens' VII. und dritter Papst aus der Gruppe der Limousiner Kardinäle, hatte schon bald nach seiner Thronbesteigung die Versuche seines Vorgängers Urban V. fortgesetzt, die Kurie wieder nach Rom zurückzuführen. Dagegen erhob sich jedoch allenthalben Widerstand, vor allem in Frankreich, aber auch in Italien, wo es zu einem durchaus ungewöhnlichen Bündnis zwischen Mailand und Florenz kam. Gregor hat daraufhin die sonst so kirchentreue Stadt am Arno mit dem Interdikt belegt und ihr auswärtiges Vermögen beschlagnahmen lassen. Die Befürworter einer Rückkehr in die Ewige Stadt fanden in der hl. Katharina von Siena eine eindrucksvolle Advokatin, und schließlich zog Gregor am 17. I. 1377 mit 13 Kardinälen unter dem ungeheuren Jubel der Römer in seine Bischofsstadt ein.

Karl dürfte mit dieser Entwicklung der Dinge gewiß sehr zufrieden gewesen sein, wenngleich Gregor die notwendige politische Rükkendeckung eher bei der Königin Johanna I. von Neapel gefunden hatte. Deren Erbe sollte nach einer Vereinbarung aus dem Jahre 1370 dem aus einer Seitenlinie der ungarischen Anjou stammenden Karl von Durazzo zufallen, aber diese Übereinkunft wurde von Ludwig dem Großen in Frage gestellt, als ihm nach einer 17 Jahre lang unfruchtbar gebliebenen Ehe innerhalb von vier Jahren noch drei Töchter geboren wurden: Katharina (1370), Maria (1371) und Hedwig (1373). Dies hatte zur Folge, daß Ludwig von Polen und Ungarn Johanna von Neapel, an deren Hof sein Bruder, Johannas erster Gemahl Andreas, unter dubiosen Umständen ermordet worden war, wieder als Ursurpatorin des Thrones von Neapel anzusehen begann, zumal diese 1375 eine Mesalliance mit dem deutschen Söldnerführer Otto von Braunschweig geschlossen hatte. Karl V., der sich der uralten Rechte seines Hauses auf das Königreich Neapel entsann, ließ in Buda Verhandlungen über eine Verlobung von Ludwigs ältester Tochter mit seinem 1372 geborenen Sohn Ludwig, dem späteren Herzog von Orléans, führen, die bereits 1374 mit Erfolg abgeschlossen werden konnten: Die Braut sollte als Mitgift das Königreich Neapel mit Salerno, Provence und Piemont bekommen. Auch der Kaiser wollte an dem späten Kindersegen Ludwigs des Großen teilhaben: Im Zuge der Friedensverhandlungen nach seiner Schlappe in Brandenburg wurde 1373 der damals fünfjährige Siegmund mit Maria verlobt. Aus einem Brief, den König Karl V. unmittelbar nach des Kaisers Abreise aus Paris an Ludwig von Ungarn geschrieben hat, geht hervor, daß der Kaiser von seinem Neffen eine Garantie für Siegmunds Nachfolge in Polen erreichen wollte. Karl V. betonte in seinem Brief, er habe in dieser Angelegenheit natürlich keinerlei Zusagen machen können. Die ungarische Ehe seines Sohnes Ludwig ist dann nicht zustande gekommen, weil die vorgesehene Braut wohl schon 1378 gestorben ist. Immerhin hätte die Möglichkeit bestanden, daß anstelle Katharinas die jüngste Tochter Ludwigs getreten wäre. Das ist nicht geschehen (erst nach Karls V. und Ludwigs des Großen Tod ist das französisch-ungarische Eheprojekt noch einmal kurz in Erwägung gezogen worden), und so hat Ferdinand Seibt die Frage gestellt, ob dieser Verzicht Karls V. nicht jene Konzession gewesen sei, für die er seinem ältesten Sohn, dem Dauphin Karl (VI.), das Reichsvikariat im Arelat eingehandelt habe. Dies klingt zunächst recht überzeugend, denn bislang hatte man vergeblich zu ermitteln versucht, welchen Preis der König von Frankreich für das vom 7. I. 1378 datierte Privileg des Kaisers gezahlt hat, das dem damals zehnjährigen Dauphin auf Lebenszeit die unwiderrufliche Stellvertretung des Kaisers im Arelat – mit Ausnahme Savoyens und der Dauphiné – konzedierte. Für die Dauphiné hat der Thronfolger am selben Tag noch ein spezielles Vikariat erhalten; Savoyen aber war bereits 1361 dem römischen (nicht also dem deutschen) Reich unmittelbar inkorporiert worden. Dem neuen Generalvikar im Arelat wurde unter zahlreichen anderen Rechten auch die Erlaubnis erteilt, das Reichsbanner (vexillum imperiale) zu führen. Dies bedeutete keine belanglose Äußerlichkeit, denn während bis zu diesem Zeitpunkt der Bevölkerung des Rhôneraumes die Grenze zwischen Empire und Royaume de France noch immer deutlich bewußt gewesen war, konnten von 1378 an die Beamten des Dauphin im Bedarfsfall unter dem kaiserlichen Banner über die bisher immer noch mehr oder weniger respektierte Grenze hinweg gegen störrische Untertanen und Vasallen vorgehen. Das nur sehr selten an Vikare verliehene Recht auf das Reichsbanner begründete somit keineswegs eine Bindung des Dauphin an das Reich (F. Seibt), sondern bedeutete einen aller Welt sichtbaren Verzicht des »Königs von Deutschland« auf die Repräsentation des römischen Reiches im Arelat. Die Meinung, Karl habe mit der Übertragung des Vikariates nur das Kranke abgestoßen, um das Gesunde erhalten zu können, entspringt der nationalstaatlichen Gedankenwelt des 19. und frühen 20. Jahrhunderts. Im Arelat ging es aber schon in staufischen Zeiten nicht um die deutsche Nation, und hinsichtlich der Ausübung realer Macht durch den römischen König war Savoyen gewiß kein sehr viel »gesünderes« Glied des Reiches als z. B. die Grafschaft Provence. Aber so ausgelaugt die Reichsrechte im Arelat auch sein mochten, für die sich damals abzeichnenden, im einzelnen aber schwer vorhersehbaren Auseinandersetzungen um die Nachfolge der Königin Johanna von Neapel, zu deren Herrschaft die Provence gehörte, mußten jene Rechte noch immer von beträchtlichem Wert sein. Die deutschen Chronisten der Zeit haben die in späteren Jahrhunderten eifrig diskutierten Privilegien Karls IV. für den Dauphin überhaupt nicht zur Kenntnis genommen; als einziger hat der fast ständig an der römischen Kurie tätige Dietrich von Nieheim die Verleihung des Vikariates in allerdings entstellter Form im Rahmen von reichstheoretischen Erörterungen erwähnt. Karl IV. habe, so schreibt Dietrich u. a., das Regnum Arelatense um den Preis eines Gastmahls dem Herzog Ludwig, d. h. dem Bruder Karls V., verkauft und den Thronfolger mit dem Delphinat belehnt. Die tatsächlichen Vorgänge sind dem Verfasser offenbar nicht genau bekannt gewesen, aber die Konsequenzen, die sich aus der Übertragung des Vikariates nur wenige Jahre nach Karls Tod eingestellt haben, sind mit Dietrichs Worten doch einigermaßen richtig erfaßt worden: Nach dem Tode der Katharina von Ungarn hat nicht Karls V. Sohn Ludwig, sondern sein Bruder, Herzog Ludwig von Anjou, das Erbe der Johanna für sich zu sichern gesucht, und zwar nicht im Einvernehmen mit Ludwig dem

Großen von Ungarn, sondern in Konkurrenz zu ihm und dessen wiederauferstandenem Kandidaten für den neapolitanischen Thron, Karl von Durazzo. Dieser vermochte sich zwar in Neapel durchzusetzen, nicht aber in der Provence, die nach dem frühen Tode Herzog Ludwigs von französischen Truppen für dessen noch minderjährigen Sohn gesichert werden konnte. Die überaus verwickelten Auseinandersetzungen um Neapel und Provence gehören bereits in den Zusammenhang der großen abendländischen Kirchenspaltung, und in Rom, wo Dietrich von Nieheim lebte, hat man das Schicksal der Provence und des benachbarten Avignon natürlich mit großem Interesse verfolgt. Die Franzosen haben selbstverständlich dafür gesorgt, daß dieses Land in der Oboedienz ihrer Päpste verblieb, wobei sie ihr Eingreifen auch mit dem Hinweis auf das Reichsvikariat rechtfertigen konnten, und dies dürfte dann zu der etwas verworrenen Darstellung des Dietrich von Nieheim geführt haben.

Fassen wir noch einmal zusammen, was das Reichsvikariat im Arelat zum Zeitpunkt der Ernennung des Dauphin bedeuten mußte: Es stellte eine persönlich und zeitlich begrenzte Privilegierung dar, die vornehmlich zur Sicherung der Interessen des Hauses Frankreich im Süden des Arelats gedacht gewesen sein dürfte. Der Tod Katharinas von Ungarn, die Kirchenspaltung sowie die sich daraus entwickelnde Feindschaft zwischen den Anjou von Ungarn auf der einen und dem sog. zweiten Haus Anjou unter Karls V. Bruder Ludwig auf der anderen Seite waren damals nicht vorhersehbar. D.h. Karl IV. hat die Politik seines Neffen in Paris unterstützt und dafür allenfalls eine vage Absichtserklärung eingehandelt, Frankreich werde die polnischen Pläne des Kaisers unterstützen. Die letzte Entscheidung über den Verbleib der Provence hat der Kaiser sich allerdings mit der in solchen Vikariatsprivilegien üblichen Klausel vorbehalten, der Vikar dürfe keine Fahn-, d.h. Fürstenbelehnungen vornehmen. Die Bestallung eines Vikars bedeutete zwar keine Veräußerung des Arelats oder auch nur ihre Entlassung aus dem Verband des Imperiums, aber da der Dauphin von 1378 erst im Jahre 1423 gestorben ist, als sich die Provence längst in sicherem Besitz des Herzogs Ludwig III. aus dem zweiten Hause Anjou befand, das eng mit dem damaligen Dauphin Karl (VII.) verbündet war, hatte die Vikariatsverleihung doch nachhaltigere Auswirkungen, als Karl IV. es sich 1378 ausgerechnet haben dürfte. Sein Sohn Wenzel und auch Ruprecht haben dann übrigens geglaubt, nach der Erhebung Karls VI. zum König wieder über das Amt eines Vikars im Arelat verfügen zu können; aber das widersprach durchaus dem Wortlaut der Urkunde von 1378. 1438 hat dann Karl VII. eine Bestätigung des Vikariats zu erreichen versucht, aber der Kanzler Albrechts II., Kaspar Schlick, hat den französischen Wünschen nicht entsprechen wollen. An der Durchsetzung der französischen Herrschaft auch über die Provence nach dem Tode des letzten Anjou der zweiten Linie (1481) hat das jedoch nichts ändern können. Einhundert Jahre zuvor aber mußte die Ernennung des Dauphin zum Reichsvikar bei allen Vorbehalten, die der Kaiser hinsichtlich seiner Rechte gemacht hat, eine beachtliche Konzession bedeuten. Wenn nach dem Tode Karls V., der stets großen Respekt vor seinem kaiserlichen Oheim bekundet hatte, sein Sohn die schon traditionellen Bemühungen seiner Vorgänger um die Würde oder doch den Rang eines Kaisers wiederaufgriff, so wird er dies auch in dem Bewußtsein getan haben, in einem der drei Teile des Imperiums bereits als Stellvertreter des Kaisers auftreten zu können. Den Preis für das Vikariatsprivileg, den Karl V. hat zahlen müssen, kennen wir also nicht; des Kaisers Kanzler Nikolaus von Riesenburg hat am 18. I. immerhin 1000 Franken als Kanzleitaxe für die mit Goldbullen besiegelten Urkunden in Empfang nehmen können. Aber die von F. Seibt vermutete, unter den gegebenen Umständen nicht zu beurkundende Absichtserklärung des Königs von Frankreich, dem Kaiser zum polnischen Erbe Ludwigs des Großen verhelfen zu wollen, würde spätestens am 20. IX. 1378 wertlos geworden sein, als die Kirchenspaltung den schönen Schein guten Einvernehmens zwischen dem Kaiser und dem König von Frankreich beiseite fegte.

Nur drei Monate, nachdem Karl IV. Paris verlassen hatte, starb am 27. III. Papst Gregor XI., und die Kardinäle sahen sich wenig später mit der Frage konfrontiert, ob die Rückkehr der Kurie von Dauer sein sollte, oder ob es angesichts der politischen und sozialen Wirren in Rom nicht doch besser sei, sich wieder unter den Schutz des Königs von Frankreich und seines Seneschalls von Beaucaire zu begeben.

Am 8. IV. wurde unter tumultuarischen Umständen der aus dem Königreich Neapel stammende Erzbischof von Bari, Bartolomeo Prignano, zum Papst gewählt. Die französischen Kardinäle – 11 von 16 – erklärten am 20. VII. die Wahl Urbans VI. für ungültig und wählten am 20. IX. zusammen mit drei Italienern den Kardinal Robert von Genf zum Papst. Zwar war Urban von den Kardinälen verlassen worden, und die hohen Beamten der Kurie begaben sich fast alle an den Hof seines Rivalen Clemens VII., aber der zuerst gewählte Pontifex konnte sich nach einigen Schwierigkeiten in Rom behaupten. Der Kaiser muß wohl schon sehr bald gemerkt haben, wie voreilig er bei der Verleihung des Vikariates im Arelat gehandelt hatte, denn ausgerechnet an die Königin Johanna, gegen die das kaiserliche Amt am ehesten eingesetzt werden konnte,

wandte sich der Luxemburger, um sie unter Berufung auf seine kaiserliche Majestät zu ermuntern, die Kardinäle zur Änderung ihrer Haltung zu bewegen. Aber der Appell verhallte ungehört. Zunächst war die Wahl Urbans in seinem Heimatland zwar mit großem Jubel begrüßt worden, aber Johanna hat dann schon sehr bald zur Überraschung wohl auch des von ihr wenig geschätzten Roberts von Genf ihre Meinung geändert. Sie war es, die den französischen Kardinälen die Möglichkeit bot, auf neapolitanischem Boden die Wahl Clemens' VII. durchzuführen. Urban VI. wütete gegen seine ehemalige Königin wie seinerzeit Johann XXII. gegen Ludwig den Bayern und überzog sie mit einem Ketzerprozeß (17. VI. 1379). Zur Exekution des Urteils, das auch die Absetzung der Königin umfaßte, erklärte sich Ludwig der Große bereit, der seinem Vetter Karl von Durazzo erlaubte, die alten Ansprüche auf Neapel durchzusetzen. Diesmal kam der Anjou aber nicht als Erbe, sondern als Eroberer nach Neapel. Johanna hat sich angesichts der aus Ungarn drohenden Gefahren zum Bündnis mit Frankreich entschlossen und Karls V. Bruder, den Herzog Ludwig von Anjou, als Erben adoptiert. Das hat der Königin aber nichts mehr genutzt. Karl von Durazzo eroberte ihr Reich und ließ sie am 22. V. 1382, als das Heer des französischen Anjou bedrohlich näher gerückt war, zwischen zwei Kissen ersticken.
Zu diesem Zeitpunkt war Kaiser Karl IV. schon lange tot. Die Ereignisse in Italien, die wenige Monate nach seinem Besuch in Paris die politische Szenerie Europas in Bewegung brachten, z. T. aber auch versteinern ließen, hat Karl IV. weder verursacht noch maßgeblich zu beeinflussen vermocht. Die von Urban abgefallenen Kardinäle haben anfangs wohl gehofft, den Kaiser für ihr Vorhaben gewinnen zu können. Damals stand noch immer die Approbation von Wenzels römischem Königtum aus, und Robert von Genf, der spätere Papst Clemens, wirkte als Befürworter von Wenzels Anerkennung, während Urban zunächst einer Gesandtschaft aus Prag mit schroffer Ablehnung begegnet war und sich in seiner ersten Konsistorialrede in die Tradition Bonifaz' VIII. gestellt hatte: Dem Papst stünden Ein- und Absetzung von Kaisern und Königen zu. Als dann die Kardinäle den herrischen und der Hybris verfallenen Papst verließen, lenkte Urban ein und gewährte am 26. VII. die Approbation. Aller Wahrscheinlichkeit nach hat dieses Privileg aber nur Karls Parteinahme für Urban VI. bestärkt, nicht also verursacht, auch wenn später ein offenbar nicht richtig instruierter Gesandter des Kaisers die Wahl Clemens' VII. als rechtmäßig anerkannt hat. Noch vor diesem Ereignis (20. IX.) hatte Karl der Königin Johanna den bereits erwähnten Brief geschrieben und sie beschworen, die Kardinäle an ihrem Vorhaben zu hindern. Der

einzige, der zusammen mit dem Kaiser in der Lage gewesen wäre, das Schicksal noch zu wenden, war König Karl V. von Frankreich. Ihn dazu zu bringen, auf seine Kardinäle einzuwirken, hätte es allerdings eines weiteren Gipfeltreffens oder doch einer hochrangigen Gesandtschaft bedurft. Aber während der Kaiser nach Rom den Bischof von Bamberg delegierte, begnügte er sich für seine Einwirkung auf den Pariser Hof offenbar mit schriftlichen Botschaften. Karl V. hat sich nach außen zunächst neutral verhalten, aber die Kardinäle durften gewiß sein, daß die Wahl Clemens' VII. am Ende von Paris anerkannt werden würde; sie erfolgte noch vor des Kaisers Tod am 16. XI. Damit war entschieden, daß die europäische Christenheit über kurz oder lang in zwei sich gegenseitig als schismatisch und häretisch brandmarkende Lager zerfallen würde. Die Botschaft über den fatalen Beschluß seines Neffen hat Karl IV. aber nicht mehr zur Kenntnis nehmen müssen: Am 29. XI. 1378 ist er in Prag gestorben.

Eine auf die böhmische Hausmacht beschränkte Bilanz hat Karl IV. in zwei Testamenten vom 21. XII. 1376 und vom 18. X. 1377 selbst vorgelegt. Der Kernbestand des Hauses Böhmen blieb Wenzel vorbehalten: ihm wurde das mit der Kurstimme privilegierte Böhmen zugesprochen, außerdem die der Krone Böhmens inkorporierten Fürstentümer Schlesiens mit Schweidnitz und Jauer, ein Teil der Lausitz, die böhmischen Lehen in Bayern (Oberpfalz), Franken, Schwaben, Thüringen und Meißen. Siegmund, der als Nachfolger Ludwigs des Großen in Polen ausersehen war (wovon im Testament natürlich nicht die Rede sein konnte), sollte den größten Teil der Mark Brandenburg mit deren Kurstimme behalten. Das Gebiet um Küstrin wurde dem dritten Sohn Johann zugesprochen, für den der Kaiser noch das von Böhmen lehnsrührige Herzogtum Görlitz schuf. Als dann im August 1377 die Kaiserin Elisabeth noch einem weiteren Sohn das Leben schenkte, wurde dieser nach einer Verfügung des zweiten Testamentes der Obhut der älteren Brüder empfohlen. Allem Anschein nach sollte dieser nach seinem Urgroßvater Heinrich benannte Sohn das Erbe des Herzogs Wenzel von Luxemburg übernehmen, falls dieser – wie damals bereits zu erwarten – ohne eigene Kinder sterben sollte. Der kleine Heinrich ist indes schon bald wieder aus dem Leben geschieden.

Die Aufteilung der böhmischen Länder und Rechte auf die drei Söhne hat man jüngst als eine unüberlegte Entscheidung des alten Kaisers gewertet. Durch sie sei die Einheitlichkeit der politischen Konzeption und der bisher gewohnte Herrschaftszentralismus preisgegeben worden, und dies habe zu einer Freisetzung der zentrifugalen Kräfte der Dynastie geführt. Indes wird bei einem derartigen Urteil nicht genügend berücksichtigt, daß der zentrale Block der böhmischen Hausmacht mit den vielen, Böhmen mit dem Reich verbindenden Lehen in Bayern, Franken usw. beim künftigen Oberhaupt des Hauses verbleiben sollte. Das Herzogtum Görlitz stellte allenfalls eine sekundäre Territorialmacht dar und ist wohl überhaupt nur geschaffen worden, um dem jüngsten Sohn einen angemessenen Titel zu bescheren. Der Besitz der Mark Brandenburg war schon vor den beiden Testamenten geregelt worden. Einer Vereinigung von zwei Kurstimmen in einer Hand hätten sich gewiß nicht nur die restlichen Kurfürsten widersetzt. Im übrigen war die Wahlfreiheit der beiden »böhmischen« Kurfürsten durch das kaiserliche Testament vom Verfasser der Goldenen Bulle in einer rechtlich bedenklichen Weise eingeschränkt worden: Wenzel und Siegmund sollten ihre Kur nur nach beiderseitiger Verabredung ausüben. Der Kaiser beschwor seine Söhne darüber hinaus, ihre Lehen, soweit sie nicht von der Krone Böhmens rührten, nur vom Reich zu nehmen und sich nicht vom Reich zu trennen. Nach den voraufgegangenen Ausführungen über die Bedeutung des Reichslehnrechtes braucht diese Verfügung nicht mehr näher erläutert zu werden: Sie diente allein dem Schutz der böhmischen Besitzungen vor den Annexionswünschen benachbarter Mächte.

Die böhmische Hegemonie im Reich ist nach dem Ende von Karls IV. Herrschaft demnach kaum durch die aufs Ganze gesehen sehr ausgewogene Regelung seines Erbes im Hausmachtbereich gefährdet worden, sondern – von Wenzels eigenem Versagen abgesehen – durch Karls Reichspolitik in seinem letzten Lebensjahrzehnt, z. B. durch den zu Lasten der Städte gehenden Erwerb der Mark Brandenburg und durch die auf die Wahl seines Sohnes zielende Politik zugunsten der Kurfürsten. Daß die im Zuge der Wahlvorbereitungen getätigten Geschäfte den Anlaß zum Aufruhr der Städte abgegeben haben, wurde bereits erwähnt. Indes ist der Unmut über den Kaiser wohl nicht auf die von Steuern und Verpfändung direkt bedrohten Städte beschränkt geblieben; jedenfalls verdichtete er sich auch in nichtstädtischen Schriften der Zeit zu einem historiographischen Gemeinplatz, wonach der Kaiser die Stimmen der Kurfürsten zu einem geradezu immensen Preis gekauft habe. Dieser Vorwurf findet sich nicht nur in der fast zeitgenössischen Augsburger Chronik und danach auch bei Burchard Zink, sondern auch bei Dietrich von Nieheim und bei dem weitgereisten Philippe de Mézières, einem Ratgeber Karls V. von Frankreich und Erzieher des Dauphin Karl (VI.). Vielleicht reicht das Verdikt über Karls Wahlpolitik in Karls eigene Zeit zurück, und möglicherweise ist er selbst es gewesen, der es als erster ausgesprochen hat. Jedenfalls weiß der um die Mitte des 15. Jahrhunderts schreibende Metzer Chronist Dex zu berichten, der Kaiser habe bei seiner Rückkehr von der Reise nach Paris darüber geklagt, daß er seine Kurfürsten mit Geld und Verpfändung von Städten und Zöllen dazu gebracht habe, seinen Sohn zu wählen, von dem er doch wisse, daß er unwürdig sei und zu nichts tauge. Und so habe er seine Kurfürsten meineidig werden lassen. Es mag sein, daß es sich bei dieser Äußerung um ein vaticinium ex eventu, eine nachträglich erfundene Prophetie handelt, es bleibt aber auffällig, daß diese Wertung von Wenzels Wahl eine so weite Verbreitung gefunden hat und sich in Werken höchst unterschiedlicher Provenienz findet. Gewiß wird dabei die Preisgabe des Reichsgutes, die sich über Jahrzehnte hinweg erstreckte und für die mehrere Könige die Verantwortung trugen, zu einem einzigen Ereignis zusammengefaßt und die Schuld daran allein Karl IV. aufgebürdet. Aber die Fülle der Gaben, die der alte Kaiser den Kurfürsten, insbesondere denen von Köln, Trier und der Pfalz zukommen ließ, um die Kontinuität seiner Dynastie auch im römischen Königtum zu sichern, war zweifellos dazu angetan, einer derartigen Legendenbildung Vorschub zu leisten. Die Pfandschaften, die sich in den Händen der Pfalzgrafen befanden und nunmehr rund die Hälfte ihres Territorialbesitzes im Westen ausmachten, wurden von nun an um 50000 fl. höher taxiert; das war wohl der Nettopreis der pfälzischen Stimme; die des Trierers kostete nur 40000 fl. und die des Kölners 30000 fl. plus 6000 Schock Prager Groschen (= um 1385 ca. 2000 fl.). Zu den pfälzischen Pfandschaften kamen jetzt noch hinzu: Kaiserslautern mit Wolfstein sowie das Reichsgut um Oppenheim sowie Ingelheim, wo einst Karl der Große und Ludwig der Fromme ihre Hoftage abzuhalten pflegten. Außerdem »bestätigte« Karl dem Pfälzer jetzt noch das noch vor kurzem bestrittene Recht auf die Vertretung des Königs oder Kaisers bei dessen Abwesenheit. Dem Trierer sollte die Landvogtei in der Wetterau verpfändet werden; das hat sich zwar nicht realisieren lassen, aber das rund 9 moderne Druckseiten lange Privileg für Kuno von Falkenstein enthält so viele andere Vergünstigungen, daß auch dieser nächst Baldewin von Luxemburg bedeutendste Baumeister des kurtrierischen Staates sich als gut entlohnt ansehen durfte.

Immerhin konnte dann am 10. VI. 1376 Wenzel in seltener Einmütigkeit nicht nur der Kurfürsten, sondern auch der anderen Dynasten des Reiches zum König gewählt werden. Den Widerstand von Papst Gregor XI. gegen Wenzels Wahl noch zu Lebzeiten des Vaters unterlief der Kaiser auf seine Weise, indem er nach der Wahl ein auf den 4. IV. rückdatiertes Schreiben an die Kurie schickte; er bat darin um die Zustimmung des Papstes zu der Wahl. Noch ehe der Papst Gelegenheit gehabt hätte, sich zu äußern, war die Krönung zu Aachen am 6. VII. bereits vollzogen. Die Verstimmung des Papstes konnte bis zu dessen Tod (26. III. 1378) nicht vollständig ausgeräumt werden, obwohl Karl mit weiteren rückdatierten Schreiben nahezu alle Forderungen Gregors, betr. Approbation und Gültigkeit von Wahlen bei Lebzeiten des Kaisers, erfüllte. Wenzel selbst hat die kaiserlichen Deklarationen indes nicht mitbesiegelt, so daß die Approbation am Ende erst der Notlage zu danken war, in die Urban VI. geraten war. Wenige Monate später ist Karl IV. gestorben.

Die deutschen Historiker haben in den vergangenen Jahren viel Rühmendes über diesen Kaiser zu sagen gewußt. Karls eigene Schriften, seine Autobiographie, aber auch die Arengen (Einleitungen) seiner großen Privilegien haben ihnen bei diesen Laudationes wertvolle Fingerzeige gegeben, denn Karl hat es geradezu meisterhaft verstanden, die Pflichten eines gerechten, weisen und friedfertigen, mit einem Wort: eines vorbildlichen Herrschers in solch einprägsamer Weise zu formulieren, daß manch einer, der literate Bildung und ihre Produkte bereits als die Spiegelung politischer und charakterlicher Realität nimmt, den Luxemburger nach den von diesem vorgegebenen Richtlinien darstellen zu können meinte: »keiner ist ein eifrigerer, konsequenterer und konzeptionsfähigerer Friedenshüter gewesen als Karl IV.«, konnte im Jahre 1978 unwidersprochen über Karl IV. geschrieben werden. Gewiß wird dieser, wenn er den Psalmisten zitierte: »Selig, die ihren Lebensweg makellos schreiten, denn sie wandeln im Gesetz des Herren«, zutiefst davon überzeugt gewesen sein, daß er ein solcher Wanderer sei, und der Erzbischof von Prag hat ihn wohl nur nach vorheriger Rücksprache in einer Rede vor Clemens VI. einen zweiten Salomo genannt. Ebenso überzeugt dürfte Karl IV. gewesen sein, wenn er von der Verworfenheit seiner Widersacher sprach, wenn er ihnen all die Untugenden nachsagte, die einen Herrscher zum Tyrannen werden ließen: superbia (Hochfahrt), avaritia (Habsucht), luxuria (Verschwendungssucht), ira (Zorn), invidia (Neid). Liest man Karls an die Prager adressierten Nachruf auf seinen Todfeind von Bayern und vergleicht diese von Haß und Verachtung getränkten Tiraden mit den respektvollen Worten, die Rudolf von Habsburg dem gefallenen Böhmenkönig gewidmet hat, bedenkt man die Verstrickung Karls IV. in die Massenmorde des Jahres 1349, dann wird man ihn noch nachträglich dazu beglückwünschen können, daß Molière erst drei Jahrhunderte später und in einem anderen Land seine grimmigen Komödien geschrieben hat.

Karl IV. hat die Juden nicht verfolgt; er hat sie sogar dort, wo er es konnte, in seinen Schutz genommen, weil er von ihrer Unschuld hinsichtlich der angeblichen Brunnenvergiftung überzeugt war. Aber er hat seinen Kammerknechten den rechtlichen Schutz, zu dem er verpflichtet war, entzogen und ihren Mördern im voraus für den Preis von einigen Tausend Silber- und Goldstücken Straffreiheit gewährt.

Nur wenn von dieser Gegebenheit abgesehen wird, läßt sich das Urteil über Karls Herrschaft nicht auf einen Nenner bringen. Seine Anfänge standen unter dem Segen Avignons; ohne die Unterstützung durch Clemens VI. hätte er sich kaum gegen seine offenen und heimlichen Gegner, zu denen auch der König von Frankreich gehörte, behaupten können. Allerdings ist der Luxemburger nicht zum willfährigen Befehlsempfänger der Kurie geworden, sondern hat das Reich ohne Aufsehen aus dem fruchtlosen Prinzipienstreit mit Avignon herausgeführt, ohne die zur Zeit des Rhenser Kurvereins definierten Reichsrechte preiszugeben, Reichsrechte, die freilich im wesentlichen die Rechte der Kurfürsten waren. Die Politik, die einen fast Mitleid erregenden und als lästig empfundenen Bittsteller zu einem ebenbürtigen und zeitweise überlegenen Bündnispartner der Könige Frankreichs werden ließ, kann ohne jede Einschränkung als brillant bezeichnet werden. In gleicher Weise ist es Karl gelungen, die Gefahrenherde am Ost- und Südostrand der böhmischen Hausmacht so lange unter Kontrolle zu halten, bis er nach dem Tode des Bayern seine Position gefestigt hatte. Kasimir von Polen hat es damals versäumt, die Gelegenheit zu nutzen und eine Revision der seit den dreißiger Jahren bestehenden Verhältnisse zu erreichen. Seinen fürstlichen Opponenten im Reich hat sich Karl bis in die Mitte der sechziger Jahre stets als überlegen erwiesen; die Hoftage, die er damals gehalten hat, gehören zu den am besten besuchten des ganzen Spätmittelalters. Die Goldene Bulle, die er auf zwei dieser Tage verkündet hat, wurde trotz ihres von Kompromiß und Verzicht geprägten Inhaltes – z.T. aber auch gerade aus diesem Grunde – zu einem durchweg respektierten Grundgesetz des Reiches.

Nach dem Abschluß des Vertrages mit Frankreich und der Verkündung der Goldenen Bulle trat trotz zweier Reisen nach Arles und Rom die Ausweitung und Konsolidierung der luxemburgisch-böhmischen Hausmacht in den Vordergrund seiner Politik, ehe er sich kurz vor seinem Tode noch einmal um eine Entente mit Frankreich bemühte. Die beiden wichtigsten Ziele der Hausmachtpolitik: den Erwerb Brandenburgs und die Wahl Wenzels hat Karl IV. erreicht, allerdings zu einem Preis, der sich auf Dauer als nicht mehr vertretbar erweisen sollte. Die Kosten für die Mark

Brandenburg wurden den Reichsstädten aufgebürdet. Zwar ist es durchaus üblich, daß Untertanen, denen unerhörte Steuern abverlangt werden, sich auf ihre Weise zu rächen versuchen, und das Bild Karls IV. in der reichsstädtischen Geschichtsschreibung ist dann dementsprechend ausgefallen. Gravierender war es freilich, daß der Kaiser mit dem Kauf eines Fürstentums eine der wenigen bisher immer noch tragfähigen Grundlagen der Reichspolitik nachhaltig erschüttert hat, ohne in den städtefeindlichen Kräften einen auch nur halbwegs adäquaten Ersatz zu finden. Die Ritterschaft, der Karl IV. wohl nicht nur aus politischen Gründen keinerlei Interesse entgegenzubringen vermochte, hat, wie man heute weiß, im Rahmen der spätmittelalterlichen Reichspolitik keine allzu große Bedeutung gewinnen können. Der Plan von Karls Sohn Siegmund, Adelsgesellschaften und Städtebünde zur Basis eines reformierten Reiches werden zu lassen, hat sich nicht realisieren lassen. Gleichwohl wird man die Reichsritterschaft als eine durchaus beachtliche Potenz zu werten haben, und wenn Karl IV. allem Anschein nach nicht einmal den Versuch gemacht hat, sich in nennenswertem Maß um die Belange dieser Adeligen zu kümmern, so wird auch dies zu den Negativposten seiner politischen Bilanz gerechnet werden müssen.

Die Wahl Wenzels ist von mehreren Autoren des späteren 14. Jahrhunderts als überzeugender Beweis dafür gewertet worden, daß Karl zwar der Vater Böhmens (pater Bohemiae), zugleich aber der Zerstörer des Reiches gewesen sei. Dieses Verdikt dürfte in seinem Kern bereits in die Zeit Karls IV. zurückgehen; vielleicht war er am Ende seiner Regierung selbst der Meinung, einen zu hohen Preis für die Nachfolge seines Sohnes gezahlt zu haben. Zweifellos hat Wenzels Wahl eben das gekostet, was sie aus der Sicht des Reiches eigentlich hätte sichern sollen, nämlich die materielle Substanz des römisch-deutschen Königtums. Das stellt keineswegs die Simplifizierung eines komplexeren Sachverhaltes dar; schon Karls jüngerer Sohn Siegmund (nicht also erst die Historiographie des 19. Jahrhunderts) hat über die Reichsgutpolitik der römisch-deutschen Könige des 14. Jahrhunderts so geurteilt, wobei Siegmund es freilich vermied, seinen Vater bei Namen zu nennen.

Politischer Instinkt, Weitblick, diplomatisches Geschick und Fortüne, die seinen Aufstieg ermöglicht hatten, scheinen Karl IV. im letzten Jahrzehnt seiner Herrschaft fast völlig verlassen zu haben. Die Beilegung des Konflikts mit dem Herzog von Jülich, der seinen Bruder und Vikar gefangengenommen hatte, könnte als Lehrstück dafür dienen, wie man mit einem diplomatischen Erfolg politischen Spielraum verlieren kann. Eine Anekdote, die am Brabanter Hof von Karls Schwägerin Johanna kolportiert worden sein dürfte, berichtet davon, wie der Kaiser sein Verhalten zu rechtfertigen suchte. Auf den Vorwurf, daß er dem Jülicher 50000 fl. (aus Brabanter Mitteln) für die Freilassung seines Bruders Wenzel habe zahlen lassen, anstatt ihn mit militärischen Mitteln zu befreien, soll Karl erwidert haben: »Schweigt, ihr Dummköpfe. Wenn ich den Krieg hätte weitergehen lassen, dann hätte mich das gewiß mehr gekostet. So aber ist es auch gut gegangen. Man soll die Ritterschaft so spät wie irgend möglich der Gefahr (einer Schlacht) aussetzen.« Die Anekdote kann leicht mißverstanden werden. Obwohl, wie bereits erwähnt, die bedeutenderen Heerführer des Hundertjährigen Krieges ihre Feldzüge just so unternommen haben, als ob sie Karls Devise bereits als strategischen Lehrsatz gekannt hätten, mußte es den Zeitgenossen doch als eine Schmach erscheinen, daß ein Kaiser seinem Vasallen Geld für die Freilassung seines Vikars zahlte. Die Rechnung, die Karl IV. aufgestellt hat, war die eines Kaufmanns, nicht die eines Kaisers, und sie dürfte dazu beigetragen haben, daß die Nachfolge der Luxemburger in Brabant sich nicht hat verwirklichen lassen; das Bild, das Karls Sohn Wenzel nach dem Tode von Johannas Gemahl geboten hat, dürfte die Brabanter nur in einem längst feststehenden Entschluß bestärkt haben.

Am Ende dann die Kirchenspaltung. Wenn der Kaiser eine Chance gesehen hätte, mit seinem Neffen in Paris zu einer gemeinsamen Haltung gegenüber diesem von Anfang an als höchst gefährlich eingestuften Ereignis zu kommen, dann wären gewiß seine bedeutendsten Räte nach Frankreich geschickt worden. Aber nach allem, was über die erste Phase des Schismas bekannt ist, scheint das nicht geschehen zu sein, und so haben die beiden Höfe in Prag und Paris offenbar weitgehend unabhängig voneinander ihre Einflüsse geltend zu machen gesucht. Dies hat das Gipfeltreffen vom Januar 1378 im nachhinein zu einem glanzvollen Schauspiel politischen Unvermögens degradiert. Der Tod hat den Kaiser dann davor bewahrt, das ganze Ausmaß der Krise zu überschauen, in welche die Christenheit am Ende seiner Herrschaft getrieben war.

VIII. Wenzel

Nach dem Tode Karls IV. verfügten sechs Mitglieder seiner Familie über den luxemburgischen Hausbesitz in West und Ost: Der Halbbruder des Kaisers, Herzog Wenzel von Luxemburg, der in modernen Abhandlungen nicht eben selten mit seinem gleichnamigen Neffen, König Wenzel, verwechselt wird, herrschte nicht nur über das Stammland Luxemburg mit der Grafschaft Chiny, sondern auch, als mainbour (Vormund) seiner Frau, über die Herzogtümer Brabant und Limburg. Der römische König Wenzel, damals gerade 18 Jahre alt, war zugleich König von Böhmen und gebot darüber hinaus über die der Krone Böhmens inkorporierten schlesischen Fürstentümer. Sein achtjähriger Bruder Johann besaß das Herzogtum Görlitz, der zehnjährige Siegmund die Mark Brandenburg und die beiden Söhne von Karls jüngerem Bruder Johann Heinrich, Jost und Prokop, die Markgrafschaft Mähren.

Wenzel war von seinem Vater sorgfältig auf die künftigen Aufgaben vorbereitet worden; er beherrschte neben der tschechischen und der deutschen Sprache auch noch die lateinische und erfüllte damit die Forderungen des Schlußkapitels der Goldenen Bulle. Schon kurz nach der Wahl zum König war er vom Vater mit einigen politischen Aufgaben betraut worden, die er mit Hilfe der ihm zur Seite gestellten Räte auch gemeistert hat. Ein gewisser Hang zum Müßiggang, wie er bei sensiblen Naturen oft zu beobachten ist, muß sich allerdings schon sehr früh bemerkbar gemacht haben, und schwierigen politischen Geschäften entzog er sich gerne, indem er ausschweifende Jagdausflüge in die böhmischen Wälder unternahm. Später hat sich seine Trunksucht zu einem beachtlichen Faktor der Reichspolitik entwickelt und auch zu einer gewissen Deformation seines aufs Ganze gesehen keineswegs bösartigen Charakters geführt; ein blutrünstiges Monstrum, als das ihn die sich um den hl. Nepomuk rankenden Legenden darzustellen pflegen, ist er gewiß nie gewesen.

Der junge König hat gleich in den ersten Monaten seiner Herrschaft einige wichtige Entscheidungen getroffen, von denen zu erwarten stand, daß sie im Innern des Reiches und für dessen Außenbeziehungen erhebliche Folgen nach sich ziehen mußten: Am 27. II. 1379 gründete er zusammen mit den vier rheinischen Kurfürsten in Frankfurt den sogenannten Urbansbund, der auf genossenschaftlicher Grundlage das Reich zur Oboedienz (zum

Gehorsam) Urbans VI. verpflichten sollte. Wie beim Rhenser Kurverein wurden die anderen Stände des Reiches aufgefordert, der Einigung beizutreten. Die Gründung des Urbansbundes ist offenbar unter dem maßgeblichen Einfluß des alten Pfalzgrafen Ruprecht erfolgt, der neben Herzog Leopold III. von Österreich als die bedeutendste Figur unter den Reichsfürsten dieser Zeit angesehen werden kann und mit seinem Eintreten für den römischen Papst eine Tradition begründete, die sein gleichnamiger Neffe und dessen ebenfalls Ruprecht benannter Sohn, der spätere König, bis zum bitteren Ende fortgeführt haben. Es kann indes keine Rede davon sein, daß der junge Wenzel damals ein Werkzeug in der Hand des erfahrenen Pfalzgrafen gewesen wäre, denn zwei Tage vor der Gründung des Urbansbundes hatte Wenzel dem Österreicher Leopold die wegen ihrer Einwirkungsmöglichkeiten auf die Reichsstädte immer noch bedeutsamen Landvogteien in Ober- und Niederschwaben für 40000 fl. verpfändet und die Reichsstädte aufgefordert, dem neuen Landvogt gehorsam zu sein. Dies bedeutete einen Affront für die Wittelsbacher, denn die Landvogteien waren dem Herzog Friedrich von Bayern noch am 8. II. d.J. bestätigt worden. Die Verleihung der Reichsämter an die Habsburger führte dann aber nur dazu, daß sich die fortwährend bedroht fühlenden Reichsstädte am 4. VII. nicht nur mit den bayerischen Herzögen, sondern auch mit deren Vettern von der Pfalz verbündeten. Die fürstlichen Alliierten nahmen zwar u.a. auch den König und das Reich aus ihren Verpflichtungen aus, doch sollte diese Klausel nicht gelten, wenn Freiheiten und Gewohnheiten der Städte bedroht würden. Kein Zweifel, daß hier eine von den Wittelsbachern geführte Städtefronde gegen den König und die Habsburger entstanden war; Leopold vermochte sich dann auch nicht durchzusetzen. Herzog Friedrich behielt die Landvogteien, söhnte sich mit dem König aus und avancierte in der Folge sogar zu einem wichtigen Berater des Königs, während die Habsburger – ohne sich mit dem König zu überwerfen – zu den Führern der Anhänger Clemens' VII. im Reich wurden. Das gute Einvernehmen der Städte mit den Bayern war ebenfalls nur von kurzer Dauer; sie fühlten sich nach den Erfahrungen der späten Tage Karls IV. offenbar genötigt, eine von allen fürstlichen Mächten einschließlich Wenzel unabhängige Stellung zu bewahren.

Diese Politik korrespondierte in gewisser Weise mit der des Königs. Im Innern ließ Wenzel Habsburg und Wittelsbach wechselweise seine Gunst zukommen; im Bereich der Außenbeziehungen hatte er zwar mit dem Urbansbund eindeutig gegen den von Frankreich gestützten Clemens Stellung bezogen, jedoch hat ihn das nicht daran gehindert, eine Gesandtschaft nach Paris zu schik-

ken, die dort, kurz vor Karls V. Tod, am 21./22. VII. 1380 den luxemburgischen Freundschaftsbund mit dem Hause Valois erneuerte.
Wenn Wenzel seine anfangs ungewöhnlich betriebsam anmutende Politik in einer von den Reichsfürsten doch sehr unabhängigen Weise betreiben konnte, so lag das gewiß auch daran, daß er sich diese Herren nach der Gründung des Urbansbundes und der Verleihung der schwäbischen Landvogteien vom Leib gehalten hat. Im Herbst 1379, als in Frankfurt über die Kirchenfrage verhandelt werden sollte, zog er es vor, in Nürnberg zu bleiben und sich auf dem von ihm selbst angesetzten Tag durch drei Gesandte vertreten zu lassen, die jedoch offenbar nur den Gang der Ereignisse beobachten und keine Entscheidung sanktionieren sollten. Dies war eine Neuerung von erheblicher Tragweite, die allerdings von den Beteiligten noch kaum überschaut worden sein kann. Bisher war die persönliche Präsenz des Monarchen geradezu eine conditio sine qua non für eine curia regis gewesen, einen königlichen Hoftag, wie die Übersetzung lauten müßte. Die Frankfurter Tagung aber wird man ohne Bedenken als einen Reichstag bezeichnen können; allerdings dürften die Fürsten dies noch nicht als Vorteil erkannt und genutzt haben, zumal eine Angelegenheit zur Diskussion stand, die ohne den König nicht geregelt werden konnte. Die Kirchenfrage hatte sich in der Zwischenzeit nämlich dramatisch zugespitzt, da der mit Ludwig von Meißen um den Mainzer Erzstuhl rivalisierende Adolf von Nassau damit drohte, sich Clemens VII. anzuschließen, um von diesem die Bestätigung als Erzbischof zu erhalten. Der Frankfurter Reichstag blieb trotz erfolgversprechender Verhandlungen mit den Reichsstädten über deren Beitritt zum Urbansbund im wesentlichen ergebnislos; nur wenig später, am 28. X., ließ Adolf verkünden, daß er von Clemens das Pallium angenommen habe, und auch Herzog Leopold gab zu erkennen, daß er dem avignonesischen Papst Gehorsam leisten wolle. Dies veranlaßte den Pfalzgrafen, die beiden Kollegen von Trier und Köln zu einem Tag in Oberwesel zu bitten, wo am 11. I. 1380 ein Bund geschlossen wurde, der die Beteiligten zum aktiven Kampf gegen Clemens und seine Anhänger verpflichtete. Zugleich schickte man dem König eine freundliche Einladung zu einer Konferenz, zugleich aber auch eine in weit weniger konzilianter Form gehaltene Aufforderung, sich der Belange des Reiches besser anzunehmen oder aber einen Vikar für den deutschen Teil des Reiches zu bestellen. Der Initiative der drei Kurfürsten wurde indes die Spitze gebrochen, als es dem an Wenzels Hof gekommenen Kardinal Pileo da Prato gelang, einen Ausgleich des Königs mit dem Elekten von Mainz und dessen Abfall von Clemens in die

Wege zu leiten. Zugleich begannen die Vorbereitungen zu einem Romzug Wenzels, dessen Krönung zum Kaiser natürlich einen beachtlichen Erfolg für Urban bedeutet hätte.

Da Wenzel die Fürsten nur verhältnismäßig selten und ganz nach Belieben zu Rate zog, kam naturgemäß den Leuten seiner unmittelbaren Umgebung eine ausschlaggebende Bedeutung zu. Am Anfang waren das noch die Räte, die schon unter seinem Vater gedient hatten. Zu nennen sind dabei vor allem Herzog Přemislaus von Teschen, Thimo von Kolditz, Nikolaus von Riesenburg und andere mehr. Herren aus dem Gebiet von Wenzels Hausmacht nahmen dabei eine dominierende Stellung ein. Leiter der Kanzlei – wie unter Wenzels Vater sowohl für Böhmen als auch für das Reich – wurde der schon vor Karls Tod für Wenzel tätige Johann von Jenstein, ein Verwandter des Prager Bischofs Očko von Vlaším, dessen Nachfolger Johann bereits im März 1379 geworden ist. Die niederen Ränge des Kanzleipersonals wurden offenbar überwiegend von Böhmen eingenommen. Von den insgesamt fünf Kanzlern Wenzels stammten drei aus Böhmen. Die beiden Deutschen Lamprecht von Brun, Bischof von Bamberg, und Albrecht von Querfurt, Erzbischof von Magdeburg, amtierten nur sehr kurz, nämlich 1384 bzw. 1395/96. In sprachlicher Hinsicht hat sich dieses böhmisch-tschechische Übergewicht zunächst aber kaum bemerkbar gemacht. Die deutschsprachigen Urkunden setzten ihren Siegeszug fort und drängten die lateinischen in den Bereich der internationalen Beziehungen des Königs zurück. Deutsche Empfänger erhielten jetzt überwiegend deutschsprachige Privilegien und Mandate. Bei den böhmischen Adressaten muß man zwischen geistlichen Institutionen und Personen, dem Adel und den Städten unterscheiden. Die tschechische Sprache begegnet zum ersten Mal in einer Urkunde vom 25. VIII. 1394 und ist auch dann bis zur Absetzung Wenzels (1400) nur vereinzelt bezeugt. Die böhmischen Städte haben die für sie bestimmten Urkunden zunächst überwiegend in deutscher Sprache abfassen lassen, später, als der Konflikt zwischen den böhmischen und den deutschen Bewohnern einzelner Städte aufflammte, kam auch hier die lateinische Sprache wieder zu Ehren. Der böhmische Adel, dessen Mitglieder offenbar weithin die beiden Volkssprachen beherrschten, erhielt sowohl deutsche als auch lateinische wie – besonders nach 1400 – tschechische Urkunden. In der böhmischen Hof- und Landesverwaltung läßt sich demgegenüber kein deutsches Schriftgut nachweisen; hier folgte der lateinischen alsbald die tschechische Sprache. Bemerkenswert, daß nach der Absetzung Wenzels, als sich seine Macht allenfalls noch auf Böhmen erstreckte, zwei Beamte deutscher Herkunft den Löwenanteil an der Kanzleiarbeit geleistet haben:

Johann von Bamberg (1401–1410) und Johann von Weilburg (1413–1416). Beide haben allerdings in großem Ausmaß auch tschechische Stücke konzipiert und sind – wie Hlaváček dies formuliert – so in der sie umgebenden Welt aufgegangen, daß sie in Sprache und Denkweise eigentlich zu Angehörigen der tschechischen Nation geworden sind.

Während Karl IV. schon aufgrund der deutschen Grundlagen seines König- und Kaisertums, die in der Lehre von der Translatio Imperii in Germanos ja auch von der Kurie offiziell anerkannt war, die böhmische Sphäre seiner Herrschaft nur in engem Konnex mit der deutschen gesehen wissen wollte, ist im Verlauf von Wenzels Regierung diese ausgewogene Symbiose erheblich gestört worden, wobei freilich daran zu erinnern wäre, daß die Grafen aus Franken, Schwaben und vom Mittelrhein, die seit den Tagen Rudolfs von Habsburg den Königshof zu frequentieren pflegten, schon in der Spätzeit Karls IV. nicht mehr in der bis dahin gewohnten Weise in Erscheinung getreten waren. Die nach der Absetzung Wenzels in Böhmen wirksam werdenden nationalböhmischen Ressentiments haben indes bis zu Wenzels Sturz seine Reichspolitik allem Anschein nach nicht belastet; jedenfalls haben die rheinischen Kurfürsten als Begründung für ihr Vorgehen gegen Wenzel nur ganz allgemein die Schädigung der Reichsinteressen, z. B. durch die Erhebung des Giangaleazzo Visconti zum Herzog von Mailand, ins Feld geführt, nicht also eine Hintansetzung der Deutschen zugunsten der Böhmen.

Die innere Entwicklung Deutschlands wurde seit den späten siebziger Jahren durch ein neues Element bereichert: die Adels- oder Rittergesellschaften. Ihre Existenz widersprach dem Geist der Goldenen Bulle ebenso wie die der reinen Städtebünde, denn nur ständisch gemischte Einigungen konnten nach den Vorstellungen der Zeit einen dauerhaften Landfrieden auf genossenschaftlicher Basis garantieren. Mitglieder dieser Bünde waren vornehmlich Angehörige des ritterschaftlichen Adels, die zwar Herrschaft über Land und Leute ausübten, andererseits aber zu schwach waren, um sich allein den Arrondierungstendenzen der mächtigeren Landesherren mit Aussicht auf Erfolg zu widersetzen. Dazu sollte vor allem eine freiwillige Schiedsgerichtsbarkeit in eigener Regie dienen, die den Einigungsgenossen die selbstmörderische Fehde oder aber die Unterwerfung unter die für ihre Reichsunmittelbarkeit gefährliche Gerichtsbarkeit der Fürsten ersparen konnte. Zugleich verfolgten die Adeligen aber noch zwei weitere Ziele: 1. gegenseitige Hilfeleistung gegen einzelne oder miteinander verbündete Städte bei den immer wieder auftretenden Konflikten um Geleitrechte oder Zollansprüche und 2. gegenseitige Unterstützung gegen auf-

müpfig werdende hörige Bauern. Bauernrevolten gegen die adligen Grundherren hatte es in Frankreich nach der katastrophalen Niederlage von Maupertuis/Poitiers gegeben, die sog. Jacquerie; in England kam es 1381 zu einem umfassenden Aufstand, nachdem eine allgemeine Kopfsteuer (poll tax) eingeführt worden war und die Bauern in dem Prediger John Ball den Mann gefunden hatten, der ihrem Zorn über grundherrliche und staatliche Abgabeforderungen Ausdruck zu verleihen verstand: »Als Adam grub und Eva spann, wo war denn da der Edelmann?« Die zentralen Regionen des Reiches waren jedoch trotz der ständigen Fehden bei weitem nicht derart von unmittelbaren oder mittelbaren Folgen kriegerischer Auseinandersetzungen in Mitleidenschaft gezogen worden wie das benachbarte Frankreich oder wie England, wo sich schon vor dem Tode des Schwarzen Prinzen und Eduards III. eine allgemeine Kriegsmüdigkeit bemerkbar gemacht hatte. Dem deutschen Adel blieben so wenigstens vorerst die Erfahrungen seiner Standesgenossen in den westlichen Monarchien erspart; erst als sich in den ersten Jahren des 15. Jahrhunderts die Bauern des Appenzeller Landes gegen die Versuche des St. Galler Abtes zur Wehr setzten, die grund- und leibherrlichen Rechte zu intensivieren, drohte ein Übergreifen dieser Aufstandsbewegung auf die Gebiete nördlich des Bodensees und führte zur Gründung der großen Gesellschaft mit St. Jörgenschild (1406). Adelsgesellschaften, Städtebünde und Fürsten verfolgten zwar jeweils ihre ureigenen Interessen, jedoch sollte man sich hüten, die drei Gruppen als hermetisch gegeneinander abgeschlossene Parteien mit präzise formulierten und unwandelbaren Programmen zu begreifen. Dafür gab es unter den einzelnen Mitgliedern der jeweiligen Gruppe zu viele divergierende Interessen; die kleinen schwäbischen Städte, die auf ihre Pfalbürger im Umland angewiesen zu sein glaubten, haben gegenüber Landesherren und ritterschaftlichem Adel eine sehr viel härtere Haltung eingenommen als z. B. die fränkische Großstadt Nürnberg, die in der Regel mäßigend auf die stadtbürgerlichen Heißsporne Schwabens einzuwirken suchte, da sie die Geschäfte ihrer eigenen Bürger mit dem König und den großen Dynastien Süddeutschlands nicht ohne Not gefährden wollte.
Immerhin spitzte sich der Gegensatz zwischen den Städten auf der einen, dem Adel und einigen Fürsten auf der anderen Seite zu Beginn der achtziger Jahre aufgrund von unbedeutenderen Querelen in einer Weise zu, daß ein allgemeiner Krieg jederzeit auszubrechen drohte. So verbündeten sich am 20. III. 1381 die Städte Mainz, Straßburg, Worms, Speyer, Frankfurt und Hagenau miteinander, nachdem die in der Wetterau seit dem 13. X. 1379 existierende Adelsgesellschaft mit dem Löwen Frankfurt belagert

und den Rat zur Freilassung einiger vermutlich wegen Straßenraubs gefangener Adeliger genötigt hatte. Am 17. VI. einigten sich dann sogar der rheinische und der schwäbische Städtebund auf ein gemeinsames Vorgehen gegen die gemeinsamen Feinde. Zu einem großen Krieg kam es zwar nicht, jedoch war das politische Klima dieser Zeit durch eine ganze Reihe kleinerer Zwischenfälle vergiftet. Z.B. versuchten der Herzog Friedrich von Bayern und ein Herr von Leuchtenberg, von den Juden Regensburgs eine außerordentliche Abgabe zu erzwingen. Obwohl die Herren dafür ein Mandat König Wenzels vorweisen konnten, widersetzte sich die Stadt, nicht aus Liebe zu ihren Juden, sondern weil sie eine Beeinträchtigung ihrer Autonomie fürchtete. Die Folge der Aktion war der Beitritt Regensburgs zum schwäbischen Städtebund am 2. IX. 1381. Es war dann nicht König Wenzel, sondern Herzog Leopold, der zunächst einen Waffenstillstand zwischen verschiedenen Adelsgesellschaften und den Städten und dann am 9. IV. 1382 zu Ehingen sogar eine Art Landfriedensbündnis zwischen den Parteien zustande brachte, dem auch der Herzog mit den vorderösterreichischen Landen angehörte. Der Frieden sollte im gesamten süddeutschen Raum, von Straßburg bis Eger, von Speyer bis Bregenz gelten, wurde jedoch auf nur zwei Jahre befristet. Diese Zeit hat König Wenzel zu nutzen gesucht, um einen allgemeinen Reichslandfrieden auf regionaler Basis zu schaffen. Unterstützt von seinem wichtigsten Berater in Landfriedensangelegenheiten, Bischof Konrad von Lübeck, wurde ein Vertragswerk ausgearbeitet, das auf einem Nürnberger Reichstag am 11. III. 1383 verabschiedet wurde, allerdings nur von den Fürsten; die Städte haben sich geweigert, der Einung beizutreten. Neu und zukunftweisend an dem sich dann als reiner Herrenbund etablierenden Landfrieden war die Einteilung des Reiches in vier Landfriedensbezirke: 1. Böhmen mit Brandenburg, Sachsen, Lüneburg. 2. Trier, Köln, Pfalz, Hessen, Baden. 3. Österreich, Bayern, Lothringen, Württemberg, die Bischöfe von Straßburg, Augsburg, Regensburg; 4. die Bischöfe von Bamberg, Würzburg, Eichstätt, dazu Meißen, Thüringen, der Burggraf von Nürnberg. Diesen Landfriedenskreisen hätten die Städte je nach ihrer Lage zugeordnet werden müssen; die schwäbischen wären demnach dem 3. zugewiesen worden, in dem mit den Herzögen von Bayern und Österreich sowie mit dem Grafen von Württemberg das fürstliche Element gewiß eine dominierende Rolle gespielt hätte. Eine eigene Exekutive, etwa eine ständige Landfriedenskommission, war ebensowenig vorgesehen wie eine Appellationsinstanz, etwa das Reichshofgericht. Vielmehr sollten bei Streitigkeiten die Kläger einen Obmann aus dem Kreis der beteiligten Fürsten und Herren auswählen, dem dann je zwei Schiedsleute der Parteien beigegeben werden sollten. Ausgenommen waren von solchen Schiedsverfahren nur Klagen um Reichsfürstentümer, -herrschaften oder -lehen, die vor dem König oder dem Reich verhandelt werden mußten. Die Sonderstellung, deren sich die rheinischen Kurfürsten seit langem erfreuen durften, wurde mit der Bestimmung gefestigt, daß sie die unter ihnen auftretenden Streitfälle in eigener Verantwortung selbst regeln durften.

Dieser Nürnberger Landfriede Wenzels und der Reichsfürsten hat in der Literatur häufig eine sehr schlechte Beurteilung erfahren; daß eine Reihe von Fürsten den Bund als ein wirksames Instrument gegen die Städtebünde einzusetzen beabsichtigte, kann auch nicht bezweifelt werden. Aber in den folgenden Monaten haben eine Reihe von Verhandlungen zwischen Vertretern von Fürsten und Städten stattgefunden, die nicht ganz aussichtslos gewesen sein können. Das Abgehen von der noch unter Karl IV. vorherrschenden Praxis, die regionale Zusammensetzung der Landfrieden mehr oder weniger dem Zufall zu überlassen, hätte gewiß zu einer konstanteren Friedenswahrung führen können, da den einzelnen Mitgliedern nicht mehr freigestellt sein würde, sich den einmal geschlossenen Einigungen nach Belieben zu entziehen und nach anderen, genehmeren Partnern Umschau zu halten. Wenn die Bemühungen Wenzels und seiner Berater schließlich gescheitert sind, alle Stände auf freiwilliger Basis zu einem gemeinsamen, das gesamte Reich umfassenden Frieden zu einen, so wird man dies nicht nur ihnen zur Last legen dürfen. Das nachgerade krankhafte Mißtrauen der Städte, das sich auch während der Verhandlungen um eine Modifikation des Nürnberger Herrenbundes bemerkbar machte, war nicht von Wenzel, sondern von Karl IV. gesät worden.

Fatal für die Friedensordnung des Reiches wurde erst die Entwicklung der königlichen Politik in den folgenden Jahren. Zunächst überließ Wenzel die Landfriedensprobleme den Fürsten und den Städtern, die gelegentlich mit königlichen Boten Rücksprache nehmen mußten. Beteiligt waren an diesen Unterhandlungen u.a. Leopold von Österreich, Friedrich von Bayern, der alte Ruprecht von der Pfalz sowie Heinrich Tobler aus Rothenburg, besonders aber auch eine Reihe von Nürnbergern, deren Stadt sich nun (21. VI. 1384) doch noch für den Anschluß an den Schwäbischen Bund entschieden hat – ein deutliches Zeichen für die Verschlechterung der Situation.

Wenzel, der vor allem wegen bestimmter Todesfälle im Bereich der böhmischen Hausmachtinteressen längere Zeit nicht nach Deutschland kommen konnte, ist zur Bestätigung der am Ende doch noch

erzielten Einigung zwischen den Herren und dem Städtebund nach Heidelberg gereist, wo am 26. VII. 1384 die nach dieser Stadt benannte »Stallung« abgeschlossen wurde. Da die Einung die Existenz der Städtebünde praktisch bestätigte, schien ihm eine Beteiligung unmöglich; er nahm sie folglich nur zustimmend zur Kenntnis. Voraussetzung dafür, daß beide Parteien sich in den vier wichtigsten Landfriedensfällen, Mord, Raub, Brand und unrechter Fehde, gegenseitig Hilfe leisten würden, war die Garantie des beiderseitigen Besitzstandes für die Dauer der Einung (Pfingsten 1387). Niemand durfte Mitglieder der anderen Partei in seinen Bund aufnehmen. Ausgenommen von dieser Regelung waren einzelne Personen, nicht aber Pfalbürger, die von den Städten nicht als Bundesgenossen angenommen werden durften.
Kurz vor dem Abschluß der Heidelberger Stallung war von Wenzel ein neuer Kanzler ernannt worden, Lamprecht von Brun, Bischof von Bamberg. Allerdings amtierte er nur ein knappes halbes Jahr, und mit dem neuerlichen Wechsel an der Spitze der Kanzlei war diesmal ein spürbarer Wandel der königlichen Politik verbunden. Nachfolger Lamprechts wurde ein Mann aus der engsten Umgebung des Königs, Hanko Brunonis aus Prag, Kantor der Kirche von Glogau und Kanoniker von Leitmeritz. Zur gleichen Zeit verschwand auch der zweite Mann aus der wichtigsten Institution des Reiches, Konrad von Geisenheim, und er wurde ebenfalls durch einen Böhmen, Wlachnik von Weitmühl aus dem böhmischen Zweig der Familie der Krabice von Weitmühl, ersetzt (seit 11. I. 1385). Auch wenn die normale Arbeit der Kanzlei von dem Wechsel nicht wesentlich verändert worden ist, die Ablösung der beiden Bischöfe und die Beauftragung der beiden Böhmen signalisierten doch auch einen Wechsel in der Reichspolitik. Unmittelbar betroffen davon waren die Juden in den Reichsstädten. Wenzel ließ seit dem Herbst 1384 den Städten Pläne über eine Neuregelung des Judenregals und des Münzwesens vorlegen. Der Form nach blieb die Absicht, »ein besser getrawin zu einander« zu gewinnen, in den Bahnen des Landfriedens, d. h. des Fürstenbundes von 1383, aber in der Sache bedeuteten die dann zum Teil realisierten Pläne eine für die Fürsten doch sehr peinliche Wendung der Dinge. Die Städte gingen auf die Vorschläge des Königs ein, die auf eine unverfrorene Plünderung der seit den Morden von 1349 wieder angesammelten Judenvermögen hinausliefen. Die führenden Köpfe der ganzen Aktion waren offenbar Nürnberger Kaufleute, die ja schon 1349 ihre Erfahrungen gemacht hatten, vorab ein Neffe Ulman Stromers, Berthold Behaim und Berthold Pfinzing sowie Konrad Haller; soweit die Juden ihre Barvermögen ausliefern mußten, war die Aktion eine Angelegenheit der Städte und des Königs. Indes betraf

die Maßnahme vor allem auch die Schuldbriefe, die bei den Juden gefunden wurden, und wie üblich wurden diese dann nicht für ungültig erklärt, sondern behielten, bei gewissen Konzessionen über die Höhe des Wuchers, ihre Gültigkeit. Nachdem Wenzel gegen eine Beteiligung an dem Gewinn das Geschäft am 2. VII. 1385 durch eine Verfügung bestätigt hatte, wurde die von den Städten durchgeführte Eintreibung auf den 2. II. 1388 terminiert. Es verdient vorweg erwähnt zu werden, daß just zu diesem Zeitpunkt der lange aufgeschobene große Krieg zwischen den Fürsten und den Städten ausgebrochen ist. König Wenzel war von den Städtern nur mit einem Bruchteil der eingetriebenen Schuld abgefunden worden. Insgesamt hat man ihm 40000 fl. zugesagt, von den Nürnbergern sind ihm nur rund 24 Prozent des dort erzielten Gewinns ausgehändigt worden (19000 von 80986 fl.).
Unterdessen hatten sich im Bereich von Wenzels Außenbeziehungen Veränderungen von erheblicher Tragweite vollzogen, die durch zwei Todesfälle ausgelöst worden waren: Am 11. IX. 1382 war Ludwig der Große von Ungarn und Polen, am 8. XII. Herzog Wenzel von Luxemburg gestorben, womit sowohl am West- wie am Ostrand des Reiches Erbansprüche erhoben und durchgesetzt werden mußten.
Wie eingangs erwähnt, hatte Wenzel sich trotz seiner Beteiligung an dem vom Pfalzgrafen initiierten Urbansbund nicht davon abhalten lassen, die familiären Beziehungen zu seinem Vetter Karl V. zu pflegen und durch die Erneuerung des Freundschaftsbündnisses zwischen Valois und Luxemburg zu festigen (21./22. VII. 1380). Daß damals, kurz nach dem Entstehen der Kirchenspaltung, die Bindungen zwischen den Anhängern der beiden Päpste aufrechterhalten wurden, war nichts Ungewöhnliches, denn die Fronten zwischen Urbanisten und Clementisten hatten sich noch nicht verfestigt und verliefen z. T. sehr unübersichtlich. Wenn der Erzbischof von Toledo in den während der Messe zu lesenden Fürbitten für das Oberhaupt der Kirche den Namen des Papstes tilgen und durch die Formel: »Für den, der wahrer Papst ist«, ersetzen ließ, so stand er mit dieser Ratlosigkeit in der Christenheit nicht allein, wenngleich sich viele durch politische oder sonstige nicht mit dem Glauben zusammenhängende Gründe zur Parteinahme bewegen ließen und dann natürlich zutiefst von der Rechtmäßigkeit ihres jeweiligen Papstes überzeugt waren. Manche Landesherren im Grenzbereich zwischen Frankreich und dem Imperium, so Herzog Wenzel von Luxemburg oder der Wittelsbacher Graf von Hennegau-Holland, versuchten, trotz ihrer Sympathien für Clemens VII. Neutralität zu wahren. Aber selbst ein so eingeschworener Urbanist wie Pfalzgraf Ruprecht hat noch im Frühjahr 1379 über einen

Ehebund zwischen seinem Großneffen, dem späteren König, und einer Tochter König Karls V. verhandeln lassen. Allerdings zeichneten sich damals auch schon die tiefen Gräben ab, die eine rasche Beseitigung der Spaltung dann nachhaltig beeinträchtigen sollten. Daß Flandern unter seinem starrsinnigen Grafen Ludwig sich anders entscheiden würde als sein Lehnsherr in Paris, wird niemanden verwundert haben; sein Schwiegersohn und künftiger Erbe Philipp von Burgund dürfte sich freilich schon damals Gedanken darüber gemacht haben, wie er als Anhänger Clemens' VII. mit Untertanen verfahren würde, die sich zu Urban VI. bekannten. Im nachhinein wird man es auch als geradezu zwangsläufig bewerten, daß Schottland dem Beispiel Frankreichs folgte und England sich für den römischen Papst entschied. Allerdings war die Parteinahme des englischen Regentschaftsrates zugunsten Urbans nicht ganz so unausweichlich, wie es nachher scheinen mochte, denn zunächst stand man noch in Verhandlungen mit den Valois über eine Ehe des minderjährigen Richard II. mit einer Tochter Karls V., und erst die Heirat Richards mit Wenzels Schwester Anna hat hier die Front endgültig abgesteckt (1382). Als wirksamster Katalysator für die Vertiefung des Zwiespalts in der westlichen Christenheit dürfte der bereits im vorigen Kapitel erwähnte Konflikt um Neapel anzusehen sein, zumal hier beide Päpste unmittelbar beteiligt waren: Clemens, der die Königin Johanna und ihren Adoptivsohn Ludwig von Anjou, einen Bruder Karls V., unterstützte, und Urban, der dem ungarischen Thronprätendenten Karl von Durazzo seinen Segen gab. Beide Parteien durften die jeweils andere als exkommuniziert und häretisch ansehen, und dementsprechend fanatisiert ist man dann auch miteinander umgesprungen.
Von allen Fürsten Europas wäre Karl V. noch am ehesten in der Lage gewesen, den schon wegen der unaufhaltsamen Expansion der Türken auf dem Balkan so verhängnisvollen Zwist auf dem Verhandlungswege zu lösen; aber nur wenige Monate nach der Erneuerung des Freundschaftsbundes mit dem römischen König, auf dessen Grundlage man ein Konzil hätte einberufen können, ist der Valois gestorben (16. IX. 1380). Zu dem Regentschaftsrat, der die Geschicke Frankreichs während der Minderjährigkeit Karls VI. lenken sollte, gehörten die drei Brüder Karls V., Ludwig von Anjou, Philipp von Burgund und Johann von Berry sowie der Bruder von Karls VI. Mutter, Ludwig von Bourbon. Die neapolitanischen Interessen des Anjou, die von den anderen Regenten unterstützt wurden, mußten nahezu zwangsläufig zu einer Verhärtung der clementistischen Ausrichtung der französischen Politik führen, und dies scheint Urbans Legat, der Kardinal Pileo da Prato, dem römischen König überzeugend dargelegt zu haben.

Jedenfalls hielt Wenzel es für richtig, zusammen mit Ludwig von Ungarn eine Gesandtschaft nach Paris zu schicken, die dort für Urban werben sollte, und fast gleichzeitig eine weitere Delegation zu beauftragen, in London über eine Ehe von Wenzels vierzehnjähriger Schwester Anna mit dem dreizehnjährigen König Richard II. zu verhandeln. Außer dem Herzog von Teschen reiste auch der Kardinal nach England, der als Experte für die englisch-französischen Beziehungen gelten konnte, da er in früheren Jahren an Friedensverhandlungen zwischen den beiden Mächten teilgenommen hatte. Ob er Wenzel über die Tragweite der geplanten Ehe aufgeklärt hat, entzieht sich unserer Kenntnis, doch war dieser ja während der Parisreise vom Winter 1377/78 ausreichend über den englisch-französischen Konflikt informiert worden, so daß man ihn kaum als unschuldiges Opfer der diplomatischen Fähigkeiten von Urbans Legaten ansehen kann. Mit der Eroberung Neapels durch Karl von Durazzo und der Ermordung der Königin Johanna (27. VII. 1382), mit der am 20. I. 1382 tatsächlich zustande gekommenen böhmisch-englischen Ehe und einigen anderen Ereignissen war das kirchliche Schisma in einem Ausmaß politisch aufgeladen worden, das eine schnelle und problemlose Beendigung des Konflikts aussichtslos werden ließ. Die folgenden Ereignisse in Flandern, wo sich, wie kurz zuvor schon in England, der gemeine Mann – Handwerker und Bauer – gegen die Herrschaft von Fürst und Adel erhob, ließ die Fronten noch mehr verkrusten; denn als Karl VI. auf Geheiß seiner Oheime einen clementistischen Kreuzzug gegen die Aufrührer führte, antwortete der Bischof von Norwich mit einem urbanistischen. Dieser ist dann zwar schon im Ansatz gescheitert, doch war der englisch-französische Konflikt damit wieder in die Nähe eines offenen Krieges geraten.

Die bereits erwähnten Todesfälle in Luxemburg-Brabant und in Polen-Ungarn – am 30. I. 1384 starb dann auch noch Graf Ludwig von Flandern – haben die politische Welt am Ost- und am Westrand des Reiches in nachhaltiger Weise verändert und die Position der böhmisch-luxemburgischen Dynastie im Kräftespiel Europas erheblich geschwächt.

König Ludwig hinterließ zwei Töchter, Maria (* 1371) und Hedwig (Jadwiga * 1373–74); die erste war bereits ein Jahr nach ihrer Geburt mit dem damals vierjährigen Siegmund verlobt worden, die zweite war als Gemahlin für einen Sohn Herzog Leopolds III. von Österreich vorgesehen worden. Zunächst schien es so, daß Siegmund völlig leer ausgehen sollte: Die Polen waren entschlossen, die Union mit Ungarn nicht mehr fortbestehen zu lassen, da sie sich von Ludwig stets zurückgesetzt gefühlt hatten. Sie erklärten sich bereit, diejenige der Töchter Ludwigs als Königin zu akzeptieren, die im Lande residieren wolle. Siegmunds Braut war aber von ihrer Mutter alsbald zur Königin von Ungarn proklamiert worden, so daß sie als Polenkönigin nicht mehr in Frage kam. Obwohl der junge Markgraf von Brandenburg Anhänger unter einer großpolnischen Adelssippe hatte, war damit die polnische Frage für ihn bereits erledigt. Aber auch die Stephanskrone wäre ihm beinahe noch entgangen, denn die energische Mutter seiner Braut versuchte im Bunde mit einigen Adeligen, die durch den Tod von Marias Schwester Katharina abgerissenen Bindungen zu Frankreich zu erneuern und erwog, Siegmunds Verlobte mit dem Bruder Karls VI., dem späteren Herzog von Orléans, zu verehelichen. Außerdem trat auch der neue König von Neapel, Karl von Durazzo, als Thronprätendent auf, hatte aber das Unglück, in die Hände der Königin Elisabeth zu fallen, die ihn alsbald umbringen ließ. Schließlich sah sich Siegmund gezwungen, das fatale Spiel mit Waffengewalt zu beenden. Die Kämpfe um die Nachfolge in Ungarn zogen sich aber über lange Jahre hinweg, erst am 31. III. 1387 konnte sich Siegmund krönen lassen. Die Kriegszüge nach Ungarn bedeuteten für die böhmische Dynastie eine arge Belastung, denn sie war es, die für die Kosten aufzukommen hatte. Im Mai 1388 mußte Siegmund seinem Vetter Jost von Mähren die Mark Brandenburg für fünf Jahre verpfänden. Jost, der sich bei den Feldzügen in Ungarn zweifellos um die Sicherung der böhmischen Hausmacht verdient gemacht hatte, übernahm übrigens fast zur gleichen Zeit auch das Herzogtum Luxemburg als Pfand von König Wenzel und wurde damit zu einer zentralen Figur der böhmisch-luxemburgischen Familie.

Im Zusammenhang mit der Thronfolge in Polen bahnte sich unterdessen eine für den gesamten osteuropäischen Raum überaus folgenreiche Entwicklung an. Die Erbfolge der zehn- oder elfjährigen Tochter Ludwigs des Großen war keineswegs unumstritten, und eine Adelsversammlung zu Rademsko verlangte im März 1384 ultimativ von der Witwe Ludwigs, sie solle das Mädchen nach Krakau zur Krönung schicken, andernfalls werde man einen anderen zum König wählen. Die Königin kam dieser Forderung nach, und Hedwig wurde am 15. X. 1384 gekrönt. Schon vorher hatten die maßgeblichen Kräfte am polnischen Hof nach einem geeigneten Gemahl für die kleine Königin Umschau gehalten. Der mit Hedwig verlobte Habsburger Wilhelm, Sohn Leopolds III., hat zwar versucht, die ihm versprochene Ehe zu erzwingen – später hat man um die Geschehnisse eine melodramatische Legende gewoben –, aber im Bunde mit Hedwigs Mutter gelang es dem kleinpolnischen Adel, die Heirat des Mädchens mit dem etwa 34jährigen Großfürsten Jagiello von Litauen durchzusetzen. Dieser war von seinem

Vater Olgerd zum Nachfolger bestimmt worden, sollte als Großfürst in Wilna residieren, während die anderen Söhne als Statthalter der Teilfürstentümer im Osten vorgesehen waren. Aber erst nach schweren und blutigen Auseinandersetzungen mit seinen Stiefbrüdern und einem Oheim ist es Jagiello gelungen, seine Alleinherrschaft durchzusetzen. Um diese zu sichern, schloß er zusammen mit seinem Bruder Skirgal im Oktober 1382 einen Vertrag mit dem Deutschen Orden, in dem er u.a. versprach, zum Christentum überzutreten. Aber wie schon Kestutis im Jahre 1358 ist auch Jagiello nicht zu dem bereits vereinbarten Tauftermin erschienen, denn mittlerweile war er bereits davon in Kenntnis gesetzt worden, daß er die polnische Thronfolgerin heiraten könne. So wurde Jagiello nicht von einem Geistlichen des Deutschen Ordens, sondern vom Erzbischof von Gnesen auf den Namen Wladislaw getauft (15. II. 1386), mit Hedwig vermählt (18. II.) und zum König gekrönt (4. III.). Zuvor hatte Jagiello am 14. VIII. 1385 versprochen, sein Land der Krone Polens auf ewige Zeiten anzugliedern.

Der Deutsche Orden hat nicht nur durch Kriegszüge im August 1385 und im Winter 1385/86 die für ihn bedrohliche Vereinigung der beiden Reiche zu verhindern gesucht, sondern auch durch Propagandaaktionen die Bekehrung Jagiellos und die anschließende Missionierung seines Volkes als teuflisches Blendwerk in Zweifel gezogen. Jedoch hat Papst Urban das Christentum Jagiello-Wladislaws schon nach verhältnismäßig kurzer Zeit anerkannt, als er am 12. III. 1388 einen Exekutor für das vom neuen polnischen König in seiner litauischen Residenz Wilna gestiftete Bistum ernannte.

König Wenzel hat auf die Entstehung der polnisch-litauischen Union allem Anschein nach überhaupt nicht einzuwirken versucht, obwohl ja nicht nur der Deutsche Orden und ein Mitglied des Hauses Habsburg davon betroffen wurden, sondern auch die böhmischen Territorien unmittelbar vor den Toren des neuen Großreichs gelegen waren; ein Teil davon hatte nur wenige Jahrzehnte zuvor noch zu Polen gehört. Auffällig ist die Rolle, die in dieser Zeit Mergentheim als Tagungsort von Städteboten und Fürsten gespielt hat, die hier, am Sitz des Deutschmeisters, ihre Differenzen bereinigen wollten. Bezieht man die Krakauer Vorgänge vom Frühjahr 1386 in die Betrachtung ein, so wird verständlich, warum gerade der Deutsche Orden ein solches Interesse an der Beilegung der Konflikte im Reichsinnern haben mußte.

Während Wenzel die Veränderungen im Osten der luxemburgischen Interessensphäre bis zum Herbst 1389, als er in einem Schreiben an den polnischen König Partei für den Deutschen Orden ergriff, allem Anschein nach ohne nennenswerte Reaktion sich vollziehen ließ, hat er im Westen den Einfluß seines Hauses auf den breiten Territoriengürtel westlich der Kurfürstentümer energisch, aber erfolglos zu wahren versucht. Sein Vater hatte ihn durch die Doppelhochzeit mit den hennegauischen Wittelsbachern an diese Regionen binden wollen, aber Wenzel stieß hier auf einen ihm in jeder Hinsicht weit überlegenen Gegner, nämlich den Herzog von Burgund, und auf eine nach ihren Erfahrungen mit Wenzels Vater offenbar verbitterte Tante, die Witwe von Karls Halbbruder Wenzel von Luxemburg. Spätestens bei dessen Tode (1383) war deutlich geworden, daß der König mit seiner englischen Eheallianz einen beträchtlichen Fehler begangen hatte. Die von Richard erwarteten Gelder zur Finanzierung des Romzuges blieben schon wegen der sozialen Unruhen in England aus, und Frankreich mußte sich brüskiert fühlen, zumal ja zur gleichen Zeit Karl von Durazzo mit Billigung Wenzels dem Herzog von Anjou das Königreich Neapel abjagte. Zwischen dem Pariser Hof und Burgund aber bestanden zu dieser Zeit keinerlei Differenzen, denn Philipp der Kühne gehörte zusammen mit seinen Brüdern zu der Regentschaft, die das Königreich für den noch minderjährigen Dauphin zu ihrem eigenen Nutz und Frommen beherrschte. Wenzel hat sich zwar auch nach der englischen Heirat seiner Schwester Anna bemüht gezeigt, die Kontakte zum Pariser Hof nicht abreißen zu lassen, aber dies hat Philipp den Kühnen nicht daran gehindert, sich kühl über die Interessen seines Vetters Wenzel hinwegzusetzen. Am 12. IV. 1385 wurde in Cambrai eine Doppelhochzeit gefeiert, die die ohnehin nur geringen Hoffnungen Wenzels, außer dem unbestreitbaren Erbe Luxemburg auch noch die beiden Herzogtümer Brabant und Limburg erwerben zu können, zunichte machte. Zwei Geschwister seiner hennegauischen Gemahlin, Wilhelm und Margarete, heirateten zwei Kinder Philipps des Kühnen, Margarete und Johann, den späteren Herzog Johann Ohnefurcht. Mit dieser Hochzeit hat der Burgunder seine Position im nordwestlichen Grenzraum von Regnum und Imperium beträchtlich festigen können, die er nach dem Tode seines Schwiegervaters Ludwig von Flandern übernommen hatte. Schon wenig später hatte er sich mit Johanna von Brabant, einer Tante seiner Gemahlin, insgeheim darauf geeinigt, daß Brabant und Limburg unter seinen Schutz gestellt und eines Tages an die neuburgundische Dynastie fallen sollten. König Wenzel ist zweimal mit der Witwe seines Oheims zusammengetroffen, aber weder diese noch weitere Verhandlungen haben ihn zum Ziele geführt, so daß er sich am Ende dazu entschloß, das Herzogtum Luxemburg als einen unbedeutenden Außenposten an seinen Vetter Jost zu verpfänden (1388). Am 28. IX. 1390 hat Johanna mit einer zunächst wohl geheim gebliebenen Urkunde ihr Herzogtum Brabant dem Herzog von Burgund und seiner Gemahlin geschenkt. Die lehnrechtlichen Ansprüche des Reiches auf das Fürstentum wurden dabei mit der Bemerkung abgetan, es sei ein franc alleu, ein freies Eigen, das von niemandem lehnrührig sei. Johanna dürfte zu ihrem folgenreichen Schritt zum einen gewiß von einem Ressentiment gegen den Sohn eines Mannes veranlaßt worden sein, der ihrem Gemahl einstmals sein luxemburgisches Erbe bestritten und später ihren Untertanen die ganze Last eines Krieges aufgebürdet hatte, den Wenzel als Vikar des Kaisers geführt hatte. Zugleich war die Herzogin aber offenbar auch bestrebt, den gesamten niederländischen Raum unter einem einzigen Herrn zu vereinen oder doch in eine Zone friedlichen Zusammenlebens zu verwandeln. Die erwähnte Hochzeit von Cambrai ist nicht zuletzt auf ihre Initiative zustande gekommen. Daß ihr Plan eines mit Frankreich in harmonischer Übereinstimmung existierenden Blocks der niederländischen Territorien später ein geradezu entgegengesetztes Ergebnis, nämlich eine tödliche Bedrohung für die französische Monarchie zur Folge haben sollte, steht dabei auf einem anderen Blatt.

König Wenzel war somit im Westen von Herzog Philipp und seiner Tante Johanna ausmanövriert worden. Aber nicht nur von diesen. An einer der Gesandtschaften, die er zum Zweck von Verhandlungen über das Schisma und dessen politische Folgen nach Paris geschickt hatte, war auch Herzog Friedrich von Bayern beteiligt, und dieser nutzte die Gelegenheit, um während Karls VI. Flandernfeldzug von 1383 über eine Ehebindung zwischen den bayerischen Wittelsbachern und dem französischen Königshaus zu verhandeln. Das Ergebnis war die Hochzeit von Friedrichs Nichte Elisabeth, Tochter Herzog Stephans III., mit keinem geringeren als dem König von Frankreich, Karl VI., die am 17. VIII. 1385 in Amiens gefeiert wurde. Zwar sollte sich die Ehe der Isabeau von Bayern, wie sie in Frankreich genannt wurde, als eine der fatalsten der gesamten französischen Geschichte erweisen, aber auch dies konnte damals niemand ahnen. Vorerst jedenfalls hatten die Wittelsbacher den Luxemburgern in Paris, das damals als politisches Zentrum Europas gelten konnte, den Rang abgelaufen.

Währenddessen hatte die Krise im Inneren des Reiches weitergeschwelt. Den schwäbischen Städten hatte Wenzel neue Konzessionen gemacht, als er z. B. im August 1385 dem Herzog Leopold III. von Österreich die vereinigten Landvogteien in Schwaben entzog und sie dem bisher in bayerischen Diensten tätigen Wilhelm Frauenberger vom Haag übertrug, womit nach längerer Zeit wieder einmal ein nichtfürstlicher Herr zum Zuge kam. Die Landvogteien sollten offenbar wieder in eine nähere Bindung an das Königtum

gebracht werden. Damals hatten die meisten der Reichsstädte mit ihren eidgenössischen Schwestern, u.a. Zürich, Luzern, Solothurn und Bern, eine Allianz gegen die Habsburger geschlossen, und ein allgemeiner Angriff der Städte auf die süddeutschen Positionen dieser Dynastie schien nur noch eine Frage der Zeit. Als ein von kompromißwilligen Städten vermittelter Waffenstillstand zwischen Leopold und den Eidgenossen abgelaufen war, wagte der Österreicher einen Angriff auf die von Luzern besetzte habsburgische Stadt Sempach. Die Eidgenossen fanden zwar keine Unterstützung bei ihren Verbündeten in Schwaben und am Rhein, jedoch errangen sie auch auf sich allein gestellt ihren zweiten großen Triumph über die Habsburger. Am 9. VII. 1386 schlugen sie das Heer von Leopolds Rittern, denen ihre von der Julisonne aufgeheizten Panzer und die Flucht der Knappen zum Verhängnis wurden. Herzog Leopold III. fiel und mit ihm verlor das Haus Österreich erneut den gerade erst zurückgewonnenen Einfluß auf die Reichspolitik. Erst die übernächste Generation mit Albrecht II. und Leopolds Enkel Friedrich III. sollte die Dynastie wieder aus dem neuerlichen Tiefpunkt ihrer wechselvollen Geschichte herausführen.
Anderthalb Jahre nach der Schlacht von Sempach kam es auch nördlich des Bodensees zu einem offenen Krieg zwischen den Städten und ihren fürstlichen und adeligen Feinden, nachdem es am 8. XI. noch einmal gelungen war, die Heidelberger Stallung zu verlängern. Aber nur wenig später ergaben sich neue Querelen. Während Nürnberger Boten sich in Prag über die Beeinträchtigung ihres Handelns durch die Herzöge von Bayern beschwerten, setzten diese den mit den schwäbischen Städten im Bunde stehenden Erzbischof von Salzburg gefangen. Wenzel war anfangs sogar bereit, einen Reichskrieg gegen die Bayern zu führen, sandte die Fehdebriefe dann aber nicht ab, als bekannt wurde, der Erzbischof sei wieder freigelassen worden. Wiederum wurden Verhandlungen geführt, in die sich außer dem alten Pfalzgrafen auch der Deutschmeister einschaltete. Am Ende schied aber Ruprecht aus dem Kreis der Vermittler aus und sagte dem Schwäbischen Städtebund ab (27. VII.). Am 24. VIII. 1388 stellten die Grafen Eberhard und Ulrich von Württemberg ein etwa 3000 Mann umfassendes Aufgebot der schwäbischen und rheinischen Städte beim Friedhof des Dörfchens Döffingen, in dem sich die Bauern der Umgebung gegen die Stadtbürger verschanzt hatten. Angeblich sollen die Rheinländer und die Nürnberger davongelaufen sein, als Eberhard von Württemberg den Angriff befahl. Von den Städtern wurden etwa 900 Mann erschlagen oder gefangengenommen. Die Niederlage von Döffingen war in rein militärischer Hinsicht eine leicht zu verkraftende Schlappe; schließlich wurde keine einzige Stadt von

den siegreichen Herren unmittelbar bedroht. Aber auf der politischen Ebene muß Döffingen doch sehr ernüchternd gewirkt haben. Jedenfalls wurde am 1. V. 1389 die Auflösung der Städtebünde verfügt, und am 5. V. hat Wenzel in Eger den allgemeinen Landfrieden verkündet, den er 1383 nicht hatte durchsetzen können.
Wenzels Politik in diesen Monaten galt der stadtbürgerlichen Chronistik der Zeit als fürstenfreundlich und dementsprechend als schädlich für Christenheit und Reich, denen man von Gott ein rechtes Haupt, d. h. einen neuen König erflehte. Tatsächlich waren die von Wenzel gebotene Auflösung der Städtebünde und das in § 37 verhängte Verbot der Pfalbürger ein harter Schlag – falls er wirklich getroffen hätte. Aber auf die künftige Aufnahme neuer Pfalbürger hatten die Städte schon in der Heidelberger Stallung verzichtet, und daß auch weiterhin über die Pfalbürgerfrage verhandelt werden konnte, zeigte sich bei der Einbeziehung der Bodenseestädte in den Landfrieden von Eger, die erst nach einigen kriegerischen Verwicklungen am 15. VIII. 1389 erfolgen konnte. Damals wurde vereinbart, daß die bis dahin aufgenommenen Pfalbürger beibehalten werden durften; in Zukunft war es zwar verboten, neue anzunehmen, jedoch waren davon Edelleute und sonstige ehrbare Leute nicht betroffen. Als besonders städtefeindlich gilt auch heute noch der § 35 des Landfriedens, der die Auflösung der Städtebünde verfügte, aber auch die der Allianz zwischen dem König, den Fürsten und den Herren, letztere allerdings mit der Einschränkung, daß sich die Städte zuvor »mit mynne und rechte« richten, d. h. dem Landfrieden fügen würden. Im Grunde war das aber eine Selbstverständlichkeit: Wenn der Landfrieden allgemeine Anerkennung finden sollte, dann mußten Widerstrebende mit Gewalt dazu gebracht werden, und nach Lage der Dinge konnte dies nur durch eine Allianz zwischen Fürsten, Herren und König erreicht werden. Dieser Fall ist dann auch tatsächlich eingetreten, als – wie erwähnt – sieben Bodenseestädte sich weigerten, die »zu schweren, harten und ungelegenen« Bestimmungen des Landfriedens von Eger zu akzeptieren. Bei dem besagten Kompromiß vom 15. VIII. wurde nun nicht nur die Pfalbürgerfrage in einer sehr viel moderateren Weise geregelt als in Eger, sondern auch die Geltung des § 35 weitgehend eingeschränkt: Die Fürsten haben den Bund der Seestädte anerkannt und zugestanden, daß er für die Dauer des Landfriedens (6 Jahre) bestehen bleibe. Von einer bedingungslosen Kapitulation der Städte vor der von Fürsten und Herren getragenen Landfriedenspolitik des Königs kann demnach keine Rede sein. Sowohl in wirtschaftlicher als auch in politisch-militärischer Hinsicht hatte sich an der Stellung der Städte im Verband des Reiches nach Döffingen und Eger nichts wesentlich geändert. Dafür spricht

auch die sonderbare Tatsache, daß ausgerechnet für die Region, die von dem Konflikt zwischen Fürsten und Städten am meisten in Mitleidenschaft gezogen worden war, eine besondere Landfriedensurkunde nicht ausgestellt worden ist, wie dies ursprünglich vorgesehen war. Die »Teilbriefe« für das mittlere Rheinland und für Franken sind erhalten geblieben, die Urkunde für Schwaben aber nicht; es gibt Indizien dafür, daß sie nie ausgestellt worden ist. Vielleicht war der kurze Krieg zwischen den Fürsten und den Bodenseestädten mit dem sich daran anschließenden Kompromiß der Grund dafür.
Teillandfrieden mit eigenen Kommissionen waren für das (mittlere) Rheinland, für Bayern, Schwaben, Franken, Hessen, Thüringen und Meißen vorgesehen. Die Kommissionen sollten aus je vier Vertretern der beiden Parteien – Fürsten/Herren und Städte – bestehen, dazu kam ein Obmann, der vom König ausgewählt wurde, und zwar waren das dann durchweg Leute aus dem Grafen- und Herrenstand. In Schwaben wurde es zunächst ein Graf von Öttingen, in Franken ein Henneberger, später ein Wertheimer, am Rhein ein Schenk von Erpach, in Meißen-Thüringen ein Schwarzburger, im Voigtland ein Heinrich Reuß von Plauen. Das ausgewogene Kräfteverhältnis in den Kommissionen wäre wohl geeignet gewesen, die fünf am Anfang des Friedenstextes genannten Fälle: Raub, Mord, Brand, unrechte Gefangennahme und Widersagen einzudämmen, vorausgesetzt allerdings, daß die königlichen Obleute eine ständisch neutrale Haltung eingenommen hätten. Ob dies der Fall war, muß dahingestellt bleiben. Daß Wenzel drei Monate nach der Verkündung des Friedens sechs Bevollmächtigte ernannte, denen u.a. auch die Ernennung der Obleute anvertraut wurde, war allerdings nicht dazu angetan, das Vertrauen der Städte zu stärken, denn unter den Bevollmächtigten waren außer Pfalzgraf Ruprecht III. auch der Herzog Friedrich von Bayern und Bischof Lamprecht von Bamberg. In Franken und Bayern, wo die Fürsten ein Übergewicht hatten und Nürnberg eine konziliante Haltung bevorzugte, scheint sich die vorgesehene Kommission bewährt zu haben; jedenfalls hat Wenzel 1395 den Frieden für diese Regionen um drei Jahre verlängert.
Der Landfrieden von Eger, »der nur zu einem gemeinen nucze erdacht« sei, sollte bei der Bekämpfung der genannten Landfriedensverletzungen die existierenden Freiheiten und Gerichte von Fürsten, Herren und Städten nicht beeinträchtigen, d.h. daß den Kommissionen nur subsidiäre Aufgaben zustanden. Sie hatten vor allem für die gemeinsame Verfolgung von Friedbrechern zu sorgen. Ein Kläger, der bereits (vor Gericht) Recht bekommen hatte, sollte vor der Pfändung erst den Landfriedenshauptmann von seiner

Aktion in Kenntnis setzen; dieser sollte dann ein letztes Mal versuchen, den Schuldigen zu einer freiwilligen Zahlung zu bewegen. Die rechte Fehde war demnach auch im Landfrieden von Eger nicht nur an die formelle Absage, sondern auch an die zuvor erfolgte gerichtliche Klage gebunden (anders Angermeier). Der Plage der umherziehenden reisigen Knechte wollte man Herr werden, indem diese nur dann in den Frieden aufgenommen werden durften, wenn sie einen Herrn oder einen Bürgen benennen konnten. Insbesondere diese Bestimmung dürfte nun nicht nur den mächtigeren Territorialherren, sondern auch den handeltreibenden Stadtbürgern zugute gekommen sein – falls sie in nachhaltiger und umfassender Weise realisiert worden wäre.

Der Reichslandfrieden von Eger wird durchweg als der Höhepunkt von Wenzels Herrschaft gewürdigt. Nach der Krönung Siegmunds zum König von Ungarn habe »das Haus Karls IV. als Inhaber der Herrschermacht in Deutschland, in Böhmen und Ungarn imponierend vor den Zeitgenossen« gestanden (Weigel). Nach Eger habe es nur noch »einen Abstieg in eine schauerliche Tiefe« gegeben. Aber Wenzels Isolation muß schon einige Jahre vorher eingesetzt haben. In dem 1389 bereits vollendeten Songe du vieil Pélérin (Traum eines alten Pilgers), einem für Karl VI. bestimmten Fürstenspiegel, läßt der Verfasser, der weitgereiste Philippe de Mézières, eine Reihe allegorischer Figuren auf einer Reise durch ganz Europa auch nach Prag kommen. Der König des Landes ist jedoch nicht anzutreffen; er sei auf der Jagd. Es scheint, so heißt es, daß dieser König leichtfertigen Sinnes sei und wenig auf seine Würde achte. Dies sei aber kein Wunder, habe ihm doch sein Vater für gutes Geld den Namen und die Krone der Weltmonarchie gekauft. In ihm, d.h. in dem nicht bei Namen genannten Wenzel, seien die alten Gesetze gebrochen worden, den Herrscher des Reiches gemäß seiner Würdigkeit zu wählen. Anstatt sein Reich und seine Städte zu regieren, gehe dieser König in den Wäldern Böhmens auf die Jagd.

Der Ruf Wenzels muß demnach schon vor der Zeit des Landfriedens von Eger weitgehend ruiniert gewesen sein. Daß er auch weiterhin als Mäzen wirkte, daß die Buchmalerei in Böhmen unter diesem immer mehr der Trunksucht verfallenden König eine Blütezeit erlebte, sei am Rande vermerkt; aber im Bereich der Politik geriet Wenzel immer stärker in eine fast vollständige Isolation, und zwar auch in seinem Hausmacht-Reich, dessen Hochadel schon dem ungleich fähigeren Vater mit unverkennbarer Reserve begegnet war. Die nur rudimentär ausgebildeten Institutionen des römisch-deutschen Königtums konnten schon wegen der zahlenmäßigen Schwäche ihres Personals dem sich ausbreitenden Chaos nur schwachen Widerstand entgegensetzen. Obwohl auch der Pariser Hof zu dieser Zeit von zahlreichen Krisen geschüttelt wurde, und wenig später Karl VI. einem partiellen Wahnsinn verfiel, blieb Paris doch immer noch das Zentrum der großen Politik im mittleren und westlichen Europa; in mancher Hinsicht bedeutete allerdings das persönliche Regiment von Karls V. Brüdern einen Rückfall der französischen Monarchie in einen archaischen Status, den Karl VI. und sein jüngerer Bruder Ludwig, der spätere Herzog von Orléans, bezeichnenderweise durch eine Regierung altbewährter Räte, der »Knirpse« (Marmoussets) aus der Verwaltung Karls V., aufzuhalten versuchten. Das ist zwar schon nach wenigen Jahren vor allem an Karls VI. Krankheit und dem unausgewogenen Charakter seines Bruders gescheitert, so daß Parteienhader und Nepotismus die Arbeit der königlichen Institutionen in erheblichem Ausmaß beeinflußten, aber selbst in den Katastrophenjahren nach der Ermordung Ludwigs von Orléans blieb der in den späten Jahren Karls V. erreichte und in den Ordonnanzen der Könige seit Ludwig IX. festgehaltene Status der französischen Reichsverwaltung immer der Maßstab, an dem man sich zu orientieren suchte, z. B. bei der Ausarbeitung der Ordonnance Cabochienne im Jahre 1413.

Die teilweise Entmachtung der Oheime Karls VI. war übrigens durch das Scheitern eines militärischen Unternehmens ausgelöst worden, in dessen Verlauf ein französisches Heer das Reichsgebiet durchzogen hatte. Der Feldzug richtete sich freilich nicht gegen den römischen König, sondern nur gegen einen seiner Vasallen, den Herzog Wilhelm von Geldern. Wilhelm war der einzige Alliierte von einiger Bedeutung, der dem König von England auf dem Kontinent noch verblieben war. Initiator des Krieges gegen den Herzog war Philipp von Burgund; Anlaß oder Vorwand des Unternehmens waren einige Querelen im Grenzgebiet zu Brabant, dessen Herzogin unter dem Schutz Philipps des Kühnen stand. Man war so höflich, König Wenzel davon zu unterrichten, daß das französische Heer den Weg durch das damals bereits an Jost von Mähren verpfändete Luxemburg nehmen werde, um dem Vasall des römischen Königs die gerechte Strafe aufzuerlegen. Der Feldzug wurde dann mehr durch die Unbilden der Witterung als durch die Verteidigungskraft des auf sich allein gestellten Reichsfürsten zu einem Mißerfolg, der das Ende der Vormundschaftsregierung in Frankreich einleitete. Herzog Wilhelm erklärte sich zwar bereit, der Herzogin von Brabant einen umstrittenen Ort zu überlassen, war aber nicht dazu zu bewegen, seine vasallitischen Bindungen an die englische Krone aufzugeben.

Philipp von Burgund und Johann von Berry, die beiden noch

lebenden Brüder Karls V. haben auch nach dem Ende der Regentschaft ihren Einfluß auf die Regierung Frankreichs nicht vollständig eingebüßt und blieben neben dem allmählich an Statur gewinnenden Bruder des Königs, dem späteren Herzog von Orléans, wichtige Figuren im Kräftespiel am französischen Hof. Nach dem trotz der geldrischen Schlappe immer noch überwältigenden Erfolg in den Niederlanden konzentrierte sich das Interesse Frankreichs auf Italien, wo am 15. X. 1389 Papst Urban VI. gestorben war. Dabei ging es zum einen um das Königreich Neapel, das Ludwig von Anjou, Sohn des gleichnamigen im Jahre 1384 verstorbenen Bruders Karls V., für sich beanspruchte. Wenige Wochen nach Urbans Tod wurde der junge Ludwig von Papst Clemens im Beisein Karls VI. zum König von Neapel gekrönt; im Sommer brach er auf, um sein Königreich dem in Neapel herrschenden ungarischen Anjou Ladislaus von Durazzo zu entreißen. Zugleich aber versuchte Frankreich auch, in Oberitalien Fuß zu fassen. Daß Wenzel den Romzug trotz mancherlei Absichtserklärungen noch immer nicht durchgeführt hatte, erwies sich spätestens jetzt als ein fataler Fehler. Zwar war nur zwei Wochen nach Urbans Tod in Rom ein neuer Papst, Bonifaz IX., gewählt worden, wodurch sich die Hoffnungen auf eine unkomplizierte Beseitigung der Kirchenspaltung zerschlugen, aber im Bunde mit Frankreich konnte Clemens VII. unter Berufung auf das von seinen Vorgängern beanspruchte Reichsvikariat vacante imperio im Norden Italiens beträchtliche Veränderungen zugunsten seiner Kurie, aber auch zugunsten Frankreichs herbeiführen und legalisieren. Es kursierten sogar Gerüchte, er wolle die Translatio imperii in Germanos, die Übertragung des Reiches auf die Deutschen, rückgängig machen und Karl VI. zum Kaiser krönen. Diese Vermutungen wurden im Reich so ernst genommen, daß sich am 3. V. 1390 Pfalz, Trier und Köln wider alle fremde Gesellschaften der »Walen und auß Welschland« verbündeten, um diese daran zu hindern, sich des Römischen Reichs mit Gewalt zu bemächtigen. Um Jost von Mähren, der wohl schon 1389 mit dem Gedanken gespielt hatte, sich zum römischen König wählen zu lassen, kann es sich dabei nicht gehandelt haben, denn dieser war kein »Welscher«.

Bonifaz IX. hat die auf ihn zukommenden Gefahren durchaus erkannt und Wenzel gedrängt, endlich zur Kaiserkrönung nach Rom zu kommen, aber dieser ließ ihm am 21. XI. 1390 mitteilen, er werde vorerst den Markgrafen Jost als seinen Generalvikar nach Italien entsenden. Dieses Zögern wird man nicht ohne weiteres mit der später sprichwörtlich gewordenen Faulheit des Königs erklären können, denn die Kaiserkrönung hätte natürlich den Graben zwischen Urbanisten und Clementisten noch vertieft, und Wenzel hatte damals offenbar kein Interesse daran, mit Frankreich zu brechen. Im Gegenteil: Am 29. X. 1390 erneuerten Wenzels Kanzler Lampert von Bamberg und zwei weitere Bevollmächtigte in Wenzels Namen den Vertrag mit König Karl V. und dem damaligen Dauphin und jetzigen König Karl VI. vom Jahre 1380, der nach dem Vorbild der Allianz von 1356 eine gegenseitige Besitzstandgarantie vorgesehen hatte. Merkwürdigerweise hat Wenzel die Vertragserneuerung aber erst im Januar 1395 ratifiziert.

Vielleicht ist diese auffällige Verzögerung durch militärische Aktionen des Pariser Hofes verursacht worden, denn bereits zum 15. III. 1391 war ein französisches Heer aufgeboten worden, das von Lyon aus nach Italien ziehen sollte. Bedeutsamer Widerstand war kaum zu erwarten, da Giangaleazzo Visconti von Mailand mit Frankreich im Bunde stand; 1387 hatte seine einzige Tochter Valentina den Bruder Karls VI., Ludwig von Orléans, geheiratet. Bonifaz IX. hat damals die zu erwartende Entwicklung in folgender Weise umschrieben: An seine Stelle werde Clemens VII. treten. Ladislaus werde aus Neapel vertrieben werden. Die Territorien der Kirche würden an Karls VI. Bruder Ludwig fallen. Auch der Herzog von Burgund werde seinen Vorteil suchen. Karl VI. werde zum Kaiser gekrönt werden. Ein gewisser anderer Herr, gemeint ist Giangaleazzo Visconti, werde ein Königreich erhalten, das aus Lombardei und Toscana gebildet würde.

Bonifaz hatte mit diesem Katalog die Intentionen des Pariser Hofes im wesentlichen richtig eingeschätzt, wenn man davon absieht, daß nach einem Vertrag mit Mailand vom März 1391 dem Visconti nur die Lombardei und die Mark Treviso zufallen sollte, wofür er dann von einem Kaiser, den Clemens krönen werde, irgend einen Titel erhalten sollte. Auch dürfte die Ausstattung von Karls Bruder wohl etwas anders ausgesehen haben, als Bonifaz es befürchtete.

Der Plan einer Invasion Italiens ist dann aufgegeben worden, und zwar nicht deshalb, weil Wenzel zum Widerstand bereit gewesen wäre, sondern weil der seit Mai 1389 selbständig regierende König Richard II. von England es mit einer weitgefächerten diplomatischen Aktion verstanden hat, Karl VI. und seine Berater davon zu überzeugen, daß bei einer französischen Attacke auf Papst Bonifaz mit einem englischen Gegenangriff zu rechnen sei. Karl VI. ließ die in vollem Gang befindlichen Vorbereitungen abbrechen und erklärte sich zu einem Treffen mit Richard II. bereit, um die damals bestehende Waffenruhe zu verlängern oder sogar einen Friedensvertrag abzuschließen. Damit hatte Richard II. das römisch-deutsche Reich möglicherweise vor dem Verlust der Kaiserwürde bewahrt. Auch in den folgenden Jahren hat Richard II. den Gang der europäischen Politik in maßgeblicher Weise bestimmt, ohne daß es dabei zu einer nennenswerten Zusammenarbeit mit seinem Schwager in Prag gekommen wäre; Wenzels Schwester Anna ist erst 1397 gestorben. Ihr Tod hat dann übrigens ermöglicht, daß Richard II. den im März 1396 mit Frankreich geschlossenen, auf 27 Jahre bemessenen Frieden durch die Heirat mit Karls VI. Tochter Isabella besiegeln konnte. Die Verständigung zwischen England und Frankreich ist damals von vielen Zeitgenossen freudig begrüßt worden, glaubte man doch, daß damit die Grundlage zur Wiederherstellung der Kircheneinheit geschaffen worden sei; indes haben sich diese Hoffnungen dann mit dem Sturz Richards im September 1399 zerschlagen.

Vor dem Hintergrund der französischen Italienpolitik muß eine der vielen spektakulären Aktionen Wenzels gesehen werden, die bei seiner Absetzung durch die rheinischen Kurfürsten eine wichtige Rolle spielen sollte: Die ohne Zustimmung der Kurfürsten erfolgte Erhebung des Giangaleazzo Visconti zum erblichen Herzog von Mailand und Grafen von Pavia am 11. V. 1395, wodurch aus dem sich allenfalls auf Vikariatsrechte stützenden Tyrannen ein Reichsfürst wurde. Die Privilegierung des Visconti gilt in der gegenwärtigen deutschen Historiographie durchweg als fast genialer Schachzug des römischen Königs, womit er dem Mailänder die Möglichkeit eingeräumt habe, sich aus seinem französischen Bündnis zu lösen. (F. Baethgen) Indes erweist sich die vermeintlich umsichtige Aktion eines meisterlichen Diplomaten bei näherem Zusehen als weiteres Beispiel für die aus Augenblickseinfällen resultierende Politik eines gänzlich isolierten Hasardeurs: Nach dem vorzeitigen Abbruch des französischen Italienfeldzuges waren die Verhandlungen zwischen Mailand und Paris fortgeführt worden. Als Karl VI. am 5. VIII. 1392 in seine periodisch wiederkehrende geistige Umnachtung fiel, übernahm sein Bruder Johann, Giangaleazzos Schwiegersohn, die Leitung dieser Gespräche. Die Bemühungen des französischen Hofes wurden dann allerdings nicht unerheblich erschwert, als genuesische Adelige den König von Frankreich um Unterstützung bei Auseinandersetzungen um die Herrschaft über diese auch für das Flandern Philipps des Kühnen überaus wichtige Hafenstadt baten. Gestützt auf das ihm gehörende Asti versuchte Ludwig von Orléans, Genua unter Druck zu setzen, um das Stadtregiment zur Anerkennung des dominium, der superioritas und der signoria Karls VI. zu bewegen. Giangaleazzo hat den Franzosen gegen die Zusage freie Hand gelassen, nicht in der Lombardei und in Treviso zu intervenieren. Zuletzt wurde dies noch in einem Vertrag vom 27. XII. 1394 vereinbart. Die weitere Entwicklung des Verhältnisses zwischen dem Visconti und seinen französischen Partnern und späteren

Gegnern kann hier nicht im einzelnen geschildert werden. Nach einem langwierigen diplomatischen Kampf zwischen Mailand und Florenz haben am Ende die Gesandten der Gegnerin des Visconti am Pariser Hof die Oberhand gewonnen. Am 29. IX. 1396 wurde zwischen Florenz und Frankreich ein Vertrag geschlossen, der die Fronten klärte: Erst von diesem Zeitpunkt an kann von einer offenen Gegnerschaft zwischen Mailand und Frankreich gesprochen werden. Die Erhebung des Visconti aber war bereits anderthalb Jahre vorher erfolgt.

In jedem Fall hat Wenzel im Mai 1395 keinen erklärten Gegner Frankreichs privilegiert, sondern einen Verbündeten Karls VI., der freilich damals schon mit dem Gedanken gespielt haben dürfte, sich gegen eine ungünstige Entwicklung seines Verhältnisses zum Pariser Hof abzusichern. Ob aber Wenzel den Hintergrund dieses Mailänder Schachzuges erkannt hat, ob er mit der Erhebung Giangaleazzos in den Reichsfürstenstand dem König von Frankreich den Weg in die Lombardei oder nach Rom versperren wollte, wird man bezweifeln dürfen, hatte er doch noch am 3. I. 1395 mit bemerkenswerter Verspätung die bereits 1390 ausgehandelte Erneuerung des allgemeinen Vertrags mit dem Valois ratifiziert. Ihm wird es damals vor allem um den finanziellen Aspekt der Angelegenheit gegangen sein, denn der Visconti hat für die unschätzbar wertvolle Fürstenwürde immerhin 100000 fl. springen lassen, eine Summe, die geeignet war, Wenzel aus der damals bereits eingetretenen Isolierung in Böhmen und im Reich zu befreien, wenn er noch ein fähiger Herrscher gewesen wäre. Übrigens ist Genua dann am 25. X. 1396 tatsächlich unter die Herrschaft Karls VI. geraten. Damit hatte Frankreich, das ja nicht über Marseille verfügte, zum ersten Mal, wenn auch nur vorübergehend, einen leistungsfähigen Mittelmeerhafen unter seine Kontrolle gebracht.

Am 18. XII. 1393 schrieben zwei Straßburger Boten, die nach Böhmen hatten reisen wollen, von Nürnberg aus einen Brief an ihre Stadt, in dem sie u.a. berichteten, Markgraf Jost von Mähren und sein Bruder Prokop führten einen großen Krieg gegeneinander. König Siegmund von Ungarn und Herzog Albrecht III. unterstützten Jost, während Prokop keine Hilfe finde; allerdings dürfe er in Wenzels Schlössern ein- und ausreiten. Der König selbst sei krank. Hätten die Straßburger ihren Brief ein paar Monate später oder auch früher geschrieben, sie hätten das in Böhmen herrschende Chaos mit noch kräftigeren Farben malen können. Am 20. III. hatte der König den Generalvikar der Prager Kirche, Dr. Johannes Nepomuk, in der Moldau ertränken lassen, nachdem er bei der vorausgegangenen Folterung des Geistlichen selbst Hand angelegt hatte. Bei dem Justizmord ging es nicht etwa um die Frage Avignon oder Rom, sondern um die von Wenzel geplante Gründung eines neuen Bistums, dem die Einkünfte des Klosters Kladrau zugewiesen werden sollten. Als mit dem Tode von dessen Abt der Zeitpunkt des Zugriffs gekommen schien, ließ der Generalvikar kurzerhand eine Neuwahl vornehmen und vereitelte damit Wenzels Pläne. Mit dem Vorgesetzten des Dr. Nepomuk, dem Prager Erzbischof Johann von Jenstein, einstmals Wenzels Kanzler, lebte der König schon lange in Zwietracht, und auch Johann wurde mit dem Tode bedroht. Ein Jahr später, am 8. V. 1394, wurde Wenzel von einer böhmischen Adelsfronde unter Heinrich von Rosenberg, Wilhelm von Ladstein und anderen gefangengesetzt und gezwungen, seinen Vetter Jost als Starost (Vikar) einzusetzen. Das Programm der Adelsopposition umfaßte die üblichen Forderungen spätmittelalterlicher Stände: Einsetzung der hohen Landesbeamten nur mit Zustimmung des Adels, von der auch die Zusammensetzung des königlichen Rates abhängen sollte. Außerdem verlangte man die Kontrolle der Münze.

Die zum Teil abwartende, gelegentlich – wie im Winter 1393/94 – auch gegen seinen Bruder gerichtete Politik Siegmunds von Ungarn war maßgeblich von der katastrophalen Entwicklung auf dem Balkan bestimmt, wo der Untergang des fast völlig auf das Stadtgebiet von Konstantinopel zusammengedrängten oströmischen Reiches nur noch eine Frage von wenigen Jahren zu sein schien. Die Osmanen eroberten ca. 1385 Sofia, 1388 wurde der Bulgarenzar zur Unterwerfung gezwungen, am 15. VI. 1389 vernichteten die Türken auf dem Amselfeld das Heer des Serbenfürsten Lazar, der nach der Schlacht umgebracht wurde. Damit war das letzte ernst zu nehmende Widerstandszentrum auf dem Balkan ausgeschaltet. Es darf hier vorweggenommen werden, daß nach weiteren Erfolgen der Osmanen die Angst vor der Gefahr aus dem Südosten so groß wurde, daß es Siegmund gelang, einen Kreuzzug durchzuführen, an dem dank des englisch-französischen Friedens auch eine große Anzahl französischer Ritter unter Führung des späteren Herzogs Johann von Burgund teilnehmen konnte. Allerdings wurde das bunt zusammengewürfelte und schlecht geführte Christenheer am 25. IX. 1396 bei Nikopolis geschlagen. Die meisten Kreuzfahrer fielen oder gerieten in türkische Gefangenschaft, in der die ärmeren Herren fast alle umgebracht wurden. Die vermögenderen konnten später gegen zum Teil enorme Lösegelder freigekauft werden; allein für den Sohn Philipps des Kühnen wurden 200000 Dukaten gezahlt. König Siegmund gehörte zu den wenigen, denen die Flucht glückte. Über See ist er in die Heimat zurückgelangt; als sein Schiff die Dardanellen passierte, ließ Sultan Bajezid die Gefangenen von Nikopolis ein makabres Spalier bilden.

Währenddessen dämmerte das römisch-deutsche Königtum vor sich hin. Angesichts der beklagenswerten Erscheinung des Königs wird man es fast als Wunder bezeichnen müssen, daß die Fürstenopposition im Reich so viel Zeit benötigte, bis die Absetzung Wenzels schließlich vollzogen werden konnte. Es gab jedoch eine ganze Reihe von Gründen, die das lange politische Überleben Wenzels verständlich werden lassen. An diesem selbst hat es freilich am wenigsten gelegen, daß er die römische Königswürde bis 1400 noch weiter desavouieren konnte. Oft hat er seinen Gegnern im Reich geradezu in die Hände gearbeitet, so z.B. durch die Erhebung des Visconti zum Herzog von Mailand, die einen seiner wenigen Verbündeten ins Lager der Opposition wechseln ließ: Herzog Stephan von der Visconti-feindlichen Linie Bayern-Ingolstadt. Stephan hatte sich energisch für Wenzels Freilassung aus der Gefangenschaft der böhmischen Adelsfrone eingesetzt, wurde aber von jetzt an zu einem Befürworter seiner Absetzung. Zu den politischen Absurditäten dieser Zeit wird man auch die 1395 zustande gekommene Allianz mit König Jagiello-Wladislaw von Polen rechnen können, in deren Gefolge der Deutsche Orden mit dem Befehl Wenzels konfrontiert wurde, künftig keine Kriege mehr gegen die christlich gewordenen Litauer zu führen. Während Wenzel damit natürlich auch die im Reich ansässigen Ritter des Deutschen Ordens gegen sich aufbrachte, schloß er mit denen der Adelsgesellschaft »die Schlegler« ein Bündnis, um einer neuerlichen Besteuerung der Juden in den Reichsstädten mehr Nachdruck zu verleihen. Die sich z.T. aus der ehemaligen Reichsministerialität rekrutierenden Schlegler waren indes auch bei den in ihrem Einzugsbereich ansässigen Fürsten so übel beleumdet, daß sich Wenzel genötigt sah, am 27. XI. 1395 die Auflösung des Bundes zu verfügen, was ihn dann aber nicht daran hinderte, die führenden Köpfe der Gesellschaft als seine »Diener« zu bezeichnen.
Auch wenn die meisten Fürsten in dem Wunsch einig waren, Wenzel so schnell wie möglich entweder durch einen Vikar für die deutschen Lande kaltzustellen oder ihn ganz einfach abzusetzen, in der Frage, wer dann als Vikar bzw. als König regieren solle, waren sie vorerst zu keinem einmütigen Beschluß fähig. Einer der möglichen Kandidaten, Herzog Albrecht III. von Österreich, hatte im Mai 1394, kurz vor der Gefangennahme Wenzels, mit dem Grafen von Württemberg und 14 schwäbischen Städten ein Bündnis geschlossen, das die Städte verpflichtete, den Herzögen von Österreich zum hl. Reich zu verhelfen; jedoch ist Albrecht schon im folgenden Jahr gestorben, und gegenüber den Bemühungen der rheinischen Pfalzgrafen, die Absetzung Wenzels zu betreiben, haben sich dann viele Städte mehr als reserviert verhalten.

Die Pfalzgrafen Ruprecht II. und sein gleichnamiger Sohn, der spätere König, wurden nach dem Tode des Habsburgers zu den wichtigsten Figuren der Fürstenfronde im Reich. Der jüngere Ruprecht hatte nach der Gefangensetzung Wenzels im Auftrag der rheinischen Kurfürsten in Böhmen interveniert und die Freilassung Wenzels am 1. VIII. erreicht. Das uneigennützige Beharren auf der Erfüllung der kurfürstlichen Forderungen durch die böhmischen Adeligen ließ zunächst Ruprecht II., dann, nach seinem Tode 1398, seinen Sohn zu den aussichtsreichsten Kandidaten für die Nachfolge Wenzels werden. Allerdings standen einer raschen Verwirklichung ihrer Königsträume nicht nur das stete Mißtrauen der südwestdeutschen Reichsstädte und die Rivalitäten innerhalb des Reichsfürstenstandes entgegen; zwar hatten die Pfälzer von Anfang an fast unerschütterlich auf seiten Urbans VI. und seines Nachfolgers Bonifaz IX. gestanden, indes gehörte die durch französische Invasionsabsichten fortwährend bedroht scheinende Lage Bonifaz' IX. ebenfalls zu den Hindernissen für ein pfälzisches Königtum, denn für den Fall, daß der römische Papst die Absetzung Wenzels gutgeheißen hätte, war ein Parteiwechsel des Böhmen so gut wie sicher, und ob sich ein Gegenkönig in dem heillos erscheinenden Durcheinander des Reiches würde durchsetzen können, konnte niemand mit Sicherheit vorhersagen. Hinzu kamen territoriale Querelen der Pfalzgrafen mit ihren Nachbarn, die in politisch normalen Zeiten gewiß ohne größere Bedeutung gewesen wären, sich jetzt aber, in der Vorbereitungsphase eines Thronwechsels, als schwer überwindbares Hindernis erwiesen.

In dieser Hinsicht schien den Pfälzern am 23. X. 1396 ein erster großer Erfolg gelungen zu sein, als Graf Johann von Nassau, Domherr zu Speyer, in Boppard den Pfalzgrafen versprach, ihnen zu allen Ehren und Würden zu verhelfen, danach sie streben wollten. Als Lohn dafür durfte der Nassauer pfälzische Unterstützung bei der Auseinandersetzung um die Nachfolge des gerade verstorbenen Erzbischofs von Mainz erwarten. Indes war der überwiegende Teil des Domkapitels nicht bereit, den Wünschen dieser bis dahin keineswegs üblichen Koalition der beiden benachbarten Territorialmächte zu entsprechen, und erhob mit einer anfechtbaren Wahl den Grafen Jofried von Leiningen zum neuen Erzbischof. Da dieser auch die Unterstützung durch den Kölner Kurfürsten Friedrich von Saarwerden gewann, waren die pfälzischen Ambitionen auf den Königsthron durch das Mainzer Schisma fürs erste blockiert, und es bedurfte einer Politik des langen Atems und weiterer Exzesse des römischen Königs, um die verwikkelten Konstellationen im Westen so zu ordnen, daß die Wahlabsichten der Wittelsbacher realisiert werden konnten.

Zunächst schien sich die Frage der Kirchenspaltung als ein brauchbarer Katalysator für eine Einigung im Gremium der Kurfürsten anzubieten. Während einer Bopparder Konferenz, die zur Vorbereitung eines für den Mai 1397 einberufenen Frankfurter Reichstags diente, berieten Pfalz, Köln und Trier die Mainzer Querelen, sandten aber auch Boten an den Markgrafen von Brandenburg, Wenzels Bruder Siegmund, und den Herzog von Sachsen, um sie für ein gemeinsames Vorgehen in der Kirchenfrage zu gewinnen, notfalls auch ohne Beteiligung des Königs.
Der erwähnte Reichstag vom Mai 1397 ließ die desolate Lage von Wenzels Königtum aller Welt offenbar werden, denn während ein von ihm ausgeschriebener Tag zu Nürnberg wegen mangelnder Beteiligung gar nicht erst stattfand, wurde der Frankfurter Tag von 32 Fürsten und Bischöfen, vielen Grafen, Herren und Städteboten besucht. Da das Schisma behandelt werden sollte, waren auch Gesandte des Königs von Frankreich erschienen, denen man indes mit Mißtrauen begegnete. Nicht die Kirchenfrage, sondern Wenzels Untätigkeit wurde zum beherrschenden Thema der Versammlung. Man forderte den König auf, einen Hauptmann von des Reiches wegen, d.h. einen Reichsvikar zu ernennen, der statt seiner die Aufgaben eines römischen Königs wahrnehmen sollte. Eine derartige Lösung der verfahrenen Lage hatte Wenzel übrigens selbst schon einmal versucht: Am 19. III. 1396 hatte er im Zuge von Verhandlungen mit der böhmischen Adelsfronde seinen Bruder Siegmund zum Reichsvikar ernannt, und zwar nicht etwa nur für die deutschen Lande, Italien, das Arelat, Böhmen und Ungarn, sondern auch noch für Schweden und Norwegen. Aber die Niederlage von Nikopolis (25. IX.) hatte diesem Vikariat längst den Boden entzogen. Die Fürsten erwarteten von Wenzel offenbar die Ernennung eines der rheinischen Kurfürsten. Dazu kam es nicht; statt dessen erfuhr man nur kurz nach dem Ende des Frankfurter Tages die schaurigen Einzelheiten eines neuen Skandals an Wenzels Hof. Bořiwoy von Swinar, der als Verwalter der böhmischen Besitzungen in der Oberpfalz dafür sorgte, daß der Kontakt zwischen den Fürsten und dem Prager Hof nicht gänzlich abriß, war von Frankfurt nach Böhmen gereist, wo er auf dem Karlstein über den Verlauf des Reichstages berichten wollte. Als man ihn nach seinem Referat aus der Kammer gewiesen hatte, fielen die Räte Wenzels übereinander her, und vier von ihnen, denen man vorwarf, den König an der Reise in die deutschen Lande gehindert zu haben, wurden niedergestochen. Drei kamen dabei zu Tode. Wenzel hat den Mord später als Hinrichtung von Verrätern legalisiert.
Über die Gründe, die eine Absetzung Wenzels rechtfertigen könnten, waren sich die rheinischen Kurfürsten und ihr sächsischer

Kollege gegen Ende 1397 bereits einig. Johann von Nassau hat damals allgemeine Anerkennung gefunden, so daß die Mainzer Frage kein Hindernis mehr für eine gemeinsame Politik des Pfälzers und seiner drei geistlichen Kollegen darstellte. Wenzel, der diesmal persönlich in Frankfurt erschienen war, ließ sich den Katalog der fürstlichen Beschwerden im Dezember 1397 schriftlich vorlegen. Diese waren übrigens noch in konziliaanter Form niedergeschrieben worden, ließen aber keinen Zweifel daran, daß Wenzel vor im Grunde unlösbaren Aufgaben stand: Der König könne, wenn er nur wolle, das Schisma beseitigen. Der König von Frankreich habe die Reichsstadt Genua genommen und sich mit Florenz gegen die reichstreuen Städte der Lombardei verbündet. Wenzel habe den von Mailand zum Herzog gemacht. Das Reich werde weder in der Lombardei noch in Savoyen, (Reichs-)Flandern, Brabant, Cambrai, Metz, Toul oder Verdun wirksam geschützt. Verona sei dem Mailänder für Geld ausgeliefert worden. Der König gebe seinen Freunden besiegelte Blankourkunden. Er habe sich mit dem von Krakau verbündet; dies sei gegen das Christentum gerichtet sowie gegen Wenzels Bruder, den Ungarnkönig. Dazu kamen noch Klagen über den friedlosen Zustand des Reiches und anderes mehr.

Damals war bereits bekannt, daß Wenzel nach Frankreich reisen wollte, um dort mit Karl VI. über die Kirchenspaltung zu verhandeln und sich auf diese Weise dem Druck der Fürstenopposition zu entziehen. Das Mißtrauen der Pfalzgrafen begleitete ihn. Ruprecht II., der nur wenig später starb (6. I. 1398), ließ ein umfangreiches Memorandum anfertigen, das den König vor den gelehrten Räten Karls VI. warnen sollte: Diese würden ihn nur hinters Licht führen. Außerdem wurden die Klagen gegen Frankreich wiederholt, die Wenzel bereits kannte. Die Franzosen, so hieß es zusätzlich, wollten sogar das Kaisertum von Deutschland nach Frankreich ziehen. Zu den Verhandlungen solle Wenzel nur mit offenen Augen und bleiernen Fußes schreiten; dies umschreibt bereits die Methode von König Ruprechts künftiger Politik in der Kirchenfrage. Der Initiator des Treffens der beiden Könige, von denen der eine partiell dem Wahnsinn, der andere der Trunksucht verfallen war, dürfte Herzog Ludwig von Orléans gewesen sein, der zu diesem Zeitpunkt bereits in noch immer nur latentem Konflikt mit seinem Oheim von Burgund die Richtlinien der französischen Politik zu bestimmen versuchte. Man vereinbarte die Erneuerung des Freundschaftsbundes zwischen den Häusern Valois und Böhmen-Luxemburg, in den von französischer Seite Orléans, Anjou, Berry, aber auch Burgund einbeschlossen waren, während Wenzel nur seinen Bruder Siegmund, nicht also Jost und Prokop von

Mähren berücksichtigen ließ. Kinder hatte Wenzel nicht, so bot er dem Herzog von Orléans für die bei solchen Gelegenheiten übliche Eheabsprache seine Nichte Elisabeth von Görlitz an, die Ludwigs Sohn Karl heiraten sollte. Das Eheversprechen ist dann zwar nie eingelöst worden, zeitigte aber insofern Wirkungen, als es auch den Markgrafen Wilhelm von Meißen von der Notwendigkeit überzeugte, Wenzel endlich abzusetzen, denn noch am 3. I. 1397 hatte dieser seine Nichte einem Wettiner versprochen. Die Ratifizierung des Freundschaftsbundes mit der französischen Königsdynastie am 28. V. 1398 war die letzte außenpolitische Aktion Wenzels, die zu erwähnen sich lohnt.

Wie schwierig die Verhandlungen über den Sturz eines offenkundig unfähigen und moralisch haltlosen Königs gewesen sein müssen, beweist das Zögern des Trierer Erzbischofs, sich der ersten »liga super factis ecclesie et imperii«, dem sogenannten Bopparder Kurverein vom 11. IV. 1399, anzuschließen, obwohl er an den voraufgegangenen Beratungen teilgenommen hatte. Erst einige Monate später ist er dem Bund beigetreten, der ein gemeinsames Vorgehen in allen Sachen vorsah, die das hl. Reich und die Kurfürsten beträfen. Daß dieser Vertrag eindeutig auf eine Königswahl abzielte, beweist schon die Erwähnung der Mailänder Affäre, der allem Anschein nach der durchschlagendste Propagandaeffekt zugemessen wurde. Im September konnten die vier Kurfürsten eine Reihe von mittel- und süddeutschen Fürsten in ihren Bund aufnehmen. Die Markgrafen von Meißen, Stephan von Bayern, Landgraf Hermann von Hessen, Burggraf Friedrich von Nürnberg erklärten sich bereit, die Kurfürsten zu unterstützen, wenn diese einen neuen König aus den Dynastien (Wappen) Bayern, Meißen, Hessen, Nürnberg oder Württemberg wählen sollten. Österreich blieb also unberücksichtigt. Um den Sachsen-Wittenberger zu gewinnen, wurde im Mai 1400 auch noch Sachsen in den Rang der königswürdigen Dynastien erhoben.

Wenzel konnten die konspirativen Aktionen der Kurfürsten auf die Dauer natürlich nicht verborgen bleiben. Er schickte Boten nach Deutschland, die in den Reichsstädten zur Verteidigung seines Königtums aufriefen. Er hatte damit auch Erfolg, denn die meisten der Städte haben sich vor, während und nach der Wahl Ruprechts neutral verhalten und den neuen König erst anerkannt, als sich der alte nicht rührte. Kurz vor der auf den 11. VIII. anberaumten Entscheidung trennte sich der sächsische Kurfürst von seinen rheinischen Kollegen, offenbar weil er erkannt hatte, daß die Wahl nur noch auf den Pfalzgrafen fallen konnte. Als kurz danach sein Schwager, Herzog Friedrich von Braunschweig, am 5. VI. 1400 bei Fritzlar ermordet wurde, fiel der Verdacht auf den Mainzer Erzbischof, der angeblich mit diesem Verbrechen einen möglichen Kandidaten hatte aus dem Wege räumen wollen. Unter dem Eindruck des Mordes, der in den folgenden Jahren noch manche Fürstenversammlung beschäftigen sollte, kamen die vier rheinischen Kurfürsten Anfang August in Oberlahnstein zusammen, um auf sich allein gestellt das Unvermeidliche zu tun. Wenzel, den man geladen hatte, war natürlich nicht erschienen. Die politischen Sünden, die seine Absetzung rechtfertigen sollten, waren seit langem in aller Öffentlichkeit behandelt worden: Erhebung des Visconti zum Herzog von Mailand, gänzliche Untätigkeit des Königs in allen den Frieden im Reich und in der Kirche betreffenden Angelegenheiten. Hinzu kamen jetzt noch die moralischen Verfehlungen von Karls IV. Sohn: Er habe mit eigener Hand Prälaten, Pfaffen und andere ehrbare Leute eigenhändig ermordet, ertränkt und mit Fackeln verbrannt. Die Frankfurter, die das Geschehen durch eigene Boten hatten beobachten lassen, sandten dem abgesetzten König offenbar als Zeichen für eine wohlwollend neutrale Haltung eine Nachricht über die Vorgänge und erklärten, sie seien darüber von ganzem Herzen erschrocken; schließlich blieb Wenzel ja König von Böhmen, und keine der reichsstädtischen Kaufmannsfirmen wollte auf die lukrativen Verbindungen zum Prager Markt allein aus politischen Gründen verzichten.

Als die Kunde von den Lahnsteiner Entscheidungen nach Böhmen gelangte, soll es nach einem durchaus glaubwürdigen Bericht bei Kuttenberg zu einer fast skurril anmutenden Szene gekommen sein. Im Beisein Siegmunds und Josts trat Wenzels Herold Sachsenland vor den für abgesetzt erklärten König und überhäufte ihn mit Schmähungen. Wie konnte es dazu kommen, daß Wenzel alles vom Vater ererbte Gut vertan habe? In deutschen Landen habe er sich zu einem Versäumer, einem Ketzer, einem Nichtsnutz machen lassen. Diese Schmach könne nur mit dem Schwert gerächt werden. Auf diesen ungeheuerlichen Affront durch seinen eigenen Herold wußte Wenzel nur zu erwidern: »Ich weiß nicht, was ich tun soll«. Auch das Angebot seines Bruders, auf Wenzels Kosten nach Deutschland zu ziehen, um die Ehre Wenzels mit dem Schwert wiederherzustellen, habe der zunächst offenbar völlig fassungslose und zerknirschte Böhmenkönig abgelehnt.

IX. Ruprecht von der Pfalz

Der neue, zum Zeitpunkt seiner Wahl bereits 48 Jahre alte König gehörte als Inhaber der pfälzischen Kur zwar zu einer besonders privilegierten Gruppe der deutschen Reichsfürsten, als Landesherr jedoch wird man ihn eher zur zweiten Garnitur dieses Standes rechnen müssen. Das pfälzische Territorium im Westen bestand etwa zur Hälfte aus Reichspfandschaften, die noch 1375 im Zuge der Vorbereitungen zu Wenzels Wahl u.a. um das strategisch wichtige Kaiserslautern vermehrt worden waren. Die Pfandschaften der Pfalzgrafen wurden zwar mittlerweile zu einem solch hohen Wert taxiert, daß ihre Auslösung auf normalem Wege – d.h. durch Erlegung der Pfandsummen durch den römischen König – unmöglich erschien, aber erst Maximilian hat sie im Jahre 1495 in Reichslehen umgewandelt, die rechtlich für den Inhaber eine bessere Position bedeuteten. Übrigens hat Ruprecht nach seiner Wahl die Stellung als König dazu genutzt, die Hausmacht seiner Dynastie durch neuerliche Verpfändungen bzw. Erhöhungen der alten Pfandsummen zu mehren und zu sichern: so verpfändete er 1402 seinem Sohn Ludwig u.a. die Orte Oppenheim, Kaiserslautern, Odernheim, Ingelheim und Nierstein für 100000 fl., und 1408 hat er für weitere 40000 fl. ebenfalls seinem Sohn Selz sowie die Hälfte von Ortenberg, Offenburg, Gengenbach und Zell verpfändet.

Alles in allem waren aber die Möglichkeiten territorialer Expansion für die Pfalzgrafen durch die Nachbarschaft alter, fest etablierter Mächte sehr begrenzt. Eine Ausnahme bildete allenfalls das Elsaß, dessen Reichslandvogtei damals noch immer nicht in den festen Besitz eines der benachbarten Landesherren übergegangen war. Nicht vergessen sollte man freilich bei der Aufzählung der pfälzischen Machtpositionen den Außenposten in Franken, die Oberpfalz, in der Nachbarschaft des Böhmenkönigs, aber auch der Reichsstadt Nürnberg. Die Pfalzgrafen hatten diesen nicht unwichtigen Teil ihres Territorialbesitzes erst vor kurzem wieder von den bayerischen Herzögen zurückerlangt. König Ruprecht war in Amberg geboren worden und hatte eine Tochter des Burggrafen Friedrich von Nürnberg geheiratet. Die wirtschaftliche und politische Bedeutung der Oberpfalz im Rahmen der Hausmacht Ruprechts kann schwerlich überschätzt werden. Sie darf als das damals wichtigste deutsche Eisenrevier angesehen werden; das Kapital der vom Pfalzgrafen zu Lehen gehenden Eisenhämmer soll im Jahre 1387 150000 fl. betragen haben, d.h., wenn man eine Verzinsung von 10% ansetzen will, dürften diese Hämmer dem Landesherrn fast so viel eingetragen haben wie die sechs pfälzischen Rheinzölle von Bacharach, Kaub, Oppenheim, Mannheim, Germersheim und Neuburg, deren Ertrag man auf 20000 fl. per annum geschätzt hat. Nur von Germersheim weiß man mit Sicherheit, daß hier im Jahre 1401 etwa 3000 fl. kassiert worden sind. Zu diesen Einkünften aus den Regalien kam noch die Untertanenbede, die 20000 fl. erbracht haben soll. Die Hausmacht dürfte dem Pfalzgrafen demnach zwischen 50000 und 60000 fl. Einkünfte garantiert haben, die allerdings keineswegs regelmäßig geflossen sind und nicht selten durch Schuldentilgung von vornherein beträchtlich reduziert gewesen sein werden. So mußte Ruprecht im Jahre 1404 Burg und Stadt Kaub mit dem Zoll an 28 seiner Räte und Getreuen verpfänden, und zwar für 17500 fl., die er ihnen schuldete. Wolfgang Zorn hat, um die arge Diskrepanz zwischen den finanziellen Möglichkeiten und dem Herrschaftsanspruch des römischen Königs aus der Pfalz zu verdeutlichen, dessen Einkünfte mit denen des Giangaleazzo Visconti von Mailand verglichen, den sich Ruprecht als seinen Erzfeind auserkoren hatte. Während Ruprecht außer der genannten Summe aus der Hausmacht noch ca. 25000 fl. per annum aus dem Reichsgut erhalten haben dürfte, vor allem von den Städten, flossen dem Mailänder Herzog aus seinem weiten Herrschaftsgebiet in Oberitalien jährlich 1,2 Mill. fl. aus den ordentlichen Steuern zu; dazu kann man dann noch einmal eine Mill. fl. aus den außerordentlichen Erhebungen rechnen, die bei Bedarf auch noch drastisch erhöht werden konnten. Als Giangaleazzos Tochter Valentina ihre unselige Ehe mit dem Bruder Karls VI., Ludwig von Orléans, schloß, erhielt sie eine Mitgift von 450000 fl., das Elffache dessen, was der römische König Ruprecht seiner Tochter Elisabeth für ihre Ehe mit dem Herzog Friedrich von Österreich mitgeben oder besser: versprechen konnte.

Daß Ruprecht Giangaleazzo Visconti, den er nur als Tyrannen ansah, befehden wollte, resultierte aus dem Ursprung und aus der Schwäche seines Königtums. Die Erhebung des Mailänders zum Herzog und Reichsfürsten durch König Wenzel hatte sich im Laufe der Zeit als offenbar schlagkräftigste Propagandawaffe gegen das Königtum des Luxemburgers erwiesen, jedenfalls hatte sie bei der Absetzung Wenzels eine ganz erhebliche Rolle gespielt. Diese Argumentation konnte Ruprecht nun nicht einfach zu den Akten legen. Das wird er im übrigen auch gar nicht beabsichtigt haben, denn, wie ein knappes Jahrhundert vor ihm der Graf Heinrich von Luxemburg, so hat nun auch Pfalzgraf Ruprecht die Fahrt nach Italien von Anfang an mit Energie und Zielstrebigkeit ins Auge gefaßt. Bei allen Unterschieden zwischen den beiden Königen gab es zwischen ihnen doch eine ganze Reihe von Parallelen: Beide waren Kandidaten der rheinischen Kurfürsten, die das Reich in besonderem Maße als ihr Eigentum reklamierten und dementsprechend dem Herrscher von ihren Gnaden Ziele setzten, die außerhalb ihres eigenen Wirkungskreises lagen. Heinrich VII. hatte allerdings als neutraler Friedensstifter nach Italien ziehen wollen, während Ruprecht ganz im Gegenteil als strafender Richter den Tyrannen von Mailand stürzen wollte, dessen Vorfahr einst durch die blauäugige Politik Heinrichs VII. an die Macht gekommen war. Die Ereignisse der Jahre 1309 und 1310 wirkten auch insofern noch bis in die Gegenwart Ruprechts von der Pfalz hinein, als die große Gegnerin Heinrichs VII., Florenz, nunmehr den römischen König als Nothelfer gegen den mächtigen Visconti herbeisehnte und sich bereit erklärte, die Strafexpedition mit gewaltigen Summen zu finanzieren. Allerdings hatten sich die Verhältnisse in Italien, wenn man von der Feindschaft zwischen Florenz und dem Visconti einmal absieht, grundlegend verändert. Dem Herzog von Mailand war es nahezu gelungen, Reichsitalien unter seiner Herrschaft zu vereinigen. Sein Ausgreifen auf Toscana, wo ihm Pisa und Siena huldigten, ließ die Florentiner in Panik geraten. Ruprechts Italienzug, sein Versuch, den ebenso skrupellosen wie fähigen Herzog anzugreifen, ist zwar kläglich gescheitert, aber man wird trotz des geschilderten Ungleichgewichts der wirtschaftlichen Kräfteverhältnisse das Unterfangen des römischen Königs im nachhinein nicht für a priori aussichtslos bewerten können, denn die beeindruckende und institutionell durchaus modern anmutende Macht des Visconti beruhte doch in entscheidender Weise nur auf seiner Persönlichkeit. Als er nur wenige Monate nach dem endgültigen Zusammenbruch von Ruprechts Italienunternehmen starb (September 1402), erwiesen sich seine Witwe und die beiden noch minderjährigen Söhne als durchaus untauglich, die gewonnene Macht zusammenzuhalten: Die der Kurie entrissenen Städte Bologna, Perugia und Assisi gingen schon 1403 verloren; Venedig, das als Gegnerin des Visconti sich dennoch weithin neutral verhalten hatte, bemächtigte sich nunmehr Veronas und Vicenzas; Pisa mußte sich der Erzrivalin Florenz beugen (1405). Aber auch vor dem Tode Giangaleazzos hätte es einen Moment gegeben, da der Angriff eines römischen Königs gegen seine Position gute Aussicht auf Erfolg gehabt hätte. Am 21. III. 1398 hatte sich Florenz mit Venedig sowie einigen anderen Mächten Ober- und Mittelitaliens gegen die Hegemonialbestrebungen des Visconti verbündet. Aber noch vor der Wahl Ruprechts hat Venedig seinen Frieden mit Giangaleazzo gemacht. Dieser erwies sich zwar in der Folgezeit stets als ein sehr zerbrechliches Gebilde, verhinderte aber dennoch eine aktive Mitwirkung der Stadtrepublik an dem Unternehmen des römischen Königs.

Hoffnungen konnte Ruprecht auch auf Papst Bonifaz IX. setzen, der ja durchaus ein Interesse an Eindämmung und Zurückdrängen des Mailänder Machtbereichs haben mußte. Aber die Lage des römischen Papstes war doch viel zu prekär, als daß er sich offen für den neugewählten König erklären konnte, obwohl dieser ja aus einer Dynastie stammte, die sich als Vorkämpferin des römischen Papsttums gegen die Widersacher in Avignon bewährt hatte. Eine Parteinahme für Ruprecht hätte aber die Koalition zwischen dem zwar abgesetzten, aber keineswegs völlig entmachteten Wenzel, Mailand und Frankreich wiederbeleben können, und dies hätte das Ende seines Pontifikates bedeutet. Zudem reichte die Macht des Visconti bereits in das Patrimonium Petri hinein; päpstliche Gemeinden im Norden zeigten bedenkliche Neigungen, sich der Oboedienz Avignons zuzuwenden. Allerdings hat Bonifaz auch dann noch mit der Anerkennung Ruprechts gezögert, als dieser bereits in Italien weilte und an der Ernsthaftigkeit seiner Absichten kein Zweifel mehr bestehen konnte.

Die Verhandlungen mit den Florentinern konnten erst in ihr entscheidendes Stadium treten, nachdem sich abgezeichnet hatte, daß Wenzel sein Königtum nicht ernsthaft verteidigen würde. Zunächst war von 100000 fl. Subsidien für Ruprechts Heer die Rede, am Ende wurden dem König 200000 Dukaten als verlorener Zuschuß und noch einmal 200000 als Darlehen versprochen (13. IX. 1401). (Der Dukat wog etwas mehr als der fl., hatte aber einen etwas geringeren Feingehalt als dieser.) Berechnungen des königlichen Hofes hatten einen Kostenvoranschlag für den ersten Monat des Lombardenzuges von 77000 fl. ergeben, für jeden weiteren Monat 78769 fl., wozu dann noch rund 12000 fl. für die »Zehrung« von König und Königin kommen sollten. Eine erste Rate in Höhe von 110000 D. hat Ruprecht vertragsgemäß erst erhalten, als er im Oktober mit nur 1850 Gleven – darunter 600 Österreicher – in Trient eingetroffen war. Ein Teil des Aufgebots war gar nicht erst mit über die Alpen gezogen, weil deutsche Kaufleute, die das Unternehmen durch Kredite vorfinanzieren sollten, allem Anschein nach nur sehr zögernd ihre Zahlungsversprechen erfüllt haben. Immerhin müssen aber die oberdeutschen Kaufleute an die 60000 D. aufgebracht haben; als jedoch Ruprecht endlich über die erwähnte erste Rate verfügen konnte, war es im Grunde schon zu spät. Am 21. X. wurden die Deutschen bei Brescia in ein Gefecht verwickelt, das bereits die politische Entscheidung für das finanziell und militärisch so unzulänglich vorbe-

reitete Unternehmen bedeutete. Über den Rest des Geschenks in Höhe von 90000 fl. kam es zu unerfreulichem Gezänk, bis Florenz schließlich am 11. I. 1402 aufgrund einer venezianischen Bürgschaft die Zahlung von weiteren 65000 D. bewilligte: Auf die übrigen 25000 D., die Herzog Ludwig von Bayern für seine Beteiligung an dem Zug gegen den Visconti erhalten hatte, mußte Ruprecht verzichten.
Der größte Teil des deutschen Aufgebots hatte inzwischen die Heimreise angetreten und war auch dann nicht mehr zu halten, als Verhandlungen mit dem bisher strikt seine Neutralität wahrenden Venedig eine günstige Wende anzudeuten schienen. Aber nur eine Minderheit im Rate der Republik war davon überzeugt, daß man den künftigen Kaiser als politischen Partner gegen Mailand verwenden könne; die große Mehrheit sorgte am 7. II. 1402 für klare Verhältnisse und lehnte das von Florenz angebotene Bündnis mit Ruprecht ab. Daß sich der Rat aus Mitleid zugleich bereit erklärte, dem König und der Königin in ihrer gegenwärtigen großen Not beizustehen und ihnen 4000 Dukaten für die Heimreise zu schenken, kennzeichnet das ganze Elend des Königs aus der Pfalz. Ruprecht hat auch nach dem fatalen Ratsbeschluß von Venedig noch Hoffnungen gehegt, den Krieg gegen den Visconti fortführen zu können. Aber Aufforderungen an die über die Alpen zurückziehenden Aufgebote, wieder nach Italien zurückzukehren, sind abgelehnt worden, und auch die optimistischen Berichte, die Ruprecht und seine Vertrauten nach Deutschland schickten, verfingen hier nicht mehr; am 2. V. 1402 war der König wieder in München.
Das ebenso Mitleid wie Spott erregende Italienunternehmen des Pfälzers hatte selbst seinen verworfenen Vorgänger wieder Hoffnung schöpfen lassen. Mit seinem Bruder Siegmund und seinen Vettern Prokop und Jost hatte sich Wenzel nach der Katastrophe seines römischen Königtums vorübergehend zu einigen vermocht, so daß er sich stark genug fühlen konnte, an das Stadtregiment von Bologna am 1. I. 1402 eine Mahnung zum Widerstand gegen den Rebellen aus der Pfalz zu richten. Siegmund verhandelte sogar schon mit dem Visconti über einen Italienzug, der dann allerdings schon deshalb nicht stattfand, weil der Bruderzwist im Hause Böhmen erneut ausbrach und Wenzel wiederum gefangengesetzt wurde. Diesmal wurde er dem Herzog Albrecht IV. von Österreich ausgeliefert, der mit Siegmund die luxemburgisch-habsburgische Erbeinigung aus dem Jahre 1364 erneuerte. Wenzel konnte im November 1403 aus der Wiener Gefangenschaft entfliehen, und trotz der andauernden Querelen innerhalb seines Erbreiches blieb er unter den vielen Gegnern, mit denen sich Ruprecht im Verlauf seiner Regierung zu messen hatte, eine durchaus beachtliche Größe.
Ruprecht ist nach der Rückkehr aus Italien nicht nur wegen seiner

andauernden Finanznot in eine überaus schwierige politische Situation geraten. Unterstützung von seinen ehemaligen Standesgenossen durfte er kaum erwarten. Im Gegenteil: Der Erzbischof von Mainz, territorialer Konkurrent der Pfalzgrafen, ist dem erfolglosen Heimkehrer von Anfang an mit großem Argwohn begegnet. Die Tatsache, daß nur drei Reichsfürsten als Räte des Pfälzers bezeugt sind, spricht für sich. Immerhin hat aber das andauernde Vertrauensverhältnis zu dem mit Ruprecht verschwägerten Nürnberger Burggrafen Friedrich VI. dazu beigetragen, daß die von Böhmen aus leicht zu bedrohende fränkische Region zu einer der sichersten Bastionen des pfälzischen Königtums werden konnte. Außer auf den Nürnberger konnte sich Ruprecht noch auf die beiden Herzöge von Bayern-Ingolstadt, Stephan III., und dessen Sohn Ludwig VII. stützen, und zwar vor allem deshalb, weil Stephan seit Sturz und Tod seines Schwiegervaters Bernabó Visconti ein Feind von dessen Nachfolger und mutmaßlichem Mörder Giangaleazzo war. Die außenpolitischen Möglichkeiten, die sich durch das Bündnis mit Vater und Bruder der Königin von Frankreich eröffneten, werden wir noch zu behandeln haben. Als symptomatisch für den trostlosen Zustand der verwandtschaftlichen Beziehungen im Hause Bayern kann gewertet werden, daß Stephans jüngerer Bruder Johann II. von Bayern-München seit 1393 Verhandlungen mit Giangaleazzo führte, die 1396 mit einer Ehe von Johanns Sohn Ernst mit Elisabetta Visconti erfolgreich abgeschlossen werden konnten. Zwar haben auch die drei mit den Ingolstädtern konkurrierenden Herzöge nach einigem Zögern das Königtum ihres pfälzischen Vetters anerkannt, zu tatkräftiger Hilfe konnten sie sich aber auch dann nicht entschließen.
Da die Fürsten aufs Ganze gesehen dem Hofe Ruprechts fernblieben, konnten andere Kräfte ihren Einfluß geltend machen, unter ihnen wie schon in den Zeiten der luxemburgischen Könige auch das Meliorat einiger süddeutscher Reichsstädte. Das ergab sich zu einem Teil aus der nach wie vor kritischen finanziellen Lage des Königs. In Nürnberg und Augsburg, den Zentren der »oberdeutschen Hochfinanz«, wo man mit Geld umzugehen verstand, sang das Volk auf den Gassen das Lied vom pfälzischen Gögelmann (Narren) mit den leeren Taschen, während der Nürnberger Ulman Stromer dem König Papier, Pferdefutter, Nahrungsmittel und andere Dinge des täglichen Bedarfs auf Kredit verkaufte. Stromer und seine Frau liehen dem König zwischen März 1401 und Januar 1403 insgesamt 9000 fl., zumeist ohne sich Sicherheiten dafür geben zu lassen. Andere Kaufleute waren vorsichtiger, so der Nürnberger Herdegen I. Valzner, der sich für 11600 fl. Markt, Amt, Hofmark und Ungeld von Altdorf verpfänden ließ. Nach-

weislich haben 28 Nürnberger Kaufleute dem König rund 5000 fl. geliehen; mit 28000 fl. stand Ruprecht bei Regensburger Bürgern in der Kreide, davon hatte Konrad Dürrenstädter allein zwei Drittel beigesteuert. Wie in Nürnberg dürfte auch in Regensburg das Interesse am Oberpfälzer Eisen die Kreditgebung erleichtert haben. Die Frankfurter, die dem König zunächst sehr ablehnend begegnet waren und ihn erst nach längeren Verhandlungen in ihre Stadt gelassen hatten, haben sich auch späterhin sehr reserviert gezeigt: Nur 1500 fl. hat Ruprecht sich hier leihen können. Alles in allem haben die Schulden Ruprechts bei Bürgern und Stadtgemeinden die Summe von etwa 100000 fl. erreicht, das wäre das Vierfache seiner geschätzten jährlichen Reichseinkünfte. Von den Kreditgebern wird man übrigens nur zwei als Leute mit politischen Intentionen bezeichnen können: Ulman Stromer und den Mainzer Heinz zum Jungen. Die Summe, die diese beiden zur Verfügung stellten, waren aber vergleichsweise gering und haben ihren Einfluß am königlichen Hof allenfalls gesichert, nicht aber begründet. Die bedeutenden Kreditgeber waren offenbar nur am Geschäft, nicht an der großen Politik interessiert. »Für den einzelnen Handelsherrn und Bankier genügte meist noch Umsatzsteigerung, Gnadenerweise und Prestigegewinn als Entgelt.« (Moraw)

Die Zusammensetzung von Ruprechts königlichem Rat bestätigt diese Feststellung. Von den 76 bekannten Räten Ruprechts gehörte kein einziger zum handeltreibenden Reichsstadtbürgertum; nicht einmal Ulman Stromer, obwohl ganz gewiß ein Ratgeber des Königs, ist der Ehre dieses Titels teilhaftig geworden. Zwei Drittel der Laien-Räte stammten aus den pfälzischen Territorien oder standen zu den Pfalzgrafen in lehnrechtlichen Beziehungen; aus der Oberpfalz kamen nur sehr wenige, allenfalls zwei davon haben eine etwas bedeutendere Rolle an Ruprechts Hof gespielt. Nach dem Tode des Königs haben diese territorialen Räte sich wieder mit den bescheideneren Verhältnissen des pfälzischen Landes begnügt. Unter den Räten nicht-pfälzischer Herkunft befanden sich – wie bereits erwähnt – nur drei Reichsfürsten: die Herzöge Stephan III. und Ludwig VII. von Bayern-Ingolstadt sowie Friedrich VI., Burggraf von Nürnberg.

Hervorzuheben ist, daß einige der Grafendynastien, die in der Umgebung der Könige vom ersten Habsburger bis in die sechziger Jahre des 14. Jahrhunderts eine dominierende Rolle gespielt hatten, unter Ruprecht wieder in Erscheinung traten: Leiningen, Leuchtenberg, Öttingen, Sayn, Veldenz, Wertheim. Die Funktion des Rates hatte sich seit den Tagen Karls IV. nicht wesentlich geändert, so daß die in dem betreffenden Kapitel getroffenen Feststellungen im wesentlichen auch noch auf den Rat Ruprechts zutreffen. Als

Hofrichter amtierten nur zwei Herren: Engelhard VIII. von Weinsberg (bis 1409) und Graf Johann II. von Wertheim (1409/10).
Engelhard, dessen Sohn Konrad zu einem der einflußreichsten Gestalter der Reichspolitik unter den Königen Siegmund und Albrecht II. werden sollte, muß im Gegensatz zu den gelehrten Leuten der Hofkanzlei ein sehr zurückhaltender Mann gewesen sein und ist nur selten in Erscheinung getreten; die Amtszeit des Wertheimers war zu kurz, um über sein Wirken ein Urteil fällen zu können. Die beiden Hofrichter entstammten jeweils Familien, deren Mitglieder nicht selten ihr Heil im Königsdienst gesucht haben; während die Weinsberger überhaupt keine geschlossene Landesherrschaft aufzubauen vermochten, war das kleine Territorium der Wertheimer stets so gefährdet, daß sie sich um den Schutz benachbarter Fürsten oder – in diesem Fall – des Königs bemühen mußten. Über die Intensität der Gerichtstätigkeit der beiden Herren läßt sich beim gegenwärtigen Stand der Quellenaufbereitung keine sichere Aussage machen; es würde aber sehr überraschen, wenn sie ihre Vorgänger unter Karl IV. in Quantität und Qualität der von ihnen durchgeführten Verfahren wesentlich übertroffen hätten. Pfälzisch-territorialen Charakter hatte das Amt des Kammermeisters, das der aus dem Lehnsadel der Pfalz stammende Rudolf von Zeiskam innehatte. Nach Ruprechts Tod blieb der Herr von Zeiskam in kurpfälzischen Diensten.
Die wichtigste Institution des römischen Königs war nach wie vor die Kanzlei, die jetzt zum wiederholten Mal ganz von vorne anfangen, d.h. auf kurpfälzischer Grundlage neu aufgebaut werden mußte. Der Leiter von Ruprechts pfalzgräflicher Kanzlei, der Protonotar Matthias Voltz von Sobernheim, behielt seinen Titel und arbeitete fortan unter der Leitung des neuen Kanzlers, des noch jungen Bischofs Raban von Speyer. Raban von Helmstadt stammte aus einer Familie niederen Adels aus dem heutigen Landkreis Sinsheim, die sich schon seit Jahrzehnten in den Diensten der Pfalzgrafen und der Speyerer Bischöfe verdient gemacht hatte. Die nicht eben wohlhabende Familie bekundete bereits seit mehr als hundert Jahren ein reges Interesse an der Gelehrsamkeit; zur Zeit Rabans studierten insgesamt fünf ihrer Mitglieder an der Wiener Universität. Raban selbst hatte 1386/87 an der gerade gegründeten Heidelberger Universität seine Studien begonnen, sie dann an denen von Wien (1389) und Bologna (1393) fortgesetzt, ohne aber einen akademischen Grad zu erreichen. Die juristischen und theologischen Kenntnisse, über die er zweifellos verfügte, haben dann die Pfalzgrafen dazu bewogen, ihm 1396 auf den Speyerer Bischofsstuhl zu verhelfen. Da der zweite der im Pfälzer Einflußbe-

reich residierenden Bischöfe, Eckard von Worms, bereits in sehr hohem Alter stand, und es seit den Tagen Ludwigs des Bayern üblich war, daß das Kanzleramt nur Bischöfen anvertraut wurde, kann die Ernennung Rabans die Zeitgenossen kaum überrascht haben. Binnen kurzem hat dann dieser nach Hermann Heimpel nur »halbgelehrte« Mann dafür gesorgt, daß Rat und Kanzlei des neuen römischen Königs zu einem Sammelbecken seiner Studiengefährten und anderer an Universitäten ausgebildeter Leute geworden sind. Raban hat die Leitung der Kanzlei nicht nur nominell innegehabt, sondern sein Amt auch mit Umsicht und Energie selbst verwaltet; binnen kurzem war aus der bescheidenen Beurkundungsstätte eines zweitrangigen Landesherrn ein verhältnismäßig leistungskräftiger »Regierungsapparat« geworden, der etwa im August 1401 338 Urkunden und Briefe zu produzieren imstande war. Raban selbst war fast ständig in der Umgebung Ruprechts zu finden und hat nur relativ selten selbständig diplomatische Aktionen durchgeführt; überdies war er der wichtigste Unterhändler des Königs mit dessen schwierigstem Gegenspieler, Rabans Metropoliten Johann von Mainz. Nächst dem Kanzler hat sich der seit 1402 amtierende Protonotar Johannes Winheim der Routinearbeit angenommen, d.h. Urkunden unterfertigt und anderes mehr. Er hatte schon vor Ruprechts Wahl in dessen Dienst gestanden und ist dann noch bis 1430 als pfälzischer Kanzleibeamter nachweisbar. Während Johannes Winheim sozusagen für die Kontinuität kurpfälzischer Tradition auch in der kurzen Phase der Pfälzer Königsherrschaft sorgte, ist ein weiterer Protonotar, Johannes Kirchen, über dessen Herkunft Dunkel liegt, von Peter Moraw als Garant jener politischen Kontinuität im Reich gewertet worden, über die schon im Kapitel »Karl IV.« gehandelt worden ist. Kirchen hatte in den neunziger Jahren das wichtige Amt eines Hofgerichtsnotars inne und war nach der Wahl Ruprechts als Wenzels Gesandter nach Deutschland gereist, um bei Grafen und Städten Unterstützung für den abgesetzten König zu gewinnen. Er ist zwar noch einmal an den Hof Wenzels zurückgekehrt, hat dann aber dessen Dienste quittiert und wurde von Ruprecht zunächst als Hofgerichtsnotar, schließlich auch als Protonotar beschäftigt. Während der Übergang von Wenzel zu Ruprecht nur im Zorn vollzogen worden sein kann, wird die Übernahme Kirchens durch Siegmund in gutem Einvernehmen mit Ruprechts Sohn erfolgt sein. In der Zeit von 1411–1414, danach noch einmal von 1417–1422 hat Kirchen als Protonotar in Siegmunds deutscher Kanzlei gearbeitet. Auch hier wird man gegen eine allzu optimistische Einschätzung dieses doch recht einsamen Kontinuitätsträgers das zu bedenken geben müssen, was im Kapitel über Karl IV. bereits gesagt worden ist.

Von den neun Protonotaren Ruprechts stammten nur drei aus dem Herrschaftsbereich der Pfalzgrafen, die anderen kamen vom Niederrhein, aus Nürnberg, aus Straßburg und Ulm.
Während Raban von Speyer und Johannes Winheim die Hauptlast der Alltagsarbeit einer Hofkanzlei zu tragen hatten, waren die beiden Protonotare Ulrich von Albeck (seit 1407 Bischof von Verden) und Job Vener aus Straßburg vor allem für die diplomatischen Aktionen des Königs zuständig. Besonders hervorgehoben zu werden verdient der Doctor utriusque iuris Job Vener nicht nur deshalb, weil wir über Lebenslauf und Wirken dieses Mannes durch die Studien Hermann Heimpels seit kurzem in unübertrefflicher Weise unterrichtet sind. Job war ein Sohn des aus Schwäbisch Gmünd stammenden Reinbold Vener, der zeitweise Offizial (Hofrichter) des Bischofs von Straßburg gewesen war. Nach dem Beginn der Kirchenspaltung hatte sich Reinbold für Papst Clemens VII. entschieden und bei diesem um die Expektanz (Anwartschaft) auf eine Pfründe für seinen um 1370 geborenen Sohn Job gebeten. Im oberrheinischen Einflußgebiet Herzog Leopolds III. war die Wahl der clementistischen Oboedienz nichts Ungewöhnliches, aber nach leidvollen Erfahrungen als bischöflicher Beamter in Straßburg, zeitweise auch in Speyer, gehörte Reinbold zusammen mit seinem Sohn Job zu den »Freunden« Ruprechts von der Pfalz, die kurz nach dessen Wahl in Mainz die Boten der rheinischen Städte darüber aufklären sollten, wie man nach päpstlichem und kaiserlichem Recht von Wenzel abfallen könne, ohne doch an Ehre und Seele gestraft zu werden. Job Vener hatte noch nach Ausbruch des Schismas in Paris studiert (1383/87), dann in Heidelberg und schließlich (1390/97) in Bologna, wo er nicht nur als Prokurator der Deutschen Nation wirkte, sondern auch den Licenciat beider Rechte erwarb. Nach seinem Eintritt in die Hofkanzlei wurde er während Ruprechts unglücklichem Italienzug am 20. II. 1402 in Bologna zum Doctor iuris utriusque promoviert und erreichte damit einen Grad, den zwischen 1380 und 1449 insgesamt nur 14 Deutsche erlangt haben. In Heidelberg dürfte Job zur Zeit Ruprechts der einzige Doctor utriusque gewesen sein. Job war zwar geschworenes Mitglied der Universität, wurde auch als Professor geführt; 1410 stellte ihm die Universität sogar das Haus des gerade verstorbenen Bischofs von Worms, des Theologieprofessors Matthäus von Krakau, zur Verfügung. Es ist aber unwahrscheinlich, daß Vener auch eine nennenswerte Lehrtätigkeit ausgeübt hat, denn dazu werden ihm seine diplomatischen Unternehmungen und seine sonstige politische Arbeit keine Zeit gelassen haben. Mit der normalen Plackerei in der königlichen Zentrale hatte er dank seiner beiden Kollegen Raban und Johannes Winheim nicht viel zu tun.

Er beriet die Theologen Ruprechts, Konrad Koler von Soest und Matthäus von Krakau, und überarbeitete deren Traktate über die Misere der Kirche und die Ränke der Pisaner Kardinäle. Seine diplomatischen Aufgaben führten Vener u.a. mehrfach nach Frankreich, nach Savoyen und Aragon sowie nach Italien, nicht aber nach Rom oder Pisa, wo ihn sein Bruder Reinbold vertreten hat. Nach Ruprechts Tod ist Job in pfälzischem Dienst geblieben, auch er also ein Beweis für die wenig kontinuitätsträchtige Struktur des spätmittelalterlichen Königtums in Deutschland. Solange die politische Eintracht zwischen Ruprechts Sohn und Siegmund währte – bis ins Jahr 1417 – hat aber auch der neue römische König von der Gelehrsamkeit Veners profitieren können, die sich während des Konstanzer Konzils voll entfalten konnte. Als Repräsentant der Schule zu Heidelberg, vor allem aber als Mitglied der kurpfälzischen Delegation, zugleich als Rat des römischen Königs und als einer von zwei Präsidenten der Deutschen Nation nahm Job – wie Heimpel das formuliert hat – »lesend, sammelnd, schreibend, redend, handelnd« an dieser eindrucksvollsten Kirchenversammlung auf deutschem Boden teil, dazu wohl auch noch beobachtend, nämlich die Verbrennung des Jan Hus, deren Vollzug sein Herr als Pfalzgraf zu leiten hatte. Aus den Reihen der sechs Vertreter der Deutschen Nation (über deren Bedeutung im Zusammenhang mit dem Pisanum etwas gesagt werden wird), erhielt Vener bei zwei Skrutinien der Papstwahl jeweils vier Stimmen; indes hatte er gegen die Kardinals-Kandidaten nie eine Chance.
Neben anderen kleineren Schriften entstand während Veners Konstanzer Tage der bisher als anonym geltende Traktat »Avisamentum sacrorum canonum et doctorum«, auf den wir im Zusammenhang mit anderen Reformschriften der Zeit im Kapitel über Siegmund zurückkommen werden. Nach dem Ende des Konzils widmete sich Vener dann wieder den Rechtsgeschäften des Pfalzgrafen; als dessen Vertreter ist er bei zwei Inquisitionsprozessen gegen deutsche Hussiten anwesend, die für die Beklagten, den Priester Johannes Drändorf und seinen Diener sowie den Speyerer Domscholaster Peter Turnau, tödlich endeten. Größeres Aufsehen dürfte Vener dann wieder erregt haben, als er auf dem Baseler Konzil die Ansprüche seines 1430 von Papst Martin V. zum Trierer Erzbischof providierten Weggefährten Raban von Speyer gegen den von zwei Mitgliedern des Domkapitels gewählten Ulrich von Manderscheid durchzusetzen versuchte, der in dem jungen Nikolaus von Kues einen dem damals schon 60 Jahre alten Vener durchaus ebenbürtigen Vertreter seiner Interessen gefunden hatte. Die Auseinandersetzung endete übrigens nach der finanziellen und wohl auch psychischen Ermattung der beiden Hauptkontrahenten mit

einem Schiedsspruch zugunsten Rabans, der aber wenige Jahre später auf das durch den Prozeß und seine Begleitumstände fürs erste ruinierte Erzstift zugunsten des 1430 von der Mehrheit des Trierer Kapitels gewählten Jakob von Sierck verzichtete. Vener ist am 9. IV. 1447 gestorben.
Lebenslauf und Wirken des Job Vener können wegen seiner den Durchschnitt von Mitstreitern und Gegnern überragenden Persönlichkeit nicht als exemplarisch für die nach dem Beginn der Kirchenspaltung in verstärktem Maße an die Höfe von Königen und Fürsten gezogenen gelehrten Räte gewertet werden. Auch seine offenkundig untadelige Lebensführung und sein Verzicht, als Minorist (Kleriker mit den niederen Weihen) auf Pfründenjagd zu gehen, lassen bei ihm die Schattenseiten des von Studium geprägten Politikers – als Kontrahent und Partner des adeligen Rates – weit weniger in Erscheinung treten als bei manchem seiner Kollegen. In seinem Familienkreis sieht das schon etwas anders aus: »Im Blick auf die Pfründenpolitik liest sich die Geschichte der Familien Vener–Schlecht wie ein Kompendium der viel erörterten vorreformatorischen Mißstände.« (Heimpel) Da gibt es Pfründenhäufung, den Versuch, einen minderjährigen Klerikerbastard mit zwei Seelsorgpfründen zu versorgen, einen Benediktiner, der die stabilitas loci nicht wahrt, und anderes mehr. Job hat mit einem ansehnlichen Vermögen im Rücken auf derlei Praktiken wohl bewußt verzichtet. Er begnügte sich mit seinen ordentlichen Einkünften als landesherrlicher und zeitweise königlicher Beamter, über die wir nichts Genaueres wissen, und mit den außerordentlichen Zuwendungen; so erhielt er von den Nürnbergern 10 fl. als Gastgeschenk, während seine beiden »Vorgesetzten« Raban mit 32 und Ruprecht mit 100 fl. bedacht wurden. Wie groß der Bedarf an theologisch und kanonistisch ausgebildeten, obendrein aber auch noch der eigenen Oboedienz verpflichteten Leuten damals eingeschätzt wurde, läßt sich an den zahlreichen Neugründungen von Universitäten ablesen: Heidelberg 1386, Erfurt 1379/89, Köln 1388, Würzburg 1402, Leipzig 1409. Dazu kam noch die schon 1365 gegründete Schule zu Wien, die 1384 nach den Erfordernissen der Zeit – Leopold war Clementist – reorganisiert wurde. In gleicher Weise wurde im Jahre 1397 die bereits von Kasimir dem Großen gestiftete Universität Krakau zu neuem Leben erweckt, wobei auch der seit 1394 in Heidelberg lehrende Matthäus von Krakau zu Rate gezogen worden ist.
Gewiß hatte es auch schon vor Ruprechts Zeit gelehrte Leute in Rat und Verwaltung von Königen und Fürsten, insbesondere natürlich Bischöfen, gegeben. Ohne ihre Hilfe hätte Ludwig der Bayer seine Absolutionsverhandlungen mit der Kurie in Avignon nicht führen

können, und Rudolf Losse war für den Erzbischof Baldewin in den Tagen des Rhenser Kurvereins gewiß ein ebenso unentbehrlicher Helfer wie Job Vener für Ruprecht während der Auseinandersetzungen um die Kirchenversammlung in Pisa. Aber die Zeit des Pfälzers hat doch nach den chaotischen Zuständen zur Zeit von Wenzels Königtum eine neue Aufschwungphase für die gelehrte Beamtenschaft zumindest an den Höfen der Laienfürsten bedeutet. Noch waren es zumeist Kleriker mit niederen Weihen, wenig später werden auch gelehrte Laien auftreten und mit Kaspar Schlick zum ersten Mal den Kanzler eines römischen Königs stellen. Gelehrtes Wissen, ständige Arbeit und Verfügbarkeit unterscheidet diese Leute wesentlich von den adeligen Räten mit eigener Herrschaft, weniger von den Rittern, die auf das Einkommen der Amtstätigkeit am Fürstenhof angewiesen waren. Die niederadeligen Ritter und Edelknechte spielten im übrigen besonders in der Territorialverwaltung auch weiterhin eine bedeutsame Rolle, und ein sprachgewandter Mann wie der Tiroler Ritter Oswald von Wolkenstein, der nie studiert hatte, konnte in den Diensten von Ruprechts Nachfolger Siegmund zeitweise zu einem von dessen meistbeschäftigten Diplomaten werden. Aus seinen Reisegedichten kann man schließen, daß ihm bei der Begegnung mit der Königin von Aragon oder der »Else« von Frankreich nicht nur seine Redegewandtheit zugute gekommen ist, sondern auch die Zugehörigkeit zu der noch immer als gesamteuropäische Adelskaste angesehenen Ritterschaft. Gelegentlich muß es zwischen den ritterlichen und den nichtadeligen Räten mit akademischem Grad zu Rangstreitigkeiten gekommen sein. Die Hochschätzung der Ritterschaft als des nach wie vor gültigen Leitbildes der mittelalterlichen Herrenschicht kommt im übrigen selbst bei der Einordnung der akademisch Graduierten zum Ausdruck. In der Formelsammlung von Karls IV. Notar Johann von Gelnhausen wird der vom Kaiser zum Doctor in iuribus Erhobene mit der hehren Ritterschaft seines heiligen Berufes und mit dem Rittergürtel geschmückt, dies natürlich nur in metaphorischer Weise. In der Heidelberger Gesellschaft stand der Doctor Vener nach dem adeligen Ritter, aber vor dem einfachen Adeligen ohne den Rittergürtel.

Nicht wenige von denen, die sich ihr Brot mit harter körperlicher Arbeit zu verdienen hatten, waren der Meinung, daß sich damit zum edlen Nichtsnutz und Tunichtgut nun auch noch der akademische geselle. 1406 kam es in Heidelberg zu schweren Ausschreitungen gegen die Angehörigen der Universität, an der sich Stadtbürger, aber auch Leute vom pfalzgräflichen Hof beteiligten; dem Aufruhr wäre um ein Haar auch ein späterer Rektor zum Opfer gefallen. 1425 wiederholte sich aus nichtigen Anlässen der Sturm

gegen Studenten und Pfaffen, die man eher noch totzuschlagen wünschte als die Hussiten; und auch davon versprach man sich ewigen Lohn.
Gründung und Unterhalt einer Universität waren natürlich ungemein kostspielig und konnten aus den normalen Domäneneinkünften und Steuern eines Landesherrn oder einer Stadt nicht finanziert werden. Der Fortbestand der Heidelberger Universität galt im Grunde erst im Jahre 1398 gesichert, als Papst Bonifaz IX. auf Bitten Ruprechts III. (des späteren Königs) der Universität 12 Kanonikate an auswärtigen Kirchen (Speyer, Worms, Wimpfen) inkorporierte, d.h. die betreffenden Pfründen für die Besoldung von Professoren zur Verfügung stellte. Dazu kamen dann noch weitere private Pfründenstiftungen und ein für 2000 fl. Kapital gekaufter Anteil an den Zöllen von Bacharach und Kaiserswerth, dessen Ertrag an je drei Doktoren der theologischen und der juristischen Fakultät sowie an einen Mediziner gehen sollte. Den Bedarf an Grundstücken und Gebäuden hat Ruprecht II. nach oft erprobter Manier befriedigt: die nach den Pogromen von 1349 aus den Reichsstädten ins pfälzische Territorium eingewanderten Juden wurden vertrieben und ein Teil ihrer Hinterlassenschaft der Universität zur Verfügung gestellt: Die Synagoge verwandelte man in die Universitätskapelle, und die wohl nicht eben komfortablen Häuser der Vertriebenen wurden zum Ärger manches Hofbeamten den Professoren als Wohnungen überlassen.
Die Heidelberger Artistenfakultät umfaßte sechs »regierende« (d.h. fest besoldete und zur Lehre verpflichtete) Magister, dazu kamen drei oder vier Theologen, ebensoviel Juristen sowie ein Mediziner. Die zur Verfügung stehenden Barmittel wurden den Herren je nach dem Rang ihrer Fakultät zugewiesen; Theologen erhielten 120 fl., Juristen 80, Mediziner 60 fl. Zusammen mit den Einkünften aus den Pfründen, Studiengebühren und sonstigen Nebeneinnahmen aus Gutachten usw. durfte sich ein Universitätslehrer damals gewiß zu den Leuten mit sehr gutem Einkommen zählen. In Basel hat man 1459 die Besoldung von Professoren der theologischen und der juristischen Fakultät auf 150 fl. veranschlagt, während in der Artistenfakultät nur 50 fl. gezahlt werden sollten, weil hier die Professoren noch auf die Gebühren der Studenten hoffen durften. Zum Vergleich: Der Verfasser der Reformatio Sigismundi, der um 1440 für eine feste Besoldung der Pfarrer plädierte, billigte diesen 80 fl. per annum zu, eine Summe, die den Durchschnitt damaliger Einkommen von Pfarrern wohl übertroffen haben wird. Welchen finanziellen Wert damals der Doktor-Titel darstellte, kann man ermessen, wenn die Kosten eines vorgeschriebenen Festschmauses nach dem Examen auf mindestens 200 fl. beziffert wurden.

Obwohl nun die nicht nur kanonistisch, sondern auch im weltlichen Kaiserrecht ausgebildeten Räte sich in den Jahrzehnten der Konzilsepoche als unentbehrliche Helfer der Theologen und reinen Kanonisten erwiesen haben und es gewiß einen ständig zunehmenden Bedarf an solchen Leuten gegeben hat, wirkte sich dies doch wenigstens in der ersten Hälfte des 15. Jahrhunderts noch nicht auf die institutionelle Gliederung der neuen deutschen Universitäten aus. In Heidelberg und anderswo konnte man zwar durchweg das kanonische, nicht aber das weltliche, römische Recht studieren; nur in Köln durften gleichzeitig bis zu 20 Geistliche auch Vorlesungen darüber hören, und zwar mit der bezeichnenden Begründung, daß den Studenten damit das Verständnis des kanonischen Rechts erleichtert werden könne. Allerdings ist der Verzicht auf die Lehre des Kaiserrechts, der von der Kurie wenn nicht gefordert, so doch erwartet wurde, von Anfang an als ein bedauerlicher Mangel empfunden worden. Lange bevor in Heidelberg die beiden ersten Legistenpfründen zur Verfügung gestellt wurden (1452), fand hier schon eine Promotion zum Doctor utriusque iuris statt, die mit Hilfe eines pfalzgräflichen Rates, der Doctor des weltlichen Rechts war, vorgenommen werden konnte. Eine ausreichende und dauerhafte Lehre des Kaiserrechts wurde an den meisten deutschen Universitäten erst seit der Mitte des 15. Jahrhunderts möglich, und der erste herausragende deutsche Rechtsgelehrte, der Freiburger Ulrich Zasius, geboren 1461, schrieb seine bedeutenden Werke, u.a. auch das Freiburger Stadtrecht, erst am Anfang des 16. Jahrhunderts.

Wenngleich der Vorgang, der mit dem Begriff »Rezeption des Römischen Rechts« umschrieben wird, erst mehrere Jahrzehnte nach der Regierungszeit des Pfälzers institutionelle Auswirkungen auf die deutschen Universitäten gezeitigt hat, kann doch angesichts der Bedeutung, welche die an den Universitäten Italiens ausgebildeten Juristen damals bereits erreicht hatten, schon an dieser Stelle eine knappe Bemerkung dazu eingeschoben werden. Unter dieser Rezeption wird heute nicht mehr »die Aufnahme eines stofflichen Fremdkörpers« verstanden, sondern der langandauernde Vorgang »einer Verwissenschaftlichung des deutschen Rechtslebens und seiner fachlichen Träger«. (Franz Wieacker) Im kirchlichen Bereich, wo das römische Recht naturgemäß schon immer eine maßgebliche Rolle gespielt hatte, war die prägende Kraft altrömischer Normen insbesondere im Prozeßrecht unverkennbar wirksam, und auch für die Rezeption des römischen Zivil- und Strafrechts sollte dem römisch-rechtlichen (Beamten-)Prozeß eine Schlüsselfunktion zukommen. Neben den nicht-gelehrten Schöffen oft ritterschaftlichen Standes, der in den Traditionen des deutschen, teils ungeschriebenen, teils in »Spiegeln« zusammengestellten Rechts aufgewachsen war, trat der gelehrte Jurist, oft aus dem stadtbürgerlichen Meliorat stammend, der auf einem rational deduzierbaren und (schriftlich) überprüfbaren Urteilsspruch bestand. Die Forderung, das königliche Hofgericht nicht nur »mit weisen, verstendigen, fursichtigen rittern«, sondern auch »mit gelerten leuten« zu besetzen, wurde zwar erst in einem Reformentwurf des Jahres 1438 erhoben, aber man darf davon ausgehen, daß hier wie auch in den landesherrlichen Obergerichten die akademisch ausgebildeten Räte schon vorher tätig geworden waren. Am Ende stand dann die paritätische Besetzung des reformierten Reichskammergerichts vom Jahre 1495 mit Beisitzern, von denen die eine Hälfte gelehrte Juristen, die andere Ritter sein sollten; aber auch letzteren war die gelehrte Ausbildung durchaus nicht verwehrt: Soweit wie möglich sollten Ritter ausgewählt werden, die das Recht studiert hatten. Etwa zur gleichen Zeit, in Württemberg sogar im selben Jahr, wird dieses Prinzip auch für landesherrliche Obergerichte verbindlich vorgeschrieben.

Das Eindringen der gelehrten Juristen in die Gerichtsbarkeit der deutschen Städte und Territorien und die damit einhergehende (gleich noch zu besprechende) Durchsetzung des gelehrten römischen Rechts vollzogen sich indes nur sehr allmählich. Der Hofnarr des Königs von Aragon, Mossen Borra (Antonio Tallander), ein durchaus respektabler Mann und intelligenter Literat, der von seinem Herrn während des Konstanzer Konzils an König Siegmund ausgeliehen worden war, berichtete noch um 1418 über die seiner Ansicht nach ungewöhnlichen Gerichtsverhältnisse im südlichen Deutschland: »Wenn es eine Gerichtsverhandlung gibt, dann interveniert kein Advokat oder Richter, sondern neun Ritter behandeln den Fall (d.h. als Urteilsfinder). Wenn alle oder sechs von ihnen übereinstimmen, also die Mehrheit, wird das Urteil gefällt und eine Urkunde über die Sentenz aufgesetzt, an die jeder sein Siegel hängt. In ganz Deutschland existiert kein einziger Richter oder Advokat, und darum gibt es kaum Rechtsfälle und Streitigkeiten.« Borras Schilderung, die auf der Beobachtung eines von den betreffenden Parteien vereinbarten Schiedsverfahrens beruhen dürfte, gibt die tatsächlichen Gegebenheiten natürlich nicht in vollem Umfang wieder; vor allem scheinen ihm die an gescheiterte Verfahren dieser Art sich anschließenden Fehden unbekannt geblieben zu sein. Aber ein Aragonese, der die von gelehrten Advokaten und Richtern geprägte Gerichtsbarkeit mit ihren spezifischen Gebrechen kannte – Formalismen, Korruption, hohe Kosten der Prozesse usf. –, wird die unkomplizierte, dem gesunden Menschenverstand zugängliche Verfahrensweise der rechtschaffenden

deutschen Ritter vielleicht als erstrebenswert erschienen sein; ein nicht unbeträchtlicher Teil der politisch maßgeblichen Kräfte im Reich war jedoch – wie sich im Verlauf des folgenden Jahrhunderts zeigen sollte – ganz anderer Meinung.
Das von den gelehrten Juristen beherrschte römische Recht basierte zwar auf den in der Zeit Justinians zusammengefaßten Rechtsnormen, jedoch wurde es an den italienischen Universitäten des Mittelalters nur in der von den sogenannten Glossatoren und Postglossatoren überarbeiteten Form gelehrt (»Was von der Glosse nicht anerkannt wird, wird auch vom Gericht nicht anerkannt«), und zwar als weiterhin geltendes Recht der römischen Kaiser, was z.B. darin zum Ausdruck kam, daß auch einige Dekrete mittelalterlicher Herrscher (u.a. Friedrichs II.) in das Corpus altrömischer Rechtsnormen aufgenommen worden waren. Das Kaiserrecht hatte zwar prinzipiell nur subsidiäre Geltung, d.h. es wurde erst nach den regionalen Gewohnheitsrechten, den Stadt- und Landrechten etc. herangezogen, aber vor allem aufgrund der den juristisch ausgebildeten Räten anvertrauten Appellationsgerichtsbarkeit des Landesherren wurde das altgewohnte Recht weiter zugunsten der wissenschaftlich rationalen Justiz zurückgedrängt. Obwohl dem königlichen Hofgericht, später dem Reichskammergericht hinsichtlich der juristisch geschulten Beisitzer eine Leitfunktion zugekommen zu sein scheint, wirkte sich die Verwissenschaftlichung des deutschen Rechtswesens in den Territorien sehr viel intensiver und weitreichender aus als im Bereich des Königtums mit seiner nurmehr verkümmerten obersten Gerichtsbarkeit. Die Landesherren konnten das vereinheitlichend wirkende, schriftlich fixierte Recht mit Hilfe der rechtsgelehrten Räte als weiteres Instrument zur Durchsetzung einer tendenziell uneingeschränkten Landeshoheit einsetzen.
Der gelehrte Rat des Landesherren wurde in den fürstlichen Reformentwürfen der dreißiger Jahre geradezu zur dominierenden Figur der vorgesehenen Schiedsgerichte für Landfriedensfälle, dem sich Städte, einzelne Bürger und Adelige anvertrauen sollten. Auch wenn sich diese Pläne nicht uneingeschränkt realisieren ließen, kann doch kein Zweifel daran bestehen, daß der gelehrte Jurist erheblich dazu beigetragen hat, das Übergewicht der Fürsten über die monarchische Gewalt und den ritterschaftlichen Adel zu festigen und auszubauen und die Reichsstädte in die Defensive zu drängen. Freilich haben auch letztere einen nicht zu unterschätzenden Beitrag zur Rezeption des römischen Rechts geleistet, und zwar nicht nur deshalb, weil nicht wenige der in Fürstendiensten tätigen Juristen aus dem Meliorat der Städte stammten. Innerhalb des partikularen Rechtskreises der Städte war seit jeher die Rechts-

satzung flexibler gehandhabt worden als auf dem weiterhin nahezu ausschließlich agrarwirtschaftlich bestimmten platten Land; anders wären die komplexen sozialen und wirtschaftlichen Verhältnisse einer von Handel und Gewerbe geprägten Gemeinde nicht zu bewältigen gewesen. Schon insofern dürften die psychischen Barrieren gegen eine Übernahme römisch-rechtlicher Normen in den Städten niedriger gewesen sein als außerhalb ihrer Mauern. Bereits 1437 übernahm man in Köln eine Reihe von Bestimmungen vormundschafts- und erbrechtlicher Art in ein neues Statut; 1479 folgt die in Süddeutschland vorbildlich wirkende Nürnberger »Reformation«. Gegenüber denjenigen, die das neue Recht vermittelten und es anzuwenden verstanden, hegte der städtische Patrizier im übrigen ganz ähnliche Vorbehalte wie der landsässige Adel: In Nürnberg durfte kein Doctor, so edel er auch sei, in den Rat der Stadt aufgenommen werden.

Kehren wir zu den Anfängen dieser Entwicklung zurück: Bei der Beurteilung der Rechtsgelehrten am Heidelberger Hof wird stets zu berücksichtigen sein, daß diese gewiß sehr viel bewirken konnten; sie konnten ihrem König den rechten – und natürlich auch den falschen – Weg zeigen, um mit den anstehenden Problemen fertig zu werden. Eines aber konnten sie durchweg nicht: eine nicht vorhandene Macht und die damit verbundene politische Erfahrung durch noch so profunde Gelehrsamkeit ersetzen.

Zumindest in außenpolitischer Hinsicht scheint sich das verstärkte Eindringen von Leuten mit wissenschaftlicher Ausbildung in die beratenden und exekutiven Gremien des römisch-deutschen Königs dann auch nicht als besonders förderlich erwiesen zu haben. Als die pfälzischen Räte den nach Frankreich reisenden Wenzel vor der Verschlagenheit ihrer Kollegen am Pariser Hof warnten, haben sie dies offenbar in einer realistischen Einschätzung ihrer eigenen Talente getan. Die räumliche Nähe der pfälzischen Hausmacht am Rhein zu einigen unter dem Einfluß der Herzöge von Burgund und Orléans stehenden Landesherren mußte die Beziehungen zu Frankreich nahezu zwangsläufig ins Zentrum von Ruprechts außenpolitischen Überlegungen stellen, zu schweigen davon, daß die Beseitigung der Kirchenspaltung ohne die Mitwirkung des französischen Königtums so gut wie unmöglich war. In dieser Hinsicht hatten die Franzosen eine beachtliche Konzession gemacht, als kurz nach dem Treffen Karls VI. sowie des Herzogs von Orléans mit Wenzel eine Pariser Synode am 27. VII. 1398 dem avignonesischen Papst Benedikt XIII. die Oboedienz entzog, um auf diese Weise, der via subtractionis, eine Lösung des Problems zu ermöglichen. Wenzel hatte auf diesen Zug nicht mehr reagieren können, und somit stand Ruprecht vor der Frage, wie er sich als künftiger

Kaiser und Vogt der römischen Kirche verhalten solle. In der ihm eigenen überaus bedächtigen Art ist Ruprecht auf die französische Politik eingegangen, wobei er die Vermittlung der weitläufig mit ihm verwandten Königin Isabeau in Anspruch nehmen konnte. Ruprecht und seine Räte haben am Anfang offenbar gehofft, die sich allmählich steigernden Differenzen am Pariser Hof, insbesondere zwischen Philipp dem Kühnen und Ludwig von Orléans, zu ihren Gunsten nutzen zu können.

So wurde im Mai 1401 Ruprechts heimlicher Rat, Magister Albrecht, Pfarrer von St. Sebald zu Nürnberg, mit dem Auftrag nach Frankreich geschickt, die Königin vor den Anschlägen des Herzogs von Orléans zu warnen, der auf eine Schwächung des Hauses Bayern bedacht sei. Die Königin müsse es verhindern, daß der Dauphin die Tochter des Orléans heirate, zumal die beiden zu nahe miteinander verwandt seien. Der Dauphin solle, wenn er schon jemanden aus dem Blute Frankreichs zur Gemahlin nehmen wolle, besser die Enkelin des Herzogs von Burgund wählen. Der Magister war beauftragt, der Königin Ruprechts Einverständnis zu einer von Isabeau vorgeschlagenen Allianz gegen den Visconti mitzuteilen, der außer den beiden Mitgliedern des Hauses Bayern – Ruprecht und die Königin – noch die Herzöge von Burgund und Berry sowie der Graf von Armagnac angehören sollten. Im Gepäck des Magisters scheint sich auch ein Vertragsentwurf befunden zu haben, der außer dem Visconti auch noch den Orléans als Gegner vorsah. Ruprecht selbst erklärte sich bereit, in der Kirchenfrage aktiv werden zu wollen. Der Magister sollte in diesem Zusammenhang nacheinander die folgenden vier Vorschlage unterbreiten: 1. Bonifaz werde als Papst anerkannt. Der Gegenpapst, also Benedikt, musse sich auf einem Konzil rechtfertigen. Was das Konzil entscheide, solle gelten. 2. Falls dieser Weg nicht gangbar sei, müßten beide Päpste vor einem Konzil erscheinen, das ihren Streit entscheiden werde. 3. Werde auch das abgelehnt, dann wolle sich Ruprecht mit den Königen von Frankreich, England, Aragon etc. verbünden und dann – sozusagen als Sachwalter dieser Allianz – ein Konzil einberufen. 4. Sollte auch das nicht gehen, müsse auf dem geplanten Treffen zwischen Ruprecht und König Karl über andere Lösungsmöglichkeiten verhandelt werden. Vorausgesetzt, daß Bonifaz IX. von diesen Vorschlägen des Pfälzers Kenntnis erhalten hat – und daran wird man trotz der gegen ihn gerichteten Politik des Pariser Hofes kaum zweifeln können –, wird es etwas verständlicher, daß er die Approbation seines Parteigängers Ruprecht damals noch immer hinausgezögert hat. Die Metzer Konferenz hat zwar nicht stattgefunden, jedoch wurden die Unterhandlungen fortgesetzt. Im September reisten Boten Ruprechts nach Frankreich, um mit König, Königin, Berry, Burgund und Bourbon – nicht also mit Orléans – über eine Ehe zwischen Ruprechts jüngerem Sohn Johann und einer Tochter Karls VI. zu verhandeln, die als Gegengewicht zu der Ehe von Ruprechts ältestem Sohn Ludwig mit der Tochter des neuen englischen Königs hätte dienen können. Ruprecht stellte sogar in Aussicht, für den Fall des jetzt, nach dem Tod des konzilianten Richard II., wieder drohenden Krieges zwischen den beiden Monarchien neutral bleiben zu wollen. Aber die Stellung des Herzogs von Orléans im französischen Kronrat erwies sich als zu stark, und die Ruprechts war nach dem Desaster seines Romzuges zu schwach, als daß die Franzosen sich mit ihm auf ein Bündnis hätten einlassen wollen. Im Gegenteil: Der Herzog von Orléans ergriff die Initiative und begann, für die Wiederanerkennung des von seinen Kardinälen im Palast von Avignon belagerten Benedikt Stimmung zu machen, und obendrein gelang es ihm, Ruprecht auch im Innern des Reiches Schwierigkeiten zu bereiten. Die Gelegenheit dazu bot ihm Wenzels Vetter Jost, der ihm am 18. VIII. 1402 seine Pfandrechte an dem strategisch wichtigen Herzogtum Luxemburg verkaufte. Wenzel hat den Übergang Luxemburgs in die Hände des mächtigen Orléans nach seiner Flucht aus der Wiener Gefangenschaft bestätigt. Ulman Stromer witterte damals allenthalben die Umtriebe der Orléanisten, zu denen er u. a. Erzbischof Johann II. von Mainz, den Markgrafen von Baden sowie den Bischof von Eichstätt zählte. Diese Herren hätten dem Orléans sogar zum römischen Königtum verhelfen wollen. Mit einem der genannten, dem Markgrafen von Baden, hat Ruprecht dann auch im April 1403 einen Krieg geführt, der am 5. V. mit dem Friedensvertrag beendet wurde; der Markgraf mußte u. a. versprechen, künftig dem Herzog von Orléans, den Königen von Ungarn und Böhmen sowie dem von Mailand keine Unterstützung mehr zu gewähren.

Daß Ludwig von Orléans nicht nur das Herzogtum Luxemburg in Besitz genommen hatte, sondern auch eine Reihe von Bündnispartnern im Grenzgebiet zwischen Frankreich und dem Imperium für sich zu gewinnen verstand, hat zu der Vermutung Anlaß gegeben, der Bruder Karls VI. habe am Westrand des Reiches in Konkurrenz zu den Herzögen Philipp und Johann von Burgund ein eigenes Herrschaftsgebiet aufbauen wollen. Nur sein früher Tod habe letztlich verhindert, daß hier ein orléanistischer Staat entstanden sei, der mit dem Reich der burgundischen Herzöge durchaus hätte vergleichbar sein können. Für eine solche Deutung von Ludwigs Politik scheint auch die Tatsache zu sprechen, daß der Herzog die Stadt Toul unter seinen Schutz genommen und kurz vor seiner Ermordung auch noch einen Krieg gegen die Reichsstadt Metz geführt hat. Zwar kann nicht ausgeschlossen werden, daß die einmal geschaffenen Tatsachen, z.B. der Erwerb Luxemburgs, derlei Folgen gezeitigt hätten; indes wird man bei Berücksichtigung aller Gegebenheiten wohl doch zu dem Schluß kommen müssen, daß die eigentlichen Absichten des Herzogs weniger auf die Erweiterung seiner Apanage im Osten Frankreichs als vielmehr auf die Beherrschung der Institutionen des französischen Königtums zielten, und zwar sowohl in der Zentrale Paris als auch in den Provinzen Frankreichs. Auf diesem Felde hat sich Ludwig seinen Rivalen, zunächst Philipp, nach dessen Tod (27. IV. 1404) auch Johann von Burgund, als überlegen erwiesen. Der römische König dürfte für den Herzog von Orléans bei dieser Auseinandersetzung allenfalls ein zweitrangiger Gegner gewesen sein.

Schon vor dem Tod seines respektheischenden Oheims war es Ludwig von Orléans gelungen, den Beschluß der Pariser Synode von 1398 revidieren zu lassen: Nachdem Benedikt am 12. III. 1403 aus seiner belagerten Festung geflohen war und sich in einem Schloß der angiovinischen Provence in Sicherheit gebracht hatte, kehrte Frankreich am 28. V. zu seiner Oboedienz zurück. So fatal diese Entwicklung sich für die Beseitigung der Kirchenspaltung auswirken mußte, für Ruprecht erwies sich die glückliche Flucht Benedikts und die Wende der französischen Kirchenpolitik als ein allerdings nur kurzfristiger Segen, denn nun zeigte sich sein Papst Bonifaz auf einmal kompromißbereit. Am 1. X. 1403 erteilte er Ruprecht die Approbation, die dieser freilich zwei Jahre zuvor sehr viel dringender benötigt hätte. Daß mit dem Tode Giangaleazzos Visconti (3. IX. 1402) die unmittelbare Gefahr eines Angriffs auf Rom gebannt war und Wenzel sich in österreichischer Gefangenschaft befand, mag zu der Entscheidung des Papstes beigetragen haben, aber andererseits mußte er nunmehr wieder mit einem von Frankreich unterstützten Angriff seines avignonesischen Konkurrenten rechnen. Es spricht daher nicht gerade für das politische und diplomatische Geschick des römischen Königs und seiner Unterhändler, daß sie dem Papst für die Erteilung der Approbation nahezu alles konzedierten, was diesem nützlich schien: Dazu gehörte vor allem die Klausel, die der künftigen Kirchenpolitik Ruprechts die engen Grenzen setzte, an die sich der Pfälzer auch allen Widrigkeiten zum Trotz gehalten hat: Die Beseitigung des Schismas durfte nur in der Form einer Wiedervereinigung im Rahmen der römischen Oboedienz erfolgen. Überdies wurden in Bonifaz' Approbationsprivileg Wenzels Absetzung und Ruprechts Erhebung zum König so dargestellt, wie sie nach Auffassung der Kurie hätten durchgeführt werden müssen: Die Kurfürsten hätten Wenzels Deposition kraft päpstlicher Autorität vollzogen, und

Ruprecht habe dann die Bestätigung der Absetzung und seiner Wahl erbeten. Damit hatte Ruprecht indirekt die Ausweitung des päpstlichen Approbationsanspruchs auch auf die Absetzung eines römischen Königs anerkannt. Mittlerweile ließ der Tod Herzog Philipps die Gegensätze zwischen Burgund und Orléans noch krasser zutage treten; mit ohnmächtiger Wut mußte der seinem Rivalen in mancher Beziehung sehr ähnliche Johann Ohnefurcht zur Kenntnis nehmen, daß Ludwig nach der Trennung von seiner Mailänder Gemahlin auch die Gunst der bayerischen Isabeau zu gewinnen verstand und damit zur fast alles beherrschenden Figur am Pariser Hof aufstieg. Der Meinungsumschwung der Königin Isabeau hatte auch für König Ruprecht Auswirkungen, denn Ludwig von Bayern-Ingolstadt begann sich nun von ihm zu distanzieren und ist am Ende sogar dem Marbacher Bund beigetreten, der, wenn nicht zum Zweck von Ruprechts Sturz, so doch zur Lähmung seines Königtums am 14. IX. 1405 gegründet worden ist.
Initiator dieser Allianz war auf fürstlicher Seite Erzbischof Johann II. von Mainz aus dem Hause Nassau, der aber in den Reichsstädten Schwabens, in der Stadt Straßburg, dem Markgrafen von Baden und im Grafen Eberhard dem Milden von Württemberg geneigte Interessenten für eine Opposition gegen König Ruprecht gefunden hat. Dazu kamen noch die Städte in der Wetterau und im Elsaß, die von Vertrauensleuten des Königs ebenfalls der Teilnahme an feindlichen Umtrieben verdächtigt wurden. Als Gründe für die Oppositionsbewegung wird man vor allem drei Dinge nennen können: Den Ärger des Mainzer Erzbischofs über die Weigerung des Königs, ihm aufgrund eines sehr allgemein gehaltenen Privilegs über seine Rechte als Erzkanzler einen realen Einfluß auf die Kanzlei einzuräumen, insbesondere das Recht der Ernennung des Kanzlers, der Protonotare und Notare. Von den bekannten Kanzleibeamten Ruprechts scheint kein einziger nähere Beziehungen zum Erzkanzler gehabt zu haben. Dazu kam als zweites die Beunruhigung über die Territorialpolitik des Königs, der offenbar keinen Unterschied zwischen den Interessen seines Hauses und denen des Reiches machen wollte. Und schließlich – das betraf vor allem die Städte – machte sich die Sorge vor allzu hohen Steuerforderungen des Königs breit.
Aufs Ganze gesehen vermitteln die erhaltenen Klageschriften des Mainzer Erzbischofs, aber auch die des Königs den Eindruck, daß es zwischen Kurmainz und Kurpfalz eine große Zahl kleinerer Reibereien gegeben hat, wie sie zwischen Landesherren dieser Zeit an der Tagesordnung waren, daß es aber keinen Angriff des Königs gegeben hat, der an die Substanz der mainzischen Territorialmacht gegangen wäre, es sei denn, daß man das Verbot, die Feste Höchst

am Main auszubauen, in dieser Weise interpretieren wollte. Dem Mainzer ging es aber kaum um solche Details als vielmehr ums Prinzip; darauf deuten schon seine Forderungen hinsichtlich der seit den Tagen Adolfs von Nassau und Albrechts von Habsburg geforderten, aber nie nachhaltig realisierten Ernennungs- und Kontrollrechte im Bereich der königlichen Kanzlei. Darüber hinaus aber erwartete er als ein von der Goldenen Bulle Karls IV. anerkannter Teilhaber am Reich, von jedweden Maßnahmen eines Königs unbehelligt zu bleiben, d.h., er verlangte von Ruprecht eben das, weswegen man dessen Vorgänger vom Thron gestoßen hatte, nämlich Untätigkeit zumindest dort, wo die Interessensphäre der Mainzer Kirche begann. Seine Verbündeten fand der Mainzer unter denen, die sich ebenfalls von Ruprechts Territorialpolitik geschädigt fühlten; seine beiden Amtsbrüder von Trier und Köln verhielten sich abwartend, demgegenüber waren die schwäbischen Städte durchaus bereit, sich dem Komplott anzuschließen. Der König hatte 18 von ihnen, darunter Ulm an der Spitze, am 10. VIII. 1401 in seinen Schutz und seine Huld genommen, ihnen versichert, sie nie zu verpfänden und ihnen verfallene Reichssteuern und eventuell einbehaltene Judengelder zu überlassen. Die Städte waren in dem Privileg gemeinsam aufgezählt worden, aber dieses galt nur für jede einzelne von ihnen, nicht also ihrer Gesamtheit. Die Städte hatten allerdings auch nach dem Landfrieden von Eger (1389), der ihnen dies verboten hatte, Bündnisse untereinander geschlossen, deren Geschichte und Bedeutung aber noch im einzelnen untersucht werden müßten. Ruprecht hat diese Bündnisse insofern zumindest zur Kenntnis genommen, als er z.B. am 2. III. 1403 an Konstanz und die mit diesem verbündeten Städte am See einen Brief schrieb und drei Gesandte zu einer Tagung der schwäbischen Städte delegierte. Die Reichsstädte waren nach dem Italienzug des Königs am 29. IX. 1402 mit einer ersten Forderung von 40000 fl. konfrontiert worden. Während sie dieser Bitte offenbar noch nachgekommen sind, stieß eine weitere außerordentliche Steuerforderung vom Dezember 1404 von Anfang an auf erheblichen Widerstand besonders der schwäbischen Städte. Der Ritter Hermann von Rodenstein schrieb am 14. III. 1405 einen vertraulichen Brief an den König, in dem u.a. von den Umtrieben des Mainzer Erzbischofs die Rede ist, aber auch von dem Widerstand, den 24 schwäbische Städte der allzugroßen »Anmutung« des Königs leisten wollten. Offenbar hatten sich damals die zehn Städte des Schwäbischen Bundes den elf des Bundes am See so weit angenähert, daß der Ritter die beiden Städtegruppen bereits als eine Einung angesehen hat. Es waren dann schließlich 17 Städte, die sich mit dem Erzbischof von Mainz, dem Markgrafen von Baden, dem

Württemberger und der Stadt Straßburg nach mancherlei Verhandlungen am 14. IX. 1405 zu Marbach verbündeten. Ausgenommen wurde von den Bündnisverpflichtungen der Genossen in § 1 König Ruprecht und das Heilige Reich. Bereits im § 2 wurde dies dann mit der Bestimmung eingeschränkt, die Ausnahme solle nicht gelten, wenn der König die Bundesgenossen in ihren Rechten beeinträchtigen sollte. Die Marbacher haben es für sinnvoll gehalten, dem König die Gründung ihres Bundes mitzuteilen, der zum Lob des Reiches und zum Frieden aller beschlossen worden sei; sie baten ihn sogar, ihnen dabei behilflich zu sein und sie zu schützen. Ruprecht hat unmittelbar darauf einen Tag nach Mainz einberufen, auf dem das Bündnis als mit dem Reichsrecht unvereinbar aufgehoben werden sollte. Dem Mainzer ist es natürlich nicht gelungen, den König von dem Landfriedenscharakter seines Bündnisses zu überzeugen, auch nicht mit dem Argument, Ruprecht habe doch schließlich selbst, ehe er König geworden sei, in gleicher Weise gehandelt wie er jetzt, und nach seiner Wahl habe Ruprecht Bündnisse mit ihm, Johann, geschlossen. Auf diese Weise hat es dann Ruprecht unternommen, die für sein Königtum gefährliche Einung aufzuweichen: Er schloß in den folgenden Jahren Sonderbündnisse mit einigen der Marbacher Einungsgenossen, die eine Reihe der Streitpunkte auf bilateralem Wege bereinigen sollten; so am 28. II. 1407 auch mit dem Haupt der Verschwörung, dem Mainzer Erzbischof. Johann hat ihm damals sogar versprochen, den Marbacher Bund nach dessen Auslaufen (2. II. 1411) nicht mehr zu erneuern, in der Zwischenzeit keinen neuen Genossen mehr aufzunehmen und dem König eine Liste der Mitglieder auszuhändigen. Ruprecht versprach daraufhin seinerseits, ohne Johanns Zustimmung kein Bündnis mehr mit Herren oder Städten einzugehen. Bei diesem Zustand ist es dann im wesentlichen geblieben: Der König war überzeugt, allein derjenige zu sein, »der von des richs wegin Friede bestellen und machen sulde«. Er war aber nicht in der Lage, den ohne sein Zutun zustande gekommenen und gegebenenfalls auch gegen ihn gerichteten Bund aufzulösen. Ruprechts Landfriedenstätigkeit blieb dann auch im wesentlichen auf Franken und die Wetterau beschränkt, wenn man davon absieht, daß er im Januar 1409 einen Landfrieden bestätigen durfte, den kurz zuvor sechs Braunschweiger Herzöge mit den Stiften Magdeburg, Halberstadt und Hildesheim beschlossen hatten. Die Braunschweiger haben sich auf diese Weise beim König dafür bedankt, daß dieser ihnen in dem aufsehenerregenden Mordfall am Vorabend von Ruprechts Wahl zuvor gegen den Mainzer Erzbischof Unterstützung gewährt hatte.

Die Bestätigung eines Landfriedens für die mitteldeutsche Region des Reiches, die normalerweise kaum zur Wirkungssphäre König Ruprechts gehörte, geschah auf einem königlichen Fürstentag zu Frankfurt, in dessen Verlauf aber ein ganz anderes Problem in den Mittelpunkt der Beratungen rückte: nämlich die Kirchenspaltung und die Möglichkeiten ihrer Beseitigung. Wie erinnerlich, hatte im Mai 1403 Frankreich auf Betreiben des Herzogs von Orléans Benedikt XIII. wieder als rechtmäßigen Papst anerkannt, worauf im Oktober Bonifaz IX. seinem Parteigänger Ruprecht endlich die Approbation erteilte. Es versteht sich, daß die Geschichte der Kirchenspaltung nicht allein von den Gegebenheiten der Höfe zu Paris und Heidelberg bestimmt wurde; so gab es intensive Versuche des Königs von Aragon, zunächst Wenzel, dann auch Ruprecht für die Anerkennung Benedikts zu gewinnen; die sich abzeichnende Annäherung zwischen England und Burgund mußte fast zwangsläufig zu einer Stärkung der urbanistischen Oboedienz führen. Vom Schisma war die gesamte Christenheit des Abendlands betroffen; die politischen und seelsorgerischen Schwierigkeiten, unter denen das römisch-deutsche Reich nach der Verhängung von Bann und Interdikt über Ludwig den Bayern und seine Anhänger hatte leiden müssen, wiederholten sich jetzt in verstärkter Weise fast im gesamten Europa. Die Autorität des Bischofs von Rom im Glaubensbereich ließen sich auch dort in Zweifel ziehen, wo König oder Fürst eine eindeutige Stellung zu dieser oder jener Kurie bezogen hatte. Besonders drastisch zeigte sich dies in England, und von dort wurde die Skepsis gegenüber der gespaltenen Amtskirche über alte und neue Universitäten in andere Länder exportiert. Das Schisma steigerte den ohnehin schon grassierenden Unmut über den realen Zustand von Kirche und Priestertum und förderte die Ausbreitung von spirituellen Bewegungen, die sich zwar keineswegs alle prinzipiell gegen die Institution der Kirche richteten, von dieser aber gerade wegen der Minderung ihrer Autorität als Bedrohung empfunden wurden. Dies gilt z.B. auch für die von dem 1340 in Deventer geborenen Gerhard Groote ins Leben gerufenen Gemeinschaft der Brüder vom gemeinsamen Leben. Groote hatte an der Pariser Artistenfakultät den Grad eines Magisters erworben, war seit 1370, ohne die Priesterweihe empfangen zu haben, Kanoniker am Aachener Marienstift und Inhaber einiger anderer einträglicher Pfründen. Das Leben des weltgewandten und weitgereisten Mannes erfuhr dann durch die Freundschaft mit einem Kartäuserprior eine paulinische Wende; ein ererbtes Vermögen beträchtlichen Umfangs erleichterte ihm den Verzicht auf die Pfründen. Um seine neuen Erfahrungen in der Predigt mitteilen zu können, ließ Groote sich jetzt zum Diakon weihen. Seine Polemik richtete sich nicht nur gegen die Sittenlosigkeit des

Stadtlebens, sondern mehr noch gegen das unverhüllte Konkubinat vieler Priester, denen er das Recht der Meßfeier bestritt, sowie gegen den Ärgernis erregenden Mißbrauch des Armutsgelübdes durch umherstreunende Bettelmönche. Es kam zu Protesten der sich betroffen Fühlenden, und nach einer besonders rigoristischen und als Traktat verbreiteten Predigt erließ der Bischof von Utrecht ein allgemeines Predigtverbot für Diakone. Noch ehe seine an Papst Urban VI. gerichtete Appellation behandelt worden war, ist Groote an der Pest, die er sich bei der Krankenpflege zugezogen hatte, gestorben (20. VIII. 1384). Die Brüderschaft überdauerte seinen Tod und entwickelte sich zu einer beachtlichen Konkurrenz der traditionellen Orden. In Anlehnung an die Amtskirche, zugleich aber auch in kritischer Distanz zu ihren offenkundigen Mißständen, wollte sich die heute meist unter ihrem seit 1420 bezeugten Begriff der Devotio moderna bekannte Bewegung durch in Demut und Sittenreinheit verrichtete Arbeit, durch Gebet und Schriftlesung in die Nachfolge des leidenden Christus stellen. Eine besondere Bedeutung für die Wiederherstellung des reinen Glaubens maßen die Brüder der Unterweisung der Kinder in christlicher Sitten- und Tugendlehre zu; eigene Schulen haben sie jedoch am Anfang noch nicht gegründet.

War die präpietistische Brüdergemeinschaft mittels weltkluger Toleranz, deren sich die Kirche seit den Tagen Innozenz' III. und des hl. Franziskus gelegentlich bediente, noch in den Rahmen der Amtskirche einzubeziehen, so erwies sich dies hinsichtlich der in England entwickelten und sich von dort ausbreitenden Lehre des Magisters Wyclif als unmöglich, denn Wyclif und seine Anhänger werteten die Kirchenspaltung nicht mehr als ein zufällig eingetretenes Unglück, sondern als Symptom der prinzipiellen Verworfenheit einer auf Priesterhierarchie und Sakramentlehre basierenden Institution des Antichrist. Die später unter dem Begriff der causa fidei zusammengefaßten Probleme der Glaubensreinheit spielten in der Vorbereitungsphase des Pisaner Konzils jedoch nur eine untergeordnete Rolle; zu brisanter Aktualität sollte es der Wyclifismus erst mit den böhmischen Wirren seit etwa 1409 bringen. Darauf wird im nächsten Kapitel zurückzukommen sein. Vorerst standen die politischen und finanziellen Konsequenzen der Kirchenspaltung im Vordergrund der Überlegungen. Insbesondere die Kardinäle beider Päpste mußten ein genuines Interesse daran haben, der Aufteilung Europas in clementistische und urbanistische Reiche und Regionen ein Ende zu bereiten, denn trotz der überall verrufenen Geldforderungen aus Avignon hatte die Kurie in den vergangenen Jahrzehnten nicht selten am Rande des wirtschaftlichen Ruins gestanden; Kriege in Italien, eine aufwendige, gelegentlich auch

verschwenderische Hofhaltung, großzügige Ausstattung von Nepoten, fiskalische Mißwirtschaft und am Ende noch Abfindungszahlungen an die den Rhôneraum ausplündernden Kompanien hatten die Bildung von nennenswerten Geldreserven unmöglich gemacht. Nach der Spaltung Europas in zwei Oboedienzen konnten die beiden Kurien im günstigsten Fall noch auf die bis dahin üblichen Zahlungen ihrer jeweiligen Parteigänger hoffen, wobei die italienischen Banken aus naheliegenden Gründen Neutralität wahrten und ihre Dienste ohne Ansehen des Papstes anboten und auch leisteten. Aber oft waren die beiden Kurien wegen der in manchen Diözesen sehr verworrenen Situation gar nicht in der Lage, die gewohnten Forderungen auch durchzusetzen. So verfiel man darauf, den Handel mit dem Ablaß für zeitliche Sündenstrafen zu intensivieren, eine Maßnahme, die bei nicht wenigen Christen nur die Überzeugung verstärkte, die römische Kirche sei nicht von Christus, sondern von Simon Magus gegründet worden. Neben der finanziellen Notlage der beiden Kurien wirkte weiterhin die seit der Katastrophe von Nikopolis unbezweifelbare Gefahr einer weiteren türkischen Expansion auf dem Balkan als wirksames Motiv für die Bemühungen, die Kirchenspaltung zu beenden.
Schon seit dem Beginn der neunziger Jahre verfügten die Verantwortlichen über einen ganzen Katalog von Lösungsmöglichkeiten. Die via subtractionis, der Gehorsamsentzug war von Frankreich gegenüber Benedikt schon einmal, wenn auch nur vorübergehend, erprobt worden. Die via facti, die mehr oder weniger gewaltsame Unterwerfung des einen Pontifex durch den anderen dürfte in den Überlegungen der meisten Päpste eine bevorzugte Stellung eingenommen haben; auch dieser »Ausweg« aus der Krise war schon beschritten worden, doch hatten sich die politischen Hindernisse jeweils als unüberbrückbar erwiesen. Dann gab es noch die via compromissi, d.h. eines von beiden Seiten anerkannten Schiedsgerichts, die via cessionis, eines freiwilligen Verzichts möglichst beider Päpste und schließlich die via concilii generalis, eines allgemeinen Konzils der Kirche, auf wie wir noch zurückkommen werden. Da einige der Auswege mit anderen kombinierbar und alle mit schwerwiegenden theologischen und juristischen Problemen beladen waren, hatten die Gelehrten der Zeit genügend Stoff für Diskussionen und Traktate. Indes blieb die Realisierung der Lösungsmöglichkeiten an politische Voraussetzungen gebunden, die nach Lage der Dinge im wesentlichen nur am Hofe des Königs von Frankreich geschaffen oder auch verhindert werden konnten. Nach der Wiederanerkennung Benedikts XIII. durch Karl VI., die Königin und Ludwig von Orléans, der die Versöhnung mit seinen Kardinälen voraufgegangen war, hat der nach Avignon zurückge-

kehrte Papst eine beträchtlichte Aktivität entfaltet, um eine Wiederholung der unangenehmen Subtraktion unmöglich zu machen. Benedikt schickte eine Gesandtschaft nach Rom, die seinem Konkurrenten Bonifaz u.a. eine Zusammenkunft an neutralem Ort und den beiderseitigen Rücktritt vorschlug. Bonifaz hat jedoch nur eine ausweichende Antwort erteilt und ist dann bald danach, am 1. X. 1404, gestorben. Sein Nachfolger Innozenz VII. reagierte während seines kurzen Pontifikates überhaupt nicht, aber unter dem am 30. XI. 1406 gewählten, aus Venedig stammenden Gregor XII. schien dann eine gütliche Einigung zwischen den beiden Päpsten in den Bereich der Möglichkeit zu rücken. Am 21. IV. 1407 wurde in Marseille ein Vertrag geschlossen, demzufolge sich die beiden Päpste am 29. IX. in Savona bei Genua zu gemeinsamen Beratungen treffen wollten. Aber dieses grandiose Spektakulum einer Zusammenkunft von zwei Päpsten ist der Christenheit am Ende erspart geblieben. Gregor ließ seinen Amtsbruder in Savona warten, und wenig später trat ein Ereignis ein, das die Situation von Grund auf änderte.

Nach dem Tode Philipps des Kühnen waren unter maßgeblichem Einfluß Ludwigs von Orléans die seit Jahren üblichen enormen Subsidienzahlungen Frankreichs an den Herzog von Burgund so gut wie vollständig eingestellt worden. Als dann im Sommer 1407 ein Revirement unter den Kronbeamten fast allen Parteigängern des Burgunders die Stellung kostete, faßte Johann Ohnefurcht den Entschluß, den verhaßten Nebenbuhler gewaltsam aus dem Wege zu räumen. Nach sorgfältigen Vorbereitungen wurde am Abend des 23. XI. der Bruder des Königs von Leuten des Herzogs von Burgund nahe der Porte Barbette ermordet. Drei Tage später bekannte sich Johann zu dem Verbrechen, das wie kein anderes seit der Ermordung Caesars die Gemüter ganz Europas in Erregung versetzt hat. Mit dem Orléans hatte Benedikt seinen mächtigsten Gefolgsmann verloren; als Johann Ohnefurcht Ende Februar im Glorienschein eines Tyrannentöters nach Paris zurückkehrte und der Magister Jean Petit seine ebenso gelehrte wie verlogene Rechtfertigungsrede hielt, war es nur noch eine Frage der Zeit, daß Frankreich seinem Papst erneut den Gehorsam kündigen würde. Unterdessen hatten die römischen Kardinäle ihren Papst Gregor verlassen, und als sich Benedikt in nicht ganz unbegründeter Furcht vor einem französischen Gewaltakt in das zu Aragon gehörende Perpignan zurückzog, wurde auch er von den meisten seiner Kardinäle im Stich gelassen. Beide Kardinalskollegien schlossen sich zusammen und beriefen Ende Juni 1408 in einem auf den 14. VI. vordatierten Schreiben ein allgemeines Konzil nach Pisa ein.

Daß die Kardinäle in dieser Situation die Leitung der Kirche an sich zu ziehen versuchten, wurde von den beiden Päpsten und ihren Gefolgsleuten als Usurpation gewertet und mit der Berufung von zwei päpstlichen Konzilien beantwortet. Die Kardinäle aber und ihre politischen Protektoren konnten jetzt mit beträchtlichem Erfolg auf eine Lehre zurückgreifen, die ursprünglich keineswegs zu ihren Gunsten entwickelt worden war. Bereits um 1380 hatten die beiden Kanonisten und Theologen Konrad von Gelnhausen und Heinrich Heinbuche von Langenstein, damals noch an der Pariser Universität, in mehreren Schriften dafür plädiert, dem Schisma auf dem Wege über ein Generalkonzil ein Ende zu bereiten. Konrads Epistola brevis, vor allem aber seine Epistola concordiae sowie die Epistola pacis und die Epistola concilii pacis seines Kollegen gelten allgemein als die epochemachenden Werke der sogenannten Konziliarismus-Theorie; unterschiedlich wird freilich die Frage beantwortet, wieweit die beiden Verfasser und die zahlreichen anderen Autoren, die sich im Verlauf der folgenden Jahrzehnte des Themas annahmen, gewissen Vorläufern verpflichtet waren, vor allem den Helfern Ludwigs des Bayern, Wilhelm von Ockham und Marsilius von Padua, deren Schriften während der Periode der großen Konzilien stark beachtet worden sind. Es kann aber kein Zweifel daran bestehen, daß noch zahlreiche andere Traditionen auf die Ausbildung der Lehre eingewirkt haben, derzufolge das Generalkonzil die Aufgabe habe, den Notstand des Schismas zu beseitigen und darüber hinaus auch die notwendigen Reformen der Kirche an Haupt und Gliedern auf dem Wege über die Einschränkung der päpstlichen Potestas durchzusetzen. Vor allem die politischen Konflikte zwischen Bonifaz VIII. und Philip IV. sowie zwischen Ludwig dem Bayern und Johann XXII. mitsamt ihrer publizistischen Begleitmusik haben unverkennbare Auswirkungen auf die jetzt in aller Breite aufgeworfene Frage gehabt, wer unter welchen Voraussetzungen und auf welchen rechtlichen Grundlagen über Päpste zu Gericht sitzen und die Reform der Kirche betreiben dürfe. Papstabsetzungen hatte es schon seit unvordenklichen Zeiten gegeben, z.B. in den Tagen Ottos I. oder Heinrichs III., und das kanonische Recht kannte eine Reihe von Gründen, die eine Absetzung des Papstes rechtfertigten, z.B. offenkundige Häresie oder ein offenkundiges Verbrechen (crimen notorie), das der gesamten Kirche Schaden eintrug. Als solches konnte man z.B. den Bruch des Versprechens werten, in einvernehmlicher Weise mit dem Gegenpapst zu einer Einigung zu gelangen, was die Kardinäle dem von Ruprecht anerkannten Papst Gregor XII. zum Vorwurf gemacht haben. Im übrigen sollte schon von vornherein berücksichtigt werden, daß es eine in sich geschlossene und allseits anerkannte Konziliarismus-Theorie nie gegeben hat. Ruprecht selbst hegte gegen ein Konzil keine prinzipiellen Bedenken; das ließe sich schon den 1401 der Königin von Frankreich unterbreiteten Vorschlägen entnehmen. Inzwischen war er allerdings von Bonifaz IX. anerkannt worden und hatte dabei versprochen, sich in der Frage der Kirchenspaltung nach dessen Vorstellungen zu richten. An dieses Versprechen fühlte er sich offenbar noch immer gebunden, und er scheint unbeirrbar darauf bestanden zu haben, daß ein Konzil, das auch er für sinnvoll hielt, nur mit Zustimmung des von ihm als rechtmäßig betrachteten Papstes zustande kommen dürfe. Aber dieser legalistische Standpunkt war nur eines von mehreren Motiven für die Ablehnung der Pisaner Konzilspläne durch den Heidelberger Hof. Man fürchtete dort nicht ganz ohne Grund, die Kardinäle könnten auf eine aristokratisch-oligarchische Leitung der Kirche durch ihre Korporation zusteuern, so daß am Ende nicht etwa einem aus Bischöfen oder aus diesen und anderen Prälaten sowie Universitätsgelehrten zusammengesetzten Konzil die Beseitigung der Spaltung und dann der entscheidende Anteil an der Leitung der Kirche zufallen würden, sondern dem Kardinalskolleg. Die Skepsis gegen die Reformfähigkeit eines von den Kardinälen dominierten Konzils wurde auch dadurch nicht eben gemindert, daß sich das vereinigte Pisaner Kollegium noch immer ausschließlich aus Italienern und Franzosen zusammensetzte; in Heidelberg glaubte man zu wissen, daß sie allesamt unter dem Einfluß des Pariser Hofes stünden.

Aber trotz all der offenkundigen Mängel und Gefahren, die der Initiative der beiden Kardinalsgruppen anhafteten, wurde die Einladung nicht nur in Frankreich und in weiten Teilen Italiens, sondern auch in England und in Deutschland, soweit es nicht unter der Herrschaft Ruprechts und seiner eifrigeren Anhänger stand, mit großem Interesse aufgenommen, und schließlich haben sich im März 1409 über 80 Erzbischöfe und Bischöfe in Pisa versammelt; weitere 100 hatten Vertreter entsandt. Dazu kamen noch die Prokuratoren von 100 Domkapiteln und 13 Universitäten, darunter auch Wien und Prag. Von den beiden päpstlichen Konzilien hat nur das Benedikts XIII. in Perpignan eine gewisse Bedeutung erlangen können, auf dem sich zahlreiche Bischöfe aus den spanischen Reichen zusammenfanden.

Um die deutschen Fürsten über die wahren Hintergründe des Pseudo-Konzils und die Absichten seiner Initiatoren aufzuklären und ihnen zugleich die theologischen und juristischen Probleme eines von Kardinälen einberufenen und geleiteten Konzils sowie dessen Konsequenzen für die weitere Entwicklung der Kirche vor Augen zu führen, hatte Ruprecht einen Fürstentag nach Frankfurt einberufen, der im Januar 1409 den desolaten Zustand von Ruprechts Machtposition, zugleich aber auch die überragende Scharfsicht und Intelligenz seiner gelehrten Berater offenbarte. Der Heidelberger Hof und seine Universität waren in den voraufgegangenen Jahren zu einem der Pariser Universität durchaus ebenbürtigen Zentrum der Reformdiskussion geworden. Der Theologe Matthäus von Krakau, der seit 1394 in Heidelberg nachweisbar ist, hatte im Frühjahr 1403 den Entwurf einer Schrift über die an der römischen Kurie praktizierte Simonie fertiggestellt, die dann, von Job Vener mit juristischen Belegen (Allegationen) versehen, in die Welt ging und unter dem Titel »De squaloribus curiae Romanae« bekannt wurde. Matthäus war mittlerweile Bischof von Worms geworden. An seiner Stelle übernahm es der Theologe Konrad Koler von Soest, zum Text des Einladungsschreibens der Pisaner Kardinäle eine Reihe von Glossen zu verfassen, die sogenannten Heidelberger Postillen, die wiederum von Job Vener überarbeitet und ergänzt worden sind. Die beiden Heidelberger gingen mit den Kardinälen und ihren mußmaßlichen Hintermännern schonungslos ins Gericht. Das geplante Konzil werde eindeutig und ausschließlich aufgrund französischen Drucks zustande kommen und zugunsten der Interessen Frankreichs durchgeführt. An den entscheidenden Vorbereitungen seien keine namhaften Deutschen, Engländer, Polen, Ungarn oder Böhmen beteiligt gewesen, wohl aber Abgesandte des Königs von Frankreich, auf deren Anweisung Ort, Zeit und Verfahrensweise des Konzils festgelegt worden seien. Die Anhänger Clemens' (d.h. Benedikts) könnten sehr leicht und billig nach Pisa reisen, während das für Teilnehmer aus Preußen, Krakowien, England, Ungarn oder Schweden sehr teuer werden würde. Pisa gehöre zum Herrschaftsbereich der Florentiner, die als Erzguelfen dem König von Frankreich eine einzigartige Verehrung bekundeten. Obwohl die Stadt zum Reich gehöre, habe der römische König hier so gut wie keine Macht. Die Florentiner müßten den König von Frankreich auch schon deshalb fürchten, weil dieser an einem Tage deren Banken schließen und ihnen so einen Schaden von 500000 fl. zufügen könne. Außerdem hätte der König von Frankreich gegenwärtig Genua und Livorno in seiner Hand. Die Franzosen wollten die Kirchenspaltung nur nutzen, um ihre Grenzen zu erweitern, neulich in Brabant, jetzt in Lüttich, früher in Genua, in Neapel, im Arelat, Delphinat, in Lothringen und Burgund. In Deutschland sei bei einem Oboedienzentzug zu befürchten, daß alle Kirchendisziplin aufhöre, die Häresie blühe. Jeder kleine Adelige sei in seinem Territorium ein König und jede Stadt verfüge in ihren Mauern über die königliche Gewalt. In Deutschland könne der König kaum jemandem sein Joch auferlegen wie es in Frankreich üblich sei. Man wolle deshalb an Gregor festhalten, weil dieser genauso rechtmäßig gewählt sei wie einst Urban VI.

Was der Verfasser der Heidelberger Postillen vorausgesagt hatte, trat auf dem Frankfurter Tag und danach auch prompt ein: Die Gegner des Konzils und seine Befürworter ordneten sich nach den politischen Gegebenheiten der voraufgegangenen Jahre. Johann von Mainz war selbstverständlich für das Konzil und konnte nunmehr auch mit dem Kölner Erzbischof rechnen. Beide Kirchenfürsten haben Delegierte nach Pisa entsandt, während ihr Amtsbruder von Trier auf der Seite Ruprechts und Gregors XII. stand. Ein Teil der Reichsstädte, die auf dem Frankfurter Tag nicht zugegen gewesen waren, nahm eine zwiespältige Haltung ein. Als besonders deprimierend müssen es die Anhänger Ruprechts empfunden haben, daß die wittelsbachischen Herzöge von Bayern sich für das Konzil entschieden und dann auch – mitsamt den Bischöfen von Freising, Regensburg, Eichstätt, Augsburg, Passau und der Metropole Salzburg – dem vom Pisanum gewählten Papst Alexander V. den Gehorsam leisteten. Daß der Grundsatz »cuius regio, eius religio« auch damals bereits hätte definiert werden können, beweist das Verhalten des bayerischen Nordgaus, der zwar zur Diözese Regensburg gehörte, gleichwohl aber der Entscheidung des Landesherrn, König Ruprechts, folgte und Gregor XII. die Oboedienz gelobte. Daß der Markgraf von Baden sich als Anhänger des Mainzer Erzbischofs auf die Seite der Pisaner schlug, war vorhersehbar, aber auch die Herzöge Friedrich und Leopold von Österreich und in deren Gefolge die Wiener Universität versagten dem König die Gefolgschaft, so daß schließlich fast nur noch der Trierer und die Braunschweiger Herzöge sowie der Landgraf von Hessen auf der Seite Ruprechts verblieben. Der König beharrte trotz der Einsamkeit, die sich um ihn verbreitete, weiterhin auf der Rechtmäßigkeit seines Papstes, der nach langem Mühen ein eigenes Konzil in Cividale zustande brachte, das aber in keiner Weise mit dem von Pisa konkurrieren konnte.

Am 23. III. 1409 appellierte König Ruprecht inmitten seiner Räte zu Heidelberg an den wahren Papst und an ein rechtmäßiges allgemeines Konzil. Eine Delegation unter dem Theologen Konrad von Soest überreichte vier Wochen später den Kardinälen eine Denkschrift mit den Einwänden Ruprechts gegen die Versammlung, und am 19. IV. verlas dann Konrad in der Katharinenkirche von Pisa eine feierliche Appelation des römischen Königs an Jesus Christus und ein wahres zukünftiges Konzil der Christenheit.

Die Kardinäle haben sich aber von dem ohnmächtigen König nicht beirren lassen. Zwar zeigten sie sich bemüht, nicht als die alles allein bestimmende Gruppe aufzutreten, aber schon die Sitzordnung ließ ihre dominierende Stellung deutlich werden, und für die Wahrung der Interessen des Pariser Hofes sorgte der Patriarch von Alexandria, Simon de Cramaud. Der dienstälteste Kardinalbischof Malesec übernahm es, den Antrag auf die Einleitung des Prozesses gegen die beiden Päpste zu stellen. In der 7. von insgesamt 22 Sitzungen wurde am 4. V. die für die Prozeßführung erforderliche Kommission eingesetzt, die sich aus zwei Kardinälen, vier Deutschen, fünf Franzosen, einem Engländer und einem Provençalen zusammensetzte. Angesichts der zahlreichen Zeugen und des umfangreichen Belastungsmaterials kam die Kommission sehr rasch zu einem Urteil, das am 5. VI. bezeichnenderweise von dem Patriarchen aus Frankreich verkündet und dann von 213 Konzilsteilnehmern unterzeichnet wurde. Es lautete, wie zu erwarten, auf den Ausschluß Benedikts und Gregors aus der Kirchengemeinschaft, da sie sich als offenkundige Häretiker und Schismatiker erwiesen hätten. Am 15. VI. begann das Konklave der Kardinäle und endete am 26. VI. mit der einstimmigen Wahl des aus Kreta stammenden Petrus Philargus. Alexander V., wie sich der Grieche fortan nannte, hatte als Mitglied des Minoritenordens in Oxford und Paris studiert, war dann als Favorit des Giangaleazzo Visconti Bischof von Piacenza, Vicenza und Novara, schließlich sogar Erzbischof von Mailand geworden. Als Unterhändler des Visconti hatte er maßgeblich an dessen Erhebung zum Herzog von Mailand mitgewirkt und mußte schon aus diesem Grunde für Ruprecht als untragbar erscheinen. Die beiden von den Pisanern verurteilten Päpste haben selbstverständlich nicht daran gedacht, die Entscheidung des Konzils zu respektieren, und so verfügte die Kirche, wie es die Verfasser der Heidelberger Postillen vorhergesagt hatten, von nun an uber drei Oberhäupter. Zwar hatte die Pisaner Versammlung sich auch noch Gedanken über die allseits als notwendig empfundene Reform der Kirche Gedanken gemacht und vor dem Konklave dem künftigen Papst die Verpflichtung auferlegt, noch während des Konzils eine solche Reform durchzuführen; aber die zu diesem Zweck eingesetzte Kommission kam über die einleitenden Beratungen nicht hinaus, und schon am 7. VIII. wurde das Konzil für beendet erklärt. Die Reform sollte auf dem nächsten, für das Jahr 1412 vorgesehenen Konzil in Angriff genommen werden.

Trotz seines mageren Ergebnisses, das in Heidelberg gewiß Genugtuung ausgelöst haben wird, dürfte man dem Pisaner Konzil nicht ganz gerecht werden, wenn man es als eine von Kardinälen und Franzosen beherrschte Versammlung zur Wahl eines diesen beiden Mächten genehmen Papstes bezeichnet. Zum ersten Mal wurde hier gelegentlich auch der Abstimmungsmodus praktiziert, der den

Nicht-Franzosen und Nicht-Italienern einen größeren Einfluß auf den Gang der Verhandlungen sichern konnte: Das Votum per capita nacionum, nicht also per capita singulorum singulariter; d.h. nicht durch die einzelnen Vertreter der Nationen, sondern durch die (Konzils-)Nationen als Ganze. Concilium constituitur ex nacionibus, das Konzil setzt sich aus Nationen zusammen, hat man diesen Grundsatz später auf dem Konstanzer Konzil im Hinblick auf das Pisanum formuliert, wobei freilich die herausgehobene Stellung der Kardinäle unberücksichtigt blieb. Nationen als Teilkörperschaften oder als Gruppierungen hatte es schon seit längerer Zeit gegeben, und zwar an den Universitäten und auf Konzilien. Allerdings unterschieden sich diese Universitäts- und Konzilsnationen beträchtlich auch von dem Volksbegriff des späteren Mittelalters. Die Einteilung von Magistern oder Studenten nach Nationen differierte an den Universitäten je nach deren unterschiedlichen Einzugsbereichen. Die Magister der Pariser Artistenfakultät z.B. waren unterteilt in die französische, die normannische, die picardische und die englische Nation, wobei zur englischen z.B. auch die deutschen, schwedischen, ungarischen und polnischen Magister gezählt wurden. Zur französischen Nation gesellten sich hier auch die Italiener. An Karls IV. Universität gab es zunächst die böhmische, die polnische, die bayerische und die sächsische Nation, wobei zur bayerischen auch die Franken und Westfalen gerechnet wurden. Die sächsische umfaßte Dänen, Schweden und Finnen. Die Einteilung der Konzilsmitglieder nach Nationen läßt sich bereits auf dem 2. Konzil von Lyon (1274) beobachten. Unterschieden wurden Frankreich, Deutschland, Italien, Burgund, Britische Inseln, Spanien; dazu kamen dann noch die Kardinäle als gesonderte Gruppe. Auf dem Pisanum entschied man sich zu einer Fünfteilung: in die italienische, die französische, die deutsche, die englische und – als Ersatz für die ferngebliebene spanische – die provençalische Nation. Der deutschen Nation (nacio Germanica) wurden durchweg die Norweger, Dänen, Schweden, Polen und Ungarn zugerechnet. Diese Einteilung nahm allenfalls im Ansatz auf die sprachliche oder politische Gliederung der Christenheit Rücksicht; erst auf dem Konstanzer Konzil sind dann Tendenzen zu beobachten, die politischen Gegebenheiten auch bei der Aufteilung der Konzilsmitglieder in stärkerem Maße zur Geltung kommen zu lassen. Ulrich Richenthal hat in seiner Chronik des Konzils »Tütschland« (und damit auch die zugehörige Nation) noch so definiert: »Und hept an in Windenland, Unger, Littow, Boland, Behem, Osterrich und gat biß gen Trient in Ytalien und heruß bis gen Frankreich und den Rin ab biß gen Engelland und durch Tennmarckt, Sweden und Norwegen«. Als es jedoch während des

Konzils nach dem Erscheinen der Spanier zu Auseinandersetzungen um die Abgrenzungen der Nationen kam und die Engländer der deutschen zugeordnet werden sollten, legten diese Widerspruch ein, und zwar mit der Begründung, die Engländer seien nach Verwandtschaft und Zusammensetzung (cognatio et collectio), nach der Sprache (und das sei nach göttlichem wie menschlichem Recht das wichtigste) sowie nach dem ihnen gemeinsamen Land (provincia) eine wahre Nation. Mit dieser Argumentation, die zwar die politischen Gegebenheiten nicht nannte, aber doch stillschweigend ebenfalls berücksichtigte, hatten die Engländer – zwei Jahre nach Azincourt – auch Erfolg und bewahrten ihren Status als eigenständige Nation. Die Beschränkung des Begriffs der deutschen Nation auf die Deutschen im römischen Reich, also ohne Skandinavier, Ungarn oder Polen, erfolgte erst im Verlauf des Baseler Konzils und unter Friedrich III., der 1448 mit dem päpstlichen Legaten »ad nationem Germanicam de latere missum« für die natio Alamannica, d.h. für die Deutschen im römischen Reich das Wiener Konkordat abschloß.

König Ruprecht hat zur Verwirklichung des von ihm gewünschten allgemeinen und legitimen Konzils keine nennenswerte Initiative entfaltet. Die ebenso respektablen wie wirkungslosen Proteste in Heidelberg und Pisa waren im Grunde alles, was er gegen die unerwünschte Versammlung unternommen hat; so ist es nicht weiter verwunderlich, daß selbst ein Mann vom Format des böhmischen Königs Wenzel seine Stunde gekommen sah, gegen den im Banne seiner Hoftheologen und -juristen stehenden Pfälzer vorzugehen. Er widerrief die bisher von ihm noch gewährte Obocdienz gegenüber Gregor XII. und beschickte das Pisaner Konzil, was zwar den Auszug der deutschen Magister und Studenten der Prager Universität zur Folge hatte, ihm aber am 8. VI. die Anerkennung als römischer König von seiten der Pisaner eintrug. Dafür versprach er den Kardinälen den Romzug binnen Jahr und Tag. Die Anerkennung durch die Pisaner und die kurz danach erfolgte Wahl des ihm wohlbekannten Mailänder Erzbischofs zum Papst scheint in Prag eine Euphorie verursacht zu haben, denn zur allgemeinen Verblüffung erhielten die Reichsstädte vom römischen König Wenzel die Aufforderung, die nächstfällige Steuer nur an ihn zu zahlen. So absurd, wie das Ansinnen für sich betrachtet wirken mochte, war es allerdings nicht, denn Wenzel durfte sich damals durchaus Chancen ausrechnen, im Reich auch unter den Fürsten wieder Bundesgenossen gewinnen zu können; Ruprecht hatte die Nachricht vom Tode seines Gegenspielers Ludwig von Orléans gewiß ebenso erleichtert zur Kenntnis genommen wie die Mächte am Oberrhein, wo man dem Orléans die Ansicht unterstellte, »daz tütsche lant gehorte hier vor an die krone zu Franckenrich«. Aber nur wenige Monate nach dem Verbrechen stellte sich heraus, daß der Mörder die gegen das Königtum des Pfälzers gerichtete Politik seines Opfers auf nahezu die gleiche Weise fortzusetzen gedachte. Schon am 20. VII. 1408 schlossen Johann Ohnefurcht und sein Bruder Anton von Brabant mit Wenzel ein Bündnis, das durch eine am 1. VII. 1409 geschlossene Ehe von Wenzels Nichte Elisabeth von Görlitz mit dem Brabanter besiegelt wurde. Als Mitgift sollte das durch den Tod des Orléans wieder freigewordene Herzogtum Luxemburg unter die Herrschaft der neuburgundischen Dynastie gestellt werden. Eine Woche nach der Brüsseler Hochzeit leistete der Neffe des Mainzer Erzbischofs in Paris, wo damals die Burgunder das Heft in der Hand hatten, für seinen Oheim einen Lehnseid, der den Mainzer zum Dienst für König Karl VI. gegen jedermann, ausgenommen den römischen König, verpflichtete. Aber trotz dieser zweideutigen Vorbehaltsklausel konnte niemand an der gegen den Pfälzer gerichteten Tendenz des Vertrages mit Frankreich zweifeln. Die nunmehr auch noch kirchenpolitisch aufgeladenen Spannungen zwischen Pfalz und Mainz mußten früher oder später zu einer gewaltsamen Auseinandersetzung führen, zu deren Vorbereitung Ruprecht am 4. III. den Rest seiner Anhänger in Deutschland in einem Bündnis zugunsten Gregors zusammenschloß: zwei Braunschweiger Herzöge und den Landgrafen von Hessen. Der Mainzer sah sich veranlaßt, seinen neuen Lehnsherrn und dessen Protektoren um Hilfe in dem bevorstehenden Krieg zu bitten. Aber noch ehe es zu einem militärischen Austrag der Differenzen kommen konnte, ist Ruprecht am 18. V. 1410 einem offenbar schon länger andauernden Leiden erlegen. Wenige Tage nach seinem Tod erhielt das Frankfurter Stadtregiment Briefe Karls VI. sowie der Herzöge von Burgund und Brabant, in denen die Stadt aufgefordert wurde, dem Ruprecht von Bayern, der sich das römische Königtum anmaße, den Krieg gegen den Mainzer Erzbischof auszureden. Am Tage vor dem Tode des Pfälzers war im fernen Bologna der Neapolitaner Balthasar Cossa zum Nachfolger des am 3. V. gestorbenen Alexander V. gewählt worden; vielleicht in Erinnerung an den unbeugsamen Widersacher eines anderen Bayern nannte er sich Johann XXIII.

X. Siegmund

Aller Wahrscheinlichkeit nach hatte nur der Tod den Pfälzer vor der endgültigen Katastrophe, dem offenkundigen Zusammenbruch seiner Königsherrschaft bewahrt. Daß auch einige seiner wenigen Anhänger nur noch halbherzig zu ihm gehalten hatten, zeigte sich am 16. VI., als sich der Erzbischof von Magdeburg sowie die Bischöfe von Hildesheim, Halberstadt, Merseburg, Naumburg, Brandenburg und Havelberg, zum Teil Landfriedensgenossen der Herzöge von Braunschweig, offen zum Pisaner Papst bekannten. Auch Ruprechts Sohn, der damals 32 Jahre alte Pfalzgraf Ludwig III. scheint das Scheitern der pfälzischen Reichs- und Kirchenpolitik eingesehen zu haben, jedenfalls ist nach Ruprechts Tod offenbar nie der Gedanke aufgekommen, Ludwig als Kandidaten für die erforderliche Neuwahl aufzustellen. Daß eine solche tatsächlich notwendig war, wurde freilich von Wenzel und seinen Anhängern bestritten, und unter diesen befand sich immerhin ein Kurfürst, nämlich Rudolf III. von Sachsen. Die Luxemburger verfügten also über drei Stimmen – Böhmen, Brandenburg und Sachsen –, bedurften somit im für sie ungünstigsten Fall nur noch einer weiteren, um die von der Goldenen Bulle vorgeschriebene Mehrheit der sich an der Wahl beteiligenden Kurfürsten zu erreichen. Allerdings war der tatsächliche Sachverhalt weitaus komplizierter, als sich das die Verfasser der Goldenen Bulle seinerzeit hatten vorstellen können. Die Mark Brandenburg war 1388 von Siegmund an Jost von Mähren verpfändet worden, und dieser beanspruchte nicht ganz zu Unrecht auch die Führung der Stimme dieses Fürstentums. Siegmund aber beharrte auf seiner wahrheitswidrigen Interpretation, wonach die Kur nicht Teil des Verpfändungsgeschäfts gewesen sei.

Zu berücksichtigen sind ferner die kirchenpolitischen Parteiungen unter den Kurfürsten: Der Pfälzer und der von den Zeitgenossen als kaum noch geschäftsfähig angesehene Erzbischof von Trier waren Gregorianer, der Mainzer und der Kölner aber Anhänger des Pisaner Papsttums. Siegmund hatte zwar am 17. V. den gerade neu gewählten Johann XXIII. anerkannt, scheint aber von Anfang an signalisiert zu haben, daß er seine Wahl an der Frage der Oboedienz nicht scheitern lassen wolle. Kontakte zwischen Siegmund auf der einen und den beiden Pisanern auf der anderen Seite führten zu keinem Ergebnis, worauf Siegmund einen der wenigen zuverlässigen Parteigänger Ruprechts, den Burggrafen Friedrich VI. von Nürnberg mit dem Pfälzer und dem Trierer Verhandlungen führen ließ, die im August erfolgreich abgeschlossen werden konnten. Siegmund erklärte sich u.a. bereit, die Regierungshandlungen Ruprechts anzuerkennen; die Pfalzgrafen durften ihre Reichspfandschaften behalten, vor allem aber wollte Siegmund nichts gegen die Anhänger Gregors unternehmen.

Am 1. IX. 1410 versammelten sich dann die vier rheinischen Kurfürsten in Frankfurt. Siegmund hatte den Nürnberger Burggrafen an den Main geschickt, der als sein Bevollmächtigter die Brandenburger Stimme abgeben sollte. Friedrich mußte erst einmal vor den Toren Frankfurts lagern, ehe er mit einer geringen Begleitung als Bote des Königs von Ungarn, nicht also des Brandenburgers, in die Stadt eingelassen wurde. Der folgende Monat gehört zu den turbulentesten der in dieser Hinsicht gewiß nicht armen Geschichte spätmittelalterlicher Wahlverhandlungen. Einmal schienen der Mainzer und der Kölner schon für Siegmund gewonnen, während sich gleichzeitig der Pfälzer und der Burggraf aus dem Wege gingen. Im Verlauf eines heftigen Wortgefechts prahlte der Markgraf von Baden damit, den Mainzer habe er in der Tasche, und in Frankreich seien ihm 50000 Kronen versprochen worden, wenn er die Stimmen von Mainz und Köln an die Franzosen wende. Dabei konnte er nur an einen der beiden Burgunder gedacht haben; am ehesten wohl an den mit einer Enkelin Karls IV. verheirateten Anton von Brabant. Indes ist diese neuerliche Kandidatur eines französischen Fürsten nur durch diese unüberlegte, von Job Vener notierte Äußerung des Badeners bezeugt.

Schließlich waren die Parteien aber wieder so geordnet, wie sie es beim Einzug in die Wahlstadt schon einmal gewesen waren. Am 20. IX. wählten Pfalz, Trier und Brandenburg auf dem Friedhof hinter dem Chor der Bartholomäuskirche den König von Ungarn zum römischen König. Die Wahlkirche war wegen des zuvor vom Mainzer über die Stadt verhängten Interdikts verschlossen worden, so daß nicht einmal die erforderliche Heilig-Geist-Messe hatte gesungen werden können. Selbstverständlich bestritten die beiden Erzbischöfe von Mainz und Köln die Legitimität der vom Burggrafen geführten Stimme. So wählten sie dann zusammen mit den inzwischen ebenfalls eingetroffenen Bevollmächtigten Josts von Brandenburg und Wenzels von Böhmen am 1. X. Jost ebenfalls zum König, nachdem zuvor in der Bartholomäuskirche öffentlich verkündet worden war, daß Wenzel auf das römische Königtum verzichtet habe. Der Bevollmächtigte des Herzogs von Sachsen gab sein Votum zu spät ab, als daß es nach den Bestimmungen der Goldenen Bulle noch hätte gezählt werden dürfen. Um das Maß

voll zu machen, erschien ein paar Wochen später der Herr Dietrich von Weitenmühlen und forderte die Städte auf, die zu Martini fälligen Steuern an Wenzel zu zahlen. Wahrscheinlich hatte sich Wenzel zu dieser Maßnahme berechtigt gewähnt, weil er mit Jost ein Abkommen geschlossen hatte, demzufolge Jost nur römischer König, er selbst aber Kaiser werden sollte. Dieser Vertrag ist zwar nicht erhalten, wird aber von einem zeitgenössischen Bericht erwähnt, und da Wenzel nach Josts Tod mit Siegmund nachweislich einen ähnlichen Vertrag abgeschlosen hat, wird man dieser Quelle Vertrauen schenken dürfen. Dem Reich ist durch den frühen Tod des Königs Jost am 18. I. 1411 ein langwieriger militärischer oder juristischer Streit über die Rechtmäßigkeit dieser oder jener Wahl erspart geblieben. Es kann aber angesichts von Siegmunds Urkunden über die Verpfändung der Mark Brandenburg und ihres Kurrechtes kein Zweifel daran bestehen, daß die vom Nürnberger Burggrafen geführte Stimme ungültig war; die Pfälzer selbst hatten am 4. VI. 1400 den Markgrafen Jost, nicht also Siegmund zur Wahl Ruprechts geladen. Derart eindeutige Tatbestände aus der Welt zu schaffen, war auch ein Doctor utriusque iuris nicht in der Lage.
Der Doctor Vener gehörte indes zu denen, die nach sechs Monaten intensiver Verhandlungen dazu beigetragen haben, daß am 21. VII. Siegmund zum einmütig anerkannten König erhoben werden konnte. Pfalz und Trier beharrten darauf, daß bereits die erste Wahl vom 20. IX. 1410 gültig gewesen sei und weigerten sich, einer Heilig-Geist-Messe beizuwohnen, um jeden Anschein zu vermeiden, sie wollten sich an einer Neuwahl beteiligen. Erst als man dann eine Marien-Messe zelebrierte, blieben sie in der Kirche, verließen sie aber, kurz bevor die Kurfürsten von Mainz, Köln, Böhmen, Sachsen und Brandenburg bzw. ihre Bevollmächtigten die Wahl vollzogen.
Siegmund, zum Zeitpunkt seiner Wahl bereits 43 Jahre alt, stammte aus Karls IV. vierter Ehe mit Elisabeth von Pommern. Vom Vater dürfte er vor allem die Sprachbegabung und das ungewöhnliche rhetorische und diplomatische Talent geerbt haben, die ihm während der ersten Monate des Konstanzer Konzils den Respekt fast aller Teilnehmer sichern halfen. Außer den in der luxemburgischen Familie schon traditionellen Sprachen: Deutsch, Französisch, Italienisch und Tschechisch beherrschte er auch noch die ungarische und die polnische. Die lateinische soll er als Konzilsvogt zwar fließend, aber nicht ganz nach dem Geschmack der frühhumanistischen Zeitgenossen gesprochen haben. Aber im übrigen unterschied sich Siegmund doch beträchtlich von dem gichtgeplagten und stets etwas griesgrämig wirkenden Vater; in mancherlei Hinsicht scheint der lebenslustige König das Erbe seines Groß-

vaters Johann von Böhmen in sich vereint zu haben. Ganz anders als der Vater bekundete Siegmund nur ein mäßiges Interesse an theologischen Disputationen, dafür schätzte er um so mehr die vom Vater so mißachtete ritterliche Geselligkeit. In Konstanz soll er unter fremdem Wappen in die Schranken geritten sein und unerkannt zwei Gegner aus dem Sattel gehoben haben. Schon 1408 hatte er zusammen mit seiner schönen und für das sittliche Empfinden mancher Zeitgenossen etwas zu temperamentvollen zweiten Gemahlin Barbara von Cilli den Drachenorden für die Ritterschaft Ungarns gegründet, in den später gelegentlich auch deutsche Herren aufgenommen wurden, z.B. der Erbkämmerer Konrad von Weinsberg. So märchenhaft schön und edel, wie die Buchillustratoren des 15. Jahrhunderts das ritterlich-höfische Leben in Frankreich und Burgund dargestellt haben, ist es am Hof des römischen, ungarischen und böhmischen Königs aber schon deshalb nicht zugegangen, weil Siegmund bei weitem nicht über die Mittel verfügte, die seinen die Lehnshuldigung verweigernden Vasallen Philipp von Burgund in den Stand setzten, umgerechnet 30000 fl. im Jahr für Waffen, Pferde, Hunde, Falken und Kleider auszugeben. Nach zeitgenössischen Quellen soll Siegmund gelegentlich in abgerissenem Gewand umhergegangen sein und sich bei Kaufleuten geringfügige Summen geliehen haben, um sich Dinge des täglichen Bedarfs kaufen zu können. Aus deutschen Landen, so hat er 1412 seinen Untertanen im Reich geklagt, stünden ihm nicht einmal mehr 13000 fl. an Steuern zu. Seine stete Geldnot hinderte ihn freilich nicht daran, aufwendige Gelage zu feiern, bei denen es mitunter recht grobschlächtig zugegangen sein muß. Eine deftige Redeweise scheint auch bei den Beratungen Siegmunds üblich gewesen zu sein, so daß die Lieder Oswalds von Wolkenstein, die in dieser Hinsicht ja nichts zu wünschen übrig lassen, am Hof des römischen Königs gewiß nicht als anstößig empfunden worden sind. Karls IV. Hofpoet Heinrich von Mügeln hätte mit seinen betulichen Versen über die Theologie als Königin der Wissenschaften im Kreise Siegmunds und seiner Gesellen wohl schwerlich den Erfolg erringen können, der ihm allem Anschein nach am Hofe von Siegmunds frömmelndem Vater beschieden war. Der Wolkensteiner gehörte übrigens nicht zur Reichsritterschaft, aus deren Familien viele andere Räte Siegmunds stammten, sondern war einer der nicht sehr zahlreichen Adeligen, die sich aus unterschiedlichen Gründen für eine Weile der Herrschaft ihres Fürsten zu entziehen suchten und in den Dienst des Königs traten, der ihnen auf Dauer freilich kein standesgemäßes Auskommen garantieren konnte.

Siegmund führte vor der Wahl zum römischen König bereits den Titel eines Königs von Ungarn, Dalmatien, Kroatien, Serbien und anderer Balkanreiche mehr; dazu war er noch Markgraf von Brandenburg und Erbe des Königreichs Böhmen und von Luxemburg. Dem volltönenden Titel entsprach eine von innen wie außen stets gefährdete Herrschaft über einen Teil des Ungarnreiches, das er nicht nur gegen die muslimischen Türken, sondern auch gegen die christlichen Venezianer verteidigen mußte. Das Serbenreich und Bulgarien, die er ebenfalls beanspruchte, waren längst an die Osmanen verloren worden, die ihre Macht nach Nikopolis verteidigt und zunächst auch noch ausgebaut hatten. Allerdings war das Reich der Osmanen dann von einer Katastrophe getroffen worden, die Konstantinopel eine letzte Galgenfrist und Ungarn eine kurze Verschnaufpause in seinem Abwehrkampf bescherte. Unter Timur waren die Mongolen aufgebrochen, um das Reich Dschingis Khans zu erneuern. Sie waren nach Indien, Persien, Syrien gezogen und schließlich auf die Türken gestoßen. Am 28. VII. 1402 wurde Sultan Bajezid I. bei Ankara geschlagen und wanderte für den Rest seines Lebens in mongolische Gefangenschaft. Zwar ist Timur schon 1405 gestorben, aber Suleiman, Bajezids ältester Sohn, sah sich gezwungen, mit Byzanz, Venedig und Genua Stillhalteabkommen zu schließen. Bis zum Tode von Suleimans Bruder Mehmed I. (1421) glaubte man in Byzanz, dem noch 1396 unvermeidlich scheinenden Untergang entronnen zu sein. Auch für Ungarn bedeutete Timurs Triumph über die Osmanen eine Beruhigung der südlichen Grenzzone; die in Siegmunds Titel vertretenen Ansprüche auf Serbien oder Bulgarien waren freilich nicht mehr zu realisieren, und zwei weitere Reiche, Kroatien und Dalmatien, wurden ihm, wenn auch nur vorübergehend, von König Ladislaus von Neapel abgenommen, der sich unter Berufung auf die Rechte der Anjou am 5. VIII. 1403 in Zadar von einem Legaten Bonifaz' IX. zum König von Ungarn krönen ließ. Siegmund konnte indes seine Stellung in Ungarn auch dadurch festigen, daß er Barbara Cilli heiratete, deren steierische Familie mit dem ungarischen Magnatengeschlecht der Garai versippt war. Auf diese und andere Adelsfamilien, unter ihnen z.B. auch die Hunyadi, gründete sich Siegmunds ungarisches Königtum. Sein Rivale Ladislaus war indes nicht imstande, seine Ansprüche aufrechtzuerhalten, und verkaufte diese an Venedig, das damals eine energische Expansionspolitik auf der Terra Ferma betrieb und daher fast zwangsläufig mit Siegmund in Konflikt geraten mußte.

Ein anderer Gefahrenherd für Siegmunds Herrschaft hatte sich am Nordostrand des Reiches gebildet. Zwei Monate nach König Ruprechts Tod – Siegmund verhandelte damals gerade mit Mainzer und Kölner Gesandten über seine Wahl – war am 15. VII. 1410 bei Tannenberg das Heer des Deutschen Ordens vom polnischen König Wladislaw (Jagiello) vernichtend geschlagen worden. Der Hochmeister Ulrich von Jungingen fiel. Von der Niederlage war Siegmund unmittelbar berührt, denn er hatte 1409 mit dem Orden ein Bündnis gegen seinen Schwager, den Polenkönig, geschlossen. Siegmund und Wladislaw waren, wie erinnerlich, mit den Töchtern Maria (†1395) und Hedwig (†1399) Ludwigs des Großen von Polen und Ungarn verheiratet gewesen. Das Verhältnis zwischen den beiden Schwägern wird man als ziemlich wechselhaft kennzeichnen müssen. So bot sich 1398 Siegmund dem Orden als Vermittler im Konflikt zwischen diesem und dem Polenkönig an; 1401 versuchte Wladislaw, Ungarn als den zweiten Teil von Ludwigs des Großen Erbe in Besitz zu nehmen. Dies führte zu einer engen Verbindung des Ungarnkönigs mit dem Deutschen Orden, der von Siegmund die zur Mark Brandenburg gehörende und nicht an Jost von Mähren übergegangene Neumark für 63200 fl. zu Pfand nahm. Damit hatte sich der Orden eine Landbrücke von Pommerellen bis zur Oder geschaffen. Siegmund hatte 1398 dem Orden zu bedenken gegeben, ob er nicht das ihm einst von König Andreas II. (1211) angebotene Burzenland im Süden Ungarns übernehmen wolle. Der Orden zeigte sich aber an diesem gefährdeten Gebiet desinteressiert, und als er 1409 das Bündnis mit Siegmund schloß, übernahm der Ungarnkönig die Auffassung des Deutschen Ordens, derzufolge dieser einen Schild der Christenheit gegen die Heiden darstelle. Zum Heidentum rechnete der Orden aber auch das polnische Reich. Der Orden und der König von Polen haben sich dann noch einmal darauf einigen können, ihre Streitigkeiten, vor allem um Samaiten, einem Schiedsrichter zur Entscheidung anzuvertrauen; ausgewählt wurde dafür Siegmunds Bruder Wenzel, der als römischer König einst dem Orden seine Litauer-Kriege untersagt hatte und daher dem Polenkönig unverdächtig erscheinen mochte. Aber Wenzel entschied Anfang 1410 sehr einseitig zugunsten des Ordens, der ihm für seine Entscheidung vermutlich 60000 fl. versprochen hatte. Wenzel konzedierte dem Orden nicht nur Samaiten, sondern verbot beiden Seiten, Ungläubige gegen den jeweils anderen aufzubieten. Dieses Verbot betraf, zumindest nach Ansicht des Ordens, vor allem den Polenkönig, unter dessen litauischen Untertanen durchaus noch Heiden zu finden waren, während der Orden behauptete, in Preußen und Livland gebe es sie nicht mehr, was die Gegenseite aber nicht ganz zu Unrecht bestritt. Die Weigerung Wladislaws, Wenzels unbilligen Schiedsspruch hinzunehmen, wurde vom Orden als Rechtsverweigerung und Kriegsgrund interpretiert; er begann um Hilfe gegen den »mit Russen, Tataren und anderen Ungläubigen verbündeten« Polenkönig zu werben. Ein letzter Vermittlungsversuch Siegmunds scheiterte; am 15. VII. wurde der Orden besiegt.

Dem zum Nachfolger des gefallenen Hochmeisters gewählten Komtur von Schwetz, Heinrich von Plauen, ist es dann gelungen, am 1. II. 1411 zu Thorn mit Wladislaw von Polen einen Frieden zu schließen, der dem Orden eine, gemessen an der Schwere der Niederlage, nur sehr geringfügige Einbuße an Macht zumutete: Für die Gefangenen mußten wohl Lösegelder gezahlt und Samaiten an Wladislaw und dessen Vetter Witold abgetreten werden; dies aber auch nur bis zum Tode der beiden Fürsten. Im Hinblick auf die ideelle Grundlage seines Staates mußte der Hochmeister allerdings ein nicht unbedeutendes Eingeständnis machen: Er sollte, genauso wie die Vertragspartner, für die Bekehrung seiner Untertanen sorgen. Indes bedeutete der Abschluß des Thorner Friedens zugleich den Beginn für die Bemühungen beider Parteien, den Vertrag zu revidieren. Die Ordensritter mußten dabei sehr bald zur Kenntnis nehmen, daß sie vom neuen römischen König keine bedingungslose Unterstützung zu erwarten hatten, denn Siegmund war damals bereits mit den Vorbereitungen des Konstanzer Konzils beschäftigt und nicht geneigt, diese durch den Wiederausbruch eines Krieges stören zu lassen. Zwar erklärte er sich bereit, mit dem Orden ein Verteidigungsbündnis zu schließen, aber als die Verhandlungen scheiterten, schloß er mit Wladislaw am 15. III. 1412 einen Bund wider jedermann, dem sich Witold einen Monat später anschloß. Damit war Polen und Litauern die Teilnahme an dem geplanten Konzil ermöglicht worden. Heinrich von Plauen beharrte trotz dieser diplomatischen Niederlage auf den Vorbereitungen zu einem Revanchekrieg, während der Marschall Michael Küchmeister vor der weitgehenden Isolierung des Ordens warnte. Die Propaganda gegen den Polenkönig nahm unterdessen gehässige Züge an, und dieser blieb seinen Gegnern nichts schuldig. Die Auseinandersetzung wurde auch nicht dadurch wesentlich entschärft, daß am 7. I. 1414 Heinrich von Plauen gestürzt und Michael Küchmeister zum Hochmeister gewählt wurde. Der Konflikt wurde freilich in den folgenden Jahren weniger mit den Waffen als in z.T. von unglaublich rüden Propagandaschriften begleiteten Verhandlungen auf dem Konstanzer Konzil ausgetragen.

Siegmund hat den sich vor und nach seiner Wahl entwickelten Konflikt am Nordostrand des Reiches durch geschicktes Lavieren zwischen den beiden Parteien nicht zu einer Krise seines Königtums und seines Amtes als Vogt des künftigen Konzils werden lassen. Er hat damit bereits zu Beginn seiner Herrschaft im Reich seine Fähigkeit als Unterhändler und Vermittler unter Beweis stellen können, zugleich aber auch angedeutet, daß sein Königtum nicht unbedingt auf realer Präsenz der Macht beruhen sollte: Noch vor dem Bündnis mit Wladislaw hatte er den Burggraf Friedrich VI. von Nürnberg als seinen Hauptmann und Statthalter in die seit Josts Tod an ihn zurückgefallene Mark Brandenburg entsandt, und da diese Amtsübertragung auch für die Erben Friedrichs gelten sollte, dürfte schon damals der Weg vorgezeichnet gewesen sein, der während der Zeit des Konstanzer Konzils zur Übertragung der Mark mitsamt dem Kurrecht (30. IV. 1415), damals noch mit dem Vorbehalt möglicher Rückforderung, und schließlich am 18. VIII. 1417 zur feierlichen Belehnung in Konstanz führen sollte. Die Mark Brandenburg galt zum Zeitpunkt der Amtsübertragung im Jahre 1411 als weithin ruiniert und wegen der ständigen Adelsfehden der Quitzows, der Gans', der Rochows und Bredows als nahezu unregierbar. Friedrich hat sich aber mit rigoroser Energie sehr schnell gegen die adelige Opposition durchgesetzt, und mit einem geharnischten Landfrieden vom 20. III. 1414 gelang es ihm, sein landesherrliches Regiment zu konsolidieren. König Siegmund hat die Mark nicht selbst verwalten wollen, weil er sich angesichts der eigenen Probleme nicht dazu in der Lage sah. Ungarn blieb weiterhin gefährdet, vor allem aber war Siegmunds Politik darauf gerichtet, das allgemeine Konzil endlich zustande zu bringen; dabei hat sich übrigens Friedrich von Zollern auch weiterhin als ein sehr nützlicher Helfer bewährt.

Das neue Konzil sollte nicht nur die durch das Pisanum noch komplexer gewordene Oberhauptfrage der Kirche endgültig bereinigen; als ebenso dringlich wurde nunmehr auch die Beseitigung des Schismas zwischen Ost- und Westkirche angesehen, das einer energischen Abwehr der Türkengefahr im Wege stand, aber auch das Problem einer allgemeinen Reform der kirchlichen Zustände sowohl an der Kurie wie in der Christenheit, das auf dem Pisanum ganz im Hintergrund gestanden hatte, verlangte nach einer Lösung. Die allgemeine Kirchenreform aber wollte man der Kurie auch eines allgemein anerkannten Papstes nicht allein überlassen. Seit dem Ausbruch des Schismas war ein weiteres Problem in den Vordergrund getreten, das dann nach dem Beginn des Konzils dessen Teilnehmer zeitweise in geradezu dramatischer Weise beschäftigen sollte: die Frage des rechten Glaubens, die zunächst durch die Lehre des englischen Professors Wyclif aufgeworfen worden war. Die Zeitgenossen haben die drei vom Generalkonzil der Christen vornehmlich abzuhandelnden Fragen bereits mit der Begriffs-Trias umschrieben: causa unionis, reformationis, fidei.

Wenn Siegmund zum nahezu allseits anerkannten Propagator, Förderer und Vogt des neuen Konzils geworden ist, so lag das nicht allein an seiner gewandten und weltoffenen Persönlichkeit, durch die er sich in unverkennbarer Weise von seinem ebenso integren wie skrupelhaften Vorgänger Ruprecht unterschied, sondern auch an dem anarchischen Zustand, in den die bislang trotz der Geisteskrankheit des Königs maßgebliche Monarchie Europas gerade in jenen Jahren gestrudelt war. Johann von Burgund hatte zwar in dem Pariser Professor Jean Petit den Intellektuellen gefunden, der die Notwendigkeit der Ermordung des Herzogs von Orléans als eines Tyrannen wissenschaftlich zu beweisen suchte, aber die Anhänger des Opfers waren von der Schlüssigkeit seiner Argumentation nicht zu überzeugen. Die Franzosen zerfielen zusehends in zwei Parteien, die burgundische unter Johann Ohnefurcht und die orléanistische, die im Schwiegervater von Ludwigs ältestem Sohn, dem Grafen Bernhard VII. von Armagnac einen militärischen Führer fand, der sich allerdings nur zu bald als unfähiger Diplomat und Politiker erwies. Auch eine aufwendige Versöhnungsszene in der Kathedrale von Chartres, an der sich der Mörder und die Angehörigen des Opfers beteiligten, konnte den Haß zwischen den Parteien nicht mildern; seit dem Sommer 1411 herrschte offene Fehde zwischen Burgund und Orléans. Eine für Januar 1413 einberufene Ständeversammlung vergrößerte nur noch das Chaos um den geistesgestörten König und die haltlose Isabeau von Bayern. Das Zentrum Paris wechselte von der Herrschaft des sich burgundisch gebärdenden Pöbels zum Terror des Grafen von Armagnac. Immerhin gelang es dem Dauphin Ludwig am 4. IX. 1414 zu Arras, einen Frieden zwischen den Parteien zu vermitteln, der den Burgunder verpflichtete, auf ein Bündnis mit England zu verzichten. Es kann vorweggenommen werden, daß sich Herzog Johann zwar an den Wortlaut dieses Vertrags gehalten hat; als jedoch der junge Heinrich V. die volle Souveränität über die englischen Besitzungen im Südwesten Frankreichs forderte und im August 1415 den Kanal überquerte, überließ es der Burgunder seinen beiden Brüdern, Herzog Anton von Brabant und Philipp von Nevers, seinen der Krone Frankreichs schuldigen Heeresdienst zu leisten. Beide gehörten zu den französischen Rittern, die sich am 25. X. 1415 bei Azincourt vor der Phalanx des von Marsch und Verpflegungsmangel erschöpften englischen Heeres zusammendrängen und dann abschlachten ließen. Das nominelle Oberhaupt der Orléanisten, Ludwigs Sohn Karl, wurde als Gefangener nach England gebracht. Der Dauphin Ludwig starb zwei Monate nach der Katastrophe; sein Bruder Johann folgte ihm wenige Monate später ins Grab. Die Zukunft des Hauses Valois ruhte von da an auf dem dritten Sohn des Königs, dem Dauphin Karl.

Was Eduard III. und dem Schwarzen Prinzen nicht gelungen war, das hatte Johann Ohnefurcht mit der Ermordung des Herzogs von Orléans zuwege gebracht: den Zerfall der französischen Monarchie. Hatte Frankreich vor und während des Konzils von Pisa noch von seinem Prestige gezehrt, so war nach dem offenen Bruch zwischen Armagnacs und Bourguignons im August 1411 das französische Königtum als ebenbürtiger Konkurrent eines seine Rechtstitel zielstrebig nutzenden römischen Königs ausgeschieden. Siegmund befand sich somit im Hinblick auf die Kirchenfrage in einer weitaus günstigeren Ausgangslage als sein Vorgänger, obwohl seine Hausmachtbasis innerhalb des Reiches noch schwächer war als die Ruprechts. Dies ersparte ihm während seiner ersten Jahre auch die Opposition der rheinischen Kurfürsten, die sich erst dann wieder zu gemeinsamem Handeln zusammenfanden, als Siegmund erste Versuche zu einer Reichsreform unternahm. Bei den Vorbereitungen des Konzils aber hatte er auch von dieser Seite kaum mit Schwierigkeiten zu rechnen.

Das Recht des (künftigen) Kaisers auf die Einberufung eines Generalkonzils war zwar keineswegs unumstritten, und das trübe Bild, das die beiden Vorgänger Siegmunds der Christenheit vor Augen geführt hatten, war nicht dazu angetan, einem römischen König überhaupt noch eine Führungsrolle zuzutrauen; aber Siegmund ist es unter diesen Umständen doch sehr rasch gelungen, die Zeitgenossen davon zu überzeugen, daß es nun wieder einen tatkräftigen Vogt der römischen Kirche gab. Der erste, der dies zu spüren bekam, war der Pisaner Papst Johann, den Siegmund durch eine unter Berufung auf sein kaiserliches Amt in die Welt gesandte Ankündigung eines Konzils (30. X. 1413) geradezu nötigte, diese Initiative aufzugreifen: Am 9. XII. folgte die offizielle Einladung durch Johann XXIII. Schon die Tatsache, daß die Kirchenversammlung auf deutschem Boden stattfinden sollte, darf nach den Diskussionen um den Ort des voraufgegangenen Konzils als beachtlicher Erfolg des neuen römischen Königs gewertet werden. Im übrigen konnte Siegmund in einem Schreiben an König Heinrich IV. von England zu Recht darauf verweisen, daß er mit seiner Vermittlung im Konflikt zwischen dem Deutschen Orden und den Polen der Christenheit einen wertvollen und uneigennützigen Dienst erwiesen habe, und etwa zur gleichen Zeit gab er dem oströmischen Kaiser Manuel II. zu bedenken, ob man nicht die beiden Imperien wiedervereinigen könne, wobei dann Manuel den Osten und Siegmund den Westen regieren sollten. Als schwierigste Probleme für seine europäische Ausgleichspolitik erwiesen sich die Querelen, denen er letztlich seine Führungsposition zu danken hatte: der Parteienhader in Frankreich und der sich nach dem englischen Thronwechsel (20./21. III. 1413) weiter zuspitzende Konflikt zwischen den beiden westeuropäischen Monarchien. Eine Vermittlung in diesen Auseinandersetzungen war schon wegen der fast unberechenbaren Zustände in Frankreich ein überaus schwieriges Geschäft, und es kam hinzu, daß Siegmunds Neutralität durch gewisse territorial-politische Interessen in nachhaltiger Weise beeinträchtigt wurde. Das Herzogtum Luxemburg war nach dem Tod des Herzogs von Orléans zum bevorzugten Objekt der Expansionsabsichten seines Mörders geworden, und es gelang dem Burgunder dann auch, zumindest Ansprüche seiner Dynastie auf dieses strategisch immer wichtiger werdende Land zu begründen: Sein jüngerer Bruder Anton, seit dem Tode der Großtante Johanna (1. IX. 1406) im Besitz der Herzogtümer Brabant und Limburg, heiratete im Einvernehmen mit König Wenzel von Böhmen die Tochter von dessen jüngerem Bruder Johann, Elisabeth von Görlitz. Diese sollte ihrem Gemahl das luxemburgische Stammland als Pfandbesitz in die Ehe einbringen; als der Adel Luxemburgs sich unter Führung des in vielen politischen Wechselfällen erprobten Huart von Elter sich dem Übergang des Landes an Brabant widersetzte, unterstützte Siegmund diese Revolte, indem er am 8. IV. 1412 den Bewohnern Luxemburgs untersagte, dem Herzogspaar zu huldigen. Außerdem beharrte er auf der von den Fürsten schon zu Wenzels und Ruprechts Zeiten vertretenen Auffassung, daß Brabant spätestens mit dem Tode der Herzogin Johanna an das Reich heimgefallen und die Inbesitznahme des Brabanter Erbes infolgedessen als Usurpation zu werten sei. So wurde Siegmunds Westpolitik von zwei kaum in Einklang zu bringenden Absichten bestimmt: Einmal wollte er das Konzil zustande bringen und zum anderen die Rechte seiner Dynastie am Herzogtum Luxemburg und die des Reiches an Brabant wahren. Um letzteres zu erreichen, schloß er zwei Verträge mit Karl von Orléans, d.h. mit den Armagnacs (12. IX. 1413 u. 25. VI. 1414), die als Ziel die Auflösung des von einem Mörder beherrschten burgundischen Staatenblocks vorsahen. Um die Hilfe des Königs von England zu gewinnen, erklärte sich Siegmund sogar bereit, Heinrich V. die vom Reich lehnsrührigen und ebenfalls in burgundischem Besitz befindlichen Gebiete der Grafschaft Flandern zu übertragen. Die ein wenig exaltiert wirkenden Pläne Siegmunds wurden dann zunächst durch den Frieden von Arras (4. IX. 1414) und letztlich durch Azincourt zur Makulatur. Nach Arras schloß Siegmund einen nicht überlieferten Vertrag mit Heinrich V., der diesem vermutlich die Neutralität des römischen Königs im Fall einer Auseinandersetzung mit Frankreich garantierte und den Engländern die Teilnahme am Konzil ermöglichen sollte. Falls diese Vermutung über den Inhalt des Vertrages zutreffen sollte, dann hätte Siegmund Heinrich V. den Entschluß, aufs Festland überzusetzen, zumindest nicht sehr schwer gemacht. Die Verhandlungen und Verträge mit dem orléanistischen Frankreich und mit England waren aus der Perspektive Siegmunds ein doppeltes geheimes Spiel mit zwei feindlichen Partnern, das dazu diente, die Konzilsteilnahme der beiden Monarchien zu sichern; zugleich sollten dabei aber auch die territorialpolitischen Interessen Siegmunds gesichert werden. Dabei darf man freilich nicht übersehen, daß Heinrich V. ebenfalls ein doppeltes Spiel getrieben hat, indem er die Fäden zu Burgund nie abreißen ließ.

Das Konzil von Konstanz aber konnte am 5. XI. 1414 vom Pisaner Papst Johann (XXIII.) eröffnet werden. Während der von fast allen Anhängern verlassene Gregor XII. sich bereitgefunden hatte, das Konzil und damit auch die zu erwartende endgültige Absetzung anzuerkennen, glaubte Benedikt XIII., auf die ihm noch verbliebenen Oboedienten in Südfrankreich und vor allem in Spanien vertrauen zu können, und bis zur Eröffnungssitzung des Konzils hatten die Könige Spaniens, insbesondere der von Aragon, in dessen Reich Benedikt sich zurückgezogen hatte, sich noch nicht zur Entsendung von Delegationen an den Bodensee entschließen können; eine Gesandtschaft des römischen Königs, darunter auch Oswald von Wolkenstein, ein Graf von Öttingen und der Herzog von Brieg, reiste nach Spanien um zu verhandeln; aber erst als Siegmund im Auftrag des Konzils und im (allerdings nur halbherzigen) Einverständnis mit Frankreich selbst erschien, ist dann am 13. XII. 1415 eine Einigung mit den Königen Spaniens erzielt und die Teilnahme der Spanier als fünfter Nation ermöglicht worden.

Der römische König war erst am 24. XII. 1414 in Konstanz eingezogen. In den Wochen und Monaten danach wurde die zu den Reichsvogteistädten zählende Bodenseemetropole zum glanzvollen Mittelpunkt der Christenheit. Es hat wohl nie wieder eine Versammlung ähnlichen Umfangs und ähnlicher Bedeutung auf deutschem Boden stattgefunden. In einer Stadt, die damals etwa 6/8000 Einwohner zählte, also keineswegs zu den Großstädten der Zeit gehörte, weilten nach der zuverlässig wirkenden Schätzung eines Zeitgenossen u.a. 8 Patriarchen, 22 Kardinäle, 20 Erzbischöfe, 132 Bischöfe, 152 Äbte, 302 Doktoren, Licentiaten etc., 1700 einfache Priester, 1500 Höflinge, 73 Wechsler aus Frankreich, 49 aus Italien, 45 Herolde, 346 Schauspieler, Gaukler, Musikanten, 306 Bader und schließlich an die 700 Dirnen. Eine moderne Untersuchung hat ergeben, daß sich außer König Siegmund zu unterschiedlichen Zeiten insgesamt 27 Herzöge, 26 Grafen, 1176 Herren und Ritter sowie 195 Städteboten in Konstanz aufgehalten haben. Oswald von Wolkenstein, der, obwohl unter der Landeshoheit des Herzogs Friedrich von Österreich-Tirol stehend, seit dem Februar 1415 für 300 fl. ung. Diener und Rat Siegmunds war, wußte von dem Treiben in der Bodenseestadt und ihrer Umgebung manch garstiges Lied zu singen, von den gepfefferten Preisen für schäbiges Essen und sauren Wein, von den Grobheiten der Wirte, von den Flöhen im Bett, von der Bosheit der Zuhälter im Bordell, das offenbar auch von königlichen und fürstlichen Räten frequentiert wurde, wenige Jahre bevor die Syphilis diesen Bereich spätmittelalterlicher Zivilisation ruinieren sollte. Der Wolkensteiner hat während seiner Konstanzer Tage offenbar das Publikum gefunden, das sein Talent zu schätzen wußte und damit zur Entstehung einiger seiner besten Werke beigetragen hat. Dieter Kühn hat uns das in seiner anregenden Biographie dieses einzigartigen Poeten plastisch vor Augen geführt. In einem Punkt ist ihm bei der Erklärung des Publikumsinteresses allerdings ein Irrtum unterlaufen: »Aktenstudium gab es damals kaum.« Das gilt gewiß für die Saufkumpane des Wolkensteiners und viele seiner Standesgenossen, aber nicht für die an den theologischen und juristischen Debatten des Konzils beteiligten Universitätsgelehrten und anderen Graduierten, deren Zahl man auf rund 18% der Konzilsteilnehmer geschätzt hat. Diese Leute haben nicht nur für einen »Plautus im Nonnenkloster« Interesse bekundet, sondern auch die Stadt Konstanz zu dem wohl bedeutendsten Büchermarkt der damaligen Zeit werden lassen. Die Traktate der voraufgegangenen Jahrzehnte über das Schisma und die Probleme seiner Beseitigung, aber auch ältere Werke aus Theologie und Jurisprudenz sind in Konstanz und wenig später auch in Basel kurz vor der Erfindung der Schwarzen Kunst in beeindrukkendem Ausmaß kopiert worden, zumeist wohl auf Vorbestellung, aber gewiß auch für den freien Verkauf. Der bedeutendste Anwalt des Papsttums nach dessen Sieg über den Konziliarismus, der Spanier Juan de Torquemada hat den Grundstock seiner Bibliothek in Basel gelegt.

Zunächst hat Siegmund seinen Triumph über das Zustandekommen des Konzils in vollen Zügen genießen dürfen. Den öffentlichen Generalsessionen wohnte er in kaiserlicher Gewandung auf einem Thronsessel bei. Als Johann XXIII. noch amtierte, hat er gelegentlich neben dem Papst Platz genommen, so als Johann am 2. III. 1415 öffentlich seine Bereitschaft zum Verzicht bekundete. In der voraufgegangenen Messe hatte Siegmund an der linken Seite des Papstes gethront; vor der Verzichterklärung wurde sein Sessel auf dessen rechte Seite gerückt. Als der König im Januar 1417 von seiner Reise durch Westeuropa heimkehrte, wurde er von den Konzilsteilnehmern feierlich in die Stadt geleitet und nahm in der Kathedrale an der Stelle Platz, wo einst der Papst gethront hatte. Aber diese Ehrungen konnten doch nicht darüber hinwegtäuschen, daß sein Plan, den Gang der Ereignisse auf dem Konzil durch einen

Dreibund der bedeutendsten Monarchien Europas zu steuern, im Grunde schon bei Beginn des Konzils gescheitert war. Zwar ist es ihm dann während der erwähnten Reise gelungen, die spanischen Königreiche sowie die Grafen von Foix und Armagnac zur Entsendung von Konzilsdelegationen und zu dem Versprechen zu bewegen, Benedikt XIII. die Oboedienz zu entziehen, falls dieser nicht abdanken wolle (Dez. 1415). Aber nur acht Monate später schloß er dann den Vertrag von Canterbury, der seiner ohnehin nur halbherzig aufrechterhaltenen Neutralität im englisch-französischen Konflikt ein Ende setzte. Wir werden darauf ebenso zurückkommen wie auf den nach seiner Rückkehr im Frühjahr 1417 sich abzeichnenden Konflikt mit seinem wichtigsten Bündnispartner im Innern, dem Pfalzgrafen Ludwig, der ebenfalls nicht dazu angetan war, den Einfluß des römischen Königs auf den Verlauf der Konzilsverhandlungen zu stärken. Allerdings ist Siegmunds Stellung schon vor seinem Aufbruch zu der besagten Reise durch den Beschluß der französischen Nation beeinträchtigt worden, den römischen König nicht mehr an ihren Beratungen teilnehmen zu lassen. Unter Protest mußte Siegmund am 19. III. 1415 den Tagungsraum der Franzosen verlassen; fortan hat er zwar als römischer König und Konzilsvogt repräsentieren dürfen; wenn er aber zu bestimmten Problemen Stellung nehmen wollte, konnte er dies nur noch als Mitglied der deutschen Nation.
Die Nationen scheinen sich bereits damals als die maßgeblichen Beratungs- und Abstimmungskörperschaften neben dem Kardinalskolleg etabliert zu haben. Nach ihnen, nicht nach Köpfen sollte abgestimmt werden, und dies bedeutete das Ende von Papst Johann XXIII.; denn allenfalls die zahlreichen Italiener hätten ihn retten können, wenn ihre Stimmen einzeln gezählt worden wären. So kam es, daß sich Johann, der sich schon beim Einzug in Konstanz sehr unbehaglich gefühlt haben soll, am Tage nach der erwähnten Sitzung der französischen Nation den immer lauter werdenden Anklagen gegen seine Amts- und Lebensführung durch die Flucht auf das Gebiet des Herzogs Friedrich von Österreich-Tirol entzog. Da Johann das Konzil einberufen hatte, lag es durchaus im Bereich der Möglichkeit, daß sich die Versammlung mangels einer rechtlichen Basis selbst aufgelöst hätte. Siegmund ritt zusammen mit einem Herold durch die Stadt und forderte jedermann auf, am Ort zu bleiben. In dieser verworrenen Situation brach sich die Idee von der Souveränität des allgemeinen Konzils über das Papsttum ihre Bahn: Am 6. IV. wurde das Dekret »Haec sancta synodus« verkündet, das die Gewalt der allgemeinen Kirchenversammlung als unmittelbar von Christus abgeleitet definierte. Jedermann, auch der Papst, schulde einem Generalkonzil Ge-

horsam in den Fragen des Glaubens, des Schismas und der allgemeinen Reform der Kirche. Damit war der Fortbestand des Konzils gesichert, zugleich aber auch ein neuer Anlaß für den Grundsatzstreit über die Stellung des Konzils in der Kirche geschaffen, der während der folgenden Jahrzehnte Politiker, Juristen und Theologen noch lebhaft beschäftigen sollte, bis schließlich Pius II. mit der Bulle Execrabilis im Jahre 1461 die Diskussion von päpstlicher Seite für beendet erklärte.

Obwohl es auch unter den Teilnehmern des Konzils, die dessen Fortführung wünschten, respektable Gegner des Dekrets »Haec sancta« gegeben hat, war man sich über das gegen den geflüchteten Papst einzuschlagende Verfahren doch im wesentlichen einig. Über den Herzog Friedrich wurde die Reichsacht verhängt, deren Exekution ausnahmsweise einmal von Erfolg gekrönt war, denn Friedrich mußte sich in demütigender Weise dem römischen König unterwerfen und wurde dann für einige Zeit eingekerkert. Papst Johann konnte am 17. V. eingefangen werden und wurde am 29. V. u.a. auch mit der Begründung für abgesetzt erklärt, er habe seinen Vorgänger vergiftet. Die causa unionis war damit so gut wie gelöst, denn Gregor XII. fügte sich den Wünschen der Konzilsväter und durfte am 5. VII. selbst seinen Rücktritt verkünden und dann als Kardinalbischof weiter an der Versammlung teilnehmen. Verhandlungen mit den Spaniern führten dann zwei Jahre später dazu, daß auch Benedikt XIII. für abgesetzt erklärt werden konnte (26. VII. 1417), was diesen freilich nicht daran hinderte, auch weiterhin an der Rechtmäßigkeit seines Papsttums festzuhalten. Aber mit seiner vom Konzil beschlossenen Absetzung war der Weg für die Wahl eines neuen und von nahezu allen Mächten des Westens anerkannten Papstes freigeworden. Die Kardinäle sowie je sechs Vertreter der fünf Nationen wählten in einem komplizierten Verfahren den Kardinal Oddo Colonna zum Papst, und zwar am Fest St. Martin 1417; nach dem Tagesheiligen nannte sich der einzige Colonna, der es je zu dieser Würde gebracht hat, Martin V.

Die knappe Aufzählung der Daten, die den Weg zur Lösung der causa unionis markierten, lassen die großen Schwierigkeiten politischer, rechtlicher und theologischer Art, die ihn säumten, allenfalls ahnen. Die herausragenden Gelehrten des Konzils, die Kardinäle Pierre d'Ailly, Guillaume Fillastre, der Doctor christianissimus Jean Gerson, Konrad von Soest, Job Vener und zahlreiche andere haben in vielen ermüdenden Verhandlungen und Debatten dafür gesorgt, daß dieser Teil der Konzilsarbeit zu fast aller Zufriedenheit erledigt werden konnte. Aber nicht nur die Verfechter einer radikalen konziliaristischen Theorie hätten es lieber gesehen, wenn die beabsichtigte Reform der Kirche an Haupt und Gliedern den

Vorrang vor der Wahl eines neuen Papstes gehabt hätte. Zu denjenigen, die den künftigen Papst in den wesentlichen Fragen vor vollendete Tatsachen hatten stellen wollen, gehörte auch Siegmund. Als wichtigstes Teilthema der causa reformationis galt neben dem Problem des päpstlichen Steuerwesens und Besetzungsrechtes der Zustand der Kurie und hier vor allem der des Kardinalskollegiums, das sich seit den Tagen Clemens' V. ja nahezu ausschließlich aus Italienern und Franzosen rekrutiert hatte. Allerdings waren die geistlichen Fürsten Deutschlands an diesem Faktum nicht ganz unschuldig, denn in den voraufgegangenen Jahrzehnten hatten die römischen Päpste Urban VI. und Bonifaz mehrfach Deutschen den Kardinalspurpur angeboten, u.a. den Erzbischöfen Friedrich von Köln, Adolf von Mainz und Kuno von Falkenstein, jedoch hatten die Herren »nach reiflicher Überlegung« abgewinkt. Daß die Auswahl der Kardinäle von nun an ausgewogener zu sein habe, hat dann auch kein ernst zu nehmender Konzilsteilnehmer in Frage stellen wollen. Jedoch hätte Präzisierung von Anzahl und Herkunft der Herren eine Beeinträchtigung der päpstlichen Entscheidungsfreiheit bedeutet, so wurde selbst diese verhältnismäßig harmlose Reformforderung verwässert, und am Ende erklärte Papst Martin, er werde die Anzahl der (damals 23) Kardinäle auf ein finanziell erträgliches Maß beschränken, nämlich möglichst auf 24, und alle Teile der Christenheit sollten »proportionabiliter« bei der Kreierung berücksichtigt werden. Als Siegmund dann die Ernennung von gleich zwei Kardinälen verlangte, die er selbst benennen wollte, wurde er abschlägig beschieden. 1422 hat er dann darum gebeten, daß sein Kanzler Bischof Georg von Passau zum Kardinal ernannt werde. Auch dies führte aber nicht zum Ziel; erst 1426 wurde im Zuge einer größeren Kreation der erste Deutsche mit dem Purpur ausgezeichnet: der Bischof von Olmütz, Johannes von Bucca, oder Jan Zezeny, der aus einer Prager Familie deutscher Herkunft stammte. Die Befürworter einer Priorität der causa reformationis haben nur einen Teil ihrer Ziele zu erreichen vermocht; noch vor der Wahl Martins wurden die von den Nationen bereits verabschiedeten Vorschläge als Dekrete verabschiedet, darunter das am 9. X. beschlossene »Frequens«, nach dessen Bestimmungen weitere Generalkonzilien einzuberufen waren, und zwar das erste nach fünf, das zweite nach sieben und die folgenden im Abstand von jeweils zehn Jahren. Für die Anhänger einer radikalen konziliaristischen Lehre stellte dies natürlich eine höchst unbefriedigende Regelung dar, denn von einer konstitutionell eingeschränkten Superiorität des Papsttums konnte angesichts derart langer Fristen natürlich kaum die Rede sein. Für den Fall eines neuerlichen Schismas wurde vorgesehen, daß dann innerhalb eines Jahres ohne jede Einberufung die zur Teilnahme an einem Konzil verpflichteten Prälaten zusammenzukommen hätten; damit sollte die Wiederholung des Gerangels verhindert werden, das die allgemeine Anerkennung des Pisanum verhindert hatte. Die zahlreichen noch nicht beschlußreifen Fragen wurden am 30. X. 1417 in 18 Artikel zusammengefaßt, die nach der Wahl, aber noch während des gegenwärtigen Konzils geregelt werden sollten, darunter außer der Zusammensetzung des Kardinalskollegs so wichtige Probleme wie die Appelle an die kuriale Gerichtsbarkeit, die Reservationen, die Annaten, Gerichtsbarkeit über den Papst und anderes mehr. Die Wahl des zwar einer Reform keineswegs abgeneigten, aber doch den Traditionen der Kurie eng verbundenen Colonna zum Papst hat dann das Klima des Konzils nachhaltig verändert. Martin selbst und vier seiner Berater wurden zu den dominierenden Figuren der Beratungen; Mars regiert das Konzil, spottete man und spielte damit auf jene Ratgeber Martins an: den Erzbischof von Mailand, den Patriarchen von Antiochia, die Erzbischöfe von Riga und Salzburg. Immerhin konnten am 21. II. 1418 noch einmal sieben Reformdekrete verkündet werden, nach denen z. B. die päpstlichen Einwirkungsmöglichkeiten auf das Ämter- und Pfründenwesen (mittels exemtiones, uniones, incorporationes) auf das Maß der Zeit vor Beginn des Schismas reduziert werden sollten. Überdies gab Martin das bereits erwähnte Versprechen hinsichtlich Zahl und Herkunft der Kardinäle. Indes blieb eine große Zahl von Reformwünschen zumal im Bereich des Stellenbesetzungsrechtes und der kurialen Finanzen unerfüllt. Die Nationen hatten ihre je eigenen Vorstellungen in sogenannten Avisamenta zusammengefaßt, denen aber nur in sehr eingeschränktem Maße Rechnung getragen worden ist, und zwar durch Konkordate mit den drei romanischen Nationen sowie der germanischen und der englischen Nation. Das Konkordat mit der deutschen Nation vom 15. IV./2. V. 1418 sollte fünf Jahre lang Bestand haben, also bis zu dem nächsten der in »Frequens« vorgeschriebenen Konzilien. Die Effektivität dieser Abmachungen, die u. a. das Stellenbesetzungsrecht sowie die Zahlungen an die Kurie betrafen, mußte schon deshalb gemindert bleiben, weil die »deutsche Nation« kein politisches, ja nicht einmal ein nationales Gebilde war und es kein Gremium gab, das die Interessen der polnischen, ungarischen und deutschen Kirche hätte koordinieren und wahrnehmen können. Erst später, während des Baseler Konzils, wurden die Konstanzer Konkordate z. T. durch Verträge zwischen dem Papst und einzelnen Fürsten oder aber – im Falle Frankreichs – durch eine einseitig vom König erlassene Ordonnanz, die Pragmatische Sanktion von Bourges, ersetzt.

Die bei Beginn des Konzils weithin bekundete Neigung, die moralische Integrität der Amtskirche durch eine umfassende Reform wiederherzustellen, scheint bei nicht wenigen Konzilsteilnehmern nach der Absetzung des verworfenen Johann' XXIII. und der Wahl Martins V. verflogen zu sein; als dieser gemäß dem Dekret Frequens fünf Jahre nach dem Ende der Konstanzer Versammlung ein weiteres Konzil nach Pavia einberief, das dann nach Siena verlegt wurde, erschienen dort nur so wenige Teilnehmer, daß der gar nicht erst an die Orte des Geschehens gereiste Papst die Auflösung verfügen konnte, ohne damit einen Sturm der Entrüstung zu entfachen. Viele Zeitgenossen müssen über das Ergebnis des Konstanzer, dann auch des Baseler Konzils tief enttäuscht gewesen sein. Die kurz nach dem Tode Siegmunds entstandene Reformatio Sigismundi beklagte mit eindringlichen Worten den andauernden Schacher mit den Pfründen, die meist nur unwürdigen oder unfähigen Kandidaten zuteil würden. Der Zölibat der Priester war zwar sehr kontrovers diskutiert, dann aber nicht abgeschafft worden, und auch das am 21. III. 1418 verkündete Dekret »De vita et honestate clericorum« konnte nicht verhindern, daß die zahlreichen eheähnlichen Verbindungen von einfachen Priestern und Prälaten fortbestanden und ein ständiges Ärgernis nicht nur für moralische Rigoristen blieben. Siegmund hat dazu einmal zynisch bemerkt, der Unterschied zwischen einem Priester der griechischen und dem der römischen Kirche bestünde darin, daß der erste eine Frau habe, der andere aber viele. Der 1430 von einem Teil des Trierer Domkapitels zum Erzbischof gewählte Ulrich von Manderscheid bedachte in seinem Testament immerhin vier natürliche Kinder, die ihm eine gewisse Nese von Arensberg geschenkt hatte. Zu der hinhaltenden und zögerlichen Haltung mancher anfangs reformfreudiger Konzilsteilnehmer dürften vor allem die fatalen Konsequenzen beigetragen haben, die sie selbst durch die Verurteilung des Prager Magisters Jan Hus im Königreich Böhmen heraufbeschworen hatten.

Jan Hus war um 1370 im südböhmischen Husinec geboren worden. Der Armut des Elternhauses konnte er durch eine Karriere in Kirche und Universität entrinnen. Nachdem er 1396 den Grad eines Magisters erworben und 1400 zum Priester geweiht worden war, wählte ihn die Prager Artistenfakultät 1401/02 zum Dekan. Hus galt bis zu seiner Reise nach Konstanz keineswegs als der intellektuelle Führer einer radikalen Reformbewegung. Allerdings genoß er unter den Prager Studenten, aber auch bei den böhmischen Bürgern Prags und bei einer Reihe von Adeligen des Landes eine weitaus größere Popularität als mancher seiner Kollegen, der ihm als Theologe überlegen war.

In Böhmen hatte es, wie anderswo auch, schon lange eine breite und vielschichtige Reformbewegung gegeben, deren Kritik sich auf die sittlichen Mißstände bei Geistlichen und Laien richtete. Dieses Unbehagen gewann gegen Ende des 14. Jahrhunderts in Böhmen eine ganz eigentümliche Brisanz durch die Berührung mit der Lehre des John Wyclif und durch die Verquickung mit einem bereits seit langem latent vorhandenen böhmisch-tschechischen Nationalismus. Dieser äußerte sich zunächst noch sehr harmlos in der Verstärkung des volkssprachlichen Elements in Gottesdienst und Liturgie, steigerte sich aber schon bald zu einer ressentimentgeladenen Ablehnung der Deutschen.

Daß die bis dahin schärfste Attacke gegen die Amtskirche und ihre Theologie aus England gekommen war, beruhte nicht auf Zufall, denn der englisch-französische Krieg, der nur selten durch Waffenstillstand oder faulen Frieden unterbrochen wurde, hatte die Mißstände der von französischen Kardinälen beherrschten Kurie zu Avignon hier noch deutlicher ins Bewußtsein treten lassen als im römisch-deutschen Reich, das ja seit Karl IV. in Frieden mit dem Papsttum gelebt hatte. Nicht selten wurden in England die von Avignon per provisionem oktroyierten Kleriker als Parteigänger des Feindes verdächtigt; seit 1351 hatte sich Eduard III. im Einvernehmen mit dem Parlament gegen diese Art der Pfründenverleihungen gewandt, später auch gegen die Appellationen an die Kurie. Im Jahre 1374 war auch John Wyclif an Verhandlungen beteiligt, die auf dem Festland mit einer päpstlichen Delegation über die Provisionen geführt wurden.

Wyclif, der in Oxford Theologie lehrte, erfreute sich selbst einer Reihe wohldotierter Pfründen, was ihn dann aber nach Ausbruch des Schismas nicht daran hinderte, die bestehende Kirche generell in Frage zu stellen. Das Schisma war in seinen Augen nur Symptom eines prinzipiellen Mißstandes. Nicht Amtskirche und Priestertum, sondern die spirituelle Gemeinschaft der Auserwählten (nicht also aller Gläubigen) galt ihm als die wahre Kirche Jesu Christi; die gegenwärtigen Institutionen in Rom oder Avignon waren seiner Meinung nach Sekten des Antichrist. Zwar hielt Wyclif den Priester der guten Ordnung halber auch weiterhin für notwendig, aber die Lehre von der Transsubstantation von Brot und Wein in Leib und Blut Christi lehnte er als nicht vom Evangelium gerechtfertigtes Dogma jüngeren Datums ab. Wenn er die Bibel ins Englische übersetzen ließ, so hatte dies nicht die Auswirkungen wie später im zweisprachigen Böhmen; ihm ging es nicht um nationale Abgrenzung gegenüber Anderssprachigen, sondern um die Begegnung mit dem Wort Gottes, das sich auch in der Volkssprache, nicht aber in der kirchlichen Tradition offenbare. Als man Wyclif und seinen Anhängern die Mitschuld an dem blutigen Aufstand der englischen

Bauern und der Londoner Kleinbürger vom Jahre 1381 in die Schuhe zu schieben verstand, wurde der Oxforder Magister vom Hof fallengelassen. Dem Schicksal des Jan Hus entging er vermutlich nur, weil er schon 1384 einem Schlaganfall erlag. Anders als in Böhmen gelang es seinen Anhängern, den im Lande umherziehenden Lollarden, nicht, in nennenswertem Umfang politischen Rückhalt zu gewinnen, und ein Aufstandsversuch kurz vor der Eröffnung des Konstanzer Konzils endete mit der Hinrichtung der Rädelsführer.

Die deutschen Gegner der böhmischen Reformer und ihrer Anhänger haben diese zumeist ganz pauschal als Wyclifiten bezeichnet; jedoch stellte dies eine Vereinfachung oder auch Verzeichnung der in Böhmen bestehenden Parteiungen dar. Jan Hus scheint bis 1409, als er zum ersten Mal vor den Prager Inquisitor zitiert wurde, keineswegs ein eifriger Anhänger des englischen Häretikers gewesen zu sein. Er trat vor allem als mitreißender Prediger gegen die Mißstände im Klerus auf, während seine Kollegen Stanislaus von Znaim und Hieronymus von Prag als Theologen in vorderster Linie fochten und sich kirchliche Zensuren zuzogen. Der berühmte Auszug der deutschen Magister und Studenten aus der Prager Universität stand zwar durchaus im Zusammenhang mit den theologischen Debatten der Zeit, hatte aber seinen Anlaß in dem schon erwähnten Kurswechsel König Wenzels, der sich in der Hoffnung auf die Rückgewinnung der römischen Königswürde für die Aufkündigung der römischen Oboedienz entschied, zu der sich sein Rivale Ruprecht so standhaft bekannte. Die Mehrheit der Prager Universitätsnationen entschied sich gegen diese Abwendung vom römischen Papsttum. Wenzel nutzte daraufhin die Querelen zwischen den böhmischen und den anderen, vornehmlich deutschen Magistern und kehrte mit dem sog. Kuttenberger Dekret vom 18. I. 1409 das bisherige Stimmenverhältnis zwischen der böhmischen und den drei nichtböhmischen Nationen um: Die böhmische bekam drei Viertel der Stimmen, der Rest entfiel auf die anderen, wobei zum ersten Mal die Nationen vor allem nach der Sprache definiert wurden. Die deutschen Magister und Studenten zogen es vor, die Universität zu wechseln; viele von ihnen gingen nach Leipzig, wo gerade die Markgrafen von Meißen eine weitere Hochschule errichteten.

Der Abzug der überwiegend orthodoxen Deutschen erleichterte den Wyclifiten Argumentation und Propaganda; allerdings mußten sie weiterhin mit dem Widerstand des Prager Erzbischofs rechnen, der am 16. VII. 1410 die Schriften des Engländers verbrennen ließ. Zu den Unterzeichnern eines Protestschreibens gehörte außer Jan Hus auch ein Mitglied des böhmischen Hochadels. Hier deutete

sich bereits die Verbindung zwischen Reformeiferern und Adel an, die in den nächsten Jahren eine der Grundlagen der hussitischen Bewegung werden sollte. Als Hus dem Bann verfiel, fand er Zuflucht auf den Burgen einiger böhmischer Herren, und es war der böhmische Adel, der nach dem Beginn des Konstanzer Prozesses König Siegmund darauf verwies, daß es eine Schmach für die böhmische Zunge sein werde, sollte Hus als Ketzer verurteilt werden.
König Wenzel hatte zunächst noch zwischen Hus und seinen Gegnern zu vermitteln gesucht, war dann aber von dem Magister abgerückt, als dieser sich öffentlich gegen einen Kreuzzugsablaß wandte, den Papst Johann XXIII. 1412 für den Krieg gegen Ladislaus von Neapel ausgeschrieben hatte und an dessen Ertrag Wenzel partizipieren wollte. Eine damals entstandene Schrift »De ecclesia« bot den Feinden des Magisters schwerwiegendes Material für ihr weiteres Vorgehen. Allerdings hatte Hus noch keineswegs mit der Amtskirche gebrochen, als er sich auf den Weg nach Konstanz machte, um sich dort zu rehabilitieren. Einen Geleitbrief des römischen Königs hat er wohl erst nach seiner Ankunft am Bodensee erhalten. Die von Siegmund mit seinem Schutz beauftragten Ritter haben vergeblich dagegen protestiert, als Hus am 28. XI. auf Anweisung der Kardinäle in Haft genommen wurde. Die Prozeßführung scheint kaum von nationalen Ressentiments beeinträchtigt gewesen zu sein. Viele Konzilsteilnehmer dürften das Verfahren als einen ganz normalen Vorgang betrachtet haben: Ein Kleriker, der auch von einigen seiner Landsleute der Häresie bezichtigt wurde, sollte zur Rechenschaft gezogen werden. Die Warnung des böhmischen Adels an Siegmund scheint niemand besonders ernst genommen zu haben. Im Verlauf des Prozesses gewann eine Forderung der böhmischen Reformer immer mehr an Bedeutung, so daß sie schließlich bei Freund und Feind geradezu als Signum der von Hus verfochtenen Lehre angesehen wurde: Die Kommunion unter beiderlei Gestalt, sub utraque, die nach Meinung der Kirche dem Priester vorbehalten bleiben sollte. Hus scheint am Ende seinen Tod selbst gewollt zu haben, und zwar nicht als Sühne für die ihm zur Last gelegte Häresie, sondern als triumphale Bestätigung seines Glaubens. Vermittlungsversuche verschiedener Fürsten und Prälaten scheiterten ebenso wie ein letzter Appell der Konzilsväter, 30 als häretisch beanstandete Exzerpte aus seinen Schriften zu widerrufen. Am 6. VII. wurde Hus als Ketzer verurteilt, aus dem Priesterstand ausgestoßen, der weltlichen Gewalt überantwortet und unter der Oberaufsicht des Pfalzgrafen auf dem Scheiterhaufen verbrannt. Daß der ihm aufgesetzte Ketzerhut nicht in Flammen aufging, deuteten die einen als Zeichen für die Hartherzigkeit

dieses Menschen, die anderen als Beweis für die unüberwindliche Wahrheit seiner Lehre. Wenig später wurde auch Hieronymus von Prag gefaßt und am 30. V. 1416 ebenfalls auf den Scheiterhaufen gestellt.

Der Tod des Jan Hus zeitigte seine Folgen zunächst nur im theologischen und nationalen Bereich, während die schwerwiegenden politischen Konsequenzen sich erst kurz vor dem Ende König Wenzels ankündigten. Die Kelchkommunion wurde zur symbolhaften Absage an die Konzilskirche. War mit dem utraquistischen Abendmahl eine Schranke zwischen Klerus und Laien niedergerissen worden, so wurde zwischen Deutschen und Tschechen/Böhmen eine andere aufgerichtet, als die Hussiten dazu übergingen, die Messe in der Volkssprache zu lesen. Den Deutschen wurde damit der Zugang zu dieser Bewegung natürlich sehr erschwert, aber das lag durchaus in der Absicht einiger ihrer Führer. Der treue (fidelis) und reine (purus) Böhme war nicht erst Schlagwort der Kampfzeit nach 1419, sondern findet sich z.B. schon in einer nüchternen Notariatsurkunde von 1414, in der es von einem Kleriker heißt, er sei ein reiner Böhme und des Deutschen überhaupt nicht mächtig.

Daß die Warnung des böhmischen Adels ernst gemeint war, erwies sich unmittelbar nach der Hinrichtung des Hus. 452 Herren und Ritter, darunter allerdings nicht der Herr von Rosenberg, schickten ein böses Protestschreiben nach Konstanz. Solange Wenzel lebte, blieb die Bewegung aber noch im Rahmen der politischen Legalität. Zugleich wurden allerdings schon alle Voraussetzungen für eine weitere Abkapselung Böhmens von den übrigen Fürstentümern des römisch-deutschen Reiches geschaffen. Die Prager Universität, in der bis dahin auch die Orthodoxen noch mitdiskutiert hatten, bekannte sich am 10. III. 1417 zum Laienkelch und übernahm damit stillschweigend die geistige Führung der neuen Kirche. Obwohl sich schon damals Differenzen zwischen verschiedenen sozialen und religiösen Strömungen bemerkbar machten, überdeckte der Enthusiasmus des Anfangs alle Gegensätze zwischen Adel und Bürgertum, zwischen Prag und der Provinz, zwischen radikalen und kompromißbereiten Reformern. Kurz bevor er starb, hat König Wenzel sich noch einmal zu einer Entscheidung aufgerafft und die utraquistischen Priester aus seinen Städten ausgewiesen. Damit hatte er aber nur die Voraussetzungen für die unmittelbar nach seinem Tode am 16. VIII. 1419 ausbrechende hussitische Revolution geschaffen. Auf dem Lande versammelten sich große Menschenmassen und veranstalteten Bergwallfahrten; in Prag wurde unmittelbar nach Wenzels Tod jedermann mit Brand, Plünderung und Mord von der Richtigkeit der hussitischen Lehre überzeugt. Viele deutsche Familien flohen aus der Stadt und über-

ließen Haus und Vermögen samt dem damit verbundenen Stimmrecht in der Gemeindeversammlung anderen Leuten, die dann die Basis für den Volksführer Jan Želivský bilden sollten.
Siegmunds Aussichten, das Erbe Wenzels anzutreten, waren nur sehr gering, denn in den Augen der Böhmen galt er trotz seiner Bemühungen, den Tod des Jan Hus zu vermeiden, als Mörder des heroischen Heiligen. Zwar ist es Siegmund gelungen, sich am 28. VII. 1420 auf dem Prager Hradschin zum König von Böhmen krönen zu lassen, aber zur Eroberung der Hauptstadt war er außerstande. Bereits damals waren die zwischen Orthodoxen und Hussiten besonders strittigen Fragen in die sogenannten Vier-Punkte zusammengefaßt worden: Laienkelch, Freiheit der Predigt, Bestrafung der Todsünder, kirchlicher Besitz. Aber zu Kompromissen sahen wohl beide Parteien damals noch keinerlei Anlaß; für Siegmund und das Reich bedurfte es dazu der Erfahrung der verheerenden Hussitenzüge besonders nach 1426, und die Böhmen wurden sich erst in den folgenden Jahren bewußt, in wieviele radikale und weniger radikale Parteiungen ihre Bewegung sich spalten konnte. Einig waren sich die Hussiten zumeist nur darin, daß der Kampf gegen Siegmund und seine Kreuzfahrer ein gerechter Krieg sei, und da die andere Seite vice versa diese Ansicht teilte, gerieten die Gefechte zwischen ihnen alsbald zu barbarischen Exzessen, bei denen keine Partei der anderen etwas schuldig blieb. Allerdings erwiesen sich die militärischen Führer der Hussitenheere, zunächst der allmählich erblindende Jan Žižka, danach der Priester Prokop der Kahle oder der Große, als überlegene Strategen, denen die deutschen Fürsten keine ebenbürtigen Heerführer entgegenzustellen vermochten.
Das Verfassungsproblem, das sich aus der Zurückweisung Siegmunds ergeben hatte, wurde von den Böhmen bis zum Jahre 1434 dadurch in der Schwebe gehalten, daß allgemeine Entscheidungen auf rund 20 von den Ständen beschickten Landtagen erörtert und getroffen wurden. Böhmen schien auf dem besten Wege, zu einer ständisch gegliederten Landesgemeinde ohne monarchische Spitze zu werden. Anstelle eines Königs hätte ein Direktorenkollegium agieren können. Versuche des Prager Hussitenführers Jan Želivský, eine Diktatur zu errichten, endeten mit seiner Hinrichtung am 8. III. 1422, ließen es aber geraten erscheinen, die Legalisierung der erreichten Veränderungen durch einen neuen König zu erreichen. Dazu war auch Žižka bereit, als sich ein Neffe des Großfürsten Witold von Litauen, Siegmund Korybutovic, zur Kandidatur bereit erklärte. Aber der Litauer vermochte es nicht, sich in dem ihm fremden Land durchzusetzen. Als bekannt wurde, daß er Verhandlungen mit Papst Martin aufgenommen hatte, wurde er zunächst

eingekerkert (17. IV. 1427) und dann wieder nach Hause geschickt. An den böhmischen Wirren dieser Jahre wären wohl auch bedeutende Herrscher gescheitert. Am Rande sei noch vermerkt, daß die deutschsprachig gewordenen Lande der Krone Böhmens in Schlesien, die besonders unter den Kriegszügen der Hussiten zu leiden hatten, in eine Abwehrhaltung gegen die Bewohner Böhmens getrieben wurden, die in den folgenden Jahrzehnten die Beziehungen zwischen den Trägern der Wenzelskrone und den Schlesiern erheblich belasten sollte.

Während das Konzil die theologischen Querelen der Böhmen mit der leichtfertigen Verurteilung des Jan Hus und seiner Verbrennung überhaupt erst in ein politisches und – 100 Jahre vor Luther – konfessionelles Problem verwandelt hatte, haben die Teilnehmer der Kirchenversammlung andere, bereits vorher existierende politische Probleme wegen ihrer geistlichen Implikationen aufgegriffen, und so waren manche Phasen des Konzils geradezu von den Themen der weltlichen Konflikte beherrscht, die das damalige Europa in Atem hielten und das große Ziel der gesamten Christenheit, den Kreuzzug gegen die Türken, in unerreichbare Ferne rückten. Zwei Tage bevor Siegmund seine große Reise in den Westen Europas antrat, am 13. VII. 1415, hat er in einer großen programmatischen Rede vor dem Generalausschuß die beiden Konflikte zwischen Polen und dem Deutschen Orden sowie zwischen England und Frankreich als zwei der causa unionis nahezu gleichwertige Themen abgehandelt. Eine Lösung des Konflikts zwischen Polen und dem Deutschen Orden schien damals möglich geworden zu sein. Die Polen wurden vom Generalkurator des Ordens offiziell befragt, ob sie Siegmund und das Hl. Reich für ihren »Obirsten« anerkennen wollten und sich seinem schiedsrichterlichen Spruch fügen würden. Die offenbar verdutzten Polen haben erst nach Siegmunds Abreise ihre Bereitschaft bekundet, den römischen König als Schiedsrichter – aber natürlich nicht als Suzerän (Lehnsoberherrn) ihres Königs, der ein freier Herrscher sei – anzuerkennen. Aber auch der Orden war ebenfalls nicht bereit, sich dem römischen König ohne Einschränkungen zu fügen, und verlangte, daß außer Siegmund noch das Konzil als Schiedsgericht tätig werden solle. Der Konflikt hat das Konzil dann noch weiter beschäftigt, ohne daß es aber zu einer Einigung gekommen wäre. Der Dominikaner Johannes Falkenberg, Propagator des Ordens gegen die vor allem von dem Krakauer Kanonisten Paulus Vladimiri vertretene polnische Partei, wurde wegen einiger besonders gehässiger Angriffe gegen die angeblich apostatischen und heidnischen Gegner seiner Auftraggeber einem Häresieprozeß unterworfen, der zwar nicht mit einer Verurteilung, wohl aber mit einer längeren Gefangenschaft des Dominikaners in Rom endete.

Das vordringlichste Ziel von Siegmunds Reise in den Westen Europas ist mit dem Vertrag von Narbonne am 13. XII. 1415 erreicht worden: Die Beteiligung der Spanier am Konstanzer Konzil, die dann etwa anderthalb Jahre später die Absetzung Benedikts XIII. ermöglichen sollte. In der Zwischenzeit hatte Heinrich V. den Sieg von Azincourt erfochten (25. X.) und damit der etwas zwielichtigen Ausgleichspolitik des römischen Königs endgültig den Boden entzogen. Trotzdem ist Siegmund in die von den Armagnacs beherrschte Hauptstadt Frankreichs gereist, um dort die Möglichkeiten weiterer Verhandlungen zu sondieren. Während sein Vater im Winter 1377/78 die ihm von König Karl V. gesteckten Grenzen für die Entfaltung seiner kaiserlichen Majestät peinlich genau beachtet hatte, glaubte Siegmund nach den berauschenden Anfangstagen des Konzils und angesichts der chaotischen Verhältnisse seines Gastlandes auf die Empfindlichkeiten der Franzosen keine Rücksicht mehr nehmen zu müssen. Im Parlament, dem obersten Gericht des Landes, setzte er sich nicht nur auf den dem König von Frankreich vorbehaltenen Thronsessel, sondern vollzog auch an einem der Beklagten den Ritterschlag, nachdem der Status des Betreffenden vor Gericht angezweifelt worden war. Im übrigen genoß Siegmund das Weltstadtleben in einem Ausmaß, das weder seinen finanziellen Möglichkeiten noch seiner Würde als Konzilsvogt entsprochen haben dürfte. Die Konsequenzen aus dem desolaten Zustand der französischen Monarchie zog er nur wenig später, als er am 15. VIII. 1416 den bereits erwähnten Vertrag von Canterbury mit Heinrich V. schloß, der den mehr als dubiosen Anspruch des englischen Königs auf die Krone Frankreichs schon mit dessen Anerkennung als rex Anglie et Francie unterstrich. Als Begründung für den Verzicht auf seine Rolle als neutraler Friedensvermittler nannte Siegmund die Störversuche französischer Gesandter während der vorausgegangenen Unionsverhandlungen in Perpignan sowie die Expansionspolitik des Königs von Frankreich gegenüber dem Imperium. Die beiden Bundesgenossen wollten sich gegenseitig behilflich sein, ihre Rechte auf die Krone Frankreichs bzw. die vom französischen König usurpierten Gebiete des Reiches durchzusetzen. Für Siegmund war das Bündnis mit Heinrich V. eine in militärischer Hinsicht völlig gefahrlose Sache, denn beim Abschluß des Vertrages von Canterbury stand bereits zu erwarten, daß die Engländer einen weiteren Bündnispartner gewinnen würden, nämlich Johann Ohnefurcht von Burgund. Anfang Oktober 1416 fand im englischen Calais eine Konferenz statt, an der außer Heinrich V. und Johann Ohnefurcht auch Siegmund teilnahm. Zwar wurde bei dieser Zusammenkunft der drei wohl extravagantesten Fürsten Europas noch kein Vertrag zwischen

England und Burgund geschlossen, aber man dürfte sich doch auf ein gemeinsames und koordiniertes Vorgehen gegen die Armagnacs geeinigt haben, die damals noch immer über die Zentrale Frankreichs verfügten. Während Heinrich V. damit begann, die Normandie zu unterwerfen, und der Burgunder die militärische Einkreisung von Paris fortsetzte, erklärte Siegmund am 22. III. 1417 dem König von Frankreich den Krieg. Dem dieser Fehdeansage zugrundeliegenden Vertrag von Canterbury haben die Kurfürsten mit der selbstverständlichen Ausnahme des Böhmenkönigs Wenzel ihre Zustimmung erteilt (2. V. 1417). Trotz einiger Rechtfertigungsversuche wird man dieses Bündnis schwerlich als politisches oder diplomatisches Meisterstück werten können. Das vergleichbare Abkommen zwischen Eduard III. und Karl IV. vom Jahre 1348 hatte zwar ebenfalls keine direkten Auswirkungen nach sich gezogen, aber die Vorteile, die Siegmunds Vater seinerzeit aus der englischen Allianz hatte ziehen können, waren doch von erheblicher Bedeutung gewesen. Siegmund aber hatte mit dem englischen Bündnis seine Stellung als neutraler Konzilsvogt preisgegeben und erwies sich überdies als außerstande, seinen militärischen Verpflichtungen auch nur im mindesten nachzukommen. Der einzige Vorteil, auf den er hätte verweisen können, war eine vorübergehende Annäherung an den Herzog von Burgund, den er wenige Jahre zuvor noch hatte vernichten wollen. Johann Ohnefurcht erklärte sich bereit, für seine vom Reich rührenden Lehen die Huldigung zu leisten, aber dies bezog sich nicht auf das wichtigste Besitztum dieser Art, das die burgundische Dynastie damals innehatte, das Herzogtum Brabant, das dem ältesten, aber noch minderjährigen Sohn des bei Azincourt gefallenen Herzogs Anton übertragen worden war.

Zwei Monate nach Siegmunds feierlicher Kriegserklärung erwies diese sich als ein überflüssiges Stück Pergament. In der Nacht zum 29. V. wurde Paris von den Truppen des Burgunders besetzt. Während der Dauphin fliehen konnte, stand das Königspaar, der geisteskranke Karl VI. und die intrigante Isabeau von Bayern, fortan unter burgundischer Kuratel. Frankreich war in drei Herrschafts- und Einflußzonen geteilt. Während der Osten, von einigen Exklaven abgesehen, den Burgundern anheimfiel, und die Engländer sich mit der Eroberung Rouens den Norden sicherten, verblieb dem Dauphin eine Region südlich der Loire mit Bourges als Zentrum. Mehrere Friedenskonferenzen zwischen ihm und dem Mörder seines Oheims blieben ohne greifbare Ergebnisse, und schließlich wurde während einer weiteren Zusammenkunft am 19. X. 1419 auf der Seine-Brücke zu Montereau Johann Ohnefurcht von den Begleitern des Dauphin ebenso brutal massakriert wie zwölf Jahre zuvor der Herzog von Orléans von den Kreaturen des jetzigen Opfers.

Die aus dem Verbrechen des Dauphin resultierenden Veränderungen in der politischen Szenerie Frankreichs wirkten sich auch auf den Grenzsaum des römisch-deutschen Reiches aus. Während Johanns Sohn Philipp (der Gute) bis zum Mord von Montereau die England-Politik seines Vaters eher skeptisch beurteilt hatte, setzte er nunmehr den Wünschen Heinrichs V. keinen Widerstand mehr entgegen. Der Dauphin wurde für enterbt erklärt und Heinrich als Gemahl von Karls VI. Tochter Katharina zum Thronfolger, d.h. praktisch zum König von Frankreich erhoben (Vertrag von Troyes, 21. V. 1420). Der Tod Heinrichs V. (31. VII.) und Karls VI. (21. X. 1422) hat an der englischen Vorherrschaft in Frankreich nichts geändert; Philipp der Gute respektierte diesen Zustand und gab seine Schwester Anna dem englischen Regenten in Frankreich, John, Herzog von Bedford, zur Gemahlin. Nach dem Verlust des burgundischen Einflusses auf die Zentrale der Monarchie konzentrierte er sein Interesse auf die Ausweitung der burgundischen Territorial-Herrschaft, die nach Lage der Dinge im wesentlichen auf Kosten des römischen Reiches erfolgen mußte. Zur unfreiwilligen Helferin des Herzogs wurde die Erbin der wittelsbachischen Territorien in den Niederlanden, Jacqueline (Jakobäa) von Bayern, eine ebenso lebenslustige wie politisch eigenwillige Dame, die auf Wunsch Johanns Ohnefurcht 1418 den Herzog Johann von Brabant geheiratet, diesen dann aber sitzengelassen und den Regenten in England, Humphrey Gloucester, zum Mann genommen hatte. Nach an melodramatischen Episoden reichen Verwicklungen hat Philipp die von ihrem englischen Gemahl längst wieder verlassene Jacqueline mattgesetzt und sie gezwungen, auf ihre Ansprüche zu verzichten (Delft, 3. VII. 1428). Damit waren die unter Ludwig dem Bayern 1346 von den Wittelsbachern gewonnenen Territorien in den Besitz Burgunds übergegangen. Siegmund hat ebenso eindeutig wie ohnmächtig gegen die Machtausweitung des Burgunders Stellung genommen, indem er den Verteidiger des von Philipp belagerten Zevenbergen (Holland), Gerrit van Strijen, ermächtigte, das Reichsbanner im Kampf gegen Burgund zu führen. Außerdem forderte er die Städte Hollands auf, den Belagerten zu Hilfe zu eilen. Weitere Unterstützung konnte der von Hussiten und Türken bedrängte König nicht leisten. Die Auseinandersetzungen um Hennegau, Holland und andere Reichsterritorien haben indes nicht verhindert, daß es mehrfach Kontakte zwischen Siegmund und dem Burgunder gegeben hat. Philipp der Gute war offenkundig bemüht, dem römischen König eine gewisse Kompensation für sein Vordringen in den Nordwesten des Reiches anzubieten, indem er ihm einige Male (1422, '27 u. '28) militärische Hilfe im Kampf gegen die

Hussiten anbot. Die böhmische Ketzerei oder das, was man dafür hielt, war in den Territorien des Burgunders gelegentlich beobachtet und unnachsichtig verfolgt worden; zudem gab es böhmische Emigranten in burgundischen Diensten, die den Herzog über die sozialen Gefahren dieser Häresie aufklären konnten. Aber die vereinzelten Fälle hussitischer Irrlehre können doch kaum der wahre Grund für das 1428/29 erwogene Projekt eines eigenständigen burgundischen Kreuzzuges nach Böhmen gewesen sein. Mit 3/4000 Rittern sowie etwa 10000 Armbrustern und Bogenschützen (darunter 4/6000 englische) wollte Philipp in Begleitung des Kardinals Henri von Beaufort – Bischof von Winchester und Halbbruder Heinrichs IV. – gegen die Hussiten ziehen. Aber dann befreite Jeanne d'Arc das von den Engländern belagerte Orléans (8. V. 1429), Karl VII. wurde in Reims zum König gekrönt (17. VII.), und als sich die Lage in Frankreich nach der Gefangennahme der Jungfrau (23. V. 1430) wieder zu konsolidieren schien, übernahm Philipp der Gute auch noch das Erbe der beiden kurz nacheinander gestorbenen Söhne des Herzogs Anton von Brabant (4. VII. 1430), womit sich die Aussichten auf einen Kompromiß zwischen Siegmund und Philipp dem Guten endgültig zerschlugen. Mit dem Gewinn der sechs Reichsfürstentümer und -grafschaften hatte sich der Burgunder zum bedeutendsten Fürsten Mittel- und Westeuropas aufgeschwungen, und es war nur noch eine Frage der Zeit, daß er auch offiziell Anspruch auf einen seiner beeindruckenden Machtfülle adäquaten Titel erheben würde; seine Hofhistoriographen ließen den Herzog bereits in kaiserlichem Glanz erstrahlen. Zu den genannten Territorien kamen noch weitere, denn ganz nebenbei hatte Philipp sich bereits 1421 die Anrechte auf die Grafschaft Namur von deren in monetären Schwierigkeiten steckendem Inhaber Johann III. gekauft. Das relativ kleine, strategisch aber sehr wichtige Territorium ist dann mit dem Tode des Grafen ohne weitere Schwierigkeiten von Philipp übernommen worden. Seit 1427 zeichnete sich dann ein weiterer territorialer Gewinn des Burgunders ab, der den römischen König besonders empfindlich treffen mußte: Die Witwe des Herzogs Anton von Brabant, Elisabeth von Görlitz, die gegen den Willen ihres Oheims Siegmund das Herzogtum Luxemburg als Witwengut innehatte, erklärte sich bereit, die Verwaltung des Landes teilweise auf Philipp zu übertragen. Dafür erhielt die stets hoch verschuldete Dame jährliche Einkünfte in Höhe von 3000 Kronen. Allerdings haben sich die Stände des Herzogtums, insbesondere der Adel, gegen das Eindringen des Burgunders in das Stammland der Luxemburger zur Wehr gesetzt, so daß Philipp hier erst nach dem Aussterben dieser Dynastie unter Friedrich III. ans Ziel gelangen konnte.

Die weiteren Bemühungen Siegmunds und seiner Berater, die burgundische Expansion einzudämmen oder gar zurückzudrängen, können hier vorweggenommen werden. Treibende Kraft dieser Politik scheint wenigstens zeitweise der Reichserbkämmerer Konrad von Weinsberg gewesen zu sein, der während mehrerer Reisen an den Niederrhein die Stimmung in den von Burgund okkupierten Territorien zu erkunden suchte und optimistische Berichte an Siegmunds Hof schickte. 1432/33 dachte er sogar an die Errichtung einer königlichen Münzstätte am Niederrhein, deren Gulden im Gewicht von 18 Karat den burgundischen von nur 13 Karat den Rang ablaufen sollten. So naiv dieser Plan angesichts der realen Machtverhältnisse auch anmuten mag, so zeigt er doch, daß die niederländischen Gewährsleute des Weinsbergers noch immer die Hoffnung hegten, der römische König könne dem weiteren Vordringen des steuersüchtigen Burgunders durch simple fiskalische Maßnahmen Einhalt gebieten. Siegmund sah sich allerdings erst nach der vorläufigen Beendigung der böhmischen Wirren in der Lage, wenigstens diplomatische Schritte gegen den burgundischen Usurpator zu unternehmen. Im November 1433, als die Prager Kompaktaten den Frieden zu garantieren schienen, warnten die Räte des Burgunders vor einem Bündnis Siegmunds mit dem König von Frankreich. Tatsächlich konnte dann schon am 8. V. 1434 in Vienne ein Vertrag zwischen dem Heiligen Reich und dem allerchristlichsten Reich der Franken geschlossen werden, demzufolge Karl VII. seinen Krieg gegen Philipp, der sich Herzog von Burgund nenne, in verstärktem Maße fortsetzen sollte. Siegmund, der den Pakt zwei Wochen nach der Schlacht von Lipany bestätigte, versprach, dem Burgunder binnen sechs Monaten abzusagen und dann innerhalb von zwei Monaten den Krieg zu beginnen. Der Vertrag von Vienne verstieß zweifellos gegen den Geist des Abkommens von Canterbury, und Siegmund handelte sich dann auch einen Protest der Engländer ein. Herzog Philipp durfte sich allerdings auf seine Sympathisanten im Reich verlassen; er schickte Kopien der im Dezember 1434 tatsächlich erfolgten Kriegserklärung an eine Reihe von Reichsstädten und Fürsten mit der Bitte, für die Sicherheit seiner Kaufleute zu sorgen. Außerdem äußerte er den Verdacht, der Kaiser habe sich von Karl VII. bestechen lassen. Die um ihre Handelsinteressen in den Niederlanden fürchtenden Städter schrieben dem Herzog beruhigende Briefe.

Natürlich kam es zu keinem Reichskrieg gegen Burgund, zumal Karl VII. seinen Bündnispartner in der ihm eigenen Art düpierte und im September 1435 mit Philipp den Frieden von Arras schloß, der ihm den Rücken für den Entscheidungskampf gegen die Engländer freimachte. Dieser Fehlschlag hat den Kaiser aber nicht von der antiburgundischen Politik abbringen können: Im Juli 1337 beauftragte er mit Zustimmung der Kurfürsten, Fürsten und Städteboten den Landgrafen von Hessen, die Fürstentümer Brabant, Holland, Seeland, Hennegau usw. zu erobern und ans Reich zu ziehen, da Herzog Philipp diese zu Unrecht in seinen Besitz genommen habe. Ludwig, der schon einmal Ansprüche auf Brabant erhoben hatte, reiste dann nach Aachen und forderte von dort aus die Hauptstädte Brabants auf, Boten zu ihm zu schicken, um über das Mandat des Kaisers zu verhandeln. Diese lehnten aber unter Hinweis auf die dem Burgunder schuldige Treue ab, woraufhin ein Reitertrupp des Hessen ins Herzogtum Limburg einfiel, aber schnell wieder zurückgeworfen wurde. Damit war dieser letzte Versuch, die von Philipp gehaltenen Fürstentümer mit Gewalt wieder ans Reich zu ziehen, schon im Ansatz gescheitert.

Während sich in der breiten Grenzzone am Westrand des Reiches eine Renaissance des Regnum Lotharii aus dem 9. Jahrhundert abzeichnete, das nunmehr allerdings die wirtschaftlich am weitesten entwickelten Gebiete Mitteleuropas umfaßte, und im Zentrum die Hussiten sich anschickten, einen eigenen Staat mit eigener Religion und Kirche aufzubauen, mußten die Deutschen zur Kenntnis nehmen, daß ihre Zentralgewalt längst nicht mehr in der Lage war, den von außen auftretenden Gefahren wirkungsvoll entgegenzutreten. Die burgundische Expansionswelle der zwanziger Jahre scheint dabei allerdings nur von politisch weitsichtigen Leuten registriert worden zu sein: Die deutschen Chronisten dieser Zeit haben das Reich Philipps des Guten zunächst in ihren Werken so gut wie gar nicht berücksichtigt: Ihr Interesse galt vor allem den aktuelleren Gefahren, die von den Hussiten ausgingen.

Die außen- und hausmachtpolitischen Probleme im Westen und Südosten haben zwar auf Siegmunds Bemühungen, die Möglichkeiten der monarchischen Gewalt besser zu nutzen, d.h. sie zunächst einmal wiederherzustellen, beflügelnd gewirkt, jedoch hatte der römische König schon von Anfang an, ehe er noch von Hussiten, Türken oder Burgundern bedrängt wurde, Pläne zur Wiederbelebung, reformatio des Reiches erwogen. Das Konzil von Konstanz war seiner Ansicht nach nicht nur zur Reform der Kirche, sondern ganz selbstverständlich auch zu der des Reiches einberufen worden. Das hat nicht nur er selbst gelegentlich ausdrücklich erklärt, sondern auch eine ganze Reihe von Schriftstellern haben diesen Zusammenhang in ihren Reformtraktaten berücksichtigt, indem sie beide Problembereiche abhandelten. Darauf werden wir am Schluß des Kapitels noch zurückkommen.

Das Wort reformatio als Bezeichnung für die Wiederherstellung eines alten, guten Zustandes war nicht neu; schon Rudolf von

Habsburg hatte seine Bemühungen um Revindikation des Reichsgutes mit diesem Wort bezeichnet. Zwar konnte es auch damals noch eine fast wertneutrale Bedeutung haben, die man etwa mit unserem Begriff »Reparatur« (eines beschädigten Gegenstandes) umschreiben könnte, aber gelegentlich hat das Wort wohl auch eine stark emotionale, hoffnungsvolle Komponente umfaßt.
Davon war freilich nicht viel zu spüren, als Siegmund kurz vor seiner Reise nach Konstanz am 13. XII. 1414 vor dem Frankfurter Rat eine Ansprache über die Gebrechen des Reiches hielt. Dieses habe nur noch die (Reichs-)Städte, und die Fürsten verfügten über den ganzen Rest. Er schilderte ihnen in plastischen Worten den Unbill, der ihm, aber auch den Städtern von seiten der Fürsten widerführe. Die Burgmannen von Friedberg und Gelnhausen, eigentlich Dienstmannen des Königs, seien zu Dienern der Fürsten geworden. Geleit und Wildbann rührten zwar vom Reich, seien aber weithin in die Gewalt der Fürsten geraten. Wenig später, während eines nach Konstanz einberufenen Reichstages, wurde Siegmund gegenüber den Bürgern deutlicher: Er forderte sie auf, unter Hinweis auf die nur geringe Wirksamkeit der Landfrieden, nach dem Vorbild ihres großen, inzwischen nicht mehr in dieser Form existierenden Bundes eine neue Einung zu schaffen. Damals, d. h. unter seinem Bruder Wenzel, hätten sie kein rechtes Haupt gehabt, und dies wolle er nunmehr sein. Er beabsichtige, einen Generalvikar im Reiche einzusetzen, der als Koordinator von vier Einungen in Schwaben, im Elsaß, in Franken und am Rhein fungieren sollte. Zwar hatte auch Wenzel schon einmal eine auf die Städte gestützte Politik gegen das Fürstentum zu betreiben versucht, aber dies in einem förmlichen Bündnis festzulegen, war doch ein neuer Gedanke. Die Städteboten blieben nach den Erfahrungen, die sie zu Wenzels Zeiten gemacht hatten, sehr skeptisch. Die Augsburger und die Ulmer z. B. waren mit dem Pfalzgrafen Ludwig III. und den Grafen von Württemberg verbündet und wollten nicht ohne deren Hinzuziehung über das neue Bündnis verhandeln, und sie verwiesen darauf, daß der König bisher nur von einem alle Stände umfassenden Landfrieden, nicht also von einem Städtebündnis gesprochen habe. Das Mißtrauen der Bürger war durchaus verständlich, denn die Machtverhältnisse hatten sich seit den Tagen Wenzels, wenn überhaupt, dann nur zuungunsten des Königtums verändert. Wie aber hätte der König den Städtern im Falle eines Konfliktes wirksame Hilfe leisten können; die Reichsacht wäre das einzige Mittel gewesen, das er hätte einsetzen können, und daß diese schon seit unvordenklichen Zeiten zu einer verrosteten Waffe geworden war, mußte auch Siegmund wissen.
Die Pläne des Königs können nicht lange geheim geblieben sein

und dürften dazu beigetragen haben, daß das gute Verhältnis zwischen Siegmund und dem Sohn seines Vorgängers Ruprecht allmählich in Rivalität und Feindschaft umgeschlagen ist. Nach seiner Rückkehr von der Reise durch Westeuropa munkelte man bereits von Querelen zwischen dem König und dem Pfalzgrafen, die in merkwürdigen Geldgeschäften Siegmunds auf Kosten des Heiratsgutes von Ludwigs 1409 gestorbener Gemahlin Blanche von England ihren Grund gehabt zu haben scheinen. Als der Pfalzgraf das Geld zurückforderte, soll ihm Siegmund vorgehalten haben, daß er es sei, der von Ludwig Rechnung fordern könne, und zwar von dem Reichsgut, das Ludwig und sein Vater manchen Tag innegehabt hätten. Es kam zu einer Annäherung zwischen dem Pfälzer und dem Mainzer Erzbischof Johann von Nassau, die trotz der voraufgegangenen Mißhelligkeiten mit den beiden anderen rheinischen Kurfürsten am 23. IX. 1416, also noch vor der Rückkehr Siegmunds, einen Landfrieden zur Aufrechterhaltung ihrer Privilegien und Rechte schlossen. Nach dem Tode Johanns (23. IX. 1419) setzte sein Nachfolger, Wildgraf Konrad von Dhaun, die Politik guter Nachbarschaft zur Pfalz fort und erneuerte mit Ludwig III. den Oppenheimer Vertrag von 1396, der seinerzeit die Spannungen zwischen Nassau und Pfalz aufgehoben und den Weg zur Absetzung Wenzels geebnet hatte. Im Beisein des neuen Trierer Erzbischofs versprach der Mainzer, dem Pfalzgrafen bei der Erlangung der Königswürde behilflich sein zu wollen. Aber insbesondere territorialpolitische Querelen zwischen Pfalz und Mainz ließen die Koalition damals und auch in den folgenden Jahren nie jene Konsistenz gewinnen, die einst den Sturz von Siegmunds Bruder ermöglicht hatte. Erst Siegmunds manchmal undurchsichtige Haltung gegenüber dem Hussitenproblem wirkte dann wieder als Ferment einer kurfürstlichen Fronde. Nachdem der Papst am 1. III. 1420 auf Wunsch des Königs einen Kreuzzug gegen die böhmischen Ketzer ausgerufen hatte, Siegmund aber wahrscheinlich wegen der Bedrohung Ungarns nicht ins Reich kommen konnte, zogen die vier rheinischen Kurfürsten die Initiative an sich und verbündeten sich am 23. IV. zur Unterdrückung der böhmischen Ketzerei, vornehmlich in den eigenen Landen. Wie der Urbansbund von 1379 sollte diese Einung auch den anderen Ständen des Reiches offenstehen. Wenige Wochen später wurde am 30. V. in Wesel ein allgemeines Reichsaufgebot beschlossen und allen Ständen verkündet. Am 23. VIII. wollte man sich in Eger versammeln, um den Ketzern den Garaus zu machen. In dem Kriegsmanifest wurden in vorsichtiger und noch höflicher Form die Vorwürfe erhoben, die einst der Absetzung Wenzels voraufgegangen waren. Der König könne, so hieß es, möglicherweise (villicht) wegen anderer Angelegenheiten nicht kommen. Damit war der Kriegszug eine Sache der Kurfürsten geworden, die sich als die »nächsten Glieder« des Reiches zur Unterdrückung der Ketzer verpflichtet fühlten. Siegmund stand das Schicksal seines Bruders vor Augen, als er am 5. VI. von Preßburg aus neun seiner Räte bevollmächtigte, den Kurfürsten, Fürsten usw. die Erlaubnis zur Bestellung eines Vikars oder mehrerer Hauptleute zu erteilen, die dann das Reichsbanner wider die Wycliffen und Ketzer in Böhmen aufwerfen sollten. Zu den Gesandten zählten u.a. der Kanzler Georg von Passau und mehrere andere Herren, die Mitglieder der Gesellschaft mit St. Jörgenschild waren. Der kurfürstliche Feldzug hat dann tatsächlich stattgefunden, wurde aber vor allem wegen des hereinbrechenden Winters vorzeitig abgebrochen, so daß sich Siegmund, als er im November 1421 in Böhmen erschien, allein dem Heer des Jan Žižka konfrontiert sah, das ihn zunächst bei Kuttenberg, dann bei Deutschbrod besiegte.

Die Überlegenheit der hussitischen Heere, in deren Reihen eine große Anzahl von kriegsungewohnten Bauern und Stadtbürgern kämpfte, läßt sich nur schwer begründen: Religiöser Fanatismus war gewiß eines ihrer Elemente. Hinzu kamen aber einige militärtechnische Neuerungen, gegen welche die im wesentlichen noch immer zu Pferde kämpfenden Ritter kein rechtes Mittel fanden. Die Böhmen ließen ihre mit schweren Bohlen gepanzerten Troßwagen im Karree oder in Linie auffahren. Bei einem Angriff feuerte ihre primitive Artillerie eine geballte Salve, die kaum großen physischen Schaden angerichtet haben dürfte, bei den Fußtruppen aber angesichts der Hilflosigkeit ihrer professionellen Reiterkrieger nicht selten eine Panik ausgelöst hat. Es blieben aber die im Grunde rein defensiven Wagenburgen der Hussiten eine militärgeschichtliche Episode, während die vergleichbaren Gewalthaufen der Schweizer mit ihren Piken und Hellebarden das Kriegsgeschehen über viele Jahrzehnte hinweg bestimmen sollten.

Die neuerliche Niederlage gegen die sich ohne Herrscher behauptenden Ketzer förderten die Überlegungen zu einer Umgestaltung der Reichsverfassung. In der Frage seines Verhältnisses zu den Kurfürsten, denen der König vor dem Feldzug ja geradezu die Stellung eines korporativen Reichsvikars eingeräumt hatte, glaubte Siegmund offenbar, den Stier bei den Hörnern packen zu sollen, indem er einen von ihnen, nämlich den »Dechant des Reiches« Konrad von Mainz am 25. VIII. 1422 für volle zehn Jahre zum Reichsvikar in allen deutschen Landen, darunter z.B. auch in Brabant, Holland und Seeland, ernannte. Damit war dem Vorwurf, der König kümmere sich nicht um das Reich, der Boden entzogen, zugleich hatte der König Zwietracht in die Reihen der

Kurfürsten getragen, denn der Pfalzgraf, der einen von Karl IV. (1375) verbrieften Anspruch auf das Vikariat absente rege (bei Abwesenheit des Königs) vorweisen konnte, war nicht bereit, die Verletzung seiner Rechte und die übermäßige Privilegierung seines Rivalen um die politische Vormacht am Mittelrhein hinzunehmen. Siegmund hat es bei dieser eher defensiven Aktion gegen die rheinischen Kurfürsten indes nicht bewenden lassen, sondern leitete trotz der Existenz eines mit allumfassenden Vollmachten ausgestatteten Vikars eine ganz neuartige Bündnispolitik ein, indem er am 13. IX. zu Nürnberg dem nicht-fürstlichen Adel ein Freiheitsprivileg erteilte. Er habe vernommen, so begründete er seine Maßnahme, daß die Ritterschaft in deutschen Landen viel Zwang erleiden müsse und in ihren Rechten beeinträchtigt werde. Die Adeligen würden zwar gerne ihre Zuflucht bei ihm suchen, doch sei er wegen anderer Geschäfte oft zu fern von ihnen. Um dies zu ändern, wies er die Ritterschaft nicht etwa an den soeben ernannten Vikar, sondern erteilte ihr Macht und Gewalt, sich zu verbünden, wie ihr dies am besten dünke. In ihre Allianz dürften sie auch die Städte aufnehmen. Diese hatten sich auf dem Nürnberger Tag ebenfalls mit Bündnisfragen befaßt und über einen generellen, in fünf Kreise aufzuteilenden Städtebund diskutiert, ohne dabei aber zu einem Ergebnis gekommen zu sein.

Siegmunds Plan, die Reichsritterschaft unter seiner rechtlichen Obhut nach dem Vorbild der schwäbischen Adelsgesellschaften zu einen und sie zusammen mit den Städten als wirkungsvollen, von den Kurfürsten unabhängigen Faktor seiner Reichspolitik zu nutzen, bedeutete im Grunde einen Widerruf der Reichskonzeption seines Vaters, der die Reichsritterschaft fast als quantité négligeable und die Städte im letzten Jahrzehnt seiner Regierung nur noch als Objekt fiskalischer Ausbeutung behandelt hatte. Den Plan einer Verbindung der beiden Stände haben schon die Zeitgenossen als den eigentümlichsten Gedanken seines Sohnes Siegmund empfunden. Der Verfasser der sog. Reformatio Sigismundi, die nach dem Tode des Kaisers vollendet wurde, hat die damals bereits als gescheitert anzusehende Allianz zwischen Ritterschaft und Reichsstadtbürgertum noch einmal zu beschwören versucht, indem er beiden Ständen die besondere Verpflichtung auferlegte, die Freiheit von Kirche und Reich sicherzustellen.

Den Stadtbürgern hat Siegmund, wie die folgende Entwicklung noch zeigen wird, nur eine zweite Rolle zuweisen wollen. Die Anregung für die ungewöhnliche Bevorzugung der Reichsritterschaft wird er gewiß von seinen Räten und »Dienern« erhalten haben, die Mitglieder der Gesellschaft mit St. Jörgenschild waren, z. B. der Hofrichter Hans von Lupfen, der Hofmeister Ludwig

von Öttingen und der Erbmarschall Haupt von Pappenheim, deren ritterlich-adeliges Naturell die Lebensformen am Hofe Siegmunds geprägt haben dürfte. Siegmunds gute Beziehungen zum südwestdeutschen Adel hatten schon vor dem Freiheitsprivileg von 1422 ihre Früchte getragen, als sich während des Konstanzer Konzils die disziplinierende Kraft der Adelsgesellschaften einmal zugunsten von Kirche und Reich bewähren konnte. Wenn der Konstanzer Chronist Ulrich von Richenthal mit Befriedigung feststellte, daß damals weder in der Stadt noch im Umkreis von zehn Meilen je ein friedfertiger Mensch zu Schaden gekommen sei, so war das zwar ein wenig übertrieben, aber aufs Ganze gesehen blieb der Konzilsort und seine Umgebung für die Zeit des Konzils wohl tatsächlich von den sonst üblichen Fehden verschont.
Indes war dem Adel das Recht auf Selbsthilfe gegenüber Ebenbürtigen und Schwächeren zu kostbar, als daß er es von heute auf morgen hätte opfern wollen. Selbst des Königs Erbkämmerer Konrad von Weinsberg ist zum großen Ärger Siegmunds nicht davor zurückgeschreckt, eine nach Frankfurt ziehende Kaufmannskarawane zu überfallen, um mit den Gefangenen und der Beute die Stadt, nach der sich seine Familie benannte, zur Anerkennung seiner Herrschaft zu nötigen. Auf der anderen Seite waren zumal die kleineren Reichsstädte nicht bereit, auf eines der wichtigsten Instrumente ihrer Politik, die Gewinnung von Pfalbürgern (Falschbürgern) zu verzichten. Der Verlust von hörigen Leuten durch die Annahme des Bürgerrechts einer benachbarten Reichsstadt konnte für einen Fürsten ärgerlich werden, für den ritterschaftlichen Adel, der Mühe hatte, sich dem Liebeswerben der bedeutenderen Territorialherren zu entziehen, mußte der Schwund höriger Bauern existenzbedrohend erscheinen. Siegmund hat sich später in dieser Frage eindeutig zugunsten des Standes entschieden, aus dem die meisten seiner deutschen Räte stammten. Aber auch wenn Siegmunds weitreichende Pläne einer Einung von Reichsstädten und -rittern sich nicht haben realisieren lassen, so gehörte der nichtfürstliche Adel doch von nun an zu den Gruppen, die als eigenständige Mächte in der Landfriedensordnung des Reiches Anspruch auf besondere Berücksichtigung fordern konnten.
Das Freiheitsprivileg für den deutschen Adel war kaum ausgestellt, als Erzbischof Konrad am 18. IX. 1422 die Städte offiziell von seiner bis dahin geheim gehaltenen Ernennung zum Reichsvikar in Kenntnis setzte. Als Pfalzgraf Ludwig, den der König gen Osten geschickt hatte, um dort in dem anhaltenden Konflikt zwischen Polen und dem Deutschen Orden zu vermitteln, von der Sache erfuhr, forderte er unter Berufung auf seine eigenen Rechte die Städte auf, den Mainzer vorerst nicht als Vikar anzuerkennen und

seine Rückkehr abzuwarten. Als der Mainzer daraufhin allenthalben auf Zögern und offene Ablehnung stieß, scheint auch ihm klar geworden zu sein, daß seine Ernennung zum Vikar unter den gegebenen Umständen die Spaltung des Kurfürstenquartetts am Rhein zur Folge haben mußte. Den letzten Anstoß zu Konrads Entschluß, das neue Amt alsbald wieder niederzulegen, dürften die Vorgänge um die sächsische Kur gewesen sein, die durch den erbenlosen Tod Herzog Albrechts III. von Sachsen-Wittenberg im November 1422 ausgelöst wurden. Als Kandidaten für die Nachfolge präsentierten sich u.a. Pfalzgraf Ludwig, ferner der von seinem Schwiegervater Konrad von Weinsberg u.a. durch Urkundenfälschung unterstützte Herzog von Sachsen-Lauenburg und Siegmunds einstiger Günstling Friedrich von Brandenburg, der sich allerdings durch seine Politik gegenüber dem Deutschen Orden und Polen die Gnade Siegmunds bereits verscherzt hatte. So wurde zu aller Überraschung und aufgrund eines großzügigen finanziellen Angebots von seiten des Bewerbers am 6. I. 1423 die sächsische Kur dem Wettiner Friedrich dem Älteren von Meißen, Landgraf von Thüringen, übertragen. Die rheinischen Kurfürsten scheinen daraufhin zu dem Schluß gekommen zu sein, daß es besser sei, wenn der Mainzer sein Vikariat niederlegen würde: Am 11. V. hat Konrad die von seinen Trierer und Kölner Kollegen entworfene Verzichturkunde besiegelt. Die wiederhergestellte Eintracht erlaubte es ihnen dann, erneut die Initiative zu ergreifen. Im Juli wurde auf einem von ihnen einberufenen Tag zu Frankfurt über einen allgemeinen Landfrieden auf regionaler Basis beraten; jedoch konnten in dieser Frage keine nennenswerten Ergebnisse erzielt werden. Als folgenreicher erwies sich ein anderer Beratungspunkt: Anfang August wandte sich der seiner Sache wohl nicht ganz sichere neue Kurfürst von Sachsen an seine Kollegen und bat sie um die Admission, die Aufnahme in ihren Rat. Dasselbe begehrte der von Siegmund abgewiesene Lauenburger. Die drei Erzbischöfe und der Pfalzgraf haben Vorsicht walten lassen und den König aufgefordert, binnen kurzem einen Tag nach Frankfurt einzuberufen, um dort die Sache zu entscheiden; dies taten sie allerdings in der Annahme, daß Siegmund nicht kommen werde, und sie dann, ohne sich dem Vorwurf der Eigenmächtigkeit auszusetzen, dem von ihnen favorisierten Lauenburger die Admission erteilen könnten. Die Angelegenheit nahm im Verlauf des Winters 1423/24 eine erstaunliche Wende, denn nachdem Konrad von Weinsberg dem Mainzer einen Brief und eine mündliche Botschaft des Königs überbracht hatte, reiste der Erzbischof nach Meiningen und schloß dort mit Friedrich von Sachsen einen Vertrag, der dessen Anerkennung als Kurfürst präjudizieren mußte und ihm die

Pflicht auferlegte, dem Mainzer im Falle einer Königswahl Unterstützung zu gewähren (2. XII.). Wenige Wochen später versammelten sich die vier rheinischen und die beiden ostdeutschen Kurfürsten am 12. I. in Bingen und schlossen einen Kurverein, dessen Text auf dem des Bopparder Kurvereins von 1399 basierte, der die Absetzung Wenzels zum Ziel gehabt hatte. Die umstrittene sächsische Kur war schon kein Problem mehr; obwohl auch der Lauenburger angereist war, erteilte man Friedrich die Admission. Zweifellos muß es einen sehr schwerwiegenden Anlaß für diese einmütige und gegen den König gerichtete Haltung der sechs Herren gegeben haben. Vermutlich hatte Siegmund dem Mainzer durch seinen Boten mitgeteilt, daß er die Krone Böhmens an den Litauerfürsten Witold abtreten wollte, der zuvor schon von den böhmischen Ständen gebeten worden war, an die Stelle des Mörders von Jan Hus zu treten. Witold war damals bereits ein alter, vor allem aber auch ein erbenloser Mann, der als Interimskönig den Zorn der Böhmen besänftigen und dann eine Rückkehr Siegmunds hätte ermöglichen können. Ob diese Hypothese zutrifft und ob ein derartiger Plan Siegmunds überhaupt Chancen auf Verwirklichung gehabt hätte, muß dahingestellt bleiben. Jedenfalls kann die Aktion des Königs, die das sehr hektisch erscheinende Vorgehen der sechs Kurfürsten ausgelöst hatte, nicht von längerer Dauer gewesen sein; denn nur wenige Monate später hatte die Eintracht des Kurkollegs wieder ihren Geist aufgegeben. Jedoch sollte der aufgrund einer noch immer rätselhaften und eher zufälligen Ereignisfolge zustande gekommene Kurverein von 1424 in mehrfacher Hinsicht nachhaltige Folgen zeitigen: Die Admission eines neuen Kurfürsten durch seine Kollegen entwickelte sich zu einem als notwendig empfundenen Brauch und trat in Konkurrenz zum Belehnungsakt des Königs. Damit war der Korporationscharakter des Kurkollegs definitiv erreicht und wurde noch dadurch gefestigt, daß ein in jährlichem Turnus wechselnder Vorsitzender (gemeiner) die Geschäftsführung des Kollegiums übernahm. Überdies markierte der Kurverein von 1424 den Beginn einer häufigeren Präsenz der beiden östlichen Kurfürsten im Rahmen der Reichspolitik.

Daß die Verfestigung der Organisationsformen im Kurkolleg nicht gleichbedeutend war mit einer einhellig betriebenen Tagespolitik, wurde bereits angedeutet: Siegmund verstand es, den Sachsen wieder auf seine Seite zu ziehen und ihm das Versprechen abzugewinnen, daß Friedrich gegebenenfalls des Königs Schwiegersohn, Albrecht V. von Österreich zum König wählen werde (25. VII. 1425). Damit war der Meininger Vertrag mit dem Mainzer bereits hinfällig geworden. Erzbischof Konrad schloß im Frühjahr 1426 eine Allianz mit dem Herzog von Burgund, die zwar keinerlei

Bedeutung gewonnen zu haben scheint, aber doch die tiefe Kluft sichtbar werden läßt, die den König in diesen Jahren von seinem ehemaligen Vikar getrennt haben muß.
Das Problem des häretischen Königreichs Böhmen war unterdessen noch immer nicht einer Lösung näher gebracht worden. Im Gegenteil: Ein Heer unter den Kurfürsten von Brandenburg und Trier mußte im Sommer 1427 eine schwere Niederlage hinnehmen. Die offenkundige Unfähigkeit des Reiches, die Ketzer mit Feuer und Schwert zum rechten Glauben zu bekehren, führte im November 1427 zu einem bis dahin unerhörten Versuch, die finanziellen Voraussetzungen eines neuen Kreuzzuges durch eine allgemeine Steuer zu schaffen und damit den Vorsprung, den die an ständige Kriege gewöhnten westlichen Monarchien auf diesem Gebiet erzielt hatten, ein wenig zu verkleinern. Die finanziellen Möglichkeiten eines römischen Königs hatten sich seit den Tagen Ruprechts von der Pfalz kaum verändert. Eine Liste der von den Städten zu zahlenden Steuern, die der Weinsberger Anfang 1418 aufgestellt hat, läßt erkennen, daß die z.T. durchaus beachtlichen Beträge so gut wie vollständig an verschiedene Fürsten und Herren verpfändet waren, z.B. die 2000 fl. aus Nürnberg an den von Öttingen, die 800 fl. von Lübeck an den Sachsen, die 500 fl. von Dortmund an den von Cleve usw. Eine Ausnahme bildete wohl nur Rothenburg, das 400 fl. direkt an den König zahlte. Mühlhausen, Nordhausen und Goslar hätten gar nichts gezahlt, und er wisse nicht, wem diese Steuern entrichtet würden, hat der Weinsberger dazu notiert. Wie schon erwähnt, hat Siegmund selbst einmal die noch verbliebenen Einkünfte aus dem Reich auf 13000 fl. geschätzt, etwas weniger als die Hälfte dessen, was ein Herzog von Burgund für Pferde, Hunde und Falken ausgeben konnte. An der Misere konnte auch eine drastische Erhöhung der Taxen für die Erteilung von Privilegien nichts Wesentliches ändern, die vermutlich von Siegmunds ungarischen Kanzleibeamten angeregt worden war. So wurden anfangs die Gebühren für Städteprivilegien auf 2200 fl. festgesetzt; gezahlt werden mußte dann aber offenbar nur die Hälfte dieser Summe. Für besonders wichtige Privilegierungen in umstrittenen Angelegenheiten haben die Empfänger gelegentlich fast horrende Preise zahlen müssen. Als die Nürnberger sich mit der vom Brandenburger Markgrafen gekauften Burg belehnen ließen, kostete das 9372 fl., wovon vermutlich 6000 fl. als Lehnware, der Rest als Taxe für die Kanzleiarbeit gerechnet wurden. Der Wettiner Friedrich soll für die Belehnung mit Sachsen zwischen 200000 und 300000 fl. gezahlt oder in Form von Heeresdienst geleistet haben; an die Königin Barbara hat Friedrich nachweislich 8000 von versprochenen 12000 fl. entrichtet. Aber selbst solche Summen waren natür-

lich für die kontinuierliche Kriegführung und einen Ausbau der Reichsverwaltung nicht ausreichend. Die Erhebung einer allgemeinen Reichssteuer zur Finanzierung des Krieges gegen die Hussiten war von Siegmund bereits erwogen worden, und Konrad von Weinsberg hatte darüber schon einmal mit dem Kardinallegaten Henri von Beaufort verhandelt. Wenn der Versuch, die Steuer tatsächlich einzutreiben, dann trotzdem nicht zu einer monarchischen, sondern zu einer reichsständischen Angelegenheit wurde, so mag das auch daran gelegen haben, daß der in Finanzdingen zweifellos sehr erfahrene Erbkämmerer sich mit der Aufdeckung seiner Urkundenfälschungen zugunsten seines Schwiegersohns, des Herzogs von Sachsen-Lauenburg, den Zorn Siegmunds zugezogen hatte. Die Initiative zu den Planungen aber übernahm der Bischof von Winchester, Kardinal Henri de Beaufort, Halbbruder König Heinrichs IV. von England, der in den entscheidenden Monaten geradezu vergessen ließ, daß es noch einen römischen König gab. Alles in allem hat sich die ganze Steueraktion zwar als ein Fehlschlag erwiesen, weil vor allem die sich als Hauptleidtragende fühlenden Städte Obstruktion übten, gleichwohl können die erhaltenen Unterlagen als aufschlußreiche Quellen über die Vorstellungen gewertet werden, die man sich damals von den Möglichkeiten einer solchen Abgabe und der Form ihrer Eintreibung gemacht hat. Es gab eine Kopfsteuer von einem böhmischen Groschen (bei einem Kurswert von ca. 20 Groschen für den rhein. fl. um 1400) für die Habenichtse vom 15. Lebensjahr an, und zwar für Männer und Frauen gleichermaßen. Dazu kam eine Vermögenssteuer für die wohlhabenden Laien und eine Einkommenssteuer für die Geistlichen, die über Pfründen etc. verfügten. Die Vermögen der Laien von 200 bis 1000 fl. (nach Abzug der Schulden) sollten mit 0,5 fl. belastet werden, die darüberliegenden mit 1 fl. Der nichtfürstliche Adel wurde pauschal besteuert: Grafen mit 25 fl., Herren mit 15, Ritter mit 5, Edelknechte mit 3 fl. Die Adeligen durften ihre Steuer um ein Drittel herabsetzen, wenn sie der Meinung waren, ihr Anschlag sei zu hoch. Kurfürsten und Fürsten wurden nicht veranschlagt. Die Geistlichen hatten je 1 fl. für ein Einkommen von 20 fl. zu zahlen; eine obere Grenze wurde dabei nicht gesetzt. Geistliche ohne Pfründen, die über Erbgut verfügten, mußten 2 Groschen, völlig vermögenslose 1 Groschen zahlen. Daß zwischen der Vermögenssteuer für Laien und der Einkommenssteuer für Geistliche eine Relation gesetzt worden war, beweist die Übereinstimmung des Anschlags von 5% bei den Einkommen der Geistlichen mit dem Eingangssatz der Vermögenssteuer für Laien: für 200 fl., die bei dem üblichen Zins für Anlagevermögen von 10% ein Einkommen von 20 fl. verbürgten, mußte ein halber

Gulden bezahlt werden. Laien, die über ein höheres Vermögen verfügten, standen sich indes besser als ein Geistlicher mit fetten Pfründen, da ihnen eine an der 1000 fl.-Grenze allerdings unterbrochene Degression eingeräumt wurde. Unter der Voraussetzung, daß der Steuersatz für den Adel der gleiche war wie der für den Bürger mit einem Vermögen von 1000 fl. (Satz = 0,1%), dann wäre das Durchschnittsvermögen eines Grafen auf 25000 fl. geschätzt worden, das eines Herrn auf 15000 fl., das eines Ritters auf 5000 fl. Zum Vergleich: Der Esslinger Conrad Schöfferlin versteuerte 1437 ein Vermögen von 1230 fl.; 1439 waren es bereits 4820 fl.; 1443 5110 fl. Die Vermögen seiner wohlhabenden Mitbürger bewegten sich aber durchweg auf einem niedrigeren Niveau. Wer über 800 bis 2000 fl. verfügen konnte, gehörte gewiß zu den reichen Leuten der Stadt. In Augsburg hat es 1475 48 Personen gegeben, die ein Vermögen von 1500 bis 2250 fl. versteuerten, und 4 hatten ein Vermögen von 13500 bis 15000 fl. angegeben. Zwar kann der auf dem Reichstag beschlossene Besteuerungssatz für die Stadtbürger im Vergleich zu dem für die Geistlichen als erträglich bezeichnet werden. Dabei ist aber zu berücksichtigen, daß die Bürger außer der Hussitensteuer noch die übliche städtische Bede oder Schatzung zu zahlen hatten, die sich durchweg zwischen 2 und 3% des jeweiligen Vermögens bewegte. Außerdem dürfte den welterfahreneren unter den beteiligten Kaufleuten die Tatsache bekannt gewesen sein, daß derlei außergewöhnlichen Steuern eine Tendenz zur Dauereinrichtung innewohnte. Da eine Finanzverwaltung des Reiches nicht existierte, mußte die Steuerkommission des Frankfurter Reichstages auch für die Einziehung der Gelder neue Institutionen vorsehen, die sich an die Organisation der landesherrlichen Verwaltung anlehnen sollten. In den Landstädten hatte der jeweilige Herr einen Ausschuß zu bilden, dem je zwei Rats- und Gemeindemitglieder, der Pfarrer und der landesherrliche Amtmann angehören sollten. Die Geldkiste mußte in der Sakristei der Pfarrkirche aufbewahrt werden. In den Reichsstädten sollte der Ausschuß aus drei Rats- und drei Gemeindemitgliedern bestehen. Der Ertrag war nach dem nächsten Georgstag (23. IV. 1428) in einem umständlichen Verfahren an eine der zentralen Kassen zu leiten, die in Köln, Nürnberg, Erfurt, Salzburg und Breslau deponiert wurden. Den Reichsstadtbürgern, denen man schon hinsichtlich der Höhe ihrer Steuerleistung und der Eintreibung erhebliche Konzessionen gemacht hatte, wurde auch bei der Vorbereitung des Feldzuges ein beträchtlicher Einfluß zugestanden, indem man die Einrichtung einer Kommission vorsah, der sechs Kurfürsten und drei Städtevertreter angehören sollten. Aber trotz allen Entgegenkommens haben die Städte ihr Mißtrauen nicht unterdrücken können; die schwäbischen erklärten sich zwar bereit, die ihnen auferlegten Lasten zu tragen, wollten aber ihre Kontingente in eigener Regie aufstellen und finanzieren. Die Ritterschaft konnte darauf verweisen, daß sie eo ipso zum Waffendienst verpflichtet sei und daher nicht auch noch zur Kasse gebeten werden dürfe, und die Fürsten glaubten, die eigenen Steuerforderungen gegenüber ihren Untertanen nicht durch die der Reichsstände in Frage stellen zu sollen.

So blieb der Aufbau einer von den Ständen getragenen Steuerverwaltung im Ansatz stecken, und statt einen Feldzug nach Böhmen zu führen, sahen sich viele Landesherren im Umkreis des Häretiker-Reiches mit den Kriegs- und Beutezügen der Hussiten konfrontiert. Die Deutschen, die bis dahin ihre Ritterschaft als die mutigste und tüchtigste der ganzen Welt angesehen hatten, mußten zur Kenntnis nehmen, daß sie den böhmischen Bauern und Stadtbürgern nicht gewachsen waren. Über die im Reich verfügbaren Truppen hatte man im Zusammenhang mit den Steuerplänen Berechnungen angestellt. Eine Matrikel aus dem Jahre 1431 verzeichnet insgesamt 8417 Gleven, die von fürstlichen und adeligen Ständen zu stellen waren, dazu kamen noch 1000 Gleven der Freien und der Reichs-Städte, insgesamt also 9417 Gleven. Eine Gleve umfaßte in der Regel einen schwerbewaffneten Ritter mit 3 oder 4 Pferden und 2 bzw. 3 leichter bewaffneten Begleitern, die sich ebenfalls am Kampf beteiligten (Werner Schulze). Das wäre ein durchaus beachtliches Heer gewesen, wenn man berücksichtigt, daß Heinrich V. die Schlacht von Azincourt mit nur etwa 1000 Rittern und 6000 Fußknechten, darunter die gefürchteten Langbogenschützen, gewonnen hatte. Allerdings waren in der Matrikel von 1431 auch insgesamt 700 Gleven verzeichnet, die vom Herzog von Burgund erwartet wurden, der sich aber damals kaum noch bereit gefunden hätte, als einer unter anderen Reichsfürsten dem Aufgebot der Fürsten oder des römischen Königs Folge zu leisten. Ferdinand Lot hat in seinem Werk über die Armeen des Mittelalters mit Verwunderung festgestellt, daß das »Saint Empire« während des 15. Jahrhunderts unfähig gewesen sei, auch nur bescheidene Heere aufzubieten, um z.B. die Hussiten oder wenig später (1444) die Armagnaken zu besiegen bzw. zu vertreiben. (L'Allemagne était alors hors d'état d'expulser des bandes dont le total ... ne s'éléva pas bien haut, 10000 tout au plus, vraisemblablement 6 à 7000.) Dazu wird freilich angemerkt werden müssen, daß die Zahl der kampffähigen Ritter und Schützen gewiß nicht niedriger lag als in anderen Reichen Europas; es war aber unmöglich, Städte, Fürsten und Rittergesellschaften von der Notwendigkeit einer Abwehr im erforderlichen Ausmaß zu überzeugen bzw.

ihnen einen angemessenen Sold für die militärischen Leistungen zu zahlen.

Siegmund hatte die Reichspolitik in diesen Jahren weitgehend den Kurfürsten überlassen; sein wichtigster Verbindungsmann zu den deutschen Gebieten des Reiches, Konrad von Weinsberg, hatte sich mit dem Sinsheimer Überfall vorerst selbst aus den politischen Geschäften ausgeschaltet. Gelegentlich ließ der König damals durchblicken, daß er der römischen Königswürde überdrüssig sei. Das Königreich Ungarn, so erklärte er einmal in Preßburg, wolle er behalten, da habe er noch Brot und Wein. Das Reich, das vor langer Zeit an die deutsche Zunge gekommen sei, wolle er dabei halten, so schwer ihm das jetzt auch falle. Aber zugleich deutete er doch an, daß er es auch in die Hände des Papstes legen, d. h. daß er zurücktreten könne. Reichsstädtern gegenüber meinte er einmal, die Fürsten seien alle gegen ihn, allein bei der Ritterschaft mit Jörgenschild und den Städten könne er noch Hilfe finden; nur diesen werde er Leib und Gut anheimstellen. Tatsächlich hat Siegmund dann auch wieder an der 1422 in die Wege geleiteten Politik einer Einung von Rittergesellschaften und Reichsstädten anzuknüpfen versucht, als er im August 1430 eine bereits seit längerem angekündigte, aber wegen der Hussiteneinfälle in Ungarn aufgeschobene Reise nach Deutschland unternahm. Die Kurfürsten, mit denen er über die Priorität von Ketzerkrieg oder Friedensordnung im Reich eine fruchtlose Debatte geführt hatte, waren seit dem Frühjahr in eine mißliche Situation geraten, als der stets um Vermittlung zwischen Pfalz und Mainz bemühte Trierer Otto von Ziegenhain starb und am 27. II. die Mehrheit des Domkapitels zwar den Domscholaster Jakob von Sierck wählte, eine ihrem Einfluß nach recht beachtliche Minderheit aber für den Kölner Domdekan Ulrich von Manderscheid votierte. Der zur Entscheidung angerufene Papst providierte dann am 22. V. den bisherigen Bischof von Speyer, Raban von Helmstadt, einstmals Kanzler König Ruprechts, zum neuen Erzbischof von Trier. Es bestand von vornherein kein Zweifel daran, daß der Mainzer eine derartige Ausweitung des kurpfälzischen Einflusses auf die benachbarte Kirchenprovinz nicht hinnehmen würde. Er erkannte den Manderscheider an und trug mit dieser Entscheidung dazu bei, daß das Trierer Schisma während der nächsten sechs Jahre nicht nur die mittelrheinischen Lande in Atem hielt, sondern auch den Einfluß des Kurkollegs auf die Reichspolitik beeinträchtigte.

Der von Siegmund ins Auge gefaßte, auf der Grundlage einer ritterschaftlich-reichsstädtischen Einung zu errichtende allgemeine Landfriede war bis zu seiner Ankunft noch nicht über das Stadium vorbereitender Verhandlungen hinausgediehen. Der Adel allerdings hatte sich enger zusammengeschlossen. Am 10. VII. 1430 einigte sich der Jörgenschild samt seinen drei Teilgesellschaften in Hegau, in Ober- und Niederschwaben an der Donau, mit der Ritterschaft zu Franken, und diese beiden einten sich noch am selben Tage mit der bayerischen Rittergesellschaft mit dem Einhorn. Die drei Adelsgesellschaften wollten Streitigkeiten unter ihren Mitgliedern durch schiedsgerichtliche Verfahren beilegen. Aber selbst diese relativ bescheidene Zielsetzung ließ doch deutlich werden, welche Kraft Siegmunds Bemühungen um den ritterschaftlichen Adel freigesetzt hatte. Mit den Städten freilich war man noch nicht zu einer Einigung gekommen. Differenzen gab es u. a. in der Frage der Schiedsgerichtsbarkeit, denn die Städte glaubten, der Jörgenschild werde dadurch bevorzugt, daß der König seine Schiedsrichterfunktionen auf Leute aus den Kreisen des Adels übertragen könne. Es versteht sich, daß auch das Pfalbürger-Problem weiterhin als Hindernis für eine Verständigung wirkte. Und an diesem Punkt glaubte Siegmund ansetzen zu können, um die Städte zum Einlenken zu bewegen. Am 25. III. 1431 erließ er in Nürnberg unter ausdrücklicher Berufung auf die Goldene Bulle seines Vaters ein Gesetz über Pfalbürger und Bürgerannahme, über den Gerichtsstand der armen freien Leute in der Landvogtei Schwaben sowie über die Einungen von Städten, Bauern und armen Leuten. Das Gesetz entsprach so gut wie vollkommen den Wünschen des Adels, und die Städte waren empört. Insbesondere bestanden sie darauf, daß es ihnen erlaubt sein müsse, geistliche und weltliche Freie als Ausbürger halten zu dürfen. Allem Anschein nach war Siegmund in dieser Frage radikaler vorgegangen, als es die Ritterschaft überhaupt gewollt hatte. Für ihn konnten Bürger nur die sein, die mit ihrem eigenen Rauch ein Haus in der Stadt bewohnten. Dieser Standpunkt dürfte nicht für jedes Mitglied des Jörgenschildes vorteilhaft gewesen sein, denn es gab eine ganze Reihe von armen Rittern, die als Ausbürger eine städtische Rente bezogen und dafür gelegentlich militärische Dienste leisteten.

Zu einem großen Aufruhr waren die Städte jedoch nicht in der Lage; am 6. VIII. 1431 verlängerten die schwäbischen unter ihnen ein Bündnis mit den Grafen Ludwig und Ulrich von Württemberg, die ihnen unter gewissen Bedingungen die Annahme von Eigenleuten als Bürgern erlaubten. Im übrigen hofften die Stadtbürger, das Verbot unterlaufen zu können, sobald der König das Reich wieder verlassen würde; immerhin hatten sie sich bereits zwei Jahrhunderte mit dem Pfalbürger-Verbot herumschlagen müssen.

Wenige Monate später erlitt das fünfte der großen Kreuzheere unter dem Kardinallegaten am 14. VIII. 1431 seine schwere Nie-

derlage bei Taus, die nicht nur den Weg für eine Verhandlungslösung der böhmischen Frage freimachte, sondern auch noch einmal die Möglichkeit einer Einigung zwischen Rittergesellschaften und Städten aufscheinen ließ. Noch vor der Katastrophe war das 17. allgemeine Konzil durch den Kardinal Cesarini in Basel am 23.VII. eröffnet worden. Zunächst schien dem Konzil das Schicksal der voraufgegangenen nach dem Dekret Frequens einberufenen Synode von Pavia-Siena (1423) beschieden zu sein, d. h., daß es nach kurzer Zeit, diesmal wegen mangelnder Beteiligung aufgelöst werden würde. Tatsächlich hat der Nachfolger des am 10. II. 1431 gestorbenen Martin V., Eugen IV., bereits am 18. XII. des Jahres die Auflösungsbulle verkündet. Aber die Baseler Konzilsväter verweigerten diesmal den Gehorsam, und in der Folge wurde die Kirchenversammlung zur wichtigsten Voraussetzung einer Einigung mit den böhmischen Ketzern; diese Leistung hat Eugen IV. schließlich dazu bewogen, am 15. XII. 1432 das Auflösungsdekret zurückzuziehen. Die böhmischen Verhältnisse hatten auf die innerdeutsche Situation auch weiterhin tiefgreifende Rückwirkungen. Nach der blamablen Schlappe von Taus, als alle Welt einen neuerlichen Einfall der Hussiten in Deutschland fürchtete, Siegmund aber gleichwohl nach Rom zog, um sich dort zum Kaiser krönen zu lassen und den Papst zur Fortsetzung des Konzils zu zwingen, ergriff der ritterschaftliche Adel die Initiative und versuchte, mit den Städten zu einer Einigung über den allgemeinen Landfrieden als Voraussetzung für einen Hussitenkrieg zu kommen. Beflügelnd wirkte zunächst ein Aufstand der Bauern in der Wormser Region, der den Zeitgenossen als hussitische Rebellion erschien. Die Furcht vor einer Ausbreitung des Aufruhrs ließ es den Städtern geraten erscheinen, Kompromißbereitschaft zu bekunden. Aber als Pfalzgraf Ludwig die Bauern bereits im Februar 1432 zur Räson brachte und deutlich wurde, daß die Verhandlungen mit den Hussiten diesmal erfolgreich abgeschlossen werden könnten, erlahmte allenthalben das Interesse am Zusammenschluß von Städten und Adel; ein weiterer Feldzug gegen die Hussiten schien überflüssig geworden zu sein, und den Landfrieden unter Hintanstellung der eigenen Interessen herbeizuführen, sah niemand als vordringliche Aufgabe an.
Unterdessen war es tatsächlich gelungen, die Auseinandersetzung mit den verketzerten Böhmen wenigstens oberflächlich beizulegen. Nach den voraufgegangenen dogmatischen und verfassungsrechtlichen Wirren, den von allen Seiten mit rücksichtsloser Barbarei geführten Kriegszügen war es naturgemäß unmöglich, die Probleme mit einem Schlage und allseits zufriedenstellend zu lösen. Die Radikalen unter den Hussiten, Taboriten, Orebiten und die Leute

der Prager Neustadt mußten erst mit Gewalt vom Nutzen eines Friedensschlusses überzeugt werden: Am 30. V. 1434 erlitten sie unter ihren Führern Prokop dem Kahlen und dem Kleinen bei Lipany eine vernichtende Niederlage im Kampf gegen die vom gemäßigten Adel geführten Anhänger einer Kompromißlösung. Die Unterlegenen hatten sich zuvor geweigert, die in Basel mit einer Konzilskommission ausgehandelten und am 30. XI. 1433 in Prag abgeschlossenen sog. Kompaktaten zu akzeptieren. Diese sahen als Konzession der orthodoxen Partei im Grunde nur noch die Kelchkommunion vor, die von der Kirche ohnehin in besonderen Fällen schon in früherer Zeit erlaubt worden war. Die Reduktion der gesamten hussitischen Reformforderungen auf das kaum mehr dogmatisch, sondern nur noch liturgisch geprägte Problem der Kelchkommunion ließ dann die Kluft zwischen den radikalen und den gemäßigten Flügeln des Hussitismus aufbrechen. Nach dem Sieg des Adels haben die ihres Oberhauptes beraubten Taboriten eingelenkt und sich an den Verhandlungen mit Siegmund beteiligt, in deren Verlauf der König den utraquistischen Ritus als verbindlich anerkannte, zugleich aber auch den katholisch gebliebenen Orten den altgläubigen Brauch garantierte. Mit den sog. Iglauer Kompaktaten vom 5. VII. 1436 wurden die weiteren Unterhandlungen beendet. Wenige Wochen später konnte Siegmund in die Hauptstadt seines Vaterlandes einziehen.
Die mit der Konzilsdelegation und mit Siegmund abgeschlossenen Kompaktaten sind dann von der Kurie nie anerkannt worden; die Wahl des utraquistischen Johann Rokycana zum Prager Erzbischof blieb unbestätigt. Böhmen wurde, trotz des Einlenkens der hussitischen Gruppen und trotz des Abschlusses der Kompaktaten, ein konfessionell gespaltenes Land, dessen Führung durch das Ergebnis der Schlacht von Lipany und die dann folgenden Verhandlungen mit Siegmund dem Adel zugefallen war. Das böhmische Königtum des Luxemburgers blieb weiterhin ein zerbrechliches Gebilde. Zu einer eindeutigen und für das Land richtungweisenden Politik war aber auch der Adel nicht in der Lage; das notdürftig verdeckte Problem des Verhältnisses zur römischen Kurie sollte sich als schwere Hypothek für die Macht des wenig später aus dem böhmischen Adel hervorgehenden Königs Georg von Podiebrad erweisen.
Der Kompromiß mit den Hussiten war zunächst im Rahmen des Baseler Konzils herbeigeführt worden. Papst Eugen IV. hatte zwar – wie erwähnt – nach einigem Hin und Her und trotz anhaltender Skepsis die Auflösung des Konzils zurückgenommen (15. XII. 1433), aber das war nur auf erheblichen Druck von seiten einer Reihe von politischen und kurialen Mächten geschehen. Von den

21 Kardinälen entschieden sich nur 6 für Eugens ablehnende Haltung. Anders als in Konstanz war es wegen eines erheblichen Übergewichts von deutschen und französischen Teilnehmern nicht möglich, die Entscheidungsgremien nach Nationen zu ordnen; man entschied sich statt dessen zur Bildung von vier Ausschüssen für allgemeine Fragen, für Glaube, Reform und Frieden in der Christenheit. Über diesen Deputationen stand ein leitendes Kollegium von 12 Mitgliedern. Die Baseler haben vor allem in den seit Konstanz noch immer offenen Fragen der Besetzung hoher Benefizien und der Abgaben an die Kurie am 13. VII. 1433 bzw. am 9. VI. 1435 Beschlüsse gefaßt, die den Konflikt zwischen Konzil und Kurie erheblich verschärfen mußten. Die generellen und speziellen Reservationen zugunsten der Kurie sollten wegfallen und das alte Wahlrecht von Kapiteln und Konventen wieder voll wirksam werden. Die Zahlungen an die Kurie bei Gelegenheit von Neubesetzungen freier Benefizien wurden untersagt und die päpstlichen Kollektoren angewiesen, dem Konzil Rechnung zu legen. Dazu kamen weitere Dekrete, die Appellationen an die kuriale Gerichtsbarkeit in drastischer Weise eingeschränkt hätten; die Zahl der Kardinäle wurde auf 24 beschränkt, von denen höchstens ein Drittel von einer Nation gestellt werden durfte. Dann aber bot die Frage der Union mit der von den Türken tödlich bedrohten griechischen Kirche dem Papst die Handhabe, den Baselern doch noch die Legitimation zu entziehen. Die Griechen folgten Eugens Vorschlag, die notwendigen Verhandlungen in dem für sie günstiger gelegenen Ferrara zu führen, woraufhin der Papst am 18. IX. 1437 das Konzil von Basel in die italienische Stadt verlegte. Nur eine Minderheit der Teilnehmer, darunter allerdings der bedeutende Kardinal Cesarini und Nikolaus von Kues, folgten Eugens Dekret. Kurz vor dem Tode Siegmunds war somit ein Schisma ausgebrochen, in dem sich zwar vorerst nicht zwei Päpste, wohl aber zwei Konzilien feindlich gegenüberstanden.

Siegmund selbst hatte schon des Hussitenproblems wegen ein großes Interesse an einem Einvernehmen zwischen Papst und Baseler Konzil; während seines Romzuges zur Kaiserkrönung hat er Eugen IV. unter erheblichen Druck gesetzt, um diesen zum Einlenken zu bewegen. Dies führte zu einer beträchtlichen Verzögerung der Krönung; Siegmund war gezwungen, vom Juli 1432 bis zum Mai 1433 in Siena zu warten, ehe ihm die Weiterreise gestattet wurde. Am 31. V. wurde er dann von Eugen im Petersdom gekrönt.

Auch das Prestige des nach mehr als einem halben Jahrhundert erneuerten Kaisertums hat die von Siegmund umworbenen beiden Stände nicht zu einer Einigung bewegen können. Noch von Italien

aus hatte er die Städte davon in Kenntnis gesetzt, daß er mit ihnen, den Rittern und dem Grafen von Württemberg noch einmal über den Landfrieden beraten wolle. Tatsächlich haben dann noch im März 1434 drei Räte des Königs mit den Parteien verhandelt. Während sich aber der Württemberger und die Städte nur auf einen locker gefügten Bund einlassen wollten, beharrten die Adeligen auf ihren Vorstellungen von einer straffen, vom Kaiser gelenkten Friedenswahrung. Die Einung kam am Ende nicht zustande. Das Gefühl, am Scheitern von Siegmunds eigenartigen Bündnisplänen nicht unschuldig gewesen zu sein, scheint später das Gewissen einiger Städtevertreter merklich belastet zu haben, jedenfalls erklärten die Ulmer dem Marschall Haupt von Pappenheim, die Verantwortung für den Fehlschlag trügen die kleinen Städte, die darauf erpicht gewesen seien, ihr Recht auf die Aufnahme neuer Bürger nicht zu verlieren.
Siegmunds Bündnispolitik war also bereits im Sande verlaufen, als er im Sommer 1434 ein 16 Punkte umfassendes Dokument vorlegte, das man als den ersten Versuch einer systematischen Bestandsaufnahme der desolaten Reichsverfassung bezeichnen kann. Verbunden war er mit Vorschlägen zur Behebung der Mißstände, die z.T. etwas naiv anmuten: Jedermann sollte sein Recht finden können, unrechte Fehde sollte generell beseitigt werden. Acht und Aberacht waren künftig wieder zu respektieren. Die geistlichen Gerichte durften nicht in weltliche Angelegenheiten eingreifen. Der Papst sollte nicht die Bistümer, besonders nicht die kurfürstlichen, nach seiner Willkür besetzen. Für das Hussitengeld wurde die Einsetzung von Leuten gefordert, welche die Ausgaben kontrollieren sollten. Ferner wollte Siegmund den von Christen betriebenen Wucher, den Zeugenbeweis vor Gericht und mißbräuchliches Geleit für Diebe und Morder beraten lassen. Außerdem forderte er die Reformatio des heimlichen Gerichts, der Feme. Dazu kamen noch aktuelle politische Probleme: das Trierer Schisma, Konflikte in Jülich und anderswo, der Fall des Herzogs von Burgund, der viele Länder innehabe, die dem Reich gehörten.
Obwohl die Kurfürsten und Fürsten nur zögernd auf Siegmunds Vorschläge eingingen, dürften sie in der Frage, welche Sachbereiche einer Reform bedurften, seine Ansichten geteilt haben; über den Weg, den man zur Beseitigung der Mißstände beschreiten müsse, war eine Einigung aber so schnell nicht zu erzielen, zumal der Druck von außen, der den Erneuerungswillen hätte stützen können, mittlerweile gänzlich nachgelassen hatte.
Auf einem Reichstag zu Eger im Sommer 1437 haben die Fürsten dann ihre eigenen Vorstellungen zur Reichsreform präsentiert. Der Friede konnte demnach nur dann gesichert werden, wenn der

gerichtliche Austrag von Streitfällen gewährleistet war, denn nur dann wäre ein generelles Fehdeverbot überhaupt vertretbar gewesen. Dabei sollte das ja immer noch an die Person des Herrschers gebundene Hofgericht weiterhin nur als subsidiäres Organ fungieren, d. h. nur dann, wenn die ordentlichen Land-, Stadt-, Hof- und sonstigen Gerichte sowie die zwischenständischen Schiedsgerichte, vor allem aber die fürstlichen Ratskollegien versagen würden. Im Grunde hätte das Hofgericht allenfalls in Fällen freiwilliger Unterwerfung beider Parteien in Aktion treten können. Auf den Gedanken, ein oberstes Friedensgericht zu schaffen, das unabhängig von der Person des Königs als eine von allen Ständen beschickte Instanz hätte wirken können, ist man damals offenkundig noch nicht gekommen. Die Fürsten verlangten nicht einmal die Besetzung des Hofgerichts mit gelehrten Juristen, sondern setzten voraus, daß auch weiterhin neben dem Hofrichter nur Ritter, über deren Ausbildung nichts gesagt wurde, agieren würden. Die Verfasser des fürstlichen Reformentwurfs haben mit großer Liebe zum Detail alle nur denkbaren Konfliktfälle und ihre Lösungsmöglichkeiten zusammengestellt: Fürst gegen Fürst, Fürst gegen Reichsstadt, einzelner Bürger gegen Fürsten, Grafen, Freie und die jeweils umgekehrte Konstellation. Als besonderes Entgegenkommen gegenüber den Reichsstädten dürfte von den Autoren des Entwurfs die Regelung des Falls Fürst gegen Reichsstadt (und umgekehrt) gewertet worden sein. Dabei sollte ebenso verfahren werden wie bei einem Konflikt zwischen Fürst und Fürst: Schiedsverfahren an einer beiden Parteien genehmen Gerichtsstätte, paritätisch besetzte Schiedskommission mit einem von beiden Parteien ausgewählten Vorsitzenden. Falls die Parteien sich nicht auf einen solchen »gemeinen« einigen könnten, sollte der Kaiser einen Vorsitzenden bestimmen. Ein solches Verfahren wurde jedoch nur der Stadt als Körperschaft, als einziger ebenbürtigen Partnerin des Fürsten, konzediert. Ein einzelner Bürger mußte sein Recht vor den Räten des Fürsten suchen, während im umgekehrten Fall der Fürst die Klage vor Bürgermeister und Rat der jeweiligen Heimatstadt des Bürgers erheben mußte, und zwar bei Klagen um (Geld-)Schulden, während bei Klagen um Erbe und Eigen, d. h. um Immobilien, diese vor dem Gericht ausgetragen werden sollten, wo die Güter gelegen waren. Für auffallend viele der Auseinandersetzungen schlugen die Verfasser des Reformentwurfs die fürstlichen Räte als die zuständige Instanz vor. Wenn in erster Linie die bereits vorhandenen Gerichte mit der Friedensjustiz befaßt werden sollten, so mußte auch dies den bedeutenderen Territorialfürsten einen Vorteil nicht nur gegenüber den Reichsstädtern, sondern mehr noch gegenüber dem niederen Adel eintragen. Arme Leute, die jetzt ebenfalls Berücksichtigung fanden, Bürger von Landstädten und Bauern, waren gehalten, sich an ihr übliches Gericht oder an ihren Herrn zu wenden. Auswärtige Gerichte durften sie nicht anrufen, es sei denn geistliche, aber auch nur dann, wenn es sich dabei um unzweifelhaft geistliche Angelegenheiten handelte. Den landesfürstlichen Interessen dienten noch zwei weitere Artikel, denen freilich auch die Städter ihre Zustimmung geben konnten: Kriegsleute, die keinen Herrn hatten, sollten kein Geleit haben und nirgendwo aufgenommen werden, und außerdem wollte man die gemeinen Schlösser, d. h. Raubburgen, unter Kontrolle bringen.

Das Problem des heimlichen Gerichts, der Feme, wurde nur verhältnismäßig knapp abgehandelt: Diese Gerichte sollten nach ihrem ursprünglichen Zustand bestellt werden und durften niemanden um etwas anderes vorladen als um solche Sachen, die rechtmäßig vor sie gehörten.

Die Feme (= Genossenschaft) stellte im Grunde nur einen besonderen Fall nicht zuständiger auswärtiger Gerichtsbarkeit dar: Ebenso wie die geistlichen Gerichte sollten auch die heimlichen ihre Kompetenzen nicht überschreiten. Grundlage der Feme war die Gerichtsbarkeit der westfälischen Grafengerichte, die den Bezug zur Reichsspitze u. a. auch deshalb hatten wahren können, weil der Erzbischof von Köln das ihm 1180 übertragene Herzogtum Westfalen nicht zur Landesherrschaft auszubauen vermocht hatte. Freigrafen und Freischöffen, die sich ursprünglich nur aus den Freien des Landes selbst rekrutierten, urteilten und richteten weiterhin unter Königsbann, der allerdings seit dem Ende des 14. Jahrhunderts vom Kölner Erzbischof verliehen wurde. Dieser übte auch eine Art Rechtsaufsicht über die Freigerichte aus. Die desolate Gerichtsbarkeit im Reich führte allmählich zu einer fast unbegrenzten Ausweitung der freigräflichen Kompetenzansprüche; im Grunde galt das gesamte Reichsgebiet als Wirkungskreis der Freistühle. Zwar konnten Nicht-Westfalen nur dann Klage bei ihnen erheben, wenn der zuständige Richter das Recht verweigert hatte, oder wenn man des Beklagten nicht mächtig werden konnte, d. h. ihn nicht zur gerichtlich verfügten Wiedergutmachung begangenen Unrechts zu zwingen vermochte, jedoch scheint die Prüfung dieser Voraussetzungen nicht selten in sehr großzügiger Weise vorgenommen worden zu sein. Das Schwergewicht der Feme lag auf dem Gebiet der Strafjustiz, aber da auch bei Rechtsverweigerung geladen werden durfte, gab es kaum etwas, dessen sich die Freigrafen und ihre Schöffen nicht annehmen konnten. Die Stadt Augsburg klagte vor dem Stuhl des westfälischen Volmarstein gegen ihren ehemaligen Bürgermeister Peter Egen, der von Friedrich III. geadelt worden war, sich dann Peter von Argun nannte, sein Amt niederlegte, die Stadt verließ und sich der Jörgenschildgesellschaft anschloß. Dann hat er seine Heimatstadt mit z.T. dubioser Begründung vor dem Landgericht des Nürnberger Burggrafen zu Ansbach verklagt. Auch dies war ein kaiserliches Landgericht, aber die Augsburger achteten dies gering, und es war ihnen ein Spott, wie der Chronist Burkhard Zink meinte. Sie selbst verklagten ihren Bürgermeister vor dem Volmarsteiner Freistuhl, der dem Herrn von Argun auch eine Ladung schickte. Schließlich einigten sich beide Parteien darauf, ihre Streitfrage vor dem kaiserlichen Hofgericht entscheiden zu lassen. Auf dem Wege dahin ist Peter von Argun gestorben. Später munkelte man, er sei heimlich an einer Weide gehenkt, d.h. von drei dazu notwendigen Freischöffen hingerichtet worden.

Der Fall des Peter von Argun dürfte in mancher Hinsicht symptomatisch gewesen sein: Viel erreicht haben die Augsburger mit ihrer Volmarsteiner Klage offenbar nicht, denn der Herr von Argun wird über diesen Freistuhl im fernen Westfalen ebenso gespottet haben wie die Augsburger über das ebenfalls als Reichsinstitution tätige und in Ansbach tagende Landgericht des Nürnberger Burggrafen. Aber die Gerüchte über die Umstände von Arguns Tod lassen doch deutlich werden, daß schon die Zeitgenossen die Effizienz der Feme zu überschätzen pflegten. Die relativ seltenen Hinrichtungen müssen ein beträchtliches Aufsehen erregt haben, und die sich darum rankenden Schauermären taten dann das ihre, um der heimlichen Gerichtsbarkeit ihr makabres Prestige zu verleihen. Nicht wenige dürften in der Feme ihre letzte Hoffnung gesehen haben, so die Leineweber des an der fernen Spree gelegenen Beeskow, die ihr Stadtregiment verklagten, weil sie von Bürgermeister und Rat wegen ihres als unehrlich geltenden Berufes diskriminiert worden waren. Es versteht sich, daß der Landesherr der Beeskower dies als Beeinträchtigung seiner Rechte gewertet hat und die Leineweber vor seine eigenen Instanzen zitierte.

Die von den Fürsten erhobene Forderung, die Kompetenzen der heimlichen Gerichte auf ihr ursprüngliches Ausmaß zurückzuführen, kollidierte freilich mit der damals schon weit verbreiteten Gewohnheit von Fürsten und Stadtbürgern, sich wissend machen zu lassen, d.h. als Freischöffen auch außerhalb Westfalens tätig zu werden. Selbst Kaiser Siegmund hat zu den »Wissenden« gehört. Der Sinn dieser Beteiligung von Nicht-Westfalen an der Feme dürfte vor allem darin gelegen haben, die Tätigkeit der Freistühle besser überschauen und damit auch kontrollieren zu können. Wie alle im gleichen Zusammenhang stehenden Probleme ist auch das der heimlichen Gerichte erst durch die Einrichtung des Reichskammergerichts wesentlich entschärft worden.

Während die Städte die Bedenken der Fürsten gegen die Feme geteilt haben, waren sie hinsichtlich der meisten anderen Reformvorschläge der Meinung, diese verstießen wider alle kaiserlichen Rechte und natürlich auch gegen ihre Freiheiten. Siegmund war ebenfalls nicht bereit, die einseitig zugunsten der Landesfürsten konzipierten Pläne zu billigen; dies wäre seinen bisherigen Vorstellungen diametral zuwidergelaufen. Am Ende einigten sich Fürsten und Städte auf einen nichtssagenden gemeinsamen Reformentwurf; die Räuberei sollte beseitigt werden, dazu waren die Gerichte in Stadt und Land in ihrer alten Ordnung zu halten. Den herrenlosen Kriegsknechten, die beiden Parteien Kummer bereiteten, wollte man gemeinsam an den Kragen gehen. Aber alles andere war beiseite gelassen worden, darunter auch die komplizierten Verfahrensregelungen zugunsten des landesherrlichen Rates.

Nahezu unabhängig von den auf eine dekretierte Reform der Reichsverfassung zielenden Bestrebungen haben sich unter Siegmund indes einige bemerkenswerte Wandlungen vollzogen, die z.T. nur kurzfristiger Natur waren, dennoch aber Auswirkungen auf die weitere Entwicklung der königlichen Verwaltung und ihrer Organe haben sollten. Im wesentlichen resultierten sie aus der fast ständigen Abwesenheit des Königs. Aufs Ganze gesehen läßt sich über die Struktur der königlichen Zentrale und ihre Tätigkeit noch immer eine ähnliche Feststellung treffen wie über die von Karls IV. Hof, d.h. daß die Institutionalisierung der monarchischen Funktionen sich noch immer auf einem vergleichsweise niedrigen Niveau vollzog. Das Bedürfnis dazu war freilich durchaus vorhanden und hat im Verlauf von Siegmunds Herrschaft zu einer seltsamen Ersatzlösung geführt, die freilich dann im Ansatz steckenbleiben sollte. Organisator dieses Versuchs war der Reichserbkämmerer Konrad von Weinsberg. Die vier Hofämter des Marschalls, Kämmerers, Truchseß' und Schenken waren den Trägern der Erzämter zugeordnet, d.h. – in derselben Reihenfolge – den Kurfürsten von Sachsen, Brandenburg, Pfalz und Böhmen. Die Ämter befanden sich damals schon lange als erbliche Reichslehen im Besitz von Familien ministerialischen Ursprungs und bedeuteten für die jeweiligen Inhaber gewisse Präsente und Ehrenrechte bei bestimmten Gelegenheiten, z.B. der Krönung und den sich daran anschließenden Festlichkeiten. Für die Reichsverwaltung hatten die Marschälle und Kämmerer indes schon lange keine nennenswerte Bedeutung mehr; immerhin ließ sich aber von der jeweiligen Würde ein Anspruch ableiten, und dies hat unter Siegmund der Erbkämmerer Konrad von Weinsberg getan. Neben ihm vermochte noch der Erbmarschall Haupt von Pappenheim eine gewisse Rolle zu spielen, jedoch hat dieser kaum die traditionellen Kompetenzen eines königlichen Rates überschritten. Z.B. diente der Pappenheimer als Verbindungsmann zu den schwäbischen Rittergesellschaften, denen er selbst angehörte, und dürfte einer der maßgeblichen Initiatoren von Siegmunds adelsfreundlicher Politik gewesen sein. Die Ziele des Weinsbergers aber waren sehr viel weiter gesteckt; er hat es verstanden, zeitweise – in einer gewissen Konkurrenz zu Siegmunds Kanzlern – die deutsche Politik des Königs unter seine Kontrolle zu bringen. Vielleicht wäre er zur alles dominierenden Figur innerhalb des deutschen Reichsteiles geworden, hätte er sich nicht durch einige allzu eigennützige Aktionen den allerhöchsten Zorn zugezogen. Schon 1418 hat ihm Siegmund einmal ausrichten lassen, er solle nicht gerade ihn, den König, bescheißen. Diese Warnung hat Konrad aber in den Wind geschlagen, denn wenig später versuchte er die Bemühungen seines Schwiegersohnes, des Herzogs Erich von Sachsen-Lauenburg, die sächsische Kurwürde zu erlangen, durch die Fälschung einer Belehnungsurkunde zu »legitimieren«. Nachdem dieser Betrug, an dem sich auch der Kanzler, Bischof Georg von Passau, beteiligt hatte, im August 1426 aufgedeckt worden war, glaubte Konrad, es sich noch leisten zu können, bei Sinsheim einen großen, zur Frankfurter Messe ziehenden Kaufmannszug zu überfallen, um das ihm von Siegmund als Lehen übertragene, jedoch auf seine Reichsfreiheit pochende Städtchen Weinsberg zur Anerkennung seiner Herrschaft zu nötigen. Obwohl er sich dann zwei Jahre später mit dem König aussöhnte, hat er doch seither nie wieder das volle Vertrauen Siegmunds erringen können.

Der Weinsberger muß ein rastlos tätiger Mann gewesen sein. Der Beweis dieser Schaffenskraft, sein Archiv, ist noch heute vorhanden. Bezeichnenderweise befindet es sich im Besitz der Erben seiner Familie, der Fürsten Hohenlohe, nicht also im Wiener Haus-, Hof- und Staatsarchiv, wo es hingekommen wäre, wenn das römisch-deutsche Reich eine der französischen Monarchie vergleichbare Verfassungsstruktur gehabt hätte. Zu seinen Aufgaben hat der Weinsberger vor allem die Finanz- und Steuerpolitik gezählt, d.h. er war mehrfach an der Erhebung von Judensteuern beteiligt, u.a. auch an der Eintreibung der Krönungssteuer, die man bei Gelegenheit von Siegmunds Kaiserkrönung mit dem Hinweis, sie sei schon seit jeher üblich gewesen, zum ersten Male von den Juden im Reich verlangt hat. Mit der Hussitensteueraktion hatte Konrad demgegenüber nichts zu tun, denn diese blieb im wesentlichen eine Angelegenheit der Kurfürsten und des Kardinallegaten. Das besondere Interesse des Kämmerers galt einer Vereinheitlichung des Münzwesens, die sich übrigens wie ein roter Faden durch sämtliche Reformprojekte des 15. Jahrhunderts hindurchgezogen hat, ohne je verwirklicht zu werden. Den Währungswirrwarr im Reich glaubte Konrad durch eine vom König und von den rheinischen Kurfürsten gemeinsam betriebene Prägung eines einheitlichen Guldens und durch eine »Konkordierung« der Silbermünzen mit der Frankfurter Währung beseitigen zu können. Die Kurfürsten haben sich jedoch aus Sorge um die Wahrung ihrer durch Karls IV. Goldene Bulle verbriefte Münzhoheit den Bemühungen des Weinsbergers widersetzt. Noch erstaunlicher mutet ein weiteres Unternehmen des Erbkämmerers an: Er regte eine ausgedehnte Revindikation verfallener und entfremdeter Reichslehen und -pfandschaften an, zunächst in Schwaben und im Elsaß. Wenn die in einem früheren Kapitel erwähnte These richtig ist, daß Karl IV. das Reichsgut in großem Stil veräußert habe, um damit die Wahl eines römischen Königs, der nicht zugleich über die böhmische Hausmacht verfügte, unmöglich zu machen, dann hätte er damit nicht nur das Königtum eines Ruprecht von der Pfalz, sondern auch das seines Sohnes Siegmund unterminiert, der ja seit dem Beginn seiner Herrschaft Klage darüber geführt hatte, daß in deutschen Landen der König nichts und die Fürsten alles hätten. Dieser Einschätzung der Lage entsprechend stellte Siegmund dem Weinsberger dann auch am 4. I. 1435 die gewünschte Ermächtigung für Schwaben und das Elsaß aus; Konrad hat sich in der Folge als ein ausgezeichneter und den Betroffenen unheimlicher Kenner der Materie erwiesen. Schließlich wollte er die Aktion auf das gesamte Reich ausdehnen. Das hätte naturgemäß eine intensive Untersuchung der Verhältnisse in den einzelnen Regionen und dementsprechend eine Ausweitung von Konrads Personal zur Folge haben müssen. Der Weinsberger schien auf dem besten Wege, eine Fiskalbehörde außerhalb des Königshofes und auf – verglichen mit der Pariser Chambre des comptes – privater Basis zu schaffen. Es versteht sich, daß auch diese Aktivitäten des Kämmerers auf Widerstand stießen. Siegmund war nach den mit dem Weinsberger gemachten Erfahrungen dann auch nicht bereit, dem rührigen Mann so weitreichende Vollmachten zu erteilen. Ebensowenig kam er den Wünschen Konrads entgegen, das unmittelbar mit dem Hof verbundene und jetzt erst als Institution erkennbare Kammergericht seinem Vorsitz zu unterstellen, womit der Erbkämmerer die Kontrolle über die fiskalischen Verfahren (über Gülten, Zins etc.) des Reichsoberhauptes erlangt hätte. Wie sehr man Sachkenntnis und Geschäftstüchtigkeit des Weinsbergers geschätzt haben muß, zeigte sich nach Siegmunds Tod, als dessen Nachfolger und Schwiegersohn ihn trotz des mehrfachen Vertrauensbruches in seine Dienste nahm und ihm eine Stellung einräumte, die der des Kanzlers Kaspar Schlick fast gleichgekommen ist.

Auch dieser war schon unter Siegmund in königlichen Dienst getreten, war Protonotar und Vizekanzler geworden und hatte 1433 den Bischof Johann von Agram im Amt des Kanzlers abgelöst. Schlick war nicht nur der erste Laie, der diese noch immer wichtigste Funktion am Hof übernommen hat, sondern auch seit dem Interregnum der erste Kanzler, der unter mehr als einem König dienen konnte. Er stammte aus einer bürgerlichen Familie des Egerlandes und galt den rheinischen Kurfürsten, die ihm wegen seiner städtefreundlichen Politik mißtrauten, als Böhme; nach Siegmunds Tod nahmen Schlicks Laienstand und seine Nationalität zum Vorwand, seine Ablösung zu verlangen, ohne damit aber Erfolg zu erzielen. Seine akademische Ausbildung hatte der Kanzler an der Universität Leipzig erfahren; der unter König Ruprecht einsetzende Drang von wissenschaftlich ausgebildeten Laien, die Spitzenämter am Hof zu erlangen, erreichte mit ihm einen Höhepunkt.
Die geschulten Juristen haben dann in den folgenden Jahrzehnten die Diskussion um die Reichsreform durch viele Pläne, die oft eine vorzügliche Ausbildung und großen Ideenreichtum verraten, zu beleben verstanden; merkliche Fortschritte auf dem Wege zu einer effektiveren Friedenswahrung im Reich haben aber auch sie zunächst nicht bewirken können; diese Feststellung gilt auch für die Autoren, die unter dem unmittelbaren Eindruck von Siegmunds Persönlichkeit und Politik einen Beitrag für die Besserung der Verhältnisse leisten wollten.
Nach Siegmunds Tod schrieb ein bis heute unbekannt gebliebener Verfasser, von dem man nur weiß, daß er am Baseler Konzil teilgenommen hat und wahrscheinlich aus der Umgebung dieser Stadt stammte, die Reformatio Sigismundi, die Reform des Kaisers Siegmund. Es wird angenommen, daß der Verfasser Verbindungen zum Hofe Siegmunds hatte und daß er gewisse Reformideen des Kaisers kannte; z. B. hält auch die Reformatio eine enge Verbindung zwischen den Reichsstädten und der Ritterschaft für notwendig, um eine Besserung des gegenwärtigen Zustandes herbeizuführen. Die Schrift umfaßt eine Vorrede, eine geistliche und eine weltliche Reformation sowie schließlich eine angebliche Vision Kaiser Siegmunds. Zwar behandelt die Reformatio Themen, die auch auf den Reichstagen oder den Konzilien dieser Zeit erörtert worden sind, in einigen Punkten aber geht der Verfasser doch weit über das hinaus, was die zeitgenössischen Politiker und Prälaten zu diskutieren oder vorzuschlagen wagten. In der geistlichen Reformation bildet der Zölibat der einfachen Priester ein zentrales Problem: Der Autor lehnt ihn wegen der daraus erwachsenen sittlichen Mißstände mit scharfen Worten ab. Brisant war die

Forderung, die Kirche müsse auf alle weltliche Gewalt verzichten: Bischöfe und Äbte dürften keine Burgen und Städte haben, keinen Zwing und Bann ausüben. Eine etwas jüngere Fassung der Reformatio fordert, daß all dies an den König fallen solle. Dieser sei ein ohnmächtiger Herr, der keinen Krieg mehr abwenden könne. Die Kurfürsten hätten dem Reich alle Zölle und Burgen abgezogen. Nur die Ritterschaft und die edlen Reichsstädte könnten dem Reich aus seiner Not helfen. Aber nicht nur die Mächte, die auf den Reichstagen ihre Interessen vertreten und ihre Reformvorschläge formulieren konnten, werden in der Reformatio berücksichtigt, sondern auch die armen, die ohnmächtigen Leute, der gemeine Mann. Es sei eine unerhörte Sache, daß ein Christ zu einem anderen zu sagen wagt: »Du bist mein eigen.« Gott habe doch alle Menschen befreit. Aber selbst die Geistlichen haben Eigenleute. Höfe und Äcker sind mit Zins überladen. Weide, Holz und Wasser werden gebannt, d.h. dem allgemeinen Nutzen entzogen, neue Steuern werden erhoben, die Leute mit beiden Sporen geritten. Aber nicht nur auf dem Lande gibt es Mißbrauch der Macht. In den Städten treiben die Kaufleute ihre Geschäfte mit großem Alefanz; sie treffen Preisabsprachen zuungunsten der Käufer und gründen Handelsgesellschaften. Die sollten verboten und vernichtet werden. Die Qualität der Waren müßte öffentlicher Kontrolle unterworfen werden, und die Preise seien in der Kaufhalle von Bürgermeister und Ratsherren nach Maßgabe von Kosten, Sorge und Arbeit festzusetzen, d.h. das den Kaufleuten seit jeher selbstverständliche Gewinnstreben war dem Verfasser suspekt und sollte im Interesse der Konsumenten eingedämmt werden.

Die Reformvorschläge weisen z.T. erheblich über die Möglichkeiten der Zeit hinaus, z.T. wird man sie nach unseren Begriffen als konservativ, wenn nicht gar als reaktionär bezeichnen müssen, denn daß die Handelsgesellschaften bei allem Eigennutz ihrer Mitglieder auch für die Gemeinschaft eine vorteilhafte Einrichtung bedeuteten, kann gar nicht bezweifelt werden. Das Ziel, die Herstellung oder Wiederherstellung der rechten, von Gott gewollten Ordnung einer als naturgegeben betrachteten Ständegesellschaft sollte nach den Vorstellungen des Verfassers zum großen Teil mit pragmatisch-rationalen Maßnahmen erreicht werden; daneben läßt die Schrift aber auch radikalere, mit eschatologischen Elementen durchsetzte Tendenzen erkennen, die auf den Umsturz der gegenwärtigen Ordnung hinauslaufen mußten. Im Zusammenhang mit der Frage, inwiefern Bischöfe und Äbte »gewalt« (potentia) in Anspruch nehmen dürften, heißt es z.B.: »es wirt einer auffsteen, der durchbrichet mit gewalt, so slag man zü, es kumpt darzü, gehent, wann es ist gots meynung! dye zeyt ist komen, als yr woll werdent horen.« Das Verb »zuslahen« hat eine andere Bedeutung als unser »zuschlagen«; man kann es mit »sich zugesellen« übersetzen. Indes wäre man bei der Verwirklichung einiger der Reformvorschläge wohl kaum ohne Gewalt (im heutigen Sinn) und Strafe (pene) ausgekommen. Eine besondere Bedeutung mißt der Verfasser den »Kleinen« bei. Dieser Begriff hat sich den modernen Interpreten immer wieder als rätselhaft erwiesen. Zum einen wird er nämlich von Jesu Wort geprägt: »Wenn ihr nicht werdet wie jener Kleine (parvulus), so werdet ihr nicht das Himmelreich betreten.« Andererseits aber klagt der Verfasser die »Großen« seiner Zeit an, versagt zu haben; so hätten z. B. Kardinäle und Prälaten dem Konzil den Arsch zugekehrt, ohne die Reform bewirkt zu haben, auf die alle Welt gewartet habe. Am Ende dieser Schelte meint der Verfasser: »der schatz aller gerechtigkeyt ist villeicht den kleinen behalten.« Aber im gleichen Zusammenhang heißt es auch, daß nur wenig Volk Jesus in seinem Martyrium beigestanden habe. Die Kleinen stellen demnach keine Masse dar, die auf die Reform dringen würde. Man wird sie daher auch nicht einfach mit einem bestimmten Stand identifizieren können, etwa mit der »Gemeinschaft der politisch und rechtlich handlungsfähigen Menschen in Stadt und Land« unterhalb der fürstlichen und landesherrlichen Spitze (Irsigler). Dafür haften dem Begriff zu viele religiös-ethische und schließlich auch eschatologische Elemente an: Ein kleiner Geweihter (sacer pusillus), ein demütiger und gerechter Priester wird auferstehen, und alle Fürsten und Herren, Ritter und Stadtbürger werden aufgefordert, hinzuzutreten und all das zu zerstören, was die Welt in Kummer bringt. In Siegmunds Vision, die er am Himmelfahrtstag des Jahres 1403 gehabt haben soll, wird dieser Priester, für den Siegmund nur der Wegbereiter ist, bei Namen genannt: Friedrich von Landnewen, und Siegmund will ihn sogar persönlich in Basel kennengelernt haben. Das Reich und des Reiches Banner werden dem Priesterkönig dienen. Diese Mischung von realer Gegebenheit und mystischer Vision dürfte den Zeitgenossen wahrscheinlich weniger problematisch erschienen sein, als wir dies heute für möglich halten. Nur wenige Jahre vorher war in Frankreich ein einfaches Bauernmädchen aufgetreten und hatte in unbeirrbarem Vertrauen auf seine Visionen ein nahezu ohnmächtiges Königtum aus seiner Lethargie gerissen und den Thronfolger zur Königsweihe nach Reims getrieben. Das Wirken der Jungfrau (besser: Jungfer) von Orléans (lat. puella, frz. pucelle) war am Hof des römischen Königs mit gespanntem Interesse verfolgt worden. Das geht schon aus der Geschichts- und Anekdotensammlung des Mainzers Eberhard Windecke hervor, der, von Siegmund mit mancherlei diplomatischen und sonstigen Geschäften beauftragt, auch

Nachrichten und Quellen zur Geschichte des Mädchens von Domrémy gesammelt hat. Aber mehr noch: Im Formelbuch von Siegmunds Kanzlei ist unter Johannas Namen (Johanne puelle) ein lateinischer Brief an die böhmischen Häretiker überliefert, in dem diese der schändlichsten Verbrechen gegen den wahren Glauben angeklagt werden. Gäbe es nicht den Krieg gegen die Engländer, so heißt es, wäre sie, Johanna, längst in Böhmen erschienen. Wenn sie die Engländer vertreiben könne, wolle sie kommen, um die Böhmen entweder der Häresie oder des Lebens zu berauben. Falls die Böhmen zum katholischen Glauben zurückzukehren wünschten, sollten sie ihre Gesandten (ambassiatores) schicken; sie werde diesen dann sagen, was sie zu tun hätten. Wenn sie aber weiterhin starrsinnig bleiben wollten, dann, so Johanna wörtlich: »erwartet mich, die ich an menschlichen und göttlichen Kräften allen ebenbürtig bin, und ich werde Vergeltung üben.« So merkwürdig es auch erscheinen mag: Der vom 23. III. (1430) aus Sully datierte Brief ist authentisch. Er stammt zwar nicht von Johanna selbst, aber doch von ihrem Beichtvater und Feldprediger Jean Pasquerel, der das Schreiben mit seinem (außerhalb des Kreises um die Jungfrau gewiß unbekannten) Namen signiert hat. Es ist wenig wahrscheinlich, daß Johanna oder ihre Begleiter damals – genau zwei Monate vor ihrer Gefangennahme – ein besonderes Interesse für die böhmischen Querelen bekundet hätten, wenn sie nicht von irgendjemandem darum ersucht worden wären. Wie immer dieses seltsame Pamphlet gegen die Hussiten zustande gekommen ist, die in Johannas menschlicher Gestalt greifbar erscheinende göttliche Kraft und ihre Wirkung auf die politischen Gegebenheiten des Nachbarlandes müssen auf Siegmund und seine Umgebung einen tiefen Eindruck gemacht haben, der auch nicht durch den auf Geheiß des englischen Königs von Klerus und Professorenschaft verübten Justizmord verwischt werden konnte. Jeanne hat sich selbst »la pucelle« genannt; zwischen diesem Wort und dem pusillus der Reformatio Sigismundi besteht zwar kein etymologischer Zusammenhang, wohl aber eine unverkennbare semantische und lautliche Ähnlichkeit. Die Anregung zur Gestalt des kleinen Geweihten mag der Verfasser von Kaiser Siegmunds Reformation demnach in der realen Geschichte Frankreichs gefunden haben. Nur: Während die visionäre Kraft der Jeanne d'Arc die politischen Realitäten ihres Landes nachhaltig in Bewegung zu setzen vermochte, blieb der kleine Geweihte eine literarische Figur, die Reformatio Sigismundi eine zwar oft kopierte, aber während des 15. Jahrhunderts nur selten gelesene Schrift, die auf die politisch maßgeblichen Kräfte des 15. Jahrhunderts keinen allzu großen Eindruck gemacht haben kann, obwohl sie ein paarmal als echtes

Werk des Kaisers Siegmund in Handschriften Aufnahme fand, die auch die unzweifelhaft authentische Reformacio Friderici, den Landfrieden Friedrichs III. von 1442, überliefern.
Die Reformatio Sigismundi darf als der merkwürdigste und – schon ihrer überaus lebendigen Sprache wegen – als der eindrucksvollste der zahlreichen Reformtraktate dieser Zeit angesehen werden. Voraufgegangen war u.a. das Avisament zur Reform der Kirche und des Reichs, das der Pfälzer Rat Job Vener im Sommer 1417 geschrieben hat, als der Kampf um die Wahl des neuen Papstes und die künftige Zusammensetzung des Kardinalskollegs in aller Schärfe entbrannt war: Nach Meinung Veners sollte es nicht nur 12 oder 24, sondern gleich 72 Kardinäle geben, die aus dem gesamten in 72 Provinzen unterteilten Erdkreis zu wählen waren, und zwar von den Prälaten jener Regionen. Fast am Ende des Traktats, in einem Abschnitt von knapp 2 Druckseiten, wird dann auch die Reform des Kaisertums (Imperium) abgehandelt, die in Analogie zu der des Papsttums zu erfolgen habe. Das Imperium des Job Vener ist weder das des gegenwärtigen römischen Königs, nicht einmal das Karls oder Ottos des Großen, sondern ein den gesamten Erdkreis umspannendes Reich, für das gleichwohl konkrete Vorschläge zu seiner Wiederherstellung gemacht werden, denn andernfalls, so meinte Vener, werde es bald untergehen. Zentrale Voraussetzung für das Gelingen des Vorhabens sei die unbestrittene libertas von Fürsten und Städten; denn wenn geistliche wie weltliche Fürsten fürchten müßten, von einem mächtigen Kaisertum in tyrannischer Weise zur Knechtschaft hinabgedrückt und mit untragbarer Steuer (tributum) belastet zu werden, kann das Werk nicht vollendet werden: »Eine solche Angst der Unteren vor den Oberen war immer in der Welt . . . dann hatte die Welt nie lange Zeit Frieden und erwarb wenig Gerechtigkeit durch das Kaisertum.« Der einst königliche, jetzt kurpfälzische Rat Vener erblickt das Heil des Kaisertums in den Räten (conciliarii, nicht consiliarii), die ebenso wie die Kardinäle in den 72 Provinzen des Erdkreises zu wählen sind, und zwar von den drei Ständen (status) der geistlichen Fürsten und Prälaten, der weltlichen Fürsten und Adeligen sowie der Räte (consules) der Freien und der Reichs-Städte. Die Aufgabe der Gewählten besteht offenbar vor allem darin, in einer bestimmten Freien oder Reichs-Stadt inmitten des Imperiums für den rechten Verlauf der Gerichtsverfahren zu sorgen, u.a. dadurch, daß Gesetze erlassen werden, denen zufolge in den Städten besoldete Rechtsgelehrte vorhanden sein würden, die in vom Kaiser delegierten Verfahren der Fürsten und Adeligen als Beisitzer und Prozeßvertreter aufzutreten hatten. Das Prinzip von Veners Reformvorstellungen liegt auf der Hand: Die Sphäre der fürstlichen

Territorien und die der Städte blieben von einem derartigen Kaisertum so gut wie unbehelligt. Über die Ausbildung der zu wählenden Räte wird zwar nichts gesagt, aber angesichts ihrer Aufgaben dürften sie schwerlich ohne ein Studium des Kaiser-, d. h. des römischen Rechts ausgekommen sein. Immerhin müssen sie auch dafür Sorge tragen, daß die heiligen Gesetze auch in der Sprache der jeweiligen Region zur Verfügung stehen. Die Räte bilden ein Reichsregiment, dem allerdings kaum mehr als die Regelung der üblichen Landfriedenskonflikte zugestanden worden wäre. In gewissen Fällen, bei denen Fürsten oder Städte ihrer Freiheit beraubt würden (Vener denkt wohl an die Reichsacht), bleibt der Kaiser an den Mehrheitsbeschluß des ständischen Rates gebunden. Manches von dem, was Vener in abstrakter, z. T. utopisch anmutender Form vorgeschlagen hat, sollte in den Reformentwürfen der Reichstage seit 1437 aufgegriffen werden. Aufs Ganze gesehen wirkt der kleine Abschnitt aber doch ein wenig weltfremd. Daß eine Bedrohung von außen, durch Türken oder Hussiten, den juristischen Kaiserkosmos zum Einsturz bringen könnte, ist dem Verfasser zwei Jahre vor dem Beginn der hussitischen Revolution offenbar nicht in den Sinn gekommen. Ebensowenig scheint er sich Gedanken darüber gemacht zu haben, wer denn dem machtlosen Kaiser die notwendigen Mittel zur Verfügung stellen sollte, wenn Tribute offenbar stets als untragbare Belastung zu werten waren. Die Erfahrungen aus seiner Zeit als Rat König Ruprechts scheinen an diesem Beamten offenbar spurlos vorübergegangen zu sein.

Weniger durch konkrete Reformvorschläge als durch die Beschwörung der guten alten Zeit setzte sich damals Dietrich von Nieheim mit dem Niedergang des Reiches auseinander. Einig ist sich dieser genuin historisch denkende Autor mit dem Juristen Vener allenfalls darin, daß eine baldige Abkehr vom gegenwärtigen Zustand notwendig sein solle. Die Tage Ottos des Großen, als ein Kaiser noch von jedermann gefürchtet wurde, sind längst dahin. Karl IV. und Wenzel haben zwei der vier Räder des Reichswagens verschleudert: das Arelat und die Lombardei; die beiden anderen, Deutschland mit Lotharingien und Italien, sind gefährdet. Der kaiserliche Hof ist keine Gerichtsstätte mehr wie noch in den Tagen Friedrichs I., der Heinrich dem Löwen die Lehen entziehen lassen konnte. Die Fürsten haben dem Reich alles entfremdet, vereinigen sogar mehrere Lehen in einer Hand. Wie gut sieht es da in den nordischen Reichen der Königin Margarete aus, wo es keine Fürsten, sondern nur Ritter und Edelknechte gibt. Die Wiederherstellung der alten Kaisermacht scheint für Dietrich der einzige Ausweg aus der gegenwärtigen Misere zu sein, aber die Mittel, mit denen man dahin kommen könne, weiß er nicht zu nennen.

Von den Erfahrungen der Hussitenkriege ist dann die wohl bedeutendste Reformschrift der Konzilszeit geprägt, die Anfang der dreißiger Jahre entstandene Concordantia Catholica des Nikolaus von Kues. Wie bei Job Vener entspringt auch bei dem Cusanus die Grundkonzeption seiner Reformpläne den ständischen Gegebenheiten der gegenwärtigen Reichsverfassung, aber anders als in dem knappen Traktat des kurpfälzischen Rates wird in der Concordantia Catholica der monarchischen Spitze doch etwas mehr als nur die Funktion einer machtlosen Vermittlungsstelle eingeräumt. Ohne ein ständiges Heer und eine allgemeine Steuer ist das Reich nicht lebensfähig; allerdings soll der Herrscher, dem solche Machtmittel überantwortet werden, durch die Mitwirkung der Stände – Adel, Klerus und (Stadt-)Volk –, beraten und d.h. auch kontrolliert werden. Nikolaus sah eine Einteilung des Reichs in mindestens zwölf Kreise mit je einem Gericht vor, das mit drei Richtern aus Adel, Klerus und Volk zu besetzen war und unter kaiserlichem Bann richten würde. Die Kreisrichter waren auch als Mitglieder einer allgemeinen, jährlich zu Pfingsten in Frankfurt tagenden Reichsversammlung vorgesehen, deren Vorsitz der Kaiser oder – im Falle der Verhinderung – ein Kurfürst übernahm.
Nach Siegmunds Tod erinnerte der Magdeburger Domherr Johannes Toke an den guten Status des Reiches in den Tagen Rudolfs von Habsburg, der in Würzburg einen allgemeinen Landfrieden in deutschen Landen errichtet und in Thüringen viele Raubburgen vernichtet habe. Zugleich verwies Toke auf die nachahmenswerten Verhältnisse in anderen Ländern und verlangte die Einrichtung eines ständigen obersten Gerichtes nach dem Vorbild der Gerichtsstätten in Paris, London oder Genf (statt richtig in Chambéry für Savoyen). Dies könne dem Reich aufhelfen, in dem nichts als Krieg sei und wo jedermann Richter sein wolle. Jeder, der mehr als 100 fl. besitze, solle den sechsten Teil eines Gulden im Jahr zahlen; das würde jedermann leichtfallen und dennoch ewigen Frieden bringen.
Die Frage, warum es bis zum Ende des Jahrhunderts trotz des weitverbreiteten Unmuts über den Zustand des Reiches nicht zu einem nennenswerten Fortschritt der Reformbestrebungen in die eine oder die andere Richtung gekommen ist, läßt sich nicht mit einer einfachen Erklärung beantworten. Maßgeblich war freilich eine Rahmenbedingung: Das den Zeitgenossen als ausgewogen erscheinende Kräfteverhältnis zwischen den verschiedenen Ständen, das durch die geringste Veränderung aus den Fugen zu geraten drohte. In einer Heeresmatrikel, die im Rahmen von Vorbereitungen eines Türkenzuges im Jahre 1467 entstanden ist, wurden insgesamt 79 Städte (ohne die eidgenössischen) mit 1059 Pferden

(d. h. schwerbewaffneten Reitern) und 2926 Fußknechten veranschlagt, während 21 weltliche Fürsten (ohne die Kurfürsten) zusammen nur 735 Pferde und 1730 Fußknechte stellen sollten. Die entsprechenden Zahlen der Kurfürsten: 320 bzw. 740; die des Kaisers: 300 bzw. 700, Grafen und Herren: 679 bzw. 1383. Gewiß ist die militärische Stärke nur ein Element politischer Macht, aber die Zeitgenossen werden doch von den Schätzungen der von den einzelnen Ständen zu leistenden Aufgebote stets ihre Rückschlüsse auch auf deren sonstige Potenz gezogen haben. Auf die Dauer – und dies wird sich gegen Ende des 15. Jahrhunderts immer deutlicher abzeichnen – mußten die Städte freilich gegenüber den benachbarten Fürsten schon deshalb ins Hintertreffen geraten, weil diese den Vorsprung der Stadtbürger auf dem Gebiet der Geldwirtschaft aufzuholen begannen. Herzog Ludwig der Reiche von Niederbayern sah sich schon 1450/53 imstande, Darlehen in Höhe von etwa 75000 fl. zu gewähren und für weitere 90000 fl. verschiedene Orte zu kaufen oder als Pfand zu nehmen. Die meisten Fürsten blieben indes auch in der Folge weiterhin auf die Kredite stadtbürgerlicher Firmen angewiesen, so daß es zu einer Interessenverflechtung zwischen stadtbürgerlichem Kapital und landesherrlicher Macht kommt, die sich aber nur noch in eingeschränktem Maße zugunsten der Städte als gleichberechtigten politischen Partnern der Fürsten auswirken wird. Am Ende von Siegmunds Regierung aber stand das Mißtrauen zwischen Fürsten, Adel und Städten als zunächst unüberwindliches Hindernis jeglicher Verbesserung der herrschenden Mißstände entgegen.

Siegmund, der am 23. VIII. 1436 in Prag eingezogen war, muß wohl schon sehr bald erkannt haben, daß Böhmen nicht mehr in der Weise zu beherrschen war, wie dies vor langen Zeiten einmal sein Vater vermochte. Zwar konnte er sich auf einen Teil des böhmischen Hochadels unter dem Herrn Ulrich von Rosenberg stützen, aber als er durchblicken ließ, daß er auch Böhmen seinem Schwiegersohn Albrecht von Österreich überlassen wolle, regte sich eine utraquistisch orientierte Opposition, so daß der wie sein Vater an der Gicht dahinsiechende Kaiser Prag wieder verließ. Seine Gemahlin Barbara von Cilli, die sich selbst Hoffnungen auf eine Regentschaft in Ungarn machte, ließ er in Znaim festsetzen, wo er dann am 9. XII. 1437 gestorben ist. Nicht in Prag, wo der Vater ruhte, sondern im ungarischen Großwardein (Nagyvárad) hat Siegmund seine Grabstätte gefunden.

XI. Albrecht II.

Der 1399 geborene Herzog Albrecht V. von Österreich, ein ungemein hochgewachsener und energischer, zugleich aber, ganz anders als sein Schwiegervater, sehr wortkarger Mann, war schon zu Siegmunds Lebzeiten als möglicher Nachfolger angesehen worden; wie erinnerlich hatte sich Friedrich von Sachsen 1427 zur Wahl des Herzogs verpflichtet, der jetzt zwar die luxemburgischen Erblande Böhmen und Ungarn übernehmen sollte, dabei aber keineswegs Herr über sämtliche Besitzungen des Hauses Österreich war. Die Habsburger hatten mit dem Neuburger Vertrag vom 25. IX. 1379 ihre Territorien aufgeteilt. Albrecht III., Enkel König Albrechts I. und Großvater des jetzigen Kandidaten, hatte seinerzeit das sogenannte Niederösterreich mit den Landen ob und nied der Enns erhalten, während Leopold III., der Großvater des künftigen Kaisers Friedrich III., Oberösterreich mit Steiermark, Kärnten, Krain und Tirol sowie die althabsburgischen Vorlande am Oberrhein übernahm. Die leopoldinische Linie hatte sich im Verlauf der folgenden Jahrzehnte noch einmal geteilt, und zwar in einen vorderösterreichischen (Tirol und Vorlande) und einen innerösterreichischen (Steiermark, Kärnten, Krain) Zweig. Die niederösterreichischen Gebiete hatte Albrecht V. erst nach vielen verworrenen und grausam geführten Familienfehden 1411 mit Hilfe Siegmunds unter seiner Herrschaft vereinigen können.

Schon kurz nach Siegmunds Tod ist Albrecht am 18. XII. von den ungarischen Ständen zum König gewählt worden; dabei hatte er sich verpflichten müssen, wegen der türkischen Invasionsdrohungen im Lande zu residieren. Am 1. I. wurde er in Stuhlweißenburg mit der Stephanskrone gekrönt. Vier Tage zuvor hatten sich auch die Böhmen mit Mehrheit für Albrecht als Nachfolger Siegmunds entschieden. Der Termin zur Neuwahl des römischen Königs war erst auf den 9. III. 1438 festgesetzt worden. Zu diesem Zeitpunkt mußten die Kurfürsten also wissen, daß Albrecht die beiden von schwer kalkulierbaren inneren und äußeren Gefahren bedrohten Reiche seines Schwiegervaters übernommen hatte. Gleichwohl scheint Albrecht der einzige aussichtsreiche Kandidat gewesen zu sein. Der alternde Friedrich von Brandenburg war zwar für kurze Zeit einmal im Gespräch, aber er muß bereits vor dem Wahltag resigniert haben. Vermutlich im Januar hat der Kölner Erzbischof Dietrich von Moers daran gedacht, die Krone dem mächtigsten

Fürsten der Christenheit, Philipp von Burgund, anzubieten, jedoch stieß dieser Plan, der allzu eindeutig von den Interessen der eng mit Burgund verbundenen Familie Moers geprägt war, am Hofe Philipps auf keine Gegenliebe. Philipp hätte zwar mit Hilfe der römischen Königswürde den Besitz der zahlreichen in seiner Hand befindlichen Reichsfürstentümer legalisieren können, gleichwohl hat er dieses Angebot (und noch zwei folgende in späteren Jahren) abgelehnt; Philipp galt trotz der erstaunlichen Erfolge seiner Expansionspolitik als ein überaus vorsichtiger Mann, und einen Monat vor Siegmunds Tod war König Karl VII. von Frankreich, auch nach dem Frieden von Arras der Todfeind des burgundischen Reiches, feierlich in seine von den Engländern befreite Hauptstadt Paris eingezogen, so daß es wenig ratsam erscheinen mochte, sich auf das Abenteuer des römischen Königtums einzulassen.

Im übrigen wird man bezweifeln dürfen, daß die Kollegen des Kölners für den Fall, daß Philipp sein Interesse bekundet hätte, auf den Plan des Herrn von Moers eingegangen wären; der Burgunder konnte zwar gegen einen allzu aktiven König ein willkommener Bundesgenosse sein; indes hätte ein mit den Rechtstiteln des römischen Königtums auftretender Herzog von Burgund und Brabant, Graf von Holland und Seeland etc. der unbeschränkten Freiheit zumindest der vier rheinischen Kurfürsten innerhalb einer absehbaren Frist ein Ende gesetzt. So wählten schließlich sechs Kurfürsten am 18. III. in Frankfurt einen König, von dem zu erwarten stand, daß er wenigstens für die nächsten Jahre seine gesamte Energie auf die Sicherung seiner Positionen in Böhmen und Ungarn werde richten müssen. Als Albrecht von der Wahl in Kenntnis gesetzt worden war, bedurfte es dann auch längeren Zuredens, ehe er am 19. IV. die Bürde auf sich nahm. Damals dürfte sich bereits abgezeichnet haben, daß eine böhmische Adelsopposition, in der sich der spätere König Georg von Podiebrad allmählich zu profilieren begann, König Wladislaw von Polen die böhmische Krone anbieten würde. Wladislaw, an dessen Hof sich auch Albrechts Schwiegermutter Barbara von Cilli aufhielt, hat den Böhmen seinen jüngeren Bruder Kasimir als Kandidaten empfohlen, der schon am 29. V. von dem Teil des böhmischen Adels gewählt wurde, der mit dem der tschechischen Sprache nicht mächtigen und als eifriger Hussitenverfolger bekannten Österreicher unzufrieden war. Albrecht mochte hoffen, bei Annahme der Wahl zum römischen König die Unterstützung der von den voraufgegangenen Hussitenzügen betroffenen Reichsstände zu erhalten.

Die Kurfürsten haben während des Frankfurter Wahltages die Richtlinien der künftigen Reichspolitik festzulegen versucht. Ungeachtet ihrer Erfahrungen mit einem kurfürstlichen Reichsvikar wollten einige von ihnen noch einmal einen Versuch mit dieser konfliktträchtigen Institution versuchen. Da der Sohn des 1436 verstorbenen Pfalzgrafen Ludwig noch minderjährig war, dachte man an den Markgrafen Friedrich (der dann schon 1440 gestorben ist), aber die pfälzischen Räte haben den Plan schließlich zu Fall gebracht. Unter ihrer maßgeblichen Beteiligung stellte der Kölner Rat Dr. Tilman Johel ein umfangreiches Regierungsprogramm zusammen, das dem König vorgelegt werden sollte und in dem von dem Vikariat schon nicht mehr die Rede war. Die unausgesprochene Richtschnur der Vorschläge war die harmonische Übereinstimmung zwischen König und Kurkolleg, unter besonderer Berücksichtigung der fürstlichen Interessen. Die bisher erteilten Privilegien von Albrechts Vorgängern sollten vom neuen König mit Rat der Kurfürsten überprüft und gegebenenfalls widerrufen werden. Das zielte offensichtlich gegen Siegmunds adels- und städtefreundliche Politik, als deren Exponent der Kanzler Kaspar Schlick gestürzt werden sollte. Das Amt des Kanzlers mußte der König nach den Vorstellungen der Kurfürsten jetzt wieder mit einem gelehrten und deutschstämmigen Prälaten besetzen; wie erinnerlich war Schlick Laie und stammte aus Böhmen. Die weiteren Punkte des kurfürstlichen Programms betrafen im wesentlichen die Fragen der unter Siegmund steckengebliebenen Reichsreform: Besetzung des Hofgerichtes mit frommen und verständigen, d.h. rechtserfahrenen Leuten; allgemeiner Landfriede, generelles Verbot der Brandlegung auch im Fehdefall usw. Auch Konrad von Weinsberg, der die Stunde für gekommen hielt, seine Vorstellungen von einer wirkungsvollen Reichspolitik jetzt wieder unbelastet von den Sünden der Vergangenheit zur Geltung bringen zu können, arbeitete ein 53 Punkte umfassendes Programm aus, das er während einer Audienz in Wien Ende April 1438 vorgetragen haben dürfte. Die beiden dem kurfürstlichen Vorschlag eigentümlichen Punkte: Neubesetzung des Kanzleramtes und Überprüfung der Privilegien, fehlten natürlich; dafür wußte er Pläne zur Finanzpolitik zu unterbreiten, die freilich die konventionellen Bahnen nicht verlassen haben: Die Besteuerung der Juden kannte man bereits zur Genüge. Konkreter als die Kurfürsten äußerte sich der Weinsberger zur Außenpolitik, Albrecht sollte das Herzogtum Luxemburg sowie die Grafschaften Hennegau, Holland und Seeland ans Reich zurückbringen; d.h. Konrad forderte von dem mit Ungarn und Böhmen gut ausgelasteten König eine Attacke auf die neuburgundische Macht am Westrand des Reiches.

Ebenso wie sein Vorgänger hat sich auch Albrecht damit begnügen müssen, seine deutsche Politik durch Stellvertreter, d.h. durch seine Räte zu betreiben. Eine chronologische Skizze seiner zwanzig Monate währenden Herrschaft läßt erkennen, daß er als König die habsburg-luxemburgischen Hausmachtterritorien nie verlassen hat: Zug zur Krönung nach Prag (25. VI.), Belagerung der böhmisch-polnischen Opposition in Tabor (August/September), Feldzug in das von den Polen z.T. besetzte Schlesien (Winter 1438/39), Rückkehr nach Wien (April), Marsch durch Ungarn, um die von den Türken belagerte Festung Semendria zu entsetzen, die dann aber doch den Belagerern in die Hände fiel (Herbst 1439). Während dieses Feldzuges wurde Albrechts Heer von der Ruhr heimgesucht, der am 27. X. auch der König erlag.

Einen eigenen Stab von Ratgebern für die deutsche Politik hat Albrecht während seiner kurzen Regierungszeit nicht aufgebaut; er konnte auf den seines Vorgängers zurückgreifen, vor allem auf Kaspar Schlick, den er entgegen den Wünschen der Kurfürsten im Amt beließ, auf den Marschall Haupt von Pappenheim und auf Konrad von Weinsberg, der allem Anschein nach zum wichtigsten Rat des Habsburgers avancierte; man kann ihn geradezu als Albrechts Vikar in deutschen Landen bezeichnen. Konrad hat nahezu alle Aufgaben der Reichspolitik an sich zu ziehen verstanden: Verbindung mit den Ständen, Teilnahme an allen einschlägigen Tagen, außenpolitische Kontakte mit England und Frankreich, Beziehungen zum Konzil von Basel, Judensteueraktion und schließlich das Justizwesen. Konrad wurde gelegentlich auch am Reichshofgericht tätig. Die Kompetenzen des Kanzlers unterschieden sich nur sehr wenig von denen des Erbkämmerers: Mitunter haben beide als offenbar ebenbürtige Amtsträger ein und dieselbe Aufgabe wahrgenommen; auch im außenpolitischen Bereich gab es, zumindest was die Kontakte zu Frankreich betrifft, keine Abgrenzung ihrer Tätigkeiten. Gegenüber diesen beiden Repräsentanten der Königsherrschaft hat Haupt von Pappenheim nur noch eine sekundäre Rolle spielen können; er ist im übrigen noch vor Albrecht gestorben.

Der von den Kurfürsten gewünschte Tag zur weiteren Beratung der Reichsreform hat von Mitte Juli an in Nürnberg stattgefunden. Der Termin dürfte dem König insofern sehr gelegen gewesen sein, als gerade damals der Konflikt in Böhmen seinem Höhepunkt entgegenstrebte. Mehrere Fürsten, darunter auch der von Wladislaw umworbene Herzog von Sachsen sowie der Brandenburger, haben Albrecht eine beachtliche militärische Unterstützung gewährt; auch die Reichsstädte haben durch eigene Aufgebote dazu beigetragen, daß die böhmisch-polnische Opposition mehrfach, wenn auch nicht entscheidend besiegt werden konnte. Nachdem die Werbungen König Wladislaws um Parteigänger unter den

Reichsfürsten eingestellt werden mußten und die Böhmen dem Angriff des römischen Königs keinen erfolgversprechenden Widerstand leisteten, zogen sich die Polen aus Schlesien zurück, so daß Albrechts Stellung in Böhmen als vorerst gefestigt gelten konnte.

Unterdessen waren die Beratungen über die Reform aufgenommen worden; die unterschiedlichen Pläne des Königs, der Kurfürsten und ihrer Anhänger sowie der Städte wurden in umfangreichen, in einigen Punkten erheblich voneinander abweichenden Gesetzentwürfen niedergelegt. Der wohl bemerkenswerteste, an den sich die beiden anderen in manchen Passagen wörtlich anlehnten, stammt von der kurfürstlichen Partei. Ihr Vorschlag, die Fehde generell und ein für allemal zu verbieten und nur noch den rechtlichen Austrag zuzulassen, wurde auch in den königlichen und den städtischen Entwurf übernommen. Zwar war der Gedanke eines ewigen Landfriedens nicht neu, jedoch wurde er hier zum ersten Mal in ein nur noch zu besiegelndes Privileg des Königs eingebracht. Über den Weg, der zu diesem Ziel führen sollte, gab es allerdings sehr kontroverse Meinungen. Die Kurfürsten haben in ihrem Entwurf sogar einiges von dem, was man zu Siegmunds Zeiten noch den Reichsstädten hatte konzedieren wollen, wieder zurückgenommen. Damals waren sie bereit gewesen, den rechtlichen Austrag zwischen Fürst und Reichsstadt in derselben Weise zuzulassen, wie er zwischen Fürst und Fürst vorgesehen war. Jetzt mußte sich bei der Klage gegen einen Fürsten jedermann – ob Graf, Ritter, Stadtgemeinde oder Stadtbürger – an die Räte des Beklagten wenden. Weder im städtischen noch in dem von den ritterschaftlichen Herren Weinsberg und Pappenheim mitredigierten königlichen Entwurf hatten diese detaillierten Verfahrensbestimmungen eine Entsprechung; hier finden sich lediglich allgemeine Vorschriften über den rechtlichen Austrag von Klagen. Ebensowenig wie für die fürstlichen Verfahrensregelungen konnten sich die Städte für die von den Kurfürsten vorgesehene Einteilung des Reiches in vier Kreise erwärmen, die sich offenbar an Wenzels Landfrieden aus den achtziger Jahren orientierte. Unter Ausschluß der habsburgischen Territorien sollte das Reich etwa in der folgenden Weise gegliedert werden: 1. Bayern und Franken. 2. Schwaben, Ober- und Mittelrhein. 3. Niederrhein, Niederlande, Westfalen. 4. Thüringen, (Nieder- und Ober-)Sachsen mit Braunschweig und Bremen. Die einzelnen Kreise waren jeweils einem noch zu benennenden Fürsten als Landfriedenshauptmann zu unterstellen. Man braucht sich nur den zweiten Kreis etwas genauer anzusehen, um zu erkennen, warum der kurfürstliche Entwurf bei den Städteboten auf entschiedenen Widerstand stoßen mußte. Der Kreis sollte umfassen: Die Erzbischöfe von Trier und Köln, den Pfalzgrafen und seine beiden Oheime, den Abt von Fulda, den Landgrafen von Hessen, den Markgrafen von Baden, den Grafen von Württemberg, die Bischöfe von Worms, Basel, Straßburg, Speyer und Konstanz, die Ritterschaft mit St. Jörgenschild, die Landvogtei im Elsaß und dazu dann die schwäbischen und elsässischen Reichsstädte und obendrein noch Worms, Trier und Augsburg. Damit hätte dem Block der schwäbischen und elsässischen Städte mitsamt den ganz anders gearteten Bischofsstädten ein Bund von Landesherren gegenübergestanden, dem immerhin drei Kurfürsten, fünf Bischöfe sowie einige Grafen und Markgrafen von Gewicht angehört hätten. Den städtischen Interessen versuchten die königlichen Räte besser Rechnung zu tragen, indem sie die Zahl der Kreise auf sechs erweiterten. Nach diesem Entwurf wären die Städte Augsburg und Ulm mitsamt ihren Bundesgenossen und die am Bodensee gelegenen Reichsstädte keinem Kurfürsten mehr zugesellt worden, sondern nur noch den Bischöfen von Augsburg, Konstanz und Chur sowie dem Markgrafen von Baden, dem von Württemberg und den Georgsrittern. Der auch in diesem Entwurf vorgesehene Hauptmann sollte auf einem von bestimmten Fürsten einzuberufenen Kreistag gewählt werden; aus welchem Stande, wurde nicht festgelegt. Dem Hauptmann stand eine Kommission von jeweils zehn Vertretern der Herren, Ritter und Städte zur Seite. Aber auch diese Regelung, die den Städten doch ein ansehnliches Mitspracherecht einräumte, fand nicht den Beifall ihrer Boten. Als bemerkenswert ist seit jeher die von allen drei Entwürfen berücksichtigte Bestimmung gewertet worden, wonach das königliche »ober gericht«, d.h. das Reichshofgericht, mit verständigen Rittern und gelehrten Leuten besetzt werden sollte. Dies ist zwar der erste ausdrückliche Hinweis darauf, daß dieses Gericht auch mit ausgebildeten Juristen (als Urteilsfindern) besetzt werden sollte, jedoch läßt sich daraus keineswegs der Schluß ziehen, daß solche rechtsgelehrten Leute vorher prinzipiell nicht zugelassen worden waren; vielmehr sollte fortan gelten, daß ein Teil der Beisitzer in römischem und kanonischem Recht ausgebildet sein mußte – vorausgesetzt allerdings, einer der Entwürfe wäre am Ende tatsächlich verabschiedet worden. Dazu ist es aber trotz einiger Änderungen am kurfürstlichen Entwurf und trotz weiterer Beratungen auf einem zweiten Reichstag im Oktober 1438 nicht gekommen. Der König ließ die Städteboten gelegentlich wissen, daß er ihnen weiter gewogen sein wolle, und dies scheint deren Resistenz gegen die fürstlichen Absichten weiter verstärkt zu haben. Während Albrecht dann seinen Zug gegen die Türken vorbereitete, trat das Problem der Kirchenreform, d.h. der Konflikt zwischen dem Baseler Konzil und Papst Eugen IV., wieder in den Vordergrund der Reichstagsberatungen, zu denen die Städte nicht hinzugezogen wurden, weil dieses Thema nach Ansicht der Fürsten nicht in ihre Kompetenz fiel. Die Reichsreformbestrebungen waren damit vorerst ad acta gelegt und wurden erst zur Zeit Friedrichs III. in einer für die Städter wenig erfolgversprechenden Weise wiederaufgegriffen. Manche von ihnen, vor allem die Nürnberger, dürften damals bedauert haben, daß sie in den voraufgegangenen Jahren die Chancen, in eine reformierte Reichsverfassung besser als bisher integriert zu werden, nicht genutzt hatten.

In der Frage des Konflikts zwischen den in Basel verbliebenen Konzilsteilnehmern und der Kurie hatten die Kurfürsten im Zusammenhang mit der Wahl Albrechts eine in mancher Hinsicht erstaunliche Entscheidung getroffen, als sie am 17. III. 1438 ihre Neutralität verkündeten, um ihren Wahlpflichten ohne ständige Einflußnahme von außen, d. h. durch die Gesandten der beiden Mächte, genügen zu können. Die von den Zeitgenossen als Protestatio bezeichnete Erklärung, die von dem aus Würzburg stammenden Doctor Gregor Heimburg redigiert worden war, bildete die Grundlage für einen neuen Kurverein vom 20. III., der sich die Wiederherstellung der kirchlichen Einheit zum Ziel setzte und dem gewählten König sowie den anderen geistlichen und weltlichen Fürsten »ganz Dutsches landes« offenstehen sollte. Der Streit um das Baseler Konzil hatte zu einer deutlicheren Abgrenzung der deutschen Interessen im Rahmen der germanischen Konzilsnation geführt, die jetzt allmählich zu einer Veränderung des Sprachgebrauchs führte. Zwar hat es in Basel noch die natio Germanica im alten Sinn gegeben, sie fungierte aber doch nicht mehr wie in Konstanz als Abstimmungskörperschaft, und so wurde der Weg frei für die Verwendung des Wortes in einem moderneren Sinn, d. h. als Bezeichnung für die »deutsche Zunge«. Ein Jahr nach der Frankfurter Protestatio wurde in der gleich zu besprechenden Mainzer Akzeptation von zahlreichen deutschen Fürsten eine Reihe von Baseler Dekreten angenommen, vorbehaltlich der Abweichungen für »unsere« natio Germanica, und im Jahre 1448 wird Friedrich III. für die natio Alamannica das Konkordat mit dem Papst schließen. Die universalen Konzilien der westlichen Christenheit hatten somit unabsichtlich dazu beigetragen, die Deutschen zumindest begrifflich schärfer gegenüber den anderen Völkern, insbesondere auch gegenüber den mit ihnen in der Konzilsnation vereinigten, abzugrenzen, ihnen zugleich aber auch ein deutlicheres Bewußtsein ihrer kirchenpolitischen Interessen gegenüber der römischen Kurie vermittelt, die sie in den folgenden Jahrzehnten in ohnmächtigen Gravamina zusammengefaßt haben.

Mit der Protestatio von Frankfurt hatten sich die Kurfürsten, vor allem natürlich die geistlichen, sozusagen als Vermittlungsinstanz zwischen Papst und Konzil etabliert. Die ursprünglich nur wegen der Wahl Albrechts auf sechs Monate befristete Neutralität wurde über diesen Termin hinaus aufrechterhalten und im Herbst 1438 durch den Vorschlag ergänzt, ein weiteres Konzil einzuberufen, um auf diese Weise den Konflikt zwischen Basel und Rom beizulegen. Der Gedanke fand ein sehr lebhaftes Interesse, und in Mainz versammelten sich damals zahlreiche Gesandte aus allen Teilen Europas. Karl VII. von Frankreich war ebenfalls durch Boten vertreten, die den deutschen Fürsten und ihren gelehrten Räten ein Dokument zur Kenntnis gaben, das geeignet schien, die positiven Resultate der Konzilsära vor den Wirren eines neuerlichen Schisma zu retten: Das am 7. VIII. 1338 von König Karl erlassene Gesetz über die Annahme einer Reihe von Baseler Dekreten, die sogenannte Pragmatische Sanktion von Bourges. Nach Beratungen mit den Erzbischöfen, Bischöfen, Äbten sowie mit den Universitätsgelehrten seines Landes hatte Karl VII. die Ordonnanz für Frankreich und die Dauphiné erlassen, die insgesamt 23 Dekrete aus Basel mit einigen Abänderungen und Ergänzungen zum königlichen Gesetz werden ließ. Darunter befand sich auch die Erklärung über die Superiorität des periodisch einzuberufenden Konzils über den Papst, außerdem waren die Dekrete über die freie kanonische Wahl von Bischöfen und Äbten berücksichtigt worden, über die Appellationen an die Kurie (die nur noch nach Ausschöpfung aller voraufgegangener Instanzen erlaubt waren), über den Wegfall der Annaten und anderes mehr. Für den Verlust der Annaten sollte der Papst in einem bestimmten Ausmaß entschädigt werden, jedoch würde dies nur gnadenhalber und während der Lebenszeit des gegenwärtigen Papstes geschehen. Zwar war in der Sanktion ein Passus enthalten, der die zum Gesetz erhobenen Dekrete mit ihren Abweichungen noch einmal von einem Konzil gebilligt wissen wollte, indes wurde zugleich verfügt, daß die Ordonnanz offiziell registriert und ihre Mißachtung unter Strafe gestellt würde. Die in Mainz versammelten Fürsten bzw. ihre Bevollmächtigten waren bereit, sich dem französischen Vorgehen anzuschließen, und erklärten am 26. III. 1439 insgesamt 26 Baseler Dekrete für vorläufig akzeptiert. Anders als in Bourges wurde freilich der Vorbehalt künftiger Bestätigung durch ein Konzil nicht als beiläufige juristische Floskel in den Text der Akzeptation aufgenommen, sondern mit allem Nachdruck betont. Ausdrücklich wurde die von den Baselern beschlossene Suspension des Papstes als nicht verbindlich zurückgewiesen. Hinsichtlich des Inhalts sind die Pragmatische Sanktion und die Mainzer Akzeptation über weite Strecken hinweg miteinander identisch. Die deutschen Fürsten verzichteten allerdings auf das Dekret betr. die Superiorität des Konzils, während sie »Frequens« übernahmen. Unverkennbar ist auch das Bestreben der Deutschen, in der Frage der Entschädigung für den Wegfall der Annaten großzügiger verfahren zu wollen. Der gewichtigste Unterschied zwischen den beiden Urkunden liegt aber weniger im Inhalt als in ihrer jeweiligen Geltungsdauer und ihrem Geltungsgrund: Das eine ist ein vom König erlassenes Gesetz für Frankreich und die Dauphiné, dessen Gültigkeit dann gegen das über die konziliare Bewegung siegreiche Papsttum im wesentlichen behauptet werden konnte, auch wenn Ludwig XI. in der Frage der Annaten gewisse Konzessionen machte und Franz I. dann am Ende doch noch ein Konkordat mit Rom geschlossen hat (18. VIII. 1516), das zwar eine Reihe der Bestimmungen von Bourges nicht mehr enthielt, in den Fragen der Annaten, der Reservationen und der Appellationen aber die gallikanischen Freiheiten zu wahren vermochte.

Anders die Mainzer Akzeptation; sie war eine in Form eines Notariatsinstruments gefaßte Absichtserklärung der deutschen Fürsten bzw. ihrer Bevollmächtigten, die aufgeführten Baseler Dekrete mitsamt ihren Änderungen und Zusätzen vorläufig respektieren zu wollen. Abgegeben wurde diese Erklärung weniger in der Absicht, für die deutsche Nation die Vorteile des Schismas zu nutzen, als vielmehr in dem Bestreben, einen damals möglich erscheinenden Kompromiß zwischen Basel und Rom zu fördern, der dann freilich nie zustande gekommen ist. Während der König von Frankreich durch ein geschicktes Taktieren zwischen Konzil und Kurie seine Ernte in die Scheuer fuhr, England sich – im Besitz seiner Freiheiten – an Papst Eugen hielt, glaubten die deutschen Fürsten und ihre Räte, ihrem vom römischen Reich vorgegebenen Auftrag für die gesamte Christenheit gerecht werden zu müssen, und erreichten schließlich trotz mancher antikurialer Verlautbarungen nur ein in vieler Hinsicht völlig unbefriedigendes Ergebnis – im Kapitel über Friedrich III. werden wir darauf zurückkommen.

Auch nach der Neutralitätserklärung der deutschen Fürsten konnten die Baseler Konzilsväter fürs erste ihrer Arbeit nachgehen; da sie der Unterstützung durch den König von Frankreich sicher zu sein glaubten und auch manche derjenigen, die in Mainz dabeigewesen waren, eher dem Konzil zuneigten, kam man zu dem Schluß, nun den entscheidenden Schlag gegen Eugen IV. führen zu sollen. Am 16. V. 1439 wurde die Superiorität des Konzils über den Papst zu den veritates catholicae erhoben, deren Leugnung als Beweis der Häresie galt. Am 15. VI. wurde Eugen als notorischer Ketzer für abgesetzt erklärt, und wenige Tage nach Albrechts Tod wählten die Baseler den Herzog Amadeus von Savoyen zum Papst (5. XI.). Die Kalkulation der Konzilsväter erwies sich jedoch als irrig; die deutschen Fürsten hielten auch gegenüber ihrem bisherigen Standesgenossen, der sich Felix V. nannte, an der einmal angenommenen Neutralität fest. König Karl VII. von Frankreich aber war ein viel zu erfahrener Politiker, als daß er sich vorbehaltlos an die von ihm selbst rezipierte Erklärung über die Superiorität des Konzils gehalten hätte. Auf die weitere Entwicklung des neuen Schismas wird im nächsten Kapitel zurückzukommen sein.

XII. Friedrich III.

Albrecht II. war als Herr des albertinischen Österreich (vor allem Niederösterreich), als König von Böhmen und Ungarn wenigstens dem Anspruch nach einer der mächtigsten Fürsten im Reich gewesen. Der damals 24 Jahre alte Herzog Friedrich, Sohn des den Titel eines Erzherzogs beanspruchenden Ernst des Eisernen (gest. 1424) und einer Nichte des Königs von Polen, Czimbarka von Masowien, verfügte zusammen mit seinem noch minderjährigen Bruder Albrecht lediglich über das sog. Innerösterreich mit Kärnten, Steiermark und Krain. Es kennzeichnet die Schwäche der Landesherrschaft in diesen Fürstentümern, daß Kaiser Siegmund im Jahre 1436 die Familie seiner Gemahlin, die Grafen von Cilli, die eigentlich ihren Platz unter den Ständen der Steiermark hätten haben sollen, in den Reichsfürstenstand erhoben hat. Allerdings ließ dann der Zufall den jungen Friedrich innerhalb weniger Monate zum Senior des gesamten Hauses Österreich werden, denn am 24. VI. 1439 starb Herzog Friedrich IV. (der Ältere) von (Vorder-)Österreich-Tirol und am 27. X. König Albrecht. Friedrich IV. hinterließ nur einen noch minderjährigen Sohn namens Siegmund, und König Albrechts Witwe schenkte am 22. II. 1440 einem Sohn das Leben, der Ladislaus genannt wurde und später den Beinamen Postumus erhielt. Obwohl es zwischen den einzelnen Linien der Habsburger seit Jahrzehnten beträchtliche Differenzen gegeben hatte, die zeitweise in haßerfüllte Feindschaften ausgeartet waren, war der dynastische Zusammenhalt ganz ähnlich wie bei den Wittelsbachern doch nie grundsätzlich in Frage gestellt worden, so daß Friedrich III. von Anfang an den Namen des Hauses Österreich in sehr prononcierter Weise für seine Herrschaftspropaganda einzusetzen vermochte und auch dann nicht davon abließ, als sich zeigte, daß auch unter ihm die z.T. persönlich bedingten Familienstreitigkeiten, vor allem mit seinem jüngeren Bruder Albrecht, ihre Fortsetzung fanden. Die Wahrung des Erbes von König Albrechts Sohn Ladislaus erwies sich von Anfang an als ein sehr schwieriges Geschäft, und zwar nicht nur in Böhmen und Ungarn, sondern sogar auch in Österreich, denn in Wien kam es 1441 zu schwerem Aufruhr, als Friedrich die Schulden Albrechts II. dem Lande aufbürden wollte. Weit gefährlicher gestaltete sich die Situation in Böhmen und Ungarn. Zwar war der drei Monate alte Ladislaus am 15. IV. 1440 in Stuhlweißenburg auf Betreiben seiner Mutter zum

König von Ungarn gekrönt worden, aber zur gleichen Zeit riefen ungarische Große Wladislaw III. von Polen ins Land, und am 17. VII. wurde dieser am selben Ort ebenfalls zum König gekrönt. König Albrechts Witwe mußte mit dem kleinen Ungarnkönig aus dem Lande fliehen. Daß die böhmischen Stände, unter denen sich ein junger Adeliger namens Georg von Podiebrad allmählich zu profilieren begann, sich in den ersten Jahren Friedrichs III. ruhig verhielten, wird man auf den nach den Hussitenkriegen noch erschöpften Zustand des Landes zurückführen können: Hier hat es noch einige Jahre gedauert, bis sich die Lage in dramatischer Weise zugespitzt hat.
Friedrich scheint der einzige Kandidat für die notwendig gewordene Neuwahl gewesen zu sein, die am 2. II. 1440 einmütig vollzogen werden konnte. Der Habsburger hat mehr als zwei Monate verstreichen lassen, ehe er seine Würde akzeptierte, und wie sein Vorgänger wollte er die Krönungsreise nach Aachen erst zwei Jahre danach unternehmen. Manche Zeitgenossen haben der Regierungszeit des jungen Friedrich mit großen Hoffnungen entgegengesehen, knüpfte doch sein Name an die Geschichte der von den Päpsten verdammten Stauferdynastie an, die in der eschatologischen Literatur der Zeit, aber wohl auch im Volksglauben, noch immer eine wichtige Rolle spielte: Ein neuer Kaiser Friedrich mochte das Reich aus seinem desolaten Zustand herausführen. Allerdings muß Friedrich III. wohl von Anfang an, trotz seiner imposanten äußeren Erscheinung, einen ernüchternden Eindruck auf seine Gesprächs- und Verhandlungspartner gemacht haben. Die Bedächtigkeit, mit der er alle Möglichkeiten erwog, ehe er sich zum Handeln oder aber zu weiterem Abwarten entschloß, hat ihm bei späteren Historikern den wenig schmeichelhaften Ehrennamen: »Des Hl. römischen Reiches Erzschlafmütze« eingetragen, der ihm wohl schon deshalb für immer erhalten bleiben wird, weil sich seine gar nicht so wenigen Apologeten so viel Mühe machen, die Berechtigung dieses Titels zu bestreiten; nicht nur im Hinblick auf die enorme Länge seiner Herrschaft drängt sich bei der Darstellung von Friedrichs III. Geschichte der Vergleich mit dem letzten der bedeutenden Habsburger auf, der die weltpolitische Epoche in der Geschichte seiner Familie abschließen sollte, die mit Friedrich III. und Maximilian begonnen hatte.
In den politisch maßgeblichen Kreisen der Reichsstädte hat nach dem Tode Albrechts eine alles andere als euphorische Stimmung geherrscht. Die Ulmer schrieben einen Brief an ihre Verbündeten, der die Gefahren der Thronvakanz beschwor und dazu aufforderte, in Beratungen einzutreten. Anfang Januar 1440 versammelten sich die Städteboten, darunter auch die Nürnberger, in Ulm. Zugegen

waren aber auch Vertreter der Rittergesellschaft mit St. Jörgenschild, die den Städten einen allgemeinen Landfrieden vorschlugen, an dem sich auch der Graf von Württemberg beteiligen sollte. Aber was Siegmund nicht hatte erreichen können, das blieb den jetzt auf sich gestellten und auf der Wahrung ihrer Interessen erpichten Mächten ebenso versagt. An der Frage eines absoluten Verbotes, Friedensbrechern Geleit zu gewähren, scheiterten schließlich die Versuche zur Gründung eines Schwäbischen Bundes; dies blieb dem alten Kaiser Friedrich vorbehalten, als die politische Kraft der Städte nach den Fehden der vierziger und fünfziger Jahre erschöpft war. Die Nürnberger vor allem waren es, die das erwähnte Verbot nicht akzeptieren wollten, weil dies die Abhaltung von Reichstagen und die Tätigkeit des Nürnberger Landgerichtes behindert hätte. Im Verlauf des Frühjahrs 1440 kam es dann zu einigen Zwischenfällen, die die alten Fronten zwischen Herren und Städten wieder begradigten. Als Gesandte der schwäbischen Städte nach Wien reisten, um sich die Privilegien bestätigen zu lassen, mußten sie zur Kenntnis nehmen, daß der neue König ihrer Partei gegenüber Zurückhaltung übte. Dies kam z. B. auch darin zum Ausdruck, daß Kaspar Schlick fürs erste nicht in seinem Amt als Kanzler bestätigt wurde. Immerhin erteilte der König den Gesandten am 4. IX. einen Offenbrief, der allen Getreuen verbot, den Feinden des schwäbischen Städtebundes zu helfen und ihre Verfolgung zu beeinträchtigen.
Zu diesem Zeitpunkt konnte man in Wien noch nicht wissen, daß zwei Tage zuvor eine der Reichsstädte, das vergleichsweise unbedeutende Weinsberg, auf das der Erbkämmerer Konrad Anspruch erhob, in die Hände einer Ritterschar unter Konrad von Bebenburg gefallen war. Zwei Wochen später wurde die Stadt für 3300 fl. an den Pfalzgrafen ausgeliefert. Obwohl die Stimmung in manchen Städten damals sehr gereizt gewesen sein muß, wurde der Fall Weinsberg nicht zum Signal für einen allgemeinen Krieg. Daß die Weinsberger dem Pfalzgrafen huldigten, nahm man nun zum offenbar willkommenen Vorwand, nichts zu tun. Nur die Nachbarn der nunmehr pfälzischen Stadt, Heilbronn und Wimpfen, waren an einer weiteren Behandlung des Vorfalls interessiert: Den Heilbronnern hatten die Leute des Bebenburgers den Galgen, das Zeichen städtischer Blutgerichtsbarkeit und Autonomie, umgehauen. Vorerst blieb es bei derlei unbedeutenden Plänkeleien. Dem bayerischen Amtmann von Hochstedt freilich kostete eine von ihnen das Leben. Als man seiner in Donauwörth habhaft geworden war, ließen ihn die Augsburger wegen Schädigung der armen Leute hinrichten. Am 28. IV. 1441 wurde daraufhin über Donauwörth vom Nürnberger Landgericht die Acht verhängt. Am 19. V. gelang

es einigen Rittern, zwei Ulmer Schiffe zu kapern, die Waren von der Genfer Messe transportierten. Einen Teil der Beute, deren Wert auf 120000 fl. geschätzt wurde, brachten die Räuber über Konstanz in Sicherheit, was von den Ulmern natürlich als skandalös angesehen wurde. Die Ritter versuchten diesmal gar nicht erst, den Schein der rechten Fehde zu wahren: Als die schwäbischen Städteboten bei den Hegau-Rittern der St. Jörgengesellschaft anfragten, ob es mit dem Überfall seine Richtigkeit habe, und um Zurückgabe des Gutes baten, erhielt man als Antwort einen auf den Tag nach dem Raub datierten Absagebrief.

Die Aachener Krönung Friedrichs III. (17. VI. 1442) bildete den Auftakt zu neuerlichen Verhandlungen über die Wiederherstellung eines allgemeinen Landfriedens, der dann auch am 14. VIII. 1442 verkündet wurde. Jedoch war diese ordenunge, die als Reformacio Friderici bekannt geworden ist, nicht dazu angetan, Fürsten, Herren und Städte gleichermaßen zufriedenzustellen: Als Friedrich am 7. VII. in Frankfurt eintraf, um die Beratungen aufzunehmen, gewannen die Städteboten den Eindruck, daß ihnen dieser König nicht sehr gewogen sei, obwohl Konrad von Weinsberg noch immer zu den königlichen Räten zählte und auch Kaspar Schlick mittlerweile doch noch als Kanzler bestätigt worden war. Diesen beiden war es wohl zu danken, daß die bereits zur Abreise entschlossenen städtischen Gesandten am Ort des Reichstages blieben. Die Reformacio hat dann ihren Beifall nicht finden können: Sie sei ohne ihren Willen beschlossen worden und sei ein Werk der Fürsten. So stelle das Gesetz denn auch einen Anschlag auf die Freiheit der freien und der Reichsstädte dar, der unter einem Schein vieler Einzelbestimmungen verdeckt sei. Tatsächlich war diese Reformacio aber kaum ein besonders städtefeindliches oder fürstenfreundliches Gesetz. Die von den Städten so sehr beargwöhnte Kreisverfassung fehlte ebenso wie eine den normalen Instanzen übergeordnete Gerichtsordnung, die eine notwendige Voraussetzung des 1438 schon einmal erwogenen absoluten Fehdeverbotes gewesen wäre. Immerhin sollte die Fehdeführung dadurch eingedämmt werden, daß Brandschatzung ebenso generell verboten wurde wie Angriffe auf Geistliche, arbeitende Bauern, Pilger, Kranke, aber auch auf Kauf- und Fuhrleute mitsamt ihren Waren. Daß die beiden letzten Gruppen tatsächlich von fehdeführenden Herren verschont bleiben würden, werden wohl selbst die größten Optimisten nicht erwartet haben. Von den Reformentwürfen der dreißiger Jahre übernommen und noch detaillierter ausgestaltet wurden die Bestimmungen gegen die bei Fürsten und Städten gleichermaßen verhaßten herrenlosen Kriegsknechte, denen niemand Geleit geben durfte. Die heimlichen Gerichte sollten ordnungsgemäß besetzt werden, d.h. mit Freien und nicht z.B. mit unehelich Geborenen; die Freigrafen durften niemanden vorladen, dessen normaler Gerichtsherr seiner mächtig war, d.h. der von seinem Herrn zur Rechenschaft gezogen werden konnte. Die Goldmünzen im Reich sollten einheitlich zu 19 Karat geprägt werden, die Silbermünzen in der gewohnten Weise und in gleichbleibender Qualität. Der fehdeträchtigste Mord, Brand und weiteren Raub nach sich ziehende Landfriedensfall, die eigenmächtige Pfandnahme, wurde in den ersten Abschnitten des Gesetzes mit vielen Einzelbestimmungen abgehandelt. Es durfte nur nach Ausschöpfung der normalen »lantlofigen rechten« zur Selbsthilfe geschritten werden, und der Fehdewillige hatte die einschlägigen Vorschriften der Goldenen Bulle (Absagefrist von drei Tagen usw.) zu beachten. Das gewaltsam genommene Pfandgut mußte nach genauen Vorschriften gesichert werden, um eine nachträgliche Einigung mit dem Gegner nicht unmöglich zu machen. Aber trotz dieser gut gemeinten Regelungen, deren Einhaltung durch die exorbitante Strafe von 100 Mark lötigen Goldes gesichert werden sollte, wird das Landfriedensgesetz Friedrichs III. schwerlich als ein befriedigendes Ergebnis der vorausgegangenen Reformdiskussion bezeichnet werden können. Zwar hat Friedrich sich in der ungewöhnlich wortreichen Arenga des Gesetzes die Friedenshoheit im Reich und in den deutschen Landen zugeschrieben, zugleich aber stillschweigend darauf verzichtet, sie auch praktisch durchzusetzen. Heinz Angermeier hat dies ins Positive gewendet und das Ziel von Friedrichs Gesetz so formuliert: »Der Zweck dieses Landfriedens war es nicht, die jeweils auftretende Friedlosigkeit durch die Schaffung geeigneter Organisationen zu beheben, sondern den öffentlichen Frieden durch die Festigung der bestehenden Gesellschaftsordnung zu sichern. Der Friede beruht allein auf der Aufrechterhaltung der bestehenden sozialen Verhältnisse und der Durchführung der von der Reichsgewalt übertragenen Rechte.« Gerade diese beiden Prinzipien konnten aber durchaus in Widerstreit zueinander geraten, und tatsächlich waren mit dem Verzicht Friedrichs III., eine effektivere Friedenssicherung durchzusetzen, die Weichen für einen neuen Krieg zwischen Herren und Städten bereits gestellt.

Indes wurde er durch eine neue Gefahr von außen vorerst verhindert; diesmal war vor allem der Südwesten des Reiches, in geringerem Maße auch der Süden, von fremdem Kriegsvolk bedroht, und König Friedrich III. war der Urheber der Plage, was die betroffenen Zeitgenossen zunächst gar nicht glauben wollten. Anlaß für den Entschluß des Königs, seinen lieben Vetter Karl VII. von Frankreich um die Entsendung einer unbestimmten Anzahl von

Söldnern zu bitten, war die Aussicht, mit Hilfe eines zwischen Zürich und den übrigen Eidgenossen ausgebrochenen Konfliktes die in den Schlachten von Morgarten, bei Sempach und anderswo verlorenen Machtpositionen der Habsburger zurückerobern zu können. Der Hilferuf an König Karl kam nicht von ungefähr, denn zwischen dem Vater von Friedrichs Mündel Siegmund, um dessen Territorien es vor allem ging, und Karl VII. hatte schon seit langem eine sehr enge Verbindung bestanden, die vornehmlich gegen die burgundischen Expansionsabsichten gerichtet gewesen war. Außerdem war Karl VII. mittlerweile durchaus in der Lage, auswärtigen Freunden militärische Hilfe zu leisten, denn seit dem Frieden von Arras (August 1335), der die Feindschaft mit Philipp dem Guten beilegte, hatte ein imposanter Aufstieg der französischen Monarchie eingesetzt; schon am 12. XII. 1437 konnte der König von Bourges feierlich in Paris einziehen. Das Ende des Krieges mit England war nur noch eine Frage der Zeit; mit einiger Sorge sah man freilich einer Auswirkung des bevorstehenden Friedens entgegen: Was sollte man mit den zahlreichen Söldnern anfangen, die über kein ausreichendes Vermögen verfügten und nichts gelernt hatten als ritterlich zu kämpfen, zu plündern, zu vergewaltigen und zu morden. Das vom 22. VIII. 1443 datierte Bittschreiben Friedrichs III. bot in dieser Situation unverhofft die Lösung des Problems. Der römische König hatte ausdrücklich um die societas Armeniacorum gebeten, eine wenig konsistente Truppe, die ihren Namen von dem Grafen Bernhard von Armagnac herleitete, unter dem ein Teil dieser Leute noch gedient haben mochte. Von den Franzosen selbst wurden sie mit dem trefflichen Begriff »écorcheurs«, d. h. Schinder, gebrandmarkt. Schon 1439 waren Scharen dieser marodierenden Kriegsleute, die der Volksmund etwas verharmlosend arme Jecken nannte, im Elsaß aufgetaucht und hatten dort eine erste Probe ihres Treibens vorgeführt. Friedrich III. hatte demnach wissen müssen, welche Geister er zu Hilfe rief. Allerdings konnte er zum Zeitpunkt des Bittgesuchs noch nicht ahnen, daß am 28. V. 1444 in Tours ein Waffenstillstand zwischen Frankreich und England geschlossen wurde, der es Karl VII. ermöglichte, ein Heer mit etwa 50000 Pferden sowie einem Troß von 800 Wagen und angeblich 6000 Frauen nach Osten in Marsch zu setzen, das sich dann in zwei Armeen teilen sollte, von denen die eine unter dem Dauphin in den Sundgau und ins Elsaß, die andere nach Lothringen, nach Metz und Epinal, marschieren sollte. Befehlshaber der in Lothringen einfallenden Truppen war Pierre de Brézé, der die Verhandlungen mit England geführt hatte und jetzt dem König René von Sizilien helfen sollte, seine Ansprüche auf die Herrschaft im Herzogtum Lothringen durchzusetzen.

Die Schreckensnachrichten, die seit Anfang August in Nürnberg eintrafen, wo Friedrich III. einen Reichstag hielt, konnten den römischen König zunächst nicht dazu bewegen, den Krieg gegen die Eidgenossen einzustellen. Im Gegenteil. Am 26. VIII. war es unweit von Basel bei St. Jakob an der Birs zu einem Scharmützel zwischen etwa 1500 Eidgenossen und einer vielfach überlegenen Einheit der Armagnaken gekommen. Zwar haben die meisten Eidgenossen in der Schlacht den Tod gefunden, aber auch die Franzosen hatten schwere Verluste hinnehmen müssen. Friedrich III. ist unmittelbar nach dem Gefecht von dessen Ergebnis unterrichtet worden, so daß er die am 30. VIII. erfolgende Übertragung des Oberbefehls in dem Reichskrieg gegen die Eidgenossen auf seinen Bruder Albrecht wohl schon in Kenntnis der schweizerischen Niederlage vorgenommen hat. Aber der Dauphin hatte sich den Krieg am Rhein wohl etwas anders vorgestellt, denn nur wenige Tage nach seinem Sieg begannen Waffenstillstandsverhandlungen mit den Schweizern, die am 21. X. zu dem Frieden von Zopfingen führten. Unterdessen fanden auch Verhandlungen zwischen Boten Friedrichs und dem Dauphin statt, die zunächst das Ziel hatten, den Exzessen der Soldateska ein Ende zu bereiten. Der Dauphin hat diese übrigens erst gar nicht in Abrede gestellt, aber darauf hingewiesen, daß er schließlich vom römischen König eingeladen worden sei, die Feinde des Hauses Österreich zu bekämpfen, das durch die geplante Ehe zwischen Siegmund von Tirol und Karls VII. Schwester Radegunde noch enger mit dem Hause Frankreich verbunden werde. Statt eines wohlwollenden Empfangs habe man aber nur Feindseligkeiten erfahren und weder Quartiere noch Verpflegung vorgefunden.

Aber dann wurde bekannt, daß der Dauphin ganz andere als die vorgegebenen Ziele verfolgte. Vermutlich unmittelbar nach dem Sieg von St. Jakob stellte er nämlich den Baselern die Forderung, ihm als rechten Herrn zu schwören und zu huldigen. Zur gleichen Zeit verlangte der Herr von Brézé von den Bürgern der zu den Reichslehen des Bischofs von Metz zählenden Stadt Epinal, sich der Herrschaft der Könige von Frankreich und Sizilien zu unterwerfen, wobei der Zusatz, Epinal soll so untertan sein wie die Stadt Paris dem König von Frankreich, keinen Zweifel daran ließ, wer der wahre Herr von Epinal sein würde. Das eigentliche Ziel der lothringischen Expedition war indes nicht Epinal, sondern die Freie Stadt des Reiches Metz, die bis dahin noch niemals von den französischen Expansionstendenzen berührt worden war, z.B. durch die Unterstellung unter die Schirmherrschaft des Königs, wie dies bei Verdun und Toul schon lange der Fall gewesen war. Am 15. IX. erhielt Metz einen Fehdebrief des Herrn von Brézé, der den Bürgern den Kampf ansagte, bis sie sich zum Gehorsam gegenüber Karl VII. bekehrt hätten. Dieser war damals bereits in Lothringen erschienen und nahm Epinal in seinen Besitz. In einem Offenbrief vom 11. IX. akzeptierte er den Gehorsamseid der Spinaliens und beurkundete zugleich seine weiterreichenden Pläne: Er sei nach Lothringen und Bar und nach Deutschland gekommen, um hier zahlreiche Usurpationen der Rechte des Königreichs und der Krone zu strafen, Usurpationen, von denen viele Länder, Herrschaften, Städte links des Rheines betroffen seien, die seit alters seinen Vorgängern gehört hätten. Zwar hat Karl VII. den Rhein nicht direkt als Grenze Frankreichs bezeichnet, aber zum ersten Mal war damit doch dieser Fluß als Markierungslinie für französische Ansprüche ins Auge gefaßt worden; jedenfalls gingen diese jetzt weit über das hinaus, was Philipp der Schöne einst gefordert hatte. Bemerkenswert war auch die Unverfrorenheit, mit der sich Karl VII. über die bis dahin unbezweifelten Rechte des Reiches hinwegsetzen wollte; sein Vorgänger Philipp IV. hatte sich immerhin noch redliche Mühe gemacht, sein Vorgehen juristisch untermauern zu lassen. Karl VII. forderte von den Metzern die Unterwerfung, indem er sich ganz einfach auf Weihe und Krönung, sein königliches Charisma berief, das ihm anderthalb Jahrzehnte zuvor im Innern Frankreichs einen solch triumphalen Sieg über die Engländer ermöglicht hatte. Daß der römische König ebenfalls ein gesalbter und gekrönter Herrscher war, scheint Karl VII. nicht beunruhigt zu haben.

Der Druck der öffentlichen Meinung war inzwischen so stark geworden, daß Friedrich III. am 25. IX. ein Aufgebot verkünden ließ, das zuvor beschlossen worden war; am 30. folgte ein weitaus umfassenderes, und am 2. X. wurde Pfalzgraf Ludwig zum Hauptmann für den Krieg gegen das fremde Volk aus Frankreich eingesetzt, das sich in das hl. Reich und deutsche Lande gelegt habe. Der Pfalzgraf, dessen Territorien unmittelbar bedroht schienen, hatte schon vorher in eigenmächtiger Weise Städte und Fürsten aufgefordert, dem Reich und den deutschen Landen zu Ehren ein möglichst großes Heer aufzubieten. Die Appelle an die Gemeinschaft der Deutschen hielten sich im übrigen in engen Grenzen, während nur wenige Jahre später Friedrich III. und besonders Maximilian ihren Auseinandersetzungen mit Karl dem Kühnen und Matthias Corvinus einen deutlich nationalen, nicht also nur reichspatriotischen Akzent zu geben suchten.

Daß die beiden französischen Heere schließlich noch im Verlauf des Winters 1344/45 zurückgezogen wurden, lag gewiß nicht an den militärischen Maßnahmen der Reichsstände, denn nachdem sich herausgestellt hatte, daß die Franzosen den Rhein offenbar nicht weit zu überschreiten beabsichtigten, ließ der Kampfeswille der meisten Reichsstädte und -fürsten erheblich nach. Konrad von Weinsberg versuchte vergeblich, die Städte zur Hilfe für die bedrohte Schwester im romanischen Lothringen zu bewegen. Für die französische Monarchie hatte das gescheiterte Unternehmen im übrigen noch beträchtliche verfassungsgeschichtliche Folgen, denn noch in Lothringen hat Karl VII. jene Ordonnanz erlassen (vor dem 20. IV.), die dem Unwesen der beschäftigungslosen Söldnerscharen durch die Aufstellung ständiger Kompanien von berittenen Kriegsleuten zu steuern suchte und damit ein neues Kapitel nicht nur der Militärgeschichte eröffnete.

Die Gegensätze zwischen Fürsten und Städten waren durch die spektakulären Ereignisse im Westen nur vorübergehend verdeckt worden. Während des Winters vergrößerte sich der südwestdeutsche Städtebund auf 31 Mitglieder, zu denen jetzt auch das bisher zögernde Nürnberg zählte. Auf der anderen Seite bildeten einige Fürsten, darunter zwei Markgrafen von Brandenburg und einer der Württemberger Grafen, am 2. I. einen Bund, u.a. um Grafen, Herren und Ritter gegen die Städte zu schirmen. Als dann im Sommer 1446 sich auch Pfalzgraf Ludwig dem Bund anschloß, äußerten Frankfurter Städteboten die Befürchtung, wenn der geplante Anschlag der Fürsten gelingen sollte, würden die Städte alle dem Reich entzogen. Allerdings muß man sich davor hüten, die beiden Parteien als monolithische Blöcke anzusehen. Als der Gegensatz sich auf einen offenen Konflikt zwischen dem Brandenburger Albrecht Achilles und Nürnberg zuzuspitzen begann, waren keineswegs alle benachbarten Fürsten entschlossen, ihren Standesgenossen vorbehaltlos zu unterstützen, da dieser, gestützt auch auf das Nürnberger Landgericht, den Ausbau seiner fränkischen Besitzungen zu einem geschlossenen Territorium anstrebte und damit früher oder später auf den Widerstand der Wittelsbacher und anderer Herren stoßen mußte. Zunächst aber wurde die Stadt Nürnberg nahezu zwangsläufig zur entschlossenen Gegnerin von Albrechts Expansionspolitik. Als Vorwand der 1448 erfolgenden Absage diente dem Markgrafen die Beeinträchtigung seiner Schutzrechte über verschiedene Nürnberger Klöster sowie des Landgerichts; außerdem hatte ein in den Dienst der Stadt getretener Vasall Albrechts damit begonnen, bei Laibstadt Eisenerz abzubauen, was angeblich das Bergregal des Burggrafen verletzt haben sollte. Der sich über mehrere Jahre hinziehende Krieg wurde durchweg in der damals noch immer üblichen Weise ausgetragen, d.h. man verbrannte die Dörfer des Gegners, fischte seine Teiche leer, holzte Obstbäume und Weinstöcke ab. Nur selten kam es zu Gefechten, bei denen dann die Nürnberger in der Regel die Oberhand behielten. Die Finanzen der Stadt wurden dabei allerdings in beträchtlichem Maße strapaziert; als sie sich am Ende bereit erklärte, dem Markgrafen eine Kriegsentschädigung von 25000 fl. zu zahlen, mußte sie dafür bezeichnenderweise bei dem Vermittler des am 18. IV. 1453 zustande gekommenen Friedens, dem Herzog Ludwig IX., dem Reichen, ein Darlehen aufnehmen. Bis dahin waren Kredite immer von der stadtbürgerlichen Seite gewährt worden. Aber auch Albrecht Achilles hatte unter Beweis gestellt, daß er nicht in der Lage war, die Reichsstadt militärisch in die Knie zu zwingen, obwohl deren Bundesgenossen keineswegs das geleistet haben, was sie versprochen hatten. Eine moralische Unterstützung haben die Nürnberger übrigens bei Friedrich III. gefunden, der ihnen nach seiner Kaiserkrönung (19. III. 1452) noch im Petersdom die Bestätigung ihrer Privilegien aushändigen ließ. Zu einer wirkungsvolleren Hilfe war der Habsburger aber damals nicht imstande; es mag aber sein, daß ihn die Erfahrungen dieser Jahre später zur Gründung des großen Schwäbischen Bundes inspiriert haben, der dann den Reichsstädten einen Rückhalt gegen die diesmal vordringenden bayerischen Herzöge geboten hat.

Die Kaiserkrönung Friedrichs III. war möglich geworden, nachdem die mit der Mainzer Akzeptation noch in der Schwebe gehaltenen Probleme zwischen dem Reich und der Kurie nach längeren Verhandlungen gelöst worden waren. Als Unterhändler hatten u.a. Nikolaus von Kues, Aeneas Silvius (später Pius II.) und Thomas Parantucelli (Nikolaus V.) gewirkt, die es verstanden haben, die kurialen Konzessionen an die deutsche Nation in sehr engen Grenzen zu halten. Friedrich III. selbst konnte als Landesherr freilich durchaus zufrieden sein, denn in einem besonderen Vertrag war ihm schon 1445 das Besetzungsrecht für die Bistümer seiner Erblande zugestanden und überdies die Kaiserkrone in Aussicht gestellt worden. Die nicht mehr allzu geschlossene Fronde der Fürsten wurde durch die Zusicherung aufgeweicht, ihnen die wesentlichen Ergebnisse des Baselers Konzils einzuräumen. Dies geschah im Februar 1447; nach weiteren Verhandlungen hat dann Friedrich mit Eugens Nachfolger Nikolaus V. am 17. II. 1448 das Wiener Konkordat geschlossen, und zwar für die natio Alamannica. Das war jetzt nicht mehr die Konzilsnation von Konstanz, zu der ja auch noch z. B. die Polen gehört hatten, sondern die Nation deutscher Zunge im römischen Reich. Das Konkordat, das bis zum Ende des Alten Reiches die Grundlage von dessen Beziehungen zum Papsttum gebildet hat, bestätigte in einer ganzen Reihe von Punkten den in Avignon unter Johannes XXII. und Benedikt XII. erreichten Zustand. Zwar wurde die Bedeutung der kanonischen Wahl von Bischöfen und Äbten wieder stärker in den Vordergrund gerückt, jedoch war die päpstliche Provision als subsidiäre Maßnahme in zahlreichen Fällen vorgesehen, z. B. bei regelwidriger Wahl oder wenn es einen würdigeren Kandidaten gab als den mit Mehrheit Gewählten. Kanonikate an Dom- und Stiftskirchen bliebem dem Papst reserviert, wenn die Vakanz in ungeraden Monaten frei wurden. Den drei geistlichen Kurfürsten sowie dem Erzbischof von Salzburg wurde später das Privileg zugestanden, die in den päpstlichen Monaten frei werdenden Stellen selbst zu besetzen. Anstelle der Servitien konnte bei Bistümern und Abteien eine reduzierte Taxe treten, wenn das normale Servitium für die betreffende Institution eine zu hohe Belastung darstellte. Für andere Benefizien blieben die Annaten aber weiterhin bestehen. Die Regelungen des Konkordates ließen den Domkapiteln durchaus Raum zur eigenständigen Entscheidung, und wenn es seit 1519 stets in den Wahlkapitulationen der römisch-deutschen Kaiser berücksichtigt wurde, so darf daraus geschlossen werden, daß das Konkordat nach Meinung der Fürsten keine allzu nachteiligen Bestimmungen enthalten haben kann. Aber selbst in dem engen Rahmen, den es ausfüllte, war das Wiener Konkordat doch alles andere als der erfolgreiche Abschluß der Kirchenreform. Während sich Frankreich bis zum Konkordat von 1516 und auch darüber hinaus der Gallikanischen Freiheiten erfreuen konnte, die Karl VII. in der Pragmatischen Sanktion von Bourges verbindlich festgelegt hatte, glaubten die deutschen Zeitgenossen, zum bevorzugten Objekt päpstlicher Finanzpolitik geworden zu sein. Der Ärger, den man empfand, rührte vielleicht weniger von den tatsächlichen Gegebenheiten her, denn die am Ende nach Rom fließenden Abgaben waren, von einzelnen Fällen abgesehen, keineswegs übermäßig hoch, und vieles davon blieb in den Beuteln des einheimischen Klerus oder den Kassen der mit dem Transfer beauftragten Bankhäuser hängen. Welchen Anteil die Gelder aus deutschen Landen am Gesamthaushalt der Kurie hatten, müßte erst noch berechnet werden. Aber wie immer sich die Sache in der Apostolischen Kammer auch dargestellt haben mag, das Empfinden für die finanziellen und moralischen Mißstände der Amtskirche war durch die Reformdiskussionen der voraufgegangenen Jahrzehnte geschärft worden, und in dieser Hinsicht war das Wiener Konkordat nicht eben geeignet, die Gemüter zu beruhigen. Vor allem der Ablaßhandel hat schon lange vor Luther viel Verdruß bereitet und die bereits vorhandenen antirömischen Ressentiments verstärkt. Als Bischof Peter von Ausburg den Jubeljahrablaß von 1450 verkündete, erhob sich großes Murren im Volk, und man erinnerte sich der Predigt des Bruders Berthold: Wenn einem Rom vor die Türe kommt, soll man den Beutel zuhalten. Aber trotzdem kamen 20000 fl. zusam-

men, die aus Angst vor dem Purgatorium in den Stock geworfen worden waren.
Profitiert haben von dem Konkordat mit der »alemannischen Nation« vor allem manche Landesherren, die sich wie Friedrich III. ein Nominationsrecht für die in ihrer Macht- und Einflußsphäre gelegenen Bistümer konzedieren oder bestätigen ließen, z.B. der Markgraf von Brandenburg für Brandenburg, Havelberg und Lebus. Im Westen, wo die Kirchenorganisation weitaus älter war als die Landesherrschaft und wo viele Bischöfe selbst zu Territorialherren geworden waren, erwies sich das freilich durchweg als unmöglich. So hatte es ein Graf von Württemberg auch weiterhin mit fünf Bischöfen zu tun, die geistliche Rechte in seinen Territorien und Städten in Anspruch nahmen. Die vom Verfasser der Reformatio Sigismundi erhobene Forderung, den Bischöfen Zwing, Bann und Schlösser, mit einem Wort: die Landesherrschaft zu nehmen, war natürlich ebensowenig erfüllt worden wie die nach einer generellen Verbesserung der Lebensbedingungen für den kleinen Priester, der den Leuten die Sakramente spendete und das Wort Gottes verkündete. Allerdings hat es auf dieser Ebene offenbar doch Reformbemühungen einiger Landesherren, vor allem aber der Obrigkeiten in den Städten gegeben, die einem allem Anschein nach weitverbreiteten Wunsch nach Erweiterung des Wortgottesdienstes entgegenkommen wollten. Der Bischof von Augsburg hat seit 1485 versucht, eine Prädikatur am Dom einzurichten, die er mit dem wortgewaltigen Geiler von Kaiserberg besetzen wollte. Aber das Domkapitel widersetzte sich diesen Bestrebungen mit der Begründung, dem gemeinen Volk solle man besser die Hl. Schrift wie bisher in schlichter Weise predigen und nicht mit den Subtilitäten und Spitzfindigkeiten der Hochgelehrten. Aufs Ganze gesehen dürfte den »kleinen Priestern« – wie dies die Reformatio Sigismundi beklagte – die Spreu geblieben sein, während das Korn den Prälaten zugeteilt wurde, die als Mitglieder der dem Adel vorbehaltenen Domkapitel ihrer standesgemäßen Muße nachgehen oder sich – falls ihnen der Sinn danach stand und sie in die geeigneten Positionen aufzurücken vermochten – politisch betätigen konnten. Wenn man, wie in Augsburg, den Wünschen der Gläubigen nach einer Ausweitung der Predigt nur mit großer Zurückhaltung begegnete, so lag dies gewiß auch an den Erfahrungen, die man in den voraufgegangenen Jahrzehnten mit den Hussiten gemacht hatte, deren radikale Änderungen der kirchlichen Zustände die Reformtendenzen in den Augen vieler Angehöriger des hohen Klerus und des weltlichen Fürstenstandes diskreditiert hatten.
Die nur sehr allmählich und gegen erheblichen Widerstand insbesondere der Erzbischöfe von Mainz und Köln sich vollziehende

Abkehr der Reichsstände von ihrer neutralen Haltung im Konflikt zwischen Basel und Rom geschah vor dem Hintergrund des Bedeutungsschwundes, den das Konzil auf europäischer Ebene hinnehmen mußte. Eine schwere Niederlage für die Baseler Herren bedeutete der Übergang des vom aragonesischen König Alfons V. eroberten Königreichs Neapel ins Lager Eugens IV. (1443). Als Eugen IV. die beiden geistlichen Kurfürsten 1446 ihrer Ämter enthob, hatte das zwar für diese keine unmittelbaren Konsequenzen, aber ihre künftige Wiederanerkennung wurde zu einem weiteren Trumpf in der Hand der Kurie. Schon am 7. II. 1447 leistete eine ganze Reihe von Reichsfürsten, darunter auch der Mainzer und der Brandenburger, Eugen IV. die Oboedienz. Nach dessen Tod konnte dann der zu seinem Nachfolger gewählte Thomas Parantucelli die u.a. von ihm geführten Verhandlungen schnell zu einem erfolgreichen Abschluß bringen. Nikolaus' V. Konkordat mit Friedrich III. bedeutete das Ende der Konzilstagungen in Basel; die noch verbliebenen Teilnehmer zogen nach Lausanne in das Herrschaftsgebiet des Grafen von Savoyen. Die weitere Entwicklung des Verhältnisses zwischen dem Konzil und der Kurie wurde dann maßgeblich vom französischen König mitbestimmt. Nachdem man Felix V. und seinen Anhängern Garantien für ihr künftiges Schicksal erwirkt hatte, erklärte der Baseler Papst am 7. IV. 1449 seinen Rücktritt, und die noch verbliebenen Konzilsteilnehmer erkannten am 19. Nikolaus V. als rechtmäßigen Papst an. Eine Woche später wurde das Konzil aufgelöst. Die moderate Weise, in der die Kurie mit den unterlegenen Gegnern verfahren ist, erinnert lebhaft an die Beilegung der innerfranzösischen Querelen nach dem Sieg über die Engländer. Ein Teil von Felix' Kardinälen wurde in das römische Kollegium aufgenommen; die beiderseits verhängten Kirchenstrafen galten als aufgehoben. Das Ende des mit Konstanz und Basel verbundenen Konziliarismus wurde dann zehn Jahre später von Pius II. am 18. I. 1460 mit der Bulle Execrabilis dekretiert: Jede Appellation vom Papst an ein künftiges Konzil wurde für von vornherein nichtig erklärt. Die Kurie hatte damit den Schlußstrich unter die Reformbewegungen des 15. Jahrhunderts gezogen, mußte aber sechs Jahrzehnte später erkennen, daß sie nur einen Pyrrhus-Sieg errungen hatte.
Obwohl die ausstehende Publikation der Reichstagsakten für die Jahre 1455 bis 1468 gewiß noch Korrekturen unseres Bildes dieser Zeit nach sich ziehen wird, dürfte die Feststellung, daß man damals kaum noch von einer auch nur annähernd einheitlichen Reichspolitik sprechen kann, im wesentlichen richtig sein und bleiben. Die Reichsstädte, darunter auch das mächtige Ulm, suchten Anlehnung an die jeweils benachbarten Territorialherren, denen man nichtsde-

stoweniger mit tiefem Mißtrauen begegnete. Die städtische Chronistik der Zeit ist voll von Klagen über die Zwietracht unter den Städten und über die Heimtücke der Fürsten. Als 1458 Donauwörth vom Bayernherzog unterworfen wurde, als 1462 das bis dahin als Freie Stadt geltende Mainz wieder unter die Herrschaft des Erzbischofs geriet, als 1468 Lüttich von Karl dem Kühnen erobert und ein Teil der Bevölkerung massakriert wurde, waren die Stadtbürger zwar empört, aber auch unfähig, in wirksamer Weise Hilfe zu leisten.

Friedrichs III. Wirken als römischer König und Kaiser kann bis zum Beginn der siebziger Jahre als gänzlich belanglos bezeichnet werden. Zwischen 1444 und 1471 hat er Reichsboden, von den Erbländern und von Italien abgesehen, nicht ein einziges Mal betreten; er erschien nicht einmal zu dem von den Fürsten nach Regensburg einberufenen Reichstag, der nach dem Fall Konstantinopels (29. V. 1453) über die Abwehr der Türkengefahr beraten sollte. Friedrichs Passivität wird man vor allem auf die wechselvolle Entwicklung in den beiden seinem Mündel Ladislaus Postumus zustehenden Reichen Böhmen und Ungarn zurückführen können, wo es nach dem frühen und von den Zeitgenossen als mysteriös empfundenen Tod des Ladislaus kurz nacheinander zur Erhebung von zwei nationalen, aus einheimischen Adelssippen stammenden Königen kommen sollte: Georg von Podiebrad und Matthias Corvinus. Aber schon zuvor hatten der böhmische und der ungarische Adel die Geschicke der beiden Reiche in maßgeblicher Weise bestimmt, so daß die beiden Krönungen im Grunde nur die nachträgliche Legitimierung von bereits seit langem bestehenden Zuständen darstellten.

Daß die Habsburger zunächst in Ungarn wieder Fuß hatten fassen können, verdankten sie einer Niederlage des von Johannes Hunyadi geführten ungarischen Heeres: Am 10. XI. 1444 wurde es bei Warna von den Türken geschlagen, nachdem der aus Polen herbeigerufene König Wladislaw gefallen war. Johannes Hunyadi war unter Siegmund zu Macht und Ansehen gekommen, hatte auch zu den Beratern König Albrechts gehört. Der ungarische Adel wäre nach dem Tode Wladislaws zwar bereit gewesen, den kleinen Ladislaus als König zu akzeptieren, aber Friedrich III. zögerte, das Kind aus seiner Obhut zu entlassen. So kam es zunächst zu einem oligarchischen Regiment von sieben Hauptkapitänen, das dann nach zwei Jahren durch die Ernennung des Johannes Hunyadi zum Statthalter des Postumus beendet wurde. Im Oktober 1448 wurde Johannes zum zweiten Mal von den Türken unter Murad II. geschlagen, und zwar auf dem Amselfeld, wo ein halbes Jahrhundert zuvor das Serbenreich vernichtet worden war. Eine Änderung der

Lage in Ungarn ergab sich dann, als die Stände der einstmals zur Herrschaft Albrechts II. gehörenden österreichischen Erbländer einen Aufenthalt Friedrichs III. in seiner bescheidenen Residenz Wiener Neustadt zu einer Revolte nutzten und von ihm die Entlassung von Albrechts Sohn aus der Vormundschaft erzwangen. An diesem Staatsstreich waren u.a. Ulrich von Cilli, einer von Hunyadis Gegnern, sowie einige Opponenten des Georg Podiebrad beteiligt, der nach dem ungarischen Vorbild 1452 zum Statthalter des Postumus in Böhmen erhoben worden war. Während in Ungarn die seit dem Fall Konstantinopels immer stärker werdende Furcht vor den Osmanen die treibende Kraft bei der allmählichen Konstituierung eines nationalen Königtums war, erfüllte in Böhmen die noch immer schwelende Auseinandersetzung um die konfessionelle Einheit des Landes diese Funktion.

Der Tod des Ladislaus Postumus löste indes nicht nur in Böhmen und Ungarn die Auseinandersetzung um seine Nachfolge aus, sondern führte auch im Hause Österreich zu einem Familienzwist, der die Lösung der beiden Nachbarreiche aus den Bindungen an Habsburg erheblich erleichtert hat. Erst jetzt kam übrigens Niederösterreich mit Wien zum Hausgut des Kaisers, während Oberösterreich an Friedrichs Bruder Albrecht fiel und Siegmund von Tirol finanziell entschädigt werden sollte. Die Auseinandersetzung um Albrechts II. Erbe war allerdings sehr viel komplexer und langwieriger, als dies hier geschildert werden kann.

In Ungarn war Johannes Hunyadi schon anderthalb Jahre vor Ladislaus gestorben, so daß der Kampf um die Krone hier keineswegs als von vornherein entschieden gelten konnte. Johannes' ältester Sohn wurde sogar am 16. III. 1457 hingerichtet, weil er in die Ermordung des Grafen Ulrich von Cilli verwickelt war. Mit Hilfe eines Oheims, Michael Szilagyi, gelang es seinem jüngeren Bruder Matthias, damals gerade 15 Jahre alt, den größten Teil der ungarischen Magnaten dazu zu bewegen, ihn zwei Monate nach dem Tode des Ladislaus zum König zu erheben. Matthias, dem später aufgrund der in humanistischen Kreisen üblichen Geschichtsklitterungen eine vornehme antik-römische Ahnenreihe und das Cognomen Corvinus zugeschrieben wurde, galt vielen seiner ungarischen Zeitgenossen als Zweiter Attila, als skythischer Mars; seine Bedeutung erschöpfte sich jedoch keineswegs in der mehr oder weniger erfolgreichen Abwehr der Türken oder in den Übergriffen auf Friedrichs III. Stammlande, er war vielmehr eine der beeindruckendsten und glanzvollsten Fürstengestalten und Mäzene seiner Zeit, der den bedächtig-umständlichen und knauserigen Kaiser mintunter in tiefen Schatten gestellt hat. Seinen Oheim Szilagyi, der als Regent die Herrschaft in Ungarn selbst auszuüben

gedachte, jagte er noch im Jahre 1458 davon; dieser schloß sich allerdings daraufhin einer Oppositionspartei an, die am 17. II. 1459 in Wiener Neustadt Friedrich III. zum König von Ungarn wählte. Friedrich war im Besitz des ungarischen Staatssymbols, der Stephanskrone, die Albrechts II. Witwe 1440 aus dem Staatsschatz hatte entwenden lassen. Daß Matthias sich am Ende doch durchsetzen und die Anerkennung seines Königtums durch Friedrich III. erreichen konnte, lag weniger an den militärischen Erfolgen, die er gegen den zeitweise mit dem Böhmenkönig Podiebrad verbündeten Kaiser zu erzielen vermochte, als an der Unterstützung durch Papst Pius II., dessen Kreuzzugspläne nur mit einem starken Ungarnkönig zu verwirklichen waren. Auf ein gewisses Verständnis für seinen Kampf um die Stephanskrone ist Matthias im übrigen auch bei den Reichsfürsten gestoßen. Die Mahnungen des Papstes sowie die fortdauernden Auseinandersetzungen mit seinem Bruder Albrecht veranlaßten den Kaiser schließlich zu Verhandlungen mit dem Ungarn, die am 3. IV. 1462 in Graz zu einem Präliminarvertrag führten. Aber erst nach weiteren Querelen konnten dann am 17. VIII. 1463 in Wiener Neustadt die endgültigen Vertragsurkunden ausgetauscht werden. Das auch als Ödenburger Vertrag bekannte Abkommen sah u.a. vor, daß Friedrich dem Hunyadi die Krone ausliefern sollte. Matthias, der von Friedrich als Sohn adoptiert und damit als Thronfolger legitimiert wurde, konzedierte dafür dem Habsburger den Besitz einer Reihe von westungarischen Orten sowie das Recht, auch weiterhin den Titel eines Königs von Ungarn zu führen. Außerdem, und das erwies sich später als die weitaus bedeutsamste Bestimmung, sollte Friedrich III. oder sein Sohn Maximilian das Königreich erben, wenn Matthias keinen legitim geborenen Sohn oder Neffen hinterlassen sollte. Der Vertrag, der auch vom Papst bestätigt worden ist, konnte allerdings die Gegensätze zwischen den beiden Herrschern nur vorübergehend ausgleichen; einige der Bestimmungen, besonders diejenige über die Erbfolge, erwiesen sich schon bald als Quelle neuer Konflikte, in deren Verlauf Friedrich III. gegen Ende seines Lebens sogar aus seinen Stammlanden fliehen mußte, während Matthias Wien zu seiner Residenz machen konnte.
Fast zur gleichen Zeit wie in Ungarn fand auch in Böhmen eine Königswahl statt: Am 2. III. 1458 wurde der bisherige Statthalter des Postumus zum König gewählt. Auch Georg war eine weitaus faszinierendere Persönlichkeit als das Oberhaupt des Hauses Österreich und des römischen Reiches. Dank seiner mit einem beträchtlichen Schuß Opportunismus gewürzten Betriebsamkeit wurde er in den folgenden Jahren, ehe der Stern Karls des Kühnen zu strahlen begann, zu einer der wichtigsten Figuren der Reichspo-

litik, und ebenso wie der Burgunder galt Podiebrad zeitweise als ernst zu nehmender Kandidat für die römische Königswürde. Als fatal für seine Karriere sollte sich indes seine zwielichtige Politik gleich zu Beginn seiner Herrschaft erweisen, als er den böhmischen Ständen den mit den Prager Kompaktaten erreichten konfessionellen Status garantierte, zugleich aber der Kurie geheime Versprechungen machte, die Böhmen wieder zur reinen katholischen Lehre zurückzuführen.

Daß Georg in den späten fünfziger und den frühen sechziger Jahren eine so herausragende Rolle spielen konnte, verdankte er sowohl seinen eigenen, z.T. aus der geschilderten Zwangslage resultierenden Initiativen als auch den z.T. überaus verworrenen Verhältnissen im Reich. Diese wurden zum einen durch die andauernde Untätigkeit des Kaisers und zum anderen durch ein nahezu ausgewogenes Gleichgewicht der politischen Kräfte im Innern gekennzeichnet. Die Situation durch die Bestallung von Reichsvikaren für bestimmte Reichskreise oder aber durch die Wahl eines römischen Königs zu klären, ist damals mehr als einmal erwogen worden, wobei sich ein gewisser, in Heidelberg ausgebildeter Dr. Martin Mayr und noch einige andere rechtsgelehrte Herren zu profilieren suchten. Dr. Mayr hatte schon der Stadt Nürnberg als Berater in deren Auseinandersetzungen mit Albrecht Achilles gedient, als er, jetzt als Rat des Mainzer Erzbischofs, den Pfalzgrafen Friedrich als Kandidaten für die Wahl zum römischen König ins Auge faßte. Sogar der Wahltermin (13. VI. 1457) war bereits festgelegt. Die Wahl eines römischen Königs zu Lebzeiten des Kaisers galt zwar als reichsrechtlich zulässig, jedoch war diese Norm wohl doch nur für die Sicherung der Nachfolge des Sohnes auf den Vater gedacht. Ein römischer König, der nicht sein Sohn gewesen wäre, hätte aber jede weitere Einflußnahme Friedrichs III. auf die politischen Geschicke in Deutschland blockieren können. Den Pfalzgrafen abzulehnen, fiel ihm nicht besonders schwer, denn dieser war in nicht ganz einwandfreier Weise zu Amt und Würde gelangt, als er seinen noch minderjährigen Neffen Philipp, den legitimen Erben der Pfalz, adoptierte und sich dabei das Kurfürstentum auf Lebenszeit ausbedang. In das Kurkolleg war er am 13. I. 1452 zwar aufgenommen worden, jedoch hat der Kaiser diese seiner Meinung nach illegitime Arrogation nicht anerkennen wollen. Markgraf Albrecht hat die Wahl des Pfälzers dann zu verhindern gewußt und sich damit, nach seinem Krieg gegen Nürnberg, dem Kaiser als neuen Bundesgenossen empfohlen.

Die nach Beendigung jener Fehde von Albrecht wiederaufgenommenen Versuche, das Nürnberger Landgericht zu einem den westfälischen Freistühlen vergleichbaren Instrument seiner Territorial-

und Reichspolitik zu machen, führte sehr bald zu einer neuen Krisensituation, in der Achilles diesmal auf überlegene Gegner stoßen sollte. Sein Gericht, das im Namen des Kaisers Acht und Aberacht verhängen konnte, begann, Rechtssachen auch aus Bayern an sich zu ziehen, und das führte schließlich zu einer Koalition zwischen Ludwig dem Reichen und seinem Vetter von der Pfalz (6. II. 1458). Albrecht schloß daraufhin ein Bündnis mit den Gegnern der beiden; unter ihnen befanden sich ein Graf von Württemberg, der Markgraf von Baden, der Herzog von Sachsen, der Erzbischof von Mainz und der Bischof von Metz (20. VI. 1458). Die beiden Allianzen können anfangs noch keine gegeneinander abgeschlossenen Kriegsparteien gewesen sein, denn Markgraf Albrecht half seinem Jugendfreund Ludwig von Bayern noch im Herbst des Jahres, die Reichsstadt Donauwörth zu unterwerfen. Vielleicht hat er dabei den Bayern aber auch nur in eine Falle locken wollen; jedenfalls ließ er, als über Ludwig die Reichsacht verhängt wurde, seinen Kampfgefährten im Stich und erklärte sich offenbar ohne jeden Skrupel bereit, die Exekution des kaiserlichen Spruchs zu übernehmen (4. VI. 1459).
Die dadurch entstandene Situation, die auch weiterhin durch überraschende Kurswechsel mancher Bundesgenossen geprägt wurde, wußte der wendige Böhmenkönig geschickt für sich auszunutzen. Er erreichte nicht nur die Anerkennung durch die drei anderen weltlichen Kurfürsten, sondern auch die Belehnung durch den Kaiser (Juli 1459) sowie die Erhebung seines Sohnes Viktorin zum Herzog von Münsterberg. Zum Dank dafür zog er die dem Bayernherzog kurz zuvor erteilte Erlaubnis zurück, in Böhmen Söldner für dem Kampf gegen Albrecht Achilles zu werben. Ludwig sah sich ohne diesen Zuzug außerstande, den Krieg weiterzuführen, und lieferte den Zankapfel Donauwörth an den Bischof von Eichstätt aus, der die Stadt bis zu einem Schiedsverfahren als Treuhänder verwalten sollte. Als der Bischof diese Vereinbarung nicht einhielt und Donauwörth am 29. IX. in die Freiheit entließ, vermochte es der nunmehr in bayerischen Diensten stehende Dr. Mayr, Georg Podiebrad erneut zum Kurswechsel zu bewegen. Georg gestattete wiederum die Werbung von Söldnern und erhielt dafür die Zusage, daß die Wittelsbacher eine Wahl des Böhmenkönigs auch zum römischen König unterstützen würden (16. X. 1459). Ehe es zur vertraglichen Absicherung der Wahlpläne kam, gelang den beiden Vettern von Bayern und der Pfalz ein doppelter Schlag gegen ihre vom Kaiser gestützten Gegner: Nachdem der Bischof von Eichstätt mitsamt seinem Stift unterworfen worden war, mußte sich Albrecht zu einer Kompromißlösung bereit erklären. In der sog. Rother Richtung (24. VI. 1460) versprach er, die

Kompetenzen des Nürnberger Landgerichts nicht auf bayerische Untertanen auszudehnen. Zwei Wochen später schlug Pfalzgraf Friedrich bei Pfeddersheim den Erzbischof von Mainz (4. VII.).
Georg Podiebrad hatte sich während des Konfliktes, von den Zugeständnissen in der Söldnerfrage abgesehen, neutral verhalten und glaubte nunmehr, auch mit der Unterstützung Albrechts rechnen zu dürfen. Selbst mit dem Kaiser soll er über seine Wahl gesprochen haben. Martin Mayr verhandelte mit den rheinischen Kurfürsten, konnte aber außer dem Pfalzgrafen nur den geschlagenen Erzbischof von Mainz dazu bewegen, insgeheim seine Stimme in Aussicht zu stellen. Der Mainzer verlangte dabei aber, daß die Reichsreform wieder in Angriff genommen würde, forderte wieder einmal die Einrichtung eines obersten Gerichtes nach dem Vorbild des Pariser Parlaments, das in Mainz seinen Sitz haben sollte. Wirklich seriös freilich dürfte nur die Unterstützung gewesen sein, die König Georg vom Bayernherzog erfahren hat, denn diese war ihm am 8. X. 1460 vertraglich zugesichert worden; aber Herzog Ludwig war kein Kurfürst. Immerhin deuteten die unmittelbar aufeinanderfolgenden Fürstentage von Eger und Nürnberg an, daß man die Untätigkeit des Kaisers nicht mehr länger hinzunehmen bereit war; Friedrich wurde aufgefordert, zu einem weiteren Reichstag nach Frankfurt zu kommen, und auch Albrecht Achilles stimmte in den Chor der Entrüstung ein, informierte den Kaiser aber über die Wahlabsichten seiner Widersacher. Friedrich hat daraufhin den Reichsständen den Besuch des Frankfurter Tages untersagt, der dann auch nicht stattgefunden hat. Am 13. VII. 1461 erklärte er dem Bayern wegen der Unterdrückung des Bistums Eichstätt den Reichskrieg, den Albrecht Achilles führen sollte. Aber ein Jahr später mußte der Markgraf mit der Niederlage in der Schlacht von Giengen all seine fränkischen Träume begraben. Wiederum hatten die Wittelsbacher auch im Westen einen Sieg zu verzeichnen, denn schon am 20. VI. hatte Friedrich bei Seckenheim seine restlichen Gegner, den Markgrafen von Baden, den Bischof von Metz und den Grafen von Württemberg, entscheidend geschlagen und gefangengenommen. Damit war die kaiserliche Partei im Reich so demoralisiert worden, daß sie sich auf Friedensverhandlungen einließ, die zunächst in Nürnberg stattfanden. Nachdem diese an den allzu weitgehenden Forderungen Ludwigs des Reichen gescheitert waren, konnte König Georg seine guten Dienste anbieten. Nicht der Kaiser, sondern der Böhmenkönig fungierte als Schiedsmann im Streit der bedeutendsten Reichsfürsten.
Für seine Rolle als Schiedsrichter hatte sich Georg während des offenen Krieges durch mehrfachen Parteiwechsel empfohlen. Die manchmal etwas zwielichtige Haltung des Königs wird man indes

nur gerecht beurteilen können, wenn die Entwicklung seines Verhältnisses zur Kurie in die Betrachtung einbezogen wird. Es kam gewiß nicht von ungefähr, daß gerade zu dem Zeitpunkt, da die Situation im Reich auf eine Entscheidung zutrieb, Pius II. die Prager Kompaktaten für nichtig erklärte (31. III. 1462) und dem Böhmenkönig mit einem Ketzerprozeß drohte. Falls Georg sich öffentlich von den Kompaktaten distanziert hätte, wäre dies das Signal für die utraquistische Opposition gewesen, seinen Sturz herbeizuführen. So blieb ihm nur die Hoffnung, sich als Friedensstifter den päpstlichen Prozeß so lange wie möglich vom Leibe zu halten. Er beschränkte diese Tätigkeit im übrigen nicht nur auf das römisch-deutsche Reich, sondern dehnte sie auf das gesamte noch christliche Europa aus. So trug er sich mit dem Gedanken eines Bundes aller Fürsten der Christenheit, der dann als Grundlage für einen neuen Kreuzzug dienen sollte. Redaktor des Bundesvertrages, z. T. wohl auch sein geistiger Urheber war ein an den Höfen Europas herumreisender Diplomat namens Antonio Marini aus Genf, der auch die böhmische Gesandtschaft an die Kurie geleitet hatte, die noch im Frühjahr 1462 versuchte, Pius II. von seinem fatalen Vorhaben abzubringen. Der Fürstenbundplan, der trotz kostspieliger Bemühungen nie über das Stadium von Verhandlungen hinausgediehen ist, war für die Position des Reiches innerhalb des christlichen Europas insofern aufschlußreich, als dem Kaiser nicht einmal mehr die Rolle eines primus inter pares zugebilligt wurde. Dies hat dazu geführt, daß der französische Hof, der im stillen gewiß mit den böhmischen Gesandten einer Meinung war, das Projekt ohne lange Diskussion ablehnen konnte: Für ein solches Vorhaben müsse man doch zunächst einmal die Zustimmung des Hl. Vaters und des Kaisers als der Oberhäupter der Christenheit einholen, wurde Georgs Gesandten von den Räten Ludwigs XI. bedeutet. Originell war an dem Projekt eigentlich nur, daß der Böhmenkönig ihn angesichts der aus Rom drohenden Gefahr mit beträchtlicher Energie zu realisieren versuchte. Außer auf den König von Frankreich hatte er seine Hoffnungen auf Venedig und auf Polen gesetzt, und mit König Kasimir IV. hat er dann auch einen Freundschaftsvertrag geschlossen, der indes nicht darüber hinwegtäuschen konnte, daß der Polenkönig, der eine Schwester des Ladislaus Postumus geheiratet hatte, im Hinblick auf Böhmen seine eigenen Pläne hegte.

Erfolgreicher war Georg in dem bescheideneren Rahmen der deutschen Politik, denn es ist ihm am Ende tatsächlich gelungen, die Parteien, denen er sich wechselseitig zugesellt und wieder entzogen hatte, auf einem Friedenskongreß in Prag miteinander zu versöhnen. Am 22. VIII. 1463 wurde der Vertrag geschlossen, der Herzog Ludwig den Verzicht auf Donauwörth auferlegte. Die Eichstätter Angelegenheit wurde in der Schwebe belassen. Im Grunde haben sich die Fürsten auf den Status von 1458 geeinigt, aber schon dies war ein ansehnlicher Erfolg für die Wittelsbacher und ein Prestigeverlust für Albrecht Achilles und seinen kaiserlichen Protektor, der sich freilich für die Vermittlertätigkeit Georgs insofern erkenntlich zeigte, als er Pius II. zu einem Aufschub der gegen den »Häretiker« geplanten Maßnahmen veranlaßte.

Während des Prager Friedenskongresses, aber auch danach wurden eine Reihe neuer Reichsreformprojekte erwogen, die zwar alle nicht zur Reife gediehen, in gewissen Bereichen aber die Perspektiven erweitert haben. Der von Albrecht Achilles dem Kaiser unterbreitete Plan, Georg Podiebrad und den Herzog Philipp von Burgund zu Reichsvikaren rechts bzw. links des Rheins zu ernennen, dürfte allerdings vermutlich kaum ernst gemeint gewesen sein, sondern sollte dem Kaiser nur vor Augen führen, welche Konsequenzen solche Vikariate nach sich ziehen könnten. Der Burgunder wäre damals nämlich durchaus in der Lage gewesen, die Gebiete links des Rheins dem Reich zu entfremden und seiner eigenen Herrschaftssphäre einzuverleiben, wenn man ihm nur einen Rechtstitel dafür geboten hätte. Zukunftsträchtiger waren da schon die Fürstenbundpläne, die in Prag erörtert wurden und z.T. auf den rührigen Dr. Mayr zurückgingen. So erwog man einen Bund, dem der Kaiser, der König von Böhmen, der Pfalzgraf, Herzog Ludwig von Bayern, Markgraf Albrecht und sein Bruder sowie der Herzog von Sachsen-Wittenberg angehören sollten. Auf dieser Basis sollten dann die anderen Reichsfürsten dazu gebracht werden, die Reform zu akzeptieren, die einen Landfrieden, Neuordnung des kaiserlichen Gerichtes, Münzordnung und Beschaffung der dazu notwendigen Mittel vorsah. Es fällt auf, daß die drei geistlichen Kurfürsten nicht zum Kern des Bundes gezählt wurden. Diese Besonderheit zeichnet auch den Gegenvorschlag des Albrecht Achilles aus, der sich wie immer, wenn Martin Mayr seine Überlegungen anstellte, übervorteilt sah. Sein Plan zielte allerdings ebenfalls darauf, die großen Fürstenhäuser zur Grundlage des Bundes zu machen: Österreich (Kaiser und Siegmund von Tirol), Wittelsbach (Ludwig und Friedrich), Wettiner und Hohenzollern sollten mit je zwei Vertretern beteiligt sein. Die Realisierung des einen wie des andern Planes hätte eine Zurückdrängung des Kurkollegs auf Kosten der großen Territorialmächte bedeutet, beide Pläne liefen aber auch darauf hinaus, die kleinen Mächte – Städte, Grafen, Ritter – den Großen unterzuordnen. Geradezu städtefeindlich waren die Absichten Mayrs. Die von ihm vorgesehene Kopfsteuer von einem Groschen pro Jahr sollte in den

Ländern der beteiligten Fürsten diesen zufließen, im übrigen Reich dem Kaiser. In ähnlicher Weise sollte mit einem Jahrmarktgeld verfahren werden, von dem ein Teil dem Böhmenkönig zugedacht war. Den zu erwartenden Widerstand der Städte wollte man mit der Reichsacht brechen, deren Exekution das Ende reichsstädtischer Freiheit bedeutet hätte. Der Vorschlag Mayrs stieß aber auf den Widerstand des Brandenburgers, der sich nunmehr als Anwalt reichsstädtischer Libertät fühlen durfte. Generell wird man über die Reformverhandlungen der fünfziger und sechziger Jahre feststellen können, daß sie von allen Seiten in hinhaltender Strategie geführt worden sind. Dem Kaiser ging es zumindest bis zum Tode Pius' II. (15. VIII. 1464) vor allem um die Verwirklichung eines universalen Kreuzzuges gegen die Türken, während die Fürsten dieser Absicht zwar nicht grundsätzlich widersprachen, als Vorbedingung aber eine wirkungsvolle Reichsreform setzten, die freilich nur ihnen Vorteile bringen konnte. Z.B. mußte die immer wieder verlangte Reform des Gerichtswesens nahezu zwangsläufig auf einen Verlust der kaiserlichen Prärogative in der Gerichtsbarkeit des Reiches führen. »Im Geschäftsgang der Reichstage rief die beiderseitige Zurückhaltung in den großen Fragen den Übelstand hervor, daß die ständischen – d.h. fürstlichen – und kaiserlichen Vertreter sich immer wieder das erste Wort bei der Vorlage von Entwürfen für den militärischen Reichsanschlag und für den Landfrieden zuschoben, bis endlich von dieser oder jener Seite ein Vorschlag erfolgte, der in den entscheidenden Fragen möglichst unbestimmt und allgemein gehalten war, damit die Verfasser sich nur ja nicht in irgend einer Weise festlegten« (I. Most).
So verliefen die Fürstenbundpläne im Sande, und am Ende holte Kaiser Friedrich seinen vagen Landfrieden von 1442 aus der Truhe und verkündete ihn im Juli 1465 erneut als Reichsgesetz. Immerhin war damals bereits einer der Pläne wenn auch nur halbherzig realisiert worden: die Umwandlung des bisher im wesentlichen für Fiskalsachen zuständigen königlichen Kammergerichts in ein ständiges oberstes Gericht, das mit zehn Beisitzern, acht fürstlichen, zwei kaiserlichen, urteilen sollte, und zwar im wesentlichen wohl über Landfriedensfälle von reichsunmittelbaren Ständen. Dieses Gericht ist 1464 geschaffen worden; Bischof Ulrich von Passau wurde erster Kammerrichter. Allerdings war diese Institution noch weit von dem 1495 eingerichteten, von der Person des Kaisers und seinem jeweiligen Aufenthaltsort gelösten Reichskammergericht entfernt. Erheblich näher an dessen Konzeption führte ein von Kurfürsten und anderen Fürsten auf kaiserlichen Wunsch zustande gekommenes Gutachten aus dem Sommer 1467. Darin war außer einem Fehdeverbot für fünf Jahre die Konstituierung eines ganz

neuen, nur für Landfriedensfälle von Reichsunmittelbaren zuständigen Gerichts vorgesehen, das seinen Sitz in Nürnberg haben sollte. 24 Urteiler sollten aus allen Ständen des in sechs Kreise eingeteilten Reiches als Beisitzer amtieren. Den Richter durfte der Kaiser bestimmen. Das Personal würde eine feste Besoldung erhalten und sollte bereits am 25. XI. 1467 zum ersten Mal tagen. Ehe dieses oberste Landfriedensgericht sich eines Falles annehmen durfte, hatte der Geschädigte sich freilich zunächst an die normalen Instanzen zu wenden; erst wenn er damit nicht zum Ziele kam, konnte er vor dem kaiserlichen Kammergericht Klage erheben. Der Kaiser ist auf den fürstlichen Vorschlag aber überhaupt nicht eingegangen und hat sich bis an sein Lebensende beharrlich geweigert, die Lösung des obersten Friedensgerichts von seiner Person zu akzeptieren. Er hat sich auch nicht dadurch beeindrucken lassen, daß die Fürsten es ihrerseits ablehnten, den Kaiser in dessen Konflikt mit Georg Podiebrad, auf den wir noch zurückkommen werden, zu unterstützen und diese Auseinandersetzung als Landfriedenssache zu werten. Im übrigen ließ sich der Habsburger auch nicht durch den Mißerfolg des Reichstages von 1467 beirren: Am 20. VIII. erließ er zu Wiener Neustadt einen bis dahin unerhörten Landfrieden, dessen Strafandrohungen und Verfahrensregelungen weit über das hinausgingen, was man bis dahin gewohnt war. Zur Durchführung eines Türkenzuges wurde ein absolutes Fehdeverbot für fünf Jahre erlassen; der Kläger sollte weiterhin die normalen Gerichte bemühen, jedoch wurde der Landfriedensbruch nunmehr als Majestätsverbrechen, als crimen laesae maiestatis, gewertet, d. h. der Friedensbrecher verfiel automatisch den dafür vorgesehenen Strafen, der kaiserlichen Acht und Aberacht, während bis dahin Landfriedensbruch lediglich als Eidesverletzung eingestuft worden war. An den tatsächlichen Gegebenheiten hat diese Betonung kaiserlicher Allgewalt zwar nicht viel ändern können, aber Friedrich hat dann doch mehrfach mit dem Gedanken gespielt, den Tatbestand des crimen laesae maiestatis bei seinen Auseinandersetzungen mit den Reichsfürsten zur Geltung zu bringen. So hat er einem Bayernherzog unter Berufung auf den Landfrieden von 1467 untersagt, die Stadt Augsburg zu drangsalieren, und noch 1474, als die Fünfjahresfrist bereits abgelaufen war, hat er den Prozeß gegen den von ihm nicht als Pfalzgrafen und Kurfürsten anerkannten Friedrich den Siegreichen auch unter Heranziehung der Strafbestimmungen für Majestätsverbrechen geführt. Es ist unverkennbar, daß der Kaiser seit den Tagen dieses Landfriedens und seit dem Konflikt mit Georg Podiebrad eine sehr viel energischere und konsequentere Haltung an den Tag legte als in den beiden Jahrzehnten zuvor.

Der erwähnte Konflikt mit Georg Podiebrad, der wenige Jahre später fast nahtlos in den mit Matthias Corvinus überleiten sollte, war vor dem Hintergrund der konfessionellen Querelen in den böhmischen Ländern aufgekeimt. Die prekäre Lage des Böhmenkönigs zwischen seinen katholischen und seinen utraquistischen Untertanen hatte sich durch den Tod Pius' II. (15. VIII. 1464) nur vorübergehend konsolidieren lassen. Die böhmischen Barone versuchten, die Situation zur Stärkung ihrer Beteiligung an der Regierung zu nutzen, das katholische Pilsen verweigerte dem König den Gehorsam. Entscheidend aber wurde der Druck von außen. Matthias von Ungarn, dessen Königtum dem gleichen nationalen Boden entsprossen war wie das des Podiebrad, hatte dessen Tochter Katharina geheiratet. Als diese starb, leitete Matthias eine von der Kurie geförderte Politik gegen den Hussitenkönig ein. Am 23. XII. 1466 verhängte Papst Paul II. den Kirchenbann über Georg, erklärte ihn für abgesetzt und entband die Böhmen von ihrem Treueid. Der Papst hat zunächst versucht, König Kasimir IV. als Exekutor des Urteils zu gewinnen. Im Bunde mit den katholischen Städten und Fürsten Schlesiens sollte Kasimir die böhmische Krone für seinen ältesten Sohn Wladislaw (*1456) in Anspruch nehmen, dessen Mutter Elisabeth eine Schwester des Ladislaus Postumus war.

König Kasimir IV. befand sich damals auf dem Höhepunkt seiner Herrschaft; nach einem dreizehnjährigen wechselvollen Krieg war es ihm endlich gelungen, den Deutschen Orden militärisch und politisch so in die Enge zu treiben, daß dieser sich zur Annahme von Kasimirs Friedensbedingungen bereit erklären mußte. Ursprünglich hatte Kasimir den gesamten Ordensstaat dem polnischen Reich inkorporieren wollen; in einem günstig scheinenden Augenblick, als während Kasimirs Hochzeit mit König Albrechts II. Tochter Führer des preußischen Adels und der Städte ihm die Oberherrschaft über Preußen offerierten, war dies sogar schon einmal urkundlich verfügt worden (6. III. 1454), aber dann hatte eine schwere Niederlage gegen das Ordensheer bei Kanitz (18. IX. 1454) diesen weitreichenden Plan zunichte gemacht. Nach den Bestimmungen des schließlich zustande gekommenen 2. Thorner Friedens (19. X. 1466) mußte der Orden nicht nur auf Pommerellen, sondern auch auf das Kulmer und das Ermland verzichten, dazu noch auf die einstige Hauptresidenz des Hochmeisters, die Marienburg, die Kasimir allerdings schon im Sommer 1457 in Besitz hatte nehmen können. Der Hochmeister war fortan dem König von Polen durch einen persönlichen Treueid verbunden und sollte als Fürst dem königlichen Rat angehören. Die dem Orden verbliebenen Gebiete wurden in einer rechtlich unklaren, jedenfalls aber nicht lehnrechtlichen Form an die Krone Polens gebunden. Die Hälfte der Ordensritter sollte künftig aus Polen rekrutiert werden, jedoch ist diese Bedingung des Friedens dann nie erfüllt worden.

Als Papst Paul II. dem Polenkönig den Vorschlag unterbreiten ließ, seine Macht jetzt auch auf das von einem Ketzer beherrschte Böhmen auszudehnen, ging dieser nur sehr zögernd darauf ein; vielleicht war er der Meinung, daß der gerade erzielte Erfolg erst einmal gesichert werden müsse, ehe man sich auf ein solches Wagnis einlassen könne. Matthias Corvinus sah daraufhin seine Stunde für gekommen und wandte sich offen gegen seinen ehemaligen Schwiegervater. Die Häretiker, so Matthias in einer martialischen Ansprache an seinen Adel, seien viel verderblicher als die Türken, denn diese würden die Unterworfenen nur in die Sklaverei führen, die anderen aber bewirkten die ewige Verdammnis der Seelen. Anlaß für den offenen Ausbruch des Krieges scheinen territoriale und zollpolitische Differenzen zwischen Georgs Sohn, Herzog Viktorin von Münsterberg, und Kaiser Friedrich III. gewesen zu sein, die im Januar 1468 zur Absage Viktorins an Friedrich als Fürsten von Österreich »one Berrurrunge des Römischen Reiches« führten. Matthias fiel daraufhin in Böhmen ein, um, wie er behauptete, dem Kaiser zu helfen. Der Krieg endete im folgenden Winter mit einer urkundlich nicht fixierten Absprache, derzufolge Matthias den Böhmenkönig mit der Kurie versöhnen, Georg für die Wahl des Ungarn zum römischen König sorgen sollte. Aber weder diese noch weitere Unterredungen konnten einen dauerhaften Frieden bewirken und am Ende schien Matthias kurz vor einer entscheidenden militärischen Niederlage zu stehen, als Podiebrad überraschend nach kurzer Krankheit am 22. III. 1471 starb. Die böhmischen Stände entschieden sich schon am 17. V. für König Albrechts Enkel Wladislaw von Polen und übergingen dabei nicht nur die Söhne Georg Podiebrads, sondern auch die Kandidatur Herzog Albrechts von Sachsen und vor allem die des Corvinus. Friedrich III. nahm zunächst eine zweideutige Haltung ein, denn Papst Paul II., der die Wahl Wladislaws nicht anerkannte und auf die Erhebung des Glaubensstreiters Matthias von Ungarn drängte, glaubte der Unterstützung des Kaisers sicher zu sein. Aber dieser wich einer Stellungnahme aus und konnte sich dabei auf die ablehnende Haltung der meisten Reichsfürsten berufen, die auf einem Böhmenkönig aus der deutschen Nation bestanden, als die Angelegenheit auf einem Regensburger Reichstag im Sommer 1471 zur Sprache kam. Übrigens war dies der erste Tag seit dem stürmischen Herbst des Jahres 1444, den der Kaiser persönlich aufzusuchen geruhte. Eine ungarische Gesandtschaft mußte unverrichteter Dinge wieder von dannen ziehen, als erkennbar wurde, daß die böhmische Politik ihres Königs bei Klerus und Adel des Landes auf wachsenden Widerstand stieß; die ungarische Opposition war der Meinung, daß man die Kräfte des Landes auf die Abwehr der Türken konzentrieren müsse. Eine Reihe von Baronen bot schließlich sogar dem König von Polen die ungarische Krone an; dieser akzeptierte die Wahl und erklärte dem Hunyadi den Krieg (20. IX. 1471). Nachdem Papst Sixtus II. am 1. III. 1472 über Kasimir IV. und Wladislaw die Exkommunikation verhängt hatte, weil diese die Utraquisten unterstützten, einigte man sich auf einen Waffenstillstand, der es Matthias ermöglichte, gegen Friedrich III. als den eigentlichen Urheber seiner Schwierigkeiten vorzugehen. Matthias unterstützte die Adelsfronde in den Erblanden des Kaisers und ließ seine Söldnerscharen zu Beutezügen in die an Ungarn grenzenden Regionen der Habsburger ausschwärmen. Er verstand es, den Kaiser so unter Druck zu setzen, daß dieser schließlich sogar über die Anerkennung des Corvinus als König von Böhmen und vornehmsten Kurfürsten des Reiches verhandeln ließ. Als Gegenleistung sollte Matthias auf die weitere Unterstützung der österreichischen Adelsopposition verzichten. Als die Unterhandlungen scheiterten, wandte sich der Kaiser auf einem Augsburger Reichstag im Frühjahr persönlich an die Fürsten und bat sie um ihre Hilfe gegen die Ungarn. Zwar hatte Matthias in den voraufgegangenen Monaten im Reich um Bundesgenossen werben lassen, aber er konnte dabei nur den Herzog Ernst von Sachsen für sich gewinnen, während er bei Albrecht Achilles von Brandenburg auf entschiedene Ablehnung stieß. Ein Teil der Bayernherzöge sympathisierte zwar mit dem Ungarnkönig, aber schließlich beteiligten sich auch die Räte des Münchner Herzogs Albrecht IV. an einer Gesandtschaft, die im August 1473 in Ofen den Ungarnkönig aufforderte, die von ihm besetzten habsburgischen Burgen zu räumen; das Haus Österreich sei nicht das geringste Glied des hl. römischen Reiches, und dieses könne den gegenwärtigen Zustand nicht länger dulden. Bemerkenswert, daß damals der Appell an die Pflichten der deutschen Nation noch nicht als Mittel von Friedrichs Reichspolitik eingesetzt worden ist, wie dies nur wenig später bei den Konflikten mit Burgund und den späteren Kriegen gegen Matthias Corvinus der Fall sein sollte. Der Ungarnkönig glaubte damals, weiterhin auf zwei Bündnispartner im Westen hoffen zu dürfen: auf Friedrich den Siegreichen und auf Karl den Kühnen. Der Wittelsbacher war von Friedrich III. allerdings immer noch nicht als Pfalzgraf und Kurfürst anerkannt worden und konnte daher in der Reichspolitik nur eine untergeordnete Rolle spielen. Der Herzog von Burgund war damals als Schiedsrichter in dem noch immer schwelenden Konflikt zwischen dem Corvinen und den beiden Jagiellonen Kasimir von Polen und Wladislaw von Böhmen vorgesehen worden; Georg von Stein, der schon 1469 als Gesandter Georg Podiebrads an den burgundischen Hof gereist war und Karl dem Kühnen die Wahl zum römischen König in Aussicht gestellt hatte, ließ Anfang August 1473 bei seiner Rückkehr aus Burgund verlauten, demnächst werde es zum Abschluß eines Bündnisses zwischen dem Herzog von Burgund und Matthias Corvinus kommen. Dies dürfte für den Kaiser und seine Parteigänger der Anlaß gewesen sein, dem Burgunder eine persönliche Begegnung im Westen des Reiches vorzuschlagen. Es war dies freilich nicht der erste Kontakt zwischen Friedrich III. und den als mächtigsten Fürsten des Okzidents geltenden Herzögen von Burgund; sogar eine eheliche Bindung zwischen Friedrichs Sohn Maximilian, der gerade damals zum ersten Mal in Begleitung des Vaters auf einem Reichstag erschienen war, und der einzigen Tochter Herzog Karls war schon vor Jahren einmal in Erwägung gezogen worden.

Maximilian, der am 22. III. 1459 geboren worden war, war des Kaisers einziger Sohn aus der Ehe, die er während seines Romzuges mit der damals noch fast kindlichen Eleonore von Portugal geschlossen hatte. Auf die Prinzessin war Friedrich aller Wahrscheinlichkeit nach vom burgundischen Hof aufmerksam gemacht worden: Eleonore war eine Nichte von Philipps des Kühnen Gemahlin Isabella. Daß der Habsburger eine Portugiesin zur Frau nahm, nachdem er Verbindungen mit Frankreich, Savoyen und Luxemburg verworfen hatte, gehört zu den nur schwer erklärbaren Entscheidungen dieses Herrschers, denn aussichtsreiche Perspektiven dynastisch-politischer Natur hat die Ehe damals kaum eröffnet. Allenfalls kennzeichnet die Wahl einer solch exotischen Prinzessin die Distanz des Kaisers zu den Fürstenhäusern des Reiches, die er offenbar nicht als ganz ebenbürtig angesehen hat. Der Plan, Maximilian mit der zwei Jahre älteren Tochter des Grafen Karl von Charolais, des künftigen Herzogs von Burgund zu verheiraten, ist zum ersten Mal nach der Niederlage der kaiserlichen Bundesgenossen gegen Friedrich den Siegreichen bei Seckenheim erwogen worden. Damals hat Friedrich daran gedacht, den Herzog von Burgund zum Hauptmann eines Reichskrieges gegen den Pfalzgrafen zu ernennen. Die Anregung, das geplante Bündnis durch die Verlobung der beiden Kinder zu besiegeln, soll Papst Pius II. gegeben haben. Aber die Sache zerschlug sich, und die kleine Maria hat dann noch insgesamt sechs andere Verlobungen über sich ergehen lassen müssen, z. B. eine englische und eine französische mit dem Bruder von Karls des Kühnen späterem Todfeind Ludwig

XI. Daß die Eheverbindung zwischen den Häusern Österreich und Burgund am Ende doch noch zustande kam, entsprang keinesfalls einer zwangsläufigen Entwicklung: Wenn Karl der Kühne bei Nancy gesiegt hätte oder Ludwig XI. nach Karls Tod schneller auf Gent vorgestoßen wäre, hätte die Entwicklung der west- und mitteleuropäischen Geschichte ganz andere Bahnen genommen. Andererseits gab es aber auch eine ganze Reihe von Gründen, die eine Koordinierung der Interessen beider Häuser durch eine Ehealianz nahelegten. Friedrich III. hatte schon bald nach seiner Wahl Kontakte zu Philipp dem Guten gesucht; die beiden Fürsten hatten sich 1442 in Besançon getroffen, um über die bis dahin unterbliebene Lehnshuldigung des Herzogs sowie über die Luxemburger Frage zu verhandeln. Eine Einigung konnte aber nicht erzielt werden; wenig später kam es zu dem fatalen Bündnis Friedrichs mit Karl VII., das im Grunde auch gegen die burgundischen Expansionstendenzen gerichtet war. Wäre es dem französischen König gelungen, Metz zu erobern, so wäre dies ein schwerer Schlag gegen die Verbindungslinien zwischen Burgund und den niederen Landen Philipps des Guten gewesen. Wenig später hat der Burgunder dann das Problem dieser Verbindung geradezu im Husarenstreich zu beseitigen versucht. Luxemburg war inzwischen erobert und gegen wettinische Ansprüche behauptet worden, als der sowohl in burgundischen als auch in habsburgischen Diensten tätige Heinrich von Heesel den Vorschlag machte, die Reichslehen Philipps zu einem Königsreich zu erheben mit dem Namen Brabant oder Friesland. Für Brabant bestand schon seit langem die Ansicht, daß es völlig freies, von niemandem lehnsrühriges Fürstentum sei. Dies wurde dann unter Verweis auf das Reich König Lothars aus dem 9. Jahrhundert zum Projekt eines Königreiches ausgesponnen, das dem römischen Reich zwar nicht durch die Leistung der vasallitischen Mannschaft verpflichtet sein würde, von diesem aber noch zusätzlich Geldern, Jülich, Kleve, Mark, Moers, Bar, Lothringen und Vaudémont als lehnsrührige Territorien erhalten sollte. Das wäre, von den rheinischen Kurfürstentümern und vom Elsaß abgesehen, das gesamte Reichsgebiet westlich des Rheins gewesen. Wie hoch man die militärische und damit auch die politisch-fiskalische Potenz des Burgunders damals eingeschätzt hat, zeigt die bereits einmal erwähnte Heeresmatrikel für den geplanten Türkenzug vom Jahre 1467. Für die vom Reich lehnsrührigen Territorien (nicht also für Flandern und das Herzogtum Burgund) sollte der Herzog 800 Reiter und 1500 Fußknechte stellen; die deutschen Laienfürsten (21 ohne die Kurfürsten) waren demgegenüber insgesamt mit nur 735 Reitern und 1730 Fußknechten veranschlagt, der Kaiser hätte 300 Reiter und 700 Fußknechte ins Feld schicken müssen. Friedrich III. war indes nicht zu bewegen, dem Burgunder die vom Herrn von Heesel vorgeschlagene Königswürde zu konzedieren. Die Beziehungen zwischen Burgund und Österreich scheinen aber von dem Scheitern der Pläne unberührt geblieben zu sein. Herzog Philipp wurde in den folgenden Jahren zu einer der Schlüsselfiguren neben Podiebrad der Reichspolitik. Es kam nicht von ungefähr, daß Albrecht Achilles einmal diese beiden Fürsten für die Reichsvikariate links und rechts des Rheins vorgeschlagen hat. Allerdings bestanden zwischen der Reichspolitik des Böhmenkönigs und der des Herzogs von Burgund beträchtliche Unterschiede. Während Georg sich auch an der Landfriedens- und Reformpolitik intensiv beteiligt hat, beschränkte sich Philipp der Gute auf Ausbau und Festigung seiner Stellung am Westrand des Reiches; dies geschah durch den Abschluß von Bündnissen und durch die Besetzung von Bischofsstühlen mit befreundeten Herren. In der Bistumspolitik stieß er dabei gelegentlich auf einen Rivalen: Die beiden 1456 gewählten Bischöfe von Trier und Metz waren Parteigänger des Königs von Frankreich. Aber im selben Jahr wurden in Utrecht und Lüttich burgundische Kandidaten auf den Bischofsstuhl erhoben, und 1460 wurde der damals zwölfjährige Sohn des burgundischen Marschalls zum Bischof von Toul gewählt und damit eine Bastion unmittelbar vor den Toren von Nancy gewonnen. Wenn die drei geistlichen Kurfürsten in der Reichspolitik dieser Jahre eine so untergeordnete Rolle zu spielen vermochten, so lag dies nicht zum wenigsten an dem burgundisch-französischen Interessenkampf westlich des Rheins.

Nur einmal war es zu einer unmittelbaren Einwirkung Herzog Philipps auf das Zentrum der Reichspolitik gekommen, als er 1454 zu dem sogenannten Türkenreichstag nach Regensburg reiste, wo er den Kaiser zu treffen hoffte, der dann aber nicht erschien, obwohl man den Tag nahe der Grenze von Friedrichs Erblanden abgehalten hat. Kurz zuvor hatte am 17. II. 1454 das Fasanenfest in Lille stattgefunden, in dessen Mittelpunkt ein lebender, mit Gold und Juwelen überhäufter Fasan stand. Der Herzog und seine Gäste, darunter vor allem die Ritter vom Goldenen Vlies, dem Orden des gesamtburgundischen Adels, leisteten dem Herrgott, Unserer Lieben Frau und dem Fasan den feierlichen Eid, die der Christenheit in Konstantinopel angetane Schmach zu rächen und einen Kreuzzug zu unternehmen. Philipp war bereit, sich dafür auch dem Befehl des Königs von Frankreich zu unterstellen. Trotz der skurril anmutenden Begleitumstände der Eidesleistung wird man an der Ernsthaftigkeit von Philipps Kreuzzugsplan nicht zweifeln können, der freilich an eine Bedingung geknüpft wurde: Philipps Länder sollten während seiner Abwesenheit in Frieden

gelassen werden. Die Reise an die Donau, die den Deutschen zum ersten Mal die Pracht des burgundischen Hofes ahnen ließ, endete ebenso ohne bedeutsame Folgen wie die eingangs erwähnten Unterhandlungen, die dem Burgunder die Bekämpfung des Pfalzgrafen auferlegen sollten. Mit dem von Georg Podiebrad vermittelten Frieden von Prag im August 1464 war auch das Projekt der Ehe Maximilians und Marias von Burgund fürs erste gescheitert. Die Hinfälligkeit des früh gealterten Herzogs Philipp führte dazu, daß sein Sohn Karl schon zwei Jahre vor dem Tode des Vaters (15. III. 1467) als Generalstatthalter die Regierung der burgundischen Territorien übernahm. Die politischen Divergenzen zwischen Burgund und Frankreich wurden von nun an durch eine wohl von Anfang an bestehende tiefgreifende wechselseitige Antipathie zwischen Ludwig XI. und Karl dem Kühnen verschärft. Schon als Graf von Charolais hatte sich Karl an dem Krieg der französischen Fürsten, der Ligue du Bien Public, gegen Ludwig XI. beteiligt, in dessen Verlauf der Herzog bei Monthléry einen Sieg über den König errang. Obwohl dieser nur darin bestanden hatte, daß der Herzog das Schlachtfeld zu behaupten vermochte, scheint er den ungemein sensiblen Fürsten davon überzeugt zu haben, ein Feldherr genialen Zuschnitts zu sein, ein Irrtum, der sein weiteres Schicksal entscheidend mitbestimmen sollte.
Unmittelbar nach der Übernahme der Generalstatthalterschaft im April 1465 bevollmächtigte Karl am 15. V. einige Gesandte zu Bündnisverhandlungen mit den Erzbischöfen von Köln und Mainz, mit den Herzögen von Sachsen und mit Ludwig dem Reichen von Bayern. Von all den vorgesehenen Partnern ging aber nur der Bayer auf das Angebot ein, dafür gelang es aber den Unterhändlern, Pfalzgraf Friedrich zum Bundesgenossen Burgunds zu gewinnen. Der Pfälzer versprach dabei, auch seinen Bruder Ruprecht für eine Allianz mit Herzog Karl zu bewegen. Ruprecht war bereits 1363 zum Erzbischof von Köln gewählt und ein Jahr später vom Papst bestätigt worden. Friedrich III. hatte sich aber geweigert, den Bruder des von ihm nicht anerkannten Pfalzgrafen mit den Temporalien seiner Kirche zu belehnen, so daß dieser noch immer als Elekt amtieren mußte. Die Allianz mit dem erfolgreichen Kurfürsten hatte zunächst wohl nur das Ziel, den pfälzischen Einflußbereich vom burgundischen abzugrenzen. Daß Erzbischof Ruprecht wenige Jahre später gezwungen sein würde, die Hilfe Karls des Kühnen gegen sein rebellisches Erzstift in Anspruch zu nehmen, konnte damals niemand voraussehen.
Die erste von nahezu allen deutschen Chronisten mit Entsetzen vermerkte Aktion des Burgunders richtete sich gegen die Stadt Lüttich, die sich im Vertrauen auf die Hilfe Ludwigs XI. der

burgundischen Schutzherrschaft zu entziehen suchte. Die Erhebung der Lütticher erfolgte just zu dem Zeitpunkt, da Ludwig als Gast des Herzogs in dessen Schloß Péronne weilte (9./14. X. 1468). Obwohl der Burgunder seinem Lehnsherren einen Geleitbrief ausgestellt hatte, scheute er nicht davor zurück, den König nach einem vergeblichen Fluchtversuch zu nötigen, mit ihm den sog. Vertrag von Péronne zu schließen, der dem Burgunder nahezu alles konzedierte, was er vom König verlangt hatte. Um die Demütigung Ludwigs zu vollenden, ließ der Herzog ihn zum Zeugen der Vernichtung Lüttichs werden. Die Truppen des christlichen Fürsten wüteten in der Stadt so, wie es die Türken 15 Jahre zuvor in Kontantinopel getan hatten. Wenig später setzte dann die Entwicklung ein, die im Sommer 1473 schließlich zur Eroberung des vom Reich lehnsrührigen Herzogtums Geldern führen sollte. Unter Ausnutzung von Spannungen zwischen Herzog Arnold und seinem Sohn griff Karl als Schiedsrichter ein, wobei er sich auch auf die gemeinsame Zugehörigkeit zum Orden vom Goldenen Vlies berief; am Ende erwarb er von dem erbosten Vater die Erbrechte an dem Territorium.

Die Veränderungen der Machtkonstellationen, die für Karl den Kühnen schicksalhaft werden sollten, vollzogen sich indes im Süden, am Oberrhein. Im Rahmen der jahrhundertelangen Auseinandersetzungen zwischen den Habsburgern und der sich allmählich abschließenden und vom Reich entfernenden Eidgenossenschaft hatte Herzog Siegmund einen weiteren Schritt zurückweichen müssen, als er 1461 mit dem Konstanzer Frieden auf seine Ansprüche im Thurgau verzichtete. Als er sich in den folgenden Jahren weiteren Expansionsversuchen der Eidgenossen konfrontiert sah, glaubte er schließlich, nur noch durch ein Bündnis mit Burgund weitere Niederlagen abwenden zu können. Zwar hatte es schon vorher Allianzen zwischen den Häusern Österreich und Burgund gegeben, aber das Zugeständnis, zu dem Siegmund sich am 9. V. 1469 in St.-Omer bereit fand, stellte doch ein Novum dar. Für 50000 fl. hat er Karl dem Kühnen u. a. die Landvogtei im Elsaß, die Städte Breisach und Rheinfelden sowie die Grafschaft Hauenstein im Schwarzwald verpfändet.

In St.-Omer war jedoch nicht nur über die eher regionalen Probleme im Grenzgebiet von Eidgenossen und Habsburg verhandelt worden, sondern auch über die bereits mehrere Jahre zuvor erwogene Ehe des Kaisersohnes mit Karls Tochter Maria sowie über eine Rangerhöhung des burgundischen Herzogs. Damals sind übrigens auch von anderer Seite derartige Pläne erörtert worden, u. a. bei Vertragsverhandlungen des Burgunders mit dem Erzbischof von Mainz im November 1469. Nach den Mainzer Vorstellungen sollte Karl ein allgemeines Vikariat im Reich nach dem Vorbild des Herzogs Wenzel von Luxemburg (1366) übernehmen und schließlich auch römischer König werden, wobei die Ehe Maximilians mit Maria dem Hause Österreich das burgundische Erbe einbringen würde.

Allerdings begannen sich gegen den wachsenden burgundischen Einfluß im Reich Widerstände zu regen. Der gerade erst zum Bundesgenossen gewonnene Pfalzgraf mußte sich schon durch die Pfandherrschaft am Oberrhein beunruhigt fühlen, und von den unter burgundischer Kuratel stehenden Bischöfen war kaum einer bereit, sich gänzlich unter das notorisch harte Regiment des Herzogs zu begeben und auf die theoretisch immer noch bestehende Reichsfreiheit zu verzichten. Während die Verwirklichung der burgundischen Königspläne in greifbare Nähe zu rücken schien, entwickelten sich im Süden und dann auch am Nordostrand von Karls Machtsphäre zwei Krisenherde.

Der pfälzische Erzbischof Ruprecht von Köln hatte in z.T. rigoroser Weise damit begonnen, das durch seinen Vorgänger weitgehend ruinierte Erzstift zu restaurieren und war dabei in einen Konflikt mit dem Domkapitel und den Landständen geraten, auf deren Seite sich auch die Stadt Köln stellte. Unter anderem hatte Ruprecht versucht, mit Hilfe von Pfälzer Gefolgsleuten die Stadt Neuß in seine Gewalt zu bringen; jedoch war der Anschlag fehlgeschlagen, und zwei seiner Leute waren hingerichtet worden. Nachdem ein Vermittlungsversuch von Ruprechts Bruder gescheitert war, wählte das Domkapitel am 23. III. 1473 den dritten Sohn des Landgrafen Ludwig I. von Hessen zum Hauptmann und Beschirmer des Erzstifts. Zur gleichen Zeit gärte es im Bereich der Österreichischen Pfandlande am Oberrhein, wo Karls des Kühnen Bailli, der Sundgauer Herr Peter von Hagenbach, sichtlich bemüht war, die angeblich nur vorübergehend als Pfand abgetretenen Gebiete in das burgundische Staatswesen zu integrieren und sie als Stützpunkte für weitere Expansion zu nutzen, wobei er das ursprüngliche Ziel des Vertrages von St.-Omer, die Eindämmung der eidgenössischen Expansionstendenzen nicht aus dem Auge verlor, während am Hofe Karls des Kühnen einige einflußreiche Leute, darunter auch der Kanzler Hugonet, für einen Ausgleich insbesondere mit Bern plädierte.

In mancher Hinsicht hat sich die Verwaltungstätigkeit des Herrn von Hagenbach nicht allzu sehr von derjenigen seiner Kollegen in anderen Fürstentümern unterschieden. Die Beschneidung von Jagd-, Forst- und Fischereirechten, die Einschränkung der kommunalen Selbstverwaltung (z.B. in Breisach) gehörten zum Alltag des sich vollendenden »frühmodernen Staats«. Allerdings pflegte

Peter von Hagenbach die Arroganz und die Willkür seines Herrn in einem für die neuen Untertanen unerträglichen Ausmaß zu imitieren; die Söldner, auf die er seine Herrschaft stützte, kamen zum Teil aus der Picardie, sprachen also nur die welsche Sprache, an die sich die Leute vom Oberrhein noch aus der Zeit der Armagnakenzüge erinnerten. Hinzu kam, daß Hagenbach, ganz anders als sein in dieser Hinsicht integrer Herzog, sich im sexuellen Bereich einiges zuschulden kommen ließ, dessen er sich auch noch in aller Öffentlichkeit rühmte und das dann die zeitgenössischen Chronisten mit genüßlicher Abscheu in ihren Werken registriert haben.

Indes wären die unter Hagenbachs Herrschaft stehenden Bürger und Bauern der habsburgischen Lande nicht in der Lage gewesen, sich selbst von der »welschen« Tyrannei zu befreien. Daß sie schließlich der Hilfe auswärtiger Mächte sicher sein konnten, dafür sorgte der Herr von Hagenbach mit seiner aggressiven Haltung gegenüber den Städten Basel und Straßburg, insbesondere aber mit seinem Druck auf das mit den Eidgenossen liierte Mühlhausen, das mehrfach mit der Aufforderung konfrontiert wurde, sich der burgundischen Schirmherrschaft zu beugen, zuletzt noch am 22. I. 1473. Die Eidgenossen, die schon am 13. VIII. 1470 mit Ludwig XI. ein Neutralitätsabkommen geschlossen hatten, kamen daraufhin überein, ein Bündnis mit den Reichsstädten am Oberrhein zu suchen. Fast zur gleichen Zeit fand in Colmar eine Konferenz statt, auf der Gesandte von Straßburg, Basel, Colmar und Schlettstadt zu dem Schluß kamen, daß der burgundischen Herrschaft ein Ende bereitet werden müsse. Wenige Wochen später, am 14. III. 1473, wurde das Bündnis geschlossen, an dem sich außer den bereits genannten auch noch die Bischöfe von Straßburg und Basel sowie der Markgraf von Baden beteiligten; Mühlhausen war auf seiten der Eidgenossen in die Allianz aufgenommen worden, die sich zum Ziel setzte, die Freiheit der beteiligten Stände und ihre Zugehörigkeit gegen jedes welsche Volk zu verteidigen. Um das Unternehmen gegen Burgund auf eine rechtlich vertretbare Basis zu stellen, wäre es allerdings notwendig gewesen, den Eigentümer der verpfändeten Gebiete, Herzog Siegmund von Österreich, zum Partner zu gewinnen. Dem standen freilich nicht nur die damals fast zweihundert Jahre alte Feindschaft zwischen Habsburg und den Eidgenossen im Wege; auch eine noch immer bestehende Allianz zwischen Burgund und einigen Städten der Eidgenossenschaft, vor allem mit Bern, hätte erst beseitigt werden müssen, und es kennzeichnet die noch immer ungeklärte Situation des Jahres 1473, daß Karl der Kühne damals versuchte, diese Allianz auf die anderen Orte der Eidgenossen auszudehnen. König Ludwig XI.

von Frankreich hat bei dem allmählichen Zustandekommen der antiburgundischen Strömung übrigens keineswegs die Rolle des allwissenden Drahtziehers – der universalen Spinne – gespielt, die ihm sein Biograph Philippe de Commynes zugeschrieben hat, sondern beschränkte sich darauf, auf die sich abzeichnenden neuen Konstellationen mit wohlwollendem Abwarten zu reagieren. Daß die latenten Spannungen am Nieder- und am Oberrhein zu offenen Konflikten führten, wurde durch den Eklat veranlaßt, mit dem eine Zusammenkunft zwischen Kaiser Friedrich III. und Herzog Karl von Burgund im November 1473 geendet hatte. Im Frühjahr war Friedrich nach Augsburg gereist, wo auf einem Reichstag die leidigen Themen Türkenhilfe und Landfrieden mit dem üblichen negativen Ergebnis behandelt und außerdem – ebenfalls ohne jedes Resultat – der Konflikt des Kaisers mit Friedrich dem Siegreichen von der Pfalz erörtert worden war. Auch der Mißerfolg dieses Reichstages dürfte den Kaiser bewogen haben, dem mit dem Pfälzer verbündeten Burgunder die Einladung zu einer persönlichen Begegnung vorzuschlagen. Dazu kamen freilich auch noch andere, bereits erwähnte Gründe für einen unmittelbaren Gedankenaustausch mit dem einflußreichen »Großherzog des Occidents«: die Wirren in Böhmen nach dem Tode Georg Podiebrads, wo Matthias Corvinus sich der Unterstützung durch die katholischen Stände erfreute, während die auf den Prager Kompaktaten beharrende Partei Wladislaw von Polen zum König erhoben hatte. Die Gerüchte über eine bevorstehende Allianz Karl des Kühnen mit dem Ungarnkönig mochten es geraten erscheinen lassen, die politischen Pläne des Burgunders zu erkunden. Allerdings scheint Friedrich wohl von vornherein entschlossen gewesen zu sein, dem Herzog keine essentiellen Rechte preiszugeben, wobei er sich vom Verhalten der unter burgundischem Einfluß stehenden Fürsten und Herren bestärkt fühlen mußte, denn nicht wenige von ihnen haben sich vor der Konferenz oder noch in Trier vom Kaiser belehnen oder in anderer Weise privilegieren lassen, z. B. die Bischöfe von Utrecht, Lüttich und Metz sowie der neue Herzog von Lothringen, René von Vaudémont. Die Belehnungsakte lassen daran zweifeln, daß Friedrich die Verhandlungen über ein neuzugründendes Königreich für den Burgunder überhaupt mit der ernsthaften Absicht auf einen erfolgreichen Abschluß geführt haben kann.

Zunächst hatte man als Tagungsort Metz vorgesehen, aber aus politischen und finanziellen Erwägungen haben sich die beiden Fürsten dann auf das damals recht bescheidene Trier geeinigt. Als Eskorte hatte Herzog Karl ein ganzes Heer mit 3000 Panzerreitern, 5000 leichten Reitern und 6000 Kriegsknechten aufgeboten, die im Gebiet der unter burgundischer Vogtei stehenden Abtei

St. Maximin lagerten. Der herzogliche Trésorier hatte allein für die Bekleidung der vornehmeren Herren von Karls Begleitung 38830 Pfd. ausgeben müssen, während der ebenso arme wie knauserige Kaiser zunächst vergeblich versuchte, bei Augsburger Kaufleuten weiteren Kredit zu bekommen, um seinen Hofstaat einigermaßen standesgemäß einkleiden zu können, bis ihn schließlich ein gewisser Ulrich Fugger mit Wolle und Seide belieferte. Bezahlt hat der Kaiser vermutlich mit einem Wappenbrief, den er Ulrich und seinen Brüdern wegen ihrer angenehmen und willigen Dienste am 9. VI. verlieh. Es war dies das erste Geschäft zwischen den Häusern Österreich und Fugger. Die Verhandlungen zwischen Friedrich und dem Burgunder begannen erst, nachdem der Herzog ausreichend Gelegenheit gehabt hatte, seinen für den kaiserlichen Hof atemberaubenden Reichtum zur Schau zu stellen.

In den langwierigen geheimen Unterredungen zwischen den beiden Fürsten, denen nur Peter von Hagenbach als Dolmetscher beiwohnen durfte, wurden die unterschiedlichsten Pläne für die Rangerhöhung des Burgunders erörtert; als aussichtsreichste von ihnen dürften Karls Wahl zum römischen König und die Kreierung eines eigenständigen territorialen Königreichs unter Wahrung der lehnsrechtlichen Abhängigkeit vom Reich im Mittelpunkt gestanden haben. Den auf die römische Königs- oder Kaiserwürde zielenden Absichten Karls konnte der Kaiser mit dem zu erwartenden Widerstand einiger Kurfürsten begegnen, deren Interessen auch dadurch tangiert waren, daß dem Burgunder die ruhende böhmische Stimme zugebilligt werden sollte. Am Ende scheint man sich auf das »territoriale« Königreich geeinigt zu haben, das den Namen Burgund (nach der Pfalz- oder Freigrafschaft) oder aber auch Burgund und Friesland führen und alle burgundischen Reichslehen umfassen sollte. Dazu wäre die Lehnshoheit über Kleve, Lothringen und Savoyen sowie über die Kirchen von Utrecht, Lüttich, Toul, Verdun und Sitten gekommen. Zwei Tage später, am 6. XI., erfolgte die Belehnung des Burgunders mit dem kurz zuvor eroberten Herzogtum Geldern, für den 18. XI. war die Krönung des Herzogs zum König vorgesehen, für die Krone und Szepter bereits vorhanden waren. Dann wurde die Feier auf den 21. verschoben, fand aber auch dann nicht statt, und schließlich, am Morgen des 24. XI., bestieg der Kaiser mit seinem Sohn ein Schiff und fuhr die Mosel hinunter, ohne sich auch nur verabschiedet zu haben. Peter von Hagenbach versuchte vergeblich, den Kaiser noch einmal zur Umkehr zu bewegen.

Die Gründe für den peinlichen Eklat liegen noch immer im dunkeln; in verschiedenen politischen Fragen, die nicht unmittelbar mit dem neuen Königreich im Zusammenhang standen, gab es

erhebliche Differenzen. Friedrichs Vetter Siegmund wollte seine Pfandlande zurückhaben; der Burgunder war weder in dieser Frage noch in einigen anderen zum Nachgeben bereit. Er war offenbar der Meinung, daß die Ehe seiner Tochter mit dem Sohn des Kaisers ein angemessener Preis für die Königswürde war, über den er nicht hinauszugehen brauchte. Sicher ist, daß die Kurfürsten im Verlauf der Verhandlungen immer größere Reserve an den Tag legten und schließlich nur bereit waren, die Schaffung des burgundischen Königreichs ohne Protest hinzunehmen. Aber all das und noch weitere Gründe bieten doch keine zureichende Erklärung für den plötzlichen Aufbruch des Kaisers, und möglicherweise liegt dann die Erklärung tatsächlich im dunkeln, nämlich in Friedrichs III. Charakter. In anderem Zusammenhang soll er einmal gesagt haben, im Römischen Reich gebe es nur vier Kronen, die von Aachen, die von Arles, von Mailand und Rom. Alle gehörten auf sein Haupt. Anders als z. B. sein Vorgänger Karl IV. hat Friedrich III. das Recht nicht als eine Richtlinie angesehen, die je nach Maßgabe der Verhältnisse verändert werden konnte. Die Erhebung Karls des Kühnen zum burgundischen König hätte dem Hause Österreich zweifellos einen beträchlichen Vorteil eingebracht, aber der Kaiser hat das Interesse seiner Dynastie dem Recht des Reiches untergeordnet und damit die Anwartschaft auf das unschätzbare Erbe des Burgunderherzogs preisgegeben. Denn vorerst sprach nichts dafür, daß die aufgrund der Ereignisse natürlich unterbliebene Verlobung Maximilians und Marias doch noch zustande kommen könne.
Für Herzog Karl hat das abrupte Ende des Trierer Treffens zunächst allenfalls einen geringfügigen Verlust an Prestige bedeutet. Sein Interesse an einem Königreich, das nicht völlig souverän, sondern vom Reich lehnsrührig gewesen wäre, kann nicht allzu groß gewesen sein, denn die Abneigung gegen Treueid und Mannschaft hatte schon in den Tagen seines Vaters die Beziehungen zwischen Burgund und Frankreich vergiftet, und dies wäre im Verhältnis zu Kaiser und Reich gewiß nicht viel anders geworden. Karl muß schon damals der Überzeugung gewesen sein, auch auf andere Weise, nämlich mit militärischer Gewalt zum Ziel kommen zu können. Als ihm am 18. XII. 1475 die Stände des kurz zuvor überrannten Herzogtums Lothringen huldigten, deutete er in einer Rede an, daß er, der zwischen Frankreich und Deutschland mächtig wie nie zuvor sei, an eine Wiederherstellung des alten Lotharreiches dachte, dem traditionsgemäß ja auch die Kaiserwürde zugestanden hätte.
Das Scheitern der Trierer Verhandlungen hatte zur Folge, daß es in den beiden erwähnten Krisenherden, im Erzstift Köln und in den habsburgischen Pfandlanden, zum offenen Konflikt kam. Die Aus-

einandersetzungen zwischen Erzbischof Ruprecht und seinen Gegnern hatte Karl mit großer Aufmerksamkeit beobachtet und sich schon lange zur Unterstützung Ruprechts entschlossen. Aber erst am 11. XII. 1473 ließ er erklären, daß er die Vogtei, garde und Beschirmung des Erzstifts, die ihm Ruprecht angeboten habe, wahrnehmen wolle. Als sein Herold in den Städten des Erzstifts burgundische Wappen anschlagen ließ, wurden diese abgerissen. Am 29. VII. begann die Belagerung des gut befestigten Neuß, das von dem Stiftsverweser Hermann von Hessen verteidigt wurde. Jetzt rächte sich die brutale Unterwerfung Lüttichs, denn Gerüchte, Karl wolle nach der Eroberung der Stadt auch hier alle Erwachsenen niedermetzeln lassen, wurden durchaus nicht in Zweifel gezogen und entsprachen wohl auch der Wahrheit. Die Neußer haben daher nie ernsthaft an Kapitulation gedacht, auch wenn nach wenigen Wochen Hungersnot herrschte. Die Belagerung von Neuß erregte zumal in den Reichsstädten entlang des Rheins ungeheures Aufsehen; man rechnete sich aus, daß nach einem Erfolg des Herzogs Köln, Frankfurt und Straßburg der burgundischen Tyrannei zum Opfer fallen könnten. So kam es, daß die sonst so bedächtig und abwartend reagierenden Städte, aber auch Fürsten und Herren geradezu spontan dem zum 27. VIII. 1474 verkündeten Aufgebot des Kaisers Folge leisteten.

Im Zusammenhang mit diesem Aufgebot wurde zum ersten Mal im deutschen Spätmittelalter von einem Kaiser in offenbar systematischer Weise an die deutsche Nation appelliert, für den Bestand des Reiches zu sorgen. Die Begriffskombination natio Germanica et Romanum imperium war seit den Tagen des Baseler Konzils gelegentlich in Traktaten und Urkunden verwendet worden, aber die spezifische – mit dem Genitiv gebildete – Formel »heiliges Römisches Rych der Duytschen nacion« findet sich zum ersten Mal bezeichnenderweise in dem Gehorsamsrevers des Verteidigers von Neuß, des Landgrafen Hermann von Hessen (3. I. 1474). In den Briefen des Kaisers an verschiedene Reichsstände wurde dem Burgunder vorgeworfen, das Heilige Reich und die deutsche Nation verletzt zu haben. Der Vorstoß Karls auf Neuß bedeute »abpruch, zertrennung und verletzung des Heiligen Reichs und Dewtscher nacion«; die Straßburger wurden aufgefordert, Hilfe zu leisten, und zwar mit dem Zusatz: »als ir unns, dem Heiligen Reich, euch selbs und Deutscher nacion zu tunde schuldig seitt.« Übrigens blieb die Nationalität des Eindringlings in den kaiserlichen Briefen durchweg ohne nähere Definition, was sich einige Jahre später als sehr weitsichtig erweisen sollte, denn als Maximilian das Erbe Karls des Kühnen übernehmen wollte und der französische König dies zu verhindern trachtete, ließ sich auch dies als Angriff auf das Reich und die deutsche Nation brandmarken. Obwohl der Aufruf des Kaisers allgemein befolgt wurde und ein ungewöhnlich großes Heer versammelt werden konnte, scheinen zumindest die Reichsstädte auf die politische Propaganda des Kaisers nur sehr zurückhaltend reagiert zu haben, denn in ihren Briefen und Berichten findet sich der Begriff »deutsche Nation« erst verhältnismäßig spät und dann ohne die emotionalen Akzente, die er in den kaiserlichen Manifesten zweifellos getragen hat. In Verlautbarungen der Fürsten begegnet er zwar öfter, aber hier tritt er schon bald – wie der Reichsbegriff – in einen Gegensatz zu Kaiser und Haus Österreich, so, wenn Berthold von Henneberg im Jahre 1489 auf einem Reichstag erklärt, die Kurfürsten, Fürsten, Städte und auch die ganze deutsche Nation hätten für Österreich und die Niederlande tapfere Hilfe geleistet. Damals war die gegen den burgundischen Aggressor gerichtete emotionale Komponente des Nationsbegriffs, die Friedrich III. der Formel »Heiliges Reich und deutsche Nation« einzuflößen versucht hatte, längst verflogen. Was den Kaiser veranlaßt hatte, außer an den latenten Reichspatriotismus der Deutschen auch an ihr Nationalgefühl zu appellieren, kann man nur vermuten. Möglicherweise haben die Vorgänge in Böhmen und Ungarn an Friedrichs Hof die Meinung aufkommen lassen, die Kraft, die dort Kaiser und Reich so erfolgreich entgegenwirkte, könne auch in deutschen Landen geweckt und politisch zu deren Nutzen eingesetzt werden. Es gehört zu den zahlreichen von Ironie geprägten Episoden in der Geschichte der deutschen Nation, daß der Kaiser sie zum ersten Mal ausgerechnet gegen einen Gegner zu mobilisieren versuchte, dessen Erbe sein Sohn Maximilian nur wenige Jahre später übernehmen sollte, ein Erbe, dessen Gesamtheit nur mit beträchtlichen Schwierigkeiten noch mit dem Begriff der deutschen Nation zu fassen war, und überdies das Haus Österreich in politische und dynastische Zusammenhänge führte, die weit über diese Nation hinausreichten. Aber auch, wenn jene vor dem Feldzug gegen Karl den Kühnen unvorhersehbare Entwicklung nicht eingetreten wäre, hätte der Kaiser mit diesem Begriff wohl kaum einen über die Auseinandersetzung mit dem Burgunder hinausreichenden Erfolg erzielen können. Von der Neußer Belagerung haben sich offenbar so gut wie alle Stadtbürger im Reich und viele Fürsten betroffen gefühlt und entsprechend reagiert. Gegen Matthias Corvinus die nationalen Kräfte des Reiches zu wecken, war schon viel schwieriger, und als Karl VIII. von Frankreich Maximilians bretonische Braut »raubte«, weckte dies zwar ebenfalls nationale Emotionen, aber vor allem wohl nur bei den Humanisten des Elsaß, die seit den Tagen Karls des Kühnen allenthalben gallische Angriffsabsichten auf die Germania witterten. Zugleich aber erntete der Habsburger auch hämischen Spott, z.B. bei eidgenössischen Chronisten, und die fürstlichen Gegner des Hauses Österreich-Burgund waren keineswegs willens, dessen Schmach als ihre eigene und die der deutschen Nation zu werten.

Zum Hauptmann des Reichsheeres, das die belagerte Stadt entsetzen und den Burgunder aus den kurkölnischen Territorien vertreiben sollte, hatte der Kaiser den Markgrafen Albrecht Achilles ernannt. Er selbst ließ sich mit seiner Reise an den Rhein sehr viel Zeit; erst Mitte Dezember erreichte er Frankfurt, zog von dort bis Andernach, von wo aus er am 7. I. 1475 dem Herzog die Kriegserklärung zustellen ließ. Eine Woche zuvor hatte er sich mit Ludwig XI. verbündet, der ihm versprach, dem Burgunder in den Rücken zu fallen. Zwar hatte der Kaiser während der voraufgegangenen Monate auf diplomatischem Wege versucht, den Herzog zum Abbruch der Belagerung zu bewegen, wobei der von Friedrich mit dem Herzogtum Holstein belehnte König Christian von Dänemark als Vermittler agierte und dabei beinahe anstelle Maximilians zum Schwiegersohn Karls des Kühnen avanciert wäre. Aber nach dem Abschluß des Bündnisses mit Ludwig XI. hatten sich die Fronten verhärtet. Am 18. II. griffen die Kölner mit 2000 Mann das Belagerungsheer an, und es kennzeichnet das militärische Unvermögen der Burgunder, daß es den Angreifern gelang, eine Reihe von Schiffen in Brand zu setzen oder zu kapern. Karl hat noch einmal alles daran gesetzt, die Stadt zu stürmen, aber am 6. V. setzte sich das Reichsheer endlich von Köln aus in Marsch und erreichte bald den Belagerungsring um Neuß. Im Reichsheer, dessen Fahne ein Augsburger Bürgermeister trug, waren 10 Laienfürsten, 2 geistliche Kurfürsten, 12 Bischöfe, 2 Äbte, an die 70 Grafen und 1400 Herren und Ritter zugegen; etwa 70 Reichsstädte hatten Aufgebote geschickt. Nach vorsichtigen Schätzungen umfaßte die kaiserliche Armee 2300 Reiter und 13000 Mann zu Fuß; niemals ward in deutschen Landen ein schöner Volk zu Roß und Fuß gesehen, meinte ein süddeutscher Augenzeuge.

Indes befanden sich im Belagerungsheer einige der berühmtesten Kriegskünstler der Zeit, von denen man noch nicht wissen konnte, wie wenig sie in Wirklichkeit taugten. So beschränkte man sich auf ein kleineres Scharmützel und begann dann mit Verhandlungen, die Ende Mai zu einem Waffenstillstand führten. Man einigte sich unter Vermittlung eines päpstlichen Legaten auf einen umständlichen, das Prestige beider Parteien schonenden Abzug, der dann nach einigen schweren Zwischenfällen am 27. und 28. V. vonstatten ging. Die Neußer waren befreit und begannen sogleich, mit den Burgundern eifrig Handel zu treiben. Die Probleme, die das Ein-

greifen des Herzogs veranlaßt hatten, blieben in der Schwebe; die Entscheidung über das Kölner Schisma wurde dem Ermessen des Kaisers anheim gestellt.
Der für beide Seiten glimpfliche Ausgang des Krieges hatte es ermöglicht, erneut über die Ehe Maximilians und Marias zu verhandeln. Karl soll noch im Lager vor Neuß die Zusage gemacht haben, seine Tochter dem Kaisersohn zu geben. Einige Monate später, als er das Herzogtum Lothringen schon fast erobert hatte, schloß Friedrich mit dem Burgunder sogar ein Bündnis (17. XI. 1475), der bei dieser Gelegenheit sein Versprechen eidlich bestätigte.
Während Karl noch mit den Vorbereitungen zu seinem Feldzug ins Erzstift Köln beschäftigt war, hatte sich der vom Ergebnis der Trierer Zusammenkunft enttäuschte Herzog Siegmund entschlossen, seine Ansprüche gegen die Eidgenossen zurückzustellen, um deren Unterstützung bei der Auslösung der an Burgund verpfändeten Lande zu gewinnen. Auch damals hat König Ludwig von Frankreich sich nicht aktiv an den Unterhandlungen zwischen Siegmund und den Eidgenossen beteiligt, und auch die Aufbringung der Auslösesumme für die Pfandlande in Höhe von 80000 fl. rhein. blieb den oberrheinischen Städten überlassen: Basel, Colmar und Schlettstadt sollten die eine, Straßburg die andere Hälfte des Geldes zur Verfügung stellen. Am Ende gelang es den Bernern und den Zürchern, die alten Kantone von der Notwendigkeit einer Einigung mit Siegmund zu überzeugen: Zwischen dem 27. III. und dem 4. IV. 1474 wurden zu Konstanz die Dokumente besiegelt, die eine »Ewige Richtung« (Einigung) zwischen Österreich und der Eidgenossenschaft (unter Hintanstellung der später zu regelnden Streitigkeiten) begründeten, zweitens eine Allianz von oberrheinischen Städten, den Bischöfen von Basel und Straßburg sowie Herzog Siegmund (die sog. Niedere Vereinigung), drittens den Verzicht Siegmunds auf die Allianz mit Burgund und schließlich ein Bündnis zwischen der Niederen Vereinigung (aber ohne Herzog Siegmund) und der Oberen, d. h. der Eidgenossenschaft.
Es blieb dann den Breisachern vorbehalten, den ersten Schlag zu führen, der die österreichischen Pfandlande fast kampflos und vor allem auch ohne Rückzahlung der Pfandsumme vom Joch des Peter von Hagenbach befreite. Unter Ausnutzung einer Meuterei von Hagenbachs picardischer Eskorte, deren Sold ausgeblieben war, wurde der Bailli am 10. IV. gefangengesetzt und wenig später als ein geradezu idealer Sündenbock vor ein von allen Alliierten beschicktes Gericht gestellt. Dieses verurteilte ihn wegen verschiedener, dem garantierten Status der Pfandlande abträglicher Maßnahmen sowie wegen seiner angeblichen Gewalttaten gegen Frauen

zum Tode und ließ ihn am 9. V. 1474, dem Jahrestag des Vertrages von St.-Omer, enthaupten. Natürlich galt dieser Schlag dem Herzog selbst; aber dieser wollte wegen der zwar provozierenden, aber doch wenig gefährlich erscheinenden Gewalttat einiger Städte und Herren am Oberrhein die geplante Eroberung von Neuß nicht aufschieben.

Auch nach dem Abbruch der Belagerung war die Zeit für den Rachefeldzug noch nicht gekommen, denn am 10. V. 1475 war im Feldlager vor Neuß der Herold des Herzogs René II. von Lothringen erschienen und hatte dem Burgunder den Fehdebrief überreicht. Zwischen Burgund und Lothringen hatte es im Bereich der Verbindungsstraßen zwischen den niederen und den oberen Landen von Karls Reich ständige Reibereien gegeben. Als René den Entschluß faßte, diese Zwischenfälle zum Anlaß einer Kriegserklärung zu nehmen, glaubte er, der Unterstützung von seiten König Ludwigs XI. sicher sein zu können, und außerdem wußte er ja, daß sein anderer Lehnsherr, der Kaiser, im Augenblick Krieg gegen den Burgunder führte. Aber dieser wurde schon am 29. V. mit einem Waffenstillstand praktisch beendet; und es kann hier vorweg erwähnt werden, daß Friedrich III. dann im Verlauf des Winters einen Friedensvertrag mit Karl dem Kühnen geschlossen hat, auf den er sich nicht nur deshalb einließ, weil der Burgunder ihm wohl schon im Feldlager vor Neuß insgeheim versichert hatte, die Ehe von Maximilian und Maria werde doch noch zustande kommen, sondern auch, weil Friedrich andernfalls mit einem Offensivbündnis Karls des Kühnen mit König Matthias von Ungarn rechnen mußte. Auch der König von Frankreich hat den Lothringer schon bald im Stich gelassen: Am 13. IX. schloß er mit dem verhaßten Rivalen einen Waffenstillstand, der neun Jahre gelten sollte. Zwar hatte sich René inzwischen mit Karls oberrheinischen und eidgenössischen Feinden verbündet, aber vor dem burgundischen Angriff auf sein Fürstentum mußte er weichen. Am 30. XI. zog Karl der Kühne in Renés Residenz ein.

Unmittelbar danach begann der Feldzug, auf den alle Welt wartete. Es ging dabei nicht mehr nur um die Rache für den Tod von Karls Bailli. Der Angriff galt vielmehr einem Feind, der seither die burgundischen Positionen im Waadtland, ja sogar in der Freigrafschaft mit Krieg und Verwüstung überzogen hatte. Im Februar erreichte Karls vorzüglich ausgerüstete Söldnerarmee das von den Bernern eroberte Städtchen Grandson am Neuenburger See. Die Besatzung der Burg kapitulierte und wurde dann zum Teil aufgehängt, zum Teil im See ertränkt. Die Berner und ihre Verbündeten wußten spätestens von diesem Tage an, daß der Burgunder den Krieg nicht nach den Regeln mittelalterlicher Ritterschlachten zu

führen gedachte, bei denen es nur darauf ankam, so viele Gefangene wie möglich zu machen.
Bei Grandson kam es am 2. III. zur ersten Schlacht, die schon entschieden war, ehe sie recht begonnen hatte, denn als Karl einen taktischen Rückzug befahl, artete dieser in eine allgemeine Flucht aus. Die Burgunder verloren nur einige Hundert Mann, aber Karl büßte einen beträchtlichen Teil seines Schatzes ein, darunter außer Gold und Juwelen seinen Herzogshut und einen Thron. Zwar war noch keine Entscheidung gefallen, aber Karl sah sich doch veranlaßt, seine Zustimmung zum Verlöbnis seiner Tochter mit Maximilian endlich beurkunden zu lassen (6. V. 1476). Am 22. VI. überrannten die Schweizer und ihre Bundesgenossen bei Murten das trotz einiger Alarmmeldungen noch immer im Lager befindliche Heer Karls des Kühnen. Die Sieger machten keine Gefangenen und erschlugen nahezu ein Drittel der etwa 12000 Mann zählenden burgundischen Streitmacht. Karls Alliierte begannen, sich nach gediegeneren Bundesgenossen umzusehen; Herzog Galeazzo Maria Sforza von Mailand schloß am 29. VIII. ein Bündnis mit Ludwig XI., und dieser ließ seine von Karl in Gewahrsam genommene Schwester, Herzogin Yolande von Savoyen, befreien und überredete sie, ihr Bündnis mit Burgund zu kündigen. Im Zentrum des burgundischen Blocks erhoben sich die Lothringer und verschanzten sich in Nancy. Als Karl, diesmal mit einer nur noch ungenügend gerüsteten Armee von 5000 Mann die Stadt zurückerobern wollte, wurde er am 5. I. von Herzog René und seinen mit dem Geld Ludwigs XI. bezahlten Schweizern gestellt und vernichtend geschlagen. Der Sieger ließ die zwei Tage später gefundene Leiche Karls des Kühnen mit allen Ehren in der Stiftskirche St.-Georges zu Nancy beisetzen.
Kaiser Friedrich durfte nun hoffen, den im wesentlichen durch Zögern und Abwarten erzielten Verlobungsvertrag eingelöst zu sehen. Um zu ermessen, welche Bedeutung der Besitz des ungeteilten Erbes der Maria von Burgund für das Haus Österreich gehabt hätte, kann auf die Zahlen zurückgegriffen werden, die über den Haushalt des burgundischen Reiches vorliegen. Diese werden damals zwar nur wenigen Eingeweihten zugänglich gewesen sein, aber die Art, wie Karl der Kühne seinen von niemandem bezweifelten Reichtum zur Schau gestellt hatte, dürfte die Schätzungen der Zeitgenossen eher über als unter die tatsächlichen Gegebenheiten getrieben haben. Anders als in Frankreich, wo es seit 1451 eine von ständischer Bewilligung unabhängig gewordene allgemeine Herd- und Grundsteuer, die taille, gab, war der burgundische Herzog für außerordentliche Steuern, aides oder (zu Deutsch) beden, noch immer auf die Zustimmung durch die Stände angewiesen, die er

freilich entweder mit gutem Zureden oder durch handfeste Drohungen stets zu erreichen vermochte. Dazu kamen die traditionellen, ordentlichen Einnahmen aus den Domänen, aus Zoll, Münze, Gerichtsgebühren und ähnlichem mehr. Für beide Bereiche wurden unter Karl dem Kühnen getrennte Verwaltungsbehörden eingerichtet. Im Verlauf der 9,5 Jahre währenden Reigerungszeit des Téméraire sind insgesamt 1378000 Pfd. Tourn. Bede erhoben worden; d.h. im Durchschnitt ca. 145000 Pfd. per annum. Nach dem Wechselkurs von 1466 (99,1:100) entspräche dies etwa der gleichen Anzahl rheinischer fl. Dazu kamen Anleihen, die z.T. mit beträchtlichem Zwang eingetrieben wurden; für die gesamte Regierungszeit brachten sie ca. 2000000 Pfd. In Krisenzeiten – und Karls des Kühnen Regierung war eine einzige Krisenperiode – stiegen die Ausgaben des Burgunders in schwindelerregende Höhen; 1476 beliefen sie sich auf 1,6 Mio. Pfd., im folgenden Jahr mußten die Generalstände der Niederlande 500000 Kronen (= ca. ebensoviele rhein. fl.) bewilligen.
Zum Vergleich die Zahlen aus einem der wohlhabenderen deutschen Territorien, dem Bayern des Herzogs Ludwig des Reichen, der sich die Landshuter Hochzeit seines Sohnes Georg mit Hedwig von Polen 60766 fl. kosten ließ, d.h. ungefähr die Einkünfte eines ganzen Jahres. Im Vergleich mit dem Haushalt des Herzogs von Burgund spielte die Bede in dem des Bayern nur eine untergeordnete Rolle. Sie wurde alle zehn Jahre erhoben und erbrachte z.B. 1474 69817 fl. Im Durchschnitt dürfte die bayerische Bede höchstens 10000 fl. per annum erbracht haben. Dazu kamen dann aber im Durchschnitt der Jahre 1452/1505 jeweils etwa 64500 fl. aus den Regalien, den Zöllen, den Gerichten, aus der Domäne, zusammen also rund 74500 fl. Während sich die Einkünfte aus Friedrichs III. Ländern wegen der chaotischen Verhältnisse unter Matthias Corvinus offenbar nicht näher berechnen lassen, beliefen sich die vornehmlich aus dem Bergregal stammenden Einkünfte der Grafschaft Tirol im Jahre 1490 auf 87052 fl. Im Vergleich zu den Einkünften eines Herzogs von Burgund oder eines Grafen von Tirol waren die des römischen Kaisers damals kaum noch der Rede wert: Die Städtesteuern dürften unter Friedrich III. noch zwischen 2000 und 5000 fl. erbracht haben. Genauer berechnen lassen sich nur die der elsässischen Reichsstädte; diese haben zwischen 1481 und 1486 im Durchschnitt 1734 fl. gezahlt. Außerdem kennen wir die Einnahmen aus dem Mainzer Zoll, offenbar dem einzigen, aus dem noch Abgaben an den Kaiser gezahlt wurden: 714 fl. per annum zwischen 1480 und 1485. Dazu kamen dann noch die Judensteuern, über deren Ertrag nichts bekannt ist. Verglichen mit der beklagenswerten Armut des römischen Kaisertums stellte das burgundische

Reich für die Zeitgenossen eine geradezu märchenhaft reiche Welt dar, deren Prestige und deren politisches Gewicht im Rahmen der europäischen Politik in den Zahlen der Finanzverwaltung natürlich nur angedeutet werden kann. Wenn es nur auf die Steuergelder angekommen wäre, dann wäre König Ludwig XI. seinem Vetter und Todfeind von Burgund mehrfach überlegen gewesen: Die jährlichen Einkünfte des Königs von Frankreich aus der erwähnten taille beliefen sich zur Zeit Ludwigs XI. auf 3,9 Mio. Pfd., dazu kamen aides und gabelles (Salzsteuer) mit 665000 Pfd. und Einkünfte aus der Domäne in Höhe von 100000 Pfd., zusammen also 4,665 Mio. Pfd. Tourn. Aber Karl der Kühne verfügte über ein weitgespanntes, gegen Frankreich gerichtetes Bündnissystem, in dem England und das seit 1474 unter Ferdinand von Aragon und Isabella von Kastilien vereinigte Spanien (Aragon, Kastilien, Leon) die wichtigsten Eckpfeiler bildeten. Dazu kam sein Heer, das wie in allen anderen Gemeinwesen des späteren Mittelalters den überwiegenden Teil der Staatsausgaben (60/70%) verschlang, durch seine bloße Existenz die halsbrecherische Politik nach innen abgesichert hatte und Instrument von Karls Expansionspolitik gewesen war. Anders als seine deutschen Standesgenossen verfügte der Burgunder bereits über den Kern eines stehenden Heeres, das er seit 1469 nach französischem und venezianischem Vorbild aufgestellt hatte, und zwar in Gestalt von 12 sog. Ordonnanzkompanien, die jeweils 700 Mann umfassen sollten, darunter 100 Schwerbewaffnete und 300 Bogenschützen zu Pferd. Die burgundische Armee verfügte vor ihrer Vernichtung durch die Schweizer und Lothringer bereits über eine beachtliche Artillerie-Abteilung mit 6 schweren und jeweils ca. 40 mittleren und leichten Geschützen.
Trotz des enormen Anteils der militärischen Ausgaben am Haushalt der burgundischen Herzöge verblieb für den Bereich, der Verbündeten, Feinden und Untertanen Ruhm und Reichtum der Dynastie vor Augen führen sollte, mehr als genug. Die Feste des Ordens vom Goldenen Vlies, eine Sitzung des Parlaments von Mecheln, die Einzüge in die großen Städte, Gent, Brügge, Dijon oder Brüssel, die Begegnung mit dem Kaiser in Trier wurden als großartige Schauspiele inszeniert, die den kaisergleichen Rang des Burgunders zu demonstrieren hatten. Den unschätzbaren Wert, den bedeutungsüberladenes Zeremoniell, Propaganda, höfische Historiographie und Kunst für das Charisma des Fürsten zu entwickeln vermögen, hat wohl kein spätmittelalterliches Fürstenhaus so scharfsichtig erkannt wie das burgundische. Daß die Smaragde auf den burgundischen Reliquiaren echt und daß eine mannshohe Lilie aus massivem Gold gearbeitet war – Friedrich III. hat sich davon in Trier mit eigener Hand überzeugt –, ließ die Zeitgenossen

manchmal vergessen, daß der gewaltige Glanz des burgundischen Hofs auch Ausdruck innerer Unsicherheit gewesen ist. Im Vergleich mit dem Kaiser oder dem König von Frankreich war der Herzog von Burgund doch nur ein mit angezweifelten Rechtsansprüchen ausgestatteter Besitzer eines Konglomerats von Ländern, die früher oder später an ihre rechtmäßigen Herren zurückfallen mußten.

Die Söldner von Karls des Kühnen Heer waren am Abend der Schlacht von Nancy entweder tot oder davongelaufen. Es zeigte sich jetzt in aller Offenheit, mit welch gewaltigen Hypotheken das nahezu allein von den vier Herzögen aus dem Hause Valois aufgebaute und von ihnen zusammgengehaltene Reich in den zehn Jahren von Karls Herrschaft belastet worden war. Die territoriale Brücke zwischen den beiden burgundischen Fürstentümern im Süden und den niederen Landen war mit dem Aufstand der Lothringer schon vor dem Tode des Herzogs zusammengebrochen. Philipp der Gute und Karl hatten zwar versucht, die einzelnen Territorien ihres Staates mit deren z.T. höchst eigenwilligen Ständen durch einige zentrale Institutionen zusammenzuschweißen. So war der schon unter Philipp als oberstes Gericht tätige Große Rat im Dezember 1473, kurz nach der Trierer Konferenz mit dem Kaiser, durch das Parlament in Mecheln abgelöst und Ende Januar 1474 ein entsprechendes Parlament auch für die beiden Burgund eingerichtet worden. Seit 1464 gab es – zur Vereinfachung der Steuerverhandlungen – eine allgemeine Ständeversammlung für die Niederlande. Bemerkenswerterweise haben diese Generalstände den Tod des Herzogs überdauert; dies allerdings auch nur deshalb, weil sich die einzelnen Provinzen darin einig waren, daß die von Karl geschaffenen Zentralbehörden abgeschafft und die für die Finanz- und Kriegspolitik des verhaßten Tyrannen mitverantwortlichen Räte zur Rechenschaft gezogen werden sollten. Das Parlament von Mecheln mußte seine Tätigkeit einstellen; Karls Tochter Maria hatte in die Abschaffung der Ordonnanzkompanien einzuwilligen. Der Kanzler Hugonet und der allmächtige Herr von Humbercourt wurden eingekerkert und am 3. IV. gegen den Willen der Herzogin in Gent enthauptet. Die chaotische Entwicklung im Innern vollzog sich vor dem Hintergrund einer unmittelbar nach dem Tode des Herzogs einsetzenden akuten Bedrohung von außen, denn das zwischen Frankreich und dem römisch-deutschen Reich entstandene Vakuum entwickelte naturgemäß einen gewaltigen Sog auf die benachbarten Mächte.

Zwar erinnerten sich auch die Wittelsbacher ihrer alten Rechte auf Hennegau und Holland; zwar zeigten sich Böhmen und Sachsen an Luxemburg interessiert, und Hessen versuchte, Ansprüche auf

Brabant und Limburg geltend zu machen. Aber als ernsthafte Rivalen um das burgundische Erbe kamen doch allein Ludwig XI. von Frankreich und Maximilian in Betracht. Die österreichischen Ansprüche basierten vorerst indes nur auf der Urkunde Karls des Kühnen vom 6. V. 1476. Ludwig XI., der jetzt auf die Zurückgewinnung der von Frankreich lehnsrührigen Gebiete hoffen durfte, war schon vier Tage nach der Schlacht von Nancy über deren Ergebnis informiert; am 9. I. befahl er, sowohl das von Frankreich lehnsrührige Herzogtum Burgund als auch die zum Reich gehörende Grafschaft gleichen Namens zu besetzen. Zugleich begann ein vorsichtiger Einmarsch in die niederen Lande; die Picardie ergab sich ohne nennenswerten Widerstand in ihr Schicksal. Gesandte des Königs führten unterdessen erfolgversprechende Verhandlungen mit den Ständevertretern einzelner Provinzen; fast schien es, daß Frankreich nicht einmal den noch im Kindesalter stehenden Dauphin Karl (VIII.) als Bräutigam für Karls Tochter präsentieren müsse, um die reiche Beute endgültig zu gewinnen. Als jedoch die einflußreichen Räte des toten Herzogs hingerichtet worden waren und die französischen Truppen ihren Vormarsch auf das Zentrum der niederen Lande fortsetzten, löste dies unter den Ständen Flanderns, Brabants und der anderen Provinzen einen Stimmungsumschwung aus, denn man war offenbar nicht daran interessiert, sich nach der Tyrannei Karls des Kühnen die des Königs von Frankreich einzuhandeln. Bei St.-Omer, Lille und Valenciennes wurde der französische Vormarsch zum Stillstand gebracht und damit der Tochter Karls des Kühnen die Möglichkeit gegeben, das Verlobungsversprechen ihres Vaters einzulösen: Am 18. VIII. ritt der damals 18 Jahre alte Maximilian in Gent ein, um zum ersten Mal seiner Braut zu begegnen. Am folgenden Tage fand die Vermählung statt; zehn Monate später wurde dem Paar ein Sohn geboren, der nach dem burgundischen Großvater Philipp genannt wurde. Anfang 1480 folgte eine Tochter, die den Namen von Karls des Kühnen Gemahlin Margarete (von York) erhielt. Damit war die weitere Existenz der burgundischen Dynastie zwar gesichert, aber der Fortbestand des burgundischen Staates konnte von Maximilian erst nach einer längeren Auseinandersetzung mit Ludwig XI. fürs erste, nämlich bis zum frühen Tode seiner Gemahlin, gesichert werden. Zwar hatte der Kaiser schon am 19. IV. 1478 Maximilian und Maria mit den sämtlichen Reichslehen des gefallenen Herzogs belehnt, aber für die Stände Flanderns galt Maximilian auch weiterhin nur als mainbour (Vormund) der Herzogin als der eigentlichen Herrin des burgundischen Erbes. Ludwig XI., der die von Frankreich lehnsrührigen Gebiete als heimgefallene Lehen reklamierte, konnte zunächst im wesentlichen nur das Herzogtum Burgund für sich gewinnen, während der Adel der Freigrafschaft gleichen Namens die ins Land eingerückte französische Besatzung alsbald wieder vertrieb und die Herrschaft Marias und Maximilians anerkannte. Am 7. VIII. 1479 konnte Maximilian bei Guinegate (in der Nähe von Thérouanne) ein französisches Heer schlagen und damit die Grafschaft Flandern vor dem Zugriff des französischen Königs retten. Allerdings hatte er den Gegner keineswegs entscheidend besiegt, und als dann am 27. III. 1482 Maria von Burgund an den Folgen eines Jagdunfalls starb, nutzten die niederländischen Provinzen die verfassungsrechtlich schwache Position des Witwers, der in Flandern die Herrschaft nur als Vormund seiner beiden Kinder in Anspruch nehmen konnte, und zwangen ihn zu einem Frieden mit dem König von Frankreich, der den politischen Wert, den das Erbe Karls des Kühnen für das Haus Österreich hätte haben können, vollständig zunichte machen mußte. Der im Dezember 1482 zu Arras ohne Beteiligung Maximilians geschlossene Friedensvertrag sah u.a. vor, daß seine zweijährige Tochter Margarete mit dem Dauphin Karl verlobt wurde. Als Mitgift war außer dem bereits unter französischer Herrschaft stehendem Herzogtum Burgund die Freigrafschaft vorgesehen und außerdem eine ganze Reihe von anderen Gebieten, darunter die Grafschaften Artois und Charolais. Flandern wurde ausdrücklich als französisches Lehen anerkannt und wieder dem Parlament von Paris als oberster Berufungsinstanz unterstellt. Noch fataler mußten die Bestimmungen über die Regentschaft in den Niederlanden auf Maximilians Stellung auswirken: Die Vormundschaft über seinen Sohn Philipp sollte von den Ständen übernommen werden, womit Maximilian politisch vollständig entmachtet worden wäre. Sollte Philipp sterben, ohne Kinder zu hinterlassen, würden Margarete und der Dauphin auch die Niederlande übernehmen. Maximilian hat den Vertrag zunächst nicht akzeptieren wollen; aber weder der König von England, der schon am 25. VI. 1483 starb, noch die anderen Bundesgenossen der burgundischen Herzöge waren damals in der Lage, dem von Frankreich bedrängten Habsburger Hilfe zu leisten: Am 1. III. 1483 hat Maximilian den Vertrag beschworen. Die Frage der Vormundschaft über Philipp wurde dann in den folgenden Jahren zu einem ständig umstrittenen Problem, denn während die zum Reich gehörenden Provinzen, darunter Hennegau, Holland und Luxemburg, Maximilian als Regenten anerkannten, verweigerten die Genter die Auslieferung des sich in ihrer Stadt aufhaltenden Herzogs Philipp, und seine zweijährige Schwester Margarete wurde gegen den Willen des Vaters nach Frankreich entführt. Das burgundische Märchen hatte sich für Maximilian damit in einen von bösartigen Verrätern beherrschten Alptraum verwandelt. Die von beiden Seiten mit äußerster Brutalität geführten Kämpfe haben während mehrerer Jahre Maximilians ganze Energie in Anspruch genommen. Für das Kaisertum Friedrichs III. hat die zunächst so immens erscheinende Vergrößerung des Hauses Österreich demnach überhaupt keinen fühlbaren Nutzen bedeutet. Als Maximilian am 7. VII. 1485 nach vielen weiteren Kämpfen und Demütigungen mit 5000 deutschen Söldnern in das endlich niedergeworfene Haupt der Rebellion, das mit Frankreich konspirierende Gent einzog, waren die einstmals blühenden Regionen der Niederlande weithin verwüstet und ausgeblutet, und ein tiefsitzender wechselseitiger Haß ließ für die Zukunft nichts Gutes erhoffen.

Fast zur selben Zeit befand sich Kaiser Friedrich III. auf der Flucht vor den Truppen des Matthias Corvinus, der am 1. VI. als Triumphator in des Kaisers Residenz Wien eingeritten war. Ein Zeitgenosse meinte, das Rätsel der fünf Vokale AEIOV müsse mit der Feststellung aufgelöst werden: Aller erst ist Oesterreich verloren.

Bei der Auseinandersetzung zwischen König Matthias und Friedrich III. war es zunächst vor allem um die Revision des Vertrages von Wiener Neustadt aus dem Jahre 1463 gegangen, der dem Habsburger die Erbfolge in Ungarn zugesichert hatte, falls Matthias keinen legitimen Erben hinterlassen sollte. Matthias hatte indes nur einen Sohn aus der illegitimen Verbindung mit einer Breslauer Bürgerstochter. Außerdem aber beanspruchte der Ungarnkönig auch noch die böhmische Krone, denn am 4. V. 1469 war er von Gegnern des Georg Podiebrad zum König von Böhmen gewählt worden. Bereits im Juli 1477 war es zu einem Krieg zwischen dem Kaiser und Matthias gekommen, wobei der Ungar hervorhob, er wolle nicht gegen die Fürsten und Städte des Reiches vorgehen, sondern nur gegen den Kaiser, der versprochen habe, ihn mit den Regalien Böhmens zu belehnen, sich dem aber durch eine heimliche Reise ins Reich zu entziehen suche. Außerdem habe sich Friedrich mit den ketzerischen Jagiellonen verbündet und den gemeinsamen Kampf gegen die Türken hintertrieben. Da die deutschen Fürsten ihr Desinteresse an der Verteidigung von österreichischen Hausinteressen bekundeten, der König von Polen sich vor den ungarischen Truppen zurückzog und Papst Sixtus IV. für Matthias Partei ergriff, war der Kaiser gezwungen, Frieden zu schließen (1. XII. 1477). Die Stände von Friedrichs Erblanden mußten dem Ungarn eine Entschädigung von 100000 fl. bewilligen, wobei von Anfang an zu erwarten war, daß sie diese Summe nur unter schwersten Mühen würden aufbringen können. Das wichtigste Ergebnis des Friedens aber war die Belehnung des Ungarnkönigs mit Böhmen. Schon am 2. XII. erging ein kaiserlicher Befehl an die Bewohner des Landes, Matthias als ihren König anzuerkennen; zugleich wurde eine ganze Reihe von Reichsfürsten aufgefordert, dem Ungarnkönig für ihre von der Krone Böhmens rührenden Lehen zu huldigen. Unter den Adressaten der kaiserlichen Schreiben befanden sich u.a. ein Herzog von Niederbayern, ein Herzog von Sachsen, Markgraf Johann (Cicero) von Brandenburg, der Sohn des Achilles, und ein Graf von Württemberg. Obwohl Friedrich auf die 1463 verbrieften ungarischen Erbansprüche nicht hatte verzichten müssen, bedeutete der Frieden mit Corvinus für ihn doch eine schmerzliche Niederlage, die im übrigen von Matthias zu einem weiteren politischen Angriff auf den Kaiser ausgenutzt wurde. Zwar hatte ihn auch die Belehnung durch den Kaiser nicht in die Lage versetzt, seine Macht auf den Kernraum des Königreichs Böhmen auszudehnen, aber König Wladislaw hatte nach der Verständigung seines Rivalen mit dem Habsburger offenbar das Vertrauen darauf verloren, sich ohne eigene Konzessionen noch als Böhmenkönig halten zu können. So ließ er sich auf Verhandlungen mit Corvinus ein, die zu einer Einigung führten: Am 21. VII. 1478 wurde in Olmütz ein Vertrag unterzeichnet, nach dessen Bestimmungen beide Partner künftig den Titel eines Königs von Böhmen führen durften. Im übrigen wurde der Status quo sanktioniert, d.h., daß Wladislaw das weiterhin vom Gegensatz zwischen Utraquisten und Katholiken geschüttelte Böhmen regieren sollte, während Matthias fast alle Nebenländer der Krone Böhmens behalten durfte, darunter auch Schlesien und die Lausitzen mit ihren Einwirkungsmöglichkeiten z.B. auf Brandenburg und Sachsen. Die Frage, wer von den beiden Böhmenkönigen die Kurstimme führen dürfe, scheint nicht ausdrücklich geregelt worden zu sein, doch war sie vermutlich dem Jagiellonen zugedacht. Im Fall des Todes eines der beiden Vertragspartner sollte sein böhmisches Erbe an den Überlebenden fallen.

Der Friede zwischen Matthias und Wladislaw, der Ungarn zu einer fest etablierten Großmacht am Ost- und Südostrand des Reiches werden ließ, war während eines mehrere Wochen andauernden Hoffestes in Olmütz abgeschlossen worden, auf dem Matthias Corvinus den aus dem Reich erschienenen Vasallen und Gesandten den Glanz seiner Königsmacht vor Augen führen konnte, offenbar um sie – wie vor ihm Karl der Kühne in Trier – davon zu überzeugen, daß er durchaus geeignet sei, die Nachfolge des alternden Kaisers zu übernehmen. Trotz der fortdauernden Gefährdung seines Reiches durch die Türken wandte Matthias auch in den folgenden Jahren einen erheblichen Teil seiner politischen Energie auf die Verhältnisse im Reich, wo er z.B. süddeutsche Fürsten und Städte umwarb, die ihm in einer Fehde gegen Albrecht Achilles Hilfe leisten sollten. Dem Kaiser unterbreitete er das Angebot, ihn und Maximilian gegen Frankreich zu unterstützen. Aber Friedrich begegnete dem Ungarn mit dem Mißtrauen, das sich auch schon gegenüber dem Herzog von Burgund so erfolgreich bewährt hatte; er durchkreuzte die gegen Venedig gerichtete Politik des Ungarn, so weit dies seine schwachen Kräfte erlaubten. Dann aber ermöglichte ein Streit um das Erzbistum Salzburg dem Ungarn, Friedrich unter Druck zu setzen: Anfang 1476 war der Erzbischof von Gran, Johann Beckensloer, unter Mitnahme des Kathedralschatzes aus Ungarn geflohen und hatte sich an den Hof Friedrichs begeben. Als der Erzbischof von Salzburg, Bernhard von Rohr, Rücktrittsabsichten erkennen ließ, glaubte Beckensloer mit Hilfe des Kaisers dessen Nachfolge antreten zu können, doch Matthias konnte den Herrn von Rohr überreden, sein Amt beizubehalten. Der Salzburger stellte sich unter den Schutz des Ungarnkönigs und erlaubte ihm, mit seinen Truppen alle Burgen und Länder der Salzburger Kirche zu besetzen (3. X. 1479). Auf diese Weise konnte Matthias ohne große Mühe weite Gebiete inmitten der kaiserlichen Erblande – in Kärnten und der Steiermark – unter seine Kontrolle bringen. Diese Invasion, die von einem Handelskrieg zwischen Österreich und Ungarn begleitet wurde, vergiftete die Atmosphäre zwischen dem Kaiser und seinem »Sohn« Matthias in so nachhaltiger Weise, daß man schon für diese Zeit von einer mehr oder weniger offenen Fehde zwischen den beiden Monarchen sprechen kann. Matthias versuchte, die Reichsfürsten von der Rechtmäßigkeit seines Vorgehens zu überzeugen, und bezichtigte den Kaiser, die Bedrohung Ungarns durch die Türken in frevelhafter Weise auszunutzen. Auf einem Reichstag zu Nürnberg im Dezember 1479 hielt ein Gesandter des Corvinus eine flammende Rede über die Verdienste der Ungarn bei der Abwehr der Osmanen und brandmarkte die kurzsichtige Trägheit der christlichen Mächte: Das vom Kaiser unterstützte Venedig habe mit Mehmed II. Frieden geschlossen, während Matthias ein solches Abkommen stets verweigert habe. Der Kaiser scheint durch die ungarische Propaganda zunächst in die Defensive gedrängt worden zu sein, dies um so mehr, als die Stände seiner Territorien sich außerstande sahen, die restlichen 50000 fl. der 1477 vereinbarten Entschädigung zu zahlen. Auf dem nächsten Reichstag im Oktober 1480 ließ er von seinem vertrautesten Rat Haug von Werdenberg den Spieß umdrehen und den Ungarn der Konspiration mit den Türken bezichtigen, deren Streifscharen mittlerweile schon in den österreichischen Erblanden aufgetaucht waren. Der Werdenberger versuchte die Unschuld des Kaisers an den Querelen um Salzburg und um die Entschädigungszahlung zu beweisen und plädierte für einen Reichskrieg gegen die Türken, der ohne vorherige Verständigung mit Matthias durchgeführt werden sollte. Der geplante Zug in den Südosten des Reiches mußte aber fast zwangsläufig zum Zusammenstoß mit den hier stationierten Ungarn führen und darauf scheinen der Kaiser und sein Rat gehofft zu haben. Aber weder damals noch später ist es ihm gelungen, die Reichsfürsten zu einer nennenswerten Aktion gegen den Ungarnkönig zu überreden. Dieser hat es vielmehr verstanden, der kaiserlichen Propaganda mit einer eigenen entgegenzuwirken, und die ungarische Herrschaft über Schlesien oder die Lausitzen ließ es zumal den Fürsten Mittel- und Ostdeutschlands geraten erscheinen, vorsichtig zu taktieren. Worum es bei der Kontroverse zwischen Friedrich III. und Matthias Corvinus eigentlich ging, wurde in der Öffentlichkeit nur selten einmal erwähnt: Matthias wollte als »erbkonig ze Hungern« anerkannt werden, wie Albrecht Achilles einmal seinem Sohn schrieb, aber der Kaiser war nach wie vor nicht bereit, auf seine Erbansprüche zu verzichten. Das zentrale Problem war allerdings mittlerweile durch eine Reihe anderer Streitigkeiten fast verdeckt worden.

Obwohl die Reichsfürsten über mehrere Jahre hinweg schwankten wie Schilfrohre im Wind, ist es dem Kaiser schließlich gelungen, den Ungarn allmählich zu isolieren. Z.B. haben sich die beiden wettinischen Herzöge, die dem Kaiser Truppen zur Abwehr der Türken zur Verfügung gestellt hatten, damit einverstanden erklärt, daß diese auch in Ungarn eingesetzt würden. Nach manch weiterem Hin und Her wähnte sich Matthias am Ende so in die Enge getrieben, daß er Mitte April 1482 dem Kaiser in dessen Eigenschaft als Erzherzog von Österreich den Fehdebrief schickte. Friedrich versuchte daraufhin, den ungarischen Adel gegen Matthias aufzuwiegeln, aber diese Methode, die der Ungar bei seiner Politik im Reich mit einigem Erfolg praktiziert hatte, erwies sich hier als untauglich: Der Adel Ungarns stellte sich geschlossen hinter seinen König und erteilte dem Kaiser in einem gemeinsamen Schreiben eine unmißverständliche Abfuhr. Während der Angriff des Corvinus auf Niederösterreich anfangs nur sehr bescheidene Erfolge zeitigte, gelang es ihm, Kärnten zu einem Friedensschluß zu zwingen und dem Land einen Tribut in Höhe von 100000 fl. aufzuerlegen. Aus dem Reich erhielt der Kaiser nur von einigen wenigen Ständen militärische Unterstützung. Die Serenissima Venedig versicherte den Kaiser ihrer unverbrüchlichen Freundschaft zum Hause Österreich, war aber nicht bereit, ihm wirksam zu helfen, um nicht einen Angriff des Ungarnkönigs auf ihre Terra ferma zu provozieren. Während der Kaiser seine Residenz nach Graz verlegen mußte, verhandelten ungarische Gesandte mit den Türken über einen Waffenstillstand, und kurz nachdem dieser vereinbart war, besetzten die Ungarn den Kahlenberg und begannen im Dezember 1484 mit der Belagerung Wiens. Matthias, der sich bisher als unbeugsamer Streiter wider die heidnischen Türken präsentiert hatte und diesem Anspruch auch durch unbestreitbare Erfolge gerecht geworden war, hat die Reichsfürsten von dem Waffenstillstand mit der Pforte in Kenntnis gesetzt; jedermann wußte nun, daß Corvinus seine ganze Macht auf die Nordgrenze seines Reiches konzentrieren konnte. Ein für den 20. Januar 1485 in Frankfurt anberaumter Reichstag »zu Ehren des Hauses Österreich«, von dem der Ungar durch Verweigerung freien Geleits ferngehalten werden sollte, erwies sich als Fehlschlag, denn als der kaiserliche Gesandte Haug von Werdenberg nach vergeblichen Bemühungen, auch Maximilian zur Reise an den Main zu bewegen, mit erheblicher Verspätung in Frankfurt eintraf, fand er hier nur noch einige Räte aus Sachsen, Brandenburg und Bayern vor. Diese ließen erkennen, daß ihre Herren zu keiner Unterstützung des Kaisers bereit seien, wobei die Bayern sich nicht scheuten, darauf hinzuweisen, daß sie dem Ungarn zu nahe gesessen seien. Angebote der Fürsten, in dem Konflikt mit Matthias Corvinus zu vermitteln, wurden vom Kaiser abgelehnt; eigene Verhandlungen mit dem Ungarn führten zu nichts, und schließlich waren die Kaufleute von Wien nicht mehr bereit, weiterhin an einen Landesherrn Steuern zu zahlen, der ihnen doch nicht helfen konnte. Am 1. VI. 1485 zog der Ungarnkönig in Wien ein. Er bekannte sich jetzt offen dazu, sein Reich dereinst dem Sohn Johann zu hinterlassen, den er nach Meinung des Kaisers nur »bey einer armen ledigen diern unerlich erworben« hatte. Aber dabei ließ es Matthias nicht mehr bewenden: Nachdem er, von einigen festen Plätzen Niederösterreichs abgesehen, fast den ganzen Hausbesitz des Kaisers erobert hatte, begann er sich den Titel eines Erzherzogs von Österreich anzumaßen und bezeichnete die Reichsfürsten als seine Brüder, gegen die er nicht kämpfen wolle.

Möglicherweise hätte der Kaiser seine Erblande zurückerhalten können, wenn er bereit gewesen wäre, auf die Ansprüche aus dem Vertrag von 1463 zu verzichten. Aber Friedrich gab sie nicht preis und nahm es dafür in Kauf, durch die Reichsstädte ziehen und um Hilfe betteln zu müssen. Corvinus verfolgte ihn auch hier: In Straßburg ließ er Flugblätter drucken, in denen der Kaiser bezichtigt wurde, nichts gegen die Türkengefahr zu unternehmen. Immerhin hatte Maximilian damals endlich die flandrischen Rebellen unterworfen und schien somit in der Lage zu sein, dem Kaiser in seinem Kampf um die Besitzungen seines Hauses beizustehen. Haug von Werdenberg hatte während des gescheiterten Frankfurter Tages die noch anwesenden Fürstenboten darauf hingewiesen, daß es einen Weg gebe, wie sie Kaiser und Reich ohne große

Kosten Beistand leisten könnten, nämlich durch die Wahl Maximilians zum römischen König. Schon unter Berücksichtigung des fast vollständigen Verlustes von Friedrichs österreichischen Territorien kann die früher häufig vertretene These, die Wahl seines Sohnes sei dem Kaiser von den Kurfürsten und Maximilian selbst nahezu aufgezwungen worden, wenig Wahrscheinlichkeit für sich beanspruchen. Zudem läßt sich nachweisen, daß Friedrich und Haug von Werdenberg erhebliche Mühen aufgewandt haben, um die Kurfürsten für die Wahl zu gewinnen. Allerdings kann andererseits nicht daran gezweifelt werden, daß Friedrich die kaiserliche Politik, soweit eine solche überhaupt noch möglich war, weiterhin allein und unbehelligt von seinem so ganz anders gearteten Sohn zu führen gedachte. In den Kalkulationen des Kaisers scheint die Wahl seines Sohnes für den Augenblick vor allem dazu bestimmt gewesen zu sein, dem Ungarnkönig jede Hoffnung darauf zu nehmen, daß ein ihm gewogenerer Fürst oder aber gar er selbst die Nachfolge des Kaisers antreten könnte. Matthias hat dann auch tatsächlich die am 16. II. 1486 mit sechs Stimmen (ohne die böhmische) vollzogene Wahl Maximilians als schwere politische Niederlage empfunden. Es gelang ihm nicht einmal, den wegen der Mißachtung seines Wahlrechts verärgerten Wladislaw von Polen-Böhmen zu einem engeren Bündnis gegen den Kaiser zu bewegen. Freilich hielt sich der politische Erfolg des Habsburgers in den engen Grenzen, die damals der Kaiserwürde gezogen waren. Die Kurfürsten betrachteten die Abgabe ihrer Stimme für den Sohn des heimatlosen Kaisers offenbar als ausreichenden Beitrag für die Verteidigung des Hauses Österreich. Daß Maximilian vor der Wahl mit der Erteilung von Privilegien nicht sparte – dem Mainzer wurden die Erzkanzlerrechte und die Herrschaft über seine Residenzstadt bestätigt, zugunsten des Kölners verzichtete er auf die fatale burgundische Vogtei – ließ Gutes für die Zukunft hoffen. Friedrich, der insbesondere über die Gunstbeweise für den Pfälzer empört war, ließ Maximilian einen Eid schwören, sich zu Lebzeiten des Vaters nicht in die Reichsgeschäfte einzumischen.

Dies war allerdings eine Versicherung, die der agile und in der harten Schule burgundischer Politik schnell gereifte Maximilian von Anfang an nicht mit dem vom Vater erwarteten Eifer eingehalten hat. Das erwies sich schon während des Frankfurter Wahltages, als die Fürsten den Forderungen des Kaisers nach finanzieller Unterstützung seines Kampfes gegen Ungarn und Türken mit neuerlichen Plänen für eine Reichsreform zugunsten der fürstlichen Gewalten begegneten. Während in den vergangenen Jahrzehnten die geistlichen Kurfürsten vor allem wegen der burgundischen Expansion merklich in den Hintergrund der Reichspolitik getreten

waren, konnten sie jetzt ihren Einfluß wieder stärker zur Geltung bringen. Sie verdankten das auch dem 1484 zum Erzbischof von Mainz gewählten Berthold von Henneberg, der sich schon bald als zielbewußter und energischer Gegenspieler des Kaisers erwies. Auf dem Frankfurter Tag wurde ein Landfriede verkündet, der zehn Jahre dauern sollte und ein vollständiges Fehdeverbot vorsah – es war dies übrigens der letzte Reichslandfriede mit beschränkter Geltungsdauer. Das absolute Fehdeverbot hätte natürlich die Garantie gerichtlichen Austrags zur Voraussetzung gehabt, aber die konnte nicht geschaffen werden. Friedrich lehnte nach wie vor die Errichtung eines von seiner Person und von seinem Hof getrennten obersten Friedensgerichtes ab. Als Alternative wurde ein wohl von Maximilian beeinflußter Entwurf vorgelegt, der dem Kaiser die Besetzung des Kammergerichts belassen wollte, zugleich aber den Fürsten die Gewährleistung des Friedens in den von ihnen dominierten Regionen übertrug. Für die Gebiete, wo es reichsunmittelbare Herrschaften – z.B. Ritter oder Städte – gab, waren bestimmte vom Kaiser zu ernennende Handhaber des Friedens vorgesehen, z.B. der Graf von Württemberg und Siegmund von Tirol für Schwaben, der Graf von Henneberg und Maximilian für die neuen habsburgischen Gebiete im Westen. Aber diese Aufteilung des Reiches in eine fürstliche und in eine mit reichsimmediaten Herrschaften durchsetzte Sphäre fand nicht den Beifall der Fürsten. Obwohl die Kurfürsten den Eindruck zu vermeiden suchten, daß man dem Kaiser »das Vollkommen (seiner) Obernheit besneiden und inzihen« wolle, konnten doch beide Parteien – Monarch und Fürsten – nicht mehr im Zweifel darüber sein, daß die von fürstlicher Seite weiterhin zielstrebig verfolgten Pläne, das oberste Friedensgericht zu einer Einrichtung der Reichsstände zu machen, eben dies zur Folge haben mußte: die Beseitigung der obersten Landfriedensgewalt des Königs bzw. des Kaisers und damit die Aufhebung einer seiner letzten Einflußmöglichkeiten auf die Verhältnisse im Reich.
Trotz des dürftigen Ergebnisses der Landfriedensberatungen bewilligte man dem Kaiser dann doch noch eine Hilfe von 153400 fl., von denen freilich bis zum Herbst 1486 gerade erst 30000 fl. eingegangen waren. Ob und in welcher Weise Maximilian dem Vater bei der Befreiung seiner Erblande im Osten helfen werde, scheint in Frankfurt noch unklar gewesen zu sein. Jedenfalls hat Maximilian zwar noch am 20. III. dem Vater seine Unterstützung zugesagt, aber bereits am 15. III. hatte er ein Bündnis mit Herzog Franz von Bretagne, dem letzten der großen Kronvasallen Frankreichs, geschlossen, und schon im Juni begannen französische Truppen auf Befehl der Regentin Anne de Beaujeu – ihr Bruder

Karl VIII. war noch minderjährig – mit Angriffen auf Flandern und Hennegau. Während Maximilian damit auch weiterhin im Westen gebunden blieb, übernahm es der gegen Ende des Frankfurter Wahltages zum Hauptmann ernannte Herzog Albrecht von Sachsen, die Erblande des Kaisers von der ungarischen Herrschaft zu befreien. Mit nationaler oder auch nur reichspatriotischer Begeisterung hat der Sachse diesen Krieg allerdings nicht geführt: Als er im August dem Corvinus endlich den Absagebrief zustellen ließ, entschuldigte er sich mit dem Hinweis, daß er dies aufgrund seiner Verpflichtungen gegenüber dem Kaiser tun müsse. Als dessen Hauptmann, nicht als Herzog von Sachsen, werde er den Krieg führen. Matthias bedauerte in seinem Antwortbrief das Vorgehen des Sachsenherzogs; er habe die Reichsfürsten doch immer als seine »besunder lieb bruder« angesehen und führe den Kampf gegen Friedrich als König von Ungarn – nicht also als Böhmenkönig und Reichsfürst. Während Maximilian Flandern gegen den französischen Angriff verteidigte und im Juli 1487 bei Béthune eine schwere Niederlage hinnehmen mußte, fiel auch Wiener Neustadt als eine der letzten niederösterreichischen Bastionen in die Hände der Ungarn. Vergeblich versuchte der Kaiser seine Fürsten und Städte mit den Argumenten und Appellen zu mobilisieren, die 1474 der Befreiung von Neuß voraufgegangen waren. 1489 wird er Ungarn und Frankreich beschuldigen, seine »erblich furstenthumb und land, so zu dem Heiligen Reiche und Deutscher nacion gehören und portten (Tore) und schildt gegen Frankreich, Hungern und andern frömbden nacion sein«, von dem Reich und deutscher Nation abzubringen, in deutsche Lande einzudringen und das Reich den Deutschen abzunehmen. Matthias, so in einem Brief an Berthold von Henneberg vom 4. X. 1487, sei ein »sunder feynt und hasser der deutschen«. Als Matthias sich wegen Geldschwierigkeiten zu einem Waffenstillstand bereit erklärte, ging der Reichshauptmann am 16. XII. darauf ein, und der Kaiser mußte seine Zustimmung geben, als er erfuhr, daß die Bürger von Brügge nach schweren Tumulten am 5. II. 1488 seinen Sohn in der Kranenburg eingekerkert hatten und mit dem Tode bedrohten.

Im Osten regierte König Matthias als Erzherzog von Österreich die Erblande des Kaisers, im Westen fürchtete Maximilian um sein Leben und drohten die burgundischen Niederlande an Frankreich verloren zu gehen, im Süden – das wurde bisher noch nicht erwähnt – war Herzog Siegmund dabei, seinen Anteil am Hause Österreich an die Herzöge von Bayern zu verkaufen. Anfang des Jahres 1487 hatte des Kaisers offenbar nicht allzu attraktive Tochter Kunigunde gegen den Willen des Vaters den Herzog Albrecht IV. geheiratet. Am 19. V. übertrug Siegmund dem Bayern die Verwaltung der vorderösterreichischen Lande mit Ausnahme Vorarlbergs, und wenig später verkaufte er seine Rechte an diesen Ländern an Albrecht und dessen Vetter Herzog Georg, und zwar für eine Leibrente von vermutlich 50000 fl. per annum. Außerdem war Albrecht im Besitz eines rechtlich anfechtbaren Pfandvertrages, der ihn nach dem Tode des in ständiger Geldverlegenheit befindlichen Habsburgers zum Herrn der Grafschaft Tirol gemacht hätte, die dank ihrer Bodenschätze dem Landesherrn beachtliche Einkünfte garantierte. Das unaufhaltsam erscheinende Vordringen der Wittelsbacher in den südwestdeutschen Raum veranlaßte die schwäbischen Stände, zusammen mit des Kaisers engstem Berater Haug von Werdenberg einen Bund zu gründen, der sich die Wahrung des Landfriedens vom Jahre 1486, aber auch die Bekämpfung auswärtiger Gegner zur Aufgabe setzte. Beteiligt waren an dem im Juni 1487 zuerst in Erwägung gezogenen und dann am 14. II. 1488 beschworenen Schwäbischen Bund außer den Prälaten, Herren, Rittern und Städten des Landes als »zugewandte Mitglieder« noch Graf Eberhard der Ältere von Württemberg und – wohl nicht ganz freiwillig – Siegmund von Tirol. Der Bund wurde offenbar in Anlehnung an die 1486 von den Fürsten abgelehnte Exekutivordnung organisiert und war in drei ständische Gruppen aufgeteilt: die Rittergesellschaft mit Jörgenschild und die Prälaten, Ulm und die anderen Reichsstädte, schließlich die beiden Landesherren. Die Bundeskommission bestand aus zwei Hauptleuten und 18 Räten, die jeweils zur Hälfte von den Adeligen und den Städten gewählt wurden. Einer der Hauptleute war Haug von Werdenberg. Zur Bekämpfung seiner Gegner stellte der Bund ein Heer auf, das der Kaiser unmittelbar nach der Gründung des Bundes in Anspruch nehmen konnte.

Denn während die Einung noch beschworen wurde, versammelte sich zwischen Köln und Aachen ein Reichsheer, das gegen die niederländischen Rebellen ziehen sollte. Da es nicht nach Ungarn ging, sondern in die immer noch als wohlhabend geltenden Länder der burgundischen Herzöge, war der Zuzug fast so groß wie beim Neußer Krieg. Sogar die Herzöge von Bayern beteiligten sich, dazu noch fünf Kurfürsten. Außer dem Böhmenkönig fehlte nur der Erzbischof von Mainz, der vergeblich vor dem seiner Meinung nach schlecht vorbereiteten Feldzug gewarnt hatte; aber auch er schickte ein kleines Kontingent. Das Gros des kaiserlichen Heeres scheint aber der Schwäbische Bund mit 15000 Mann aufgeboten zu haben. Maximilian war zu diesem Zeitpunkt bereits freigelassen worden, nachdem er mehrere Wochen lang in Gefahr geschwebt hatte, entweder ermordet oder aber an König Karl von Frankreich ausgeliefert zu werden. Auch die zweite Variante hätte das Ende

der österreichischen Herrschaft über die burgundischen Niederlande zur Folge gehabt. Als aber Maximilians Generalkapitän für Flandern, Philipp von Kleve-Ravenstein, ein Vetter Maximilians und seiner verstorbenen Gemahlin Maria von Burgund, den Seehafen von Brügge besetzte und den Handel der Stadt zum Erliegen brachte, als bekannt wurde, daß sich tatsächlich ein Reichsheer versammelte und eine Vorhut schon vor Brügge auftauchte, begannen auf Drängen der Herren vom Goldenen Vlies sowie der anderen burgundischen Provinzen Verhandlungen mit den flandrischen Rebellen, die am 16. V. 1488 mit dem sog. Vertrag von Brügge abgeschlossen wurden. Maximilian konzedierte seinen »Partnern« eine Generalamnestie für alle Vorfälle seit dem Jahre 1485. Er hatte Flandern binnen vier Tagen zu räumen. Alle fremden Truppen mußten aus den Niederlanden abgezogen werden. Er verzichtete auf Titel und Wappen eines Grafen von Flandern. Sein Sohn Philipp sollte den Herren von Geblüt überantwortet werden, zu denen auch einige Franzosen zählten. Überdies mußte Maximilian auf alle aus dem Erbe Karls des Kühnen und Marias stammenden Pretiosen verzichten – soweit diese überhaupt noch vorhanden waren. Schließlich war er gehalten, Friedensverhandlungen mit dem König von Frankreich aufzunehmen, die unter den gegebenen Umständen nur zu einer Bestätigung oder Verschärfung des Vertrages von Arras aus dem Jahre 1483 führen mußten. Maximilian scheint zunächst beabsichtigt zu haben, die demütigenden Bedingungen des Brügger Abkommens einzuhalten. Er sorgte für den Rückzug der Truppen Philipps von Kleve, der selbst als eine der Geiseln für Maximilians Vertragstreue nach Brügge ging.
Als die Übereinkunft mit den Rebellen im Heer des Kaisers bekannt wurde, zog das Mainzer Kontingent wieder in die Heimat zurück. Auch einige der anwesenden Fürsten waren der Meinung, daß mit der Freilassung des römischen Königs das Kriegsziel schon erreicht sei. Alles andere war ihrer Ansicht nach nicht mehr eine Sache des Reiches oder der deutschen Nation, sondern die des Hauses Österreich, zumal ja das Zentrum des Aufstandes jenseits der Reichsgrenze lag. Der Kaiser jedoch entschied anders. Den Sohn, der in Löwen zum Reichsheer stieß, empfing er in einer eindrucksvollen Szene mit versteinerter Miene und erklärte, »solch groß unmenschlich uebel und lesterlich geschicht« könnten nicht ungestraft hingenommen werden. Der vom römischen König geleistete Eid, die Übereinkunft mit den Rebellen einzuhalten, wurde für nichtig erklärt, weil er offenkundig erpreßt worden sei. Da der Tatbestand des crimen laesae maiestatis unzweifelhaft gegeben war, entschloß sich der Kaiser, die schon vorher verhängte Acht auch in dem von Frankreich lehnsrührigen und zum Ressort des Pariser

Parlaments gehörenden Flandern zu vollstrecken. Zum ersten Mal seit den Tagen Ottos IV. (1214) überschritt ein kaiserliches Heer die Westgrenze des Reiches, um zwar nicht gerade den König von Frankreich, aber doch eine von diesem gegen den Landesherrn und römischen König aufgewiegelte Provinz zur Räson zu bringen.
Gewiß dürfte der Kaiser die Meinung gehegt haben, mit einer erfolgreichen Strafaktion die Bereitschaft der deutschen Fürsten, Herren und Städte für die Interessen seines Hauses und damit auch des Reiches einzutreten, über den Augenblick des Feldzuges hinaus wachhalten und damit die Stellung der Monarchie stärken zu können. Aber die flandrischen Städte und den Adel der einzelnen Provinzen gleichzeitig unter Kontrolle zu halten, war schon den Herzögen aus dem Hause Valois mitunter schwer gefallen, und die hatten am Ende von Karls des Kühnen Herrschaft immerhin über einhundert Jahre Erfahrungen gesammelt. Friedrich mußte schon bald zur Kenntnis nehmen, daß er die Schwierigkeiten, die Reichsacht gegen die flandrischen Aufrührer auch zur Geltung zu bringen, bei weitem unterschätzt hatte, denn während er Gent zu belagern versuchte, übernahm Maximilians Vetter Philipp von Kleve-Ravenstein die militärische Führung der Rebellen in Brügge und begann mit Unterstützung durch französische Hilfstruppen den Kampf gegen das Reichsheer, und zwar mit der Begründung, er müsse die Interessen des wahren Landesherrn, Marias Sohn Philipp, gegen den vertragsbrüchig gewordenen Vater verteidigen. An der Lauterkeit der Motive des Herrn von Kleve wird zwar nicht gezweifelt werden können, aber daß er mit seiner Entscheidung, die Maximilian vermutlich vorhergesehen hatte, unwillentlich dem König von Frankreich in die Hände arbeitete, dürfte am Ende auch ihm nicht verborgen geblieben sein. Am 13. VII. mußte die Belagerung von Gent abgebrochen werden, nachdem schon zahlreiche Söldner wegen Verpflegungsmangel davongelaufen waren und die Fürsten auf einen Abbruch des so schwierig und verlustreich gewordenen Unternehmens drängten. Der Kaiser verhängte in Antwerpen die Reichsacht über den Herrn von Kleve und verließ dann die Niederlande. Immerhin wurde der Kampf gegen die Aufrührer auch weiterhin als Reichskrieg geführt, dessen Leitung wiederum dem Herzog Albrecht von Sachsen übertragen wurde. Zunächst konnten sich die Truppen des Sachsen auch gegen die mit französischer Unterstützung kämpfenden Flandrer behaupten, aber als Maximilians Bündnispartner, Herzog Franz von Bretagne, kurz nach einer Niederlage gegen königliche Truppen (27. VII.) starb, konnte die Regentin Anne de Beaujeu einen Teil der bis dahin im Westen gebundenen Streitmacht nach Osten werfen. In der Folge gelang es Philipp von Kleve nicht nur, Flandern zu

besetzen, sondern auch ins Zentrum des Herzogtums Brabant vorzudringen; Brüssel und Löwen fielen in die Hand der Rebellen. Lüttich wurde von den Franzosen besetzt. Die folgenden Kriegszüge, die nach beiderseitiger Erschöpfung mit einem (freilich nicht triumphalen) Sieg Maximilians und der Sicherung des burgundischen Erbes im Frieden von Senlis am 23. V. 1493 endeten, standen in enger militärischer und politischer Wechselwirkung mit der Entwicklung in der Bretagne und in den östlichen Hausmachtterritorien der Habsburger, und in ihren Zusammenhang gehören auch die andauernden Debatten um die Veränderungen der Reichsverfassung.

Die Begleiterscheinungen des niederländischen Krieges – die Verwüstung des platten Landes, Seuchen, Aufruhr der Bauern in Holland und Seeland, Handelssperren usw. – haben nach dem eher harmlosen Vorspiel der Feldzüge von 1483/85 die Wirtschafts- und Sozialstruktur der burgundischen Niederlande in nachhaltiger Weise verändert oder doch den letzten Anstoß zu solchen Wandlungen gegeben. Insbesondere die beiden Häupter der flandrischen Rebellion, Gent und Brügge, deren wirtschaftliche Blütezeit freilich – wie man heute weiß – schon lange überschritten war, haben sich von den schweren Schlägen, die ihnen Maximilian und sein Heerführer versetzten, nie wieder gänzlich erholen können. Gent hat sich am 29. VII. 1492 praktisch bedingungslos der Herrschaft Maximilians unterwerfen müssen; die Stadtmiliz wurde aufgelöst. Brügge, das trotz eines bereits merklichen Niedergangs seiner Handelsverbindungen noch immer als eine der wohlhabendsten Städte Europas galt, erlebte um 1488 einen fast katastrophalen Einbruch seines Umsatzes über See. Hatten im Jahre 1486/87 noch 75 Schiffe mit insgesamt 8272 t den zunehmend versandenden Seehafen von Sluis angelaufen, so waren es 1498/99 nur noch 33 mit 3460 t. Das brabantische Antwerpen, das zu Maximilian hielt, begann allmählich das flandrische Venedig zu überflügeln. Zahlreiche Kaufleute, die sich nach der Einkerkerung Maximilians und der damit einhergehenden Schließung des Brügger Kontors in Antwerpen niedergelassen hatten, kehrten nach der Wiedereröffnung des Kontors (1493) nicht wieder nach Brügge zurück. Aber auch wenn anstelle der alten burgundischen Wirtschaftszentren neue erstanden, so kann doch nicht daran gezweifelt werden, daß sich die mit Maximilians erster Ehe verknüpften Hoffnungen der Habsburger, ein Reich mit einer steuerkräftigen Bevölkerung übernehmen zu können, fürs erste nicht erfüllt haben. Das änderte aber nichts daran, daß die Habsburger nach der Sicherung des burgundischen Erbes und noch vor der Ehe von Maximilians Sohn Philipp mit Johanna von Kastilien zu einer Dynastie von europäischem Rang geworden waren, die vorerst alle anderen deutschen Fürstenhäuser einschließlich der bayerischen Wittelsbacher weit überflügelte. Maximilian hatte nicht nur den breiten Territoriengürtel zwischen Regnum und Imperium für sich zu gewinnen vermocht, der schon einmal für kurze Zeit in die greifbare Nähe eines römischen Kaisers – nämlich Karls IV. – geraten war, er verfügte nunmehr über einen Hof, dessen Organisation auch nach der Katastrophe von Nancy für andere europäische Königs- und Fürstenhäuser vorbildlich wirkte, dazu über den prestigeträchtigen Orden vom Goldenen Vlies, zu dessen Großmeister er 1478 gewählt worden war. Im übrigen hinderte die finanzielle Misere des staatlich so hoch entwickelten Länderkomplexes Maximilian nicht daran, sich ebenso über fiskalische Notwendigkeiten hinwegzusetzen, wie es vor ihm sein Schwiegervater getan hatte: Trotz ständiger Geldverlegenheiten, die auch mit der noch zu besprechenden Übernahme der Grafschaft Tirol nicht behoben werden konnten, hat Maximilian die militärische Potenz seines Hauses in einer bis dahin für deutsche Verhältnisse unerhörten Weise zu steigern versucht. Allerdings verzichtete er darauf, die untergegangenen Ordonnanzkompanien Karls des Kühnen zu reaktivieren, sondern stützte sich in zunehmendem Maße auf die als Söldner angeworbenen und in der Manier der Schweizer kämpfenden Landsknechtstruppen. Vermutlich war es der savoyardische, aus der Nachbarschaft Berns stammende Graf Jakob von Romont, der unmittelbar nach Nancy die flandrischen Pikeniere mit der Gefechtsweise der Eidgenossen vertraut gemacht hat. Zum ersten Mal wurde dann bei Guinegate unter Beweis gestellt, daß auch die Burgunder die Kampftechnik der Sieger von Murten und Nancy zu beherrschen verstanden. Maximilian selbst, der die höfischen Epen der Stauferzeit sammelte und nicht nur deshalb gern als der letzte Ritter gepriesen wird, war auch der erste Landsknecht: Zusammen mit anderen burgundischen Adeligen hat er sich bei Guinegate, den Spieß in den Händen, in die erste Linie des Gevierts eingereiht und Schulter an Schulter mit den gemeinen Knechten gekämpft. So gering auch der Nutzen jener Schlacht für Maximilians Stellung in den Niederlanden gewesen ist, für die weitere Entwicklung im Reich, aber auch in Europa hat Guinegate nachhaltige Folgen gezeitigt, und zwar nicht nur in militärischer, sondern auch in politischer Hinsicht. Der erste Beleg für den Namen des neuen Kriegertyps stammt aus dieser Zeit: In Konkurrenz, zunächst auch in ressentimentgeladener Rivalität zu den seit zwei Jahrhunderten sieggewohnten Eidgenossen und ihren Reisläufern trat der von Maximilian anfangs vor allem in Schwaben, später in aller Herren Länder geworbene Landsknecht. Zu seinen Eigenheiten gehörte, daß er – von nur wenigen Schützen unterstützt – zu Fuß und mit der Pike, vor allem aber im geschlossenen großen Verband kämpfte. Die Landsknechtsheere, die unter kriegstechnischem Aspekt einen Rückfall in die Ära vor Erfindung des Schießpulvers bedeuteten, haben das militärische Geschehen während fast eines Jahrhunderts maßgeblich bestimmt, ehe die Reiterei des Spätmittelalters in die Kavallerie umgestaltet und die Wirkung der Handfeuerwaffen wesentlich verbessert werden konnte. Nur die Türken haben diese Phase der Kriegsgeschichte übersprungen und den Schützen von vornherein den Vorzug gegeben. Der Landsknecht war noch keineswegs der miles perpetuus des stehenden Heeres, das in den deutschen Territorien erst im Verlauf des 17. Jahrhunderts unter großen Mühen gegen die Landstände durchgesetzt werden konnte. Der Landsknecht wurde vielmehr auf Zeit angeworben und besoldet; das letztere natürlich nur, wenn die Mittel dann noch vorhanden waren. Im Grunde hat sich kein Fürst der Zeit, mit Ausnahme vielleicht des Königs von Frankreich, das im Verhältnis zu einem Aufgebot des 13. oder 14. Jahrhunderts enorm angewachsene Landsknechtsheer leisten können. Denn daß die wegen des Ausbleibens der Besoldung davonlaufenden oder aber ordnungsgemäß entlassenen Landsknechte alle voraufgegangenen Bemühungen, die Plage der herrenlosen Krieger zu beseitigen, zunichte gemacht haben, braucht nicht weiter ausgeführt zu werden. So wie im 15. Jahrhundert Städte und Fürsten, so haben sich im Verlauf des 16. gelegentlich sogar katholische und protestantische Mächte zusammengeschlossen, um der »auf die Gart gehenden« Landsknechte Herr zu werden. So beschränkte sich der militärische und politische Nutzen der Landsknechtsheere im Grunde auf die Zeit, während der sie ein Fürst auch bezahlen konnte; als stetigen Faktor der Staatserhaltung haben die Fürsten sie nicht einzusetzen vermocht. Gleichwohl wird man die politischen Konsequenzen des neuartigen Militärpotentials schwerlich überschätzen können: Wenn Berthold von Henneberg und seine Gefolgsleute sich seit 1486 beharrlich weigerten, für Maximilians und Friedrichs Kriege Reichshilfe zu leisten, taten sie dies auch in der Sorge, Österreich-Burgund könne das damit unter Waffen gehaltene Heer nach dem Sieg über Ungarn und Franzosen zu einer Reichsreform in seinem Sinne einsetzen. Mehr noch als die Fürsten waren die Reichsstädte mit der neuen, auf den Masseneinsatz von Landsknechten basierenden Kriegführung überfordert: Die 10000 Mann eines 100 Knechte im Geviert umfassenden Gewalthaufens hätten die gesamten Steuereinkünfte Nürnbergs vom Jahre 1494 in einem Monat aufgezehrt. Die Zeiten, da in einer Schlacht insgesamt etwa 3000 Ritter um das Schicksal des Reiches tjosteten, waren endgültig dahin.

Zugleich hatte damit auch die Reichsritterschaft ihre ohnehin nie übermächtigen Einflußmöglichkeiten auf die große Politik eingebüßt. Franz von Sickingen, der sich damit nicht abfinden wollte und dank einer für seinen Stand durchaus ungewöhnlichen Geschäftstüchtigkeit über beachtliche Geldmittel verfügen konnte, wird 1522 mit 7000 Mann an die Mosel ziehen, um dem romtreuen Pfaffen von Trier den Garaus zu machen und dessen Kurstaat zu säkularisieren. Aber der Trierer Erzbischof, selbst aus ritterlicher Familie stammend, schlägt ihn mit Hilfe seiner Standesgenossen von der Pfalz und Hessen zurück. Die Mauern von Sickingens Refugium Landstuhl können der Artillerie, über die jetzt auch die deutschen Fürsten verfügen, nicht standhalten, und der schwer verwundete Rebell stirbt dann in Gegenwart seiner fürstlichen Kontrahenten. Die symbolträchtige Szene sollte freilich nicht überinterpretiert werden: Für den gemeinen Mann, den Bauern im Südwesten des Reiches bleibt der nichtfürstliche Adelige, der es versteht, seine Herrschaft zum Kleinterritorium auszubauen, auch weiterhin die maßgebliche Obrigkeit, für die er ebenso zum Untertanen wird wie der Bauer im benachbarten weiträumigen Fürstenstaat.
Die Finanzkrise, die wegen der unentwegten militärischen Aktionen Maximilians bis zu seinem Tode eines der Leitmotive seiner Regierung sein wird, läßt oft vergessen, daß er die burgundischen Erfahrungen auch für die Landes- und Finanzverwaltung der österreichischen Territorien mit erheblichem Erfolg nutzbar machen konnte. Die Frage, ob die Reform der Tiroler Verwaltung und die sich daran anschließende in Niederösterreich nur eine Wiederherstellung althergebrachter Institutionen dargestellt habe, oder ob sie in Form und Methode nach burgundischem Vorbild durchgeführt worden sei, hat vor Jahrzehnten zu mancher Kontroverse Anlaß gegeben. Nach der neuesten Biographie Maximilians aus der Feder von Hermann Wiesflecker wird die Bedeutung des burgundischen Einflusses wohl nicht mehr bestritten werden können, wenngleich anzumerken wäre, daß sich in den Niederlanden insbesondere nach dem Tode Karls des Kühnen auf dem Gebiet der Finanzverwaltung erhebliche Wandlungen vollzogen hatten, und gerade die dabei neu geschaffenen Institutionen haben dann offenbar als Vorbild für die Reformen in Tirol und Niederösterreich gedient. So war 1487 ein kollegialer Finanzrat eingerichtet worden, der einen ebenfalls erst nach Nancy im Oktober 1477 eingesetzten Superintendenten der Finanzen ersetzt hat. Ganz ähnlich vollzog sich der Wandel in Tirol: Vor dem Ungarnfeldzug vom Herbst 1490 hatte Maximilian ein Statthalterkollegium eingesetzt, dem als Leiter der Finanzverwaltung ein Oberster Amtmann angehörte. Nach dem Ende jenes Zuges wurde schon am 28. III.'91 der Amtmann durch einen vierköpfigen

Finanzrat ersetzt. Dieses Kollegium hat durch allmähliches Zurückdrängen des einheimischen Adels zugunsten von Maximilians Vertrauensleuten, durch genauere und (seit 1493) doppelte Buchführung, durch die Reformierung der lokalen Ämter und andere Maßnahmen die unter Herzog Siegmund üblichen Verluste beim Eintreiben der Gelder in beeindruckendem Ausmaß zu reduzieren verstanden: Von 1490 bis 1492 wurde auf diese Weise eine Steigerung der Kammererträge von 87052 fl. auf 212229 fl. erzielt (= 143%). Wiesflecker hat die gesamten Einkünfte von Maximilians österreichischen Erbländern (also ohne Burgund) für das Jahr 1500 auf ca. 400000 fl. geschätzt, das wäre etwa das Vierfache dessen, was den bayerischen Wittelsbachern damals zur Verfügung stand. Wie in Innsbruck so hat Maximilian 1490/91 auch in Wien ein Statthalterkollegium eingesetzt, und nach dem Tode des Kaisers erfolgte auch hier die Einrichtung eines Finanzrates, der 1494 unter dem Namen einer Rechenkammer bezeugt ist (= chambre des comptes). Um die finanziellen Ressourcen seiner Länder, aber auch des Reiches schneller mobilisieren zu können, hatte Maximilian schon 1491 den Herrn Simon von Hungersbach zum Generalschatzmeister für das Reich sowie die nieder- und oberösterreichischen Lande ernannt. Daß eine solch rapide Veränderung der bis dahin üblichen Verwaltungsinstitutionen und -methoden Widerstand hervorrufen mußte, liegt auf der Hand; die erwähnte Steigerung der Tiroler Kammereinkünfte kann nicht nur durch die Beseitigung von Reibungsverlusten erzielt worden sein. Der Herr von Hungersbach machte sich als Steuereintreiber in des Kaisers Niederösterreich so verhaßt, daß Maximilian ihm auf Betreiben des Vaters die Kompetenz für diesen Teil des Hauses Österreich entziehen mußte. Nach Friedrichs Tod wurde Hungersbach aber auch Niederösterreich erneut unterstellt. Hinzu kam, daß die Amtsmoral der neuen Leute sich von der ihrer Vorgänger wohl nicht in der erwarteten Weise abhob. Die in Niederösterreich erhobenen Korruptionsvorwürfe gegen den Herrn von Hungersbach scheinen zwar nicht gerechtfertigt gewesen zu sein, aber Maximilian selbst hat im Zusammenhang mit seinem ersten Italienzug über die Unordnung der Tiroler Verwaltung und über den Schaden geklagt, den ihm die Innsbrucker Regenten zugefügt hätten. In der Folge sind die neuen Regierungs- und Finanzbehörden in den österreichischen Erblanden noch mehrfach umgestaltet worden, z.T. deshalb, weil sie mit den vorgesehenen, zeitweise auch realisierten Reichsbehörden vereinigt werden sollten. Es kann aber festgehalten werden, daß der Anstoß für die weitreichende Neuorganisation der österreichischen Verwaltung maßgeblich von den burgundischen Erfahrungen Maximilians ausgelöst worden ist.

Zu den Konsequenzen der burgundischen Erbschaft gehörte auch die Einbindung des Hauses Österreich in die Welt der Dynastien West- und Südeuropas. Maximilians Ehen mit Anna von Bretagne (19. XII. 1491) und Bianca Maria Sforza (9. IV. 1497), die seines Sohnes Philipp mit Johanna von Kastilien (20. X. 1496) haben gelegentlich die Zeitgenossen vergessen lassen, daß Österreich sein Imperium auch durch zahlreiche Feldzüge und politische Allianzen ohne Ehebindungen hat sichern müssen. In den Zusammenhang dieses Bandes gehört lediglich die tragisch-komische Episode der bretonischen Ehe, die gleichwohl in aller Deutlichkeit das Spannungsfeld sichtbar werden läßt, in das sich jene Eheallianzen der Habsburger einordneten.

Das »bretonische Abenteuer« Maximilians hat sich nahezu folgerichtig aus seinem burgundischen entwickelt: Eine gegen den König von Frankreich gerichtete Allianz mit dem Herzog von Bretagne hatte schon zu Karls des Kühnen Zeiten bestanden, und welche Bedeutung Maximilian der Verbindung mit Herzog Franz II. beigemessen hat, wurde den Zeitgenossen demonstriert, als der Bretone die Patenschaft über Marias und Maximilians zweiten Sohn übernahm, der allerdings schon kurz nach der Taufe gestorben ist. 1487 eröffneten dann Maximilian und Franz einen Zweifrontenkrieg gegen Frankreich, der aber mit zwei fast gleichzeitigen Niederlagen bei Béthune und St. Aubin für die Alliierten einen sehr unglücklichen Verlauf nahm. Der Bretone mußte Frieden schließen (20. VIII.) und starb nur wenige Wochen später (9. IX.). Seine zu diesem Zeitpunkt gerade zwölf Jahre alte Tochter Anna, deren künftige Ehe schon vor dem Tode des Vaters die Höfe Westeuropas beschäftigt oder auch beunruhigt hatte, war wie zehn Jahre zuvor Maria von Burgund zur umworbenen Inhaberin eines politisch und militärisch ungewöhnlich wichtigen Erbes geworden, das wie der Staat der Herzöge von Burgund als Angelpunkt antifranzösischer Allianzen galt. Schon in einem 1486 geschlossenen Vertrag zwischen Maximilian und Franz II. war eine burgundisch-bretonische Eheverbindung verabredet worden, wobei die Einzelheiten freilich noch offen geblieben waren. Als sich nunmehr abzeichnete, daß die trotz ihres fast noch kindlichen Alters sehr selbstbewußte und zielstrebige Herzogin einer Werbung des römischen Königs nicht mit Ablehnung begegnen werde, mußte Frankreich befürchten, nach Flandern bereits das zweite große Kronlehen an den römischen König zu verlieren. Die Verhandlungen mit der Herzogin und ihren Räten, die Maximilian durch seinen Freund Wolfgang Polheim führen ließ, zogen sich über mehrere Monate hinweg und stellten eine ziemlich eindeutige Verletzung eines im Juli 1489 mit Frankreich geschlossenen Friedens dar. Als sie in ihr entscheidendes Stadium traten, war Maximilian nicht in der Lage, selbst in die Bretagne zu reisen; möglicherweise hatte er schon am 20. III. 1490, als Polheim sich zum zweiten Mal auf den Weg nach Rennes begab, Kenntnis von dem hoffnungslosen Zustand des seit einiger Zeit schwerkranken Königs Matthias, der dann am 6. IV. in der Wiener Burg einem Schlaganfall erlag. Maximilians Gesandter hatte den Auftrag, nicht nur die bei derlei Gelegenheiten üblichen Vertragsurkunden auszutauschen, sondern sollte die Ehe mit der Herzogin als Stellvertreter des römischen Königs auch schließen, ja sogar – dies allerdings nur symbolisch – auch vollziehen. Nach dem Abschluß des Ehevertrages (16. XII.) wurde am 19. XII. die burgundisch-bretonische Ehe in der Kathedrale von Rennes geschlossen; Wolfgang Polheim stieg in Anwesenheit des Hofes ins Bett der Braut und berührte sie mit seinem entblößten Knie. Aber schon Anfang Februar 1491 fielen französische Truppen in die Bretagne ein und besetzten am 19. II. Nantes. Maximilian schickte zwar seiner Gemahlin auf dem Seeweg Verstärkung für die bereits in der Bretagne befindlichen deutschen Söldner, mußte aber bald erkennen, daß er selbst nicht in das bedrohte Fürstentum ziehen konnte. Schon im September, als Karl VIII. den Belagerungsring um Rennes zu schließen begann, ließ er dem Kaiser, der die bretonische Ehe als politische Torheit wertete, durch einen Mittelsmann erklären, er werde seine Gemahlin nicht mehr zu schützen imstande sein und sei daher jetzt bereit, die Erblande und die habsburgischen Rechte auf die Stephanskrone in dem Krieg zu verteidigen, den er seit dem Tode des Matthias Corvinus gegen die Ungarn und den von diesen zum König gewählten Wladislaw von Polen-Böhmen führte. Als Anna von Bretagne die Aussichtslosigkeit weiteren Wartens auf ihren fernen Gemahl einsah, begannen Verhandlungen mit Karl von Frankreich, die mit einem unerhörten Skandal erfolgreich abgeschlossen wurden: Ziemlich genau ein Jahr nach ihrer Hochzeit mit dem Stellvertreter des römischen Königs heiratete Maximilians Gemahlin Anna den Bräutigam von dessen Tochter Margarete. Um die Beleidigung des Hauses Burgund-Österreich auf die Spitze zu treiben, wurde Margarete als Unterpfand für ein friedliches Verhalten von Kaiser, König und Reich am Pariser Hof in ehrenvoller Haft festgehalten. Es folgte ein Propagandakrieg ganz neuen Stils, denn zum ersten Mal wurde die etwa drei Jahrzehnte alte Schwarze Kunst in größerem Ausmaß dazu eingesetzt, der Öffentlichkeit einzuhämmern, daß von dieser Schmach nicht nur der römische König, sondern die ganze Nation getroffen worden sei.

Maximilians bretonisches Abenteuer und der »Brautraub« Karls VIII. vollzogen sich, wie bereits angedeutet, vor dem Hintergrund der Auseinandersetzung um das Erbe des Matthias Corvinus. Der militärische Triumph des Ungarnkönigs über den Kaiser hatten die inneren und äußeren Probleme seiner Herrschaft auf Dauer nicht zu überdecken vermocht. Seine Gemahlin, eine Tochter König Ferdinands von Neapel, begann gegen die Thronfolge des Bastards Johann zu intrigieren; der böhmische Mitkönig Wladislaw überwand seinen Ärger über die Brüskierung durch das Kurkolleg und erkannte schon im Juni 1489 die Wahl Maximilians an. Vielleicht hat dies dazu beigetragen, daß Matthias dem Kaiser neue Friedensvorschläge unterbreiten ließ. Er bot die Räumung Steiermarks und Kärntens an, dazu noch die Bestätigung des Vertrages aus dem Jahre 1463, der dem Kaiser und Maximilian die Thronfolge in Ungarn für den Fall von Matthias' erbenlosem Tod eingeräumt hatte. Dafür sollte Friedrich den illegitimen Johann wenigstens als König von Bosnien und Kroatien anerkennen und dem Ungarn die von ihm besetzten Gebiete Niederösterreichs bis zu Matthias' Tod überlassen. Während der Verhandlungen erwiesen sich die Geldforderungen des Hunyadi jedoch als unerfüllbar. Maximilian war bereit, für den Rückzug der Ungarn aus Österreich 200000 fl. zu zahlen, aber Matthias stellte Ansprüche in Millionenhöhe, so daß am Ende nur eine Verlängerung des Waffenstillstandes erzielt werden konnte. Vor dessen Ablauf ist Matthias am 6. IV. 1490 im Alter von 47 Jahren gestorben; der Starrsinn und die Lebenskraft des greisen Kaisers hatten wieder einmal einen Sieg davongetragen, dessen Früchte freilich nicht geerntet werden konnten, denn die ungarischen Barone weigerten sich, den Erbvertrag von 1463 anzuerkennen. Zwar hatte die Witwe des Matthias zunächst offenbar die Hoffnung gehegt, Maximilian zum Gemahl gewinnen zu können, aber dann wandte sie ihre Gunst dem König Wladislaw von Böhmen zu. Unter dem maßgeblichen Einfluß ihres Kanzlers und des aus Wien herbeigeeilten Hauptmanns der besetzten österreichischen Länder, Stephan Zapolya, wurde am 15. VII. Wladislaw zum König ausgerufen, nachdem den Gesandten der Habsburger bedeutet worden war, die Erbabsprache von 1463 sei für die Stände Ungarns nicht verbindlich, weil sie ohne ihre Beteiligung abgeschlossen worden sei.

Friedrich und Maximilian waren nicht bereit, den Coup der magyarischen Herren hinzunehmen, und die Aussichten Maximilians, sich doch noch Ungarns bemächtigen zu können, schienen zunächst auch keineswegs ungünstig zu sein. Kurz vor dem Tode des Corvinus war es Maximilian nach stürmischen Verhandlungen auf einem Tiroler Landtag gelungen, seinen senilen und regierungsunfähigen Oheim Siegmund zum Rücktritt zu bewegen (16. III.). Siegmund führte zwar den Beinamen »der Münzreiche«, aber nicht

er, sondern der damals 31jährige Jakob Fugger verfügte damals über die Edelmetallschätze des Tiroler Bergbaus; in Fuggers Regie wurden die Tiroler Münzen geschlagen und das Barrensilber nach Venedig exportiert, nachdem Jakob die Kufsteiner Kaufmannsfirma Baumgartner verdrängt hatte. Obwohl gerade die Geschäftspraktiken der Fugger in beträchtlichem Ausmaß zum Sturz des verschwendungssüchtigen Herzogs beigetragen hatten, beließ Maximilian der Firma ihre Rechte auf das Tiroler Bergregal, für die Jakob im Jahre 1489 122000 fl. zumeist an den Herzog persönlich gezahlt hatte. Die Übernahme Tirols und der zu Siegmunds Herrschaft gehörenden österreichischen Lande am Oberrhein, im Elsaß, im Sund- und Breisgau, im Tal Montafon, in Schwaben und anderwärts trug dem römischen König somit nicht nur den Besitz der wirtschaftlich bedeutendsten Regionen seines Hauses ein, sondern markierte zugleich auch den Beginn seiner Zusammenarbeit mit Jakob dem Reichen, der unmittelbar nach der Absetzung Siegmunds die ungarischen Feldzüge Maximilians finanzieren half und nach deren Abschluß sich die Vorherrschaft über den Kupferbergbau des Landes sicherte.
Die Tiroler Landschaft hat ihrem neuen Herrn nicht nur sofort eine Summe von 50000 fl. für den Kriegszug gegen Ungarn bewilligt, sondern auch Truppen gestellt, die sich bei den Kämpfen der folgenden Monate hervorragend bewähren sollten. Die Befreiung von Friedrichs III. Erblanden bereitete die geringsten Schwierigkeiten, denn die ungarische Besatzung von Wien wurde von den Bürgern in die Burg getrieben und mußte dann kurz nach Maximilians triumphalem Einzug in die Stadt (19. III.) kapitulieren. Eine Reihe anderer Orte folgte dem Wiener Beispiel und zwang die Ungarn zum Abzug. Danach aber mußte Maximilian bis zum Spätherbst warten, ehe er sein Heer so weit verstärkt hatte, daß er den Feldzug ins Innere Ungarns wagen konnte. Auch dabei erzielte er zunächst beträchtliche Erfolge, so daß einige der maßgeblichen magyarischen Barone es für ratsam hielten, Verbindung mit ihm aufzunehmen. Am 17. XI. wurde sogar Stuhlweißenburg (Székesfehérvár) im Handstreich erobert. Drei Tage lang wurde die Krönungs- und Begräbnisstätte der Könige Ungarns von Maximilians Söldnern fast so geplündert wie vier Jahrzehnte zuvor Konstantinopel von den Türken. Danach liefen sie auseinander, um die Beute in Sicherheit zu bringen und sich den Mühen eines Winterkrieges zu entziehen. Maximilian mußte sich nach Österreich zurückziehen, galt aber trotz des disziplinlosen Verhaltens seiner Landsknechte als Sieger: Der für das nächste Jahr erwartete neue Angriff mußte zur endgültigen Niederlage Wladislaws führen. Aber im Februar fielen die Truppen Karls VIII. in die Bretagne ein; zur

gleichen Zeit begann in Gent der letzte Aufstand dieser Stadt gegen Maximilian, der um so gefährlicher wirken mußte, als es Philipp von Kleve gelang, sich in der Stadt zu verschanzen (Mai 1491), und Albrecht von Sachsen durch einen Bauernaufstand in Holland und Seeland gebunden war. Da nutzte es auch nichts, daß auf dem Nürnberger Reichstag im März 1491 eine Gesandtschaft des Moskauer Großfürsten Iwan III. erschien und dem römischen König Unterstützung gegen die Jagiellonen anbot: Zum ersten Mal seit dem Mongolensturm des 13. Jahrhunderts betrat damit Rußland die politische Bühne Mitteleuropas, nachdem Iwan III. die Nowgoroder Kaufleute und Handwerker schon 1471 geschlagen und 1478 zur Unterwerfung unter die Moskauer Herrschaft gezwungen hatte. Der von Maximilian am 22. IV. beschworene Vertrag mit Iwan hat freilich keine nachhaltigen Auswirkungen gehabt; das allmähliche Zurückdrängen der polnisch-litauischen Vorherrschaft im Westen Rußlands erfolgte ohne Unterstützung von seiten des römischen Königs, und dieser sah sich im Verlauf des Jahres 1491 gezwungen, Verhandlungen mit Wladislaw und den Ungarn aufzunehmen, die kurz nach der Kapitulation von Rennes und dem damit besiegelten Ende des bretonischen Abenteuers (27. X.) zum Frieden von Preßburg führten (7. XI.). Der Vertrag bestätigte zunächst die 1463 beurkundeten Erbrechte Friedrichs und Maximilians. Wladislaw wurde zwar als König von Ungarn sowie als »Bruder und Blutsverwandter« der Habsburger anerkannt, aber diese durften auch weiterhin den Titel eines Ungarnkönigs führen, und die höchsten Beamten des Reiches sollten auch auf Maximilian vereidigt werden. Eine Reihe von Orten im Grenzgebiet zwischen Ungarn und Österreich, z. B. Eisenstadt, wurden an die Habsburger in ihrer Eigenschaft als Könige Ungarns abgetreten.
Der Frieden von Preßburg, der noch in schwierigen Verhandlungen mit dem eigentlichen Herrscher des Landes, dem ungarischen Adel, abgesichert werden mußte, wurde freilich überschattet von der Niederlage in der Bretagne. Im August 1491 hatte der Kaiser, der damals mit seinem Sohn nur noch über Mittelsleute verkehrte, auf die Torheit seiner Politik hingewiesen und ihn an das Schicksal des Königs Wenzel erinnert. Selbst ein Jakob Fugger war nicht imstande, den Geldbedarf für Maximilians weitgespannte militärische Aktionen zu decken, und Friedrich wies den Sohn darauf hin, daß Frankreichs Steuern ewig flossen, eine Reichshilfe aber, wenn sie denn bewilligt werde, nur ein halbes Jahr lang währe. Die Kurfürsten unter ihrem spiritus rector Berthold von Henneberg nutzten selbstverständlich den nicht zu vertuschenden Gegensatz zwischen Kaiser und König sowie deren augenblickliche finanzielle Not, um ihr Ziel, die ständische Freiheit auf Dauer vor den von

einem stabilisierten Österreich-Burgund drohenden Gefahren zu sichern. In Maximilian schienen sie dabei einen verständigungswilligen Partner gefunden zu haben, dessen Kompromißbereitschaft aber von dem nach wie vor auf seinen kaiserlichen Prärogativen beharrenden Kaiser immer wieder blockiert wurde. Einen Höhepunkt erreichten die Reformdebatten auf dem erwähnten Nürnberger Reichstag im Frühjahr 1491, als Maximilian den Fürsten die Vordringlichkeit seiner außenpolitischen Aktionen durch die Einrichtung von Reichskreisen verdeutlichen wollte, die zur Abwehr von Türken, Ungarn, Eidgenossen, Franzosen und Polen gedacht waren. Ein nach vielem Hin und Her zustande gekommener Entwurf der künftigen Reichsordnung sah die Verkündung eines ewigen Landfriedens vor, zu dessen Gewährleistung das Kammergericht von den Ständen eingerichtet werden sollte, wobei dem Kaiser das Genehmigungsrecht für die Vollstreckung der Urteile belassen wurde. Reichstage sollten künftig regelmäßig an günstig gelegenen Orten stattfinden; die drei zunächst folgenden würden von Maximilian oder Friedrich persönlich geleitet werden; danach konnten sie sich durch bevollmächtigte Gesandte vertreten lassen. Ort und Termin des ersten dieser regelmäßig einzuberufenden Tage waren bereits festgelegt, aber Friedrich untersagte den Frankfurtern, die Versammlung in ihrer Stadt zu dulden, und kündigte zugleich eine Session des alten, monarchisch geordneten Kammergerichts an, die dann freilich nicht stattfand. Sowohl Maximilian als auch Berthold von Henneberg scheinen damals zu der Auffassung gelangt zu sein, daß vor dem Tode des Kaisers wesentliche Änderungen der verfassungsrechtlichen Gegebenheiten nicht durchgesetzt werden könnten. Auf einem weiteren Tag zu Koblenz kam es zu beträchtlichen Spannungen zwischen Maximilian und dem Henneberger, der sich gegen die geforderte Hilfe für den Kampf gegen Frankreich sträubte: Ohne Reformkonzessionen an die Fürsten waren diese zu keinen nennenswerten Zahlungen bereit. Von den schließlich doch noch bewilligten 94000 fl. gingen ganze 16000 ein; davon hätte Maximilian 4000 Landsknechte einen Monat lang besolden können.

Während in der Frage des ewigen Landfriedens und seiner Sicherung durch ein von den Ständen beherrschtes Gericht zu Lebzeiten Friedrichs ein entscheidender Durchbruch nicht erzielt werden konnte, hatten sich im Bereich der Verfahrensregeln von Reichstagsverhandlungen seit etwa 1486 merkliche Änderungen eingestellt, als Berthold von Henneberg auf eine strikte Einhaltung der kollegialen Beratungen, insbesondere natürlich im Kurfürstenrat, zu drängen begann. Angeblich, um den Feinden des Reiches entgegenzuwirken, tatsächlich aber, um den Einfluß Friedrichs III.

auf die einzelnen Mitglieder zu unterbinden, wurde seit 1487 erst der Kaiser, dann auch Maximilian von den Beratungen des Kurfürstenrates ausgeschlossen. Daneben gab es Tendenzen, auch die Städteboten von entscheidenden Sitzungen fernzuhalten, so daß 1489 ein Straßburger Bürgermeister ärgerlich feststellte, die Städtevertreter müßten vor der Tür der Ratskammer wie streunende Hunde herumlungern. Das Stimmrecht der Städte blieb auch in der Folge umstritten, aber trotz mancher den Verfassungsorganen des spätmittelalterlichen Reiches ja durchaus eigentümlichen Divergenzen nahm der Reichstag jetzt doch die halbwegs festgefügte Organisation und Geschäftsordnung an, die in den Jahren nach Kaiser Friedrichs Tod die Weiterführung der Reform ermöglicht haben. Während dem Kaiser das Recht verblieb, die Verhandlungsgegenstände in Form von Propositionen einzubringen – von deren Beratungen er dann weitgehend ausgeschlossen blieb –, wurden die Beschlüsse seit 1497 häufig in den sog. Reichstagsabschieden, Verträgen zwischen Monarch und Ständen, festgehalten, während die bisher übliche Publikation in Form von kaiserlichen Privilegien (Patenten) nur noch in bestimmten Fällen vorgenommen wurde.
Als Kaiser Friedrich dann kurz nach dem Frieden von Senlis starb (19. VIII. 1493), erwies sich Maximilian, dessen Verhandlungsfreudigkeit in den Jahren davor zu mancher Meinungsverschiedenheit mit dem Vater geführt hatte, als weit weniger kompromißbereit, als Berthold von Henneberg und seine Gefolgsleute wohl erwartet hatten. Der König setzte offenkundig in der ihm eigenen konzilianten Weise die auf Wahrung der monarchischen Rechte zielende Politik des Vaters fort, wobei er den zu erwartenden Widerstand von seiten der ständischen Reformer erheblich unterschätzt zu haben scheint. Vor dem entscheidenden Wormser Reichstag vom Frühjahr 1495 erschien eine in seiner Umgebung entstandene Propagandaschrift mit dem Titel: »Der Traum des Hans von Hermannsgrün«, die den gegenwärtigen Zustand des Reiches fast so schilderte, wie es achtzig Jahre zuvor König Siegmund vor den Städtevertretern getan hatte: Die Fürsten verfolgten nur ihre eigenen Interessen, seien reich und mächtig, während das Reich darbe. Wenn der Kaiser seine Feinde, Türken oder Franzosen, bekämpfen wolle, müsse er betteln gehen. Unter Beschwörung der guten alten Zeiten unter den großen Kaisern Karl, Otto und Friedrich II. rechnete der Verfasser des Traums noch einmal mit den Mächten ab, die im Verlauf der voraufgegangenen zwei Jahrhunderte dem Reich fast alles vom Leib gerissen hatten. Dies gehört zu den bemerkenswerten Widersprüchen dieser Zeit: In einem Augenblick, da das Haus Österreich-Burgund zu einer der westlichen Nachbarmonarchie ebenbürtigen Macht aufgestiegen war, versucht

Maximilian noch einmal die an die Fürsten verlorenen Kräfte des Reiches zurückzugewinnen und seine Herrschaft auch auf dieses zu gründen. Um den damals kurz bevorstehenden Romzug finanziell sicherzustellen, hatte Maximilian sogar einen großzügigen Organisationsplan zur Koordination der Finanzverwaltung des Reiches, des Hofes, des burgundischen Hofes seines Sohnes Philipp (der damals die Regierung bereits übernommen hatte) sowie der burgundischen und österreichischen Erblande entworfen. Seine Erwartungen hat er dann bei der Eröffnung des Tages am 26. III. verkündet: Sie zielten vornehmlich auf die finanzielle Unterstützung der Stände beim Kampf gegen die Türken, insbesondere aber gegen Karl VIII. von Frankreich, der nach dem Frieden von Senlis sein Interesse auf Italien gerichtet und nach einem beeindruckenden Feldzug Neapel erobert hatte. Zwar teilten die Stände Maximilians Sorge, Karl könne sich in Rom zum Kaiser krönen lassen und damit der deutschen Nation das hl. Reich entziehen, aber vor der Bewilligung der vom König geforderten »eilenden« und einer zwölf Jahre währenden beständigen Hilfe beharrten Berthold von Henneberg und seine Parteigänger auf der Erfüllung ihrer Reformwünsche. Die langwierigen Verhandlungen endeten mit den bekannten Reichstagsbeschlüssen über die Gründung eines vom Königshof gelösten Reichskammergerichts und des damit verbundenen Ewigen Landfriedens. Die vom Henneberger angestrebte ständisch dominierte Reichsregierung wurde demgegenüber von Maximilian nicht akzeptiert; statt dessen einigte man sich auf eine »Handhabung Friedens und Rechts«, deren Durchführung vornehmlich von den jährlich einzuberufenden Reichstagen gewährleistet und kontrolliert werden sollte. Zur Finanzierung des Krieges und des Friedens, d.h. des Kammergerichts, wurde die Erhebung des Gemeinen Pfennigs beschlossen.

Das endlich zustande gebrachte Reichskammergericht, dessen Richter vom König und dessen anfangs 16 Urteiler von den Ständen ausgewählt wurden, nahm seinen Amtssitz zunächst in Frankfurt. Von den Beisitzern sollten die eine Hälfte gelehrte Juristen, die andere rechtskundige Adelige sein, wobei den letzteren allerdings nahegelegt war, ebenfalls über Erfahrungen mit dem gelehrten Recht zu verfügen, denn das Gericht war gehalten, nach des Reichs gemeinen Rechten, d.h. nach römischem und kanonischem Recht zu richten, falls die ungeschriebenen und geschriebenen (deutschen) Rechte nicht zur Beurteilung eines Sachverhalts ausreichen sollten. Zuständig war das Kammergericht in erster Instanz nur für Reichsstände und für den Fall der Rechtsverweigerung. Es versteht sich, daß die Landesherren sich ihr ius de non appellando et de non evocando auch von diesem Gericht nicht verwässern lassen wollten. So bestanden sie darauf, daß gegen sie selbst gerichtete Klagen ihrer Untertanen zuerst von ihren Räten behandelt werden müßten. Trotz dieser und zahlreicher anderer Unzulänglichkeiten hat sich das Kammergericht jedoch in den folgenden Jahrzehnten zu einer – gemessen an dem alten Reichshofgericht – durchaus achtbaren Institution entwickelt. Der Ewige Landfrieden, der natürlich den Frieden ebensowenig herbeiführen konnte wie die zeitlich und räumlich beschränkten Einungen zuvor, ließ die Fehde von nun an zu einem prinzipiell illegitimen Gewaltakt werden; auf Dauer hat der Wormser Friede damit erheblich zur Konsolidierung der landesherrlichen Gerichtsbarkeit geführt, die von ehemals fehdeberechtigten Freien allenfalls auf dem Weg über das Reichskammergericht zu umgehen war. Die als Ersatz für das Reichsregiment beschlossene Handhabung von Frieden und Recht, eine Einung zwischen Maximilian auf der einen und den Reichsständen auf der anderen Seite, sollte auf den jährlich einzuberufenden Reichstagen überwacht werden; der Reichstag konnte über Krieg und Frieden, über die Finanzen und die Besoldung des Heeres entscheiden und fungierte als Gerichtsinstanz für solche Fälle, die vom Reichskammergericht nicht bewältigt werden konnten.

Die stille Obstruktion, die in den folgenden Jahren einige Fürsten, vorab die bayerischen Wittelsbacher, gegen diese schwerfällige und die Kurfürsten begünstigende Regelung geübt haben, hat nächst den andauernden außenpolitischen Schwierigkeiten Maximilians viel dazu beigetragen, daß fünf Jahre später doch noch ein Reichsregiment eingerichtet werden konnte. Das Präsidium war dem König vorbehalten; dem 20 Mitglieder zählenden Ausschuß gehörte ein Kurfürst an, der in bestimmtem Turnus seinen Platz an einen Kollegen abzutreten hatte, ferner ein geistlicher und ein weltlicher Fürst, je ein Delegierter Österreichs und Burgunds sowie Vertreter von Grafen und Freiherren, zwei Reichsstädter und schließlich je ein Vertreter von sechs Kreisen, in die das Reich (mit Ausnahme der Kurstaaten und Österreich-Burgunds) eingeteilt worden war: Franken, Bayern, Schwaben, Oberrhein, Westfalen, Niedersachsen. Während das Reichsregiment schon zwei Jahre später seine Tätigkeit wieder einstellte, hatte die Kreiseinteilung nachhaltigere Folgen: 1512 wurden die zuvor unberücksichtigten Teile des Reiches in vier weiteren Kreisen zusammengefaßt (Österreich, Burgund, Kurrhein, Kursachsen). Die Reichskreise haben dann während der folgenden Jahrzehnte einige Aufgaben, z.B. in der Landfriedenspflege sowie bei der Türkenhilfe und der Münzüberwachung übernommen. Allerdings konnten die Kreisorganisationen in dem bescheidenen Rahmen, der ihnen eingeräumt war, nur dort eine nennenswerte Wirksamkeit entfalten, wo ein ausgewogenes Verhältnis zwischen den in dem jeweiligen Kreis zusammengefaßten Ständen gegeben war, d.h. in Schwaben und Franken und am Rhein. Die großen Territorialfürsten haben demgegenüber diese Beschränkung ihrer allmählich sich abrundenden Souveränität nur widerwillig akzeptiert und das Organ dieser Institution, den Kreistag, verkümmern lassen.

Der Gemeine Pfennig, den die Fürsten – nicht also Städte und Ritter – als Preis für Maximilians Einwilligung in die Reform der Landfriedenswahrung konzediert haben, sollte nicht wie die Hussitensteuer vom Jahre 1427 allein zur Abwehr äußerer Feinde verwendet werden, sondern auch für die zur Durchsetzung des Ewigen Friedens notwendigen Maßnahmen, vor allem natürlich für die Besoldung der Richter und Urteiler am Reichskammergericht. Die Kosten dieses Gerichts wurden 1504/05 auf jährlich 12000 fl. geschätzt, während die Erhebung des Gemeinen Pfennigs innerhalb von vier Jahren insgesamt 250000 fl. einbringen sollte. Theoretisch wären demnach also rund 80% der Steuer für militärische Ausgaben verfügbar gewesen. Im Gegensatz zu der Hussitensteuer wurde beim Gemeinen Pfennig kein Unterschied zwischen Laien und Geistlichen gemacht: Personen, die über nichts oder über ein Vermögen bis zu 500 fl. verfügten, hatten eine Kopfsteuer von 1/24 fl. (= ca. 1 Schilling) zu zahlen. Für Vermögen von 500 bis 1000 fl. war ½ fl. zu entrichten; Vermögen von über 1000 fl. wurden mit 1 fl. besteuert, wobei den Reichen empfohlen wurde, nach eigenem Ermessen einen höheren Beitrag zu leisten. Es versteht sich, daß die Juden ohne Ansehen der Person je einen fl. pro Kopf zahlen mußten. Der eigentliche Skandal des Gemeinen Pfennigs resultierte indes nicht aus dem schonenden Umgang mit den großen Vermögen, sondern aus dem Verfahren, mit dem er eingetrieben werden sollte. Anstatt auf die mittlerweile schon recht leistungskräftige Finanzverwaltung der Landesherren zurückzugreifen, wurde die Erhebung der Steuer Kommissionen anvertraut, die unter Beteiligung der Pfarrer in deren Sprengeln den »Pfennig« sammeln sollten. Auf verschiedenen Wegen würden dann die Summen in eine Zentralkasse zu Frankfurt fließen, die von sieben Schatzmeistern der einzelnen Reichsstände kontrolliert wurde. Die Herren hatten dann dem Reichstag Rechnung zu legen. Das Ergebnis des Unternehmens hätte wohl jedermann vorhersagen können: Die fränkische Ritterschaft entsann sich ihrer uralten Freiheiten und erklärte, freie Franken dienten dem König mit Blut, aber nicht mit Geld. Die Eidgenossen, die alle Reformbeschlüsse des Reichstages für überflüssig hielten, weil sie seit zwei Jahrhunderten Frieden und Recht in eigener Regie gewährleistet hatten, erkannten

natürlich auch die Berechtigung der Steuer nicht an. Vom Reichstag erlaubte Darlehen auf den Pfennig wurden verweigert, Fiskalklagen des Königs abgewürgt. Die Richter des Reichskammergerichst drohten mit der Heimreise, weil sie nicht besoldet werden konnten. Nur einige ostdeutsche Fürsten zahlten, z.B. die Herzöge von Pommern und Mecklenburg sowie der Markgraf von Brandenburg. Wiesflecker hat ausgerechnet, daß für Maximilians Italienzug das Reich allenfalls 100000 fl. beigesteuert hat, während des Königs italienische Bundesgenossen 200000 fl. zahlten und der König selbst 300000 fl. aufzubringen hatte, die zu einem beträchtlichen Teil durch Verpfändungen von Kammergut sichergestellt werden mußten. Die Häuser Fugger, Gossembrot und Herwart haben damals Silber und Kupfer der Tiroler Bergwerke vollständig unter ihre Kontrolle bringen können.
Die Auseinandersetzung zwischen monarchischen, ständischen und landesherrlichen Kräften um die Gestaltung der Reichsverfassung ist mit den Reformen der Jahre 1495 bis 1500 nicht abgeschlossen worden; aber die Weichen für die künftige Entwicklung des Konflikts waren, wie wir heute wissen, damals bereits gestellt. Luthers theologische Revolution wird den Landesfürsten wenig später eine weitere wirkungsvolle Waffe in die Hand geben: den konfessionellen Gegensatz zum Kaiser. »Es bleibt uns also nichts anderes übrig, – so schreibt anderthalb Jahrhunderte später Samuel Pufendorf – als das deutsche Reich, wenn man es nach den Regeln der politischen Wissenschaft klassifizieren will, einen irregulären und einem Monstrum ähnlichen Körper zu nennen, der sich im Laufe der Zeit durch die fahrlässige Gefälligkeit der Kaiser, durch den Ehrgeiz der Fürsten und durch die Machenschaften der Geistlichen aus einer regulären Monarchie zu einer so disharmonischen Staatsform entwickelt hat, daß es nicht mehr eine beschränkte Monarchie, wenngleich der äußere Schein dafür spricht, aber noch nicht eine Föderation mehrerer Staaten ist, vielmehr ein Mittelding zwischen beiden. Dieser Zustand ist die dauernde Quelle für die tödliche Krankheit und die inneren Umwälzungen des Reiches, da auf der einen Seite der Kaiser nach der Wiederherstellung der monarchischen Herrschaft, auf der anderen die Stände nach völliger Freiheit streben.« Die Beschreibung des Phänomens und seiner Konsequenzen, die Pufendorf nach dem Abschluß des Friedens von Osnabrück und Münster gegeben hat, trifft im wesentlichen bereits auf das Reich Maximilians vom Jahre 1495 zu: Kaiser, und d.h. hier auch das Haus Österreich-Burgund, auf der einen und das Reich auf der anderen Seite, haben wie zwei sich schneidende Kreise nur noch ein sehr schmales Segment miteinander gemeinsam. Hatte Friedrich III. es noch verstanden, mit dem Appell an

die Pflichten der deutschen Nation Fürsten, Adel und Städte für das in Neuß gefährdete Reich zu mobilisieren, weil diese sich selbst unmittelbar bedroht fühlten, so fiel es den Gegnern der Habsburger nicht allzu schwer, deren Aufrufe ins Leere laufen zu lassen, als Maximilian selbst die burgundische Erbschaft übernommen hatte und die gewaltigen Kosten der zur Sicherung dieses Erbes notwendigen Feldzüge bekannt wurden. Nach dem Tode Maximilians, als eine Gruppe deutscher Früsten und Kurfürsten ernsthaft daran dachte, Franz I. von Frankreich zum römischen Kaiser zu wählen, erinnerte der Herzog von Braunschweig Friedrich den Weisen von Sachsen daran, welch großen Aufruhr im Reich die Häuser Burgund und Österreich verursacht hätten. Dazu habe der Kaiser das römische Reich oft in Anspruch genommen, es aber allerwege nur geschwächt und den Anhang seiner beiden Häuser gestärkt. Zumindest in diesem Punkt dürfte der Braunschweiger der Zustimmung Friedrichs gewiß gewesen sein, war doch Maximilian dessen Vater Albrecht, dem Hauptmann des Reichsheeres in den Niederlanden, am Ende ca. 350000 fl. schuldig geblieben, die auch durch die Übertragung der erblichen Statthalterschaft in Friesland nicht angemessen hatten erstattet werden können. Römisches Reich und deutsche Nation, in dem erwähnten Titel wie siamesische Zwillinge miteinander verbunden, waren am Anfang des 16. Jahrhunderts noch nicht so unzertrennlich, wie es Friedrichs und Maximilians Propaganda glauben machen wollte. Allerdings scheint die neuerliche Kandidatur eines wegen seiner ruinösen Steuerforderungen berüchtigten Königs von Frankreich vor allem in den Reichsstädten beträchtliche Aversionen geweckt zu haben, so daß der Braunschweiger es in dem erwähnten Brief für ratsam hielt, der deutschen Nation einen römischen König zu konzedieren, nämlich Friedrich von Sachsen, während Franz I. als Kaiser die welschen Teile des Reiches, z. B. Metz, Toul, Verdun und Cambrai übernehmen sollte. Auf der anderen Seite hat Maximilians Enkel, Karl V., vor seiner Abreise in die Niederlande 1520 den spanischen Cortes erklären lassen, Spanien, das schon immer eines der wertvollsten Teile des Imperiums gewesen sei, ihm drei Kaiser geschenkt habe – Traian, Hadrian, Theodosius – und jetzt erneut einen schenken werde, solle für immer das Herz seines Reiches bleiben. Das hat Karl in Worms natürlich nicht wiederholt, und die unauflösliche Bindung des römischen Reiches an die deutsche Nation hat am Ende, als der Kaiser den deutschen Territorialfürsten unterlegen war und er schon abgedankt hatte, auch seine Kanzlei unmißverständlich zum Ausdruck gebracht, als am 2. VI. 1556 in einer Urkunde festgestellt wurde, daß Cambrai, obwohl dort nicht deutsch gesprochen werde, unter dem Hl. Römischen Reich Deut-

scher Nation stehe. Römisches Reich und deutsche Nation sind in dieser erstarrten Formel fast zu Wechselbegriffen geworden, und Pufendorf hätte über die deutsche Nation ungefähr dasselbe sagen können wie über das Reich. Während die Nation in Frankreich an eine Dynastie gebunden war, die mit Hilfe von Justiz, Heer, Finanzen und auch einer einheitlichen Konfession einen mehr oder weniger absoluten Staat zu schaffen vermochte und sich damit selbst entbehrlich machte, blieb in deutschen Landen die Nation auf ein diffuses Gebilde fixiert, dessen Vielfalt die zeitgenössischen Staatsrechtler zwar ungemein reizte, zugleich aber auch zur Verzweiflung an den Begriffen ihrer Wissenschaft getrieben hat.
Von den Ereignissen der großen Politik, die binnen weniger Jahre das Haus Österreich zu einer europäischen Großmacht werden ließen, waren unmittelbar nur die auf den Reichstagen präsenten Stände betroffen, denn nur diese konnten für sich in Anspruch nehmen, die deutsche Nation zu sein. Angesichts der geschilderten Entwicklung im Bereich der landesherrlichen Finanzen kann aber trotz des Fehlens genauerer Untersuchungen schwerlich bezweifelt werden, daß auch der gemeine Mann auf dem platten Land und in den kleinen Städten des Reiches von den Staatsaktionen seiner Fürsten und Kaiser in Mitleidenschaft gezogen worden ist. Ein Wetterleuchten, das die Konturen einer tiefgreifenden Krise deutlich sichtbar werden ließ, hatte im Frühjahr 1476, als Karl der Kühne auf den Spuren Caesars seinen Krieg gegen die helvetischen Eidgenossen begann, die Obrigkeiten in Franken verstört. In Niklashausen, einem Wallfahrtsort im Taubertal, war ein Hirt, der mit seiner Pauke gelegentlich zur Kirmes aufspielte, als Prediger aufgetreten und hatte die Pilger mit seinen Offenbarungen und den Lehren, die er daraus zog, so zu faszinieren verstanden, daß schließlich Zehntausende zusammenströmten, um nicht nur von den Marienerscheinungen zu hören, sondern auch davon, daß der Kaiser ein Bösewicht sei, daß es künftig keine geistlichen und weltlichen Obrigkeiten mehr geben werde und jedermann, auch Fürst und Ritter, seine Nahrung mit eigener Hand verdienen müsse. Alle Zehnten, Gült, Besthaupt, Zoll, Steuer, Bede und anderes mehr würden abgetan werden und alle Wälder, Weiden und Gewässer frei sein. Das Publikum des Hans Böheim war aus Franken, Schwaben, Bayern und vom Rhein herbeigeeilt; die Anhänger des »heiligen Jünglings« redeten sich mit Bruder und Schwester an. Als der zuständige Bischof von Würzburg im Einvernehmen mit dem Mainzer Metropoliten dem Treiben ein Ende setzte, indem er den Prediger fangen und am 19. VII. verbrennen ließ, kam es zu einem kurzen Aufruhr, der aber schnell erstickt werden konnte, nachdem mehrere Bauern erschlagen worden wa-

ren. Das rigorose Einschreiten des Landesherrn bewirkte zwar das Ende der Pilgerzüge ins Taubertal, aber der enorme Widerhall, den der radikale Angriff des Hans Böheim auf die bestehende Ordnung von Welt und Kirche beim gemeinen Mann gefunden hatte, läßt doch auf ein weitverbreitetes und tiefgreifendes Unbehagen an den sozialen, politischen und religiösen Zuständen der Zeit schließen, das freilich noch Schwierigkeiten hatte, sich nachhaltig zu artikulieren. Ihr Feldzeichen hatten sich die Bauern schon geschaffen: den Bundschuh, unter dem die Bauern und Bürger des Elsaß vor Jahrzehnten gegen die Armagnaken gezogen waren. Die Obrigkeiten begegneten dem Zeichen aber schon wenig später mit Mißtrauen. Im Hegau wurden 1460 unter Pflug und Bundschuh Forderungen an die Herrschaft gerichtet, die freilich im Vergleich zu den Prophezeiungen des Hans Böheim noch durchaus gemäßigt klangen. Die gegen Ende des 15. Jahrhunderts zu beobachtende Steigerung der landesherrlichen Steuereinkünfte, die Beschränkung und Beseitigung althergebrachter Nutzungsrechte in Wald und Feld, im Südwesten der Versuch von Äbten und anderen kleineren Obrigkeiten, über eine straffere Handhabung der Leibeigenschaft geschlossene Landesherrschaften aufzubauen, mit einem Wort: die Begleiterscheinungen des »frühmodernen Staates«, betrafen die Lebenssphäre des gemeinen Mannes in einem bis dahin unerhörten Ausmaß. Dazu kam das Ungenügen an dem Zustand der den Alltag des spätmittelalterlichen Menschen allenthalben beherrschenden Kirche, der trotz oder gerade wegen der pompösen Reformkonzilien von Konstanz und Basel als unbefriedigend, wenn nicht skandalös empfunden wurde. Nicht nur die politischen Konstellationen, die das Römische Reich im späteren Mittelalter bestimmt hatten, waren nach 1477 in entscheidender Weise verändert worden, auch die soziale Basis, auf der das machtlos gewordene Reich mit seinen vielen großen und kleinen Territorien und Städten noch immer ruhte, war in Bewegung geraten; der gemeine Mann wartete nur noch auf den Anlaß, von Kaiser und Landesherren eine wirkliche Reformation der geistlichen und weltlichen Ordnung zu fordern, von denen sein tägliches Leben bestimmt wurde.

Literatur

Es werden nur einige Titel aufgeführt, die einen allgemeinen Überblick über die Epoche, einzelne Zeitabschnitte und Problembereiche ermöglichen. Ein umfassendes Verzeichnis von Quellen und Literatur findet sich in den Abschnitten 237ff. des Dahlmann-Waitz, Quellenkunde der deutschen Geschichte, 10. Aufl. hrsg. v. H. Heimpel u. H. Geuss, 4. Buch, Lief. 36ff. 1980ff. – O. Lorenz, Deutschlands Geschichtsquellen im Mittelalter seit der Mitte des 13. Jh., 1–2, 1886/87.
Ein erheblicher Teil städtischer Chronistik ist erschienen in: Die Chroniken der deutschen Städte v. 14. bis ins 16. Jh., Bd. 1–36, 1862–1931. Wichtige Privilegien, Verträge usw. zur Reichsgeschichte finden sich in der Abteilung Constitutiones der Monumenta Germaniae Historica, Bd. 2ff. (mit Lücken bis 1356 reichend, wird bis 1378 geführt werden). Daran anschließend: Deutsche Reichstagsakten. Ältere Reihe, Bd. 1–17 (die Jahre 1376–1444 umfassend), 19 (1453/54), 22 (1468/70). – Einen chronologisch geordneten, bisher aber nur lückenhaften Überblick über den Gang der Reichsgeschichte vermitteln die Regesta Imperii J. F. Böhmers, VI, 1–2, Rudolf und Adolf, VII, 2, (Friedrich der Schöne = Regesta Habsburgica 3); VIII. (Karl IV.); X. (Ruprecht = Regesten der Pfalzgrafen 2); XI. (Siegmund 1–2); XII. (Albrecht II.); XIII. (Friedrich, im Erscheinen). Allgemeine Darstellungen u. Handbücher: H. Grundmann, Wahlkönigtum, Territorialpolitik und Ostbewegung im 13. und 14. Jh. (1198–1378); F. Baethgen, Schisma- und Konzilszeit, Reichsreform und Habsburgs Aufstieg, beide in: Gebhardt, Handbuch der dt. Gesch., hrsg. v. H. Grundmann, 1[9], 1970 (mit versch. Nachdrucken). H. Heimpel, Deutschland im späteren Ma., Handbuch der dt. Gesch., hrsg. v. A. O. Meyer, 1[2], 1957. H. Zimmermann, Das Ma., T. 2, 1979. E. Meuthen, Das 15. Jh., 1980. – Handbuch d. dt. Wirtschafts- u. Sozialgesch., hrsg. v. H. Aubin u. W. Zorn, 1, 1971. F. Lütge, Dt. Sozial- u. Wirtschaftsgesch., [3]1966. W. Abel, Gesch. d. dt. Landwirtschaft, [2]1967. F. Lütge, Gesch. d. dt. Agrarverfassung, [2]1967. – H. Mitteis, Dt. Rechtsgesch., neubearb. v. H. Lieberich, [16]1981. F. Wieacker, Privatrechtsgesch. der Neuzeit, [2]1967. H. Coing, Handbuch d. Quellen u. Literatur der neueren Privatrechtsgesch., 1, 1973. – F. Lot, L'art militaire et les armées au Moyen Age, 1–2, 1946. – K. Hauck, Kirchengesch. Deutschlands, Bd. 5, 1–2, versch. Aufl., Nachdruck [8]1954, Handbuch der Kirchengesch., hrsg. v. H. Jedin, 3, 2, 1968. B. Moeller, Spätmittelalter, 1966; H. Grundmann, Ketzergesch. d. Ma., 1963, beide in: Die Kirche in ihrer Geschichte. Ein Handbuch, hrsg. v. K. D. Schmidt u. E. Wolf. – H. de Boor, Die dt. Literatur im späten Ma., 1, 1962. H. Rupprich, Die dt. Literatur v. späten Ma. bis zum Barock, 1, 1970. – Handbuch der bayer. Gesch., hrsg. v. M. Spindler, 2, 1966; 3, 1–2, 1971 (umfaßt Franken, Oberpfalz, Schwaben). K. S. Bader, Der dt. Südwesten in seiner territorialstaatlichen Entwicklung, [2]1978. Gesch. Thüringens, hrsg. v. H. Patze u. W. Schlesinger, 2, 1–2, 1973/74. J. Schultze, Die Mark Brandenburg, 1–3, 1961/63. – Handbuch der Gesch. der böhmischen Länder, hrsg. v. K. Bosl, 1, 1967. Handbuch der Schweizer Gesch., 1, 1972. E. Zöllner, Gesch. Österreichs, [6]1979. Allgemene Geschiedenis der Nederlande, 2–4, 1950/52. G. Rohde, Gesch. Polens, [3]1980. B. Hóman, Gesch. des ungarischen Mittelalters, 2, 1943. Handbuch der Gesch. Rußlands, hrsg. v. M. Hellmann, 1, 1981; ders., Grundzüge der Gesch. Litauens, [2]1976. The Oxford History of England, 4 (M. Powicke, [2]1962); 5 (May McKisack, 1959); 6 (E. F. Jacob, 1961). G. L. Harris, King, Parliament and Public Finance in Medieval England to 1369, 1975. E. G. Léonard, Les Angevins de Naples, 1954. Histoire des institutions françaises au Moyen Age, publ. p. F. Lot et R. Fawtier, 1–3, 1957/62. J. B. Henneman, Royal Taxation in Fourteenth Century France, 1971.
Abhandlungen zu Einzelproblemen: E. Schubert, König u. Reich, 1979. O. Brunner, Land u. Herrschaft, [5]1965. H. Angermeier, Königtum u. Landfriede im dt. Spätma., 1966. P. Moraw, Gedanken zur politischen Kontinuität im dt. Spätma., in: Festschrift H. Heimpel, 2, 1972. K. F. Krieger, Die Lehnshoheit der dt. Könige im Spätma., 1979. W. Goez, Der Leihezwang, 1962. H. Bresslau, Handbuch der Urkundenlehre für Deutschland u. Italien, Bd. 1–2, 1912/15; Registerbd., 1960. H. Wohlgemuth, Das Urkundenwesen des dt. Reichshofgerichts, 1973. E. Isenmann, Reichsfinanzen und Reichssteuern im 15. Jh., ZHF 7, 1980. G. Landwehr, Die Verpfändung der dt. Reichsstädte im Ma., 1967. J. Füchtner, Die Bündnisse der Bodenseestädte bis z. J.

1390, 1970. E. Isenmann, Reichsstadt u. Reich an der Wende vom späten Ma. zur frühen Neuzeit, in: Mittel u. Wege früher Verfassungspolitik, hrsg. v. J. Engel, 1979. F. Schwind, die Landvogtei in der Wetterau, 1972. H.-G. Hofacker, Die schwäbischen Reichslandvogteien im späten Ma., 1980. W. Becker, Der Kurfürstenrat, 1973. E. Schubert, Die Stellung der Kurfürsten in der spätma. Reichsverfassung, Jb. f. westdt. Landesgesch., 1, 1975. V. Rödel, Reichslehnswesen, Ministerialität, Burgmannschaft u. Niederadel, 1977. Dt. Adel, 1, hrsg. v. H. Rössler, 1963. Das Rittertum im Ma., hrsg. v. A. Borst, 1976. Die geistlichen Ritterorden Europas, hrsg. v. J. Fleckenstein u. M. Hellmann, 1980. M. Tumler, Der Deutsche Orden, 1955. H. Boockmann, Der Deutsche Orden, 1981. – Ph. Dollinger, Die Hanse, [2]1976. W. v. Stromer, Oberdeutsche Hochfinanz, 1970. E. Maschke, Städte u. Menschen, 1980. – Der dt. Territorialstaat im 14. Jh., hrsg. v. H. Patze, 1–2, 1970/71. Die dt. Ostsiedlung als Problem der europäischen Gesch., hrsg. v. W. Schlesinger. W. Kuhn, Vergleichende Untersuchungen zur ma. Ostsiedlung, 1973. – Grundlagen der modernen Volksvertretung, hrsg. v. H. Rausch, 1–2, 1974/80. – F. Trautz, Die Könige von England u. d. Reich, 1961.

Literatur zu den einzelnen Kapiteln

I. E. Bielfeldt, Der Rheinische Bund von 1254, 1937.

II. O. Redlich, Rudolf v. Habsburg, 1903, N. 1965. W. Treichler, Ma. Erzählungen u. Anekdoten um R. v. H., 1971. Th. M. Martin, Die Städtepolitik Rudolfs v. H., 1963. A. Gerlich, Studien zur Landfriedenspolitik Rudolfs v. H., 1963. F. Graus, Přemysl Otokar II., MIÖG 79, 1971. Ottokar-Forschungen, hrsg. v. M. Weltin u. A. Kusternig, 1979. B. Resmini, Das Arelat im Kräftefeld der franz., engl. u. angiovinischen Politik nach 1250 u. d. Einwirken Rudolfs v. H., 1980. H. Thomas, Die Kirche v. Toul z. d. Reich unter R. v. H. u. Adolf von Nassau, Jb. f. westdt. Landesgesch., 3, 1977.

III. V. Samanek, Studien zur Geschichte Kg. Adolfs, 1930; ders., Neue Beiträge zu den Regesten Kg. Adolfs, 1932. F. Trautz, Studien zur Geschichte u. Würdigung Kg. Adolfs v. N., Gesch. Landeskunde, 2, 1965. C. Bauer, Die Epochen der Papstfinanz, HZ 138, 1928.

IV. A. Hessel, Jahrbücher des Deutschen Reichs unter Kg. Albrecht I., 1931. F. Baethgen, Die Promissio Albrechts I. für Bonifaz VIII., 1928, in: ders., Mediaevalia, 1, 1960. Le procès des Templiers, hrsg. v. R. Oursel, 1959.

V. F. Schneider, K. Heinrich VII., 1924/28. K. Klefisch, K. H. VII. als Graf von Luxemburg, 1971. W. Bowsky, Henry VII. in Italy, 1960. K. Heinrichs Romfahrt, hrsg. v. F. J. Heyen, 1978.

VI. Gertrud Benker, Ludwig der Bayer, 1980. H. Angermeier, in: Handbuch der bayer. Gesch., hrsg. v. M. Spindler, Bd. 2, 1966. H. Bansa, Studien zur Kanzlei Kaiser Ludwigs d. B., 1968. E. F. Stengel, Avignon u. Rhens, 1930. H. O. Schwöbel, Der diplomatische Kampf zwischen L. d. B. u. der römischen Kurie im Rahmen des kanonischen Absolutionsprozesses 1330–1346, 1968. A. Schütz, Die Prokuratorien u. Instruktionen Ludwigs d. B. für die Kurie, 1973; ders., Die Appellationen Ludwigs d. B. aus d. Jahren 1323–1324, MIÖG 80, 1972. H. Thomas, Franz. Spionage im Reich Ludwigs d. B., ZHF 5, 1978.

VII. E. Werunsky, Geschichte K. Karls IV. u. seiner Zeit, 1–3, 1880/92, N. 1968. F. Seibt, Karl IV., 1978. J. Spěváček, Karl IV., 1978; dazu Thomas, ZHF, 1981. Karl IV., hrsg. v. F. Seibt, 1978; Karl IV., hrsg. v. H. Patze, 1978 (in beiden Bänden zahlreiche Aufsätze, die in der Darstellung berücksichtigt wurden). P. Moraw, Kaiser K. IV. im dt. Spätma., HZ 229, 1979; ders., Zur Mittelpunktfunktion Prags im Zeitalter Karls IV., in: Europa Slavica – Europa Orientalis, Fschr. H. Ludat, 1980. B. Frey, Pater Bohemiae – Vitricus Imperii, 1978. B. Hergemöller, Der Nürnberger Reichstag von 1355/56 u. die Goldene Bulle Karls IV., Phil. Diss. Münster, 1978. N. Bulst, Der Schwarze Tod, Saeculum, 30, 1979. H. Thomas, Zwischen Regnum und

Imperium, 1973; ders., Die Luxemburger u. d. Westen d. Reiches z. Z. K. Karls IV., Jb. f. westdt. Landesgesch., 1, 1975. L. E. Schmitt, Die dt. Urkundensprache in der Kanzlei K. Karls IV., 1936; ders., Untersuchungen zur Entstehung und Struktur der »Neuhochdeutschen Schriftsprache«, 1, 1966. H. Herkommer, Kritik u. Panegyrik. Zum literarischen Bild Karls IV., Rhein. Vjbll., 44, 1980. W. Paravicini, Die Preußenreisen des europäischen Adels, HZ 232, 1981.

VIII. Th. Lindner, Geschichte des Deutschen Reiches unter Kg. Wenzel, 1–2, 1875/80. A. Gerlich, Habsburg – Luxemburg – Wittelsbach im Kampf um die dt. Königskrone, 1960. H. Weigel, Männer um Kg. W., DA 5, 1942; ders., K. Wenzels persönliche Politik, DA 7, 1954. I. Hlaváček, Das Urkunden- und Kanzleiwesen des böhmischen u. römischen Königs Wenzel, 1970. H. Boockmann, Johannes Falkenberg, der Deutsche Orden u. d. polnische Politik, 1975. R. Vaughan, Philip the Bold, 1972.

IX. P. Moraw, Beamtentum u. Rat Kg. Ruprechts, ZGO 116, 1968; ders., Kanzlei u. Kanzleipersonal Kg. Ruprechts, Archiv f. Diplomatik, 15, 1969; ders., Deutsches Königtum u. bürgerliche Geldwirtschaft um 1400, VSWG 15, 1969. H. Heimpel, Die Vener von Gmünd u. Straßburg, 1–3, 1982. K. Wriedt, Der Heidelberger Hof u. die Pisaner Kardinäle, Kieler Hist. Studien (Festschrift K. Jordan), 16, 1972. Die Entwicklung des Konziliarismus, hrsg. v. R. Bäumer, 1976. G. Landwehr, »Nation« u. »Deutsche Nation«, in: Aus dem Hamburger Rechtsleben, Festschrift W. Reimers, 1979. A. Esch, Bankiers der Kirche im Großen Schisma, QuF 46, 1966. G. Ritter, Die Heidelberger Universität, 11, 1936. H. Grundmann, Vom Ursprung der Universität im Ma., [2]1964. W. Zorn, Anmerkungen zu Reichspolitik und Wirtschaftskraft zur Zeit Kg. Ruprechts, in: Speculum Historiale. 1965.

X. J. Leuschner, Zur Wahlpolitik im Jahre 1410, DA 11, 1954/55. Das Konzil v. Konstanz, hrsg. v. A. Franzen, W. Müller, 1964. Die Welt zur Zeit des Konstanzer Konzils, hrsg. v. Th. Mayer, 1965. J. Miethke, Die Konzilien als Forum der öffentlichen Meinung im 15. Jh., DA 37, 1981. Das Konstanzer Konzil, hrsg. v. R. Bäumer, 1977. E. Molitor, Die Reichsreformbestrebungen des 15. Jh. bis zum Tode K. Friedrichs III., 1921. Christine Mathies, Kurfürstenbund u. Königtum in der Zeit der Hussitenkriege, 1978. L. Graf zu Dohna, Reformatio Sigismundi, 1960. Reformatio Sigismundi, hrsg. v. H. Koller, 1964. F. Irsigler, Die »Kleinen« in der sog. Reformatio Sigismundi, Saeculum, 27, 1976. H. Heimpel, Dietrich v. Niem, 1932. H. Mau, Die Rittergesellschaften mit St. Jörgenschild in Schwaben, 1, 1941. H. Obenaus, Recht u. Verfassung d. Gesellschaft mit St. Jörgenschild, 1961. D. Karasek, Konrad von Weinsberg, 1967. R. Vaughan, Philip the Good, 1974.

XI. H. Wiesflecker, K. Maximilian, Bd. 1–4, 1971/80. K. Nehringer, Matthias Corvinus, K. F. III. u. d. Reich, 1975. F. G. Heymann, George of Bohemia, 1965. W. Andreas, Deutschland vor der Reformation, [7]1972. H. Hesslinger, Die Anfänge d. Schwäbischen Bundes, 1970. W. Ziegler, Studien zum Staatshaushalt Bayerns in der zweiten Hälfte des 15. Jh., 1981. R. Vaughan, Charles the Bold, 1973. W. Paravicini, Karl der Kühne, 1976. A. Schröcker, Die deutsche Nation, 1974. U. Nonn, Heiliges Römisches Reich Deutscher Nation, ZHF 9, 1982.

Namens- und Ortsregister

(Kaufleute u. Kardinäle, die nur einmal genannt werden, sind unter diesen Stichworten zusammengefaßt. Einzelne Hofrichter, Kanzler, Räte u. Landvögte s. u. Römisch-deutsches Reich.)

Sachregister